江苏省高校重点教材
（编号：2021-2-282）

U0563329

数据科学与大数据管理丛书

Electronic Commerce

Business Model, Strategy and Operation

电子商务

商业模式、战略与运营

主编 杨雪

参编 冯元粤 陈婧 周雅 罗城 李定 顾睿 许小颖 易成
张滢 沈怡 彭希羡 吴懿 童昱 刘娜 刘洋 杨璐

机械工业出版社
CHINA MACHINE PRESS

本书针对高校培养电子商务与营销类专业人才的目标和要求，在系统梳理电子商务发展的历程和现状、全面分析驱动电子商务发展的因素、评价电子商务发展取得的成效及展望电子商务未来发展趋势的基础上，重点从电子商务商业模式与战略、电子商务运营与管理和电子商务创新与实施三大部分着手，勾勒电子商务的最新全貌。本书秉持"实践 – 理论 – 实践"的思想编排内容，利用开篇案例激发读者的阅读兴趣，引导读者思考并讨论相关问题，进而组织电子商务理论知识，搭建知识体系与框架，从更专业的角度深入理解企业运营背后的电商逻辑；提供章末案例，鼓励读者运用所学知识进行独立解析、交流共享。

本书可作为高等院校管理类专业的电子商务教材，也可作为企业培训电子商务类人才的参考用书。

图书在版编目（CIP）数据

电子商务：商业模式、战略与运营 / 杨雪主编 .
北京：机械工业出版社，2024.11. --（数据科学与大
数据管理丛书）. -- ISBN 978-7-111-76790-9

I. F713.36
中国国家版本馆 CIP 数据核字第 20244EE217 号

机械工业出版社（北京市百万庄大街 22 号　邮政编码 100037）
策划编辑：张有利　　　　　　　　责任编辑：张有利
责任校对：孙明慧　张雨霏　景　飞　责任印制：单爱军
保定市中画美凯印刷有限公司印刷
2025 年 1 月第 1 版第 1 次印刷
185mm×260mm · 32.75 印张 · 752 千字
标准书号：ISBN 978-7-111-76790-9
定价：69.00 元

电话服务　　　　　　　　　　网络服务
客服电话：010-88361066　　　机 工 官 网：www.cmpbook.com
　　　　　010-88379833　　　机 工 官 博：weibo.com/cmp1952
　　　　　010-68326294　　　金 书 网：www.golden-book.com
封底无防伪标均为盗版　　　　机工教育服务网：www.cmpedu.com

杨雪 南京大学商学院营销与电子商务系教授、博士生导师，于新加坡国立大学获得信息系统专业博士学位。研究方向包括数字经济与平台经济、移动与社会化商务、信息系统应用等。研究成果发表于 *Information Systems Research*、*Organization Science*、*Journal of the Association for Information Systems*、*International Journal of Information Management*、*Information & Management*、*Decision Support Systems*、《管理科学》《管理工程学报》等期刊。负责国家自然科学基金青年项目与面上项目等十多个科研项目。负责本书的整体构思和规划，组建编写团队并分配具体的编写任务，对教材内容进行审核，确保教材的质量和完整性。并负责本书第 1 章"电子商务的发展、驱动因素及其经济与社会影响"（约 3.1 万字）和第 2 章"电子商务商业模式"（约 3.9 万字）的编写。

冯元粤 新加坡国立大学信息系统与商业分析系博士，现任深圳大学管理学院副教授。研究方向包括电商直播、游戏化管理、人机人智交互以及数字创新与创业等。其研究成果发表于 *Journal of Strategic Information Systems*、*Internet Research*、*Electronic Commerce Research and Applications* 和 *Computers in Human Behaviors* 等国际期刊，并主持国家级自然科学基金项目。在本书中与陈婧老师共同负责第 3 章"电子商务企业发展与竞争战略"（约 4 万字）的编写。

陈婧 北京航空航天大学经济管理学院副教授，新加坡国立大学博士，新南威尔士大学访问学者。研究兴趣主要聚焦于企业数智化转型过程中的组织变革与管理创新。研究成果发表于国内外权威期刊，主持和参与国家级自然科学基金等国家/省部级项目十余项，相关成果获省级社会科学优秀成果奖。在本书中与冯元粤老师共同负责第3章"电子商务企业发展与竞争战略"（约4万字）的编写。

周雅 现任厦门大学管理学院管理科学系助理教授，博士毕业于新加坡国立大学。主要关注信息技术创新与应用、在线医疗社群、社交媒体等。研究成果发表在 *MIS Quarterly*、*Information and Management*、*Journal of Information Technology*、*Decision Support Systems* 等国际期刊上，并主持国家级自然科学基金项目。在本书中与罗城老师共同负责第4章"电子商务多渠道营销关系与影响"（约3.5万字）的编写。

罗城 南京大学学士，新加坡国立大学博士，现任天津大学管理与经济学部副教授。研究兴趣包括数字营销和人机交互。研究成果发表于 *Management Science*、*Journal of the Association for Information Systems*、*Psychology&Marketing*、*Electronic Commerce Research* 等国际期刊，主持国家自然科学基金项目。在本书中与周雅老师共同负责第4章"电子商务多渠道营销关系与影响"（约3.5万字）的编写。

李定 南京大学商学院营销与电子商务系助理教授，于新加坡国立大学信息系统与分析专业获博士学位。主要研究领域包括数字平台战略、游戏玩家行为、金融科技、网络效应和网络结构、用户生成内容的供应、消费和货币化。研究成果发表在国际顶级期刊 *Information Systems Research*（ISR）、*Journal of the European Economic Association*（JEEA）以及国际会议 ICIS、WISE、POMS Annual Meeting 等，并主持国家自然科学基金项目。负责本书第5章"电子商务物流与供应链"（3.06万字）的编写。

顾睿 对外经济贸易大学信息学院信息管理系副教授。西安交通大学管理科学与工程专业博士，新加坡国立大学信息系统与分析系国家公派联合培养，美国亚利桑那州立大学信息系统系访问学者。研究领域包括社交媒体、电子商务、移动商务以及信息系统用户行为，研究成果发表于 *Information & Management*、*DATA BASE for Advances in Information Systems*、*Internet Research*、《管理科学》等期刊。主持国家自然科学基金和北京市社会科学基金等研究项目。负责本书第 6 章"电子商务与消费者行为"的编写（3.7 万字）。

许小颖 华南理工大学工商管理学院决策科学系副教授，华南理工大学计算机研究所人工智能与区块链研究中心主任。主要研究领域包括个性化推荐、商务智能、区块链应用等。研究成果发表在 *Information & Management*，*Decision Support Systems*，*Electronic Commerce Research and Applications*，*IEEE Transactions on Engineering Management* 等国际期刊上。主持国家自然科学基金 2 项，广东省自然科学基金 2 项。负责本书第 7 章"精准营销、广告与推荐系统"（3.66 万字）的编写。

易成 清华大学经济管理学院管理科学与工程系副教授、博士生导师，获得新加坡国立大学学士和博士学位。主要研究领域为电子商务、人机交互、消费者行为、智慧教育等。研究成果发表在 *Information Systems Research*、*Management Science*、*MIS Quarterly*、*Production and Operations Management*、*Journal of Management Information Systems*、《管理世界》《中国管理科学》等信息系统领域高水平学术期刊上。主持国家自然科学基金杰出青年科学基金和优秀青年科学基金。负责本书第 8 章"电子商务人机交互设计"（3.3 万字）的编写。

张滢 现为新西兰奥克兰大学信息系统与运营管理系的高级讲师（助理教授），新加坡国立大学计算机一等荣誉学士，新加坡国立大学信息系统与分析博士。主要研究领域包括电子商务和数字营销策略、用户口碑和在线评论、数字平台与创新以及共享经济。研究成果发表于 *Information Systems Research*、*Production*

and Operations Management、Journal of the Association for Information System 等国际期刊。负责本书第 9 章"电子口碑与用户评价"（3.2 万字）的编写。

沈怡　苏州大学商学院智能商务与管理系副教授，新加坡国立大学博士。研究方向包括人机交互、人智交互、社交媒体与数据分析。研究成果发表在 Production and Operations Management、Journal of the Association for Information Systems、European Journal of Information Systems 等信息系统与运营管理领域权威期刊，主持国家自然科学基金项目 2 项。负责本书第 10 章"社交电子商务"（3.5 万字）的编写。

彭希羡　浙江大学管理学院"百人计划研究员"、博士生导师。研究兴趣包括人智交互、社交商务等。相关研究成果发表于 Information Systems Research，Decision Support Systems，Journal of the Interactive Marketing，Journal of the Association for Information Science and Technology，Computers in Human Behavior 等期刊上。负责本书第 11 章"移动电子商务"（3.4 万字）的编写。

吴懿　天津大学管理与经济学部副教授。博士毕业于新加坡国立大学信息系统专业，研究领域包括数字经济、在线众筹、电子健康等，研究成果发表在 Information Systems Research、Journal of Management Information Systems、Journal of the Association for Information Systems、European Journal of Information Systems、《管理科学》等高水平期刊上。主持国家自然科学基金面上和青年项目以及教育部人文社会科学研究基金项目，入选天津市"131"创新型人才培养工程、天津大学"北洋学者－青年骨干教师计划"等，担任中国信息经济学会理事和 Internet Research 期刊编委，参与国家级一流本科课程建设。负责本书第 12 章"互联网金融与电子支付"（3.2 万字）的编写。

童昱 浙江大学管理学院长聘副教授、博士生导师，研究方向主要包括智慧医疗管理、信息系统使用行为。近年来作为项目负责人主持国家自然科学基金重大项目课题，优秀青年科学基金，浙江省"钱江人才计划"及香港研究资助局（RGC）基金项目。论文发表于《管理工程学报》《管理科学》、*MIS Quarterly*、*Information Systems Research*、*Journal of Management Information Systems*、*Journal of the Association for Information Systems* 等国内外知名期刊。负责本书第13章"电子医疗健康"（3.27万字）的编写。

刘洋 西安交通大学管理学院信息系统与智能商务系副教授，新加坡国立大学博士。主要研究为数字经济、人机交互、消费者行为、AI应用与治理。其研究成果发表在管理学与信息系统领域权威期刊上，包括 *Information Systems Research*、*Journal of Management Information Systems*、*Journal of the Association for Information Systems* 等，并主持国家自然科学基金项目。负责本书第14章"新兴技术在电子商务中的应用"（4万字）的编写。

杨璐 新加坡国立大学博士，现任新加坡国立大学信息系统和数据分析系讲师。研究方向包括网上用户行为、消费者决策、人机交互和社交网络。研究成果发表在 *International Conference of Information Systems* 等国际会议上。负责本书第15章"电子商务道德及电子商务法律、法规与监管"（2.5万字）的编写。

参与教材编写学生名单

第1章、第2章
丁思雨、黄明天、孙毅洁、徐玉婷、闫梦月、张浩东
第6章
赵慧颖、王卿云、薛韬、李晶、李珍、舒唯
第7章
陈源，陈熙，叶仪，万世成，田明昊
第13章
韩思雨

　　近二十多年来，随着全球互联网与移动互联网的飞速发展，电子商务作为一种新兴的商业形态，在全球范围内得到了飞速的发展，涌现出一批优秀的创新创业企业。这些企业围绕传统消费品与工业品相关的商业活动，开拓了一系列新型的交易与服务平台，并催生了相关的物流、金融、人才、技术、教育等领域的创新业务与模式，通过长期快速的融合与进化，逐步形成了庞大的电商生态体系，对经济、社会、企业等的长期发展与变革产生了重要的影响。我国电子商务持续多年保持非常高速的发展，电子商务形式广泛渗透到购物、出行、就餐、就医、娱乐及生产等各个应用场景，各种电子商务服务和交易已成为人们生活与工作方式的重要组成部分。随着人工智能、区块链、云计算、物联网、虚拟现实和增强现实等新兴技术的出现与推广，电子商务作为数字经济的重要组成部分，应用场景日益多元化，交易与服务形式也变得更加丰富，对各行各业及监管部门提出了更高的要求与挑战。因此，构建电子商务理论与实践的知识体系，加强对电子商务的理解与运用，从而促进行业转型升级，已经成为全社会亟待开展的重要工作。

　　优秀的商业模式是电子商务企业取得成功的关键要素。商业模式也许可以复制，但绝不是简单地机械重复，而是螺旋式创新上升。在成功的商业模式基础上，要求企业以用户价值为核心，不断开发新的竞合战略、改进运营和管理模式，应用技术为自身核心竞争力赋能，积极外拓合作关系，逐渐建立或融入高效的、有价值的商业生态体系，从而创造巨大的经济价值和社会价值。在市场环境日益复杂的背景下，企业如果不能主动开展商业模式创新、制定长期有效的战略规划、改善运营管理战略、进行持续的价值创造，则必将湮没于无形的竞争硝烟之中。尤其在我国庞大多元的市场体系和环境下，电子商务的创新与发展具有更多的可能性，不断地产生优秀的企业创新创业案例。

　　在此背景下，本书可作为高等院校管理类专业的电子商务教材，也可作为企业培训电子商务类人才的参考用书。不同于其他电子商务教材，本书围绕电子商务商业模式与战略、电子商务运营与管理以及电子商务创新与实施三大主题，对所涉及的电子商务领域的关键活动、对象、技术及其相关关系进行系统的介绍，同时结合基于我国特色的、前沿的企业案例，帮助读者搭建完整的电子商务知识体系，从而达到更佳的启发和教学效果。

本书的主要特色如下。

（1）内容兼具回溯性和时效性。在回溯性方面，本书系统梳理了电子商务发展的历程与驱动因素，并对电子商务发展已经取得的成效和产生的影响进行了综合评价。在时效性方面，本书对近年来出现的社交电商和移动电商等新型电子商务形态，精准营销、推荐系统和人机交互设计等技术，以及电子商务在互联网金融、电子支付和在线医疗等领域的创新发展做了详细而全面的介绍，并指出人工智能、区块链、VR、AR、物联网等新兴技术在电子商务中的探索性应用。通过这种承前启后的内容组织方式，让读者既能理解电子商务的历史演进，又能及时把握电子商务领域的最新发展动态，从而形成连贯的知识链条。

（2）理论知识与实践案例相结合。本书植入了相关主题下的国内典型的企业案例，包括开篇案例、应用案例和章末案例。整体上，作者团队遵循"实践是理论的来源"和"理论指导实践"的教学思想。开篇案例可以激发读者的阅读兴趣，引导读者思考并讨论相关问题；电子商务理论知识可以搭建知识框架，带领读者从更专业的视角去深入理解应用案例中企业运营背后的电商逻辑；章末案例鼓励读者运用所学知识进行独立解析、交流和共享。我们希望以这种寓教于学、教学相长的方式充分调动读者的学习积极性，通过学习电子商务知识透析商业本质，灵活运用电子商务知识指导商业实践，从而进一步激发认知升级与思维创新。

（3）传达并贯彻经济生态共同体理念。在互联互通的数字经济时代，企业靠单枪匹马获取成功的可能性越来越低。这主要体现在需求挖掘和需求响应两个方面：一方面，用户需求总是多样的、易变的，企业借助大数据技术进行数字化管理，为精确描绘消费者画像、深度挖掘潜在需求等提供了契机，但当这种模式成为企业的普遍实践时，创新难度进一步升级，因此跨界融合的重要性日益凸显；另一方面，比竞争对手更加快速地响应市场需求是企业抢占先机的关键，这不仅要求电商企业对市场变化趋势保持高度敏感，对发展和竞争战略做出快速调整，而且要与价值网络中的各类企业建立长期、健康和良好的合作关系。进入数字经济发展的新阶段，电子商务又将表现出新的特征，企业的商业模式、战略与运营也会发生相应的变革。本书在结构安排上也突出了这些电子商务发展的新特征。

在本书中我们也对电子商务目前存在的问题、挑战及未来发展趋势进行了讨论。在我国经济发展新常态下，为保障电子商务各方主体的合法权益，规范电子商务行为，维护市场秩序，促进电子商务持续健康发展，国家出台了一系列数字经济、平台经济等相关政策，对隐私权、所有权、数据使用权和数据安全等在电子商务领域比较常见的问题进行规范与治理，包括《中华人民共和国电子商务法》和一系列相关法律法规，对监管部门、行业参与者及用户合法合规开展电子商务活动与治理提出了新的要求。

电子商务的发展日新月异，创新变革是永恒的话题，仅仅靠一本书的学习是远远不够的，本书中提供的"管理问题""在线补充读物"等资料有助于读者进一步拓展相关知识。此外，读者要有意识地培养自主观察分析企业的习惯，运用所学知识解析商业行为，并将思考内化为知识体系，将专业知识发展为企业发展创新的有效建议。

在编写本书的过程中，我们参阅了政府文件、行业报告、企业官网等资料，以及专家学者在期刊或网络平台上发表的报告和论文。秉持尊重知识产权的原则，本书详细列明了相关资料出处。如果读者发现本书的引用内容未被列示，请及时联系并提醒我们。

最后，作者团队在该书的构思和内容编写上进行了反复斟酌，由于时间和知识的限制，可能未顾及个别细节。欢迎大家指出本书中的不足之处，以便我们在下一版中进行修改和更新，使本书能做到集思广益、常读常新。

杨雪

2024 年 8 月于南京

第 1 章主题为"电子商务的发展、驱动因素及其经济与社会影响"。首先,通过开篇案例"淘宝村的诞生与发展"引入,提出思考问题,引导学生进行关于淘宝村产品单一化、区域不协调以及未来发展的思考,进而引出本章内容。其次,通过基础知识介绍和应用案例拓展,让学生能够掌握电子商务的基本概念及其分类,了解电子商务的总体框架及其发展史,进而对电子商务的竞争态势,电子商务的经济与社会影响,电子商务面临的局限、环境压力及组织应对措施等有一定的认识。通过设置复习题,让学生对本章新学的知识进行及时巩固。最后,引导学生阅读章末案例,并通过设置思考问题让学生能够综合运用本章内容解决实际问题。此外,也可以通过讨论题、课堂辩论题、网络实践、团队合作等多种教学方式,进一步加深学生对本章知识的理解和掌握程度。

第 2 章主题为"电子商务商业模式"。首先,通过开篇案例"互联网巨头会战社区团购"引导学生进行关于社区团购的核心竞争力、市场垄断及其商业模式等问题的思考,引出本章内容。其次,通过课堂讲解让学生了解并掌握电子商务商业模式的概念与元素、主要商业模式、主要盈利模式、主要支撑技术和商业模式的创新应用等内容,并提出三个管理问题——如何设计电商企业的商业模式,如何实现电商企业的商业模式,如何实现电商的商业模式创新。其中,在讲解电子商务商业模式的创新应用时,将B2C 电子商务商业模式、C2C 电子商务商业模式、B2B 电子商务商业模式、C2M 电子商务商业模式、O2O 电子商务商业模式和其他电子商务商业模式创新这六个模块分别引入相应的应用案例,并提出思考问题,让学生能够发散思维,对电子商务商业模式创新提出自己的想法,学以致用。最后,通过复习题和章末案例,进一步对本章所讲授内容进行总结和巩固。

第 3 章主题为"电子商务企业发展与竞争战略"。首先,引导学生阅读开篇案例"小米的全生态战略",提出关于小米的全生态发展战略及其对我国电子商务企业启示的思考,进而引出本章的主要讲解内容——电子商务企业的发展与竞争战略。首先,介绍电子商务企业的发展现状,结合应用案例让学生对电子商务企业的发展有一个初步的认识；接着引出电子商务市场竞争模式，从完全竞争、垄断竞争、寡头垄断和完全垄断四个类别展开介绍，并结合应用案例引导学生思考；在学生掌握电子商务市场竞争模式的基础上，引入电子商务企业的竞争战略模块，结合应用案例从波特五力模型及其一般竞争战略、产品战略、平台战略、生态战略几个方面进行详细介绍；接着对电子商务企业所面临的多方面挑战进行讲解并引导学生思考；最后，从多个角度介绍电子商务企业的发展趋势，并通过章末案例将本章知识串联起来，促进学生知识体系的形成。

第4章主题为"电子商务多渠道营销关系与影响"。首先，通过开篇案例"丝芙兰：零售社交新体验"引出本章内容。其次，通过讲解基础知识并结合应用案例，让学生能够了解多渠道营销的定义、类型和对消费者的影响，掌握多渠道营销的协同关系类型、协同机制以及常见的协同策略，熟悉多渠道营销冲突的具体表现形式及产生原因，掌握多渠道营销冲突的解决策略，了解全渠道营销的基本概念、与多渠道营销的关系以及实施全渠道营销的常见策略。最后，通过章末案例，结合学生讨论、课堂辩论等多种教学方式，进一步对本章知识进行巩固。

第5章主题为"电子商务物流与供应链"。首先，通过开篇案例"京东智能仓库与机器人"引导学生思考支撑无人仓的基础技术以及无人仓的优势。其次，从电子商务与物流的关系、电子商务物流的基本特征、我国物流的发展、电子商务物流与供应链管理四个方面对电子商务物流进行概述；接着从电子商务物流仓储的重要作用、仓储作业流程、电子商务下仓储模式的分析和选择、电子商务与牛鞭效应、云仓储这五个方面讲授仓储管理；在讲解物流配送和配送中心内容时，主要让学生掌握配送系统的特点、配送中心的作业流程、配送模式选择、配送路径优化问题等方面的知识；然后对成本管理进行介绍；接着介绍自营物流、第三方物流、第四方物流、物流联盟等多种电子商务物流模式，结合应用案例让学生掌握电子商务物流几种主流模式的区别和联系，以及各自的优势和劣势，学会根据实际情况选择合适的物流模式，解决实际问题。最后，从信息技术在物流行业的应用、数据科学在物流行业的应用两个方面，结合应用案例对智慧物流展开讲解。组织学生阅读章末案例并提出思考问题，进一步巩固本章内容，加深学生的理解。

第6章主题为"电子商务与消费者行为"。首先，通过开篇案例"亚马逊在中国的'水土不服'"引导学生思考电子商务与消费者的关系，进而引出本章内容。其次，通过理论讲授、应用案例相结合的教学方式进行本章内容讲解，使学生能够了解电子商务中消费者行为的概念及其影响因素，通过讲解几个消费者行为模型描述电子商务中消费者的购买决策过程；让学生掌握电子商务中消费者信任的概念，了解消费者信任的分类和影响结果，并描述如何建立消费者信任；让学生掌握电子商务中消费者感知价值的概念及维度划分，并描述如何提高消费者感知价值；让学生理解电子商务中的消费者满意和忠诚并解释两者之间的关系，了解消费者行为中的文化差异。再次，通过提出管理问题，让学生搜集查阅小米公司的产品设计理念、网络运营、全球化发展等相关资料和数据，结合本章内容思考和讨论小米是如何在国内外市场中获得如今的成就的，从而让学生学会如何综合运用本章知识来解决实际问题。最后，通过章末案例进一步巩固本章内容。

第7章主题为"精准营销、广告与推荐系统"。首先，以"阿里巴巴的千人千面战略"作为开篇案例，通过电子商务中的精准营销、面向精准营销的广告投放、精准营销的数据基础、精准营销的核心技术（推荐系统）、电子商务精准营销的机会与挑战等五个方面对本章内容进行详细讲解，让学生能够掌握电子商务精准营销的基本概念与理论基础、电子商务精准营销的实现方式、精准广告投放的基本原理、精准广告投放的实现方式、个性化推荐系统的应用场景、个性化推荐系统的核心算法、电子商务精准营销的机会与挑战等基础知识。其次，提出如下管理问题：电子商务如何进行精准营销及客户管理？推荐系统的引入是否会侵犯用户隐私？如何促进平台间的数据共享？如何进行营销信息管理？如何进行二手营销信息搜集？接着通过一系列复习题来对本章内容进行巩固。最后，通过章末案例提出思考问题，引导学生将理论和实际案例相结合，更好地掌握本章内容。

第8章主题为"电子商务人机交互设计"。首先，通过开篇案例"抖音交互设计和用户体验"引入，向学生介绍电子商务人机交互设计以及用户体验，让学生了解什么是"好"设计及其影响，从而掌握超越可用性的用户体验——说服设计的概念。其次，分别从注意力，感知，记忆，学习，阅读、聆听和交流，计划、推理和决策的角度，对交互设计是如何在过程中辅助消费者认知的部分进行讲解；然后，向学生系统性地介绍情绪的定义，进而探究如何通过交互设计影响用户情感，并进一步向学生讲解情感计算等情感智能技术。接着，再讲解什么是说服设计，进行说服设计要考虑的几大要素是什么，以及它是怎样改变消费者的态度和行为的，借助多多果园的案例对说服设计机制进行详细分析。最后，对黑暗模式进行补充说明，在此基础上，通过章末案例回顾本章内容，强调利用知识和现有技术，开发以用户为中心的、满足人们需求的交互式产品的方法与重要性。

第9章主题为"电子口碑与用户评价"。首先，讲述开篇案例"《大圣归来》的逆袭"，从电影《大圣归来》正向的观众评价与表现优异的电影票房之间的关系入手，先向学生介绍传统口碑的定义、特征及影响，再过渡到电子口碑及平台评论的内容，让学生掌握电子口碑的特征及其与传统口碑的区别。其次，分别从电子口碑贡献者、传播者和接收者的角度，介绍电子口碑传播的前因、传播动机和参考动机，并对不同的动机进行比较分析；接着，让学生对电子口碑的劝导性及其相关评估和测量进行理解，并可以从电子口碑的可信度和帮助度这两方面相关的因素进行劝导力度的探讨；再引导学生熟悉电子口碑对用户信息获取的影响和对消费者态度、购买意愿和购买行为的影响，并从产品和市场层面了解电子口碑对产品与服务的销售的影响。最后，让学生掌握分析与处理电子口碑的策略和技术，并由此探讨电子口碑的争议性及局限性，可以结合关于虚假评论的法律行动进行讨论，也可以鼓励学生搜索、查阅并分享其他案例。

第10章主题为"社交电子商务"。首先，以开篇案例切入，让学生了解社交商务的定义与范畴，将社交商务与传统电子商务进行比较，掌握社交商务的两种主要商业模式及独有的特征。其次，依托社交计算、Web 2.0及其主要特征、社交软件的内容对社交商务的工具和平台进行介绍，并让学生认识它们在社交电子商务中的运行机制和运用效果；然后，结合图表了解社交网络的构建、理论和分析，可以选择性地让学生熟悉领域内的前沿研究主题——社交网络中的病毒式营销，再借助社交媒体时代的品牌建设问题，从特征、类型、监控与声誉管理方面让学生认识社交媒体。接下来，简单地认识社交购物的构成、模式、效益和工具，通过案例回顾章首对社区团购案例的介绍，并引导学生进行思考和回答。最后，借助章末案例回顾本章内容，帮助并加深学生对社交电子商务的理解。

第11章主题为"移动电子商务"。首先，从墨迹天气和肯德基宅急送的整合营销活动案例切入，依次从移动互联网、移动设备与移动操作系统、二维码等其他辅助性技术对移动电子商务基础技术进行介绍。其次，让学生了解移动电子商务模式与思维，可以从移动电子商务的概述、特性、"5F"思维的角度展开；接下来，向学生介绍基于移动位置的电子商务应用，明确基于位置的服务的概念以及基于位置的电子商务应用，可以结合应用案例对LBS场景化营销进行详细说明；然后，结合图表从概念、特点、应用等角度让学生了解什么是移动社交推荐，并通过应用案例让学生理解移动社交推荐的特点和流程；然后对移动电子商务中的隐私问题进行分析及讨论，包括有哪些问题以及应该如何应对，通过应用案例引导学生对隐私付费的服务进行思考与讨论。最后，通过章末案例回顾本章内容。

第12章主题为"互联网金融与电子支付"。首先，对贴近生活的第三方支付进行概要介绍，让学生了解什么是互联网金融，互联网金融和金融互联网有什么联系和区别，电子商务对互联网金融有什么启发，我国互联网金融的发展现状怎么样。其次，对互联网金融的主要模式进行详细介绍，如网络银行、网络众筹、消费金融，掌握它们的概念与运作模式；再对电子支付的基本概念与原理进行说明，让学生掌握支付与支付系统，电子支付系统的发展历程、特点、功能和结构，电子汇兑系统及其运作模式，互联网支付系统；然后，结合图表明确电子支付的主要模式及业务流程，分别从电子钱包、网银支付、移动支付、第三方电子支付的内容和特点切入。最后，借助章末案例总结本章内容，并引导学生对互联网金融与电子支付的前景进行思考和讨论。

第13章主题为"电子医疗健康"。首先，通过开篇案例"舒心就医"让学生了解电子商务在医疗健康行业的应用，并对智慧医疗服务模式进行概要介绍，引出对智慧医疗服务模式有影响的新兴信息技术（如大数据、5G、AI 诊断、区块链等）。其次，让学生了解智慧医院和互联网医院的发展史以及新兴技术在医院内的具体应用，掌握全流程智慧门诊，可以分别从概述与应用这两个角度讲解；接着，让学生认识 5G 医疗的应用和挑战；然后，讲解 AI 诊断的内容、背景、现状与态势、应用的领域、面临的挑战和对未来的展望，并结合"医学影像 AI 诊断"的现实案例介绍 AI 诊断的应用；让学生熟悉互联网 + 药店服务的内容、应用，借助支付宝未来药店等例子介绍智慧药房的应用。最后，讲解在医院外的智慧医疗服务模式，明确区块链 + 医疗服务模式，包括模式的特征与优势、背景、现状与态势、应用以及挑战，可以通过章末案例进一步讨论研究智慧医疗的特点以及它面临的机遇与挑战。

第 14 章主题为"新兴技术在电子商务中的应用"。首先，通过开篇案例引出电子商务涉及的新兴技术（如人工智能、VR、AR、区块链、物联网等）并对这些新兴技术进行详细介绍。其次，帮助学生掌握人工智能技术的概念及其在电子商务领域的应用现状，比如智能客服，语音购物，人脸识别和行为洞察，精准营销与创意营销，智能算法、物流机器人与电商物流等，可以适当结合应用案例对人工智能技术的应用进行总结，详细了解新兴技术是如何改善用户体验以及如何赋能平台商户的；接下来，借助案例从技术简介、技术应用及现状等方面讲解区块链技术、VR 和 AR 技术与物联网技术，主要是明确这些新兴技术的特点与现状，让学生掌握使用的场景、正面影响以及其潜在的风险。最后，通过章末案例回顾本章内容，对案例中涉及的新兴技术进行列举，并引导学生对技术应用的难点和前景进行思考，巩固所学知识。

第 15 章主题为"电子商务道德及电子商务法律、法规与监管"。首先，以 Facebook 数据被滥用的案例作为开篇，明确电子商务的道德基础，并进一步详细介绍我国的相关法律法规，比如《中华人民共和国电子商务法》等。其次，结合案例讲解国际相关法律法规，比如《通用数据保护条例》等，让学生思考这些法律法规与电子商务行业创新间的关系，以及这些法律法规是否足以规范电子商务行业，在法律法规的实施过程中又会遇到哪些可能的挑战和难题。最后，借助章末案例详细探究此类事件违反了哪些电子商务的职业道德原则或者法律法规，会对用户及社会造成怎样的影响和后果，各主体又该如何避免此类事件发生，在此基础上让学生掌握电子商务未来的监管趋势并对其进行分析讨论。

CONTENTS

目录 ●─○─●─○─●

作者简介

前言

教学建议

第1部分　电子商务商业模式与战略

第1章　电子商务的发展、驱动因素及其
经济与社会影响 / 2

开篇案例　淘宝村的诞生与发展 / 2

1.1　电子商务的发展现状 / 4

1.2　电子商务的概念、定义、分类及其
框架 / 7

1.3　电子商务发展史 / 10

应用案例 1-1　亚马逊的发展历程 / 12

应用案例 1-2　从 8848 到阿里巴巴 / 18

1.4　电子商务发展的驱动因素及其
效果 / 20

1.5　电子商务的经济与社会价值 / 23

1.6　未来电子商务的发展趋势与展望 / 23

本章小结 / 24

管理问题 / 25

复习题 / 26

章末案例　东南亚电子商务的兴起 / 26

第2章　电子商务商业模式 / 31

开篇案例　互联网巨头会战社区团购 / 31

2.1　商业模式的概念与元素 / 33

2.2　电子商务的主要商业模式 / 34

2.3　电子商务的主要盈利模式 / 35

2.4　电子商务商业模式的支撑技术 / 35

2.5　电子商务商业模式创新 / 44

应用案例 2-1　凡客诚品 / 45

应用案例 2-2　淘宝与 eBay / 48

应用案例 2-3　线上展会 / 51

应用案例 2-4　阿里犀牛智造 / 54

应用案例 2-5　河狸家，O2O 泡沫的
幸存者 / 57

应用案例 2-6　云集的 S2B2C / 60

2.6　5G 时代的电子商务商业模式展望 / 61

本章小结 / 62

管理问题 / 62

复习题 / 63

章末案例　拼多多的社交裂变 / 63

第3章　电子商务企业发展与竞争战略 / 67

开篇案例　小米的全生态战略 / 67

3.1　电子商务企业的发展现状 / 71

3.2　电子商务市场竞争模式 / 72

应用案例 3-1　"淘宝镇"的低价内卷
竞争 / 74

应用案例 3-2　餐饮商家在线上外卖中的
机遇和挑战 / 75

应用案例 3-3　反垄断罚单剑指经营者
集中 / 79

3.3　电子商务企业的竞争战略 / 82

应用案例 3-4　小红书如何实施以差异化
为基础的产品战略 / 86

应用案例 3-5　京东如何实施以价格为基础的产品战略 / 88

应用案例 3-6　大众点评的竞争战略 / 91

应用案例 3-7　携程的生态战略之路 / 95

3.4　电子商务企业面临的挑战 / 98

3.5　电子商务企业的发展趋势 / 101

本章小结 / 102

复习题 / 103

章末案例　TEMU："拼多多"海外上演狂飙 / 103

第 4 章　电子商务多渠道营销关系与影响 / 108

开篇案例　丝芙兰：零售社交新体验 / 108

4.1　电子商务中的多渠道营销概述 / 111

4.2　多渠道营销的协同关系 / 116

应用案例 4-1　优衣库的"数字消费零售"之道 / 120

4.3　多渠道营销的冲突关系 / 122

应用案例 4-2　小米：从线上营销走向线下门店 / 125

4.4　全渠道营销 / 129

本章小结 / 131

管理问题 / 132

章末案例　三只松鼠："坚果帝国的成长之路"全渠道营销 / 133

第 2 部分　电子商务运营与管理

第 5 章　电子商务物流与供应链 / 138

开篇案例　京东智能仓库与机器人 / 138

5.1　电子商务物流概述 / 139

5.2　仓储管理 / 144

5.3　物流配送和配送中心 / 147

5.4　成本管理 / 150

5.5　电子商务物流模式 / 153

应用案例 5-1　菜鸟的前置仓、京东物流的中心仓与生鲜配送 / 156

5.6　智慧物流 / 157

应用案例 5-2　顺丰大数据平台 / 162

本章小结 / 164

章末案例　无人机送货：未来智能物流发展的潜在方向 / 164

第 6 章　电子商务与消费者行为 / 168

开篇案例　亚马逊在中国的"水土不服" / 168

6.1　了解消费者行为 / 173

6.2　建立消费者信任 / 180

应用案例 6-1　淘宝购物与客服聊天 / 185

6.3　提高消费者感知价值 / 187

6.4　消费者满意和忠诚 / 191

6.5　文化与消费者行为 / 195

本章小结 / 198

管理问题 / 200

复习题 / 200

章末案例　百雀羚的创新与重生 / 200

第 7 章　精准营销、广告与推荐系统 / 207

开篇案例　阿里巴巴的千人千面战略 / 207

7.1　电子商务中的精准营销 / 209

7.2　面向精准营销的广告投放 / 214

应用案例 7-1　百度精准广告 / 219

7.3　精准营销的数据基础 / 220

应用案例 7-2　京东"揽客计划"：基于大数据的精准营销 / 225

7.4　精准营销的核心技术：推荐系统 / 227

应用案例 7-3　携程的个性化推荐 / 234

7.5　电子商务精准营销的机会与挑战 / 235

本章小结 / 237

管理问题 / 238

复习题 / 238

章末案例　Netflix 的百万美元大奖 / 239

第 8 章　电子商务人机交互设计 / 243

开篇案例　抖音交互设计和用户
体验 / 243

8.1　人机交互设计基本概念 / 245

8.2　交互设计与用户认知 / 248

8.3　交互设计与用户情感 / 255

8.4　说服技术和行为改变 / 261

应用案例 8-1　多多果园的说服设计
机制分析 / 266

本章小结 / 269

管理问题 / 269

复习题 / 269

章末案例　虚拟人直播 / 269

第 9 章　电子口碑与用户评价 / 273

开篇案例　《大圣归来》的逆袭 / 273

9.1　口碑的定义与范畴 / 274

9.2　用户的参与及电子口碑的产生 / 281

9.3　电子口碑的劝导性及其评估和
测量 / 286

9.4　电子口碑的影响 / 290

9.5　电子口碑的管理与分析 / 293

应用案例 9-1　钉钉与小学生们的一星
差评 / 294

应用案例 9-2　淘宝试用与测评 / 298

本章小结 / 300

复习题 / 300

章末案例　车企与负面口碑 / 301

管理问题 / 302

第 3 部分　电子商务创新与实施

第 10 章　社交电子商务 / 306

开篇案例　互联网大厂进军社区团购 / 306

10.1　社交商务的定义与范畴 / 309

10.2　社交商务的工具和平台 / 311

10.3　社交网络 / 313

前沿研究回顾 10-1　社交网络中的病毒式
营销 / 317

应用案例 10-1　看 WonderLab 如何
霸屏微信朋友圈 / 319

10.4　社交媒体 / 321

应用案例 10-2　社交媒体时代的品牌
建设 / 326

10.5　社交购物 / 329

应用案例 10-3　Groupon 有风险，
借鉴需谨慎 / 333

本章小结 / 335

复习题 / 336

章末案例　拼多多 / 336

管理问题 / 340

第 11 章　移动电子商务 / 343

开篇案例　墨迹天气 × 肯德基：雨神宅
急送整合营销活动 / 343

11.1　移动电子商务基础技术 / 344

11.2　移动电子商务模式与思维 / 353

11.3　基于移动位置的电子商务应用 / 358

应用案例 11-1　百度地图"喂食火鸡"
感恩节营销活动 / 362

11.4　移动社交推荐 / 363

应用案例 11-2　多种裂变创意的 App
拉新活动系列案例 / 367

11.5　移动电子商务中的隐私问题 / 370

应用案例 11-3　隐私付费化：以菜鸟
为例 / 372

本章小结 / 373

管理问题 / 373

复习题 / 373

章末案例　孩子王的"新零售"模式：
线上线下无界融合 / 374

第12章 互联网金融与电子支付 / 378

开篇案例 今天,你 Pay 了吗? / 378

12.1 互联网金融的内涵与范畴 / 379

12.2 互联网金融的主要模式 / 385

12.3 电子支付的基本概念与原理 / 387

12.4 电子支付的主要模式及业务
流程 / 394

本章小结 / 400

管理问题 / 400

复习题 / 400

章末案例 将数字货币转化为黄金 / 401

第13章 电子医疗健康 / 407

开篇案例 舒心就医 / 407

13.1 智慧医疗服务模式导论 / 408

13.2 全流程智慧门诊 / 409

13.3 5G 医疗应用 / 410

13.4 AI 诊断 / 413

前沿研究回顾 13-1 医学影像 AI
诊断 / 419

13.5 互联网 + 药店服务 / 419

13.6 区块链 + 医疗服务模式 / 423

前沿研究回顾 13-2 区块链在病案中的
应用研究 / 429

本章小结 / 430

管理问题 / 432

复习题 / 432

章末案例 区块链 + 医疗 / 432

第14章 新兴技术在电子商务中的
应用 / 436

开篇案例 美团智能派单和困在算法里的
外卖骑手 / 436

14.1 新兴技术概述 / 438

14.2 人工智能 / 438

前沿研究回顾 14-1 智能客服 / 441

应用案例 14-1 美团"AI+ 生活"打造未
来生活服务新基建 / 447

14.3 区块链 / 449

应用案例 14-2 京东智臻链 / 452

14.4 虚拟现实与增强现实 / 454

应用案例 14-3 上海南京路商圈 VR 和
AR 应用 / 457

14.5 物联网 / 458

应用案例 14-4 亚马逊无人零售 / 463

本章小结 / 464

章末案例 贝壳找房 / 465

第15章 电子商务道德及电子商务法律、
法规与监管 / 469

开篇案例 剑桥分析公司数据滥用
事件 / 469

15.1 电子商务道德基础 / 471

15.2 我国相关法律法规 / 471

应用案例 15-1 ZAO 手机应用隐私
条款争议 / 481

15.3 国际相关法律法规 / 483

应用案例 15-2 Uber 数据泄露事件 / 486

15.4 电子商务未来监管趋势 / 488

本章小结 / 488

管理问题 / 488

复习题 / 489

章末案例 阿里巴巴集团反垄断
处罚 / 489

参考文献 / 493

电子商务商业模式与战略

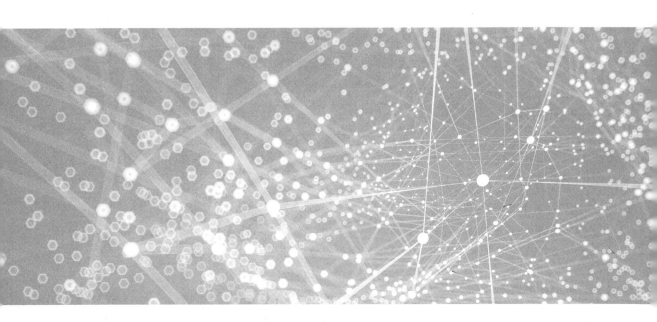

第1章 ●─○─●─●─○

电子商务的发展、驱动因素及其经济与社会影响

■ 学习目标

1. 电子商务的基本概念及其分类
2. 电子商务的范畴、形态及交易种类
3. 电子商务的发展史
4. 电子商务的竞争态势
5. 电子商务的经济与社会价值
6. 电子商务面临的局限、环境压力及组织应对措施

■ 开篇案例

淘宝村的诞生与发展

随着互联网平台的迅速发展、国家对农村的关注以及政策的倾斜，淘宝村作为农村电子商务经济的代表之一，从最初的萌芽状态不断地扩张，如今已形成空间上的较大规模覆盖。一般意义上，淘宝村是指当地的网店数量不低于当地家庭户数的10%（或者当地的活跃网店数量达到100家）并且年交易额达到1 000万元以上的村庄。淘宝村的诞生与发展，在一定程度上标志着中国农村经济的划时代进步，有效解决了农村人口就业困难、收入增长困难以及与外界信息互通困难等问题；鼓励农民积极开展自主创业，将农村经济优势发挥出来；解决了农村的贫困问题，缩小了城乡之间的差距。

1. 淘宝村的发展历程

自2009年阿里研究院对江苏睢宁县沙集镇东风村等3个村认证以来，淘宝村在各地开始了迅猛发展和快速扩张。截至2014年12月，全国已有各种类型的淘宝村212个，遍布浙江、天津、四川、江苏、湖北等10个省市。中西部地区也第一次出现了淘宝村，4

个来自四川、河南、湖北的农村第一次出现在淘宝村的名单中，这种现象对于欠发达的中西部地区来说意义重大，淘宝村会成为中西部发展的重要机会，为缩小东西差距提供原动力。此外，淘宝村的发展也加速转向乡镇及县域等更大地域，开始出现"淘宝镇"这种新的形态（淘宝镇一般是指辖区范围内淘宝村达到 3 个及以上的乡镇，或在阿里平台一年电商销售额超过 3 000 万元、活跃网店一年电商销售额超过 3 000 万元、活跃网店超过 300 个的乡镇，不局限于是否有淘宝村）。截至 2014 年 12 月，全国共有淘宝镇 19 个，由淘宝村产生的集群效应已经初见规模。截至 2022 年，全国已有 7 780 个淘宝村、2 429 个淘宝镇，广泛分布于 28 个省、自治区、直辖市。

2. 淘宝村的空间分布

淘宝村的空间分布具有高度集中在东部沿海地区、"东中西"递减、"北中南"分布的特点。首先，从全国来看，东部沿海地区是淘宝村的高度集中区域，淘宝村数量占到整体数量的 96% 以上。在省域分布上，呈现出以浙江省为中心，向其他沿海省份辐射的特征；在县域分布上，呈现出中西部及东北地区零星分布、东部地区集群发展的特征。其次，从空间梯度来看，整体表现出"东中西"递减的特征，与我国"东中西"经济地理梯度基本吻合。在东部表现为高密度面状分布，中部与东北表现为中密度岛状分布，西部表现为低密度点状分布。最后，从区域集聚来看，表现出"北中南"分布特征。大致可分为北部集聚区（冀中南、鲁南以及苏北地区）、中部集聚区（江苏南部以及浙江全省）以及南部集聚区（闽东南、潮汕和珠三角三个相对独立的团块状集聚区）。

3. 淘宝村的产品类别

服装、家具和鞋子是淘宝村最主流的产品，淘宝村网店销售额最高的商品是服装，第二是家具，第三是鞋，第四到十位依次是：箱包皮具、汽车用品、手机、床上用品、玩具、服饰配件和生活电器。总体来看，依靠单品类取胜是目前淘宝村的主流经营策略。大部分淘宝村都拥有一种核心产品，其销售额往往占整体销售额的 50% 以上，这是由于该产品往往是村里的特色产品，比如保定白沟新城小营村的箱包、海宁长安镇老庄村的皮草、苏州阳澄湖镇消泾村的大闸蟹等。

4. 特色淘宝村

在中西部的淘宝村中，湖北省十堰市郧西县涧池乡下营村是中西部地区最早出现的 4 个淘宝村之一，也是湖北省第一个淘宝村。该村地处秦巴山区，拥有 300 多户人家，共计 1 000 多人。从 2010 年开始，村里的年轻人开始在网上销售当地的特殊资源——绿松石，并迅速将销售额由 2013 年的 1 500 万元做到 2016 年的 7 000 多万元。电子商务在市场拓展和财富增长方面的示范作用迅速吸引了全村近一半村民投入其中。全村开设淘宝店、微店等网上商店约 500 家，实现了当地 4G 网络的全覆盖、百兆光纤入户……短短几年时间，该村实现了经济的迅速发展和居民生活水平的提高。除了绿松石这种当地特色产品，下营村的发展主要依赖于草根创业群体与互联网平台的高水平结合。在结合过程中，政府的积极作为和扶持也是该村获得积极发展的重要因素，村"两委"的积极作为使下营村从产业蓬勃发展的淘宝村转变为生产、生活、生态有机融合的美丽乡村。

平乐村为河南省洛阳市孟津区平乐镇下辖村，距洛阳市中心城区12公里，邻近洛阳北郊机场、洛阳北站等大型交通设施，交通便利。在洛阳"千年帝都，牡丹花城"的文化熏陶下，平乐村创立平乐牡丹画品牌。凭借"一幅画、一亩粮、小牡丹、大产业"，平乐村目前已成为全国唯一的"牡丹画生产基地"，也是农业农村部发布的中国"美丽乡村"文化传承型模式的典型。2016年平乐牡丹画产业实现"互联网+"的突破，被阿里研究院认定为"中国淘宝村"。

5. 淘宝村的未来发展

全国淘宝村的数量从开始的个位数到十位数，再到百位数，只用了短短6年。在政府推动以及淘宝村自然复制的双重作用力下，淘宝村的数量将会继续快速增长，最终实现常态化。中国农村也将因此实现产业在线化、就业本地化以及消费都市化。但是，淘宝村也应警惕无品牌、低价、低质量的经营方式，只有形成自己的核心竞争力才能不断健康成长。

资料来源：1. 阿里研究院，中国淘宝村研究报告（2014）.
2. 阿里研究院，中国淘宝村研究报告（2018）.
3. 阿里研究院，南京大学空间规划研究中心，中国淘宝村发展报告（2014—2018）.
4. 阿里研究院，2019年淘宝村名单.
5. 阿里研究院，2022年新增"淘宝村"和"淘宝镇"初步名单公示.

思考问题

1. 针对当前淘宝村产品单一化的情况，你的看法是怎样的？

2. 针对淘宝村的发展区域不协调问题，那些处于区位劣势的行政村应当怎样培养自己的竞争优势？

3. 针对淘宝村的未来发展，政府、平台、经营者三方应当分别怎么做？

1.1 电子商务的发展现状

1.1.1 我国电子商务的发展现状

自20世纪90年代中期出现电子商务以来，电子商务持续发挥着日益重要的信息、交易、服务等基础设施平台作用，深刻改变了消费行为、企业形态、经营交易方式、社会价值创造途径等，对全球经济的发展具有深远的影响和意义。

我国商务部电子商务和信息化司于2023年6月发布的《中国电子商务发展报告2022》中指出，"中国电子商务市场规模持续引领全球，服务能力和应用水平进一步提高"。国家统计局数据显示，2022年全国电子商务交易额达43.83万亿元，同比增长3.5%。

我国网络零售规模居全球首位，产业创新活力世界领先。2022年底，我国网络购物用户规模达8.45亿，较2021年底增长319万人；全国网上零售额达13.79万亿元，与2021年相比增长4.0%，其中实物商品网上零售额为11.96万亿元，占社会消费品零售总额的比重上升到27.2%。农村网络零售也获得了很大发展。2022年，我国农村网上零售额达 2.17 万亿元，与 2021 年相比增长 3.6%。其中农村实物商品网上零售额 1.99 万亿元，与 2021 年相比增长 4.9%。农村网络零售对城乡经济消费的拉动作用进一步增强。

在电子商务交易额中，服务类交易增长较快。2022 年我国电子商务服务业营收规模达 6.79 万亿元，同比增长 6.1%。进出口贸易持续发展，2022 年跨境电子商务进出口总额达到 2.11 万亿元，同比增长 9.8%，跨境电商政策体系不断完善，日益成为我国商品出口的重要通道。2022 年，全国快递服务企业业务量累计 1 105.8 亿件，同比增长 2.1%。

电子商务的发展也为社会发展做出贡献。2022 年，我国电子商务从业人员达 6 937.18 万人，同比增长 3.11%。在大力发展数字经济成为全球共识的情况下，我国数字经济活跃，电子商务取得了重要进展：迭代创新促进消费新增长、品质消费成为网购新风尚、跨境电商引领外贸新业态、农村电商取得扶贫新成效、市场主体积极开拓新市场、产业深度融合展现新进展、政策法规建设推出新举措、丝路电商合作呈现新局面。

1.1.2 全球电子商务的发展现状

随着全球智能手机与平板电脑保有量不断提升、互联网基础设施建设不断完善，互联网的使用率持续提高；与此同时，新兴市场快速崛起，传统零售商加大对网络业务的投资，全球网络零售仍将保持两位数增长。根据 eMarketer 的研究数据，2022 年全球网络零售交易额增长了 7.1%，首次突破了 5 万亿美元大关。2022 年，中国占全球电子商务市场的 33.9%，紧随其后的是美国，网上零售额为 1.8 万亿美元，而英国以 2 874 亿美元的交易金额位居第三。

受新冠疫情影响，全球零售总额的增长受到重创，实体零售和电子商务均受到了大规模冲击。随着新冠疫情的影响逐渐消退，电子商务将恢复稳定的增长趋势。据预测，未来数年内全球网络零售交易额占零售总额的比重还将持续增长。

跨境电子商务（cross-border electronic commerce），尤其是跨境 B2C（企业对个人）蓬勃发展。根据 Facts and Factors 的报告"*Cross-Border B2C E-Commerce Market*"，2019 年全球 B2C 跨境电商交易额达 7 800 亿美元，同比增长 27%，预计 2026 年全球 B2C 跨境电商交易额将达到 4.82 万亿美元。从区域上看，欧洲依旧是全球最大的跨境电子商务市场，北美跨境电商市场仍然在高速发展。

欧美地区电子商务普遍起步早、应用广。此外，在线零售在零售总额中所占的份额一直在稳步上升。2022 年，美国零售电商销售额达到 1.09 万亿美元，同比增长约 11%，逐步恢复到新冠疫情前的增长率，预测到 2027 年电子商务的渗透率将达到 20.6%，高于 2022 年的 14.7% 和 2023 年的 15.6%。

2020 年，美国与疫情相关的在线购物增长导致电子商务收入增加 1 748.7 亿美元。2020 年，美国市场排名前十的零售电商分别是亚马逊、沃尔玛、eBay、苹果、家得宝、百思买、塔吉特、Costco、Wayfair 以及梅西百货。电商增长最快的品类是食品饮料（58.5%）和健康＆个人护理＆美容（32.4%），而作为电商第二大品类的服装配饰仅增长 8.6%，因为消费者的支出从非必需品转移至其他品类。

根据 Salesupply 发布的欧洲电商产业相关白皮书，超过 85% 的欧洲人口（欧洲人口 7.43 亿人）是互联网用户。2020 年，欧洲电子商务市场总额达到 7 170 亿欧元，而且还在不断增长。英国、德国、法国是欧洲发展更为成熟的电商市场，其中英国和德国的网购人口占比分别达到了 87% 和 83%。2020 年新冠疫情期间数百万消费者转向网上购物，使当年欧洲电子商务营收达到 4 252 亿美元，同比增长 710 亿美元。2022 年，欧洲电子商务市场的总收入为 6 340 亿美元。欧洲电子商务市场拥有约 5.23 亿电商活跃用户，平均各国约有 62% 的消费者在网上购物。据 ecommerce DB 预测，到 2026 年该地区市场规模将超过 1.1 万亿美元。

虽然亚太地区电子商务起步较晚，但具有体量大、发展快的特点。据 eMarketer 统计，2019—2020 年亚太地区网络零售增速达到 25%，在电子商务零售额排名前十的国家中，有四个国家来自亚太地区，即中国、日本、韩国和印度（见图 1-1），四国总额占前十个国家总和的近 70%。2020 年亚太地区 2.448 万亿美元的电子商务零售额占全球的 62.6%（见图 1-2）。在全球电商增长率排名前十的国家和地区中，亚太地区就占了四个：菲律宾（25.0%）、马来西亚（23.0%）、印度（21.0%）和韩国（19.5%）。中国网络零售交易额自 2013 年起已稳居世界第一，2020 年阿里巴巴以 1.17 万亿美元的电子商务零售额排名中国电商企业第一，京东、拼多多、苏宁、唯品会也名列前茅（见图 1-3）。中国和印度的网民人数占到全球网民人数的 28%，伴随着巨大的网民红利，亚洲电子商务市场有着良好的发展前景。

拉丁美洲、中东及北非地区电子商务规模小，但潜力巨大。Worldpay 发布的全球支付报告显示，拉丁美洲、中东和非洲以及东南亚（泰国除外，增长率为 9%）是电子商务的高增长市场，预计到 2026 年，年均复合增长率将在 15% 左右。以拉丁美洲为例，据数据统计网站 Statista 的统计结果，2022 年该地区电商交易额达 1 250 亿美元，同比增长

	2019	2020	变动
1. 中国	1,801.53	2,089.78	16.0%
2. 美国	601.65	709.78	18.0%
3. 英国	133.92	153.61	14.7%
4. 日本	123.45	130.61	5.8%
5. 韩国	87.08	104.06	19.5%
6. 德国	79.47	92.33	16.2%
7. 法国	66.00	77.27	17.1%
8. 印度	42.58	51.52	21.0%
9. 加拿大	32.49	39.22	20.7%
10. 西班牙	26.77	32.89	22.9%

图 1-1 2019—2020 年电子商务零售额前十名的国家（单位：十亿美元）

资料来源：eMarketer, Global ecommerce 2020, https://www.emarketer.com/content/global-ecommerce-2020, 2020-6-22.

亚太地区	2 448.33
北美	749.00
	498.32 西欧
	92.91 中欧 & 东欧
	83.63 拉丁美洲
	41.56 中东 & 非洲

图 1-2 2020 年全球电子商务零售额（单位：十亿美元）

注：图中所统计的"电子商务零售额"包括用户使用任意设备通过网络订购商品或服务产生的销售额；其中不包括旅行及活动门票、税收或转账、餐饮场所的销售、赌博或其他副品的销售产生的销售额。

资料来源：eMarketer, Global ecommerce 2020, https://www.emarketer.com/content/global-ecommerce-2020, 2020-6-22.

20.4%，预计到 2027 年该地区的电商交易额将达到 2 430 亿美元，具有长足的发展潜力。

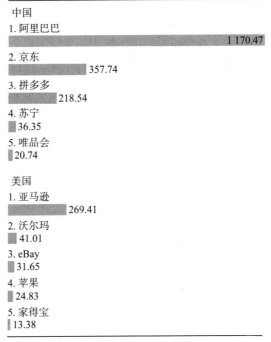

图 1-3　中国与美国电子商务零售额前五名的企业（单位：十亿美元）

资料来源：eMarketer, Global ecommerce 2020, https://www.emarketer.com/content/global-ecommerce-2020, 2020-6-22.

1.2　电子商务的概念、定义、分类及其框架

狭义的**电子商务**（electronic commerce）是指利用计算机网络（包括互联网或内联网）开展交易的过程。交易过程涉及提供信息、买卖商品、配送商品、提供服务等活动。另一个相关的概念是**电子业务**（electronic business），它是对狭义电子商务概念的扩展。它不仅是指商品或服务的交易，而且包括客户服务、与商业伙伴的协作、组织内外部的电子信息交换等。本书采用**广义的电子商务**概念，包括狭义的电子商务与电子业务，是指组织或个人之间开展电子化商业交易的各类**商业模式**（business model）。

电子商务活动可以在**电子市场**（electronic market）上开展，主要活动包括信息搜索、订购支付、订单实施、产品配送与售后服务等，这些活动既可以通过实体商店开展，也可以经由数字化手段实现。如果所有活动都涉及数字化手段，可以认为是**完全的电子商务**；相反，如果所有活动都在线下开展，则是传统的商务活动。现阶段大多数电子商务活动包含了实体和数字化两种形态，并形成有机结合，因此可以认为是**部分的电子商务**。例如，在电子商务网站上买一本书，由于商品需要实体配送，因此属于部分的电子商务；而在网站上购买软件或信息类产品，则属于完全的电子商务。

开展电子商务活动的企业通常有两种类型：一种只有线上业务，可以称为**纯电子商务组织**（pure-play organization）或**虚拟组织**（virtual organization），比如淘宝、当当、京

东及早期的亚马逊等企业；另一种将线上、线下业务加以整合，称为**鼠标加水泥式组织**（click-and-mortar organization），传统线下企业应用线上渠道开展营销活动，或在线上平台开设店铺，都可以看作是鼠标加水泥式的企业，比如天猫与京东平台上大量的第三方商家。近年来，众多纯电子商务企业也纷纷向线下拓展业务版图，开设线下品牌专卖店、超市、便利店等多种形式的实体店，而这些实体店传统上被称为**砖瓦加水泥式组织**（brick-and-mortar organization）。由此可见，电子商务经历了从纯线上、线下向线上发展或转移，以及线上向线下拓展兼并的发展过程，其形态与界定范畴并非一成不变，而是随发展阶段的不同时刻产生动态的调整和变化。

按照交易形式及参与者关系，电子商务还可以进行如下分类（见表1-1与图1-4）。

表1-1　电子商务分类

交易形式	定义	参与者	典型企业及业务
企业间电子商务（business-to-business，B2B）	企业与企业在网络上开展交易	企业或其他形式的组织	阿里巴巴、全球资源网、中国制造网、戴尔公司的所有批发业务、电脑产品零配件的采购
企业对消费者电子商务（business-to-consumer，B2C）	企业向个体消费者销售产品和服务，也称为电子零售（e-tailing）	企业与个体消费者	亚马逊、天猫、京东、苏宁等
企业对企业对消费者电子商务（business-to-business-to-consumer，B2B2C）	企业将产品、服务提供给企业客户，后者再将产品、服务提供给自己的客户。有时客户就是客户企业自己的员工	企业、客户企业、个体消费者	
消费者对企业电子商务（consumer-to-business，C2B）	个人利用互联网将产品、服务销售给组织，或个体消费者寻找商家，委托商家将自己的产品、服务销售出去。也可以指消费者向商家预先下订单，商家按订单生产并销售产品	企业与个体消费者	Priceline.com
企业内电子商务（intrabusiness e-commerce）	组织内部的电子商务活动，组织内的机构或个人利用网络进行商品、服务和信息的交换	企业内部机构、个人	
企业对员工电子商务（business-to-employees，B2E）	企业内电子商务的分支，企业通过网络将产品、服务、信息等递送给员工，也称为企业对外派员工的电子商务（business-to-mobile employees，B2ME）	企业、员工，主要指外派的员工或代表公司外出办理业务、帮助客户开展业务等	
消费者对消费者电子商务（consumer-to-consumer，C2C）	消费者直接与其他消费者进行网络交易	个体消费者	淘宝个人店、闲鱼、eBay拍卖
电子政务（e-government） 政府对企业（government-to-business，G2B） 政府对个人（government-to-consumer，G2C） 政府对政府（government-to-government，G2G）	政府机构利用网络与政府、企业、个人开展商品、服务和信息等交易或商务活动	政府、企业、个体消费者	

电子商务的总体框架包括各类经营活动、组织结构、支持系统及技术基础设施等，如图 1-5 所示。其中，电子商务的基础设施包括硬件、软件、网络等；支持系统是电子商务的支柱，包括人员、公共政策、营销和广告、支持服务以及商务伙伴等；基础设施和支持系统共同支撑最上层的多种形式的电子商务应用。基础设施、支持系统与应用等要素都需要企业

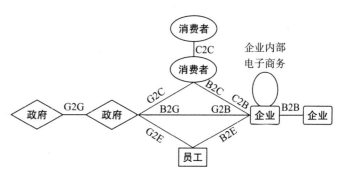

图 1-4　电子商务的交易形式

的有效管理，企业需要对此进行计划、组织、改进，制定相应的战略，对流程进行持续的重构，不断优化电子商务商业模式和企业战略。

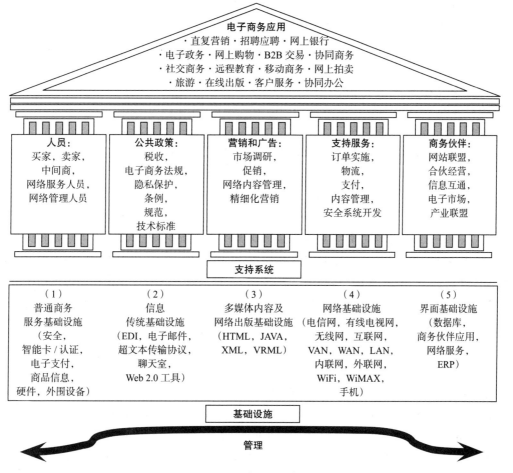

图 1-5　电子商务的总体框架

资料来源：TURBAN E, KING D, MCKAY J, et al. Electronic commerce: a managerial perspective［M］. 5th ed. London: Prentice-Hall, 2008.

在电子商务发展过程中，由于各种互联网技术与应用的涌现，比如云计算、移动技术、社交网络、地理位置服务、人工智能等，电子商务的形式也出现了更多基于创新场景的变化，包括**移动商务**（mobile commerce）、社交商务、**协同商务**（collaborative commerce）、远程教育、电子政务等。电子商务的边界和内涵日益广泛，电子商务的元素渗透到各行各业中。除电子商务类企业外，其他不同类型的企业也逐步涉足电子商务业务（比如谷歌、百度、网易等高科技企业），技术的进步与企业间跨领域的激烈竞争既促进了电子商务本身的进化和成长，也成功革新了各类传统行业的业务模式和经营模式。

1.3　电子商务发展史

早在20世纪70年代，一些大企业与金融机构等就开始采用**电子资金划拨**（electronic funds transfer，EFT）的方式进行资金转移，是电子商务应用的早期雏形。接着出现了**电子数据交换**（electronic data interchange，EDI），即用电子的方式传输财务文件及其他各类文件。20世纪90年代，万维网（WWW）的出现催生了更多互联网的商业化应用和大批网络新兴企业，是电子商务发展的重要里程碑。自此，电子商务从一个全新的商业概念发展至今，成为世界经济的重要组成部分。

1.3.1　全球电子商务发展历程

迄今为止，以美国为代表，电子商务的发展大致经历了五个主要阶段。

第一阶段，随着互联网技术的发展与应用，世界各国与组织出台了一系列电子商务相关的法律法规，在风险投资的推动下，涌现出一批电子商务创业企业。1996年12月6日，联合国第85次全体会议通过了第51/162号决议，正式颁布了《贸易法委员会电子商业示范法及其颁布指南》(简称《电子商业示范法》)。《电子商业示范法》提供了一套国际公认规则，采用不歧视、技术中性、功能等同等原则，旨在为世界电子商务消除法律障碍，同时为世界各国的电子商务立法提供了重要参考，这极大地推动了世界电子商务的发展。世界贸易组织的《信息技术协议》于1997年4月1日生效，此协议旨在推动信息技术产品贸易的自由化，促进信息技术产业的技术进步。发达国家最先在发展电子商务方面进行了政策调整：欧盟于1997年4月出台了《欧洲电子商务动议》；美国于同年7月也公布了《全球电子商务政策框架》。1998年5月，世界贸易组织的132个成员签署了《关于电子商务的宣言》。

在电子商务出现伊始，大量初创企业着重探索应用纯网上电子商务的概念，旨在采用以技术驱动的方法，去除传统的中间渠道，对现有的销售渠道进行去中介化（disintermediation）。在风投资本家的推动下，快速融资以占有高市场份额、追求高速的收益增长，实现先发效应。这个阶段的代表型企业包括亚马逊、eBay、戴尔、阿里巴巴等。但是，这一阶段的商业模式仍过于理想化，理念超前于市场及大众观念的现状，而且大多数企业不受任何管制，随着2000年3月互联网泡沫的破灭，一大批初创电子商务企业退出了市场，幸存的企业股价也大幅下挫。例如，亚马逊的股价下降了 95%，eBay 的股价下降了 79%，遭到了重大的挫折，一时间加大了人们对电子商务的恐惧心理，电子商务发展前景不明。

第二阶段，2001—2006 年，面对电子商务发展的严峻形势，电子商务的商业模式与战略开始转型。为了打破电子商务发展的困厄，联合国有关组织加大了推动电子商务发展的力度。2001 年 5 月 10 日，联合国促进贸易和电子商务中心与结构化信息标准发展组织正式批准了电子商务扩展标记语言（e-business extension markup language，ebXML）标准，这个标准提出了一系列技术规范和电子商务中的各种功能标准，为拓展一个统一的全球性电子商务交易市场奠定了基础。与此同时，各国政府也相继推出各种支持和鼓励电子商务发展政策。随着各项政策和措施的推进，电子商务逐步摆脱了互联网泡沫的影响，业界也对电子商务的商业模式开始了反思，发展出了一系列更精练的商业模式。其中，特别强调网上经济与传统经济的混合发展策略，着重于基于传统企业业务进行电子商务转型、品牌拓展和强化，从而建立高盈利的公司，并加强中间商的力量，而非仅强调去中介化。这个阶段的电子商务发展主要由零售业巨头为主导，比如沃尔玛、百思买、Staples 等。这些企业大多是有先天优势和经验丰富的世界 500 强企业，主要通过传统的银行渠道融资用于企业发展，因此发展路径相对较为稳健，主要以优质产品和服务为导向，以企业主营业务为驱动力，并且受到更多政府和行业规范标准的管理和约束。

第三阶段，2006—2010 年，电子商务开始了新一轮重新定义和重新创新商业模式的发展阶段。采取了更多纯网上模式、网上和传统模式相结合的发展策略，侧重于开发网络用户的多种需求，结合社交网络元素，以及发展多种形式的网络中间商，通过服务消费者和发展网络社区为驱动力，代表企业有 Groupon、Pinterest、Facebook、YouTube 等。这段时期，纯网络公司的投资主要来源于风投资本家，或者被更大的网络公司收购，创业企业的目标又回归到快速夺取先发优势的竞争策略。但这时期出现的新兴电子商务商业模式很少能将海量的用户转化为利润，最终仍需要通过广告等传统形式获利，同时也受到更广泛的政府规范与监督。

第四阶段，2010—2020 年，传统电子商务商业模式已发展得较为成熟，更多、更新的应用和创新被快速发展的新技术驱动，更多全新的商业模式不断涌现。移动技术、大数据分析、智能硬件、机器人、人工智能等技术飞速发展，驱动创业者们快速推出全新的产品和商业模式，互联网与电子商务各细分领域的边界日益模糊，出现了诸如交通出行、共享经济、餐饮外卖等涉及工作和生活各方面服务的应用，对用户体验的强调也更多。而这类企业从起步到鼎盛的时间窗口也日益缩短，在短期内获得大量用户和市场的垄断地位，也需要海量的资本背书与推动。由于这类创新的电子商务业务模式挑战了传统的商业逻辑和行业标准，处于市场监管的边缘地带，因此容易出现较多复杂的社会问题、遇到市场治理方面的挑战，政府也更多地介入相关规则的制定和市场规范的约束。

第五阶段，从 2020 年至今，全球电子商务发展迎来了新的挑战和机遇。新冠疫情的暴发加速了电子商务的增长，并推动了许多行业的数字化转型。当下和未来的全球电子商务发展将以数字化、智能化和全球化为主要趋势，推动商业模式和行业结构的深度变革。

在这一阶段，电子商务将与其他行业深度融合，电商企业将进一步拓展业务边界（比如物流、金融、医疗等），实现跨界整合；移动设备的普及和互联网接入的便捷性将推动电子商务向移动平台转移，实现全行业移动化；虚拟现实、区块链等技术已然在电子商务领域扎根，元宇宙、人工智能生成内容等概念繁荣发展，这些新兴技术的广泛应用将深刻改变电子商务的面貌；跨境电子商务将进一步发展，为消除国际贸易壁垒，全球供应链管理和物流网络建设将不断完善，电商企业迎来更广阔的全球市场。

◎ 应用案例 1-1

亚马逊的发展历程

提及电子商务平台，就不得不提到亚马逊公司，其创始人杰夫·贝索斯于 1999 年当选《时代》周刊年度人物，并在 2019 年 3 月登上福布斯全球亿万富豪榜首位。亚马逊于 1995 年以书籍销售起家，并在发展过程中不断扩大品类，如今为用户提供各式各样、种类丰富的商品，包括书籍、婴幼儿用品、音乐、食品、游戏、电子产品、服装等，已是全球最大规模的电商企业之一。2020 年 7 月，亚马逊公司在福布斯 2020 全球品牌价值排行榜中排名第 4 位。

那么亚马逊是如何一步步从一个图书销售网站发展成为如今电商领域的庞然大物呢？我们接下来来回顾一下它的发展历程。

20 世纪 90 年代，互联网的不断发展引起了杰夫·贝索斯的关注，他敏锐地意识到新兴的网络技术很有可能在未来引起一场零售领域的变革。在不断地思索中，一个商业计划逐渐在他的脑海中成型。贝索斯为了他的新商业计划从纽约搬到了西雅图，并于 1995 年 7 月正式上线了他的图书销售网站——亚马逊（Amazon）。

亚马逊一经上线就获得了惊人的成功。它的销售额迅速增长，并很快超过了大部分实体竞争者，亚马逊公司多次扩大仓储规模以应对数量急速膨胀的订单，截至 1997 年其图书销售额已达到 1 560 万美元。同时，亚马逊在网站中开发了一键购物、用户评论、邮件验证订单等功能优化用户体验，实现与其他网站的差异化，吸引用户并提升用户的满意度和忠诚度。

在图书销售业务快速上升的同时，亚马逊已不再满足于做一个单纯的书商，它开始通过一系列收购和联盟战略扩张自身的产品与服务。例如，它在 1999 年收购了 HomeGrocer.com 和 Pets.com，同时它也在海外进行了一系列战略收购，将触角伸向欧洲、中国等海外市场。

21 世纪初，亚马逊经历的一场重组使其受到了不小的损失，但事实证明这对亚马逊来说只是一个短暂的挫折。2000 年，亚马逊开始从纯粹的自营模式向平台转变，允许第三方商家在平台上销售产品。2005 年，亚马逊推出了黄金会员服务，用户只需缴纳 79 美元的年度会员费就能获得网站提供的全年送货服务。通过布局物流与交付的基础设施，亚马逊为用户们带来了极大的便利，在美国的许多城市，黄金会员用户能够在一天内收到下单的商品。这些黄金会员用户较普通用户忠诚度更高，购买力更强，其消费的平均数额几乎是其他客户的两倍。2006年时亚马逊推出了亚马逊网络服务（AWS），为企业用户提供一整套基于云技术的基础设施与服务，比如虚拟服务器、数据库、消息服务、人工智能等。AWS是一个可靠、灵活、安全的平台，它的一个关键优势是能够根据客户的具体情况提供个性化的服务，从而帮助客户避免支出大量的资金成本。这一服务每年为亚马逊带来可观的收入，并在未来有很大的上升潜力。

亚马逊在2007年时进行了开发硬件产品的尝试，并发布了第一代电子阅读器Kindle。Kindle采用了创新技术，带给用户阅读纸质书籍的真实感，一经上市便获得了消费者们热烈的欢迎，第一批产品在6个小时内被抢购一空。随后的Kindle版本做出了进一步的改进，比如使用更大的屏幕、键盘、触摸屏等。2011年，亚马逊又推出了Kindle Fire，作为平板电脑版本，它具有彩色显示屏、连接互联网及各种应用程序的功能。

同年，亚马逊决定正式涉足网络鞋类箱包零售业务，并收购了鞋类销售公司Zappos。事实上亚马逊此前已推出Endless.com专门用以销售鞋类箱包，但comScore的数据显示，六个月内Endless.com的访客量为77.7万，而Zappos已经达到450万，因此亚马逊通过收购Zappos作为进入鞋类零售业的捷径。

2012年，亚马逊携手AmazonSupply进入了美国批发与分销市场，面向企业用户提供医疗用品、机械零件等。同时，它还在智能技术上进行了大量投资，以提高运营效率、缩短交付时间。亚马逊于同年收购了KIVA Robotics，将机器人技术用于自身的仓储管理。

2015年，亚马逊在西雅图推出了第一家线下书店，并利用悠闲放松的环境与氛围吸引客户进行浏览。与传统书店不同的是，亚马逊将线下书店定位为"展示空间"，店中书籍的库存有限，网站中的书籍评论会在其中进行展示。线下书店的推出将线上线下进行结合，为客户提供了购买书籍的即时满足感。

随后，亚马逊又瞄准了生鲜和杂货市场，于2017年收购了Whole Foods。其实亚马逊已在这一领域做出了不少努力，比如成立在线杂货零售商AmazonFresh，但多年以来仍旧面临着供求不匹配导致易腐产品损失、配送高成本等问题，收购Whole Foods在一定程度上缓解了这些问题。

步入2023年，亚马逊这家电商和云服务巨头仍然维持着其在网络零售领域的主导地位。亚马逊发布的2022财报显示，公司第四季度净销售额达到了1 492亿美元，同比增长9%。但是亚马逊接下来的发展仍然面临着不少挑战，比如国际业务回报率低、竞争对手实力强大、更严格的政府审查等。在变幻莫测的局势中，亚马逊在未来该如何发展才能维持其优势地位呢？

资料来源：1. KNECHT G B, Reading the market: How Wall Street whiz found a niche selling book on the Internet, The Wall Street Journal, 1996-05-16.

2. GUPTA S T, E-Commerce in Asia: challenges and opportunities, Asia Business Insights, 2012.

3. Reisinger, Here's how much Amazon Prime customers spend per year.

4. Clare O'Connor, Amazon's whole slaughter: Jeff Bezos' $8 trillion B2B bet, http://www.forbes.com/sites/clareoconnor/2014/05/07/amazons-wholesale-slaughter-jeff-bezos-8-trillion-b2b-bet/.

5. Angel Gonzalez, Amazon's robot army grows by 50 percent, Seattle Times.

6. Michael Schaub, Amazon to open bookstores in Washington, D.C., and Austin, Texas, Los Angeles Times, www.latimes.com/books/jacketcopy/la-et-jc-.amazon-bookstores-20170927-story. html.

7. Spencer Soper and Olivia Zaleski, Inside Amazon's battle to break into the $800 billion grocery market, https://www.bloomberg.com/news/features/2017-03-20/inside-amazon-s-battle-to-break-into-the-800-billion-grocery-market.

8. 199IT, 2019 财年亚马逊第四季度及全年财报，http://www.199it.com/archives/1002650.html.

思考问题

1. 电子商务未来的发展趋势可能包含哪些方面？

2. 亚马逊在发展过程中把握住了哪些重大机遇？

3. 人工智能等新兴技术会对电子商务发展带来怎样的挑战与机遇？

1.3.2 中国电子商务发展历程

我国电子商务最早出现的时间点比美国晚 2～3 年，在近 30 年的发展历程中，既具有一般电子商务的发展路径特征，又带有较多中国特色，在激烈的市场竞争与逐步探索调整中发展出了别具特色的中国电商的商业模式和路径。我国电子商务的近 30 年发展历程大致可以分为四个阶段：从工具、渠道、基础设施到经济体（见图 1-6）。值得注意的是，电子商务的演进并不仅仅是简单的新旧替代，而是一个不断进化、扩展和丰富的生态演进过程。

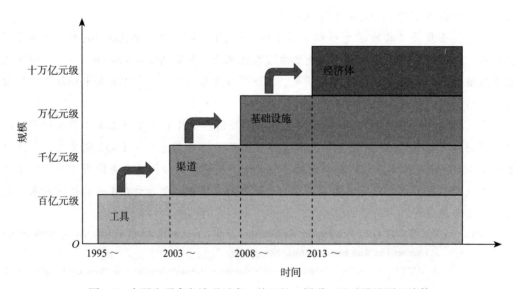

图 1-6 中国电子商务演进示意：从工具、渠道、基础设施到经济体

注：时间为大致范围，无严格界限，1995～表示 1995 年左右。

资料来源：阿里研究院.阿里商业评论：中国电子商务发展史话（一），http://www.aliresearch.com/ch/information/informationdetails?articleCode=20528&type=%E6%96%B0%E9%97%BB, 2015-07-06.

第一阶段，发展工具阶段，1995—2002 年

这个阶段互联网在我国刚刚兴起，是互联网进入我国的探索期和启蒙期。我国电子商务在这个阶段以探索和发展企业间电子商务模式为主。早期，应用电子商务的企业和个人主要把互联网作为优化业务活动或商业流程的工具，电子商务的应用仅局限于某个业务"点"，比如信息发布、信息搜寻和邮件沟通等。

该时期电子商务的发展特点可以从主要的电子商务企业中总结：1995 年 5 月 9 日，中国黄页创立，是最早为企业提供网页创建服务的互联网公司；1997 年网盛科技创建的我国第一家化工垂直网站中国化工网成立；1999 年 8848、携程网、易趣网、阿里巴巴、当当网等一批电子商务网站先后创立。可以看出，这个阶段我国电子商务发展的一个突出特点就是较多创始人具有在美国留学工作的背景，或者较早接触到美国前沿的互联网与电子商务理念，因此将相似的商业模式复制到我国，比较具有代表性的企业是当当网和卓越网，这两家网站不约而同地从销售图书、音像制品起家，快速扩展到其他更多品类，成为综合类的 B2C 平台。此外，8848 网站和阿里巴巴这两家电子商务平台各有侧重，8848 网站是当时我国首个全面适应数十种在线结算方式的电子商务平台，将连邦线下专卖店与局域网的优势和第三方物流配送公司结合，并在超过 50 个城市实施货到付款。此外，8848 还基于中国电子商务环境率先自行开发与采用了一套与之相适应的技术平台和物流管理、商务管理、客户关系管理一体化信息平台。8848 还于 2000 年 4 月成功开通并运营了中国第一套开放式网上商城系统，但是由于互联网泡沫及投资方对企业的分拆售卖，这一超前的电子商务实践过早地退出了历史舞台。相比之下，阿里巴巴从 B2B 市场业务起家，成功对接国内外中小企业业务，进行国内外批发贸易业务的平台服务，在数次成功融资后，在互联网泡沫中得到了稳步快速发展的机会。在这一时期，还有其他专注于 B2C 的标准类商品销售、综合商城等网站出现，比如主营女装的麦考林、虚拟物品交易平台 5173、数码 3C 交易平台搜易得等。由于市场和大众仍对电子商务的概念和经营模式不甚了解与信任，这一阶段的早期电子商务企业主要专注于进入市场、培育市场和消费者习惯与信任，因此发展比较缓慢。1999 年底正值互联网发展高潮，国内诞生了 370 多家从事 B2C 的网络公司，而到 2000 年，这个数字就增加到了 700 家。但随着 2000 年互联网泡沫的破灭，一批电子商务企业（比如 8848 等）倒闭。与世界电子商务发展类似，随后中国的电子商务发展也经历了一个比较漫长的"冰河时期"。

第二阶段，建设渠道阶段，2002—2008 年。

这个阶段，电子商务应用由企业向个人延伸，进入我国市场的电子商务平台数量快速增长。由于 2003 年的"非典"疫情，电子商务成为大众开展购物的绝佳渠道，促成了淘宝、京东和一号店这类综合商品平台的快速发展。同时，这一阶段也出现了更多销售准标准类产品和非标准类产品的平台，以垂直 B2C 为主要商业模式的网站越来越多，比如以衬衫、T 恤等服饰销售为主的 PPG、凡客，专注母婴产品的红孩子，家具建材类网站齐家网，数码家电类网站易迅网、库巴网等。由于竞争激烈，大量电子商务网站以融资手段支撑日常运营，大多处于严重亏损状态，在引流、广告、低价折扣及客户服务方面持续"烧钱"，而短期内看不到盈利的可能。尤其是这个阶段属于群雄逐鹿的关键时刻，各大主要平台为了吸引消费者、扩大市场份额，先后多次开展针对不同产品品类的价格战，以低价快速占领市场，从而改变了市场竞争的格局，使淘宝、京东、苏宁等平台脱颖而出，成为电子商务领域的第一梯队企业。

随着网民规模的不断扩大和电子商务交易的迅速增长，电子商务逐渐进入更多人的视野，为众多企业和个人提供了新的交易渠道，比如网上商店、企业的电子商务部门和网站，以及银行的网上银行等，越来越多的以线下经营为主的传统企业开辟了线上渠道。网络服务提供商的崛起（比如电讯盈科、TOM、新浪、搜狐、阿里巴巴等）也逐步将电子商务融入供应链环节，促进了物流快递和网上支付等电子商务支撑服务的兴起。但这一时期的电子商务模式和高昂的运营成本也引发了很多思考，比如电子商务是否能创造一个完美的竞争市场？是否能消除信息不对称和去中介化？是否能大大降低交易成本、客户搜索成本或广告成本？先发优势能给企业带来垄断利润和"赢者通吃"吗？以资本为驱动的模式能否长期维持？到底何时能够盈利？等等。

这一时期，国家也出台了一系列推动电子商务在我国发展的重要文件和政策。例如，2004年3月，国务院常务会议审议通过《中华人民共和国电子签名法（草案）》；2005年1月，国务院办公厅下发《关于加快电子商务发展的若干意见》；2007年6月，《电子商务发展"十一五"规划》由发改委、国务院信息化工作办公室联合发布，这是首次在国家政策层面确立了发展电子商务的战略意图。2007年，商务部先后发布了《关于网上交易的指导意见（暂行）》和《商务部关于促进电子商务规范发展的意见》，这一系列文件和政策构筑了电子商务发展的政策生态。

第三阶段，搭建基础设施阶段，2008—2013年。

经过十多年的发展，电子商务不仅自身获得了极大的进步，更引发了社会经济形态的变革，使信息作为经济活动中的一个核心生产要素的重要性日益彰显，加快了信息在各行业如商业、工业和农业中的渗透速度，也使得消费行为、企业形态和社会创造价值的方式获得了极大的改变。电子商务借助互联网平台改变了传统的线下交易方式，使得交易效率提升，并且有效地降低了社会交易成本。作为一个新的商业模式，电子商务的发展产生了更多对商品生产、支付、物流等支撑服务的需求，从而促进了社会分工协作，为更多的社会商业服务创新发展提供动力，提高了社会资源的配置效率，因此深刻地影响着零售业、制造业和物流业等传统行业，使这些行业成为信息经济重要的基础设施。同时，电子商务的运营成本（包括获客、流量、广告、促销、客服等）不断攀升。以天猫为例，考虑到各类固定成本及可变成本，产品价格在产品成本的三倍以上才可能盈利，而京东每赚65元，需要花费158元以上，其中技术研发支出、市场费用及仓储物流成本逐年攀升。但这是该阶段电子商务主要市场占有者巩固其市场地位的必然选择，电子商务从依赖低价、免费等开拓市场的阶段向提供高质量产品、服务的阶段过渡，需要把海量的访问有效转化为销量和忠实顾客，用户体验、卓越运营、产品组合、品牌、社交网络等各方面的因素日益凸显，成为庞大的投资、市场规模和用户流量得以变现的必经之路。例如，2013年，阿里巴巴、顺丰、"三通一达"（申通、圆通、中通、韵达）等共同组建了"菜鸟网络科技有限公司"，希望打造遍布全国的开放式、社会化物流基础设施，以实现"全国24小时，全球 72 小时必达"为使命;京东通过长期打造自营物流,构筑了强大的电商基础设施,为竞争者设置了极高的进入壁垒,在不断提高消费者极致体验的基础上,巩固自身的竞争优势。

在这一阶段,更多创新的商业模式不断涌现,市场竞争也非常激烈,突出的例子是团购网站。2011 年起,团购网站迅速发展,高峰期达到 5 000 多家,上演"千团大战"的局面。但由于商业模式高度相似、盈利困难,大多数团购网站最终倒闭或被兼并,最后只留下几家头部网站(比如美团、拉手等)。2012 年,淘宝商城更名"天猫"独立运营,2012 年度淘宝和天猫战绩喜人,交易额突破 10 000 亿元,仅仅是"双十一"当天交易规模就达到 191 亿元。品牌折扣网站唯品会的表现也较为突出,于 2012 年在纽交所挂牌交易。

第四阶段,构筑经济体阶段,从 2013 年起至今。

网络零售与交易蓬勃发展,电子商务的概念在企业与消费者中逐渐占据重要的地位,电子商务基础设施经过多年的发展和建设日益完善,电子商务对经济和社会影响日益强劲,成为当代网络经济不可或缺的重要部分,主要里程碑式的事件如下。

- 从 2013 年起,中国超越美国,成为全球第一大网络零售市场。
- 2013 年,我国电子商务交易规模突破 10 万亿元,达到 10.28 万亿元,网络零售交易规模 1.85 万亿元,同比增长 41.2%,增速约为当年社会消费品零售总额增长率的 3.1 倍。
- 2014 年 2 月,中国就业促进会与阿里巴巴联合发布的《网络创业就业统计和社保研究项目报告》显示,全国网络创业就业总体规模接近 1 000 万人,成为创业就业新的增长点,成为拉动就业的巨大动力。
- 2014 年,我国网络购物用户规模达到 36 142 万人,网民使用率达到 55.7%。
- 2014 年,我国快递业务量接近 140 亿件,跃居世界第一。
- 2017 年,非银行支付机构发生网络支付金额达 143.26 亿元,电子商务直接从业人员和间接带动就业人员达 4 250 万人。
- 2018 年,我国电子商务交易规模为 31.63 万亿元,电子商务服务业营业收入规模达 3.52 万亿元,快递业务量超 507 亿件,继续保持世界最大网络零售地位。
- 2019 年,全国电子商务交易额达 34.81 万亿元,其中网络零售额 10.63 亿元,农村网络零售额达 1.7 万亿元,全国网络购物用户规模达 7.10 亿人,快递服务业业务量累计完成 635.2 亿件。
- 2019 年,人工智能、大数据、小程序等新技术得到了广泛应用,电子商务模式深化创新,直播电商、社交电商、跨境电商海外仓等电子商务新模式新业态不断涌现。

近年来国家各部门在法律法规、政策与行业规范等的制定上也加快了步伐,2015 年 5 月,国务院印发了《关于大力发展电子商务加快培育经济新动力的意见》,明确要进一步发挥电子商务在培育经济新动力方面的重要作用;2018 年 8 月,全国人大常委会高票表决通过了《中华人民共和国电子商务法》,自 2019 年 1 月 1 日起施行,为我国电子商务健康发展奠定法律框架;2022 年 8 月 1 日,《中华人民共和国反垄断法》(2022 修正)正式施行,对利用数据和算法、技术、资本优势以及平台规则等从事滥用市场支配地位的行为明确禁止，健全行政执法和司法衔接机制，维护公平竞争秩序。

　　同时，网络零售的蓬勃发展激发了更多对支撑服务的需求，促进了网络基础设施、云计算、大数据分析、网络第三方支付、网络营销与运营、物流快递等行业的快速发展，区块链、人工智能、传感器、物联网等新兴的科学技术也驱动电子商务的智能化发展，进一步催生出新的商业生态和景观，促进形成庞大的电子商务生态系统，电子商务经济体开始兴起。

◎ 应用案例 1-2

从 8848 到阿里巴巴

　　2020年1月，在2019年中国上市公司市值500强榜单上阿里巴巴排名第一，阿里巴巴集团的各项业务也深入到人们生活的方方面面。毫无疑问，在中国甚至世界的电子商务领域，阿里巴巴已经成为领头羊。但是现在再谈起中国电子商务，有多少人还记得在20世纪末被称为"中国电子商务领头羊"的 8848.net 网站呢？

　　8848网站以世界最高峰的高度来命名，于1999年1月正式创立，于1999年5月18日正式对外发布。但当时 8848 网站只是北京连邦的一个部门，叫电子商务事业部。

　　1999年6月，8848从北京连邦独立出来，成为北京珠穆朗玛电子商务网络服务有限公司，由王峻涛担任总裁。8848的发迹大事件可追溯到1999年9月3日至6日的一个测试活动——72小时网络生存测试。测试中，受试者被异地分配，得到现金与电子货币以供在测试时购买衣食之物，同时在此期间与外界隔离。这场活动被广泛报道并受到网民关注，而8848正是这场颇具轰动效应的活动的赞助商。通过这场赞助，8848抢占先机，知名度快速提升。

　　当时，在电子商务发展面前有"三座大山"：网络规模小，国内网民只有400万；支付不便，电子货币系统、社会信用体系都面临问题；配送体系不健全，当时没有像现在的"四通一达"、顺丰、京东物流等专业化的全国性货物配送企业。但凭借先天优势和后天规划，8848在攀登这"三座大山"上也取得了一定的成果。

　　8848是在连邦软件专卖店的基础上建立起来的网上商城，而连邦是当时中国最大的IT产品连锁销售组织，因此8848有着得天独厚的网络规模。8848的商品门类还拓展到了计算机软硬件、图书、信息家电、音像、办公用品及鲜花等。

　　支付方面，8848为用户提供了多种支付方式。王峻涛结合现实条件，提出了一个颇具"中国电子商务"特色的"银行划账法"，这是一种介于在线支付和面对面支付之间的方法。网站和有关金融机构协商，客户可以在网络上订货，然后告诉8848网站他用的是哪种卡，8848会反馈给客户一个账号，客户把钱划到这个账号就可以了。1999年9月，8848网站与招商银行合作，成为首个在全国19个城市开通网上在线支付的电子商务网站。同年12月，8848成为中国建设银行首家网上支付业务签约合作伙伴。此后，8848提供了在线和离线两种支付手段，在线支付包括十几种信用卡，离线支付包括银行汇款、银行转账、邮局汇款等支付方式，8848是我国第一家全面适应我国数十种在线结算方式的电子商务平台。

此外，8848 还将连邦线下专卖店与局域网的优势和第三方物流配送公司结合起来，根据不同的配送目的地选择不同的配送公司，成为首家在中国超过 50 个城市实施货到付款的网上商城，成功地实施了异地第三方物流管理系统。此外，8848 还基于我国电子商务环境率先自行开发与采用了与之相适应的技术平台和完整的物流管理、商务管理、客户关系管理一体化信息平台。

8848 因此获得了一段辉煌的历史。1999 年 11 月，Intel 公司总裁贝瑞特称 8848 是"中国电子商务领头羊"；2000 年 1 月，在中国互联网大赛上，8848 名列中国优秀网站工业与商业类首位；2000 年 2 月，美国《时代周刊》称 8848 网站是"中国最热门的电子商务站点"；2000 年 7 月，《福布斯》杂志将 8848 列入中国前十大网站。2001 年，根据 CNNIC 的调查结果，8848 是中国工业和商业类网站中被用户访问最多的网站。

1999 年 6 月，8848 的目标明确为在纳斯达克上市。因为当时有高管偏好 B2B 业务，且传言纳斯达克不欢迎 B2C 业务，为了迎合投资者喜好，8848 决定由 B2C 向 B2B 转型。2000 年 12 月 14 日，8848.net 正式宣布进行拆分，成立了时代珠峰科技发展有限公司，由王峻涛任董事长，使用新域名 www.my8848.net，继续开展 B2C 业务。而老 8848 的经营业务开始全面转型，在 2000 年底推出了 Market place 交易系统，转向 B2B 方案服务。此后，8848 在 2001 年 9 月与电商数据公司合并成立了 8848 电商数据公司，彻底告别了当初的 B2C 业务。合并的过程伴随着大规模裁员，8848 团队悉数离散，在经历了长达一年的摩擦之后，8848 与合并的对方同归沉寂。如今，8848 的辉煌过往已经鲜为人知了。

在 8848 盛极一时的时候阿里巴巴才刚刚起步。1999 年 9 月，阿里巴巴正式成立，首个网站是英文全球批发贸易市场阿里巴巴，而专注于国内批发贸易的中国交易市场（现称"1688"）也在同年被推出。最开始这两个站点都做 B2B 业务，阿里巴巴主要靠地推推进业务，主要营利来源是"诚信通""中国供应商"项目。2003 年 5 月淘宝网创立，2004 年 12 月支付宝推出，B2C、C2C 业务逐渐发展起来。随着业务的开拓，阿里巴巴逐渐发展和完善了自己的线上支付、物流配送、金融服务等配套服务体系。

在阿里巴巴逐步壮大的过程中，曾经辉煌的 8848 已经很少被人们想起。

资料来源：1. 格隆汇. 重磅！2019 中国上市公司 500 强出炉，总市值约 63.7 万亿元，http://finance.sina.com.cn/stock/relnews/cn/2020-01-03/doc-iihnzahk1699307.shtml，2020-01-03.

2. 沈悦. 电子商务先锋之死 [J]. 国企管理，2019（06）：102-103.

3. 廖亚平. 从"8848"网站的成功看中国的电子商务 [J]. 成都工业学院学报，2000（01）：36-41.

4. 新浪科技，8848.net 率先采用建行网上支付业务平台，http://tech.sina.com.cn/news/it/1999-12-29/14504.shtml，1999-12-29.

5. 新浪科技，Finternet 案例四：EC 之星 8848，https://tech.sina.com.cn/news/internet-china/2000-04-09/22296.shtml，2000-04-09.

思考问题

1. 8848 为什么能够成为当时的"中国电子商务领头羊"？

2. 8848为什么没能获得电子商务行业的成功？

3. 阿里巴巴和8848有什么不同？处在当时的环境下，你会更看好哪个企业？

4. 电子商务发展有哪些限制条件，或者说是必要因素？

1.4 电子商务发展的驱动因素及其效果

电子商务在我国20多年间的发展经历了从无到有、从边缘到主流、从中心城市到遍布全国等令人瞩目的飞跃。从行业来看，从非主流商品拓展到了主流商品，从图书、3C等产品扩展到了服装、家居、机械等众多行业；从商业模式来看，从一般的在线交易模式拓展到多元化的商业模式，即在其中结合了多种前沿技术，比如移动技术、社会化网络、增强现实/虚拟现实、智能推荐、语音/图像/生物识别等；从人群来看，从非主流人群扩展到了主流人群；从地区来看，从大城市延伸到了中小城市和农村、从沿海发达地区扩展到了中西部地区。驱动我国电子商务飞速发展的主要因素包括技术进步、需求提升、制造业资源丰富、电子商务平台及生态系统的建立、创新创业环境、市场政策支持等。我国电子商务的发展在天时地利人和的内外部环境推动下，才得以成功发展到今天的规模。目前，我国电子商务的发展已位于世界前列，全面超越了欧盟、日本等经济体，在部分领域已与美国不相上下。

1.4.1 商业基础设施的完善与信息技术的进步

我国的互联网基础设施、传统流通业与物流业等商业体系在早期处于较为落后的地位，城乡及东西部经济发展不均衡，因此传统零售业中的商品流通、定价与服务等方面处于较为匮乏、落后或不合理的状态。然而，我国这些传统环境下的缺陷与不足反而推动了电子商务的发展，为互联网创造新商业价值，也让我国在商业体系方面看到了赶超发达国家的曙光。在主要电子商务企业的多年投资建设下，我国的大型电子商务平台为大量物美价廉的商品打开了渠道；物流快递体系的日趋完善为电子商务的发展提供了高质量的配送服务；高效的第三方网络支付系统与在线信用机制的建立使电子商务成为大众广泛接受的商业形式；移动技术、社交技术、云平台、增强现实、虚拟现实、人工智能等技术的涌现与进步催生了更多全新的电子商务商业模型，从而能满足不同人群在多个场景下的消费需求。同时，电子商务不受时空限制的属性也使得中小城市与乡镇地区的消费者能够购买的商品品类迅速增加，改善了地区零售相对落后的局面，让各个地区的消费者都能实现"无差别消费"。

1.4.2 消费者需求驱动与升级

互联网在中国得到了广泛的普及，根据《第51次中国互联网络发展状况统计报告》以及相关部门的统计数据，截至2022年12月，我国网民规模达10.67亿，较2021年12月增长3 549万，互联网普及率达75.6%，手机网民规模为10.65亿，网民中使用手机上网的比例为 99.8%。从 2013 年起，我国已连续九年成为全球最大的网络零售市场。巨大的在线人口红利带来了巨大的消费潜力，网民对电子商务的接受程度和消费水平升级，不断拉动内需增长，同时消费者对海外产品的需求以及国际市场对中国外贸需求的增加和变化，不断推动多种形式的电子商务业务发展。跨境电商、海淘等业务已成为近年来中国电子商务市场规模增长以及中国经济增长的重要动力来源。

电子商务开拓了多种形式的商业模式，刺激了潜在消费需求的增长和爆发，创造了更多全新的消费场景和消费理念，满足了大量之前在传统线下环境中没有被有效识别或发掘的消费需求，从而反向激发了在线消费的增长。例如，团购模式的电商交易促使消费者通过社交裂变与更多好友分享拼团信息，从而获得更低价的商品；在线外卖业务使更多消费者通过外卖形式获取更价廉、更多选择、更便捷的餐饮服务，催生了全新的餐饮消费模式。从麦肯锡发布的《2021 年中国数字消费者趋势报告》中可以看到，2014 年大量消费者由线下转移到线上，网购用户大幅增加，这使得中国电子商务行业迅速发展，电商渠道逐渐替代线下渠道成为主流，对线下零售商造成重大打击。在新冠疫情的影响下人们的购物习惯也发生了深刻变化。在新冠疫情高峰期，线下消费跌落至正常水平的 37% 左右。伴随线上互动场景的不断丰富，线下忠诚度也持续遭受冲击，约 14% 的人不打算重返以前常去的商店，约 6% 的人不打算换回以前选购的品牌。

1.4.3　产业资源丰富与产业链完整

经过数十年的经济发展，我国在制造业领域获得了全球第一的桂冠。2018—2022 年，我国工业增加值由 30.11 万亿元增加到 40.16 万亿元，连续 13 年成为世界最大的制造业国家，制造业对世界制造业贡献的比重接近 30%。我国各地存在大量产业集群以及外贸出口加工企业，在主要工业品类中形成了完整的产业链条，产业链上下游资源丰富，产品质量逐年得到提升，"中国制造"的概念从以往的低质低价商品转变为高质优质的代名词。因此，我国这些丰富的产品资源以及过剩产能使得制造企业选择网上直销、打造自主品牌，或是为在线零售商供货、代加工，这都为电子商务提供了极佳的发展环境。以服装业为例，电子商务的发展惠及了许多服装企业，面临着库存堆积、资金无法回流等问题的服装企业选择加入在线零售浪潮，在网络渠道中获得了更好的发展。而电子商务发展至今，消费者对服装类商品提出了更多的个性化需求，这也推动了服装行业产业链柔性化、定制化的相关变革，从而促进了该行业的转型升级、持续发展。

1.4.4　电子商务平台信用机制与生态系统的建立和完善

纵览互联网行业，如今的行业巨头大多数为平台型企业，电子商务兴起的 20 多年也见证了平台型互联网企业如何一步步占据主导地位。工业时代时，产业组织方式主要以线性、垂直的供应链为主要形态，而步入信息时代之后，盛行的平台模式则颠覆传统，表现为以"大平台 + 小前端 + 富生态"为原型结构、网状的产业组织方式。在此基础上，不同的平台对该结构进行一定的发展，常见的有"云 + 端""共享平台 + 多元应用""大平台 +

小前端"等模式,都是平台模式的典型代表。双边及多边平台为多方参与者提供统一高效的沟通与交易机制,有效整合平台双方或多方的资源与需求,同时由平台担当中间人及信用机制的担保方,在长期不断优化交易机制与交易效率的过程中,逐步建立起了基于平台的信用体系,从而进一步支撑平台型企业向生态型企业的进化。在如今的信息网络时代,平台型企业已成为最为突出和主要的产业组织形态,对于推动我国经济增长起到了重要作用,同时也颠覆并重塑了当代市场经济的基础与结构。就我国电子商务领域来看,阿里巴巴、淘宝、支付宝、京东、苏宁等平台型电子商务企业,以及逐步发展出平台属性的互联网企业,比如抖音、美团、小米等,本质上就是电商服务业的主体。不仅如此,这些平台还在此基础上集成了众多功能与模块,比如物流体系、信用体系、金融体系等,为消费者提供全方面的便利服务。在电子商务飞速发展的这些年里,这些平台为推动电子商务发展提供了巨大的原动力,而其中的极少数巨无霸型平台,未来将进一步整合多平台跨平台的资源和业务,成为庞大的互联网经济体。

1.4.5 日益蓬勃的创新创业环境与市场政策支持

创业和创新水平是一个国家经济社会活跃程度的重要标志,为了鼓励电子商务发展,国家与地区对于电子商务行业的基本政策取向和政策环境相对宽松,以支持、鼓励的政策为主导。互联网和电子商务为广大创业者带来了门槛低、大众化、没有歧视性的创业和经商机会,涌现出了一群致力于推动互联网发展的、有强烈的使命感和创新意识的企业家,拉动的是数量庞大的创业者群体。电子商务领域掀起了一轮大规模的集体创业创新浪潮,"开网店"成了今天最为普遍化的创业形态之一。

而面对电子商务这一全新事物,各级政府与组织充分尊重互联网企业家们的创新精神,在各方面对新兴的想法提供全力支持。相信电商行业的自我管理与净化能力必能通过时间的检验,筛选出一批真正优质的互联网企业,推动行业健康发展。政府机关秉持"先发展、后管理,在发展中逐步规范"的理念,极力为互联网企业提供宽松的政策环境以及在相关领域的大力支持。面对电子商务行业的一些纠纷和争议,政府部门选择更多运用市场手段、行业自律去引导和规范,而非进行行政裁决。同时,部分地方政府也针对地域特点对当地的电商企业出台鼓励性政策。例如,2008 年 12 月底,浙江省工商局发布了《关于大力推进网上市场快速健康发展的若干意见》,意见中表明网上开店的个人不强制规定需要办理执照。广东省工商局也在 2012 年出台了《关于鼓励支持我省网络商品交易及有关服务健康发展的若干意见》,其中大力支持电子商务领域的创业就业,比如开办网店等。总体来看,这种积极灵活、开放创新的政策取向很好地激发了我国电商行业的活力,成为过去几年中该领域的主要政策基调。我国的政府部门对网络经济展现出了相当具有前瞻性的行动,秉持着对于电子商务要"高看一眼、网开一面"的态度,推动中国电子商务的发展,并对该行业提供了重要的保障和引导。

随着网络购物不断发展,电子商务已成为国民经济中不可或缺的一种经济形式。为了更好地规范我国的电子商务经营,2018 年 8 月底,《中华人民共和国电子商务法》在万众瞩目中正式出台，这是我国首部电子商务领域综合性法律，这部法律的出台标志着我国电子商务发展进入权责明晰、有法可依的历史新阶段。为预防和制止平台经济领域垄断行为、引导平台经济领域经营者依法合规经营、促进线上经济持续健康发展，2021 年 2 月 7 日国务院反垄断委员会正式颁布并实施了《关于平台经济领域的反垄断指南》。

1.5　电子商务的经济与社会价值

电子商务的发展为个体消费者、创业者、组织机构和整体社会带来了诸多益处。对于消费者，从卖家、产品到款式，都有大量丰富的选择，打破时空阻碍，实现随时随地进行购物，个性化商品和服务极大地提升了消费者的使用体验；对于创业者，只需少量资金和经验就能开办企业，基于电子商务模式的创新实现快速成长；对于组织机构，以合理的价格迅速在全球范围内找到客户和供货商、优化商业模式、推动组织创新，扩大竞争优势；对于整体社会，电子政务厅提供更多公共服务，民众可以购买到更多、更便宜的商品和服务，普惠于经济相对落后地区的人民，使商品和服务在更广阔的范围内流通等。

电子商务销售额在过去十多年间飞速增长，消费者获取同等质量商品所需付出的价格降低。同时，受到电子商务的冲击，传统线下商品销售遇到困难，从而倒推线下商品价格也做出下降的调整，相对于传统的通胀衡量指标（比如 CPI），在线通胀得到了较好的控制，特别是电视、家具、计算机及运动产品，线上价格相对于线下价格下滑的幅度更大。因此，电子商务不仅使网络购物变得更高效、更具选择性、更方便，也为消费者带来了长期的实际的优惠价格，更积极地推动了线下购物环境的变革。

电子商务的发展还有助于整体社会福祉的提高。电商把福利带到了全国各个角落，为欠发达地区的发展持续助力，其中具有中国特色的"淘宝村"便是典型的示例。截至2022 年，淘宝村已经覆盖全国 28 省（自治区、直辖市）和 180 个市（地区），数量达到7 780 个，较上一年增加 757 个，增速 11%；淘宝镇的数量达到 2 429 个，较上一年增加258 个，增速 12%。"三村一镇"的淘宝村、淘宝镇数量体系基本形成，从 2018 年以前大约 10 个淘宝村 1 个淘宝镇的比例关系，到 2020 年以后大约 3 个淘宝村 1 个淘宝镇的比例关系，淘宝村镇数量关系基本趋于稳定。在淘宝村、镇经历了 20 余年的高速发展且数量已达到较大基数的背景下，2022 年仍然实现两位数的增速，表明数字经济与乡村深度融合仍然具有较大潜力。2022 年东部地区（比如浙江、江苏、福建、山东等基数较大的省份）淘宝村、镇的增速趋于稳定；西部、东北部分省区市增长趋势显著，尤其是淘宝镇的增长势头强劲。西部与东北地区由于基数较小，总体增速较高，比如宁夏的淘宝镇实现了从无到有的突破。整体来看，全国淘宝村、镇增速的重心持续向中西部地区转移，中西部地区乡村电子商务以淘宝镇为主要载体的特征更加显著。

1.6　未来电子商务的发展趋势与展望

技术、经济、社会、法律、全球竞争等多方面的企业经营环境因素的快速变化，驱动了电子商务在企业商业模式变革、组织重构及经营管理等领域的发展和应用。企业面临着激烈的竞争和经营压力，包括市场及经济压力、社会压力与技术压力等。而电子商务的潜在优势使其能成为众多企业应对经营压力的出路，并进一步推动企业创新及战略制定、增强竞争能力和发展能力，从而促进企业主动引领市场、推动整个社会经济的发展。电子商务的发展也得益于技术不断升级、技术开发成本和获取成本日趋下降，使电子商务得以普及，比较优势日益明显。

具体来说，在应对市场与经济压力方面，电子商务模式可以促进企业内外开展多种形式的协作，利用智能化管理提高生产率、降低成本。在应对社会压力方面，电子商务赋能企业实现个性化的产品和服务的提供，为整体社会创造更大价值；在应对技术压力方面，电子商务模式可以实现信息与知识的快速实时传播，实现企业的快速迭代，并提升人才的培养质量与效率。

当然，电子商务的发展也面临诸多挑战和壁垒，主要可以概述为技术层面与非技术层面。技术层面主要包含：在质量、安全、可靠性方面还缺乏全球标准；现有的应用软件和数据库老化，因此很难将互联网与电子商务软件整合在一起，传统行业数字化、信息化难度较大；互联网接入成本依然较高，使得企业承受经济压力。非技术层面主要包括：安全问题和隐私问题降低了消费者对互联网的信任；许多法律问题和政策问题（包括税收与垄断等）还没有解决，法律框架亟待清晰与完善。对电子商务的成本和带来的利益还需要更为全面与细致的考量。

尽管有诸多限制和壁垒，随着技术的进步和经验的积累，电子商务的成本不断下降，效益则显著提升，同时逐渐由线上走向线下，与实体经济渗透、融合，从而形成互联网时代的新型经济体模式。未来，随着网民数量的持续增加，越来越多的网民与企业开始接受并参与相关的电子商务活动，我国电子商务的总体规模将继续保持快速增长的趋势，2023年一季度全国网上零售额为3.29万亿元，同比增长8.6%。发展最为迅速的应用领域包括电子政务、B2C、B2B、跨境电子商务、线上教育、企业内部电子商务、移动商务、社交商务、协同商务等。此外，在强大的云计算和大数据处理能力支持下，信息和数据的有效管理与快速传播促进了C2B模式和跨境电子商务等新兴电子商务形式的兴起。生产与消费将以客户和消费者为中心按需驱动，乃至实现充分的个性化定制。跨境电子商务则冲破了国家间的障碍，将价廉物美的产品快速有效地销售到世界各地，正在引发全球经济贸易的巨大变革。随着全球经济的不断融合、更多前沿科技的成熟与应用（如物联网、人工智能、区块链、智能机器人等），电子商务的应用广度、深度将继续拓展，也将开拓电子商务更为广阔的发展空间。

◎ 本章小结

1. **电子商务的基本概念及分类**。电子商务是指组织或个人之间开展电子化商业交易的各类商业模式。电子商务能够分为完全的电子商务和部分的电子商务，也可以基于参与者关系和交易形式分为B2B、B2C、B2B2C、C2B、C2C、B2E、企业内电子商务等。

2. **电子商务的框架**。电子商务的总体框架包括各类经营活动、组织结构、支持系统及技术基础设施等。其中，相关基础设施包括网络、硬件、软件等；支持系统包括人员、公共政策、营销和广告、支持服务以及商务伙伴等；基础设施和支持系统共同支撑最上层的多种形式的电子商务应用。基础设施、支持系统与应用等要素都需要企业的有效管理，企业需要对此进行计划、组织、改进，制定相应的战略，对流程进行持续的重构，不断优化电子商务商业模式和企业战略。

3. **电子商务的发展史**。全球电子商务发展大致经历了五个主要阶段：①第一阶段（1995—2000 年），电子商务概念与业务爆炸性增长、出现大量突破式创新；②第二阶段（2001—2006 年），面对电子商务发展的严峻形势，电子商务的商业模式与战略开始转型；③第三阶段（2006—2010 年），电子商务开始了新一轮重新定义和重新创新商业模式的发展阶段；④第四阶段（2010—2020 年），传统电子商务商业模式已发展得较为成熟，更多创新应用被快速发展的新技术驱动，全新的商业模式不断涌现；⑤第五阶段（从 2020 年至今），全球电子商务发展迎来了新的挑战和机遇。我国电子商务的近 30 年发展历程，大致可以分为发展工具（1995—2002 年）、建设渠道（2002—2008 年）、搭建基础设施（2008—2013 年）、构筑经济体（从 2013 年至今）四个阶段。

4. **电子商务发展的驱动因素**。驱动我国电子商务飞速发展的主要因素包括商业基础设施的完善与信息技术的进步、消费者需求驱动与升级、产业资源丰富与产业链完整、电子商务平台信用机制与生态系统的建立和完善、日益蓬勃的创新创业环境与市场政策支持等。

5. **电子商务的经济与社会价值**。电子商务的发展为组织机构、个体消费者、创业者和整体社会带来了诸多益处，不仅使网络购物变得更高效、更具选择性、更方便，也为消费者带来了长期的、实际的优惠价格，更积极地推动了线下购物环境的变革。同时，电子商务的发展还有助于整体社会福祉的提高，在协助脱贫、灾后经济重建等方面都展现了其巨大的社会价值。

6. **电子商务面临的局限、环境压力及组织应对措施**。电子商务的发展也面临诸多挑战和壁垒，包括行业壁垒（如不同行业之间难以统一标准、打通渠道）、内部壁垒（如技术水平统一、安全性）、外部壁垒（如政府支持）、文化差异、组织差异、国际贸易壁垒、伦理问题等。但是随着技术的进步和经验的积累，电子商务的成本不断下降，效益显著提升，同时逐步与实体经济融合而形成互联网时代的新型经济体模式。电子商务还可以利用更多前沿科技，包括物联网、人工智能、区块链、智能机器人等，开拓更广阔的发展空间。

◎ 管理问题

1. 如何推动电子商务发展？从商业基础设施的完善与信息技术的进步、消费者需求驱动与升级、丰富的产业资源与完整的产业链、电子商务平台信用机制与生态系统的建立、创新创业环境与市场政策支持等角度考虑电子商务的发展。

2. 如何实现电子商务的经济与社会价值？从个人消费者、创业者、组织机构和整体社会等主体评估和实现电子商务发展过程中的经济与社会价值的角度来思考，实现经济价值与社会价值的统一协调发展。

◎ 复习题

1. 定义电子商务与电子业务。
2. 区分完全的电子商务与部分的电子商务。
3. 区分纯电子商务组织、鼠标加水泥式组织、砖瓦加水泥式组织的定义。
4. 简要叙述电子商务在全球范围内和我国的发展历程。
5. 解释驱动电子商务发展的主要因素及其效果。
6. 举例说明电子商务对组织、消费者、创业者和社会等分别有哪些贡献。
7. 简要介绍电子商务对企业应对经营压力的潜在作用与影响。
8. 列举阻碍电子商务发展的主要壁垒及解决方法。
9. 简要叙述关于电子商务未来发展方向的展望和设想。

◎ 章末案例

东南亚电子商务的兴起

如今，电子商务已经成为东南亚地区最大的行业之一。2022年，东南亚主要电商平台的商品交易总额达到了995亿美元，同比增长14%；预计到2025年将达到2 110亿美元。

1. 发展历程

回顾该地区电子商务的发展，可以将其发展过程概括为以下三个阶段：① 20世纪90年代，随着互联网技术的发展，国内外电子商务企业开始兴起，雅虎、亚马逊等互联网公司陆续上市、股票价格持续上升，市场出现非理性繁荣。1997年7月，东南亚金融危机爆发、泡沫破裂，使得消费者对互联网经济及电子商务市场产生不信任，导致早期发展缓慢。② 2000—2010年，电子商务公司通过货到付款（COD）支付方式来赢取消费者信任，重新进入该地区市场，eBay和Lelong等平台在这个时期蓬勃发展，该时期东南亚电子商务市场主要由B2B模式来主导。③ 2010年后，随着基础技术设施的迅速发展、收入水平的不断提高、各国政府对电子商务行业的支持等，该地区的电子商务行业迅速发展，电商平台数量激增，Lazada、Zalora、Rakuten、Hermo、65daigou（后更名为eZbuy）、GoShop、11street、Shopee等平台先后加入到市场中，为行业发展提供了强劲的动力。同时，物流企业、技术服务企业如Singpost、Yamato、aCommerce的发展也为该地区电子商务的发展提供了支持。2018年，东南亚的互联网经济规模首次达到了1亿美元，是2015年总量的三倍。目前，电子商务已成为东南亚网络经济增长最快的行业，同时，它也逐渐成为许多东南亚人生活中不可或缺的一部分。

2. 推动因素

东南亚电子商务快速发展的因素有很多，包括：中产阶级的兴起、移动互联网的渗透、物流及相关服务企业的发展等。

首先，网民数量众多为电子商务增长提供了空间。截至 2018 年 1 月，东南亚地区是全球互联网用户数第三多的地区，仅次于东亚地区和南亚地区。2021 年印度尼西亚、马来西亚、菲律宾、新加坡、泰国、越南六个东南亚国家的互联网用户总数约 4.4 亿人，新增用户 4 000 万人，互联网普及率由前一年的 70% 提升至 75%。预计到 2025 年，电子商务将以 18% 的年均复合增长率继续拉动东南亚互联网经济的整体发展。

其次，东南亚地区除了在用户数量上呈现优势，平均上网时长也相对更长。该地区人均每天花费 3.6 小时在移动互联网上，其中排名第一的泰国平均每天花费 4.2 小时；排名第二的印度尼西亚平均每天花费 3.9 小时。相比较之下，美国、英国、日本消费者平均每天花费在移动互联网上的时长分别仅为 2 小时、1.8 小时、1 小时。东南亚地区的互联网用户数量和平均上网时长为该地区电子商务发展提供了充足的发展空间。

再次，中产阶级兴起为电子商务发展提供动力。随着经济发展，除了新加坡已成为发达国家，东南亚地区其他国家的中产阶级正在快速崛起，人均可支配收入呈现增长趋势。当前，东南亚国家人均收入水平增速达每年 6% ～ 8%，其中，增长最快的越南、印度尼西亚及菲律宾将在 2030 年之前实现翻倍及以上增长。同时，东盟的中产阶级数量正在爆炸式增长，到 2030 年将占该地区总人口的 67%。这为网络经济的繁荣、电子商务行业的快速发展提供了动力。

最后，基础设施完善、物流网络发展、网络支付发展为电子商务发展提供了保障。该地区各国政府出台政策支持电子商务行业发展、完善基础技术设施建设。同时，东南亚物流体系也在快速发展中，aCommerce 等物流企业发展仓储管理系统、建立自我仓库和配送链，极大地完善了物流网络，为电子商务发展提供了基本保障。

3. 挑战

尽管东南亚地区电子商务行业增长快速，但它在整个东南亚地区的零售总额中所占比例不到 5%，仍存在 8 ～ 10 倍的提升空间，潜力巨大。目前，人才缺乏、技术和物流等基础设施的不完善、没有大规模网络支付系统等都是阻碍该地区电子商务发展的主要问题。首先，东南亚地区金融机构渗透率低，大部分人没有银行账户。电子商务以货到付款为主，七成以上的交易是在货物送达时使用现金实物购买的，这种付款方式增加了电子商务企业的运营成本。其次，缺乏信任同样是电子商务企业亟待解决的问题。该地区互联网欺诈事件高发，使得电子商务平台对大部分人来说缺乏安全感。电子商务企业应采取多方面措施，比如利用营销教育公众、设计交易信任机制等，来提高用户对电子商务平台的熟悉度和信任度。此外，监管机构要不断完善监管机制，来切实保护消费者利益，共同建立信任感。

资料来源：Jeremy Chew, A 10 year history of ecommerce in Malaysia, 2018-05-03.

思考问题

1. 东南亚电子商务发展和我国电子商务发展有何区别？

2. 除了上述因素，你认为还有哪些因素推动了东南亚电子商务发展？

3. 除了上述挑战，你认为东南亚电子商务目前所面临的挑战还有哪些？

4. 如何应对这些挑战?

讨论题

1. 电子商务企业不是一直不变的,许多企业都经历过业务模式的改变。以某电子商务企业为例,探索其电子商务交易形式以及其演变过程,探讨改变的原因。

2. 鼠标加水泥式组织和砖瓦加水泥式组织有什么异同点?

3. 如何应对电子商务发展面对的非技术壁垒?

4. 许多电子商务平台,比如闲鱼、小红书、拼多多、微店等,都没有网页端购物网站而只有移动端软件或端口,这是为什么?

5. 新冠疫情是如何影响电子商务的发展的?

课堂辩论题

1. 所有企业都应该发展电子商务吗?

2. 电子商务的发展对生态环境是利大于弊还是弊大于利?

3. 电子商务的发展是提高了还是降低了人们的生活水平?

4. 电子商务创造了一些岗位,但因为它对线下销售的替代作用,也使得很多岗位消失,是否应该限制其发展?

网络实践

1. 浏览网站 https://www.taobao.com/ 和 https://www.1688.com/,它们同为阿里巴巴集团旗下的电子商务网站,比较两个网站的异同。

2. 浏览网站 http://www.shihuo.cn/,与移动端“识货”软件比较,有什么不同点?思考为什么网页端和移动端会有不同的设计。

3. 浏览移动端软件“闲鱼”和“拍拍”,同为二手交易网站,它们有什么不同?

4. 浏览网站 http://www.icbc.com.cn/icbc/,寻找五款在网站售卖的商品。

5. 浏览网站 https://www.didiglobal.com/,它能帮你做什么?

6. 浏览移动端软件“支付宝”,除了移动支付以外,它还有哪些功能?

7. 浏览 https://www.12306.cn/index/、https://www.csair.com/cn/ 等交通运输购票网站,网络购票有哪些优势?给生活带来了哪些便利?

8. 浏览 https://www.ctrip.com/、https://www.tuniu.com/ 等旅游网站,你会选择在这些网站购票还是到各交通、景点官方网站购票?

团队合作

1. 整理“双十一”购物节的发展历程,讨论其产生原因、变化的过程和原因,以及对平台、卖家、消费者的影响。

2. 了解欧美“黑色星期五”相关资料,对比“黑五”与“双十一”的异同点。

3. 了解网络零售和共享经济行业的头部企业,探讨两个行业发展特征的异同点。

4. 探讨新冠疫情后电子商务的发展方向。

◎ 术语表

砖瓦加水泥式组织（brick-and-mortar organization）：线下经营的实体公司。

商业模式（business model）：开展商务活动的方法。企业就此获得收益，维持生存和发展。

企业间电子商务（business-to-business，B2B）：企业与企业在网络上开展交易。

企业对企业对消费者电子商务（business-to-business-to-consumer，B2B2C）：企业将产品、服务提供给企业客户，后者再将产品、服务提供给自己的客户。有时客户就是客户企业自己的员工。

企业对消费者电子商务（business-to-consumer，B2C）：企业向个体消费者销售产品和服务，也称为电子零售（e-tailing）。

企业对员工电子商务（business-to-employees，B2E）：是企业内电子商务的分支，企业通过网络将产品、服务、信息等递送给员工，也称为企业对外派员工的电子商务（business-to-mobile employees，B2ME）。

鼠标加水泥式组织（click-and-mortar organization）：使线上线下业务互为补充或加以整合的组织。

协同商务（collaborative commerce）：利用网络进行沟通、合作共事的商务活动。

消费者对企业电子商务（consumer-to-business，C2B）：个人利用互联网将产品、服务销售给组织，或个体消费者寻找商家，委托商家将自己的产品、服务销售出去。也可以指消费者向商家预先下订单，商家按订单生产并销售产品。

消费者对消费者电子商务（consumer-to-consumer，C2C）：消费者直接与其他消费者进行网络交易。

跨境电子商务（cross-border electronic commerce）：分属不同关境的交易主体通过电子商务平台进行交易与支付结算，并通过跨境电商物流及异地仓储送达商品，从而完成交易的一种跨境商业活动。

电子政务（e-government）：包含政府对企业（government-to-business，G2B）、政府对个人（government-to-consumer，G2C）、政府对政府（government-to-government，G2G），是指政府机构利用网络与政府、企业、个人开展商品、服务和信息等交易或商务活动。

电子业务（electronic business）：不仅是指商品或服务的交易，而且包括客户服务、与商业伙伴的协作、组织内外部的电子信息交换等（对狭义电子商务概念的扩展）。

电子商务（electronic commerce）：狭义的电子商务指利用计算机网络（包括互联网或内联网）开展交易的过程，广义的电子商务则包含电子业务与狭义的电子商务，是指组织或个人之间开展电子化商业交易的各类商业模式。

电子数据交换（electronic data interchange，EDI）：按照一种国际公认的标准格式，将标准的经济信息通过通信网络传输在贸易伙伴的电子计算机系统之间进行数据交换和自动处理。

电子资金划拨（electronic funds transfer，EFT）：除纸质工具的交易以外，通过电子终端、电话工具、计算机或磁盘命令、指令或委托金融机构借记或贷记账户的任何资金的划拨。

电子市场（electronic market）：网上市场，在这里买卖双方交换商品、服务、货币。

企业内电子商务（intrabusiness e-commerce）：包括所有组织内部的电子商务活动，是指组织内的机构或个人利用网络进行商品、服务和信息的交换。

移动商务（mobile commerce）：用户以行动化的终端设备通过移动通信网络来进行商业交易活动。

共享经济（sharing economy）：基于互联网平台，个人或组织将闲置资源短时出租从而获得收益的经济模式。

社交商务（social commerce）：使用社交软件开展的电子商务活动。

虚拟组织（virtual organization）：只在线上开展商务活动的组织。

电子商务商业模式

■ **学习目标**

1. 了解主流的电子商务商业模式及新兴的电子商务商业模式
2. 了解电子商务背后主要的支撑技术以及前沿发展动向
3. 学习分析商业模式的利弊，发现改进之处
4. 掌握商业模式分析思路，理解新兴电子商务商业模式
5. 结合身边商业实践，从宏观到微观提出合理建议

■ **开篇案例**

互联网巨头会战社区团购

社区团购不是一个新鲜概念。早在 2018 年，"社区团购业态即将爆发"的讨论就在互联网流行。但是直到 2020 年，新冠疫情的暴发才使得原来习惯于逛菜场的用户转向线上买菜。因此，2020 年成了社区团购爆发的一年，整个市场规模超过 900 亿元。

在这一年中，各种类型的互联网巨头和创业公司纷纷将大笔资金与人力投入这个赛道。例如，在农产品上布局已久，在拼团玩法上经验丰富的拼多多；起步于共享汽车的跨界选手滴滴；深耕线下社区，致力于"帮大家吃得更好"的美团等。这些互联网公司围绕着生鲜零售这个领域，开展了激烈的争夺战。美团买菜制订"千城计划"，其他实力不够雄厚的玩家则形成联盟试图与美团对抗。最一线的社区团长和地推人员，甚至已然开始面对面竞争。拼多多则将买菜视为战略级的新业务，创始人黄峥亲自带队，称多多买菜将是拼多多的长期业务，号召大家开启"奋斗模式"。在各小区中，不同公司当面竞争新用户的现象层出不穷。滴滴的橙心优选则采取更加直接的方式——招募美团买菜的团长。对此，有评论称社区团购或许将是继共享单车大战之后，中国互联网行业爆发的又一场"战役"。

社区团购的参与方主要包括品牌方、供应商、平台和团长。不同参与方承担不同的职责，也在社区团购这盘大棋中有着各自的诉求。品牌方主要负责提供产品方案、制订综合方案、协调经销商以适当的方式参与到社区团购中来，知名品牌希望提升销售，中小品牌希望借助社区团购在地方区域提升品牌知名度与用户忠诚度；供应商主要负责选品，以及商品的分拣、包装与运输等，希望借助社区团购平台快速成长，赚取销售差价；平台方负责平台搭建与日常运营，吸引各方参与到平台的运转中来，制定日常运营策略，提供销售全流程服务，除了获利之外，获取流量、占据社区团购市场份额也是平台方重要的利益诉求；团长主要承担引流和最后一公里配送的职责，根据销售额度获得佣金，同样为团长所在的自提点积累流量。

在激烈竞争的背后，我们更应该去思考一个问题，为什么这样一个并不新鲜的概念，却能爆发新的机会？原有的盒马生鲜、叮咚买菜等已经十分方便，而这些实行"次日达"的社区团购却能火起来。它背后的商业模式和具体的运行方式到底是什么？

总的来说，社区团购是以社区中居民与团长的社交关系为基础实现商品流通的一种新型零售。在完整的交易流程中，团长依照平台的要求或自己的判断，将链接分享到微信群或其他群中，消费者则在平台下订单，平台得到订单信息后，便联系供应商开始从仓库进行配送，配送至团长所在门店后，由团长通知下订单的消费者去门店自提。这种预售、次日达、自提的模式，明显地降低了生鲜行业中的农产品损耗问题，依托于现有的便利店、快递站点等线下自提点，减少了在门店租金上的投入；同时，由于采用统一配送、统一提货的方式，大幅降低了物流配送成本。这种物流方式使得物流不太发达的非一二线城市具备了实行的可能性。较之于每日优鲜、叮咚买菜等为代表的前置仓模式和盒马的店仓模式，社区团购独特的模式设计使得它能获得有别于盒马、叮咚买菜、每日优鲜等生鲜电商之外的优势。

消费者看重的是社区团购"省"的特点。第一点是省钱，社区团购客单价远低于盒马等生鲜电商，仓储成本也低于前置仓，加之团购平台的引流优惠，都促成了社区团购省钱的优势。第二点是省时，社区团购虽然是非即时性消费，但相比传统电商来说，可以实现半日达与次日达，快速满足消费者各种各样的需求。第三点是省力，社区团购借助团长在消费者生活附近设置自提点，营业时间迎合消费者的生活节奏，方便消费者在家门口根据自己的日程选取合适的时间取货，使得日常需求能被轻松满足。

但是，在光鲜之外，我们也应该看到社区团购对一些社区个体经营者的负面影响，它们极大地侵蚀了他们的利益。对此，人民日报评论表示，互联网科技公司应当致力于去占领科技高地而不要将目光聚集在几捆白菜、几斤水果的流量，科技创新的星辰大海、未来的无限可能性，其实更令人心潮澎湃。

同样，社区团购的持续健康发展离不开政府有效的监督治理。2020年底，市场监督管理总局联合商务部组织召开规范社区团购秩序行政指导会，阿里巴巴、腾讯、京东等6家互联网平台企业参会，会议指出要依法加强社区团购价格行为和反不正当竞争监管，规范社区团购市场秩序，维护公平竞争市场环境，确保民生得到有效保障和改善。为规范引导互联网平台企业社区团购经营行为，会议提出了"九个不得"，包含禁止利用数据"优势杀熟"、不得滥用自主定价权、不得实施任何形式的垄断协议等与大众权益息息相关的问题。

社区团购从 2021 年开始进入洗牌期，中小型公司相继离场，十荟团拉开了裁员、缩点的序幕；进入下半年，食享会和同程生活也相继宣布破产。同时，互联网巨头也在挣扎，橙心优选和美团优选依然处于亏损状态，并且亏损速度仍在加快。和过去互联网大战的"剧本"一样，这依然是一个因过度竞争和补贴导致入不敷出、资本快速向头部公司聚集，而腰部玩家不断倒下的商业故事。

社区团购发展的道路不会一帆风顺，更不会一蹴而就。社区团购以占据下沉市场流量为主，客单价较低，运营品牌与商品种类多以本地品牌为主，从中短期来看会形成地域性格局，很难出现全国综合性的社区团购平台。社区团购的各个参与方也在博弈之中。大品牌商举棋不定，进入社区团购的态度和策略还不明朗，随着平台成长，团长的作用与地位也受到挑战，亟待新的合作模式以求破局。

资料来源：1. 国家市场监督管理总局，市场监管总局联合商务部召开规范社区团购秩序行政指导会，2020-12-22.

2. 柯晓斌，余晓晨 . 收缩、裁员、破产：社区团购进入了洗牌期，https://www.huxiu.com/article/451621.html，2021-08-27.

思考问题：

1. 社区团购企业的核心竞争力是什么？
2. 社区团购如何破解市场垄断难题？
3. 列举自己身边的社区团购企业，分析其商业模式的利弊。

2.1　商业模式的概念与元素

电子商务本身是在传统商业模式的基础上发展起来的创新型商业模式，同时，它也能不断地催生新的商业模式。商业模式的功能与目标主要包括以下几点。

- 描述企业的供应链和价值链。
- 设计企业的竞争策略及长期经营规划。
- 设计客户价值诉求。
- 识别企业经营目的、创收流程、经营区域等。
- 描述企业成本数量与构成，以及潜在利润。

商业模式涉及企业与企业之间、企业内的部门之间乃至与顾客之间、与渠道之间各种各样的交易关系和联结方式。因此，在分析商业模式过程中，应该重点关注一类企业在市场中与用户、供应商、其他合作伙伴的关系，尤其是彼此间的物流、信息流和资金流。

商业模式包含多种关键要素。Alexander Osterwalder 和 Yves Pigneur 认为常见的要素包括以下几方面（见表 2-1）。

表 2-1 商业模式的关键要素

关键要素	内容
价值主张（value proposition）	公司通过其产品和服务能向消费者提供何种价值（不管是有形的还是无形的）。表现为：标准化 / 个性化的产品 / 服务 / 解决方案、宽 / 窄的产品范围
客户细分（target customer segment）	公司经过市场划分后所瞄准的消费者群体。表现为：本地区 / 全国 / 国际、政府 / 企业 / 个体消费者、一般大众 / 多部门 / 细分市场
分销渠道（distribution channel）	描绘公司用来接触、将价值传递到目标客户的各种途径，包含公司如何开拓市场，以及公司的市场和分销策略。表现为：直接 / 间接，单一 / 多渠道
客户关系（customer relationship）	阐明公司与其客户之间所建立的联系，主要是信息沟通反馈。表现为：交易型 / 关系型 / 直接关系 / 间接关系
盈利模式（revenue model）	描述公司通过各种收入流（revenue flow）来创造财富和收益的途径。表现为：固定 / 灵活的价格、高 / 中 / 低利润率、高 / 中 / 低销售量、单一 / 多个、灵活渠道
核心资源及能力（core capabilities）	概述公司实施其商业模式所需要的资源和能力。表现为：技术 / 专利、品牌 / 成本 / 质量优势
关键业务（value chain）	描述业务流程的安排和资源的配置。表现为：标准化 / 柔性生产系统、强 / 弱的研发部门、高 / 低效供应链管理
重要伙伴（key partners）	公司同其他公司为有效提供价值而形成的合作关系网络。表现为：上下游伙伴、竞争 / 互补关系、联盟 / 非联盟
成本结构（cost structure）	运用某一商业模式的货币描述。表现为：固定 / 流动成本比例、高 / 低经营杠杆
价值配置（value configurations）	公司资源和活动的配置
价值链（value chain）	为了向客户提供产品和服务的价值，相互之间具有关联性的支持性活动

2.2 电子商务的主要商业模式

根据商业模式中参与方的特征与业务流程，主要可分为以下五种电子商务商业模式。同一家企业根据不同的产品、服务对象或销售目标，会同时采用几种商业模式。

（1）B2C 模式，即企业通过商务运作创造收益的一种方法。具体地说，就是先对企业的客户进行分析，在分析的基础上研究企业向客户提供商品或服务的方式，主要的目标是提高盈利能力和持续发展的能力。

（2）C2C 模式，即个体消费者之间的在线交易。这些在线交易还可以让第三方中介（比如 eBay、淘宝等）来参与，或在社交网络上进行，由它们组织、管理、促成交易。人们以 C2C 电子商务的形式实现各种服务与产品的交易和流通。

（3）B2B 模式，即企业 – 企业电子商务，是指在互联网、外联网、内联网和私人网络间进行的电子交易。这种交易可以发生在企业及其供应链成员间，也可以发生在企业和政府、其他企业之间。

（4）C2M 模式，也可以称作顾客对工厂模式，是现代制造业中由用户驱动生产的反向生产模式。C2M 模式通过互联网大数据整合消费者的商品定制需求，将需求直接反馈给供应商，去掉品牌商 / 代理等中间环节，使物美价廉的产品触达消费者，让其体验个性化的优质服务。

（5）O2O 模式。广义而言，O2O 是指通过线上营销推广的方式，将消费者从线上引入到线下（online to offline），或将消费者从线下转移到线上（offline to online）的模式。狭义而言，O2O 是指消费者在线上购买商品或服务，然后在线下体验的交易过程，或在线下体验后通过二维码、移动终端等进行线上支付的交易过程。

2.3 电子商务的主要盈利模式

电子商务企业创造收益的模式既有传统企业的盈利模式，也有根据电子商务商业模式的不同发展出的多种形式的盈利模式，主要包括以下几种。

（1）销售：电子商务企业通过销售商品或服务而获得收益。例如，天猫、京东、苏宁、当当等电子商务平台销售自营商品来获得收入，云集等第三方电子商务平台通过向中小电子商务企业或从业者出售电商服务而获益。

（2）交易费：电子商务企业按照交易量的大小收取佣金。例如，58 同城通过向消费者销售平台上的服务，对每笔订单抽取一定比例的佣金。

（3）会员 / 月租费：客人按月缴纳固定的费用，由此获得企业提供的服务。例如，网络视频平台向用户收取每月的会员费，会员可以无限量观看视频，并且可以跳过视频中的广告。

（4）广告费：企业允许个人或者公司在自己的网站上刊登广告，收取费用。例如，淘宝向企业收取在首页、直通车等宣传渠道发布广告的费用。

（5）中介费：企业向客户推荐其他企业的网站，由此收取一定的介绍费。例如，在电商平台加上其他平台的链接，该平台即可从导流服务中收取其他平台支付的费用。

（6）许可费：对企业提供的技术或服务收费，许可费可以按年收取，也可以按使用次数收取。例如，第三方平台向不具备开展电商的技术或者管理经验的企业提供在线的电商技术或软件服务。

（7）其他收益来源：例如，在网站上提供付费游戏，或实况转播体育赛事，并对观看的用户收取费用。

2.4 电子商务商业模式的支撑技术

2.4.1 网络基础设施与功能

在网络上开展任何形式的商业活动都离不开基础设施的支撑，无论是哪种电子商务经营模式或者交易形式都依赖于各种各样的电子商务技术。第一，B2B 或者 B2C 必须基于互联网完成。第二，为了信息系统（比如数据库、运行系统、网络服务器、服务器软件、托管服务、网络、安全、软件等）的运行，要求建立各种各样的基础设施。第三，为了开展电子商务活动，还需要电子市场、电子购物支持服务（比如电子支付、订单处理）、电子购物车。第四，电子商务实施过程中还要各种技术，不同的方法使用的技术是不相同的（比如竞价交易或固定价格交易）。最后，还有基于 Web 2.0 的协作和沟通机制以及特殊平台。

电子商务交易活动可以分为 6 大类：信息展示、买卖交易、沟通、娱乐、改善工作模式以及其他活动。与此相关的电子商务技术则包括电子目录、搜索引擎、社交网络服务、网络市场、网络门店、支付功能、电子购物车、电子地图、电子竞价等。

在介绍这些技术之前，我们先描述一个完整在线购物流程，找出其中主要涉及的技术。

用户在线购物可以有很多种方式。最常见的是按照商品目录开展固定价格的交易。随着即时通信的发展，消费者可以与卖家进行沟通并获得折扣。还有的形式是"动态定价"，但这主要发生在拍卖市场或者股票期货市场。

完整的购物流程从用户登录卖方网站开始。登录网站之后，用户按照规定注册，然后进入在线商品目录浏览商品，或者可以选择进入"我的账户"查看与账户有关的信息。如果在线商品目录的内容很多，为了减少用户的信息搜集成本，卖方通常需要设计一个搜索引擎，而消费者则往往需要进行价格比较。值得一提的是，随着技术的发展，这项功能已经被深度集成到智能手机、浏览器插件以及电商平台中。如果消费者比较了相关的价格后对当前价格不满意，则会选择离开该站点；如果满意，则会选择将该商品加入电子购物车。当消费者还有其他需要选购的商品时，他们会重新回到商品目录，挑选其他商品，并重复之前放入购物车的动作。在所有待购买商品选择完成后，买方需要进入结算页面，选择送货方式和支付方式。例如，在京东上购物可以采用信用卡、微信、京东支付等支付方式。在检查细节准确无误之后，买方便可以提交订单，卖方在获得相应订单信息后，便可以联系仓库发货。

为了实现网上销售，一个网站通常需要电子商务的相关服务器软件。商家软件包含多种工具和平台。这些软件提供了基本的工具，包括电子目录、搜索引擎、电子购物车和支付功能，旨在推动电子交易过程。下面我们将对这些技术进行介绍。

1. 电子目录

商品目录通常是印在纸上的，但如今流行的却是网络上的电子目录或光盘上的商品目录。电子目录（electronic catalog，e-catalog）通常由产品数据库、展示、目录三部分构成。这是大部分电子商务网站的重要组成部分。对于制造商来说，开发并使用电子目录的目的就是对产品和服务进行促销。从消费者的角度看，电子目录降低了消费者的搜索成本，可以帮助他们寻找到产品和服务的信息。

早期的网络电子目录大多是从纸质商品目录上复制过来的文字和图片，但是新颖的电子目录愈加动态、个性化，上面有购物车，可以下单、支付、完成交易，有的目录上还有视频。有的电子目录非常庞大，比如淘宝的电子目录中有超过一亿条信息。

B2C 电子商务中很少使用定制化的电子目录，但是这在 B2B 商务中十分常见。

2. 搜索引擎

在电子商务活动中，搜索是十分常见的。研究显示，94% 的消费者在购买之前先在网上展开搜索，61% 的消费者购物时会用到搜索引擎。消费者登录某一家公司网站后，可以在电子目录中搜索产品和服务，也可以在搜索引擎中搜索自己所需要的产品的企业。

客户通常要求提供一些信息，比如关于产品的定价信息或者产品本身的功能性信息。手动回答这些重复性的问题往往是耗时耗力的。在应用搜索引擎之后，就可以高效地回答这些问题，并让用户更高效地浏览商品目录。搜索引擎是一种计算机程序，使用这种程序的用户可以进入互联网的数据库，搜索特定的信息或者关键词，及时地获得反馈结果。除了常见的文字搜索之外，伴随着技术的发展，语音搜索、图片搜索、视频搜索、社交搜索等相继出现，在给消费者带来便利的同时也极大地提升了平台的经营效率。

3. 电子购物车

电子购物车（electronic shopping cart）也称为"购物车"或"购物篮"，是一种订单处理技术。它使客户在购物过程中可以像逛超市推着购物车一样，将商品一件一件地添加进去。电子购物车会自动计算商品总价格以及相应的运费。这一功能主要是方便客户选择商品、检查所挑选的商品、更换商品，最后确定所选的商品。完成这一环节以后，点击"提交订单"，整个购物就算完成了。

4. 支付功能

对于 B2C 的商家而言，支付方式的发展趋势是很明朗的。对于那些有意涉足国际市场的商家来说，它们需要多样的电子支付方式，包括银行转账、COD（货到付款）、电子支票、零售商发行的"企业卡"、礼品卡、即时信用卡，以及其他无卡支付系统，比如支付宝、京东支付、微信支付等。如果商家能够提供多种支付方式，就会提高交易的成功率和获得更高的订单率，当然也就带来了收入的增加。

当前从事电子商务的商家进行网上支付通常采用三种配置：自有支付软件、收款方的 POS 系统以及支付服务提供商的 POS 系统。而对消费者来说，他们通常可以选择的支付方式有信用卡支付、电子支票、货到付款以及移动支付等。其中，伴随着移动互联网的发展，移动支付越来越普遍，并日益成为主要的支付方式。

移动支付是指使用个人移动设备（通常是智能手机）完成支付或者确认支付，这种支付方式正在逐渐替代传统的非电子支付方式，比如商品或者服务的购买、转账、账单支付等。移动支付可以分为近场移动支付和远程移动支付。近场移动支付主要依托于 NFC、蓝牙智能等技术实现，常用于实体店购买、自动贩卖机或者交通服务费的支付；而远程移动支付则主要用于网络购物，支付手机账单，P2P 转账等。

2.4.2 网络市场

开展电子商务交易的主要场所是网络市场。网络市场也称为电子市场、虚拟市场等，是指买卖双方接触并开展各种类型交易的虚拟市场。客户支付货币获得商品或服务，若是以物物交换为主的市场，则以商品或服务作为相互交换的基础。网络市场的功能与实体市场是相似的，但由于使用了互联网与计算机系统，所以网络市场的效率更高、信息更及时，买卖双方能够得到各种在线服务，交易也更加快速和顺畅。

网络市场可以分为两大类：私有网络市场和公共网络市场。私有网络市场是只有一家企业拥有并经营的市场，又分为卖方市场（sell-side e-marketplace）和买方市场（buy-side e-marketplace）。在卖方网络市场，企业将普通商品或者个性化的商品销售给消费者（B2C）或企业（B2B），这种市场是一对多的市场，典型例子有京东、慧聪网。在买方网络市场，企业向多家潜在的供应商采购，这样的市场是多对一的市场，也是B2B市场，比如大型商超的全球采购网络。私有网络市场有时仅对有选择的对象开设。公共网络市场一般是B2B市场，往往由第三方开设，或者由买方集团和卖方集团开设（称作产业联盟），同时为多家买家和卖家提供服务。这样的市场也可以称为交易所，他们面向公众开放，同时受到政府和交易所业主的监管。

网络市场中的要素及参与者包括客户、卖方、商品和服务（实体的或数字的）、基础设施、前台、后台、中介及其他商务伙伴、支持服务系统（如安全和支付）等，如表2-2列示。

表2-2 网络市场中的要素及参与者

要素及参与者	描述
客户	全球互联网上的消费者都可能成为网络市场上产品和服务的潜在购买者。这些消费者的目标是寻找廉价或个性化的商品、收藏品、娱乐或社交的机会等。网络市场上的主动权在消费者手中，他们可以搜索信息、比较价格、竞价购买，或与卖家讨价还价。企业和机构是网络上最大的消费者
卖方	网络市场上，成千上万的商家可以提供各种各样的商品和开展广告宣传活动。商店有可能是企业、政府机构和普通百姓个人所开的。有些商家在自己的网站上交易，有些则是在公共的交易平台上交易
商品和服务	网络市场与实体市场的主要差异在于，尽管两种市场都销售实体商品，但是它们也能销售数字商品（digital products）。网络市场上可以将产品服务数字化，并通过互联网进行配送。数字产品的成本曲线与实体产品不同，在数字化的过程中，大部分成本都是固定的，可变成本非常低，因此一旦支付了固定成本，利润就会随数字产品的产量扩大而急剧上升
基础设施	网络市场的基础设施包括数字网络、数据库、硬件、软件等
前台	客户通过前台（front end）与网络市场沟通，前台主要包括卖家的门户网站、电子商品目录、电子购物车、搜索引擎、竞价引擎、支付平台等
后台	网络市场的后台（back end）主要负责订单审核、订单处理、存货管理、采购，以及会计和财务处理，还负责保险、支付、包装、配送等工作
中介	在网络市场中，中介（intermediary）一般是指在制造商和消费者之间进行沟通的第三方。各种中介通过网络提供服务（人工操作或电子操作）。网络中介与一般传统的中介（比如批发商、零售商）不同。网络中介建立并管理网络市场，帮助撮合买卖双方，提供订阅服务，帮助消费者及商家完成交易

网络市场上的中介一般提供三种形式的服务，第一种是提供供给、需求、价格、具体要求的相关信息；第二种是撮合买卖双方；第三种是提供增值服务，比如产品交付、订约、支付、咨询、寻求商务伙伴等。一般情况下，第一种服务完全可以自动化操作，因此可以利用网络市场、信息中介、门户网站等来开展服务，费用较为低廉。第二种服务需要专业知识和技能，中介要了解行业、产品、技术发展趋势等，因此只能实现部分自动化操作。

在信息化水平不断提高的情况下，仅提供第一种服务和主要提供前两种服务的中介很容易被淘汰，这种现象称为去中介（disintermediation）。如果供应链中有众多中间环节，就很有可能发生去中介的现象。一个典型的例子是航空企业，它们推行通过网络平台直接销售机票的方式，大多数航空公司要求在机票代理处购票或通过电话订票的客户支付额外的服务费，这样做的结果就是去中介（淘汰购票流程中的旅行社）。另一个例子是仅靠手工完成交易的股票经纪人。然而，实施网络中介的代理商不仅没有消失，反而发展得更快，比如旅游行业的携程、飞猪、同程等订票网站。但有的企业去中介后，又采用新的经营模式，这种现象称为再中介（reintermediation）。例如，戴尔在长期坚持网络直销模式后，也逐渐采取了和网络平台或零售店合作销售的模式，从而提高销量。

网络市场的出现，尤其是以互联网平台为基础的网络市场改变了传统交易的流程，也改变了供应链的运作方式。网络市场催生的变化主要表现在以下几个方面：①买方搜索信息付出的时间和成本大幅降低；②降低了买卖双方的信息不对称；③在网络市场上购买实体产品的流程缩短；④网络市场中的交易受时间、空间的限制减少。

网络市场在数字经济中发挥着最主要的作用，促进了信息、商品、服务和资金的流动和交换，在交换过程中，网络市场为消费者、卖方、中介以及整个社会创造了价值。不管是网络市场还是其他类型的市场，都具有以下功能：①匹配买方和卖方；②促进与市场交易相关的信息流通，提供与市场交易相关的服务，比如付款和托管；③提供法律、审计和安全等制度支持和辅助服务。表 2-3 列出了网络市场的主要功能。

表 2-3　网络市场的主要功能

匹配买卖双方	促进市场交易	提供制度支持
• 确定需要提供的产品，卖方介绍产品特征 • 搜索，买方搜索卖方，卖方搜索买方 • 提供价格与产品信息，实现价格比较 • 组织竞价与交易 • 匹配产品与买方的偏好 • 其他，比如提供销售线索，提供网络市场工具	• 发布买家要求、常见问题等 • 提供商品目录 • 提供技术支持 • 信息，商品、服务传递给买方 • 向卖方支付货款 • 提供信任信用体系，比如消费报告、委托交易、在线信用代理等	• 解决法律问题，比如商品代码、合同法争端，解决知识产权保护 • 执行法规规章制度，行业规范监管，强制执行 • 信息披露，提供市场信息，比如竞争信息、政府监管信息等

2.4.3　网络购物平台

网络购物平台是指为了促成网络交易中买卖双方的成功交易而建立的基于互联网的平台。我们经常使用的淘宝、京东等就是典型的网购平台。当前主流的网络购物平台可以按照平台运营方是否直接参与产品的生产和销售分为三类。第一类是平台运营方不参与产品的生产和销售，只作为第三方平台为买卖双方的交易过程保驾护航，以保证整个交易的公平公正，淘宝、eBay、阿里巴巴等都属于此类；第二类是平台运营方本身作为产品销售方，会开展自营活动，典型的平台有京东、当当网、凡客诚品等；第三类则通常是单一品牌的企业自有商城，同时兼顾生产和销售的职责。

网络购物平台的其中一种表现形式是网络商城。与实体世界类似，网络商城是聚集多个店铺的网络场所，根据卖家的销量收取佣金。网络购物平台通常由前台功能模块和后台功能模块两个部分组成。前台功能模块通常包含以下几个部分：网页模板风格编辑、商品多图展示、广告模块、商品展示与购物车。后台功能模块则主要包括商品管理、促销管理、支付与配送、订单管理、会员模块等。

各种类型的网络店铺是网络购物平台的重要组成部分，网络店铺通常是指一家企业或者个人卖家在平台中通过建立网站的方式开设的虚拟店铺，企业或者个人卖家借由这个店铺在网络购物平台开展交易。网络店铺中一般都会有购物车。大多数网络店铺仅仅针对某一个行业，拥有明确的细分市场。有的网络店铺是制造商开设的，有的网络店铺则是个人开设的；有的店铺销售产品，有的店铺则出售服务。在网络店铺的经营过程中，通常会涉及多种技术，这些技术被合称为"卖家软件包"，它通常包括前述的电子目录、搜索引擎（帮助消费者搜索商品目录中的商品）、电子购物车（存放用户挑选好的商品）、网络拍卖工具、支付网关、安排配送以及 CRM（顾客关系管理）。

门户网站作为一种信息平台被早期网络购物公司运用于支持网络购物平台、网络店铺的经营。门户网站是通过用户电脑或者手机浏览器获得重要的内部商务信息（主要通过内联网）或外部商务信息（主要通过互联网）的一个站点。许多门户网站都可以由用户进行个性化改造。门户网站通常提供的功能包括电子邮件、新闻、股票价格、娱乐、购物等。其通常的工作模式为：第一步，从内部信息源（数据仓库、文件、内部资料、知识库）和外部信息源（要闻、内容、报告、网站）整合数据，并对数据进行初步处理；第二步，按照用户要求对内容进行动态整合；第三步，根据用户的个性化需求，形成一个整合的、个性化的、随时更新的网页。门户网站的类型可以分为：商业门户、公司门户、出版门户、移动门户、语音门户、知识门户等。值得一提的是，在网络购物平台发展早期，由于没有形成用户习惯，门户网站对网购平台的市场拓展起了重要的作用。

2.4.4　虚拟社区与社交网络

社区通常指的是因相同的兴趣而聚集在一起的一群人，他们通过面对面或者网络工具进行沟通和交流。随着信息技术的发展，地理上的距离不再成为阻隔，虚拟社区开始不断涌现，各种类型的 BBS 层出不穷。虚拟社区（virtual community）指的是围绕共同兴趣进行交互的个人或业务伙伴的聚合，其中社区中的内部交互由技术支持，该社区会受到某些协议或者规范的指导。虚拟社区与实体社区（例如邻里、协会、俱乐部等）拥有许多相似之处，但是虚拟社区往往在网络进行互动而非线下。虚拟社区的存在方便了人们用各种方法进行互动、协作、交易。

1. 网络社区的分类

按照社区建立的用途或者主要从事的活动，虚拟社区可以分为：交易及商务活动社区、兴趣社区、工作或生活社区、社交网络、虚拟世界等。

交易及商务活动社区主要促进买卖，它将信息平台与交易平台结合在一起，社区中的主要成员包括卖家、买家、中介，所讨论或促成的交易通常都专注在某一特定领域，比如水产、二手手机等。兴趣社区则通常不开展交易活动，社区成员只就共同感兴趣的问题进行信息的交换。例如，投资者们往往聚集在社区交流投资经验，小众音乐爱好者则经常在特定圈子分享自己的创作和心得。工作或生活社区则将拥有特定工作或者生活体验的成员聚集起来。例如，研究信息系统的教师、学生和专业人士通常会聚集在 Isworld.org 网站上。社交网络则用于社区成员沟通、合作，创建内容与他人共享，是最流行的虚拟社区，微博等社交网站在这一领域走在了前列。虚拟世界通常是指社区成员在 3D 虚拟环境中有自己的化身，比如在游戏中有自己的角色等。

除了按照用途分类，虚拟社区还可以分为公共社区和非公共社区。公共社区是指任何人都能参与的社区，不对用户做出特别限制，社区的所有者可以是私人持有的公司、营利或者非营利性组织，也可以是政府机构。绝大多数的社交网络都属于公共社区。

相反，另一类社区是非公共社区，它可能只属于某一家或者某几家企业，也可能只属于一个协会，用户加入社区会受到一定的限制，比如要求你是某一家公司的员工或者某行业的从业者。非公共社区可以是只在内部使用的（比如只有内部员工才可以加入），也可以是外部的（比如各大品牌建立的客户社区）。

2. 传统网络社区的特征

大多数的网络社区都是以互联网技术为基础的，因此通常也称为互联网社区。在网络中拥有成千上万个社区，并且这一数字正在经历爆炸式增长。纯粹的互联网社区的成员往往有几千人到几亿人不等。实体社区虽然与虚拟社区拥有许多相似之处，但是在成员人数这一方面，它与虚拟社区有着巨大的区别，传统的实体社区的人数要少得多。除此之外，两种社区之间的另一个巨大差别是实体社区往往受地域的限制，而虚拟社区则是不受地域限制的。

3. 社交网络的定义和基本信息

社交网络（social network）是指人们自己创建空间或者主页的一个场所。在这个场所中，人们可以写博客，上传图片、音乐、视频、文字，可以与他人分享自己的观点，可以放出自己感兴趣的网站链接。

社交网络的主要功能及提供的服务如表 2-4 列示。

表 2-4　社交网络的主要功能与服务

信息共享	通信与社交	协作
• 网站提供对应的论坛，可以让用户按照朋友圈分组或者按照话题分组 • 网站支持用户分享图片、视频、文件，视频可以用流媒体播放，也可以让用户下载 • 消费者可以在网站上对产品进行评价、打分 • 网站上有电子布告栏，不管是个人还是群体只要在线就可以浏览	• 用户可以创建自己的主页，用来与社区成员分享信息 • 用户可以建立自己的社交网络圈子，相互连接 • 可以在站内发送电子邮件，进行瞬时通信交流 • 用户可以搜索其他有共同兴趣爱好的朋友或是话题 • 网站上有电子布告栏，不管是个人还是群体只要在线就可以浏览	• 网站提供对应的论坛，可以让用户按照朋友圈分组或者按照话题分组 • 利用 wiki 技术可以多人参与创建文档；利用博客技术开展讨论、传递信息 • 可以进行在线投票，征集民意

4. 商务社交网络

商务社交网络的主要目标是为商务活动的开展提供支持，其中的杰出代表是 LinkedIn。运用商务社交网站的企业越来越多，它们大多希望借此来扩大自己的商务伙伴范围，也希望利用这一工具来开展网络促销活动。许多企业正在走向全球化，社交网络则可以使它们更方便地接触全球的伙伴。商务社交网站通常提供的服务包括：

（1）建立新的商务关系。

（2）有针对性地向各行各业的雇主推销自己。

（3）寻找各个领域的专家进行咨询。

（4）组织会议和活动。

（5）有计划地管理并拓展自己的社交网络。

（6）提高隐私保护的水平，保护个人信息不受侵犯。

（7）不断更新行业信息。

此外，利用 Web 2.0 工具，企业可以采用一对一的方式与客户进行更直接的交流。Web 2.0 工具为消费者提供了很多参与和沟通的渠道，因此企业与消费者之间的沟通更加频繁。企业可以利用社交网络开展如下工作：

（1）鼓励消费者为产品打分、评价。

（2）帮助消费者围绕企业的产品进行交流，建立网络社区（论坛）。

（3）雇用博客写手或是安排内容编辑去引导人们写出企业期待的文章，开展讨论。

（4）鼓励人们对企业和产品进行评论，但是又不被客户牵着鼻子走。

（5）鼓励客户参与各种类型的竞争和比赛，参与产品、服务、营销方案的设计。

（6）鼓励用户制作有关产品、服务的视频，对优胜者给予奖励，充分发挥流媒体的作用。

（7）用电子通信的形式发布有趣的故事。

5. 企业社交网络

除了上述商务社交网络，还有很多企业社交网络，比如很多互联网公司采用的内部网络，支持员工在里面进行讨论分享。员工可以在其中讨论与工作有关的问题，或者围绕某个感兴趣的话题展开讨论。

6. 移动社交网络

移动社交网络指的是网络用户利用手机或者其他智能移动设备进行沟通和交流。随着移动互联网的发展，各大主流社交网站都推出了自己的移动版本。目前移动社交网络在中国、日本、韩国等国家发展得比较快，原因可能与这些国家的数据流量费用相对较低有关。

7. 可利用的工具和平台

信息技术的发展使得大量的软件工具和平台可用于社交网络。下面列举了一些具有代表性的工具和平台。

（1）微博：用户可以通过网页、WAP 页面、手机移动程序等发布动态，并可上传图片和视频或视频直播，实现即时分享，传播互动。

（2）微信：支持多端系统的即时通信软件，用户可以通过客户端与好友分享文字、图片以及贴图，并支持分组聊天和语音、视讯对讲功能、广播（一对多）消息、照片 / 视讯共享、位置共享、消息交流联系、微信支付、理财通、游戏等服务。

（3）抖音：一款可在智能手机上浏览的短视频社交应用程序，用户可录制 15 秒至 10 分钟内的视频，也能上传视频、照片等。

（4）小红书：在小红书社区，用户可以分享产品评测和旅游目的地介绍，为平台带来用户和内容的增长。

（5）即刻：一款基于兴趣的信息推送提醒工具，用户可以关注自己感兴趣的人物、资讯和事件，并通过推送通知及时获取自己关心的信息。

2.4.5　新兴电子商务技术

随着互联网基础设施的进步，各种新兴技术开始被运用到电子商务活动中。

1. AR（增强现实）

“AR”这个词语最早由波音公司研究员 Tom Caudell 在 1900 年使用。当前对 AR 的定义主要有两种，第一种是 Ronald Azuma 提出的，他认为增强现实包括三个方面的内容：将虚拟物品与现实相结合、三维标记以及即时交互。而另一种定义则是 Paul Milgram 与 Fumio Kishino 提出的现实 – 虚拟连续系统，他们将真实环境和虚拟环境分别作为连续系统的两端，位于它们中间的被称为“混合实境”。其中靠近虚拟环境的是扩增虚境，靠近真实环境的是增强现实。在电子商务中 AR 主要运用于广告和营销领域，比如亚马逊的“所见即所得”，通过设备可以看到购买的家具或者电器摆在家里的效果、淘宝的虚拟试衣助手等。

2. VR（虚拟现实）

虚拟现实通常是利用电脑程序模拟产生一个三维空间的虚拟世界，通过头戴式设备提供给用户包括视觉、听觉等感官的模拟，给用户制造临场感，可以使用户即时、没有限制地观察三维空间内的事物。在用户进行位置移动时，电脑程序可以立即进行复杂的运算，将精确的三维世界影像通过头戴式显示器传回给用户，进而产生临场感。VR 在电商领域主要应用于网络直播以及营销活动。

3. 人脸识别

人脸识别是基于人的脸部特征信息进行身份识别的一种生物识别技术，一般使用摄像头或者红外设备采集含有人脸的图像，并自动对检测到的人脸进行脸部识别的一系列相关技术。当前，人脸识别主要应用于身份识别，比如电商网站的账户登录、支付时进行身份认证等。

4. 指纹识别

与人脸识别类似，指纹识别是另一种生物识别技术，它是一套包括指纹图像获取、特征提取和比对等模块的识别系统。当前主要的识别技术包括生物射频、数字化光学识别、光学识别、电容传感器。指纹识别在电商领域主要用于身份识别、网络支付等。

2.5 电子商务商业模式创新

2.5.1 B2C 电子商务商业模式及其创新

1. 网络零售概述

零售商是介于制造商和客户之间的一个销售中介。虽然有许多制造商是直接将产品销售给消费者，但他们主要的销售渠道还是依靠批发商和零售商。在实体环境里，零售是在商店或厂家的直销店里完成的，客户要购物就必须亲自去商店。有些企业产品很多，客户有几百万，就要利用零售商来提高销售的效率。即使有的企业销售的产品不多，也需要依靠零售商来接触各地众多的客户。商品目录的邮购业务为厂家和消费者提供了更多的机会，也解决了地域上的限制：零售商不需要店铺就能完成销售，客户也可以在方便的时候浏览商品目录。在互联网上开展的零售业务称为网络零售，开展此类业务的厂商就称为网络零售商（e-tailer）。网络零售既可以用固定价格的形式销售，也可以用竞价的形式销售。网络零售业给制造商带来了便利，他们可以直接将产品销售给客户，省去了中间环节。

我们有时候很难区分 B2C 和 B2B 的业务。例如，亚马逊网站大多是向个体消费者销售书籍，这是 B2C 业务，但是他们有时候也向企业销售图书，这就是 B2B 业务。沃尔玛也是既向个人销售商品，也向企业销售商品。

2. B2C 业务的商业模式

B2C 电子商务的商业模式是指企业通过商务运作创造收益的一种方法。具体地说，就是先对企业的客户进行分析，在分析的基础上研究企业向客户提供商品或服务的方式，主要的目标是提高盈利能力和持续发展的能力。按照在电子商务活动中参与的主体，我们将 B2C 电子商务商业模式分为表 2-5 中的四个类别。

表 2-5　B2C 电子商务商业模式分类

类别	描述
制造商直销模式	这种模式是指产品的生产通过自建的电子商务平台直接向消费者提供产品。它极大地简化了流通环节，最大限度地降低了中间环节中信息和利润的丢失。Dell 公司是采用这一模式的典型代表
综合类中间商模式	这种模式指的是网络零售商利用电子商务平台向消费者提供多种多样的商品。这是 B2C 电子商务的雏形，典型的代表是 Amazon。它们会实施统一配送和售后服务，拥有相对较好的信誉保障
垂直类中间商模式	这种模式通常会专注于某一特定的细分市场，比较典型的代表如早期专注于 3C 品类的京东商城

（续）

类别	描述
第三方交易平台模式	这种模式本质上是一个信息中介平台。它提供了一个为消费者服务的平台，平台本身不负责产品的配送和售后。这种模式的典型代表是天猫商城。它与 C2C 交易模式的不同之处在于，C2C 交易平台通常只会提供了一个交易环境而不对品质负责，但这种模式本身对平台中商家的品牌度以及品质是具有一定要求的

除了上述四种常见的模式之外，还有在线团购、封闭式购物俱乐部、群体在线采购等形式。

◎ 应用案例 2-1

凡客诚品

凡客诚品是依托互联网建立的服饰家具时尚用品品牌。凡客诚品成立于 2007 年 10 月，由卓越网创始人陈年和雷军在北京成立，是一家典型的 B2C 电子商务公司。凡客诚品启动资金为 600 万元人民币，之后共接受超过 4 000 万美元的风险投资。2007 年成立伊始，凡客诚品的销售收入就达到了 112 万元；2008 年达到了 3 亿元，在中国服装电子商务领域的市场份额达到 18.9%；2009 年上半年，在 B2C 服装电子商务平台中，凡客诚品以 28.4% 的市场占有率位居同行业第一。

凡客诚品自成立以来，各类型业务迅速发展，产品种类从男装衬衫、POLP 衫两大类，发展到男装、女装、童装、鞋、家具等类别。与绝大多数网络购物流程一样，凡客诚品也会采取上门送货的形式。但是凡客诚品会让顾客当场试穿，如果顾客发现不合适或者不喜欢，可以选择退货或者换货，这种优良的服务使客户满意，为凡客诚品赢得了许多老客户。除了这种优良的服务，更为重要的是其新颖的商业模式、精准的营销手段以及质优价廉的商品。

凡客诚品的商业模式与 2006 年 10 月成立的 PPG 公司有着密切的关系。当凡客诚品创始人看到 PPG 在 2008 年日均销售衬衫达到 1 万件后，他认识到网络直销衬衣类产品的商业模式非常合适，并迅速做出决策进入市场，模仿并超越了日渐没落的 PPG，成为该领域的第一名。凡客诚品既是一个服装品牌，也是一个电子商务公司，通过对 PPG 公司的模式进行优化，将"轻公司"模式做到极致。

"轻公司"模式主要是指将生产业务全部外包，利用大规模的广告投放获取市场，借助自有的电子商务平台，配合较为高效、完善的配送系统，为消费者提供高品质的产品和服务保障。但是，这种模式存在一个明显的缺点，即对供应链的话语权有限。这种类型的公司大多只负责品牌经营和市场推广，将产品的设计、生产、包装、销售、运输等环节进行外包，极大地压缩了生产、库存以及配送成本，但是相应的代价就是市场推广往往需要较多投入，使公司面临一个高市场投入、高资金压力的困境：如果不加大广告的投入，就无法获取流量，往往无法完成业绩；但是加大广告的投入，可能进一步给资金链和企业经营带来压力，最终导致公司的失败，凡客诚品的先驱 PPG 就是失败的典型代表，而凡客诚品的成功则主要由于对这种模式的改良。

凡客诚品的创始人陈年通过对 PPG 公司的销售成绩进行研究后发现，PPG 虽然号称互联网公司，但是公司超过 90% 的销售额来自邮购目录和电话销售，并且在电视和平面媒体上投放大量广告，而不是利用互联网进行品牌宣传。此外，PPG 十分缺乏对生产环节以及物流配送的控制。而凡客诚品采取的方式则很好地规避了这一问题。一方面，在广告的投放上，不同于 PPG 选择电视和平面媒体，凡客诚品选择网站联盟以及按广告效果分账的方式。这种方式将中国当时的 100 多万个专业性的、行业性的网站的流量利用起来，将凡客诚品的广告传播到了中国互联网的每个角落。此外，这种按广告效果进行分账的方式意味着每售出一单商品，凡客诚品就会出让 16% 到 18% 不等的分账费。这种广告模式为凡客诚品带来了切实可见的销量增长，并且由于分账效应的存在，使得平台收入与广告费支出直接挂钩，降低了公司的资金压力，形成投入产出的良性循环。另一方面，凡客诚品虽然没有工厂，没有实体店与代理商，所有的销售都在互联网进行，但是却把产品设计、质量管理、物流配送等方面牢牢把握在自己手中，这就很好地规避了生产环节、配送环节把控力不足的问题。此外，凡客诚品对用户体验的重视也是它获得成功的重要因素，比如提供 30 天无理由退换货和送货上门、现场试穿等。

凡客诚品的早期成功源于它对商业模式的合理运用和改良，但是疯狂扩张下引发的资金压力与质量下降成了压倒凡客诚品的最后一根稻草。2010 年，凡客诚品拥有 1.3 万员工，300 多个产品线，产品涉及家电、服装、数码、百货等全领域，品类的大肆扩张导致供应链失控。到了 2011 年，公司有了十几亿元的债务和 20 多亿元的库存，烧光了融来的资金，第一次创业宣布失败。正如陈年后来的反思："凡客为了达到年销售额 100 亿的目标，倒推需要扩张多少品类、多少 SKU（库存量单位），需要有多少人去承担这样的业务量。我自己也陶醉在这种热闹中，把所有精力都放在怎么管理这一万多人，却不知道公司真正要管理的应该是价值。"

资料来源：1. 袁安鑫，李琦. 我国 B2C 电子商务企业客户流失问题研究：以凡客诚品为例［J］. 电子商务，2020（05）：22-23.

2. 周再宇. 凡客，第二个 PPG？［J］. 新营销，2014（03）：20-24.

思考问题

1. 凡客诚品早期成功的关键因素是什么？
2. 你从凡客诚品中吸取的最大教训是什么？
3. 试分析小米与凡客诚品的异同。

2.5.2 C2C 电子商务商业模式及其创新

C2C（consumer to consumer）电子商务有时也被称作 P2P（peer to peer）电子商务，是个体消费者之间的在线交易。这些在线交易还可以让第三方中介（比如 eBay、淘宝等）来参与，或在社交网络上进行，由它们组织、管理、促成交易。C2C 电子商务可以由音乐、分类广告及共享文件产生交易活动，也可以在网上求职招聘（比如 linkedin.com 和 careerone.com.au）。

C2C 电子商务为网络购物和交易开创了一个新的层面。尽管 C2C 交易在实体环境中很常见（比如报纸分类广告、欧美国家中盛行的庭院旧货交易等），但在网络上开展时却遇到了很多问题，主要原因是买卖双方不认识、彼此缺乏信任，尤其是当他们来自不同的地方时更是如此。后来，这一问题被第三方支付平台（比如 paypal.com，支付宝）和 eBay、淘宝等网站提供的担保服务很好地解决了。C2C 电子商务的好处是它降低了买卖双方的佣金成本和管理成本，而且它也让许多个人和小企业主以低成本的方式来销售自己的商品和服务。

社交网络为 C2C 电子商务提供了理想的场所，人们通过 facebook.com 等网站，或其他社交网站上的分类广告来销售商品和服务。人们以 C2C 电子商务的形式分享音乐或销售音乐文件、进行物物交换、销售虚拟装备，提供个性化服务。

1. C2C 电子商务的应用形式

许多网站为个人之间的交易提供服务，下面介绍几种类型的 C2C 活动。

（1）C2C 拍卖活动。在线拍卖是 C2C 电子商务发展得较为成功的一种形式。在许多国家，通过拍卖网站进行交易已经十分流行。大多数拍卖活动是由中介网站操作的（比如最为著名的易趣网站）。

（2）C2C 买卖活动。除了拍卖之外，易趣还可以让人们以固定价格出售产品，淘宝则在这一方面做得比较突出，将数以亿计的个体卖家和个体买家联系起来。

（3）分类广告。网络上的分类广告与传统报纸上的分类广告相比有着诸多优势。它们的广告受众可以不受地域的限制，内容更新也非常快捷。大多数广告是免费的或者只收取很少费用。因此，这大幅增加了商品和服务的数量，同时也增加了潜在买家的数量。分类广告中还包括个人房屋出租、企业厂房出租服务。有时，某一网站的分类广告信息会自动链接到其他多个相关分类信息中（"交叉发布"技术），这使得广告的受众增加了，但是费用没有增加。一些网站还为买方提供搜索引擎，以缩小特定商品的搜索范围。

C2C 电子商务运作模式的本质是网上拍卖。它通过为买卖双方提供一个在线交易平台，使得卖方可以不受地理位置的限制将商品挂到网上，各地的买方可以自由选择商品。在 C2C 市场中，除了买卖双方之外，平台作为第三方保障整个交易，它负有对买卖双方的诚信进行监督和管理的职责，对交易行为进行全程监控，避免欺诈等不当行为发生。

早期采用 C2C 模式的平台的主要营收来源分为以下几个部分。

（1）商品登录费用即如果你要在平台上发布商品信息，你必须向平台缴纳一定的登录费用，这个费用通常基于商品的定价。

（2）商品成交费用即如果你成功出售你发布的商品，那么你还需要向平台缴纳商品成交费用，这一费用通常基于商品的成交价格和售出件数。

（3）店铺费用即平台会收取你所开设的店铺的费用。

（4）广告费用即平台会收取你发布的商品的广告费用。

（5）卖家工具费即平台会收取向你提供的多种形式的卖家工具的费用。

（6）流量费用即平台向卖家提供流量或访问量的服务，缴纳流量费用能够让卖家获得额外的曝光机会。

2. C2C 电子商务的优势与劣势

（1）优势。对卖方来说，C2C 电子商务费用低廉，手续简便，大量的辅助工具让你能在短时间内上手；灵活机动，对资金的压力较小，且无须专人看守，可 24 小时营业；脱离传统店铺的地理位置限制，可联系全国各地的买家。

对买方来说，C2C 电子商务可摆脱时空限制，随时随地进行购物，极大地便利了消费者的购物方式；价格透明，可轻松进行价格比对，选择心仪产品；支付方式较多，无须采用现金支付。

（2）劣势。容易发生货不对板的情况，消费者很难获取完整信息，因此容易出现信息不对称，进而影响买卖双方的利益；售后服务较差，相对于 B2C 模式，C2C 交易的售后服务相对较差。

◎ **应用案例 2-2**

淘宝与 eBay

2003 年 5 月，阿里巴巴正式推出个人网上交易平台淘宝网。2004 年 7 月，阿里巴巴追加 3.5 亿元人民币的投资，依托在 B2B 业务上的深耕以及准确定位，使淘宝迅速成长。短短半年时间淘宝迅速成为中国个人在线交易市场的龙头，创造了互联网企业发展的奇迹。淘宝的商业模式的核心之一就是免费，这与 eBay 中国形成鲜明对比——eBay 中国坚持收费原则。随后，淘宝便开始飞速发展，实现对 eBay 的追赶。

面对这样的情况，eBay 意识到中国是一个不能丢失的市场，所以 eBay 尽一切努力抓住流量。它相信，只要手里掌握了流量，就能在竞争中取得先机。因此，当刚成立的淘宝找各大门户网站打广告时，基本所有的门户都张贴着 eBay 中国的广告。对于这种情况，淘宝采取了曲线突围的方式，它将大量的广告投放进个人网站，同时，还把广告打到了线下的地铁、公交汽车上。除此之外，为了解决 C2C 交易中的重点——诚信问题，淘宝推出了第三方支付工具"支付宝"，与公安部身份验证中心合作，提高了淘宝网的诚信度。面对淘宝的飞速追赶和不断发展的势头，eBay 中国开始思考相应的对策以打乱淘宝的扩张计划。2004 年 4 月，eBay 中国取消对买家的限制，但是这一举措非但没有吸引到人气，反而使卖家数量出现了下跌。渐渐地，由于一系列的合理举措和对我国市场的准确认知，淘宝在竞争中运用其商业模式和战略打败了 eBay 中国。

淘宝的商业模式的核心要素包括支付平台、用户沟通平台、独特的推荐物流以及客观的信用评价机制，这些要素是它能打败 eBay 中国的重要武器。

淘宝的支付平台"支付宝"是阿里巴巴针对网上交易而推出的安全付款服务。支付宝在整个交易过程中充当的角色是信用中介，具体操作就是在买家确认收到商品前，货款会由支付宝暂时保管。2006 年，第三方支付成为主要的网络交易手段和信用中介，在商家和银行之间建立起连接，实现第三方监管和技术保障的作用。

淘宝的核心用户沟通平台"阿里旺旺"是阿里巴巴为买家和卖家沟通而设计的软件，它是一款专注于商务应用的即时通信软件。它不仅拥有主流即时通信软件的各种功能，还具备专门为电商业务开发的特有商务功能。买方可以通过使用该软件详细询问物品的价格和质量，买卖双方不仅可以使用阿里旺旺来沟通，增加互相了解，还可以参加各种优质的会员活动。

淘宝公司为了方便用户进行网上交易，邀请物流公司为用户提供特别服务和一定的优惠价格。在具体操作过程中，卖家可以自行选择或应买家要求选择相应的物流公司。淘宝推出的推荐第三方物流服务将适合的物流企业整合到在支付宝的在线支付平台上，进一步增加对交易过程的把控。

最后是淘宝采用了信用评价体系机制。信用评价体系是指交易双方在完成一笔交易后，在有效期内根据本次交易中双方的行为、产品或服务等进行评价，形成信用的信息反馈，并将用户得到的所有评价按一定方式整合为该用户的信用度和信用记录，供其他用户作交易决策参考。其他买方在交易发生之前都可以参考卖方的信用评价，然后决定是否从卖方那里购买商品。因此信用评价体系中的一些指标可以被用来衡量交易者的信誉，通过信用评价系统，可以使交易双方的信息更加透明，也可以对不当行为进行处罚。表 2-6 列示了淘宝和 eBay 中国的运营模式的对比。

表 2-6　淘宝和 eBay 中国的运营模式对比

项目		淘宝	eBay 中国
创立时间		2003 年 7 月	1999 年 8 月
战略		免费	国际化，促成国内外卖家、买家达成交易
资金流	支付工具	支付宝	Paypal
	使用流程	• 选商品 • 付款到支付宝 • 收货确认 • 支付宝付（退）款	• 拍下商品后用 Paypal 支付 • 收货确认 • 交易结束或 Paypal 退款
	使用范围	国内	跨国
	安全保障	收货后满意，卖家才能拿到钱；全额赔付	收货后不满意，提供退款担保；买方支付信用担保
	费用	免费	年费、手续费
信息流	交易前	• 宝贝分类目录 • 宝贝类目拼音索引 • 热门搜索 • 主题频道 • 搜索引擎 • 商品对比等	• 商品分类目录 • 主题频道 • 搜索引擎 • 比较购物等
	交易中	竞拍、一口价 交易程序：阿里旺旺等	竞拍、立即买 交易程序：Skype 等
	交易后	• 社区（站内信、论坛） • 评价系统 • 客服电话 • 阿里旺旺等	• 电邮 • 社区（反馈论坛、兴趣组、博客等栏目） • Skype

（续）

项目		淘宝	eBay 中国
物流	范围	国内	国际＋国内
	方式	推荐物流服务方式，汇总所有合作物流公司的服务政策、运输费用、客服热线等信息，供客户自行比较选择，通过在线下单获取相应物流服务	物流联盟的方式，依托自身购物平台的信息资源，寻求与外部物流公司的合作
信用评价体系		"表扬／鼓励／批评"分别为"1/0/-1"分，买家与卖家都可累积信用等级	"好／中／坏"分别为"1/0/-1"分，买家与卖家都可累积信用等级

资料来源：1. kies Abdelkader 凯野. eBay 易趣与淘宝网电子商务模式的比较研究［D］. 吉林：长春理工大学，2013.
2. 方瑞翔，宋光兴. 电子商务在线信用管理系统对比分析：以淘宝、京东、亚马逊和 ebay 为例［J］. 电子商务，2018（12）：21-23.

思考问题

1. eBay 中国水土不服的主要原因包括哪些？

2. 跨国企业如何制定本土化的电子商务商业模式？

3. 淘宝的 C2C 业务有哪些特色和创新之处？

2.5.3 B2B 电子商务商业模式及其创新

1. B2B 电子商务商业模式

B2B（business to business）电子商务，即企业－企业电子商务，是指在互联网、外联网、内联网和私人网络间进行的电子交易。这种交易可以发生在企业及其供应链成员间，也可以在企业和政府、其他企业之间。

B2B 电子市场又称企业电子市场，该模式集中了单个公司卖或买的需求，可以进一步分为一对多模式和多对一模式。在一对多模式中，公司进行所有的销售，即卖方市场（sell-side marketplace），卖方市场又称集中销售，一般有电子目录、正向拍卖、一对一销售等方式。在多对一模式中，公司进行所有的采购，即买方市场（buy-side marketplace），买方市场又称集中采购，类似于项目招标，比如集中目录、反向拍卖、团体采购、易货交易等。在交易中，公司拥有完整控制权，这类交易本质上是非公开的。

多对多模式又称公共交易场所或交易平台。这是一对多卖方集中和多对一买方集中的综合交易模式。交易平台可以是水平市场的，服务众多行业，也可以是垂直市场的，服务一个或几个相关的行业。交易平台的主要功能包括：①撮合买卖双方、确定商品并进行分类展示、组织拍卖／竞标／易货贸易、核验双方资格并支持谈判、保证信息安全等。②优化交易流程，促进交易，提供交易平台、技术和第三方服务、提供查询信息、收取交易费用、提供商品交易分析和统计数据等。③制定交易规则，维护交易平台基础设施，保证交易符合商务规则，保证平台的技术支持等。④向买卖双方提供服务，比如采购报价投标协调、个人信息安全、软件、整合会员企业后台服务系统、辅助服务（融资和订单追踪）。

　　2. B2B 交易中的各种要素

　　（1）交易各方：卖方、买方、中介。B2B 电子商务可以在制造商与客户间直接进行，也可以通过第三方网络中介进行。中介可以是虚拟的中介，也可以是虚拟结合的双渠道中介。

　　（2）公司购买的各种材料。B2B 市场的材料有直接材料（direct materials）和间接材料（indirect materials）两种。直接材料是指生产制造产品所用的材料，比如造车使用的钢材、印刷使用的纸张等。间接材料是用来维持生产和制造的产品，比如办公用品、灯泡等，这类材料也称为非生产材料。

　　（3）B2B 交易平台。B2B 交易所分为行业垂直性平台和综合性平台。行业垂直性平台是指服务于某一特定行业或产业环节的电子商务网站，比如中国化工网、中国医药网、中国纺织网等。综合性平台是指可服务于多个行业及领域的电子商务网站，比如阿里巴巴、慧聪网、环球资源网等。

　　B2B 提供了企业间虚拟的全球性贸易环境，提高了企业间商务活动的质量，具有许多优点。首先，对于卖家而言，B2B 电子商务创造了新的销售机会，降低市场和销售成本；加强了生产灵活性，允许按需交付；允许卖方接触更多在地理上分散的客户基地。其次，对于买方而言，B2B 电子商务减少买方寻找商品和供应商的费用及时间；简化产品配置，减少中间人参与，降低采购成本；提供有效的客户服务，有助于平衡小型企业之间的利益。最后，对于双方而言，B2B 电子商务消除纸质文件的使用，降低了双方的管理费用；加速交易进程，缩短交易时间，提高交易中双方员工的生产率，提高服务质量；基于网络的电子商务比传统的 EDI 更便宜，允许更多合作伙伴加入，提供全年无休的交易场所。

◎ **应用案例 2-3**

<h2 style="text-align:center">线上展会</h2>

　　2020 年，新冠疫情在全球范围内暴发，在疫情影响下会展行业一时按下了"暂停键"，汉诺威工博会、米兰家具展、京交会等陆续宣布取消或延期举办。对于企业而言，各类展会正是每年大量新订单的来源之一。展会活动的突然暂停扰乱了企业的生产节奏，导致企业收入锐减，给企业的生存发展带来巨大的挑战。为了满足企业拓展市场、应对风险的需求，传统展会转向线上展会，通过云展会形式，打破地域、空间等的限制，在一定程度上解决会展行业面临的当务之急。

　　数字技术赋能会展业主要在以下四个方面发力：一是现场呈现数字化。基于 5G、AR、VR、大数据、云计算、人工智能等现代信息技术手段，举办云会议、云展览、云开幕、云走秀等，让展商和观众能够以"屏对屏"的形式便捷参与，有效提高了企业的参展效率，并进一步增强了参展效果。二是运营管理数字化。针对招募与现场管理等烦琐环节，设计了标准化的管理流程，提升管理效率，降低运营成本，规避业务风险，增强企业数字化运营能力。三是场馆管理数字化。依托大数据、人工智能等技术达成最优化配置，形成线上线下全流程协同。会展场馆数字化的演进发展，不仅是外观、设计和功能的变化，更是高效管理、特质化服务与创新运维模式的变革，实现了提升体验、降低成本、创新服务的目标。四是企业治理数字化。会展企业规范业务流程，形成可视化动态管理，协同办公提升运营效率。

根据中国会展经济研究会的数据，2020年中国境内线上展总计举办628场，其中同期举办境内线下展的展览总数达到509场，另外119场线上展则单独举行。分省市来看，上海、福州和广州分别举办133场、80场和51场境内线上展，分列全国前三位。

2020世界移动通信大会（Mobile World Congress，MWC）原计划于2020年2月24日开始，受疫情影响，GSMA（全球移动通信系统协会）在2月13日发布声明宣布取消MWC2020。之后，华为、中兴、小米等原参展商通过线上直播方式联合举行"线上巴展"暨"行业数字化转型大会2020"等活动。华为采用全球直播的方式以"你好，智能世界"为主题举办线上行业数字化转型大会，现场连线欧美多国嘉宾畅谈未来数字化转型。

华为企业BG副总裁马悦畅想了智能世界2030的五大特征，提出以新连接、新计算、新平台和新生态，助力多行业智能化发展，大会也在通信技术的不断优化中畅联全球。中国国际动漫节在2020年5月举办的"云上动漫游戏产业交易会"，通过云上交易、云上展售、云上互动等活动，最终吸引了来自45个国家和地区的18 000余名用户关注参与，200多家企业通过在线平台实现3 648次即时沟通，达成意向成交额4 000万元。政府及组织机构对线上展会也提供了积极政策支持。例如，成都市政府发文鼓励进行线上转换的消费业态发展，支持线上线下联动，推动成都元素创新IP在蓉转化为新兴消费。2021动漫游戏产业交易会仍然选择在云上盛大召开，本次交易会为期8天，共开展了包括"云上展览""云上交易""云上互动"3大板块和线下分会场的10余项活动，吸引了46个国家和地区的5 981位商务人士以及世界动画协会等20个国际动画节展与海外动漫机构在线参会。本次交易会依托国际动漫游戏商务大会（iABC）这一平台创新性地推出在线"一对一"商务洽谈活动，极力还原线下洽谈的现场氛围，助力交易达成。本次云上会展意向成交额超1亿元，同比增长接近100%，可见云上会展的参与度与承办能力的快速提升。

境外参办展受疫情影响远比境内情况更加严重。米奥会展作为出境展主办方反应最快，于2月7日全球首发纯在线数字展览平台——网展贸MAX。2020年4月14日，由国家贸促会主办，米奥会展主承办的中国-拉美（墨西哥）贸易数字展览会全球第一场数字线上展正式开幕，揭开了境外数字线上展会举办的帷幕。此次会展把线下展会的核心资源和商机搬到互联网上，集在线数字咨询、洽谈、展示、撮合于一体，彰显了数字展览在特殊时期下的独有优势，为企业提供在线交流洽谈机会，实现快速匹配供需，成为深化中拉经贸合作、推动共建"一带一路"高质量发展走深走实的有效平台。中国贸促会也将以此次展会为契机，推广有关成果和经验，加强与重点出口国家和地区对口机构、商协会联系，面向"一带一路"沿线国家、中东欧、非洲等地开展数字巡展，构筑境内外企业合作平台，为稳外贸做出积极贡献。

在线上展会兴起的需求刺激下，展览业技术服务商数量增加，长期服务会展业的技术提供商营收大幅增加。上百家新的技术服务商，包括阿里巴巴、腾讯、华为、京东等知名企业进入会展业，相关技术产品大量涌现。受此推动，展览业在网络营销、数据挖掘和新媒体运营等方面取得了前所未有的进步，将对我国展览业的"互联网＋"产生积极而深远的影响。目前，线上会展所需的基础技术基本上都比较成熟，包括网络带宽、数据处理、页面搭建、高清直播、电子签约等。相关技术的齐备为会展业在疫情期间的迅速恢复夯实了基础。线上会展打破了时间、空间等的限制，具有许多优势。与线下会展相比，线上会展参展成本低，参展人员无须前往现场，节省了交通费、运输费、线下宣传资料费等。此外，线上展会能为参展商提供精确的流量数据，便于企业进行精准营销，提升转化率。另外，买家可以随时随地参观展会的内容。近年一些平台也在尝试长期在线上举办"永不落幕"的博览会。

当然，目前的云会展解决方案的需求覆盖能力还处在刚起步的阶段。线上展会搭建所需的云计算、网络保障、直播系统等方面的服务商开始整合，会议管理、数据支撑等业务的服务商也积极适应线上会展。但会展策划、内容创作、媒体通路等服务商仍有大幅度提升的空间，行业未来前景广阔。同时，线下场景中也有不少特点是线上不能替代的，比如一对一的深度交流、产品实物的深度体验等，未来将依托具体展览的具体情况开展相应的定制化服务，尽可能凸显线上特长，保留线下优势。在疫情稳定之后，线下展会仍然是主流，不过线上线下的融合将成为一种趋势。

资料来源：1. 徐诗琦. 20 天 6000 场 To B 直播，阿里想借网交会将线上展会常态化［EB/OL］.（2020-06-17）. https://www.jiemian.com/article/4532188.html.

　　　　　2. 葛浩然，张瀚文，葛欣然，等. 数字赋能下我国会展业战略效用提升机制研究［J］. 商展经济，2022（10）：1-4.

思考问题

1. 分析线上会展的利弊。

2. 未来线上线下会展如何融合？

3. 元宇宙、增强现实等新兴数字化技术如何与会展有机融合？

2.5.4　C2M 电子商务商业模式及其创新

C2M（customer-to-manufactory）又称顾客对工厂，是现代制造业中由用户驱动生产的反向生产模式。C2M 模式通过互联网大数据整合消费者的商品定制需求，将其直接反馈给制造商，去掉品牌商 / 代理等中间环节，使产品以低价出售给消费者，因此又称为"短路经济"。

C2M 的参与者分为三类，分别是大型综合电商平台、制造商和小型 C2M 平台。①大型综合电商平台，比如阿里巴巴、京东、拼多多，它们资本雄厚并且已经积累了大量用户和渠道资源，在 C2M 中占据主导地位。②制造商是指负责进行产品生产的厂商，C2M 为其提供了去库存、降低成本的生产模式。③小型 C2M 平台，比如必要商城、优必上、e 企嗨购，它们是行业的探索者。

以 2018 年为节点，可以将 C2M 的发展划分为两个发展阶段。第一阶段是 2013—2017 年的初步发展阶段，该阶段以小型 C2M 电商平台为主导，平台型企业在供应链、柔性生产等方面还处在建设积累阶段，这期间 C2M 行业发展较为缓慢。第二个阶段是 2018

年以后的加速发展阶段。大数据、人工智能技术的快速发展为个性化生产提供条件，大型电商平台纷纷加入，推进 C2M 快速发展。2018 年 11 月，淘宝启动 C2M 天天工厂项目。次年 3 月，阿里巴巴集团将聚划算与天天特卖进行全方面、多环节整合，完成 C2M 战略雏形布置。2020 年 3 月，淘宝正式发布以淘宝特价版、百亿产区计划和超级工厂计划为三大核心支柱的 C2M 战略。紧跟阿里巴巴集团之后，其他大型电商平台也相继布局。2018 年 12 月，拼多多启动"新品牌计划"，采用 C2M 模式打造爆款产品；2018 年 1 月，京东上线京东京造，并于 2019 年 9 月上线拥有工厂直供专属频道的京喜平台；苏宁在 2019 年 10 月发布苏宁 C2M 生态战略，并在 2020 年 1 月和 20 家企业签订首批 C2M 招商合作协议。

C2M 的优点包含以下几个方面。①对于消费者而言，C2M 可以降低产品售价、满足个性化需求等。一方面，C2M 模式去掉了库存、物流、分销等中间环节，让消费者可以直连工厂，避免了中间环节的层层加价，让消费者享受到更加优惠的价格。另一方面，C2M 反向定制模式强调以用户为中心，根据用户的需求组织生产，能更好地满足消费者的个性化需求。此外，C2M 模式可以发挥用户的能动性、积极性，通过让消费者加入产品设计生产的前期环节，激发市场整体活力和创造力。②对于制造商而言，C2M 可以降低库存，提高生产效率。首先，C2M 模式的本质是"先销后产"，即制造商先接受订单，而后采购原材料进行生产。在传统制造模式中，从需求预测到生产存在诸多不确定性，容易造成生产过量或不足的情况。C2M 模式中，制造商根据用户需求进行生产有利于降低库存风险。其次，依托于大数据、云计算、人工智能等数字化技术，制造商可以快速了解消费者需求变化趋势，做出快速、准确的应对。最后，C2M 通过将零散的消费需求进行汇聚，可以将"零售"转化为"集采"，大幅提高制造商的生产和资金周转效率。最后，从产业结构来看，C2M 模式可以推动生产线、供应链的变革，推进制造业供给侧改革。③对于电商平台而言，C2M 的价格优势可以帮助电商平台和制造商拓展下沉市场。

C2M 的兴起对消费行业产生了深刻影响，尤其是库存占比较高的纺织服装、轻工制造、家电行业等，C2M 去掉中间环节的模式对渠道端的商贸零售也造成了一定冲击。以服装行业为例，传统服装行业产业链长，对消费者需求变化的反应速度慢，容易出现需求预测偏差；中间环节冗杂，导致产品加价严重，库存压力大。C2M 模式通过提高服装产业数字化水平，可以提高服装生产企业对消费者需求变化的反应速度、对需求的准确预测度，降低库存风险，甚至可以实现低成本、小规模的个性化定制。与传统电商相比，C2M 解决了库存问题，通过压缩供应链流程来提升效率。在技术条件日趋成熟的情况下，C2M 将会进一步挤占线下零售的生存空间，加速传统电商渠道的进化。

◎ **应用案例 2-4**

阿里犀牛智造

2020 年 9 月 16 日，阿里巴巴"新制造"平台"犀牛智造"正式亮相。新制造在 2016 年 10 月的云栖大会上首次被提出，是指通过数字技术对传统制造业进行深度重构，以实现制造业的智能化、个性化和定制化。简而言之，工业时代的制造业考验的是生产一样东西的能力，而数据时代考验的是生产不一样东西的能力。除了新制造外，2016 年的云栖大会还提出了新零售、新金融、新技术和新能源，合称"五新"。新零售是指企业运用大数据、人工智能等技术对商品生产、流通和销售过程进行升级改造，重塑行业结构，将线上服务、线下体验与现代物流深度结合的零售新模式；新金融是指让信用变成财富，建立信用金融体系；新技术是指技术由机器制造向人工智能转变；新能源指的是数据。

阿里巴巴的犀牛智造是专门为中小企业服务的数字化、智能化制造平台，以消费者需求为驱动，融合大数据、人工智能和物联网技术，通过集约型供应链网络及数字化的柔性制造，实现按需开发、按需生产。依托"需求大脑"、数字工艺地图、智能调度中枢、区域中央仓供给网络、柔性智能工厂五大特色，犀牛智造平台涵盖了制造业流程的多个环节，将 IOT、云计算、边缘计算等新技术与大数据结合，打通制造的全链路。迅犀数字工厂作为试点项目，通过给中小企业提供端到端的全链路数字化解决方案，实现以消费者需求为核心，以数字和新技术驱动的定制化生产制造服务。在大数据的趋势分析和销售预测下，犀牛智造通过人工智能驱动的决策优化，让商家、工厂可以及时掌握消费市场需求，降低研发成本，实现个性化消费服务，从而向以销定产的最终目标过渡。

在正式亮相的 3 年前，迅犀数字工厂作为试点项目与淘宝平台上的 200 多个中小商家进行试点合作，首先将目标瞄向了服装行业。为什么选择服装业进行试点呢？首先，服装是阿里巴巴在零售市场上最大的商品品类之一，依托淘宝和天猫平台的迅犀数字工厂有着极大的洞察客户优势。淘宝、天猫作为服装消费市场的重要平台，拥有大量的用户及用户沉淀下来的数据。犀牛智造基于大数据和算法分析，可以有效地预测大部分细分市场的消费趋势，在数据赋能下，犀牛智造可以为中小品牌商的创新提供支持。其次，传统服装制造业中库存造成的浪费极大，以产定销的行业模式使得这种浪费占到服装销售的 30% 左右。针对这个问题，犀牛智造以服装业为起点，通过实时资源采购分配、合理规划流程及成本、物流优化方案及独家的智造操作系统等，实现快速反应、柔性化生产，以较低成本、较短交付时间提升生产效率。这种基于技术的柔性化生产，在实践中已发挥了良好作用。例如，特步牵手犀牛智造，达成"一人一单一图一制造"极致小单定制化服务。

犀牛智造想要实现的价值是多元的、多样的。对内，犀牛制造可以扶持中小卖家，促进平台电商业务的发展。犀牛智造以数据驱动，能帮助商家洞察市场需求变化，推进商家原创、降低成本，在产品与个性化消费需求结合中促进电商业务发展。对外，犀牛制造革新传统制造业的底层能力与业务逻辑。面对服装行业中长期存在的生产周期长、库存水平高的难题，犀牛智造通过需求预测、柔性生产等手段加以解决。短期看，犀牛制造可以帮助中小企业抓住市场机遇。依托技术红利的犀牛智造可以为制造业带来巨大变革，抓住"小单快反"是犀牛智造支持中小企业实现成长发展的阶段性基本战略。长期看，犀牛智造可以帮助制造业配合工业互联网一起进行革新。

资料来源：1. 易山. "犀牛智造"看到的未来 [J]. 信息化建设，2020（09）：1.

　　　　2. 赖红波. 数字技术赋能与"新零售"的创新机理：以阿里犀牛和拼多多为例 [J]. 中国流通经济，2020，34（12）：11-19.

思考问题

1. 数字技术赋能的前提条件包含哪些?
2. 分析定制化生产的利弊。
3. 柔性制造对供应链具体提出了哪些要求?

2.5.5 O2O 电子商务商业模式及其创新

广义而言,O2O 电子商务是指通过线上营销推广的方式,将消费者从线上引入到线下(online to offline),或将消费者从线下转移到线上(offline to online)的模式;狭义而言,O2O 是指消费者在线上购买商品或服务,然后在线下体验的交易过程,或在线下体验后通过二维码、移动终端等进行线上支付的交易过程。O2O 的概念最早由 TrailPay 创始人 Alex Rampell 在 2010 年 8 月提出。随着 2010 年团购在国内市场的兴起,O2O 成为热门话题,2014 年互联网巨头纷纷宣称进军 O2O,因而 2014 年被称为"O2O 元年"。

O2O 通过线上与线下的结合,实现了优势互补。① O2O 电子商务一方面可利用互联网跨地域、无边界、拥有海量信息和用户的优势,另一方面可以挖掘线下体验资源,让线上消费者获得丰富信息,同时让线下门店的服务覆盖范围更广。② O2O 通过线上的方式能对商家营销效果进行直观的统计和追踪评估,有利于商家进行精准营销及改进营销方案。③ O2O 模式可以借助线上优势,让商家更好地了解消费者,并做好用户维护及拓展。④ O2O 模式一定程度地降低了商家对店铺地理位置的依赖,减少了租金方面的支出。⑤ O2O 为消费者提供丰富的商家信息,允许消费者按照位置、价格、服务等进行筛选,为其消费提供决策依据。

O2O 模式的精髓在于帮助商家与用户建立无缝联结,它包括商品联结、服务联结、情感联结、事业联结四个层次。①商品联结是指消费者通过购买商品与商家或品牌建立联结,是一种弱联结。购买一旦结束,消费者有可能不会再来光顾。②服务联结是指消费者通过服务与商家或品牌建立联结,是一种较强的联结。服务本身是一种很重要的体验,可以提升用户的满意度,有效加深对服务提供者的印象。③情感联结是强联结,当消费者融入了情感之后,他们就从用户升级为粉丝。不仅会与品牌建立强烈的情感联结,粉丝之间也会产生较强的认同感。④事业联结是指粉丝基于对品牌的深度认同,加入品牌的销售或服务体系中,成为其生态体系中的一分子。这是一种深度联结,如"小米之家"服务站,几乎都是当地的资深米粉加盟小米而创建的。他们不是单纯的消费者,而是品牌的"事业合伙人"。O2O 通过帮助品牌或商家与用户保持实时联结,可以让更多的消费者从"顾客"变成"用户",再变成"粉丝",甚至发展成为"事业合伙人"。

虽然 O2O 解决了传统行业电商化的问题,但是该模式的实施对企业线上、线下的能力提出了挑战。具体而言,O2O 模式通过在线的方式进行宣传,但最终消费的服务或产品须到线下门店进行体验,这不仅要求企业懂得网络营销,而且对线下服务提出了严格的要求。如果网络营销不到位,就无法拓展用户;如果线下服务的应对能力不足,会造成用户体验的落差感,降低消费满意度,不利于长期运营。例如,在线短租平台 Airbnb 就因为线下体验问题遭到多次质疑和投诉。对于 O2O 平台而言，要想促进平台的健康发展，可以通过制定商家运营规范、提供用户反馈机制、加强对商家服务能力考核等来推动企业提高服务能力。此外，O2O 是从个人需求角度出发的模式，具有个性化特征。如何处理好与消费者之间的平衡关系，如何调节服务与体验的关系是 O2O 面临的问题。O2O 模式若以价格优势吸引消费者，那么企业如何权衡线上和线下价格的差异、同时保证两方消费者利益也是 O2O 面临的难题。

◎ **应用案例 2-5**

河狸家，O2O 泡沫的幸存者

2020 年 8 月，河狸家获阿里巴巴战略投资，成为阿里巴巴美业战略投资平台。河狸家扎根美业服务和新零售赛道，依靠源源不断的创造力获得投资方青睐。同期的创业者早已不见踪影，河狸家在 O2O 热潮退却后，通过艰难的摸索尝试，最终成为 O2O 泡沫的幸存者。

2014 年是"O2O 元年"，各行各业都出现了 O2O 模式企业。在美业服务中，出现了以嘟嘟美甲、河狸家等为代表的垂直美业平台。其中，嘟嘟美甲采用 B2C 模式运营，招募了大量美甲师并进行专业培训，投入了大量资源进行美甲款式的原创设计，并对美甲流程、价格进行标准化。在资本的支持下，嘟嘟美甲发展迅速，2015 年日订单可达 10 000 单。但是，该模式下的嘟嘟美甲很快走向失败，原因在于美甲的标准化使得优秀美甲师毫无溢价可能。一方面，款式的设计需要投入大量资源，并且标准化限制了美甲师的发挥空间；另一方面，标准化定价忽略了美甲师的技能级别。当优秀美甲师与菜鸟美甲师是同一价格时，会导致"劣币驱逐良币"、平台服务质量下降，最终影响消费者体验。

相比之下，河狸家在 O2O 泡沫消退之时凭借自身实力依然坚挺，平台上的手艺人和用户始终保持着快速增长。

河狸家于 2014 年 3 月正式上线，首先推出的是美甲上门服务，其目标是帮助美甲师与顾客之间进行匹配。河狸家改变传统的美甲需要固定店面的经营模式，节省门店的装修成本和租金。同时，美甲师通过技能考核后即可在平台上提供服务，平台不限定美甲款式与价格，这给了美甲师自由发挥的空间。平台的宗旨是解放天下手艺人，帮助他们打造自己的手艺品牌，同时为消费者带来性价比更高、更便捷的全美业上门服务。成立三年时间河狸家即获三轮融资，2015 年 2 月，河狸家估值近 3 亿美元。

河狸家的模式可以看作一种横向整合，其目的实际上是解决"人的共享"——让所有具备专业技能的人都可以被其他人共享，通过移动互联网让多种多样的用户需求和手艺在平台上实现无缝对接。同时，让"服务"这件事不再被禁锢在"店"里，而是随时随地"动"起来。改变过去人找服务的模式，让服务去找人。除了上门之外，让手艺和服务主动渗透到中产阶层的爱美女性的日常生活场景中，提升人们的日常生活体验。

虽然河狸家的模式在美甲行业比嘟嘟美甲的 B2C 模式更有生命力，但河狸家也面临着许多难题，在 O2O 投资退潮后经历了一段艰难的摸索期。一是虽然美甲潜在市场大，但由于上门服务存在安全隐私问题，所以选择上门美甲的用户规模较少。大部分女性的消费习惯是在逛街的时候顺便做个美甲，上门美甲的体验远不如美甲店好。二是美甲非常依赖美甲师的技术、手法，人们更倾向于选择固定的美甲师，所以当用户认定某个美甲师以后，会绕开平台，私下预约服务，因而跳单情况严重。经过不断的尝试，河狸家增加了新类目，比如上门美容美发、微整形、理疗、美体、健身等，逐渐形成"泛美业平台"的模式，成为 O2O 泡沫的幸存者。

资料来源：1. 刘旷. 内忧外患下，当年的 O2O 英雄河狸家如今还有几分光彩［EB/OL］.（2018-5-31）. https://www.iyiou.com/news/2018053172167.

2. 安学炜. 从河狸家的成功论长尾理论在 O2O 业务中的应用［J］. 财经界，2018（27）: 35-37.

思考问题

1. 河狸家的服务如何实现规范化与标准化?

2. 河狸家模式与共享经济的异同。

3. 河狸家在线上线下营销过程中有哪些特色?

2.5.6 其他电子商务商业模式及其创新

近年来，社交电商成为关注的热点。要理解社交电商，需要先理解社交媒体与社交网络的概念。

社交媒体（social media）是指允许人们交流、评论、分享等的网站和技术，比如微信、微博、博客等。

社交网络（social network）是指用户之间基于共同爱好或真实人际关系，以互动交友为基础，以实名或非实名的方式在网络平台上构建的社会关系。

社交电商（social e-commerce）是指电子商务的一种衍生模式，是基于人际关系网络，借助社交媒介（微博、微信、社区论坛等）传播途径，通过社交互动、用户自生内容等手段来辅助商品的买卖，同时将关注、分享、互动等社交化的元素应用于交易过程之中，是电子商务和社交媒体的融合，是以人际信任为核心的社交型交易模式。

社交电商的发展背景包括以下几点。①传统电商经历蓬勃发展阶段后，增速逐渐放缓。以天猫、京东等为代表的传统主流电商平台增速持续减缓，无论是电商平台还是商家，都面临竞争日益激烈、获客成本不断攀升的困境，亟待找到更高效、低价、黏性强的流量来源。②移动互联网的渗透率不断提高，以微信为代表的社交 App 普及率增加。一方面，社交平台占据了用户大量的时间，使用频次高、黏性强，流量价值丰富，为电商引流获客提供了低成本的解决方案。另一方面，社交媒体自带传播效应，可以促进商品信息等在强社交关系中传播。这种基于熟人的信息对于用户来说可信度更高，可以提高购买转化率。

社交电商通过对人、货、场的重构，具有与传统电商不同的特征及优势。具体包括以下几点。①社交电商中用户不仅是购买者而且是传播者，通过社交网络实现裂变传播，实现从用户拉新到留存的全生命周期降本增效的运营。在拉新阶段，社交电商平台可以依靠用户社交实现裂变增长，降低获客成本；在转化阶段，平台可以借助熟人之间的信任关系提高转化率；在留存阶段，用户既是购买者也是推荐者，在二次营销的过程中能实现更多的用户留存。②社交电商去中心的传播网络为长尾商品提供了广阔空间。传统电商模式下，消费者流量入口主要是"搜索推荐"，这使得网络购物呈现"中心化"特征。在商品供给极大丰富的情况下，搜索排名对用户选择产生重要影响。在马太效应下，流量不断向头部商品汇聚，中小长尾商户则容易淹没在海量的商品大潮之中。社交电商模式下，每个社交节点均能成为流量入口，呈现出"去中心化"的结构特点。商品质量好、性价比高就容易通过用户口碑传播，给了长尾商品更广阔的发展空间。③社交网络使得用户从搜索式购物到发现式购物，快速促进购买，提高转化率。传统电商平台上用户购物路径通常为"主动搜索、多渠道查询对比、下单购买、评价"，而社交电商中用户购物路径为"看到他人分享、种草、快速购买、社群内传播"。在用户购物的整个流程中，社交电商的影响体现在三个节点上：第一，需求产生阶段，通过社交分享激发用户非计划性购物需求；第二，购买决策阶段，通过信任机制快速促成购买，提高转化率；第三，分享传播阶段，激发用户主动分享意愿，降低获客成本。主要的社交电商模式可分为拼购类、会员制、社区团购和内容类（见表 2-7）。

表 2-7　社交电商模式

属性	拼购类	会员制	社区团购	内容类
定义内涵	通过聚集 2 人及以上用户，以社交分享的方式组团。用户组团成功后可以以比单人购买时更低的价格购买商品	S2B2C 模式，平台负责选品、配送和售后等全供应链流程。通过销售提成刺激用户成为分销商，利用其自有社交关系进行分享裂变	以社区为基础，社区居民加入社群后通过微信小程序等工具下订单，社区团购平台在第二天将商品统一配送至团长处，消费者上门自取或由团长进行最后一公里的配送的团购模式	通过形式多样的内容引导消费者进行购物，实现商品与内容的协同，从而提升电商营销效果
模式特点	先以低价激发消费者分享积极性，再以大量订单降低上游供应商及物流成本	通过分销机制，让用户主动邀请熟人加入形成关系链，平台统一提供货、仓、配及售后服务	以团长为基点，降低获客、运营及物流成本；预售制及集采集销的模式提升了供应链效率	形成"发现-购买-分享-发现"的商业闭环，通过内容运营激发用户购买热情，反过来进一步了解用户喜好
流量来源	关系链（熟人社交）	关系链（熟人社交）	关系链（熟人社交）	内容链（泛社交）
市场定位	以低线城市价格敏感型用户为主	有分销能力及意愿的人群	家庭用户	容易受 KOL 影响的消费人群/有共同兴趣的社群
商品定位	工厂打造低价爆款，个性化弱、普遍适用、单价低	有一定毛利空间的商品	复购率高的日常生活品，以销定采	根据平台内容特征决定
典型代表	拼多多	云集、贝店等	多多买菜、橙心优选	小红薯

随着社交电商行业的快速发展，国家对相关行业的重视程度也在不断加强，陆续出台了一系列政策，以规范行业发展。社交电商的快速发展同时也催生了服务生态的发展。SaaS 服务、培训、财税解决方案等一系列服务商的涌现为品牌方、商家和中小电商企业

进行社交电商渠道探索提供服务。未来，随着行业的发展及越来越多的参与方入局，将会出现更多的围绕社交电商的服务小生态。社交电商的快速发展让产业链上下游各方都看到了社交流量的巨大价值，品牌方、商家、电商平台都开始尝试通过多样化的社交化营销方式来降低获客成本、提升用户黏性。拼团、分销和内容逐渐成为电商营销的常规手段。

社交电商本质上是电商行业营销模式与销售渠道的一种创新，凭借社交网络进行引流的商业模式在中短期内为社交电商的高速发展提供了保证。但这种模式的创新并非难以复制，因而无法成为企业的核心竞争优势。社交电商流量来源相对碎片化且受制于社交平台，社交平台的政策或规则变化可能对其产生毁灭性打击。此外，社交渠道的流量来得快去得也快，消费者在平台产生了交易流水并不代表着消费者和平台产生了黏性，后续如何将这些流量沉淀下来并激发其购买力将对平台的精细化运营能力提出巨大挑战。对于消费者来说，无论采用什么营销方式，物美价廉的商品和快速高效的配送服务是他们对平台产生忠诚度、愿意持续复购的关键。

◎ 应用案例 2-6

云集的 S2B2C

云集是一个由社交驱动的精品会员电商平台，通过"精选"策略，为会员提供高性价比的全品类精选商品，服务中国家庭的消费升级。2015 年 5 月 20 日，云集正式上线，次年 12 月 12 日，云集获社交电商领域最高 A 轮融资 2.28 亿元。2019 年 5 月 3 日，云集正式在美国纳斯达克挂牌上市。云集 CEO 肖尚略指出，云集迅速发展的核心在于，云集通过产业链赋能和推广流量的社会众包，将店主生意成本无限趋降至最低。

云集的商业模式 S2B2C 模式最早由阿里巴巴集团的曾鸣提出。S 指的是供应商（supplier），B 指的是云集上的店主（business），C 指的是消费者（customer）。S2B2C 的含义是 S 赋能给 B，再依托 B 的社交能力和信任价值将商品销售给 C。商品不需要经过店主之手，从供应链和工厂直达消费者。在传统的微商模式中，微商除了卖货以外，还需要负责采购、仓储、物流及售后等环节。过于冗杂的环节使得微商专业化分工程度不足，严重影响效率和效益。云集的 S2B2C 模式在很大程度上帮助微商解决了上述痛点，使他们可以专注在商品分发与销售环节。换言之，云集通过微信的社交体系，把众多微商作为节点串联起来，自身则将上游供应商与下游物流进行整合，为商家赋能，最大化地突出微商的社交优势。

早期云集会员分为 VIP 会员和钻石会员两种模式。用户下载云集 App 并注册后即成为 VIP 会员，缴纳 398 元的会员费后，成为云集钻石会员。成为钻石会员意味着成为店主，享有许多权益，包括购物返利、各类优惠券、获得云币等，同时可以销售商品、允许发展下级会员。凭借着 398 元会员费、三级分销等，云集收获了快进式的成长，实现了会员数量的裂变式增长。但这种模式也饱受诟病，一度被质疑为传销，云集也因此在 2017 年收到来自监管部门的一张 958 万元的罚单。被处罚后，云集进行了整改。发展层级的模式依然保留，"平台服务费"变成购买"注册礼包"，团队层级改为店主、主管、经理，在利益分配机制上，由云集向品牌商收取佣金后，统一发放给售出商品的店主们，以此来规避风险。店主邀请新店主满 100 人即可成为主管；团队人数达到 1 000 人，培养主管 30 位，则可申请成为更高级别的经理。每新发展一名店主，主管能从 398 元的平台服务费中获得 150 元，主管的上线经理则能获得 60 元。除了拉新提成之外，主管还可获取团队销售利润的 15%，经理则获取团队销售利润的 5%。主管及经理会与云集微店签约，由云集微店统一发放培训费和服务费。这种将原先高昂的流量成本让利给分销者的方式，让参与者有动力进行分享，促进裂变式增长。

随着有关部门对三级分销监管的进一步加强，云集等社交电商平台纷纷进行转型。2018 年 10 月，云集启动"0 元店主"体验会员计划，并宣布从社交电商向会员电商转型。其宣传标语也从"手机开店上云集"变为"购物享受批发价"。从"开店赚钱"到"购物省钱"的转变意味着云集弱化分销模式。一方面，在没有补贴和高额返点之下，云集的获客成本增加。另一方面，与平台型电商相比，云集在商品丰富度、质量、价格、供应链、售后等都不具有优势，难以留住用户，其商品销售收入更是大幅下降——从 2018 年的 113.88 亿元下降至 2019 年的 21.264 亿元，再到 2020 年的 13.274 亿元。云集的 2022 年财报显示，云集 2022 年全年总营收已经下滑至 11.541 亿元。

资料来源：1. 曾鸣. S2B2C：智能商业时代第一个突破性的创新模式［EB/OL］.（2017-08-22）. https://www.iyiou.com/news/2017082253305.

2. 刘姝池，黄琳，邵子然. 国内会员制电商 S2B2C 模式分析：基于云集公司案例［J］. 时代经贸，2021，18（06）：16-22.

思考问题

1. S2B2C 模式的创新之处在哪里？

2. 云集社交电商模式中存在的法律风险是什么？

3. 分析云集会员电商转型道路的利弊。

2.6　5G 时代的电子商务商业模式展望

5G 时代即将到来，电子商务将得到更广泛、更深入的应用；人工智能技术的介入也使电子商务发生质变。以 5G 网络和《中华人民共和国电子商务法》正式颁布为标志，我国电子商务即将进入"后电子商务"阶段，其特征主要有以下几点。

（1）互联模式彻底改变。5G 时代，通过客户端电子商务不仅可以连接生产商、中间商、零售商、服务商、消费群体及个人，而且能深入到产业链、供应链和消费链中，广泛连接人与人、人与数字内容、人与服务，深入渗透到产业互联网中。电子商务不再局限于商品流通和服务业，而是广泛应用于包括制造业在内的几乎所有产业领域。

（2）技术支撑发生质变。人工智能、大数据、云计算是 5G 时代电子商务的支撑技术，会对电子商务中的各环节产生影响。例如，在客服方面，利用支撑技术能将自然语言处理、对话系统、语音视觉等集成为智能客服系统，更高效地处理用户需求；在供应链和物流环节，利用人工智能可实现系统自动预测、补货、下单、入仓和上架，构建无人仓储管理系统，提升利润空间。

（3）供应链发生重构。第一，市场微观主体重构。生产商通过产业互联不仅与中间商直连，而且与消费者直连。"电商"不是从事电子商务企业的专有称谓，而是作为中间商的实体店普遍与电商平台相结合，以盒马鲜生等为代表。打通线上线下资源的新型企业主体。第二，商品生产方式重构。从"以产定销"到"以销定产"转变，借助大数据分析，实现以消费者为中心的数字化生产和供应链的柔性化管理，满足个性化需求。第三，销售方式重构。从"撒网捕鱼"式的传统营销模式逐步转为依托大数据、点对点的精准化营销。第四，消费方式重构。自助式零售、虚拟试用（穿、尝）、刷脸支付等人工智能技术的应用，给消费者带来新的消费体验和新的消费习惯，重构消费场景及方式。

◎ 本章小结

1. **商业模式的主要功能与目标。** 商业模式的主要功能或目标包括描述企业的供应链和价值链，设计企业的竞争策略及长期经营规划，设计客户价值诉求，识别开展商业活动的目的、创收流程、经营领域，描述企业成本、数量与构成以及潜在利润来源。

2. **商业模式的关键要素。** 商业模式包含多种关键要素：价值主张、客户细分、分销渠道、客户关系、盈利模式、核心资源及能力、关键业务、重要伙伴、成本结构、价值配置和价值链。

3. **电子商务的主要商业模式。** 最常见的有五种电子商务商业模式，同一家企业根据不同的产品、服务对象或销售目标，会同时采用几种商业模式，分别为：B2C、C2C、B2B、C2M、O2O。

4. **电子商务的主要盈利模式。** 电子商务企业创造收益的模式既有传统企业的盈利模式，也有根据电子商务商业模式的不同发展出的多种形式的盈利模式，主要包括以下几种：销售、交易费、会员 / 月租费、广告费、中介费、许可费以及其他收益来源。

5. **电子商务商业模式的主要支撑技术。** 在互联网中开展任何形式的商业活动都离不开基础设施的支撑，无论是哪种电子商务经营模式或者交易形式都依赖于各种各样的电子商务技术。第一，网络基础设施以及包含电子目录、搜索引擎、支付功能等在内的完善的网络功能；第二，买卖双方接触和开展各类交易的网络市场；第三，为促成买卖双方达成交易的网络购物平台；第四，方便人们互动、协作和交易的虚拟社区与社交网络。

6. **电子商务商业模式的创新应用。** 包含 B2C 电子商务商业模式、C2C 电子商务商业模式、B2C 电子商务商业模式、C2M 电子商务商业模式、O2O 电子商务商业模式和包含社交电商等在内的其他电子商务商业模式。

◎ 管理问题

1. **如何设计电商企业的商业模式。** 第一，商业模式涉及企业与企业之间、企业的部门之间乃至与顾客之间、与渠道之间各种各样的交易关系和联结方式，因此，在分析商业模式过程中，应该重点关注一类企业在市场中与用户、供应商、其他合作伙伴的关系；第二，重点考虑商业模式的主要功能与目标，结合企业的资源与能力来制定具体的目标；第三，通过分析商业模式中的关键要素，可以较为清晰地勾勒出电商企业的商业模式，并在实践过程中进一步发展企业的商业模式。

2. **如何实现电商企业的商业模式**。通过描述企业的业务流程，可以识别出企业在提供商品和服务过程中所需要的关键支撑技术，主要包括：网络基础设施以及包含电子目录、搜索引擎、支付功能等在内的完善的网络功能，买卖双方接触和开展各类交易的网络市场，方便人们互动、协作和交易的虚拟社区与社交网络等。同时，结合电商企业自身的商业模式，积极关注内外部环境变化，积极拥抱新兴技术，为商业模式持续创新提供动力。

3. **如何实现电商的商业模式创新**。第一，深刻理解现有的商业模式创新应用，主要包括：B2C 电商、C2C 电商、B2B 电商、C2M 电商、O2O 电商和社交电商等，结合企业自身的资源和能力寻找合适的商业模式类型，在细分领域中寻找标杆企业。第二，积极关注新兴技术与商业理论，深刻理解商业模式创新的技术支撑与核心逻辑。第三，多多关注商业案例，从新生的商业模式中总结规律，加以学习与应用。

◎ 复习题

1. 定义商业模式。
2. 概述商业模式的主要功能。
3. 列举商业模式的关键要素。
4. 概述五种主要的电子商务的商业模式。
5. 列举至少六种电子商务的盈利模式。
6. 简述支撑电子商务商业模式的核心技术。
7. 列举新兴的电子商务技术以及成功的应用案例。
8. 概述至少五个电子商务商业模式的创新应用。
9. 简述 5G 时代下电子商务商业模式面临的机遇与挑战。

◎ 章末案例

拼多多的社交裂变

2015 年 9 月，拼多多公众号上线，上线两周粉丝数突破百万。2018 年 7 月 26 日，成立仅三年的拼多多正式登陆美国纳斯达克市场。拼多多的上市刷新了我国互联网企业最快上市纪录。从公众号上线到登陆纳斯达克，拼多多仅用时 2 年 11 个月，成为继阿里巴巴、京东之后第三家赴美上市的我国电商企业，从此我国电商市场呈现三足鼎立的格局。

1. 拼多多快速崛起的原因

（1）移动互联网下沉。下沉市场人口规模大，网购普及率和网购消费金额比例较低，具有可挖掘的空间。同时，智能手机普及，下沉市场移动互联网渗透率提高，这为社交电商发展奠定了基础。

（2）商品高性价比。拼多多为低线用户带来丰富商品的同时，还以性价比吸引了大量用户。在传统电商网站，大部分用户都有明确的购物目的和信赖的店铺，搜索购物和光顾收藏店铺是传统电商网站中最高频的两类行为。而在拼多多上，用户主要是浏览式和引导性购物，通过"便宜、折扣"等引导词浏览商品，进行购买。

（3）拼团的裂变力量。微信作为一款国民App，在2017年12月的时候就达到了十亿用户。借助微信，拼多多用拼团购物模式实现了用户规模的裂变增长。用户通过分享链接邀请好友或家人拼团，一方面能以更便宜的价格购买商品，另一方面还能互相推荐商品，满足社交需求。

2. 拼多多与淘宝、京东的区别

（1）起点业务不同。淘宝最初的业务是服装，京东是3C，而拼多多是食品。起点业务的不同导致了它们业务特性和逻辑的不同。

（2）用户画像不同。京东的用户知道自己要买什么，讲求效率，购物时目标明确；淘宝的用户不知道要买什么，需要多逛多看；拼多多的用户更多是没有需求，但是有空闲，需要解闷。拼多多上丰富的游戏化设计（比如限时秒杀、天天领现金、砍价免费拿等）帮助拼多多承接了微信流量，让用户打开拼多多有事情可做，然后再通过低价等方式进行用户转化。如果用超市来打比方，那么拼多多做的是特价区。淘宝和京东的用户更多是直接搜索，按照销量和评价来选购，而拼多多的用户更多是从秒杀、特卖、免单的区域点击进行购买。

（3）开店难度不同。拼多多在取消购物车设计，简化购物流程的同时，也简化了商家开店的流程并降低了难度。淘宝、京东以品类为单位进行运营；唯品会的粒度更小，以品牌为单位进行运营；而拼多多去品类、去品牌，以货为单位运营，商家通过认证后即可发布商品。

总之，拼多多不断拓展的规模和不断提高的市场占有率是不走寻常路的病毒式营销发展的结果。但是，社交电商行业的爆发式增长引起了行业内外的广泛关注，各大电商巨头们也开始实施相应策略，淘宝特价版、京东拼购、苏宁拼购等一批针对下沉市场的低价商品开始发力，行业竞争加剧。社交电商低价获客的优势正在逐渐丧失，以营销费用除以活跃买家数量计算，拼多多的单个用户维系成本正在迅速上涨。通过病毒式拉新所扩大的用户群体更多是奔着"薅羊毛"的念头去的，如果尝不到甜头，用户就会立马掉头选择别的消费平台，忠诚度极低。此外，拼多多主打低价的定位决定了平台积累了大量中小商户，这些商户在商品品质等方面问题较多，使得平台在消费者心目中打上了"低价、劣质"等标签，使平台在与传统电商平台的竞争中处于不利地位。长远来看，平台要想实现长期可持续发展，须针对上诉问题进行改进。第一，拼多多可提高平台准入门槛，加大质检力度，完善品控措施。第二，吸引更多有知名度的品牌方入驻。第三，扶持中小商家，帮助其打造自身品牌，提升消费者信赖感。第四，通过广告、赞助等方式，提升平台在消费者心目中的形象。这些变化与平台早期爆发式增长的动力来源其实是相悖的，势必会影响平台已有长尾商户的价值和利益。如何平衡消费者、商家与平台自身的利益也将是需要关注的问题。

资料来源：1. 朱亮，张先树，张超莲. 拼多多裂变式社交营销的核心逻辑分析［J］. 中国集体经济，2022（07）：63-64.

2. 王云云，张桓森. "拼多多"社会化营销现状分析［J］. 营销界，2020（20）：34-36.

思考问题

1. 分析拼多多在既有电商格局中取得突破的关键因素。

2. 社交电商如何解决获客成本急剧增加的难题？

3. 分析拼多多在电商格局中的核心差异。

讨论题

1. 利用电子商务商业模式的分析框架，试分析一家自己感兴趣的电子商务企业。

2. 尝试对电子商务商业模式的关键要素进行分类，哪些要素是更为核心的？

3. 电子商务商业模式如何结合 AR、VR 和元宇宙等新兴技术实现创新？

4. B 端客户和 C 端客户存在哪些异同？在具体创新应用中有哪些侧重点？

5. 在 B2C 电商格局形成淘宝、京东、拼多多三家鼎立的局面下，是否存在新的破局机会？

课堂辩论题

1. 商业模式对于一家电子商务公司来说是短期的还是长期的设计？

2. 是电子商务的发展推动信息技术进步，还是信息技术进步推动电子商务的发展？

3. 电子商务商业模式创新是理论先行还是实践先行？

4. 电子商务的蓬勃发展对传统行业的发展是利大于弊，还是弊大于利？

网络实践

1. 使用移动端软件"淘宝"，概述淘宝商业模式中的核心要素的具体内容。

2. 使用移动端软件"河狸家"，熟悉一站式美业的业务流程，分析 O2O 商业模式的核心逻辑。

3. 使用移动端软件"京东"和"拼多多"，分析两家 B2C 电商平台的异同。

4. 浏览网站 https://www.xiniuim.com/home，探究阿里巴巴犀牛智造包含的功能和使用流程。

5. 在网页中搜索"线上展会""云展会"等关键词，搜集最新的线上展会资讯，并概述线上展会的发展历程与未来方向。

6. 使用移动端软件"抖音"，分析结合 VR、5G 等新兴技术的社交电商平台如何实现创新应用。

团队合作

1. 整理淘宝的发展历程，讨论淘宝在不同时期商业模式的特点以及未来商业模式创新的可能的方向。

2. 结合论文与商业评论等，探索学术界与业界关于电子商务商业模式的最新理解和阐释，并针对具体电商企业加以分析，从不同视角理解电商企业的商业模式。

3. 了解社交电商的分类与发展历程，分析比较拼多多、抖音、小红书等社交电商平台的异同。

4. 探讨区块链、元宇宙等在电子商务商业模式创新中可能发挥的作用，并上网寻找已经实现或者预想的应用案例。

◎ 术语表

价值主张（value proposition）：公司通过其产品和服务能向消费者提供何种价值。

客户细分（target customer segment）：公司经过市场划分后所瞄准的消费者群体。

虚拟社区（virtual community）：围绕共同兴趣进行交互的个人或业务伙伴的聚合，其中社区中的内部交互由技术支持，该社区会受到某些协议或者规范的指导。

社交网络（social network）：人们自己创建空间或者主页的一个场所。

增强现实（augmented reality）：将真实环境和虚拟环境分别作为连续系统的两端，位于它们中间的被称为"混合实境"，其中靠近虚拟环境的是扩增虚境，靠近真实环境的是增强现实。

虚拟现实（virtual reality）：利用电脑程序模拟产生一个三维空间的虚拟世界，通过头戴式设备提供给用户包括视觉、听觉等感官的模拟，给用户制造临场感，可以使用户即时、没有限制地观察三维空间内的事物。

B2C 电子商务（business to consumer）：企业通过商务运作创造收益的一种方法。具体地说，就是先对企业的客户进行分析，在分析的基础上研究企业向客户提供商品或服务的方式，主要的目标是提高盈利能力和持续发展的能力。

C2C 电子商务（consumer to consumer）：有时也被称作 P2P（peer to peer）电子商务，是指个体消费者之间的在线交易。

B2B 电子商务（business to business）：企业-企业电子商务，是指在互联网、外联网、内联网和私人网络间进行的电子交易。

C2M 电子商务（customer to manufactory）：又称顾客对工厂，是现代制造业中由用户驱动生产的反向生产模式。

O2O 电子商务：广义而言，是指通过线上营销推广的方式，将消费者从线上引入到线下（online to offline），或将消费者从线下转移到线上（offline to online）的模式；狭义而言，O2O 是指消费者在线上购买商品或服务，然后在线下体验的交易过程，或在线下体验后通过二维码、移动终端等进行线上支付的交易过程。

社交网络（social network）：用户之间基于共同爱好或真实人际关系，以互动交友为基础，以实名或非实名的方式在网络平台上构建的社会关系。

社交电商（social e-commerce）：基于人际关系网络，借助社交媒介传播途径，通过社交互动、用户自生内容等手段来辅助商品的买卖，同时将关注、分享、互动等社交化的元素应用于交易过程之中，是电子商务和社交媒体的融合，是以人际信任为核心的社交型交易模式。

第3章

电子商务企业发展与竞争战略

■ **学习目标**

1. 了解电子商务企业的发展现状
2. 了解电子商务市场竞争模式的分类及特点
3. 掌握电子商务企业的竞争战略类型及表现
4. 了解电子商务企业面临的挑战
5. 了解电子商务企业的发展趋势

■ **开篇案例**

小米的全生态战略

2010年4月，雷军在北京创立小米科技有限责任公司（以下简称"小米"）。在此之前，雷军于2000年的时候创立了卓越网，是中国第一代电商网站的先驱；2004年，亚马逊以7 500万美元的价格收购卓越网；2007年，雷军投资了好朋友陈年创办的电商网站凡客诚品，但在几年的迅速发展后，凡客诚品开始衰落。

小米以高性价比的智能手机为载体，以独立研发的MIUI操作系统为核心，通过小米商城、主题商店、多看阅读等内置App强化用户体验。在雷军的带领下，小米于2014年启动了"生态链"战略，布局E-EPIC商业模式：以当前业务的相关扩张（expansion）为手段，以产品（product）为基础，以互联网（internet）发展大趋势为背景，不断深化以用户（customer）为核心的理念，逐步完成小米的"生态链史诗"。

雷军研究了苹果等品牌的创立与成功历程后提出，"小米想做一个科技赋能的无印良品"。2016年，小米对生态链进行升级，向生态链企业的智能家居、消费类硬件、生活耗材等产品开放"米家"品牌，向科技类产品开放"小米"品牌，进一步明晰了小米生态圈层差异化发展的路径。

与此同时，小米也从一个制造商扩展为全产业链电商企业。2017年，在阿里巴巴举办的天下网商大会上，雷军介绍了小米的商业模式："小米实际上是一个铁人三项的公司，我们做硬件产品、做手机、做电视、做扫地机器人，做很多有趣的硬件产品；同时我们也做互联网，还有一个非常非常重要的环节，就是我们做电商，做新零售。"雷军特别强调，其实小米也是一家电商公司。

小米产业生态链最大的特点就是其制造商与零售商角色的有机结合。雷军曾宣布小米的硬件综合净利润率永远不会超过5%。目前，制造型零售已经成为全球消费市场的重要趋势，Costco、Zara、优衣库、无印良品、7Eleven等都属于这个模式：从工厂到店面，品牌全程参与管理甚至直接管理。可以推测，小米未来的盈利重心在以小米商城为代表的零售渠道。小米的几大主营业务板块包括以下几部分。

1. 智能手机

2010年初期，当雷军打造小米时，他没有依赖外部采购代理与供应商联络，而是选择了自己做这件事。2011年8月16日，小米举行发布会，发布了旗下第一款安卓智能手机——小米手机1。小米手机1定价为1 999元人民币（约310美元），而相似质量的摩托罗拉、诺基亚和三星的旗舰手机的价格约为3 500元人民币（约550美元）。2015年5月，小米手机4的出货量达到了1 000万部，成为小米第五款千万销量的手机。2016年10月，小米发布MIX，在业内引入全面屏的概念。面对竞争激烈的市场环境，小米坚持做高性价比的产品，还举办一年一度的"米粉节"，结合线上线下的活动进一步培养用户的感情，发展规模庞大的用户群体。

2013年，小米采用了双品牌战略，推出了红米品牌，主打千元入门机，继续维护小米性价比路线，做具有极致性价比的产品，取得了不俗的成绩。同时，小米缩短产品线，集中精力做小而精的中高端旗舰机型，目前拥有小米数字系列和MIX两个系列。

2020年，小米发布了未来十年的核心战略"手机×AIoT（AI+物联网）"。小米表示，智能手机是战略中的核心力量，"小米会坚决攻下智能手机主战场"。AIoT则是小米的生态力量，小米"将围绕手机核心业务构建智能生活，做小米价值的放大器"。在战略层级，明确智能手机和AIoT设备的生态协同，保障未来小米在生态链上的力量投入。

2. 电子消费品

创立小米后不久，雷军已经开始计划使公司的产品线多样化，第一步就是把制造和零售从智能手机拓展到其他消费电子产品。他提出，小米不仅仅是一家公司，还可以代表一种生活方式，吸引数量庞大的"米粉"，建立坚实的用户基础。2013年底，小米开始实施计划，目标是投资100家消费电子制造商，并以小米手机为中心，开发一个包罗万象的物联网网络。

这个家用电器和其他电子产品生态系统的中心是小米的手机，它可以用来控制任何家庭中常见的设备——耳机、电脑鼠标、灯具、WiFi路由器、电饭煲等。这使客户有动力购买多种与小米手机连接的产品。这一战略使小米不仅是智能手机品牌，而且成了消费电子集团。

小米所有子公司开发的电子产品有一个统一的称号："小米产品"，其中很多都是热门产品。小米移动电源是小米生态系统中的第一款产品，在保证质量的同时，做到了比其他品牌同类产品售价低 75%。截至 2019 年初，由紫米电子生产的小米移动电源系列总销量突破了 1.1 亿个，成为小米生态链的爆款产品。小米于 2014 年夏季推出智能手环，价格依然比竞争对手的同类产品便宜 75% 以上。小米集团副总裁、手机部总裁曾学忠透露，截至 2021 年第一季度，已售出超过 1.2 亿个智能手环。这种积极的反应来自消费者的信任投票。小米随后将这一策略应用于其新的产品线，比如家用电器。如今，小米的印记正拓展得越来越广，包括智能手环（华米）、智能电源插头（创米）和空气净化器（知米）等。

3. 电商零售

小米开发了数个线上零售电商渠道，包括小米商城、小米有品、米家 App 等。小米商城负责小米公司旗下所有产品的直营，同时提供小米客户服务及售后支持。在售产品既有手机配件、路由器、智能手环等智能设备，也有插线板、负离子吹风机、中性笔、加湿器、护眼台灯、电动牙刷、加湿器、儿童用品等一般消费品类，涵盖了生活的方方面面。

小米有品是小米旗下的精品生活电商平台，也是小米"新零售"战略的重要一环。小米有品依托小米生态链体系，致力于将"小米式的性价比"延伸到更广泛的家居生活领域。这是一个开放的电商平台，除了小米、米家及生态链品牌，小米有品还引入了大批第三方品牌产品，并扶持这些品牌独立发展，共同为用户打造有品质的生活。小米有品的经营范围涵盖家电、家居、智能、影音、服饰、日用、餐厨、出行、文创等十余个品类。经营策略是把控品质源头，精简产品数量，达到"好东西不用挑"的目标。

2016 年 3 月 29 日，小米在北京发布了全新的生态链品牌——米家 MIJIA，专门承载小米供应链产品。米家 App 是小米生态链产品的控制中枢和电商平台，集设备操控、电商营销、众筹平台、场景分享于一体，是一个以智能硬件为主，涵盖硬件及家庭服务产品的用户智能生活整体解决方案。米家不仅连接米家旗下的生态链公司，而且与小米及生态链的所有智能产品互联互通，开放接入第三方的产品。米家致力于构建从产品智能化接入、众筹孵化、电商接入，到触达用户、控制分享的完整生态闭环。

此外，小米在各大电商平台比如京东，淘宝等也开设了官方旗舰店，保持着全频道的曝光与形象展示。

4. 物联网开发平台（IoT）

除了制造消费产品，小米更是一个多产的投资者。它与腾讯和阿里巴巴等企业的不同之处在于，小米更像一个孵化器。其投资组合公司经常密切合作，以确保它们的产品适合更广泛的领域，这使小米成为世界上最大的物联网品牌之一。2018 年，雷军明确表示，AI+IoT 是小米的核心战略，并且是未来 5～10 年的核心战略。他还着重谈到，当人类进入了人工智能的新时代，AI 与 IoT 结合将形成 AIoT（万物智慧互联），这个领域将有巨大的发展空间。小米在应用场景和智能硬件等领域的众多积累将在未来 AIoT 物联网时代展现出更大的发展潜能。

小米 IoT 平台是小米公司面向消费类智能硬件领域的开放合作平台。开发者借助其开放的资源、能力和产品智能化解决方案，以极低的成本提升产品的智能化水平，满足不同用户对智能产品的使用和体验要求，还可以与平台的其他开发者合作，共同打造充满未来感的智能生活体验。小米 IoT 开发者平台包含了智能家居、智能家电、健康可穿戴、出行车载等领域，开放智能硬件接入、智能硬件控制、自动化场景、AI 技术、新零售渠道等小米特色优质资源。

截至 2021 年 6 月，小米 IoT 平台连接的全球智能设备数超过 3.74 亿台。拥有 5 件及以上 IoT 产品的用户数超过 740 万人，产品服务全球 6 800 万个家庭。平台已接入超过 2 700 款产品，且在数十个产品品类的销量行业领先。小米 IoT 平台已开放了智能硬件产品所需使用的基础功能，包括但不限于小爱语控和智能互联等。小米还承诺，平台将在满足用户使用需求的基础上，持续提升基础功能和使用体验，并开放给所有开发者。

2020 年小米年报显示，小米 IoT 与生活消费产品创收 674 亿元，占集团营收的 27.4%。截至 2021 年第一季度，小米共投资逾 320 家公司，总账面价值 519 亿元，其中绝大部分是生态链企业。小米正在借此打造全球最大的"消费 IoT 平台"。

5. 智能汽车

对大多数人来说，小米是一家智能手机制造商，还销售智能手环和便携式充电器等小型消费电子产品。2021 年 9 月，小米汽车正式成立。小米汽车是小米集团的一家全资子公司，负责智能电动汽车业务。2021 年 12 月，小米控股的生态链公司——智米科技也加入造车大军，并宣布组建一支造车团队。

这些智能汽车公司背靠的小米生态链便成为小米汽车的核心竞争力之一。业内人士表示，面对日趋激烈的新能源汽车市场竞争，小米汽车想要突出重围，需将其优势最大化，而依托于小米生态产业链便是最好的选择。同一生态链的企业加入竞争，也能更好地帮助汽车板块在小米生态链中成长，进一步扩宽覆盖范围。

6. 媒体业务

随着小米手环、小米电视等系列爆品逐渐占据大众视野，小米摘下"手机制造商"的标签，进入"生态链"赛道。在产品深入用户生活的各个场景的同时，小米也为自身的媒体业务布局打下了基础。

5G 让"万物互联"不再遥远，发力多终端成为各大厂商的一致选择。小米立足于自身的生态链基石，推行平台开源。媒体服务作为小米互联网服务的重要组成，也在智能传播格局中为小米拓宽了业务版图。

以 Android 定制 ROM 系统 MIUI 起家的小米，牢牢把握其"互联网企业"的定位。在通过高性价比设备收获更多用户后，小米持续开发互联网服务的增值空间。作为小米商业模式"铁人三项"之一的互联网业务，已经拥有了 MIUI、广告、互娱、金融等细分业务。截至 2021 年 3 月，全球 MIUI 活跃用户已达 4.25 亿，其中在中国大陆地区超过 1.18 亿。为满足用户需求，小米积极扩充媒体内容，与内容制作方、发行商等建立合作关系，为订阅服务、广告营销等增值业务提供内容保障。目前，小米已经和爱奇艺、优酷、QQ 音乐、喜马拉雅、一点资讯等国内媒体和内容提供商建立内容合作关系，为用户带来更多媒体内容。

同时，小米也打造了面向移动端的广告投放平台"小米 EMI"，借助终端流量在营销上发力。2020 年，小米互联网服务收入达到 238 亿元，其中广告收入占比超过五成。

资料来源：1. 小米官网 https://www.mi.com.

　　　　　2. 刘洋，刘晓梦，小米生态链公司智米科技也要造车了，2021-12-14.

　　　　　3. 廖熠佳 . 下一个世界：小米生态链的媒体业务潜能 . 国际品牌观察：媒介，2021（8）：68-73.

　　　　　4. 严雨凡 . 多元化战略：小米和它的生态链［J］. 中国集体经济，2021，29（10），83-84.

思考问题

1. 小米的几个主营业务是如何协助其构建全生态发展战略的？各自起到了什么作用？

2. 小米的全生态发展战略对我国电子商务企业有什么启示？能否复制其发展模式？

3.1　电子商务企业的发展现状

基于所售"商品"类型，现代电子商务企业可分为销售在线消费数字内容的企业、销售传统实物商品和服务的企业，以及向其他企业提供服务的"元服务"企业。有关实物商品的交易在挑选商品、购买商品和付款等环节以电子方式进行，在这之后，涉及传统的执行环节，比如通过物流把商品交付给购买者；对于数字商品（软件、音频文件、视频文件），整个交换过程都可以通过电子方式进行。在可以通过电子方式购买的服务中最常见的是与信息和广告、银行和金融服务、旅行或演出门票预订相关的服务。

2020 年，全球电子商务零售额同比飙升了 25.7%，达到 4.213 万亿美元。在五年、十年甚至二十年前来看，这几乎是一个不可能达到的天文数字。随着信息技术的飞速发展和新冠疫情对实体经济的限制，电子商务在过去几年中呈爆炸式增长。

由于新冠疫情的全球大流行，电子商务活动和新消费者激增。许多企业关闭了实体店面，让员工休假或者在家工作以确保安全。对于很多消费者而言，在线购买商品和日用品已成为日常生活的一部分。即便如此，消费者仍然需要食物、清洁产品和住所。Kinsta（2022）研究了一些与电商消费者行为相关的指标，并评估了全球各个国家电商市场的规模——美国以 3 400 亿美元位居第二，仅次于中国的 6 720 亿美元。这些数字显示了目标营销和不同行业增长的潜力。

Catalyst Digital（2021）发布的一份报告显示，目前的电子商务策略很多已经不再适用，导致电商企业收入减少。调查数据显示，66% 的消费者在选择产品时最看重获取的便利性。同时，消费者的行为也随着环境而变化。所以，电子商务企业也必须做出改变。新冠疫情期间显露的变化主要有以下几点。

（1）**多平台存在的必要性**。一个电商企业只在一个平台接触顾客是不够的。消费者和潜在客户已经习惯使用多个平台购买产品，包括零售商网站、电商平台、社交媒体和通信工具。相应地，企业必须在针对传统搜索引擎进行 SEO 的同时，在更多的平台上积极地展示自己和接触潜在客户。

（2）**社交媒体越来越重要**。由于新冠疫情期间在线下商场内购物的机会变少，顾客更加依赖使用手机和电脑来做出购物决策。每一个 B2C 企业都必须考虑开展社交网络商务，必要时可以设置专门的部门。

（3）**客户数据就是一切**。对客户数据的分析变得更加复杂。企业不再能仅仅通过群发电子邮件的方式推送信息——那样可能被归为垃圾邮件甚至被举报。企业必须拥有分析用户数据的能力，从而改善客户体验并留住忠诚顾客。消费者喜欢在购物过程中获得奖励和体验便利，企业可以通过同时满足两者来增加销售额。当企业足够了解他们的顾客时，就可以围绕目标设计产品、服务或活动。

（4）**购买行为和偏好的改变**。在所有的购物环节中，线上购物的比重持续增大，新冠疫情更促进了这个转变，越来越多的人通过移动设备购买商品。一个例子是人们对烹饪的兴趣，许多人因被隔离而待在家里，他们会更多地选择自己做饭，而更少去餐厅用餐。

（5）**杂货配送和快速配送**。在新冠疫情期间，外卖和即时配送行业产生了很多新趋势。第一，以外卖为代表的"隔离经济"迅速发展。疫情期间，众多餐饮企业受到了不同程度的影响，特别是堂食服务。这迫使餐饮企业开始拓展除堂食外的其他销售渠道并向食品零售、社区团购等新业务转型，以减少业绩损失、提升营收能力。第二，"万物到家"理念逐渐兴起。过去，外卖配送的产品以餐饮为主。新冠疫情期间，外卖的服务范围变得更加广泛，"到家"的产品变得更多元化。外卖骑手扮演起了"城市摆渡人"的角色，除餐饮外，他们还配送居民日用品、部分医疗用品等民生保障物资。第三，"无接触配送"的推广。"无接触配送"，指的是骑手通过与餐饮商户、用户沟通及协商，从商户指定处取货、送到用户指定的位置并由用户自行取餐，全程无人与人接触的配送方式。美团外卖发布的《无接触配送报告》显示，采用"无接触配送"的订单占到订单总量的 80% 以上；每单外卖都使用"无接触配送"服务的用户占比超过六成。

3.2 电子商务市场竞争模式

3.2.1 电子商务市场竞争模式分类

根据微观经济学市场理论，市场类型可由竞争和垄断程度划分为逐级递增的四种类型，即完全竞争、垄断竞争、寡头垄断和完全垄断。

完全竞争（perfect competition）是指在完全竞争的条件下，行业内充斥着大量厂商，生产的产品同质，厂商组织规模相似，非价格竞争趋于零。

垄断竞争（monopolistic competition）是指具有一定垄断特性，厂商的产品类似但不同质，是竞争与垄断并存的市场状态。

寡头垄断（oligopolistic competition）是指少数几家大的厂商控制了绝大部分的市场份额，寡头厂商之间相互竞争，排斥新进入者，产品是否有差异并不重要。

完全垄断（perfect monopoly）是指行业内全部的市场份额都由一家厂商占据，没有替代产品。

在 18 世纪末期，亚当·斯密等古典经济学家相信完全竞争能够自发引导市场经济活动，从而实现资源的最优配置，因此国家应该建立相应制度来推动自由竞争的实现。随着自由竞争的资本主义发展为垄断资本主义，马歇尔发现大规模生产能够为企业带来规模经济，包括成本下降、生产效率提高等益处；但与此同时又造成大型企业占有率不断提高，抑制了市场竞争效率。因此规模经济与竞争活力的冲突被称为"马歇尔冲突"，这成为现代产业组织理论要解决的关键问题。

重要的是，"马歇尔冲突"的提出让人们认识到垄断的有利一面。之后张伯伦、琼·罗宾逊均在 1933 年提出垄断竞争理论，将垄断竞争视为经济社会中的普遍现象。马歇尔、张伯伦、琼·罗宾逊虽然强调了完全竞争是乌托邦式的理想情景，但依旧没有使人们脱离对完全竞争的"崇拜"。

1940 年，克拉克提出了有效竞争理论，从多样化的竞争手段的角度给出解决"马歇尔冲突"问题的方案。随着资本主义经济和有关研究的进一步发展，竞争与垄断的优劣问题逐渐演变为哈佛学派和芝加哥学派的派系分歧。哈佛学派指出产业集中度最低的完全竞争市场最有利于提升资源配置效率和增加社会福利。芝加哥学派则认为垄断具有一定合理性，市场集中度与利润率的正相关很可能是大企业的高效率和低成本的反映，而非高集中产业内主要企业相互勾结提高价格的行为。在芝加哥学派的基础上，鲍莫尔提出可竞争理论，他相信在保证自由进入市场和范围经济条件下，垄断也可以是很有效率的。

3.2.2　完全竞争市场下的电子商务企业

正如前文所述，完全竞争市场更多是一种理论假设，在现实世界中不存在典型的完全竞争市场。现实中，完全竞争市场的重要含义在于设定了以下市场条件：所有完全竞争企业都是受价者，都要接受由市场形成的单个均衡价格；任何为其产品设定更高价格的企业都会立即失去所有需求，因为消费者可以迅速意识到他们可以通过更低廉的价格在其他地方买到相同产品；同时，由于企业可以以统一市场价出售自己的所有产品，它们也不会为了提高需求而降低价格。

衡量电子商务完全竞争模式的条件包括以下几点。

（1）厂商数量极多、规模很小。由很多利润最大化的电商商家组成，它们的规模相对市场来说都很小，都无法影响市场状况。

（2）厂商可以自由进出市场。任何电商商家都可以选择自由地进入和退出市场。

（3）生产要素能够实现自由流动。包括土地、劳动力、资本等在内的生产要素能够在完全竞争市场中自由流动。

（4）完全的市场信息。电商市场买卖双方都掌握着全面、充分的市场信息。

（5）产品同质化。完全竞争电商市场中生产的产品没有差异化，缺乏可辨认的品牌，消费者不存在对特定公司的偏好。

电子商务平台上存在大量处于类似完全竞争的小商家，比如淘宝店铺、直播电商商家等。它们的产品具有高度同质性，在同一个平台上的产品价格基本统一，产品缺少品牌效应，消费者的信息透明度较高、选择范围广、流动性很大，这些商家之间的竞争非常激烈，利润往往较为单薄。

◎ 应用案例 3-1

"淘宝镇"的低价内卷竞争

地处太平镇的电子商务创业园容纳了上千家电商。依托当地丰富的货源以及产业集群的优势，大量箱包行业的淘宝电商选择在此创业、落户。

过去每天到了下午，创业园大楼都非常热闹。快递员推着车逐户收发快递，大大小小的包裹到处都是，连楼道都被堆满了。然而近几年，热闹的场景一去不复返，创业园大楼逐渐冷清。

许多电商逐渐关闭了自己的淘宝店，其中包括在太平镇做箱包生意的小高。小高说自己已经没有足够的资金来维持淘宝店的正常运转。淘宝店家、网供商和手工作坊大量涌入，使得市场竞争越来越激烈，小商家的利润空间被持续挤压。过去一个包卖 59 元，随着其他商家降到 49 元，小高也只能跟风降价才能维持销量。不仅如此，她的店铺时不时还需要靠赠品、变换背包带款式等手段加以营销来迎合客户。由于价格降低、搭配的东西变多，赚的钱就少了，导致很多初创者干不下去，退出了市场。竞争越来越激烈，像小高一样的小店家有八成都无法盈利。

为了在激烈的竞争中生存下来，网供商们必须时刻关注其他店家的商品销量、寻找市场流行的"爆款"。网供商和淘宝店家最喜欢这些"爆款"。但"爆款"不仅意味着大笔的销量，也意味着大量相同或者类似的商品在一瞬间同时上架。当地一家制作箱包的小作坊主表示，有时一款爆款包的订单就能维持他们的机器转一年。

"现在只要网上有一款热销包，第二天几乎每家店铺都有了"，淘宝店主刘先生指着电脑上样式相似的两款包对记者说，"大家互相抄，包的样式都差不多"。刘先生口中几款销量好的箱包在电商大楼十几家网供店中均有销售。利润空间越来越小，产品的同质化越来越严重，成为淘宝镇电商的普遍困境。

要促进淘宝镇电商的转型升级，有关学者提出了以下解决思路：一是在细分市场中寻找机会，经营特色商品；二是选择适合自己的方向来创建自有品牌；三是在经营时提升专业素养，培养得力的团队，参加多样和持续的培训，让员工的素质不断提升；四是要提升创新设计能力，打破低价竞争怪圈，从而在激烈的产品竞争中脱颖而出。

资料来源：央广网，"淘宝镇"低价竞争之痛：八成初创者赚不到钱，2017-11-11.

思考问题

1. 为什么太平镇会形成完全竞争的电商市场格局？
2. 案例中的完全竞争市场造成了怎样的后果？
3. 应该如何改变太平镇完全竞争的市场局面？

3.2.3 垄断竞争

垄断竞争是介于极端的完全竞争和完全垄断之间的竞争模式，是一种不完全竞争，在现实中较为常见。不完全竞争企业是价格制定者，能够独立于其他竞争对手自行定价。它们可以自行定价的原因在于销售差异化的产品，差异化产品之间拥有相似却又相互区分的特征。垄断竞争市场的特征如下。

（1）有大量的卖者。同样是不完全竞争，寡头垄断的参与者数量较少，而垄断竞争市场有许多参与者。

（2）产品之间存在差别。每个企业并非完全的价格接受者，需求曲线表现为一条向右下方倾斜的曲线，价格越高，需求的人越少。

（3）可以自由进入和退出，直到调整到经济利润为零时为止。这是寡头垄断和垄断竞争的重要差异，寡头通过技术、品牌等壁垒限制新的企业进入和参与竞争，有巨大的市场壁垒，而垄断竞争则较少受到相应壁垒的影响。

尽管电商平台中不少小商家采取了同质竞争、低价竞争等策略，使电商市场有趋于完全竞争的态势，但同样有很多商家试图摆脱完全竞争带来的弊端，尝试利用各种方式来提高自己产品的差异化和竞争力，因此现实中平台内的电商市场主要呈现垄断竞争格局。

◎ **应用案例 3-2**

餐饮商家在线上外卖中的机遇和挑战

2017 年起，我国互联网餐饮外卖的交易规模逐渐扩大。2019 年全年超 7 274 亿元，至 2021 年线上外卖市场规模超过了 9 000 亿元。互联网对餐饮行业实现了高速渗透，从早期团购，到外卖用户群体和交易规模的剧增，乃至线上餐饮信息服务的逐渐发展，在线餐饮以及用户消费数据都发生了爆炸式增长。

《中国餐饮大数据 2021》指出，虽然 2020 年因为新冠疫情影响，餐饮业市场受创严重，但餐饮企业全年的注册量不降反升，高达 236.4 万家，同比增长 25.5%。数据显示，2020 年 1 月至 12 月全年餐饮整体线上单量走势呈现上升趋势，2020 年第四季度三四线城市的线上餐饮订单量则同比增长了 10%。

欣欣向荣但未被深入开发的三四线城市无疑是一片广袤的市场，但随之而来的竞争也在所难免。大量中小外卖商户如何在这样的环境下占据一席之地，是值得探讨的问题。

外卖需求主要来自住宅区、企业写字楼、学校等场景，身处其中的"80 后""90 后"乃至"00 后"对线上消费的接受度更高，作为消费主力的他们创造了更加多元化的消费需求。早、午、晚等正餐已无法满足日益碎片化的用餐需要，加餐正在成为餐饮外卖的重要组成部分。美团数据显示，有两成用户会在正餐之外的时间购买下午茶和夜宵。

近些年，随着《"健康中国 2030"规划纲要》等政策相继出台落地，消费者的健康意识不断提升。由于外卖边界的不断扩大和配送能力的不断增强，食物风味能够得到更好保存，更多品类产品和全时段配送已成为现实。在此背景下，许多用户需求早已超越果腹的简单需要，点外卖不再成为"将就生活"的代名词，而是像到店用餐一样越来越讲究搭配合理、营养丰富。

对商家而言，外卖的竞争模式开始由"红利驱动"转向"效率驱动""品质驱动"。也就是说，在已经被相当数量客户接受的前提下，留住客户相比获得流量更为重要。因此，外卖已经从红包补贴的初级阶段，成长为拼配送效率、餐品质量的更加成熟的阶段。

在这一阶段，更考验商家为消费者提供更优质的产品、更及时的配送的能力，而不是简单粗暴的"烧钱"能力。餐饮外卖所呈现出的"爆款化""精品化""连锁化"和"健康化"的新趋势，正可谓是对消费需求的最新回应。

2021年4月，美团研究院通过对商户调查发现，近80%的受访餐饮企业正在或将要开展外卖业务。但这些商户多数为小本生意，自我革新意识不足，难以有效链接人、财、物、客，运营效率低下。

行业竞争至今，互联网餐饮外卖行业正在跳出"餐饮外卖"这一局限，更加着眼于生态圈的部署，在本地生活服务全场景业务线协调、商户数字化、配送物流网络完善等方面做出更多的努力。新的外卖行业形势也在促使小商家与时俱进，充分运用平台新功能来提升自身竞争力，找到合适的定位、开发适应市场需要的产品，以应对激烈的竞争。

资料来源：作者根据网络资料整理而成。

思考问题

1. 餐饮企业在外卖业务中主要面临哪些机遇和挑战？
2. 作为餐饮企业可以通过什么途径和方式提升自己的竞争力？

3.2.4　寡头垄断

寡头垄断是指个别几家厂商控制了整个市场的产品生产和销售的竞争模式，是介于垄断竞争和完全垄断之间的市场结构。寡头垄断市场具有以下特点。

（1）厂商数量屈指可数，同时买者众多。厂商在一定程度上可以控制产品的价格以及绝大部分市场份额。

（2）产品差别可有可无。产品之间有差别的称为有差别的寡头垄断市场，同质化产品的叫作无差别的寡头垄断市场。

（3）存在市场进出障碍，其他厂商无法轻易进入。原因包括行业存在规模经济；厂商之间通过互相勾结、构筑进入壁垒来维持垄断局面；厂商采用收购、兼并小企业等形式来减少潜在竞争者。

近年来，电子商务平台的"寡头化"趋势日益严重。主要表现为阿里系、腾讯系和京东系等为代表的少数"巨无霸"电子商务平台垄断的状态。从电子商务细分市场来看，多种垂直领域均出现寡头垄断现象。根据易观分析（2021）发布的《中国网络零售B2C市场季度监测报告2021年第3季度》显示，在零售电商市场的份额方面，2021年第3季度天猫成交总额和 2020 年同期相比增长 12.9%，占据市场份额 64.2%，排名全国第一；京东成交总额较 2020 年同期增长 24.7%，其市场份额为 28.5%，排名第二。根据前瞻产业研究院（2022）发布的《洞察 2021：中国跨境电商行业竞争格局及市场份额》显示，在跨境电商的进口业务领域，在 2021 年内天猫国际 + 考拉海购、京东国际、唯品国际排在前列，分别占比 65%、14% 和 8%。我国主要电商平台几乎都呈现寡头垄断格局，这与互联网和数字市场的特点密不可分。

1. 电子商务市场容易形成寡头垄断的原因

由于电子商务市场具有网络 / 平台效应、转移成本低、数据积累优势、规模收益递增等特点，因此容易出现赢家通吃的局面。形成赢家通吃局面的电商领域，市场内竞争会转变为争夺市场的竞争，即寡头企业在各领域抢占"高地"，维持、扩大自己的垄断优势，同时建立强大的进入壁垒，抑制新兴企业挑战自己的优势地位。

（1）网络 / 平台效应。数字市场有着强大的网络效应，使之具有易于集中和垄断的特点。网络效应主要分为两种类型：直接网络效应（direct network effect）和间接网络效应（indirect network effect）。在具有直接网络效应的市场中，使用产品或服务的用户越多，该产品或服务对其他用户的价值就越大。相比之下，对于一种产品或服务的大量使用一旦形成新的标准，并激发了第三方投资开发相兼容的技术的动力，反过来就会增强原产品或服务在用户中的受欢迎程度，由此产生的网络效应就是间接网络效应。

电商平台通过连接原本割裂的细分市场，大大强化了网络效应。例如，淘宝吸引了大量买家和卖家参与到电商平台中，并形成了较高的平台价值和较强的用户黏性。因此，其他公司想要吸引平台用户或替代原有电商平台公司，会遇到较大的阻力和壁垒。另外，用户在转换平台的时候，也会有转换限制或成本，这些阻碍会进一步加强网络 / 平台效应。网络 / 平台效应为先发平台公司提供了强大的防御机制，让它们得以维持较高的市场集中度和持久的领先及垄断地位。

（2）转移成本（switching cost）。转移成本是指用户放弃当前供应商所提供的产品和服务转向其他供应商时所付出的一次性交易成本。在电商平台，它可以被视为阻止客户 / 消费者脱离平台服务关系的一种壁垒，并直接影响客户 / 消费者的黏性和忠诚度。

转移成本主要包括过程转移成本、经济转移成本和关系转移成本。电商企业的过程转移成本分为客户 / 消费者转移到其他企业所感知的负面经济结果——经济风险成本、决定是否转移时搜索信息和做出决策花费的时间精力（评估成本与学习成本），以及和新企业建立关系要付出的时间及精力。经济转移成本包括转移之后失去作为原来企业 / 平台老客户的经济利益——经济损失成本以及在原来企业 / 平台购买产品和服务时已付出的费用——金钱损失成本。关系转移成本包括个人关系损失和品牌关系损失，即转移到新企业时造成的失去原有企业人际关系以及和原有企业品牌关联度的各种关系损失。

（3）数据积累。电商和传统商家的最大区别在于，电子商务构建的各种类型数据库可以轻而易举地记录全部用户的各类访问数据，通过快速捕获、实时监控、精准分析，实现数字化生产和管理。

就像网络效应一样，丰富的数据积累具有自我强化的趋势。具有较高数据访问能力的公司能够利用这些数据更好地进行用户定位或提高产品质量，并吸引更多用户进而生成更多数据，从而形成数据积累正反馈。除此之外，对数据的访问优先级还会加剧数字市场中的反竞争行为。当具有市场支配地位的平台既充当第三方市场，又在同一市场内自营销售商品时，这一现象尤其突出。通过扮演双重角色，平台可以从第三方卖家收集、挖掘有商业价值的信息，使自己的竞品受益。持续的数据收集行为还会造成信息不对称，使企业能够获得非公开信息，从而获得显著的竞争优势。

（4）规模收益递增。在规模收益递增的市场中，平均单位成本随销量增加而降低。规模收益递增是决定电子商务市场倾向于集中和垄断的主要特性。由于进入这些市场需要大量的前期投入成本，新公司很难进入市场并挑战现有大型企业，那些当前已经具备较大规模的企业更受青睐，也很难受到威胁。

2. 电商市场趋于寡头垄断的三种机制

（1）梅特卡夫法则。梅特卡夫法则是指网络的价值等于网络节点数的平方，即网络价值随着网络客户数量的增加而发生指数增长。梅特卡夫法则反映了信息网络扩张效应，也有其他网络经济理论将其表达为网络外部性特征（网络外部性是指网络的用户基数越大，对用户而言使用价值越高）。网络效应作用下，平台对用户会产生明显的锁定作用。

（2）摩尔定律。摩尔定律的创始人是戈登·摩尔，他是大名鼎鼎的英特尔公司的创始人之一。他在计算机存储器发展趋势的报告中提出了"摩尔定律"，指出每个新芯片大体上包含旧芯片两倍的容量，以及每个新芯片的开发都是在旧芯片产生后的18～24个月内。如果维持这个趋势，计算能力相对于时间周期将呈指数式上升。芯片集成度越高，功能越强，晶体管的价格越便宜，这就是摩尔定律的经济学效益。

在电子商务领域，随着电商信息技术功能的增加和完善，价格呈现出周期性下降的趋势。因此，新技术和新产品不仅不会比旧技术和旧产品的价格高，相反还可能降低。这样一来，质优价廉的信息新技术往往一出现，就会很快占领市场，落后的技术也会被迅速淘汰。由此可见，信息技术的市场不相容性决定了谁能够掌握为市场所接受的先进技术，谁就会占据"胜者全得"的市场垄断地位。

（3）达维多定律。曾任英特尔公司高级行销主管和副总裁的达维多发现，任何企业在本产业中必须第一个淘汰自己的产品。一家企业如果要在市场上持续占据主导地位，就必须第一个开发出新一代产品。如果被动地等待第二或者第三家企业将新产品推向市场，那么获得的利益远不如第一家企业作为冒险者获得的利益，因为市场的首代产品总是能够自动获得50%的市场份额，尽管当时的产品可能还不够完善。在这一法则指引下，英特尔公司的微处理器并不总是性能最好、速度最快的，但是英特尔公司始终充当着新一代产品的开发者和倡导者。英特尔公司的长期战略就是遵循达维多定律，一方面比竞争对手抢先一步生产出速度更快、体积更小的微处理器，另一方面削减旧芯片的供应、降低新芯片的价格，使得电脑制造商和用户不得不使用新的芯片产品。英特尔公司通过使用这种战略，把许多竞争对手远远抛在了后面，维持了自身在芯片产业的霸主地位。

◎ 应用案例 3-3

反垄断罚单剑指经营者集中

2022 年 1 月 5 日，国家市场监督管理总局国家反垄断局的官网公布了 13 起行政处罚案件，其中涉及的公司主要包括腾讯控股有限公司（以下简称"腾讯"）、哔哩哔哩股份有限公司（以下简称"哔哩哔哩"）、阿里巴巴（中国）网络技术有限公司（以下简称"阿里巴巴"）和江苏京东邦能投资管理有限公司（以下简称"江苏京东邦能"）等。其中，腾讯涉案 9 件，阿里巴巴涉案 2 件，哔哩哔哩和江苏京东邦能涉案 1 件。经查，上述案件均违反了《中华人民共和国反垄断法》（以下简称"《反垄断法》"），构成了未依法申报违法实施经营者集中，经过评估认为相关案件具有排除、限制竞争效果，上述涉案企业分别被处以 50 万元罚款。

在这批罚单中，腾讯占比最高，13 张罚单中有 9 张罚单归腾讯领取，罚款额为 450 万元。这 9 张处罚决定书内容主要包括腾讯因收购广西叫酒网络科技有限公司股权、永辉云创科技有限公司股权，与青岛海信网络科技股份有限公司设立合营企业等行为。由于腾讯未依法申报违法实施经营者集中，每起案件面临 50 万元罚款的行政处罚。

根据《反垄断法》规定，经营者集中如果达到国务院规定的申报标准，经营者应当事先向国务院反垄断执法机构进行申报，未申报的经营者不得实施集中。经营者集中包括下列情形：一是经营者合并；二是经营者通过取得股权或者资产的方式取得对其他经营者的控制权；三是经营者通过合同等方式取得对其他经营者的控制权或者能够对其他经营者施加决定性影响。《反垄断法》列出的经营者集中申报标准包括：一是参与集中的所有经营者上一会计年度在全球范围内的营业额合计超过 100 亿元人民币，并且其中至少两个经营者上一会计年度在中国境内的营业额均超过 4 亿元人民币；二是参与集中的所有经营者上一会计年度在中国境内的营业额合计超过 20 亿元人民币，并且其中至少两个经营者上一会计年度在中国境内的营业额均超过 4 亿元人民币。只要达到上述标准之一，经营者就需要向国务院反垄断执法机构进行申报，否则便涉嫌构成经营者集中。

有学者指出，此次下发的 13 张罚单中，尤其需要关注以下几张罚单。第一是腾讯在 2018 年收购永辉云创科技有限公司股权一案。2018 年 2 月 1 日，腾讯通过子公司林芝腾讯科技有限公司与永辉云创、永辉股份等永辉超市子公司签署《中外合资经营企业合同》，认购永辉云创 15% 的股权，并取得共同控制权。2018 年 3 月 23 日，股权变更登记完成。这也被外界视为腾讯在新零售领域的布局。

另外有两张罚单也值得关注，分别是腾讯和青岛海信网络科技股份有限公司设立合营企业、杭州阿里创业投资有限公司参与收购贵州泛亚信通网络科技有限公司股权两个案件。与腾讯和阿里巴巴合作的两家企业均与当地政府的数字化改造有关。政府在进行大数据和智慧化改造的时候，很多时候都会通过招投标购买服务。如果是以地方国有企业与互联网企业新设合营企业的形式来开展数字政府、智慧城市方面的改造，就难以确保采购程序的公开、透明和监管的完整性，也容易出现指定交易等变相滥用行政权力的行为。

国家反垄断局于 2021 年 11 月 18 日正式挂牌。在此之前，反垄断执法工作由商务部、国家发改委、国家市场监督管理总局三个部门共同承担。2018 年国家市场管理监督总局国家反垄断局设立，这是我国首个反垄断专门机构。2021 年国家反垄断局总共通报了 118 件"反垄断"行政处罚案件，几乎是 2015 年至 2020 年 6 年间通报的总和，与往年数量相比大幅增加。

在这 118 件行政处罚案件里，有 93 件都被归为"未依法申报违法实施的经营者集中"类别，腾讯、阿里巴巴、字节跳动等多家互联网企业都牵涉其中。其中最早一桩可追溯到 2011 年，腾讯收购了猎豹移动 10% 的股份，但是未按规定在 2011 年 7 月 7 日完成股权交割前提交申报。即便历时 10 年之久，2021 年 7 月 6 日，国家市场监督管理总局依然就此事件对腾讯做出行政处罚决定。

在国家反垄断局成立以前，《反垄断法》的有关执法对未依法申报就实施的经营者集中行为处罚上限较低，也没有对违规的经营者集中要求进行拆分，恢复到实施经营者集中前的原状。这种执法上的宽松导致互联网行业部分企业倾向于接受罚款，而不是通过依法申报来实施经营者集中。从罚款金额可以看出，2022 年初的 13 起未依法申报违法实施经营者集中案件均处以 50 万元罚款。尽管罚款金额不算高，但已经是《反垄断法》相关规定的顶格罚款。在其他多起反垄断行政处罚案件中，均按顶格罚款 50 万元对相关互联网公司予以处罚，也表明了国家反垄断局执法的力度和决心。

互联网寡头公司如果可以避免反垄断调查就实施并购，难免会利用通过并购所获得的市场领先地位乃至是市场支配地位，提高对下游企业、消费者的收费，或是采取排挤竞争对手的手段，在此过程中逐渐失去改善服务安全性的动力与诚意，甚至威胁到整个行业市场的活力和健康。有效的市场竞争可以防止互联网创业公司在短期内迅速扩张为"独角兽"，避免这背后显形或隐名的投资者利用市场垄断赚快钱，几年内就获得几十倍、几百倍的投资回报。有效的市场竞争还能抑制互联网寡头以合纵连横的方式过度扩张，进而垄断市场、损害消费者权益、破坏行业发展潜力。因此，反垄断执法机构应该进一步加强对未依法申报经营者集中案件举报信息、立案信息、调查进展的披露，提高反垄断执法透明度，将内幕交易扼杀在摇篮中，保护投资者利益以及合理的投资收益预期。

资料来源：澎湃新闻，新年首批 13 张反垄断罚单：横跨 6 年各罚 50 万，腾讯领 9 张，2022-01-05.

思考问题

1. 案例中的反垄断处罚主要针对的是哪种垄断行为？相关措施可以抑制电子商务企业的哪些垄断倾向？为什么？

2. 为何过去对这种垄断行为的处罚较少？若难以抑制相应的垄断行为，会导致电子商务市场竞争局面发生什么样的变化？

3. 针对电子商务市场健康发展，你有哪些关于反垄断方面的建议？

3.2.5　完全垄断

"垄断"的原意是独占，即一家企业在一个市场或经济部门占有 100% 的份额，或市场上仅剩一家厂商提供商品。但实际上，无论是经济理论还是现实中的垄断均不是完全独占性的，非独占性的垄断更加普遍。因此，垄断可以定义为：一家或个别厂商对相应产业或市场的产品生产、销售的独占或联合支配、控制。个别厂商对市场或产业的联合控制属于寡头垄断（见"寡头垄断"部分），而一家厂商对市场或产业的绝对控制就是完全垄断。完全垄断市场的特点如下。

（1）一家厂商就是整个行业，某种产品的全部供给都被这一家厂商控制。

（2）任何其他厂商进入该行业都极为困难或根本不可能，行业内的要素资源难以流动。

（3）市场中的产品不存在任何类似的替代品。

垄断有两种主要表现，包括垄断结构和垄断行为。垄断结构是指市场中只有一个企业独占或几个企业联合占有绝大部分市场份额的局面。垄断结构未必都是低效的，在市场竞争条件下，如果市场主体可以持续创新技术、扩大规模，并通过技术、成本优势所获得的垄断地位来不断优化资源配置，这就是有效率的垄断结构。而垄断行为是指市场中的企业排斥、限制竞争的行为，包括限制交易合同、串谋限价和限产、指定购买或搭售、恶意低价倾销、带有明显垄断意图的企业间并购、受垄断势力支配的价格歧视以及限制零售商经销竞争对手的产品等。在电子商务市场上，主要的垄断行为包括以下几类。

（1）通过"二选一"限制商家选择经营平台。"二选一"近年来在国内电商行业中成了一种"潜规则"，构成了制约行业健康发展的一大"痼疾"。2021 年 2 月 7 日由国务院反垄断委员会制定的《关于平台经济领域的反垄断指南》（以下简称《指南》）出台，该指南首次对"二选一""大数据杀熟"等行为是否构成垄断、在什么条件下构成垄断做出明确规定。

所谓"二选一"，是指某些电商平台要求入驻商家只能在该平台售卖商品或服务，禁止或者变相要求商家不得同时在其他平台进行经营活动。这类限制入驻商家自由选择平台的现象，从最早腾讯与 360 公司的"3Q"大战，到后来阿里巴巴与京东、阿里巴巴与拼多多、饿了么和美团之间等都曾上演过。近年来，"二选一"逐渐成为国内互联网公司，特别是电商寡头打压竞争对手的"潜规则"和主要的不正当竞争手段。《指南》的颁布，将有助于预防和制止平台经济领域的垄断行为与恶性竞争，促进电子商务行业规范有序创新、健康发展。

（2）通过并购、收购提高市场份额，打击潜在竞争者。近些年，互联网行业并购整合的加速和普及引起了人们的关注，互联网业务平台化、业务结构"横向 + 垂直一体化"的整合趋势明显。有的并购行为大幅提高了市场占有率，甚至几乎垄断了整个市场。例如，滴滴合并快的之后市场占有率大幅提升，此后对司机的补贴和用户优惠持续减少，高峰期间打车费上升；再如，携程收购艺龙和去哪儿之后，几乎垄断了线上酒店预订行业，签约酒店利益遭到压缩，消费者选择减少、线上订购酒店的优惠越来越少。除了当下对平台商户及消费者的利益挤占与侵害，垄断行为还威胁到了市场的长期活力与潜力。由于互联网行业巨头对潜在竞争者的大肆收购，许多有潜力的中小企业在崛起之前就被消灭了，主要由中小企业构成的创新力量被扼杀于摇篮之中。

（3）数据垄断。电商平台可以基于数据优势强化或滥用市场地位，比如制止竞争者获取数据资源、基于数据画像对消费者实行"大数据杀熟"等差别对待、基于数据占有优势实施搭售行为等。另外，某些已经拥有大量数据资源的电商平台，借由经营者集中（合并、控股或签订协议）使占有的数据资源规模更庞大、类型更完整，催生出能够形成市场支配地位的数据寡头。

数据集中度通常会产生明显的规模经济和范围经济，使数据掌握者得以进一步扩大竞争优势。根据互联网实验室（2017）发布的《中国超级电商平台竞争与垄断研究报告》，阿里巴巴平台建立的以电商和支付为基础的交易体系获取了海量的用户数据。阿里巴巴通过对这些数据进行整理、分析，便可以获得整个行业、产业的发展数据，从而助力它在全产业领域的布局和行动。

垄断存在的原因包括规模经济、控制稀缺性资源或受专利保护知识以及专卖权，但完全垄断在电子商务市场中比较难以形成。即使是市场份额最大、平台效应最强的电商霸主，也无法彻底排斥其他竞争对手的进入，构成完全垄断。根据美团的财报数据，2020年美团餐饮外卖交易金额为 4 889 亿元，比上一年同期增长了 24.5%。由此测算，2020 年美团在我国外卖行业的市场份额高达 74%，远超 50%，在外卖行业中稳稳地占据了支配地位。尽管如此，美团在外卖领域也未能实现绝对的垄断。

3.3　电子商务企业的竞争战略

3.3.1　波特五力模型

波特五力模型是 20 世纪 80 年代早期由迈克尔·波特提出的。他的观点是在行业里有五种作用力，它们决定了竞争的大小和程度。这五种作用力分别来自行业内现有竞争对手、潜在竞争者、替代者、供应商以及购买者，如图 3-1 所示。

1. 供应商的议价能力

供应商议价能力的强弱，体现为其对买方企业的利润和市场竞争力的影响大小。这种影响是通过供应商供应给买方企业的投入要素的特性来实现的。投入要素的价值占买方企业商品总成本的比重高，或者它是生产该商品的必要条件，或者投入能够对该商品品质产生重大影响时，供应商的议价能力就较强。

2. 购买者的议价能力

购买者议价能力的强弱，体现在它能够对目标商品或服务的价格或质量提出要求，从而影响销售企业的利润空间。

3. 潜在进入者的威胁

潜在进入者通常是指行业的新进入者，它会是该行业内原有企业的潜在竞争对手。新进入者需要在行业内寻找容身之地，就不得不对现有的企业发起挑战，争夺原材料与市场。这种争夺对现有企业的利润和生存空间造成挤压，甚至威胁到部分企业的存亡。而新进入者带来的威胁是否严重，要从行业的准入门槛和现有企业的对抗手段进行衡量。

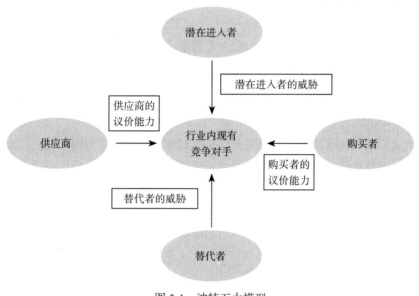

图 3-1　波特五力模型

4. 替代者的威胁

替代者的威胁主要有直接替代和间接替代两种。前者是指某一种产品能够直接替代另一种产品，比如电灯完全取代了煤油灯；后者是指某些产品因作用相同间接（非直接）取代另外一些产品，比如飞机取代了高铁。

5. 行业内现有竞争对手的竞争

行业内大多数的公司之间都有着密切的利益关系，而企业所制定的竞争战略则是为了让自己的公司在竞争中占据上风。因此，在执行过程中会不可避免地出现矛盾和对立，从而形成了现有公司间的竞争。在现有的公司中，价格、宣传、售后等方面的竞争愈演愈烈，其激烈程度取决于多种因素。

3.3.2　波特的一般竞争战略

在迈克尔·波特的《竞争战略》一书中，基本竞争战略有三种，分别是成本领先战略（cost leadership strategy）、差异化战略（differentiation strategy）和集中化战略（focus strategy）。

1. 成本领先战略

（1）含义：从公司内部的研发、制造、营销、售后等方面对成本进行管控，使它达到最低水平，从而在行业里获得领先地位的战略。

（2）举例：戴尔。电脑行业在 21 世纪初受到了重创，尽管戴尔是当时世界第一 PC

（个人计算机）生产厂家，但它也做出了相应的举措去应对市场风险。例如，它在 2001 年第一季度就下调了电脑价格，与此同时，这也降低了公司的利润。然而，戴尔的净利润仍远远高于它的两大竞争对手惠普和 IBM。原因有两点：其一，戴尔采用网络直销，免除了中间各个层级的传递，没有中间商，大大削减了成本，因而戴尔电脑更具价格领先优势；其二，戴尔配合低成本战略的人力资源管理措施，最大化使用内部网络，通过互联网技术为人力资源赋能，这使得人力资源部门的许多复杂任务得以精简，并显著缩减了公司的运营管理费用。

2. 差异化战略

（1）含义：公司出售的产品和服务与市面上其他的同类产品与服务相比，有独一无二的附加价值。当这种附加价值提供的收益大于其成本时，这种差异化的产品与服务就可以给公司带来竞争力。

（2）举例：三只松鼠。三只松鼠作为国内首家"互联网+食品"公司始终秉承用户体验至上原则，以朝气与暖萌的形象设计、产品包装及客户服务俘获大批粉丝，它打动年轻消费者的正是创新与个性。它的核心竞争力在于有别于淘宝"亲文化"的"主人文化"，将创新植入核心竞争力中。三只松鼠围绕核心竞争力衍生出整个差异化的体系，打造卡通形象，植入品牌概念，从而获得竞争优势。

3. 集中化战略

（1）含义：企业在选定的消费人群、细分市场或销售区域中通过实施相应战略，谋求优势地位。

（2）举例：平安好医生。平安医家隶属于平安好医生，它将私人医生、医生工作台、医生团队、保障保险等业务整合起来，在原有的"私家医生"产品的基础上，进行了全新的升级，为个人和家庭提供了多层次的会员制度，让健康管理更有温度。平安医家是一个同时为患者和医生提供服务的"双平台"，它缩短了医生与患者之间的距离，为他们搭建起一座专业的沟通桥梁。在该平台上，每个患者都可以拥有自己的私人医生，并个性化生成自己的私人病历，平安医家旨在为广大群众提供全方位的医疗服务，为广大患者带来更好的看病体验。平安医家希望能将医生生态做到全而精，助力基层医疗水平的发展，让医生通过平台提供的服务达到最高水平。

3.3.3 产品战略

1. 产品战略是什么

产品战略（product strategy）是一个企业对其生产和经营的产品的整体规划。它是企业营销中最基本和最重要的元素，直接影响和决定其他资源的安排。产品战略的研究是为了解决企业应该向市场提供什么样的产品，以及如何提供产品以更好地满足客户需求和提高企业的竞争力。电子商务企业在市场中竞争，其核心竞争力在于产品在市场中具有强势的竞争能力。因此，研究、制定、实施产品竞争战略十分重要。产品战略规划过程主要分为以下三个步骤。

（1）确定产品定位和用户需求。在产品进入电商平台之前，需要考虑企业的品牌定位、发展战略等再设计产品线的发展方向。例如，顺丰的核心价值观是客户为先，创造极致的服务体验，因此其产品线主要围绕精品服务，聚焦目标用户的痛点去布局。

（2）评估产品投入产出比。每一个产品的投入，都需要付出很多的成本，包括人力、资金、技术等。每个产品生命周期内的运营成本都很高，需要在经营风险最小的情况下选择利益最大化的产品。

（3）不断挖掘产品价值。企业需要不断拓展产品的深度，挖掘更多的产品价值，突出产品的差异化和创新性，通过不断优化产品提升价值，提高用户的满意度，从而提高产品的核心竞争力。

2. 如何实施产品战略

（1）波士顿矩阵。电子商务企业可以使用波士顿矩阵规划企业的产品组合。波士顿矩阵是一种分析和规划企业产品组合的方法，由美国著名的管理学家、波士顿咨询公司的创始人布鲁斯·亨德森于 1970 年推出。采用这种方法能够直观了解市场格局及业务表现的变化与趋势，以此定位潜力市场，衡量产品竞争力，从而优化资源配置。

根据波士顿矩阵，产品结构由市场实力和企业实力共同决定。市场实力包括销售增长率、目标市场容量、竞争者实力和盈利能力。其中最重要的是销售增长率，它决定了公司产品结构是否合理。企业实力包括公司的市场份额，以及技术、设备和资本的使用能力等。市场份额是决定公司产品结构的内在因素，彰显了公司的竞争实力。

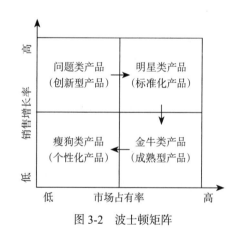

图 3-2　波士顿矩阵

销售增长率和市场份额是相互影响且互为条件的。市场范围广，市场份额高，说明产品有很好的发展前景。企业硬件实力强也说明企业有竞争优势。市场大但所占市场份额小，说明企业实力不足；如果市场很小，但市场份额很大，说明企业自身实力强大，但产品的市场前景不是很好。因此在这两个因素的共同作用下，产生了四种不同性质的产品类型，如图 3-2 所示，这里用市场占有率来体现市场份额。

①明星类产品：销售增长率和市场占有率都非常高。

②瘦狗类产品：销售增长率和市场占有率都比较低。

③问题类产品：销售增长率高但是市场占有率低。

④金牛类产品：销售增长率低而市场占有率高。

波士顿矩阵能够直观地评估企业战略，通过四个维度划分市场，聚焦潜力产品，从而制定企业的产品战略。波士顿矩阵广泛应用于电商企业，通过评估产品的市场前景，决定相应的产品战略。除了进行以上维度分析,还可以考虑其他分析角度,比如物流成本核算、客服反馈率、产品复购率均可作为其应用指标,为制定市场策略提供参考方向。

(2)以差别化为基础的产品战略。差异化战略是指为了使公司的产品、服务和形象区别于竞争对手,以获得竞争优势而采取的一种战略。当客户需求多样化、行业差异化程度低、市场竞争激烈时,企业会基于自身的资源和能力采取差异化战略,以不同的方式创造产品,从而实现差异化。差异化战略的目标是创造可识别的、独特的产品和服务,这可以带来较高的品牌忠诚度和高利润。差异化战略主要包含以下三个阶段。

1)启动阶段。在启动阶段,从用户需求和企业目标出发,寻求种子用户进行产品测试。

2)成长阶段。在成长阶段,需要宣传推广产品以获得更多用户,需要思考运营策略和产品变现模式。

3)成熟阶段。在成熟阶段,需要保持老用户的留存,同时吸引新用户。

◎ 应用案例 3-4

小红书如何实施以差异化为基础的产品战略

随着国内经济的增长和人们消费水平的升级,越来越多的人开始开拓海外市场,跨境电商也逐渐进入快速发展状态。2019 年是跨境电商行业成功的一年,进入 2020 年,跨境电商行业在新冠疫情的影响下愈发成熟,市场总量不断增加,需求稳步提升。然而,国内跨境电商市场格局已基本成型,竞争日趋激烈,第一梯队实力雄厚,在政策的推动下,越来越多的潜在进入者涌入。小红书的产品定位主要分为三个阶段:海外旅游购物指南——海外旅游购物垂直社区——UGC 社区 + 自营海淘社区。在每个阶段,小红书都针对国内电商平台的短板,对其进行了大量研究,从而迅速实现了独特的产品定位。

1. 海外旅游购物指南阶段

早在 2013 年,中国游客就已经成为全球最大的海外消费群体。然而,语言障碍和文化差异一直是海外旅行的两大障碍,使得消费者在到达目的地之后很难在国外购物。虽然当时国内市场存在许多旅游网站和应用程序,但它们并不涉及购物这一细分领域,而且网上关于海外购物的信息也不多。因此,小红书正是在这种消费者需求的基础上成立的。小红书可以说是我国第一家提供海外购物信息的公司,迅速地将自己与诸如美丽说、网易考拉海购等专注于海外购物或外国产品的平台区分开来。因此,自推出以来它具有显著的竞争优势,填补了海外购物咨询市场的空白。

2. 海外旅游购物垂直社区阶段

2013 年 12 月,小红书购物笔记上线,聚集了有海外购物经验的潜在博主,分享她们的购物笔记。当时,小红书已经逐渐从 PGC 转变为 UGC。由于 UGC 基本上是用户产生的内容,用户与用户之间的信任和用户与官方之间的信任是有区别的,一般人总是更倾向于信任其他使用过产品的用户。小红书的主要运营手段是签约专家,给他们一些支持,他们对小红书的成功起着关键作用。小红书的运营集中在三个方面：内容分享体验、内容浏览体验和社区互动，以提高内容质量和用户黏性，促进未来发展。现阶段，由于小红书注重维护社区分享内容的真实性，通过用户间形成的口碑效应刺激用户数量的增长，而不是通过广告轰炸追求用户数量的强势增长，注重社区的深耕细作和自身壁垒的建设，大部分用户对平台的黏性和活跃度很高，是一群高质量的"小红薯"。

3. UGC 社区 + 自营海淘阶段

在整个社区的发展过程中，小红书发展了大量的"红薯粉丝"，并不断通过口碑吸引新用户。这时，有必要推出新的设计以满足老用户日益增长的新鲜感需求和苛刻的体验要求。2014 年可以说是跨境电商的元年，海关总署宣布在政策层面认可跨境电商，此后跨境电商迅速发展，各电商巨头纷纷涉足。由于小红书的用户生成的内容大多与海外购物有关，用户群非常特殊，主要集中在有丰富海外购物经验的女性和想出国的女性，用户忠诚度非常高，用户在小红书上浏览了相关的"种草"笔记后，会激起他们的购物欲望，"福利社"从用户需求出发，让用户能够边看边买，在"种草"的同时购买到自己心仪的物品，解决了用户购买信息不对称的问题，因此，一上线便取得了巨大成功。

小红书在第一、第二阶段专注于建立自己的壁垒、专注于社区发展和口碑建立、创造差异化，从而为后期的可持续竞争铺平道路。

资料来源：李田田，李明浩，杨洋.跨境电商差异化战略分析：以"小红书"为例［J］.现代商业，2019（33）：35-36.

思考问题

1. 从小红书的产品定位入手，研究其差异化战略是如何实施的？

2. 小红书的差异化战略的优缺点有哪些？对同类企业有什么启示？

（3）以价格为基础的产品战略。价格是影响企业盈利的最大杠杆，定价反映的是一个结构性问题，由产品或服务的供给与需求所决定，对产品或服务的适当定价对于企业而言非常重要。明智的管理者始终将定价视为创造和获得顾客价值的一种重要工具。长期以来，价格不仅能够影响消费者的购买决策，还能影响企业的盈利和市场份额。不论是传统的销售方式还是基于电子商务的营销方式，消费者都更加注重"货比三家"，以购买到物美价廉的商品。电子商务中的销售是通过线上平台进行的，具有相同产品的企业之间存在竞争关系。消费者在线上浏览产品时有更多的选择。因此，在电商平台上，商家要让消费者选择自己的产品，就必须制定全新的价格策略，使商家在市场竞争中处于有利地位，同时又要符合消费者的心理价格。电子商务企业实施的以价格为基础的产品战略主要包含以下三个方面。

1）以成本为基础的定价：成本控制是完美定价的基础。在电商企业的经营成本中，物流成本占很大一部分，远高于传统企业。因此，电商企业为了控制其成本需要尽可能降低物流成本来获得价格上的竞争优势。例如，电商巨头阿里巴巴旗下的菜鸟驿站投资国内物流"三通一达"，京东建立自己的供应链物流实现仓配一体化，从而掌握定价主动权。

2）以顾客价值为基础的定价：顾客在购买产品时会对产品有感知价值，其感知价值会影响产品的实际定价。电商企业可以根据大数据智能算法洞察消费者的感知价值，从而对商品进行智能化的动态定价。

3）以竞争为基础的定价：以市场上的竞争产品价格作为定价、调整价格等的基本依据，较少考虑产品成本和市场需求等其他因素。

◎ 应用案例3-5

京东如何实施以价格为基础的产品战略

1.自建物流，打造购物狂欢节

为了最大限度地实现成本可控，京东大胆创新，自建物流体系，在全国几个主要城市设立区域仓库，然后根据购买数据和产品尺寸及时补充库存，再从仓库配送到消费者家中，实现点对点配送。自建物流使京东获得定价的成本优势，确保了京东定价的主动权。

通过自建物流，京东的综合费用率降低到12%左右，而传统电商的综合费用率约为19%。同时，自营大大降低了产品库存周转率，京东的库存周转率仅超过30天，极大地缩减了京东的货物在库房中停留的时间。因此，作为物流成本很重要的一部分，库存成本大大降低，整个内部的运营效率跟传统的零售行业相比，提高了一倍。作为京东供应链生态的"试验田"，线上线下融合的食品生鲜超市7 Fresh的库存周转少于4天。京东经过10年逐步建成和完善的自建物流网络具备知人、知货、知场的能力，实现了成本降低的目标，提升了效率和用户体验。

随着企业发展及壮大，京东主动出击，打造专属的"618"京东购物狂欢节。这是一个京东精心为客户打造的狂欢节，折扣、立减、专场、返券、秒杀、一口价等价格组合方式花样百出。促销定价推动了客户快速做出购买的决策，引起市场规模增大，起到增加产品消费的积极作用。

2.运用大数据技术智慧定价

京东平台上流通着的海量数据经由智能分析形成强大的消费洞察，通过挖掘这些信息产生了令人惊叹、影响深远的创新。京东的人工智能和大数据分析算法专家，将定价问题进行抽象和建模，通过相应的算法设计获得更合理的价格，让消费者买到更高性价比的商品。

京东结合多年的零售经验、大数据和人工智能等技术，对用户需求和价值感知进行分析与挖掘，在此基础上推出了"京"品推荐、"校园专区""智慧定价"等一系列价格优化的举措。在"校园专区""智慧定价"的应用中，京东首先评估客户的需求和对价值的感知，然后制定与客户感知价值相匹配的价格并确定相关成本，最后设计出能够实现客户期望价值的产品。一系列定价组合拳的打出帮助京东在获得可观利润的同时，也牢牢锁住了顾客的心。

3. 产品差异化定价

2018 年 5 月，京东的 Alpha 人工智能服务平台与英特尔进一步合作，通过在智能家居领域的人工智能技术研发和芯片设计，打造新一代智能硬件产品的人机交互技术，共同探索智能硬件和智能家居的发展新方向。在众人的翘首企盼中，京东叮咚 PLAY 智能音箱上市。京东为叮咚 PLAY 的上市，打造了一场声"视"浩大的"质感营销"，通过深挖用户场景，把产品的功能运用到符合人群对于产品功能需求的场景中，使用户对这种全新的智能生活方式抱以期待。叮咚 PLAY 是中文智能音箱领域首款配备超大屏幕的产品。它采用了独特的 L 整体造型，使得外表整体更具科技感。同时，由于英特尔芯片的加持，功能得到极大的扩展、性能得到提升，这使得它在硬件音质和软性内容方面都出类拔萃，很多黑科技让功能更有可玩性。随着我国智能音箱市场的竞争越来越激烈，更酷的功能和更好的体验无疑是唤起用户需求的亮点。伴随创新型 AI 智能商品的推出，接踵而来的是如何制定"好价格"的策略。叮咚家族智能音箱通过不同产品提供差异化的功能，再根据功能进行层次化定价，价格范围从 299 到 1899 元不等，消费者可以按需购买，覆盖各个消费阶级的用户群体，使得京东在智能音箱市场上抢占一席之地。

资料来源：1. 刘艳，刘芹. 协同理论视角看联营型 B2C 平台自建物流的开放［J］. 物流科技，2017(9):15-17.

2. 搜狐，京东发布智慧供应链 超八成商品自动补货定价推荐，2017-03-02.

3. 钛媒体，谁在管理京东，2022-02-23.

思考问题

1. 京东如何实施以价格为基础的产品战略？

2. 京东以价格为基础的产品战略有什么优缺点？对同类企业有什么启示？

3.3.4　平台战略

1. 平台是什么

平台是一种基于外部供应商和客户之间创造价值的互动的商业模式。平台为这些互动提供了一个开放和参与性的结构，并为其建立了治理机制。平台的主要目标是连接用户，通过商品、服务或社会货币的交换为所有参与者创造价值。今天的平台在数字技术的帮助下消除了时间和空间的障碍，使用复杂和智能的软件工具，以更精确、更快速和更容易的方式连接供应商与用户，创造了奇迹般的结果。

2. 平台战略是什么

在互联网时代，企业开始关注平台战略。平台战略（platform strategy）是一个生态运营系统，在这个系统中，多个业务单元被联系起来，以客户价值为中心，业务单元之间产生了协同效应，每个业务单元都获得了自己的附加价值。平台战略为两个或多个特定群体之间的互动提供了一个机制，以满足所有群体的需求并从中受益。平台商业模式的本质是创造一个具有强大增长潜力的完善的生态系统。它刺激了几个群体之间的互动，以实现商业平台的愿景。随着平台生态系统中一个群体的需求增加，另一个群体的需求也会增加，形成一个良性循环，通过平台互动的各方为另一方的无限增长做出贡献。平台模式被用来实现战略目标，包括规模增长和生态系统的提升，甚至对抗竞争对手、瓦解行业现状，重塑市场格局。

互联网为平台概念的出现提供了前所未有的机会，并以令人难以置信的速度和规模席卷全球。同时，互联网极大地降低了分销成本，使平台公司建立的生态系统以前所未有的速度增长。学会使用正确的平台战略的公司将颠覆原有行业的价值链。在以平台为中心的商业战略中，平台上的商业参与者越多，平台的价值就越大。使用搜索引擎的人越多，百度就越有价值；开网店的人越多，阿里巴巴就越有价值；使用微信的人越多，腾讯就越有价值。苹果公司围绕其客户的移动生活方式建立了一个平台。首先是终端的软硬件整合。围绕客户的一系列生活方式，每个产品都有很强的互补性，iPod、iPhone、iPad、iMac，然后用 iCloud 把这些终端产品全部连接起来，使终端和终端设备之间可以很方便地共享信息。其次是应用软件平台。它将云端的内容整合起来。例如，苏宁搭建了实体店营销渠道平台，淘宝、京东搭建了连接买家和卖家的互联网营销平台等。对于企业来说，平台上的规模回报往往是递增的，强者掌控、赢家通吃，弱者则要分羹。在全球 100 家规模最大的公司中，有 60 家公司的大部分收入来自平台战略。这些公司包括苹果、思科、谷歌、微软、时代华纳、UPS 和沃达丰等知名公司。在我国，淘宝、百度、腾讯、上交所和盛大游戏等公司也利用了平台的商业模式，继续扩大其市场影响力。十多年前，百度的核心业务是搜索，而今天它已经成为一个综合性的绿色互联网平台，整合了搜索、推广、浏览、社区、游戏、娱乐、广告和云计算等商业模式。平台战略使许多公司在其行业中占据主导地位，比如微软在 PC 操作系统中占有 95% 的市场份额；Start.com 占网络出版业的 71%；淘宝占网络购物的 70%。在开放、共享、共赢的经济趋势下，平台战略正成为企业发展的核心战略。

3. 如何实施平台战略

（1）建立多边平台架构。选择平台战略的企业需要能够积累大量用户。获得市场行业内最大规模的用户是一个很大的挑战。为了在较大的市场中实现用户规模第一，不仅产品要好，而且需要从一定角度满足用户强烈的需求，甚至需要寻找有效的营销手段。创建平台业务的第一步是确定谁是这些不同的用户，以及他们最初的需求是什么。平台企业发现了连接供应和需求的机会，创造了一个被压制的网络效应。

（2）激发网络效应。网络效应是利用群体关系创造无限的扩散可能性，通过建立用户间的关系网络来实现价值的扩散。在平台模型中，有两种类型的网络效应：同侧网络效应和跨侧网络效应。同侧网络效应是指当市场一侧的用户规模增加时，同侧的其他群体获得的效用也会受到影响；跨侧网络效应是指市场一方的用户规模增加会影响另一方用户的效用。效用的增加被称为正的网络效应，效用的减少被称为负的网络效应。积极的网络效应是平台公司创造价值和竞争优势的主要渠道。对于负面的网络影响，企业应尽量减少。

（3）采取补贴策略。在平台企业的启动阶段，补贴策略尤为重要。这时定价策略的重点是如何刺激用户增长，使用补贴策略可以吸引较多用户。一旦越过临界数量门槛，定价策略必须改变，这时需要创造多样化的利润来源。如果没有达到一定规模的用户，多样化的定价将无法发挥作用。企业在建立新兴平台生态系统时需要考虑的要点是：平台公司需要定义一个基本的补贴策略，然后通过一系列系统化的机制触发网络效应，促进平台的发展。通过用户过滤机制来维持整个生态系统的质量，将不同的成员聚集在一起，形成一种归属感。如果所有这些目标都能成功实现，平台的生态系统就会迅速成长，规模倍增。

（4）决定盈利模式。平台上的盈利方式不仅多样化，而且会不断衍生和转化。要实现盈利，平台生态系统必须达到一定规模。如果社交网络希望通过吸引广告商来赚钱，则需要注意的是，当今的广告商不仅在寻求曝光程度，还希望获得更准确、联系更紧密的营销模式。因此，社交平台的用户数据将变得极为重要：从一开始就必须有效地收集有关人们的性别、年龄、地理分布等信息，以帮助广告客户进行有针对性的分析和营销。在平台业务中盈利的一个原则是，如果能在网络席卷的浪潮中找到合适的位置来设置壁垒，成功的机会就会大大增加。

（5）搭建平台竞争模块。不同级别平台之间的竞争状态有很大差别，剔除不同类型竞争主体之间的差异部分，平台之间的竞争可以概括为五个模块：入口、信用、效率、布局和创新。对平台来说，以信息为入口的竞争是最基础的。掌握信息的全面程度能够反映覆盖群体和业务延伸领域的范围，进而体现出其竞争力的强度。信用在平台竞争中也发挥着根本性作用。在互联网的高效传播下，未来的趋势是平台和用户之间的沟通变得透明。因此，对于以用户为中心的平台企业来说，信用会占据越发重要的地位。失去信用就会失去用户，失去用户也就会失去平台生存的根本。平台运营效率能够体现平台企业的竞争力，可以通过扩大业务范围，用多元化的方式建立竞争门槛，让其他平台企业无法进入该领域。布局是指平台企业的战略部署，为了应对未来的挑战，平台企业需要稳固基础，构建核心竞争力，跨界延伸。创新是互联网浪潮下科技进步对平台企业发起的巨大挑战。创新不仅体现在技术创新，还有商业模式的创新。平台只有保持快速的创新迭代，才能不被竞争对手和市场淘汰。在平台模式中，企业需要有合作共赢和先人后己的商业模式。只有在平台上运行的合作伙伴健康成长，平台才能生存和发展。

◎ **应用案例 3-6**

大众点评的竞争战略

1. 大众点评的概况

大众点评由张涛、李静、张博、叶书宏和龙伟于 2003 年 4 月在上海创立，是一个本地生活信息和交易平台，作为最早的第三方消费点评平台获得了国际顶级风险投资基金的投资。它服务中国 2 500 多个城市，并将海外业务扩展到 200 多个国家和地区的 860 个城市。大众点评在中国率先推出并引导用户评价模式，从餐饮开始，逐步扩展到文化娱乐、折扣优惠等领域。基于地理位置、移动互联网技术和线下服务，它为用户提供全面、多维的商家信息，比如消费者评论，并允许用户参与和举报不准确的信息。此外，大众点评还有全方位的消费服务，比如预订、送货和支付。大众点评涉及的服务范围非常广泛和全面，涵盖了生活服务的所有领域。对于商户来说，大众点评可以制定营销策略，提供咨询和相关服务。

2006年，大众点评推出了营销推广业务，到2008年，这已经成为大众点评的主要收入来源。2010年6月，大众点评推出了团购业务，该业务开始迅速增长。2013年，大众点评推出开发者平台，即通过开放的接口，开发者可以在大众点评上获取本地商户信息、商户评论、优惠信息、团购内容等，也可以向大众点评提供相应的资源。2015年10月，大众点评与美团两大团购巨头合并，合并后双方保持原有的人员架构，品牌和业务由双方单独运营。

2. 大众点评网的平台战略实施

大众点评是基于O2O（在线到离线）+ LBS（基于位置的服务）进行精准营销的，主要业务是餐饮业，核心用户是城市白领和有一定消费能力的年轻人。从餐饮业开始的原因很简单：饮食是人们的基本需求，也是刚性的需求，任何年龄段的消费者都会关注。此外，餐饮业不仅具有多样化的业务模型，而且具有客户流动性，这具有巨大的信息累积价值。从地域上看，餐饮业高度分散，需要第三方信息集成，并且没有固有的少数企业垄断的可能性。同时，人们几乎都习惯在访问和消费后发表评论，尤其是当他们接受较差的服务时。大众点评网抓住了这些机会，将消费者和餐饮业这两个群体联系起来，并开发了独特的平台生态系统。在双边模式中，餐厅的规模和消费者数量都在平台生态系统中成倍增长。这里有个关键点是将评分对象纳入平台。开放机制使所有餐厅成为该平台的潜在市场。对于消费者而言，他们可以自由表达自己的意见，并可以免费获得饮食建议；对于商家来说，这是另一种宣传渠道，他们也可以主动从消费者那里获得反馈。该平台的生态系统将这两个群体联系在一起，从而实现了双赢。

大众点评网真正的核心业务是与商家合作，提供的价值是营销，核心竞争力是说服商家将它视为精确的营销媒介以增强客户体验，而不仅仅是另一种销售渠道的能力。大众点评非常重视服务产品和用户需求的契合度以及商家自身的质量，因此，它可以利用不断增长的消费者行为数据来推广自己平台的营销计划，提高质量，从而实现良好的双向循环。大众点评还可以通过数据收集和分析，准确地创造多个价值水平，有效挖掘用户行为数据。目前大众点评的盈利模式有电子商务、增值服务、线下服务、佣金收入等。

大众点评网解决了消费者的两个核心需求：一是找店，吃喝玩乐样样齐全；二是找到店铺以后如何选择。大众点评通过海量的商户信息和累积多年的UGC点评内容给用户创造了核心价值。首先是用户侧价值——去中心化的收录信息和多维度搜索、他人的点评提供了决策依据。决策参考也形成了闭环购买的场景。其次是商户侧价值——点评的用户精准，流量巨大，各种定向手段和商户自促接入可以很好地帮助商户在平台上实现门店营销。尤其对于某些低频高客单价的行业而言，点评还可以形成一定程度的公信力背书。较高（尤其是一线城市）的商户入驻率和高质量用户点评沉淀在团购市场中，形成较高的竞争壁垒。

在2015年之前，美团是大众点评在O2O市场的主要竞争对手。两家公司采取了差异化的方式，以避免服务的同质化。2015 年 10 月 8 日，美团和大众点评宣布结成战略伙伴关系，成立一家新公司。新公司将在交易、信息和垂直覆盖方面实现优势互补，并将联手覆盖店内餐饮、外卖、电影、酒店和旅游、KTV、婚庆和美容等领域。合并后，两家公司将与百度糯米和阿里巴巴展开竞争。

在平台领域，合作和共同创造比竞争更重要。美团资金链频频告急、大众点评不能在商业模式上有所突破，对于双方而言，合作能够实现规模经济和范围经济，停止无序竞争，回归理性以及应对"资本寒冬"下的融资窘境。二者在业务上的差异使得合并后形成了一个更全面的业务覆盖网。

资料来源：刘晶. O2O 模式下的大众点评网竞争战略研究［D］. 天津：天津大学，2016.

思考问题

1. 大众点评如何在 O2O 的模式下，以及激烈的市场竞争中，进一步开展战略布局？

2. 大众点评网的平台型竞争战略有什么优缺点？对同类企业有什么启示？

3.3.5　生态战略

1. 生态是什么

生态是一个生物学概念，指的是生物和它们的存在环境的统一体。在这个单元内，生物要素之间以及生物与环境之间的相互依存和相互作用的过程，促使这个整体保持相对平衡的状态。联想到商业生态，企业的生存发展也与整体的商业环境密不可分，特别是在以互联网技术为代表的科技元素推动下，企业内外要素之间的联系更加紧密。

然而在当下，互联网、大数据、人工智能等信息科技不断发展革新，在推动企业乃至产业变革的同时，也让国内外商业环境日趋复杂与动荡。一方面，市场与环境发生的结构性变化让产业边界模糊化的特征越来越明显，降低了产业领先者历经几年乃至几十年构造的竞争优势，加快了大量无法适应环境变迁的传统企业的消亡速度。另一方面，资本大行其道，互联网大力助推，跨界的行业颠覆者如雨后春笋般不断涌现，各大行业领先者纷纷改变原先的产品战略、平台战略，投身于生态战略热潮。企业要想在急剧变化的商业环境中保有一席之地，就必须学会进化。生态战略将是企业生存与发展的重要举措，因为如果企业没有构建生态战略，就可能成为其他企业生态战略的一环。

2. 生态战略（ecology strategy）是什么

20 世纪 90 年代中期，随着工业环境日益活跃、技术创新加速、竞争更加全球化、客户需求更加多样化，企业意识到，如果它们要发展，无论是通过增强自己的能力还是扩展新市场，都需要与其他公司合作，为消费者创造新价值。企业需要发展经济共同体。在这种情况下，创新和创造作为超越竞争的手段，正在成为企业战略管理研究的新焦点。

美国学者詹姆斯·穆尔（James Moorel）于 1996 年出版的《竞争的衰落》，标志着战略理论的指导思想的重大进步。作者用生物学独特的生态系统观点来描述当今市场上的企业活动，但又脱离了将生物学原理应用于商业研究的狭隘观点。他认为，在市场经济中，达尔文的自然选择似乎只是关于最合适的公司或产品的生存，经济的运作是通过淘汰弱者来实现的。相比之下，穆尔的"商业生态系统"的新概念突破了基于产业划分的传统战略理论的限制，并寻求"共同进化"。穆尔的方法是基于商业生态系统的平衡演变，有四个阶段的商业活动：开拓、扩展、领导和更新。商业生态系统是该理论的一个重要组成部分，他认为高级管理人员通常从七个方面来看待商业生态系统和他们的地位：顾客、市场、产品、过程、组织、风险承担者、政府与社会。系统内的企业可以通过竞争将不相关的贡献者联系起来，创造一个新的商业模式。

互联网技术为世界织就了相互交汇的大网，企业与企业之间、企业与环境之间更像是一个命运共同体。从生态战略出发，企业管理者需要打开思路和格局，树立创新进化思维，这要求企业要同时关注内部资源和外部资源。在明确核心业务方向的同时，不断在创新商业模式、构建生态组织与生态文化的基础上打破产业边界、构建商业生态、打通与外部企业的生态合作联系、挖掘企业业务增长点，实现真正意义上的可持续发展与复杂多变的商业环境下的合作共赢。

以小米的生态链为例，从手机到手环，从智能电饭煲到电动平衡车，小米的产品看似多元，但其投资中又显现着严密的生态逻辑：以用户需求为导向，以智能手机为核心，先关注手机周边附属产品，再向其他智能硬件产品线拓展，然后考虑消费升级，开始关注个人及家庭的品牌产品耗材，打造人气单品，构建潜在产品组合，"粘"住消费者。此外，随着生态链投资的扩大，一些发展态势良好的成长型企业也进入小米的视野范围，以产品为洽谈关键点，小米在智能硬件领域和多家年轻的科技型企业进行合作，研发符合消费者口味的智能产品，拓宽生态圈，创造更好的引流效应。

3. 如何实施生态战略

企业实施生态战略的核心在于"共赢——共生、互生、再生"，即通过构建生态战略，完成企业业务生态布局延伸，促进企业与企业间、企业与环境间的合作共赢关系，在此过程中为用户提供满意的服务，并获得相应的价值回报。

企业在实施生态战略前，需要明确自身的"生态定位"。"知己知彼，百战不殆"，这句话在企业发展过程中也同样适用。企业要想实现长远的发展，首先必须要明确自己的定位和优势，即找到自己的"生态定位"。在明确"生态定位"的基础上，分析商业环境中的"内忧外患"，在"内忧"方面，逐步丰富企业内部的各个模块，进行内部的资源整合；在"外患"方面，企业需要分辨合作对象，与各合作方共同进化，打造互利共赢的价值体系、挖掘新的业务增长点、焕发企业新活力，从而不断地吸引各方目标客户群体，提高企业市场占比。

企业在实施生态战略的过程中，要学会合纵连横、突围生长。当下是一个外部环境具有边界模糊性、不确定性、易变性的时代，以互联网技术为代表的科技元素在成为驱动企业进化的关键动力的同时，也让企业的战略周期、商业模型快速失效。在激烈的行业竞争中，资源掠夺、用户掠夺等情况也比以往更加严重，这将倒逼企业去思考未来的发展路径。在面对"将一种商品兜售给不同的客户群体"或是"向特定的客户群体兜售各种商品"这类情况时，企业可以选择立足内部资源，生产新的产品或服务，也可以选择"跨界合作"等方式实现突围生长。

新技术的出现、新市场需求的变化、新技术的引入都可能会对原来的商业生态产生挑战。此时实现企业的自我革新就显得尤为重要。它要求企业不断地吸纳新技术、新模式来纠正自身发展中存在的问题，完善企业的生态布局。企业革新不是一蹴而就的，它需要以用户需求为出发点，探索目前商业环境中"产品"或"服务"的契机，并将有合作可能的成员团体纳入企业的生态战略中，规划长远的战略合作。

在当今的生态文明时代下，越来越多的企业走上了生态战略的探索大道，携程的生态化探索就是典型的例子。

4. 生态战略实施中可能存在的问题

在多样性和动荡性并存的商业环境中，企业竞争者必须要有生态思维，从创新入手，共同培育市场，拓展业务发展空间。但是，在从产品战略、平台战略转换为生态战略的过程中，企业必然会遭遇到不少困难。

（1）企业文化建设与组织管理面临着巨大的挑战。随着企业组织战略的转变，企业业务、商业模式、企业文化如果一成不变，那么生态战略的转换就成为空话，企业的发展就会停滞不前。在这个科技瞬息变化的时代，企业的规模会随着业务的扩展而不断扩大，过去成功的文化存在被稀释的风险，组织管理也会面临"力不从心"的挑战。因此，企业要布局生态战略，就要顺势而为、与时俱进，使企业文化建设与企业生态战略相适应、使组织管理与企业生态战略相协调，提高企业"软实力"。

（2）业务线的拓展会面临来自垂直细分领域的竞争。企业在实施生态战略的过程中，往往会借助平台优势、品牌优势等快速进入相关的周边产品领域，来实现企业自身业务线的拓展。但是在市场竞争环境中，垂直细分行业往往定位更加精准，更加明确客户群体产品需求，因而在垂直细分领域也更具优势。企业在拓展业务线时要警惕深耕垂直细分领域的企业竞争者，要在发挥好核心竞争优势的前提下思考额外业务线的投入。

（3）不相关的品牌延伸会削弱用户的品牌认知。实施生态战略不是一味地追求业务线的拓展，而是要求企业在明确自身的"生态定位"、企业核心竞争业务的基础上实现相关的品牌延伸。互联网的推广普及让行业、产业间的边界变得更加模糊，同时也让企业"跨界"变得更具风险与挑战。如果品牌延伸战略运用得当，将为公司的营销活动带来很多便利和好处。因此，企业在实施生态战略时，需要谨慎地思考品牌的延伸价值。

◎ **应用案例 3-7**

携程的生态战略之路

1999 年的夏天，携程在上海成立，彼时的互联网行业正处在泡沫崩溃的边缘。诞生于互联网寒冬的携程用了不到四年的时间便在美国纳斯达克成功上市并一路稳居中国在线旅游行业头把交椅。2006年，携程市值高达数十亿美元，一度超过新浪和盛大。

1. 携程的危机

2006年以后，我国互联网产业发生了翻天覆地的变化，移动互联网迅速崛起，在线旅游行业与消费者行为随之也发生了巨大的变化，而携程未能及时根据环境变化来调整战略。2012年7月20日，携程从纳斯达克100指数中退市，受市场和业绩影响，其股价从2010年最高的52.15美元急剧下降到15.37美元左右。在分析完行业环境与内外形势后，IT背景出身的梁建章带领从硅谷重金挖回来的技术团队开始了大刀阔斧的改革，不断提升公司的技术基因和创新水平。

2. 携程的生态变革

（1）明确"生态定位"，激发内部创新活力。庞大的组织机构和创新血液的缺乏导致携程在"价格战"中摇摇欲坠，错失了最佳时机。"鼠标+水泥"的模式过于依赖传统的呼叫中心，导致携程在移动互联网的崛起中不堪一击。在分析了"内忧外患"之后，携程采取了小团队、移动化、平台化等一系列措施，不断整合内部资源，激发内部创新活力。

1）小团队化：机构重组。一方面，梁建章对部门进行了拆分和重组。他将携程原有的组织架构先划分为若干BU（大事业部），例如住宿、大交通、旅游、商旅，再划分为SBU（业务单元），比如火车票、团购、攻略社区、用车、邮轮。每个事业部就像一个独立的公司，有明确的目标和部门界限，技术部门可以实现权利分配和部门协调，促进进一步的权力下放。然后，每个业务部门的SBU和EU被创建为内部创业公司，有评估和期权等激励措施。每个事业部还可以组建小团队，拥有更多的自主权、活力和容错空间，从而快速推出新产品。通过这种方式，梁建章在主要部门的基础上重新分配了公司的权利，不仅取消了总部的权利，而且下放了激励和风险。这种小团队的创新方式从内部激活了携程。另一方面，梁建章开始改变管理人员的职位。他通过改变各自的责任和权利来激励他们，被调整的管理人员学到了更多互联网时代的管理和创新知识，使携程管理层的思维方式发生了很大变化。

2）移动化："拇指+水泥"。打造手机、互联网和呼叫中心一站式服务模式（一网三客户端）。在度假或出差的时候，梁建章都会使用携程App并从用户角度向研发团队实时反馈使用体验。携程的移动App在梁建章的大力推动下获得迅速发展，并逐渐覆盖了旅游的住、行、玩、游等各个方面。

3）平台化：自营产品+平台产品互补。2013年11月，携程召开"携程旅游合作伙伴大会"，全面启动"平台化"战略，向旅行社开放B2C旅游服务体系，提供包括产品代理、技术支持、市场营销、客户服务等在内的一站式旅游电商开放平台。携程的"开放平台"是一个一站式的旅游电子商务平台，它联合了整个行业，推动了传统旅游行业的网络化和移动化，在技术（产品）、营销、业务和服务等方面向供应商开放；对合作伙伴的选择没有限制，包括旅行社、旅游景点、旅游局、租车公司、邮轮公司等，与携程合作的国内外目的地，以及与携程在平台上合作的全国主要出发城市；业务包括与常规客源团合作、与会展合作、与地接服务和酒店合作自由行等；合作方式不限，可以是代理、贴牌生产、联合出游、合作营销、联合采购等。携程的开放平台战略使自身产品与平台产品能够很好地互补，同时提高携程产品和服务的价格竞争力。

（2）合纵连横，打破外部竞争僵局。

1）血战到底——舍不得孩子套不住狼。2012 年，在线旅游业的市场格局发生变化，前有艺龙网、去哪儿网、芒果网、同程网等"老朋友"越发激烈的竞争，后有京东、淘宝等互联网后起新秀左奔右突，间有航空公司和酒店自建销售平台，而携程一直都被动参与在线旅游企业间的价格混战。俗话说，舍不得孩子套不住狼，面对激烈的竞争格局，回归后的梁建章认为，"该打价格战的时候就打价格战"。除此之外，携程还要主动进行新产品研发，加大营销投入，"是时候让携程放开利润包袱，花大力气去培育市场了"。虽然价格战使携程近几年利润持续下降，但股价、产品丰富度、价格竞争力在上升，市场份额也在快速扩大。同许多竞争对手相比，携程是这场旷日持久的在线旅游企业价格战中唯一保持持续盈利的旅游企业赢家。

2）"旋风"联姻——打通全产业链。经过一系列并购，携程的版图已经初具规模，覆盖了吃、住、行、娱、购各个行业。同时，携程在上下游产业的资源投入越来越多，增加了在线旅游市场的份额，并通过对整个产业链上下游资源的整合能力，打造了旅游服务的"完整产业链"。

3）海外布局——拓展全球市场。市场渗透率最低的休闲和度假正在成为在线旅游竞争的新战场。目前，携程已经形成了 15 大业务板块，包括：团队旅游、赠送旅游、邮轮、酒店和景点、当地休闲、周末旅游、主题旅游、套餐旅游、研学旅行、签证、企业会议和奖励、高级旅游、户外休闲、保险和特价销售。携程在这些业务中的大部分都处于市场领先地位，具有领先优势，成为全球最大、最全面的一站式旅游服务平台。此外，携程将继续与世界各地的目的地合作开发新的产品和行程，使世界各地的游客能够更多更好地旅行。

（3）完善生态圈，实现可持续发展。如何实现共赢？梁建章认为在移动互联网时代打造携程旅游生态圈体系是未来携程战略发展的关键。所谓生态圈，即一系列相互之间交易成本更低的企业的集合，因为一致的价值观和信任，建立高度的协同、共享战略。相比掌握旅游资源的公司，携程作为掌握用户入口的平台化企业，有意愿也有能力牵头建立旅游生态圈系统。因此，他对携程下一阶段发展的定位是业内效率最高、规模最大的 O2O 旅游零售平台和生态圈，为生态圈内的伙伴提供一个价值、信息、资源流通的平台，让每个伙伴都依赖其能力创造不同的价值。"自身在创造价值的公司永远不需要跟别人一起抱团取暖"，梁建章坚信，"旅游生态圈所能创造的价值远远超过了携程一家公司的价值"。未来，携程"大旅游"的发展规划将专注于旅游和主营业务，主要发展全品类的业务产品，开发多元的业务模式，建立公开的进入机制，营造统一的排序逻辑，实行开放的竞价规则，为旅游发展提供公平的平台"生态圈"。

资料来源：1. 云舒，携程跨界联姻东航 实现互利共赢［J］. 经济视野，2016（10）：44-47.

　　　　　2. 东方早报，携程宣布投入巨资开打价格战 在线旅游竞争激烈，2012-07-06.

　　　　　3. 每日经济新闻，携程：为何成为上海互联网之王，2016-02-16.

思考问题

1. 携程如何实施生态战略?

2. 携程的生态战略将来的发展方向和前景如何? 对同类企业有什么启示?

3.4 电子商务企业面临的挑战

在数字经济时代, 日新月异的网络技术和电子商务市场为电商企业带来了许多机遇。电子商务企业在繁荣发展的同时, 也面临着不确定的国内外市场环境、激烈的业内竞争, 以及处理大数据等方面的挑战。

3.4.1 自主品牌建设带来的挑战

目前, 电商几乎总是和"低价""便利"挂钩, 用户形成了对平台产品物美价廉的期待。从早期的淘宝, 到后来的拼多多、美团、社区团购, 为了能够触及更加下沉的用户市场, 电商平台不断开发新的商业模式, 以降低商品价格、增加用户黏性。但与此同时, 这迫使电商企业不得不卷入价格混战, 在低价竞争的漩涡中苦苦挣扎。为了能够维持产品在价格方面的竞争力, 商家往往选择生产和售卖能够大批量生产的同质化产品, 甚至不惜采取虚假低价宣传等不正当竞争方式。如何摆脱价格"内卷"和不正当竞争、加强品牌建设、打造自主品牌是电子商务企业的首要目标, 但在转型升级发展过程中, 来自产品、用户、品牌三方面的痛点和难点依然给电商企业带来了不小的挑战。

在用户方面, 尽管我国部分电商企业已经开始意识到用户行为数据和企业数字化决策的重要性, 但很多企业并未充分运用数据实现对用户需求深度、持续的挖掘, 以及对产品和业务的改善; 在经营过程中, 仍按照习惯使用单一的 GMV 指标来指导运营, 未能将积累数据用于建立更加全面的消费者画像及全动态路径的指标体系, 从而无法在数据驱动下进行营销推广、产品研发、用户全生命周期管理等业务优化, 难以发挥数据在业务发展中提升用户体验和复购率的功能与优势。

在产品方面, 背靠强大的供应链体系, 电商企业往往拥有较强的生产能力, 但是在产品开发层面仍然需要提升创新和设计能力。一方面, 以流量导向型为代表的部分企业在前期没有良好的产品能力积累, 供应链、自有设计能力的建设需要时间和经验积累, 难以一蹴而就, 因此在面对已经有较好产品开发能力的同行时竞争压力巨大。另一方面, 我国电商企业的通病是在产品开发时, 只是简单套用国内的产品开发经验, 对海外消费者的需求把握不足, 无法精准满足其需求, 产品研发及新制定的规划没有围绕海外消费者的痛点和偏好展开。

在品牌方面, 随着消费不断升级, 消费者越来越看重品牌带来的精神价值。而我国电商的品牌建设依然普遍停留在初级阶段, 品牌价值观的塑造及传递对于大多数电商商家而言仍较为陌生。例如, 如何讲述好一个能够引发消费者共鸣的品牌故事, 与消费者建立情感联结，但又不让消费者感到"煽情""油腻"或刻意，国内的电商品牌广告依然与国外同行有较大差距。此外，中国电商品牌更加注重产品层面的效果营销，往往忽视了精神层面的营销，难以让消费者在品牌乃至价值观层面认可企业，发自内心地信任企业品质、拥护企业建设。因此，如何平衡产品广告及品牌广告的投入，做到不仅仅关注短期投入及效果，也注重平衡中长期投入与收益，是中国电商品牌可持续发展迫切需要思考的问题。

3.4.2 复杂国际环境带来的挑战

以美国为首的西方国家，发起针对我国的贸易限制和技术封锁，对我国出口产品强征关税，掀起抵制中国制造的保护主义浪潮。我国产品在美国、加拿大、印度等市场持续受到不公正对待，这对我国外贸出口产生了一定的负面影响。我国跨境电商企业在国际市场面临知识产权、关税、汇率和直接的贸易抵制等方面的风险。

1. 知识产权方面

我国中小企业在向境外提供大量廉价的贴牌产品同时，也存在着商标权领域侵权等问题。在贸易战背景下，美国对跨境电商商品的知识产权保护监管更加严格，甚至设置贸易壁垒，不给我国商家提供有效的出口商品抗辩渠道和知识产权保护措施，从而使知识产权成为恶性竞争的手段。

2. 关税方面

从 2018 年 7 月 6 日中美相互实施第一轮加征关税开始，标志着中美关税争端实质展开。出口关税的不断提高和征税范围的大幅扩大导致大量出口产品到美国的跨境电商企业都面临着高额的赋税成本。这对很多跨境电商造成了严重影响。加征关税之后，美国企业购买同样的商品时要比以往支付更多的钱，对于美国的小零售商或电商卖家来说，成本增加了四分之一。高昂的成本使一些小公司无法承受加征关税导致的利润下降，只能被迫把部分成本转嫁到消费者身上。据估计，对我国商品加征 25% 的关税后，一个普通美国四口之家一年的生活成本将提高 767 美元。随着产品价格大幅上升，普通消费者的消费受到抑制，卖家的收入也会随之减少。自 2016 年英国正式出台 VAT 法规以来，全球众多国家对于电商的税费政策不断收紧，电商征税的趋势正在变得越来越明显。无论是降低免税额度还是征税，不难看出的是全球税收监管形势正日益收紧，肃杀清查偷税漏税的现象已是大势所趋，继续以不合规的方式经营的卖家将面临极大的风险，合规经营成为当下卖家长期要考虑的首要因素。

3. 汇率方面

在跨境贸易过程中，买方向第三方跨境支付平台支付相应款项后，在卖方收到款项之前，汇率会随着国际市场的变化而变化。支付机构一般在收到资金后的 T+1 日集中结汇售汇。当买方对收到的货物不满意并有相关退货行为时，由于汇率原因，购物资金可能无法完全转换为支付货币。跨境贸易具有量大、周期长的特点。人民币汇率变动风险的增加也将对跨境贸易交易双方产生更大的影响。

4. 直接的贸易抵制

美国对我国跨境电商产品的检查越来越严格，产品清关时间变长。以往不太需要的批文逐渐变得必不可少。此外，美国的电商平台越来越规范，跨境电商从入驻、上架到知识产权管理都可能面对更加严格的管理。

海运方面，据亿邦智库（2020）调研数据显示，2020 年，跨境电商企业面临的最大问题是运费成本上涨，占比 52.9%；其次是物流中断，占比 45.2%。由于新冠疫情管控，船期大量延误、集装箱短缺、仓位难以保证，运费持续上涨，导致全球海运供应链陷入困境。空运方面，根据国际航协发表的统计数据，2021 年全球航空交通量比新冠疫情之前下降了 32% ～ 41%。陆路运输方面，2020 年中欧班列全年开行 1.24 万列，但受新冠疫情影响，部分口岸出现严重积压现象。

3.4.3　数据管理带来的挑战

1. 数据资产方面

今天的电子商务竞争本质上是基于海量数据的竞争，电子商务企业的网站数据是竞争的主要内容。收集消费者喜欢什么、需要什么的数据，以及在一个巨大的数据库中提取企业所需的数据，是电子商务企业面临的最大挑战。挖掘提取的数据就像在淘金，这会导致巨大的工作量和烦琐的工作程序。

数据收集、分析、跟踪和集成的前提是要求电子商务企业拥有一个大型数据库，以便通过消费者在互联网上留下的浏览足迹、评论、图片和视频进行分析。然而，许多小型电商企业不具备收集大数据的能力。因此，其很难通过广告和促销来设计针对性强的商品促销服务，这在一定程度上降低了电子商务的经济效益。因此，对于中小企业来说，拥有大数据但缺乏数据处理能力是电子商务发展的最大障碍。为此，电子商务企业应高度重视数据工作，加强信息化建设，以适应时代的要求。

2. 数据安全方面

美国著名计算机专家迪博德说过，"在信息时代，电脑中的每一个数据和字节都构成了隐私的血肉。"在提取消费者在线"足迹"的过程中，电商企业也获取了这些大数据包含的消费者个人隐私，比如真实姓名、联系信息、身份信息、地理位置等信息。这些信息的安全性是消费者关注的问题。如果被犯罪分子使用，会造成消费者的财产损失，甚至出现人身安全问题。因此，提高消费者信息的安全性是电子商务企业应该关注的工作。大多数电子商务企业面临以下数字安全威胁。

（1）盗卖电商数据，形成黑色产业。如今，盗取网站数据库已经成为一个黑色产业，黑客入侵网站后会利用"拖库"盗取网站的整个数据库，尤其是用户的账户信息和个人资料，用于广告推送、黑市出售或网络欺诈等违法犯罪行为。

（2）恶意竞争盛行，破坏行业健康。有许多针对电子商务网站的流量攻击来自竞争对手。这种恶意攻击不仅会导致被攻击的网站难以正常运行、影响消费者的使用，还会导致恶意竞争的扩散，致使整个行业的混乱和整体竞争力的下降。

3.5　电子商务企业的发展趋势

在经济新常态下，依托于互联网信息技术的电子商务行业取得了显著的成就。电子商务作为新兴产业的重要组成部分，已经融入社会生产的各个领域。与此同时，机会和风险相辅相成的电子商务企业应该持续地改进业务模式，根据电子商务的未来走向，为电子商务行业的可持续发展提供有利条件，并采取有效的途径，使电子商务成为推动国家经济增长的动力。

1. 直播带货趋向常态化，AI 技术应用催生更多成熟商业形式

受新冠疫情的影响，全球各大公司纷纷加快了数字化转型的步伐。直播打破时间和空间的限制，加强了商家和用户的互动，深受众多电子商务公司和用户的喜爱。同时，国家和各相关部门也相继出台了相关的政策，加强了对网络直播行业的支持，推动了直播电商的有序发展。2020 年初，商务部发布了《关于进一步做好疫情防控期间农产品产销对接工作的通知》，强调直播作为重要的营销渠道，电商企业应该为直播带货提供流量支撑。近年来，由于消费者购买习惯的改变，网络直播营销已逐渐成为商家的主要销售渠道。如今，"80 后"和"90 后"已经是主流消费群体，而直播带货也是一种新的购物潮流。因此，在未来的一段时间，直播带货的运营方式将会被越来越多的电商企业采纳。

此外，部分公司也逐渐在直播平台上探索新技术。比如海尔在直播中使用了虚拟直播技术，将海尔兄弟打造成虚拟主播；天猫也推出了 3D 购物，将 3D 购物的场景引入直播中，将现场导购和 3D 场景相结合，让消费者在看直播的时候有一种身临其境的感觉。随着人工智能、5G、虚拟现实等新技术的融合发展，更多成熟的商业形式不断被催生出来，并应用在电商企业直播中，新技术的应用将会为电子商务企业的发展提供新的途径，为人们提供更好的购物体验。

2. 线上线下相融合，形成优势互补

互联网信息技术与人们的生产生活有着十分紧密的关系，线下市场也逐步演变成了线上购物，以网络交易为中心的电子商务得到了快速发展。线上购买的产品价格相对低廉，便捷的物流服务让消费者足不出户就能买到自己心仪的产品，这让消费者对网购模式越来越热衷。电子商务模式已广泛被大众认可，并成为老百姓生活中不可或缺的一部分。但是，电子商务模式的不足也让人无法忽视，比如实践经验有限、产品质量难以确定、售后服务有时形同虚设等，这些是消费者最关心的问题。基于此，"线上 + 线下"的模式诞生了。"线上"指店家基于互联网去展示自己的商品，增加商品以及品牌的曝光度；"线下"指让消费者有机会到实体店铺中去体验商品，也便于消费者更好地去跟进售后。目前，苏宁易购等电商平台就采取了这种模式，消费者可以到他们的实体店去了解产品的真实功能，这有利于提升消费者对产品的信心，也能激发消费者在平台上购买商品的欲望。

如今，国内各大电商的"线上 + 线下"融合的趋势日益显现。无论是电商企业还是传

统企业，都在将双方的优势进行整合，比如电商企业具备平台、流量等，而传统企业则具备生产、技术等，以达到优势互补。在一段时期内，"线上＋线下"将会是一个新的发展趋势。

3. 进军跨境电商，创造新增长点

在如今的互联网时代，跨境电子商务代表着一个全新的、前景光明的发展方向。跨境电商通过简化流程，促进零售商、批发商与生产企业的无缝对接，实现了对商品与资本在流动过程中的成本优化和效率提升，终结了传统进出口商的垄断地位，重新塑造了国际进出口贸易模式。

新冠疫情暴发后，海外消费者的消费习惯往线上渠道进行转移，加剧了市场容量的扩增。我国给跨境电商从供应链、人力资源等方面营造了得天独厚的营商环境。近年来，我国跨境电商稳步增长，增速远超过传统贸易增速。2021 年，广东跨境电商进出口额、市场采购额均超过 3 000 亿元，成为外贸的新增长点。

目前，已有部分电子商务企业初步试水了跨境电商：京东正努力与其他各大平台达成友好协作的关系，以国外直接采购或与第三方企业合作的方式，发展跨境电商；淘宝则积极开发"全球购"，利用"互联网＋"的契机，推动电子商务平台的优化和扩展，使其成为未来发展的必然趋势，并为其提供更好的发展条件，推动行业升级。

可见，跨境电商对推动对外贸易转型，特别是在新冠疫情影响下保持对外贸易稳定等方面的影响重大。中国制造若想实现全球化，不仅要改进原有单一的电商模式，还要使科技含量与产品质量并存，这样才能让中国制造成为国际上卓越的品牌。

综上所述，电商企业要采用创新商业模式，积极推进数字化转型平台升级，打造自己的跨境平台，助力企业长远发展。

◎ 本章小结

1. **现代电子商务企业类型**。基于所售"商品"类型，现代电子商务企业可分为销售在线消费数字内容的企业、销售传统实物商品和服务的企业，以及向其他企业提供服务的"元服务"企业。

2. **电子商务市场竞争模式分类**。根据微观经济学市场理论，市场类型可由竞争和垄断程度划分为逐级递增的四种类型：完全竞争、垄断竞争、寡头竞争、完全垄断。

3. **波特五力模型**。波特五力模型的五种作用力分别是行业内现有竞争对手的竞争能力、潜在竞争者进入的能力、替代者的替代能力、供应商的议价能力以及购买者的议价能力。

4. **波特的一般竞争战略**。基本竞争战略有三种，分别是成本领先战略、差异化战略和集中化战略。

5. **电子商务企业的竞争战略**。除了波特五力模型和波特的一般竞争战略，电子商务企业的竞争战略还包括产品战略、平台战略、生态战略。

6. **电子商务企业面临的挑战**。在数字经济时代，日新月异的网络技术和电子商务市场为电商企业带来了许多机遇，同时也面临着许多挑战。第一，有来自用户、产品、品牌方面的自主品牌建设带来的挑战；第二，有来自知识产权、关税、汇率、直接的贸易抵制等方面的复杂国际环境带来的挑战；第三，有来自数据资产、数据安全方面的数据管理带来的挑战。

◎ 复习题

1. 简要解释现代电子商务企业的三种类型。
2. 列举并解释电子商务市场竞争模式的四种类型。
3. 列举并解释波特五力模型中的五种作用力。
4. 描述波特提出的三种一般竞争战略。
5. 除了波特五力模型和一般竞争战略，电子商务企业的竞争战略还包括哪些方面？请列举并简要解释。
6. 简要叙述电子商务企业所面临的机会与挑战。
7. 概述电子商务企业的发展趋势。

◎ 章末案例

TEMU：“拼多多”海外上演狂飙

就在拼多多海外业务 TEMU 缓解了爆仓问题后，TEMU 一口气上线了 6 个欧洲站点（英国站、法国站、西班牙站、德国站、荷兰站、意大利站）。

加上之前的美国、加拿大、澳大利亚、新西兰 4 个站点，TEMU 已上线 10 个海外站点。

1. “低价 + 社交”：海外拼多多

在“砍一刀在美国行不通”“TEMU 复制 SHEIN”等质疑声中，TEMU 在 2023 年 3 月第一次用数字证明了自己。其官方表述中提到，“上线至今，TEMU 已经实现对国内制造业品类的全覆盖，先后推动服装、数码、家电、箱包、户外、配饰、玩具、文具等上万家制造业企业成功出海。目前，TEMU 平台上的女装、小家电等热销产品已经实现单品日销 10 000 件，单店日销超过 3 万单。”

在“低价”的标签下，TEMU 收获颇丰。根据浙商证券的分析报告，横向对比其他平台在售同类单品，服饰及鞋履配饰对标 SHEIN，TEMU 抽样单品价格低于 SHEIN 30% 以上；家居百货对标亚马逊，TEMU 部分标品配件价格甚至低于亚马逊一倍以上。在 TEMU 上，可以买到 13.48 美元的苹果同款智能手表、0.78 美元的发夹、5.98 美元的血氧测量仪等大量彰显义乌和华强北强大力量的低价产品，它们的平均销量均在 2 万单以上。美国人在追求性价比的道路上，同样逃不开“低价真香定律”。

低价拼团和社交获客的组合拳曾经让拼多多用户呈指数级增长——TEMU 的每一步都有现成的老师经验传授。类似拼多多基于社交裂变的传播，也是 TEMU 的主要获客手段。打开 TEMU，便会弹出“已经获得××优惠”“已经有多少朋友购买”等营销字样。在 TEMU 上，邀请好友下载 App 成为 TEMU 用户，或下单，都会收到不同数量的"credit"（信用积分），"credit"越高，优惠力度越大。用户可以通过 WhatsApp、Messenger、Facebook 向朋友分享链接并获得相应奖励。虽然和国内拼多多"砍一刀"机制有些差异，但邀请好友获得优惠的逻辑是相通的。正如 TEMU App 的简介"Team Up, Price Down"，拼团人越多，价格越便宜。

包邮，对于海外电商消费者来说更是出乎意料的福利了。TEMU 上的 Standard（标准快递）大部分可以免邮费，Express（特快物流）则需要支付 12.9 美元（约 88.8 元）邮费，如果订单总额满 129 美元（约 887.97 元），也可免邮。大部分物流时长是 8～10 天，TEMU 上明确标识超过 16 天可以获得 5 美元折扣。而在亚马逊上，"包邮"的服务只有 Prime 会员才能享受，预支付每月 14.99 美元（103.19 元）的会员费。美国本土非会员用户在亚马逊购买单件夏装的邮费接近 6 美元（41.3 元）。

对大部分消费者来说，TEMU 与海外多数跨境电商的物流速度相当，超出时间部分又有额外补贴，对于非急用商品，消费者自然愿意在 TEMU 和亚马逊之间选择前者。如此一来，TEMU 实现快速扩张，在海外地区一路狂飙。

2."地板价"背后的秘密：NGM 模型

无论是霸屏、霸榜，还是 GMV 上升，都只是表象。除了退换货政策、免运费之外，消费者喜爱 TEMU 的根源在于，TEMU 有极强的价格把控能力，能够以极低的价格售卖其平台上的产品。那么，TEMU 是如何做到的？

秘密或许藏在 TEMU 采用的 Next-Generation Manufacturing Model（NGM 模型）里。AOL News（美国在线）的一篇分析文章指出，TEMU 借助 NGM 模型优化了产品生命周期的每个环节。通过简化从设计到运输的整个生产和交付过程，TEMU 实现了高达 50% 的大幅成本节约，从而维持商品的"地板价"，以极致的性价比赢得消费者青睐。NGM 模型降低成本的五个关键因素在于：了解消费者的需求；准确的销售预测；高效的库存管理；削减营销费用；更快、更灵活的物流。

具体而言，了解消费者的需求能够节省 10% 的成本。据悉，TEMU 将消费者偏好和对购物行为的洞察免费分享给制造商与商家，方便他们更好地了解消费者的需求，并以最优惠的价格提供量身定做的产品。对商家而言，此举节省了在消费者调查、市场研究方面的开支。

准确的销售预测能够节省 5% 的成本。通过共享消费者偏好和行为相关的洞察，TEMU 使商家能够更精准地把控生产节奏，从而减少生产浪费、原材料采购的浪费，节约商品周转时间。

高效的库存管理能够节省 10% 的成本。在销售预测的辅助下，库存风险就会大大降低。通过最大限度地减少生产过剩风险和不必要的仓储费用，资金能够"花在刀刃上"。

削减营销费用能够节省 20% 的成本。当供应准确地满足消费者需求时，推广产品所需的营销支出就会减少。

更快、更灵活的物流能够节省 5% 的成本。在 TEMU 的 NGM 模型中，产品在送到消费者手中之前，直接从工厂生产线运到分拣设施，从而减少了对大型仓库的需求，以实现更有效的交付。

总的来说，与传统的制造和分销做法相比，TEMU 的 NGM 模式可以节省 50% 的成本。"凭借其难以匹敌的价格提供定制产品的能力，TEMU 正在重塑网上购物的格局。"相关文章指出。

3. 建立品牌：在成长中调整身位

尝到正向循环甜头的 TEMU 在推广方面越来越敢于下"狠手"。在美国橄榄球赛"超级碗"上花费 1 亿元打出 60 秒广告之后，TEMU 持续投入重金，用铺天盖地的广告冲刷欧美消费者的认知。据透露，TEMU 广告费投入已经达到一个月内近 10 亿元的水平。如今，在 FaceBook、TikTok 等社交平台上随处可见 TEMU 铺天盖地的引流广告。TEMU 的广告不断循环播放的"I feel so rich"（我感觉自己好有钱），"I am shopping like a billionaire"（我像亿万富翁一样买买买），"TEMU，TEMU，TEMU"，近乎是一种"洗脑循环"。

对于 TEMU 来说，这些"洗脑循环"广告烧下去是有成效的。品牌需要知名度，但知名度本身不是资产，能够带来效应的知名度才是品牌资产。TEMU 的广告往往可以带来良好的效应，在"地板价商品"的加持下，TEMU 的流量、订单和品牌知名度都在不断增长。根据 Sensor Tower 的数据，TEMU 在"超级碗"比赛当天的广告播出后，其下载量与前一天相比激增 45%，日活跃用户激增约 20%。接着在整个 3 月，上线 7 个月的 TEMU 成为美国应用商店中下载量最大的 App，在美国的免费购物应用排行榜上已经霸榜 170 天，在加拿大是 120 天，在澳大利亚是 20 天，在新西兰则是 39 天。2023 年一季度 TEMU 保住了最初的强劲增长势头，App 的下载量增加了 1 900 万次，总下载已超过 3 300 万次。

TEMU 上线后的 7 个月左右，开始引入 KA 商家（Key Account，重点商家），发布了 KA 商家的招募条件，并配有专门部门对接国内的知名品牌以及在亚马逊上注册的品牌及独立站，一对一解决商家诉求。目前小米、联想、安克创新、德力、品胜、牧高笛等品牌已入驻。

除成熟的品牌商家外，TEMU 还鼓励更多中国制造企业出海。成立之初，TEMU 就建立了"2022 多多出海扶持计划"；2023 年 3 月，该专项团队深入国内 100 个优质产业带；TEMU 还对出海商家提供一体化的出海解决方案，维护中国制造企业的正当合法权益。2023 年 3 月中旬，在深圳举办的全球跨境电商展览会上，TEMU 品牌招商总监稼轩号召中国品牌商入驻，他表示 TEMU 不是卖低价，而是满足不同层次的用户需求，非常欢迎有做品牌想法，或手上有品牌货品的卖家加入，且相比亚马逊，TEMU 商家不需要买量，推广成本低，平台代售也会降低门槛。

TEMU 虽然以低价闻名，但其最初在品控上明显高于主站拼多多。TEMU 要求部分品类先将样品寄送到广州番禺办公室，经审核后才发往仓库备货。如今 TEMU 的平均客单价已经从最初的 20～25 美元，提升至超过 35 美元。

TEMU 成长路线与曾经的拼多多并无二致，拼多多逆袭翻盘的故事或许正发生在 TEMU 身上。

资料来源：RUC 电子商务创新创业案例微信公众号，2023-04-28.

思考问题

1. TEMU 和亚马逊、SHEIN 之间的竞争属于哪种市场模式下的竞争?
2. TEMU 采取了哪种竞争战略与亚马逊、SHEIN 进行竞争?
3. 请简要评述 TEMU 这种竞争战略的利弊,并展望 TEMU 这种战略的发展前景。

讨论题

1. 现代电子商务企业的发展呈现出哪些特点?
2. 垄断竞争和寡头垄断这两种竞争模式下的电子商务市场有哪些异同点?
3. 电子商务企业应该在什么时候采用产品战略、什么时候采用平台战略、什么时候采用生态战略?
4. 新冠疫情背景下,电子商务企业的发展面临哪些机遇? 面临哪些挑战?

课堂辩论题

1. 哪种竞争模式下的市场最适合电子商务初创企业的生存与发展?
2. 滴滴打车兼并快的打车并成为网络叫车行业龙头企业,是否涉嫌垄断?
3. 电子商务企业采用平台战略进行竞争,是利大于弊还是弊大于利?
4. 在国外的贸易壁垒限制下,发展跨境电子商务对我国经济是利大于弊还是弊大于利?

网络实践

1. 使用手机浏览抖音商城和淘宝直播两个直播带货平台,比较两个平台的异同。
2. 浏览网站 http://www.booking.com 与 http://www.ctrip.com.cn 并加以比较,看有什么不同点,思考为什么网页端和移动端有不同的设计。
3. 浏览移动端软件"滴滴出行"和"嘀嗒出行",同为网约车软件,它们有什么不同?

团队合作

1. 整理直播电商模式发展历程,讨论其产生原因、变化的过程和原因以及对电商平台、卖家、消费者的影响。
2. 分别查找处于四种市场竞争模式下的典型电子商务企业,对比各自的异同点。
3. 调研采用产品战略、平台战略和生态战略的典型电子商务企业,对比并分析不同竞争战略企业在发展轨迹上的异同点。
4. 探讨新冠疫情后不同电子商务细分市场的竞争态势变化趋势。

◎ 术语表

完全竞争(perfect competition):在完全竞争的条件下,行业内充斥着大量厂商,生产的产品同质,厂商组织规模相似,非价格竞争趋于零。

垄断竞争(monopolistic competition):具有一定垄断特性,厂商的产品类似但不同质,是竞争与垄断并存的市场状态。

寡头竞争（oligopolistic competition）：少数几家大的厂商控制了绝大部分的市场份额，寡头厂商之间相互竞争，排斥新进入者，产品是否有差异并不重要。

完全垄断（perfect monopoly）：行业内全部的市场份额都由一家厂商占据，没有替代产品。

直接网络效应（direct network effect）：在某种产品或服务的市场中，使用产品或服务的用户越多，该产品或服务对其他用户的价值就越大。

间接网络效应（indirect network effect）：对于一种产品或服务的大量使用一旦形成新的标准，并激发了第三方投资开发相兼容的技术的动力，反过来就会增强原产品或服务在用户中的受欢迎程度，由此产生的网络效应。

转移成本（switching cost）：用户放弃当前供应商所提供的产品和服务转向其他供应商时所付出的一次性交易成本。

产品战略（product strategy）：一个公司对其生产和经营的产品的整体规划，为了解决企业应该向市场提供什么样的产品，以及如何提供产品以更好地满足客户需求和提高企业的竞争力。

平台战略（platform strategy）：在一个生态运营系统中，多个业务单元被联系起来，以客户价值为中心，业务单元之间产生协同效应，每个业务单元都获得自己的附加价值。

生态战略（ecology strategy）：企业同时关注内部资源和外部资源，在明确核心业务方向的同时，不断在创新商业模式、构建生态组织与生态文化的基础上打破产业边界、构建商业生态、打通与外部企业的生态合作联系、挖掘企业业务增长点，实现真正意义上的可持续发展与复杂多变的商业环境下的合作共赢。

第4章 ●—○—●—○—●

电子商务多渠道营销关系与影响

■ **学习目标**

1. 了解多渠道营销的基本概念、类型和对消费者的影响
2. 掌握多渠道营销的协同关系类型、协同机制以及常见的协同策略
3. 熟悉多渠道营销冲突的具体表现形式及产生原因
4. 掌握处理多渠道营销冲突的常见策略
5. 了解全渠道营销的基本概念，与多渠道营销的关系以及实施全渠道营销的常见策略

■ **开篇案例**

丝芙兰：零售社交新体验

丝芙兰（SEPHORA），全球著名化妆品零售商，1969年创立于法国利摩日。1997年，丝芙兰加入全球奢侈品集团LVMH，并得到快速发展。丝芙兰提供从护肤、美容到香水全面的产品选择：既有久负盛名的化妆品精选品牌，又有微气泡技术等市场新品。丝芙兰在2020年全球最具价值500大品牌榜中排名第170位。

丝芙兰最初只是一家化妆品商店。当时，美容用品只在百货公司的专柜内销售，没有开放式的自由选购，丝芙兰的出现无疑为美容用品的销售开拓了新的方式。在创始人多米尼克·曼多诺先生的设计下，他的化妆品专卖店不仅是一个销售场所，更是一个供顾客参观、漫游和探索美丽的自由乐园。这种销售模式大受顾客青睐。取得了巨大的成功之后，曼多诺先生于1979年连续开设了十几家新的连锁店，更于1988年首次落户法国首都巴黎。1994年，专卖店以SEPHORA（丝芙兰）的名字命名，她是圣经典故中摩西妻子的名字。她是一位集美丽、智慧、勇敢和慷慨于一身的年轻女性，象征着高雅、快乐和自由。这与时尚和富有创意专卖店的经营理念极为吻合。

截至 2023 年底，丝芙兰已在中国 100 个城市、341 家线下门店中为消费者提供全方位美丽服务，同时布局电商网站、App、小程序、天猫和京东等线上旗舰店，打通线上线下，做到"让顾客依赖"。丝芙兰在中国的线上渠道布局始于 2009 年成立的第一代官网；2013 年丝芙兰更新其官网，更好地迎合了中国美妆爱好者的阅览及购习惯；2014 年提升了手机端的服务；2015 年丝芙兰官方旗舰店进驻京东平台；2016 年丝芙兰进驻天猫并铺设覆盖全部实体店的购物网络。与此同时，丝芙兰也在微信、微博和小红书等社交电商平台做了部署。新冠疫情期间，丝芙兰更是全渠道架构，逆势破局，通过线上直播、外卖配送、线上云展厅等多渠道提供多样化、个性化的产品和服务。

丝芙兰致力于将它的线上零售与线下实体店融为一体，打造一个全方位的全渠道零售平台。它借助长期积累的线下零售运营能力及成熟的会员体系，发力打造线上私域，打破线上线下渠道边界。丝芙兰运用线下门店美妆顾问"Smart BA"，配合微信生态及其他数字化工具，向线上私域引流。同时，它还联动美妆顾问及附近门店活动，注重从线上导流至线下门店体验，打破渠道界限。无论是线上、线下、公域或私域等任何渠道注册的会员，均可通过手机号识别，并在小程序自动享受相应级别的会员权益，从而加深消费者的忠诚度。丝芙兰致力于为消费者打造全渠道的多触点、多样化的消费体验。

1. 线下——实体店的新奇体验

丝芙兰的实体店注重数字化互动。以美国曼哈顿的丝芙兰门店为例，门店内使用了一套基于数据分析的壁挂式智能设备。该设备设有 Color IQ（色彩分析）、Skincare IQ（肤质分析）以及 Fragrance IQ（香味分析）三个维度的数据库。消费者可以根据界面指导，一步步测试出自己的肤色、肤质，以及适合的香水，进而更好地选择产品。这套智能设备可以说是将所有美妆产品的导购信息全部集中在一起，消费者选购商品的过程是全自助的，极其新鲜有趣。同时，也让一些社恐人士避免陷入被导购员"缠身"的尴尬境地。

丝芙兰还推出了一款增强现实的试妆"魔镜"，可以实时展示化妆品在顾客脸上的 3D 效果。顾客操作的方式也很简单，只需点击屏幕上的眼影颜色，摄像头就能通过"视频流"将眼影"涂抹"在顾客眼部的准确位置，顾客转动头部还能从不同角度观察上妆的效果。这样不仅省去了顾客试妆的麻烦，让其更深度体验各类专业美妆服务和产品，还为顾客创造了新奇的体验。

除了使用这些智能设备，丝芙兰线下门店的基础服务也在不断创新。2016 年，丝芙兰在中国的第 200 家门店在上海开业，这家门店首次引入 Beauty Studio，为消费者提供专属试妆间的体验服务。

2. 线上——"社交购物"新体验

2015 年，丝芙兰依靠庞大的消费群体推出了自己的社交平台 Beauty Board。用户可以在平台上上传自己的照片，并标记出自己使用的产品，点击产品链接会直接跳转到品牌的电商平台上，完成了从社交平台到电商平台的对接。

2018 年，丝芙兰推出名为"My Beauty Power Turn It On"的新零售概念。这是一个允许通过中国主要社交网络销售产品的系统，该系统包括丝芙兰 App、丝芙兰官方网站、淘宝商城旗舰店、京东旗舰店以及微信小程序。"My Beauty Power Turn It On"的目标是增加与中国美容发烧友的接触，鼓励他们创造自己的美容趋势，同时鼓励他们在网上分享自己的美容内容。

2018年8月，丝芙兰正式上线微信小程序。毫无疑问，"一站式"与"社交购物"已成为丝芙兰小程序的两大关键词，从首页的功能设置来看，顶栏以内容资讯为主，而底栏则聚焦卖货和线下服务。小程序不仅能轻松获取彩妆护肤潮流新趋势，提供美妆教程，点击"线下服务"选项还可以直接定位商品线下实体店的具体位置，并预约门店专业彩妆服务。作为微信小程序，它最突出的特点是进入商品详情页后，用户看见心仪的商品可以即刻分享给微信好友，这完美地实现了线上的"社交购物"。

3. 多渠道整合与体验延伸

丝芙兰利用它庞大的顾客群体和消费者数据整合线下实体零售与线上手机购物体验。丝芙兰开发了专门的移动应用程序 Sephora to Go 以满足用户的需求：比如在线购买产品并在店内提货、在店内购买产品并送货到家等，提高了客户的满意度。此外，该应用程序还可以模拟个人购物助理，为用户提供即时访问信息或价格，并简化交易，使用户可以随时随地购物。

2017年10月，丝芙兰整合了数字和实体零售团队。通过合并这些团队，丝芙兰能够重建客户档案，包括跟踪整个客户购物旅程：从在线浏览到购买、到店内与销售代表互动，再到柜台销售。这使得丝芙兰可以在销售前精确追踪客户的线下和线上行为。

丝芙兰明白渠道的增加并不是去割裂消费群体，而是聚拢这些用户。所以，它在所有渠道中传播的商品信息和促销信息都是一致的，这就做到了"全渠道营销"的统一性，也达到了全面覆盖的效果。

丝芙兰还清楚地知道，大多数购买美容产品的人在决定购买之前，都会去网站上寻找评论和教程。因此，它一直在大幅增加视频产量——从2016年的250个视频到2017年的600多个视频。基于当前社交媒体时代的大背景，它注意到意见领袖（KOL）营销（包括品牌大使和小众意见领袖）可以为它带来巨大的回报。于是，丝芙兰采用了多渠道的视频和视觉营销策略，在其最常用的平台上与观众联系起来，也取得了巨大的成功。正如丝芙兰美洲区总裁兼首席执行官卡尔文·麦克唐纳所说的："随着越来越多的客户在网上购物，我们真的在挑战自己，如何把这种差异化的体验带出商店，带到手机上。"

资料来源：1. 搜狐网，智慧零售私域白皮书：案例篇，2021-04-09.

2. 搜狐网，为吸引年轻消费者，丝芙兰在中国推出全渠道新零售概念，2018-10-08.

3. 华丽志，丝芙兰上线微信小程序背后：打造全渠道社交零售新体验，2018-09-12.

4. 卫进，奢侈品品牌数字化全渠道营销策略研究［D］. 上海：华东师范大学，2020.

思考问题

1. 丝芙兰线上和线下的营销渠道分别有哪些？

2. 丝芙兰的不同营销渠道之间是如何协同合作的？

3. 多个营销渠道给丝芙兰的发展带来了哪些优势？

4. 丝芙兰的多个营销渠道之间是否存在可能的冲突？如果是，你觉得可以如何避免或解决？

4.1　电子商务中的多渠道营销概述

4.1.1　多渠道营销的定义

随着电子商务、移动商务等新兴电子营销渠道的迅猛发展，越来越多的传统企业开始从单渠道营销向多渠道营销转型，即通过多个渠道向消费者提供信息、产品或服务。例如，沃尔玛入股一号店、银泰百货开通银泰商城、万达集团联合百度和腾讯组建万达电商，以及开篇案例中的丝芙兰。这些传统的线下零售企业正在利用自身强大的线下商业地产和零售店铺资源，整合信息，形成线上消费、线下体验的消费闭环。

在传统营销领域，多渠道营销通常是指通过整合并运用一种以上的营销渠道来实现产品或服务的销售以及客户关系的管理。传统营销活动中的多渠道虽然共存，但不同渠道不一定能触发消费者之间的互动，零售商对多渠道的控制和整合能力也较弱。在电子商务领域，尽管学界和业界目前并没有对多渠道营销的定义形成统一的认知，但它区别于传统多渠道营销的一个重要特点已经得到了广泛认可，即电子商务中的多渠道营销需要打破不同渠道之间的壁垒，形成统一的目标和战略，确保不同渠道中的消费者互动顺畅。

本章将电子商务中的多渠道营销定义为电子商务企业通过多种渠道进行营销活动，即通过组合多种线上或线下的客户接触点和媒介来进行信息、产品或服务的销售与客户关系管理。需要注意的是，这里的电子商务企业包含使用信息技术和互联网作为营销手段的制造商、零售商与分销商等。

4.1.2　多渠道营销的类型

在电子商务营销活动中，根据参与整个营销链条的主体个数，可以将营销渠道分为直接营销渠道和间接营销渠道。其中，直接营销渠道指的是企业或品牌方直接向终端消费者提供商品和服务的渠道，间接营销渠道则是指企业或品牌方借助各级中间商把商品和服务传递给终端消费者的渠道。根据渠道的数字化属性，还可以进一步把营销渠道细分为：线上直接营销渠道、线上间接营销渠道、线下直接营销渠道和线下间接营销渠道。

1. 线上直接营销渠道

线上直接营销渠道指的是企业或品牌方直接在线上通过自建渠道方式为消费者提供商品或者服务的渠道，主要包括商家官方网站、微信小程序、自建 App 等。例如，化妆品品牌丝芙兰通过自建官方网站为消费者提供多样化的产品和服务；家具和家居零售商宜家通过官方网站与 App 在线上进行产品的展示和销售；咖啡品牌星巴克和瑞幸也通过自建微信小程序与 App 为消费者提供产品展示和点单服务。

2. 线上间接营销渠道

线上间接营销渠道是指企业或品牌方通过与线上中间商合作，间接参与线上市场营销活动。其中，线上中间商主要可以分为两类。一类是线上经销商或零售商，其通过自建电商平台或参与第三方数字平台来销售企业或品牌方的产品。例如，京东自营即是京东与供应商签订采购销售合同，供应商发货到京东仓库后，由京东负责销售、仓储、物流等其他所有环节；小红书App中的小红书福利社板块将口碑和购物相结合，形成海外购物的完整闭环，由小红书平台负责采购商品并在其平台上进行销售。另一类线上中间商是数字平台商，其通过构建一个虚拟的电子商务平台来连接买卖双方。例如，淘宝通过网站和App搭建数字平台，为企业提供营销渠道。除此之外，还有一些垂直类平台，比如酒类零售商酒仙网、母婴特卖平台贝贝网等。

3. 线下直接营销渠道

线下直接营销渠道指的是企业或品牌方在线下通过自建渠道直接面向消费者进行销售。线下直接营销渠道主要包括品牌实体店和销售人员直销两种形式。其中，品牌实体店渠道主要集中于一些老字号、成熟品牌，或者是对消费者线下体验和消费场景有特殊需求的品牌，比如美妆品牌（悦诗风吟、完美日记）、服装品牌（安踏、优衣库）、电子产品品牌（华为、苹果）等，这些品牌可以通过建立品牌实体店，满足消费者对产品的试用需求，同时提升消费者的个性化服务体验。销售人员直销主要指的是品牌销售人员通过上门拜访、公开活动等线下方式实现销售的直销方式。这种销售渠道需要大量的人力成本进行客户关系的维护，因此适合转化周期较长的品牌，比如医药或功能保健品品牌（康恩贝、山东福瑞达）。

4. 线下间接营销渠道

线下间接营销渠道是指企业或品牌方利用线下中间商把商品和服务传递给消费者，其典型形式为：生产商→批发商→零售商→消费者。线下间接营销渠道可以按照渠道成员个数分为一级渠道、二级渠道、三级渠道等，也可以根据渠道成员之间的合作程度分为松散型分销模式、水平型分销模式以及垂直型分销模式。松散型分销的成员由独立生产者、批发商和零售商组成，成员均考虑自身的利益最大化，只关心自己的商品能否进入下一个分销环节，各成员之间联系是通过谈判和讨价还价建立的，合作关系不够稳定。例如，农产品由于其生产的分散性和季节性而存在着松散型分销。水平型分销是指两个或两个以上公司横向联合在一起，共同开发和经营分销渠道，其目的是通过联合来发挥资源的协同作用或规避风险，比如可口可乐和雀巢在饮料的销售中就存在着这种合作。垂直型分销的成员是由制造商、批发商和零售商组成的统一联合体，受营销企业统一控制，各成员为了共同的利益目标采用不同程度的一体化经营或联合管理，比如海尔的家电分销。表4-1列举了不同渠道类型常见的实现方式以及现实生活中的应用实例。

除了上述较为常见的分类方式，还可以根据对不同渠道控制的主体类型，将多渠道结构分为四种类型：分散混合多渠道、部分整合多渠道、水平整合多渠道和垂直整合多渠道。其中，前两者（分散混合多渠道和部分整合多渠道）为不同主体控制的多渠道结构，后两者（水平整合多渠道和垂直整合多渠道）为同一主体控制的多渠道结构。

表 4-1　电子商务中营销渠道的类型

渠道类型		实现方式	应用实例
线上营销渠道	直接渠道	官方网站、微信小程序、自建 App	宜家、丝芙兰、星巴克
	间接渠道	线上经销商与零售商	小红书福利社、京东自营
		数字平台商	淘宝、贝贝网、酒仙网
线下营销渠道	直接渠道	品牌直营店	悦诗风吟、华为、李宁
		销售人员直销	康恩贝、三株、山东卫康
	间接渠道	松散型分销	农产品
		水平型分销	可口可乐和雀巢
		垂直型分销	海尔

具体地讲，分散混合多渠道是指生产商没有建立自己的分销渠道，而是由不同主体的传统实体渠道和电子渠道进行产品分销。这种结构本质上是由一个生产商与两个（或多个）零售商组成的多渠道分销模式，控制不同渠道的主体是不同企业，比如亚马逊的电子书店与传统实体书店的多渠道分销模式。与之对应的，部分整合多渠道是指生产商建立了自己的电子分销渠道，同时通过传统实体零售商在实体渠道进行产品分销。部分整合多渠道模式最大的特点是生产商控制电子渠道，而传统零售商控制实体渠道。例如，惠普和IBM 公司都采用了这种渠道结构。

水平整合多渠道一般是指传统在位的实体零售商在保持传统零售渠道的同时开辟电子市场，采取混合双渠道分销战略，比如零售巨头沃尔玛、家乐福等在采取传统零售商店销售产品的同时开辟了自己的网上商店。垂直整合多渠道是指企业在传统渠道或者电子渠道进行整合，从而对整个渠道完成从上至下的控制。例如，安踏、李宁等运动品牌会对线下渠道进行控制，由生产者、批发商和零售商组成一体化的整合营销渠道系统；小米手机在发展初期自己开发小米商城和小米论坛，独立完成对电子渠道的控制。

4.1.3　多渠道营销的对比

下面，我们将分别从消费者体验和企业运营管理两个角度，对比线上渠道和线下渠道这两种渠道的优势与劣势。

1. 消费者体验

（1）线上渠道。线上渠道的优势是以网络媒介为主要载体，可以为消费者提供更多的便利，使消费者不受时间和空间的束缚，减少了消费者的时间成本。同时，线上渠道不受物理空间（如门店大小、仓储容量）的限制，可以为消费者提供更加丰富和详尽的产品展示。此外，线上渠道还可以帮助企业主动接触潜在客户，为客户提供个性化的产品/服务推荐，实现定制化消费体验。

线上渠道的劣势主要体现在购物流程的虚拟化，即消费者在购买前接触不到产品，从而可能导致更多的不确定性和更高的购物风险。

（2）线下渠道。线下渠道的核心是实体零售商店。实体零售商店的环境通常各具特色，因此有形的产品展示成了传统零售环节中不可或缺的一部分。有形的产品展示能够让消费者在购买前对产品进行充分的触摸和感受，多维度地提升消费者对产品的了解和感知，减少消费过程中的不确定性。同时，线下渠道中的消费者可以享受有针对性的店内购物引导和咨询服务，进而有效地影响消费者情绪，提高消费者对店铺的再次惠顾意向。更重要的是，在线下渠道中，商家可以通过与消费者面对面的接触，更细致地收集消费者需求，用以改进产品和服务质量。此外，线下渠道满足了消费者对产品的即时需求——消费者不需要等待即可获得心仪的产品。

线下渠道的劣势主要在于时间和空间的约束。消费者前往线下门店需要花费时间，有时候门店距离较远难以到达，甚至所在地区可能没有心仪品牌的线下门店；在到达线下门店后，消费者也需要付出较大的时间成本寻找中意的款式，有时候还要花时间和销售人员互动；受限于店面的空间，商家可提供的产品种类也有限。

2. 企业运营管理

（1）线上渠道。对于企业而言，线上渠道的优势主要在于成本管理。通过互联网实现产品信息的传递和与消费者的互动，企业大大降低了营销活动所带来的成本。同时，线上渠道极大地节省了线下实体店的运营成本。企业还可以根据消费者订单直接从工厂发出商品，节省了物流和仓储成本。

线上渠道的劣势主要是退货造成的物流成本以及线上渠道的流量饱和问题。由于消费者在购买前无法亲自体验产品，对于一些产品（特别是体验类产品，比如食物、服饰），消费者退货会给企业带来较高的物流成本。此外，当下线上渠道竞争日益激烈，且第三方平台的运营费用不断上涨，企业还面临着获客成本上升、价格竞争激烈等问题。

（2）线下渠道。线下渠道中的传统零售商通常具有较强的议价能力，他们不仅能在供应商处拿到更具竞争力的产品价格，有时甚至在一些产品上拥有自主定价权，这使得传统的线下零售商比线上零售商更具成本优势。同时，部分线下零售商的发展已经初具规模，形成了成熟的供应链管理方式和完备的仓储物流体系。因此，这些零售商往往具备较好的供应链整合能力和资源协调基础。在品牌建设方面，传统的线下零售商经过较长时间的线下渠道拓展，聚拢了较多的社会资本，建立了稳固且良好的品牌声誉。长期的客户关系管理及公共关系运营也使其拥有一大批忠诚度较高的客户群体。此外，线下渠道的另一大优势在于可以直面客户，降低了信任风险；营销人员还可以根据客户的表情和行为及时调整营销策略，拉近与客户的关系，增加快速成交的可能性。

线下渠道的劣势主要是较高的运营成本和较为局限的客户流量。此外，相较于线上渠道，大多线下零售商并没有价格上的竞争力，从而导致客户黏性不高。

考虑到不同渠道都存在各自的优势和劣势，越来越多的企业开始采用多渠道营销模式。一方面，线下企业拓宽了原有的单一线下渠道，通过线上渠道，低成本、高效率地完成大多数营销活动。另一方面，许多电子商务企业也陆续开始实施线下营销战略，通过投资、并购等方式进行资源优化配置，促进线上线下融合。例如，腾讯利用微信、大众点评、微生活等社交平台推动线上流量与线下体验的融合；阿里巴巴投资银泰商业，打通银泰商城的门店、商品以及会员数据，突破线下零售业发展的困境；美团实施"零售＋科技"的战略，不断拓展线上平台业务领域，将消费者的各类生活和娱乐需求与线下资源充分连接；聚美优品、京东、唯品会等电商企业也纷纷开设线下零售体验店，推动线上线下渠道互补发展。在线上与线下渠道加速融合的同时，供应链管理策略以及企业内外部的组织协调能力都将得到进一步的提高，不同企业之间也会逐步通过跨区域的合作来提升品牌价值。

4.1.4　多渠道营销对消费者的影响

　　企业是否采取多渠道营销战略不仅要从其自身运营角度出发，还需要考虑多渠道营销可能给消费者带来影响。下面，我们将讨论多渠道营销对消费者积极和消极两方面的影响。

　　1. 积极影响

　　（1）增加消费者触点。每当企业推出新产品，都会面临一个重要问题：如何在短时间内将新产品推广给消费者，让消费者能够接触新产品并形成认知。使用多渠道营销，企业可以利用不同渠道的独特优势，在不同渠道中同时展开宣传活动，比如线上精准推送、线下邀请试用，从而增加消费者触点，让更多的潜在消费者能够及时了解新产品。同时，考虑到消费者对新兴事物存在的好奇心和模仿性，企业可以充分借助不同渠道间消费者的互动，鼓励消费者对身边人进行"种草"，利用社交网络效应在更多消费者心中占据不可替代的位置。

　　（2）满足消费者的多元化心理。在多渠道营销模式下，越来越多的消费者会选择在线上浏览产品并下单，然后线下取货或体验。企业可以通过在线上为消费者提供多元化的产品，同时在线下为消费者定制个性化的服务，从而满足不同消费者的个性化需求。

　　（3）减少消费者对单一渠道的依赖性。在多渠道营销中，消费者不再受限于某个单一渠道，而可以通过多种渠道购买到自己心仪的产品或服务。因此，企业只有提供安全、可信并且便利的销售渠道才能赢得更多、更忠诚的消费者。

　　2. 消极影响

　　（1）造成消费者的决策困难。多渠道营销中的传播媒介较多，彼此之间可能缺乏统一性，造成信息冗杂。面对大量的信息，消费者不知如何选择，因而很难对企业品牌产生一个统一的理解和认知。同时，不同渠道中的产品品类、价格、型号等可能存在不完全一样的情况，这增加了消费者在进行产品选择时的信息搜索和对比工作，导致决策困难。

　　（2）造成消费者的逆反心理。不同渠道有时会推送相似的营销信息，尤其是在电商购物节、品牌日等促销活动期间和新产品推广宣传期间，这会使消费者感到疲倦，甚至产生逆反心理，形成对于品牌和产品的负面情感，从而影响消费者未来的购物行为。同时，这样的多渠道营销活动消耗了企业的大量资源，但实际效果可能适得其反，不仅没有增进品牌与消费者的关系，反而造成了消费者对品牌的抵触与疏远。

（3）缺乏对客户关系的统一管理。在多渠道营销中，每一个渠道通常都有自己特定的客户群体。然而，很多实施多渠道营销的企业并没有整合不同渠道的客户信息并建立起完整的客户档案。在这样的情况下，企业无法充分利用客户关系管理这一重要的工具，有针对性地为消费者提供个性化的解决方案，最终可能会失去对消费者的控制。同时，在多渠道营销中，不同渠道共同与消费者进行解释和沟通的机会较少，对于消费者希望通过什么渠道来进行购买以及真正需要一个什么样的产品可能会出现理解偏差，最终影响消费者的购物体验。

4.2 多渠道营销的协同关系

随着信息技术的不断发展、顾客个性化需求的日益增强，越来越多的企业开始转变传统的商业模式，实行线上线下协同营销战略并实现精准营销。多渠道营销可以提高产品和服务的价值，提升顾客忠诚度。企业可以通过线上线下协同营销弥补自身不足、充分发挥自身优势、规避恶性竞争、建构合作共赢的竞合理念，在不同渠道间形成协同效应，为消费者提供更加便利和快捷的服务，提升企业经营活动效益。

4.2.1 多渠道营销的协同类型

协同是指组成一个庞大系统的各成分之间共同发挥作用的形式。当前，实施多渠道营销战略的企业进行协同营销有两种主要形式：线下"触网"线上和线上"进军"线下。

1. 线下"触网"线上

考虑到线上渠道具有覆盖区域广、全天候营业、互动性强等优势，它正成为传统线下企业扩大市场份额的重要途径。线下"触网"线上的目的有两点：一是满足消费者追求时尚与个性化购物的需求，也符合移动互联网时代消费者不受时空限制的购物特点；二是线下企业基于自身发展，及时应对线上企业的蚕食、巩固市场份额而实施的经营策略。

在移动商务时代，新兴技术广泛应用，消费者可以通过各种移动设备实时、快速地获取品牌和产品数据，在进行比较之后下单心仪的产品。然而，线下渠道"客流店不流"的特质降低了消费者购物的便利性。同时，线下渠道无法满足消费者全天候对商品和服务的需求。因此，传统的线下企业正在转变经营观念，顺应形势"进军"线上，与线上零售商共同配合，利用"多技术＋多触点"的方式进一步贴近消费者的需求，提供在线预约、咨询、下单、投诉等服务，不断提升服务水平。

在企业自身发展方面，受技术、创新能力等因素的限制，线下企业无法准确获取消费者的消费偏好、态度、购物行为等信息，因而难以为消费者提供个性化的服务。而线上渠道商所拥有的信息技术可以有效促进渠道间的合作，获得渠道优势，提高企业的竞争能力。为获得多渠道优势和盈利筹码，传统的线下零售商可以选择与线上零售商开展协同营销，该合作方式可以使线下零售商利用互联网的优势开展多种营销活动。例如，为店铺进行宣传并及时发布商店活动信息；在网站上提供实体门店的各类信息；开展线上促销，比如电子优惠券的发放；提供信息和便利服务，比如咨询、投诉；建立战略合作伙伴关系。线下实体零售商通过扩展原有品牌的网络渠道可以使原有品牌的正面形象对延伸渠道形成担保，降低顾客的感知风险、增强顾客对网络渠道的信任、减少重建网络渠道品牌的成本。从成本角度考虑，线下企业迫于门店租金、人力开支和存货管理等成本持续上涨的压力，亟须与线上企业合作，开拓线上新市场、增加销量，从而降低实体店的成本，获得价格优势。

2. 线上"进军"线下

线上营销模式是企业拓展营销活动的一种主流模式，它能够充分满足消费者在消费过程中的购买、娱乐和社交等需求。然而，线上渠道并不会完全取代线下实体零售模式。更多的时候，线上渠道与线下渠道是并存的，彼此进行优势互补，共同为消费者提供丰富的产品和服务选择，实现融合发展。由此可见，线上零售商"进军"线下是为了更好地满足客户的消费体验、弥补自身经营短板，实现更大的客户价值。

企业的线下渠道对其线上渠道有着不可忽视的支撑作用。首先，线下的实体店可以为线上渠道提供稳定的货源，解决因货源不足而引起的顾客抱怨，避免企业信誉的损失和客源的流失。其次，线下的实体店可以作为线上订单的配送中心，提高物流配送效率。消费者也可以在线上下单，然后直接从门店取货，缩短等待产品运输的等待期。再次，线下的实体店可以作为消费者的"试衣间"或商品的"展示厅"，提升消费者对品牌和产品的了解。最后，线下实体店可以作为企业线上渠道的售后服务中心，帮助企业与消费者进行面对面的沟通，聆听消费者的诉求与建议。当消费者遇到产品使用困难或产品质量存在问题时，他们可以到实体门店寻求帮助。线下支持可以进一步提升消费者对企业线上商店的信任感。企业的线上渠道不仅可以借助线下渠道长期积累的品牌信誉、顾客信任度、社会知名度等优势，还可以合理利用线下渠道，进一步增强消费者对品牌的信任感，提高顾客忠诚度，增强顾客黏性。

4.2.2　多渠道营销的协同机制

在多渠道营销中，线下营销渠道和线上营销渠道之间具有协同关系。借助先进的信息技术，线上营销渠道为消费者提供了丰富的信息和广泛的产品选择，在降低企业的运营成本的同时，也为企业和企业之间建立起了沟通互动的桥梁。而线下营销渠道则可以充分地为消费者展示产品线，提高消费者对于产品和服务的感知。通常来说，线上、线下营销渠道之间的协同机制主要包括以下两个方面。

1. 线下营销渠道对于线上营销渠道的驱动

线下营销渠道对线上营销渠道的驱动主要体现在信任迁移中。对于大多数传统企业来讲，营销活动是从线下营销渠道开始起步的——在线下的实体店将产品销售给消费者，然后再拓展到线上营销渠道。所以，消费者对企业的认知和信任最初建立于线下营销渠道，然后再往线上营销渠道进行信任迁移。在企业开拓新的营销渠道时，虽然营销渠道对于消费者来说是陌生的，但是品牌和产品却是已知的。当线下营销渠道建立的品牌和产品认知基础较为牢固时，消费者对新的渠道就会有更大的包容性和接受度，从而使新渠道的开拓过程更加顺利。由此可见，消费者对于企业线下营销渠道的信任程度会影响到他对企业线上营销渠道的接纳程度和信任水平。因此，线下营销渠道对于线上营销渠道的信任建立会起到驱动作用。

2. 线上营销渠道对于线下营销渠道的反馈

在线上营销渠道中，消费者会对产品价值、服务水平、品牌信任等进行感知，这些感知同样也会对线下营销渠道产生影响。当消费者无法通过线上营销渠道真切地感知产品的质量和特点时，他们会访问企业的线下营销渠道，进行更细致的产品检验——这是线上营销渠道对线下营销渠道的正向反馈效应。同时，相比于线下营销渠道，由于线上营销渠道省去了店铺租金和仓储成本，消费者对线上营销渠道中的产品价格有一定的期望。因此，对于同一件产品，线上营销渠道的低价可能会吸引更多的消费者——这是线上营销渠道对线下营销渠道的反馈效应。

4.2.3 多渠道营销的协同策略

在多渠道营销中，不同渠道之间需要资源共享、风险共担以及策略协同。下面，我们将从不同视角出发，讨论线上线下渠道的协同策略。

1. 渠道整合视角

当传统线下零售商开始尝试多渠道的协同发展时，其往往试图通过资源共享和行动配合实现信息的双向流动，使多个渠道的资源、要素及运营环节产生"1+1>2"的效果。在多渠道营销环境下，企业可以通过平衡不同渠道的产品价格、销售策略、宣传力度、交易方式等，整合各渠道功能特点，为企业品牌发展争取竞争优势，实现多渠道可持续发展。以交易方式为例，信息技术的迅猛发展催生了 B2C、B2B 和 O2O 等多种交易方式，多样的交易方式为实施多渠道营销的企业降低运营成本创造了有利条件，同时也为多渠道信息共享和快速回应市场变化提供了技术支持。

面对激烈的市场竞争，实施多渠道战略的企业应该将竞争重点聚焦于渠道价值链整合，利用信息技术构建渠道成员的联盟。基于此，企业方能在内外部实现多渠道战略协同、风险共担，从而实现不同渠道间互动并降低成本。

渠道整合强调线下实体渠道和线上电子渠道之间的优势互补。例如，线上渠道可以全天 24 小时为消费者提供咨询服务，而线下渠道则可以为消费者提供面对面的售后保障，两个渠道协同合作，可以提升消费者对企业的信任和好感，产生渠道协同效应。

2. 企业资源视角

企业在决定是否实施多渠道营销战略时，应该考虑自身企业规模、品牌影响力、管理理念和经营模式等因素。例如，传统的实体企业需要根据自身特点（成本领先还是产品差异化）和发展阶段（创立初期还是发展中期），采取适合的线上渠道策略——是自建全新的官方网站还是利用成熟的第三方网络平台。有学者基于企业规模和资源整合能力两个维度，提出我国传统零售商与网络零售商协同发展的两条路径：一是从传统零售模式转型到渠道战略模式，网上零售只作为企业零售的渠道之一，主要承担的是销售功能。网上零售的计划会整合到企业的营销计划当中，企业在这个过程中可以迅速提高线上与线下在过程、资源、能力等各方面的整合水平，为将来企业扩大规模实现线上线下协同发展打好基础，最后实现协同发展战略模式。二是在传统零售模式的基础上发展网上零售，网上零售作为企业的商业模式。规模大、资金实力雄厚的连锁零售商多采用这种转型路径，网上零售与实体零售基本上是分开的，整个网上零售是独立运作的。例如，大部分规模较大的零售商可以通过组建新的网上商城来开展网上零售，在这个过程中不断提高企业资源整合能力，最终实现协同发展战略模式。该研究为传统零售商发展网上零售业务提供了可行的方案。

站在企业战略资源共享的角度，实现线下与线上零售业务的协同发展有以下常见的三种模式：一是相互独立协同发展模式，即线上线下渠道销售相同的商品，各自完成自身所有的零售功能；二是相互补充协同发展模式，即根据目标市场差异性，线下和线上渠道协同制定营销策略组合；三是相互融合协同发展模式，即线上线下彼此分工合作，完成整个交易过程。

3. 商品和服务视角

基于商品和服务视角，企业提供的商品及服务的差异性是它进行多渠道协同营销的物质基础。企业在销售其主打产品时，线上渠道和线下渠道之间的竞争往往非常激烈，但在销售其他产品时，渠道间的竞争激烈程度显著降低。考虑到非主打产品的目标消费者通常是小众群体，这一消费者群体的价格敏感度往往较低，因此企业可以利用线上渠道带来的长尾效应销售其非主打产品，避免与线下渠道的冲突。线上渠道没有线下店面仓储空间的限制，因而可以尽量增加此类小众商品的款式。但是，企业不能只有非主打产品，而没有主打产品，否则就可能失去流量，也就没有长尾效应了。从长期来看，解决渠道冲突的本质是要做好线上与线下渠道的信息和利益等的协同，努力发挥各渠道在提供商品及服务时的不同优势，而不是将线上和线下渠道区分对待。

企业还可以以商品标准化程度和服务复杂程度为标准，把商品划分为纯数字化商品、标准化商品、非标准化商品和生活服务类商品四大类。其中，非标准化商品（比如服装和家具等商品）具有商品标准化程度低、信息属性多、消费者重视商品体验等特征。一般情况下，消费者会通过线上渠道寻找并了解非标准化商品的信息，然后前往线下渠道，通过实际的触摸对商品进行进一步的了解和评价。针对以上消费过程，企业可以寻求合作伙伴开展多渠道营销策略，从而满足顾客对非标准化商品的个性化消费需求。

除了以上介绍的不同视角下的多渠道协同策略，我们还可以从信息和利益两个方面讨论具体的多渠道协同策略。

4. 信息协同

首先，企业需要在不同渠道间建立统一的战略方向。线上渠道和线下渠道同时作为出口对外供给产品，其战略目标都是为了给企业创造利润，因此不同渠道要保持目标和愿景的一致性。

其次，企业需要在战略实施层面建立信息共享系统，在不同渠道间共享企业资源。例如，制定合理的价格体系、实施互补的促销策略、加强顾客对产品信息的感知。线上渠道和线下渠道各有优劣，每个渠道都有不可替代的作用，因此不同渠道成员之间应该加强信息交流与共享，保持商品信息的统一性，避免在不同渠道出现"同品不同价""同品不同保"等情况。

最后，企业还需要通过频繁的沟通、交流以及合作来加强不同渠道成员之间的信任关系，并设计相应的约束制度及监察机制。企业应该鼓励渠道成员采取正式和非正式沟通来加强交流、增进感情，通过不断的合作加强信任关系。例如，开展合作定价以及共同商讨促销活动，或者共同策划销售爆点时期的运营等，这些方法都能够很好地加强渠道成员之间的信任关系。

5. 利益协同

多渠道营销中非常重要的一个问题就是不同渠道间是否应该实行同价策略，这也是决定多渠道营销成功与否的关键。首先，企业应该建立一个稳固的价格体系。对于不同渠道间可能会涉及的影响价格的因素（比如促销方式、促销力度、消费者的价格敏感性、成本差异、调价空间、价格掌控力大小等）都需要设立机制进行管理和约束。其次，企业应该逐渐从异价策略转变为同价策略。因为，从长远角度看，同价策略会使消费者对商品质量、品牌价值、服务体验等产生一致的认知。对品牌或商品的统一认知可以降低多渠道营销中存在的风险并提升消费者的品牌忠诚度。最后，企业应该完善利益分配机制，使渠道成员获得与其付出相对应的收益。多渠道合作以市场为主要驱动力，各个渠道进行合作的根本目的是取得经济利益。因此，渠道成员之间的合作也意味着一个新的利益和风险分配格局的产生，处理好利益分配的问题能在很大程度上缓解多渠道协同过程中存在的冲突问题。

◎ **应用案例 4-1**

优衣库的"数字消费零售"之道

优衣库（UNIQLO）创立于 1984 年，为日本迅销公司旗下的服装品牌。优衣库的前身是一家于 1949 年 3 月开业的个人企业，以经营男士西服为主。现任董事长兼总经理柳井正通过引入仓储型购物方式以及独特的商品开发与销售体系等实现店铺运作的低成本化，在日本经济萧条时期吸引了大量的消费者，取得了惊人的销售量。经过不断发展，优衣库母公司迅销有限公司于 2014 年 3 月 5 日正式以香港预托证券（HDR）的形式登陆港股市场。

1. 优衣库线上线下融通的探索

优衣库致力于将其线上零售与线下实体店融为一体，打造一个全渠道零售平台——线上带动线下门店的客流量，线下服务又给线上带来销售额。

在线上购买衣服，从下单到收货需要 2～3 天的物流配送时间，如果试穿不合适，还将面临烦琐的退换货流程。而在线下实体门店购买，则容易因为断码、缺货买不到心仪商品。这些熟悉的情形是服饰行业的痛点，消费者希望以最快的速度，在任何时间、任何地点都能买到想要的商品。

针对这些痛点，优衣库领先行业搭建了一整套自营私域流量阵地，探索线上线下融通的购物新方式，希望达成消费者对即时满足的效率期待，提供极致便捷的全渠道购物体验。

（1）借助微信小程序布局线上生态。除了充分利用微信公众号和门店导流外，优衣库还激活了商业广告、社交裂变等公域触点，而小程序的流量会重新回流到线下门店，实现了流量的双向良性循环。"掌上优衣库"小程序上线时，有近 5 成的流量来自公众号，从而实现了快速启动和流量的原始积累。通过布局线上自营生态，优衣库打通了其线上渠道，实现了快速扩张。

（2）门店星罗棋布，打造线下生态。遍布全国的 800 多家门店，是优衣库的另一个私域流量来源。在优衣库线下门店，无论是商品标签、海报、门店导购、广播，还是试衣间、结账处，随处可见的信息都在引导用户关注小程序、使用小程序。

（3）从线上到线下，打造多场景消费。

1）线上下单门店自提：消费者可在优衣库在线商城选购心仪的商品，并通过在线检索功能查看心仪商品的门店库存。到店自提服务一方面避免了因快递运输产生的时间损耗，另一方面由于消费者可在店铺试衣，降低了因网购场景消费产生的退换货风险。

2）门店退换货：传统网购退换货耗时长、服务效率低，为此优衣库提供网购订单 30 天内门店退换货服务。消费者在收到网购商品后，如发现尺码不合适、颜色不喜欢、质量有瑕疵等，可在线申请到就近符合要求的门店进行退换货，店员确定线上订单信息无误后即可为消费者提供退换货服务。

3）线上浏览线下试衣：与门店自提类似，优衣库将线下自收银门店库存信息电子化。消费者可在线浏览门店库存情况，实现远程逛门店的"居家逛街"体验，避免因对门店陈列不熟悉、货物摆放不整齐、门店消费者拥挤造成的购物不适感。消费者线上"淘"到中意商品后，到店询问店员具体陈列位置，即可享受自助试衣流程。

4）门店急送服务：对于急需优衣库商品的消费者，可在线上下单，选择门店自配送服务。门店自配送采用顺丰同城急送，并可在选定时间内送达，让购物像收快递一样简单。

（4）从线下到线上，打造多场景消费。

1）线下试衣线上购买：消费者可在门店试衣，在线上下单购买。在优衣库门店内随处可见微信小程序二维码，比如商品展示架上、试衣间里、试衣间排队处等，消费者可随手扫码进入掌上商城，选购合适商品在线下单。

2）门店断码商品线上选购：对于门店出现断码的情况，优衣库为消费者提供在线商品购买场景。线下门店由于库存容量、当地流行信息、买手经验等情况的局限，门店商品的库存、尺码等相较于线上商城略显简单，若消费者在门店未找到合适的尺码可进入掌上商城选购。

3）商品信息电子化：优衣库在每件服装吊牌上均附带商品详情条形码。消费者可通过优衣库 App 扫码功能，扫描商品吊牌条形码进入掌上商城查看商品详情页，在天猫旗舰店还可阅览用户评论，为消费者下单决策提供更充实的内容。

2. 优衣库的自营电商——DTC 模式

DTC（direct to consumer）模式下，品牌方直接向消费者提供商品，不通过传统中间商的销售渠道，这使得直销品牌可有效控制销售成本，并保证品牌本身跟消费者建立直接关联。优衣库拥有强大的自营电商平台，且近年主打"掌上商城"。优衣库与国内头部互联网平台合作，入驻腾讯微信和阿里巴巴支付宝生态，在微信生态建立小程序掌上商城，在支付宝生态建立天猫旗舰店。此外，为防范第三方平台风险、沉淀私域消费者数据，优衣库在自有渠道组建品牌电商，包括 Web 官方在线商城、App 掌上旗舰店，共同搭建全渠道自营电商。

资料来源：1. 董佳妮. 品牌联名营销策略思考：以优衣库 UT 系列为例［J］. 现代商贸工业，2022，43（1）：83-85.

2. 田君. 服适人生，优无止境：优衣库的设计与管理模式探析［J］. 装饰，2020（5）：40-45.

3. 月泉博. 优衣库这样卖衣服，不服也得服［M］. 曹逸冰，译. 南京：江苏文艺出版社，2013.

4. 张琴义，张国宝，曹稳. 全渠道背景下不同销售模式的策略研究［J］. 系统科学学报，2019，27（2）：96-100.

5. Runwise 创新咨询. 优衣库运用 DTC 模式打造完美数字化购物体验，2021-06-11.

思考问题

1. 优衣库是如何发展其线上和线下的渠道营销的？

2. 优衣库的线上和线下营销渠道是如何协同配合的、具体的协同方式有哪些？

3. 优衣库的多渠道营销解决了现实中的哪些痛点？

4. 优衣库的多渠道营销的协同策略对其他行业的企业有什么借鉴价值？

5. 优衣库的线上和线下营销渠道是否存在冲突？如果有，它是如何解决的？

4.3 多渠道营销的冲突关系

4.3.1 多渠道营销冲突的表现形式

企业实施多渠道营销战略，在拓宽原有的营销渠道并重新配置企业内外资源的同时，不同渠道间也可能发生资源抢夺，即渠道冲突现象。渠道冲突最早起源于《组织学与社会学》中的冲突概念。科塞在《社会冲突的功能》一书中分析了冲突产生的根源以及冲突产生的社会作用。由于营销渠道本质上是一个社会组织，当某个渠道成员发现其他渠道成员正在阻止或妨碍自己完成目标或有效运作时就会产生渠道冲突。例如，原有线下渠道的顾客群体迁移到线上渠道，使线下实体店铺的销售量被转移到线上商店，而实际上，线上渠道的拓展可能对商家总体销售额以及绩效的提升影响并不大。有别于传统零售中讨论的不同层级的渠道之间的冲突（比如垂直渠道冲突、水平渠道冲突等），电子商务的多渠道营销冲突主要体现在线上和线下渠道之间的冲突。

从博弈论的角度来看，线上渠道和线下渠道之间的关系符合斯塔科尔伯格模型，即线下渠道往往是消费者接触产品的首要途径，所以线下渠道通常会率先进行自身销售量的制定。紧接着，企业的线上营销模式开始运行，在自身渠道利益最大化的前提下，线上渠道会根据线下销售量进行自身渠道销售量的预估和确定。由此可见，尽管线上渠道占有成本优势，但在分销业务同质化的前提下，线下渠道拥有第一接触点的优势，它比线上渠道更早地进入市场，从而可以更好地获取到消费者的购买习惯以及消费偏好，这将使得线下渠道在短时间内领先于线上渠道，造成渠道冲突。

下面我们讨论电子商务环境下几种常见的多渠道营销冲突表现形式。

1.线下渠道对于线上渠道的抑制

线下实体店为消费者提供了直接接触产品和服务的机会，因此消费者常常会通过实体店对产品或服务进行评估。当企业的线下渠道有着广泛的顾客基础时，开设更多的线下实体店可能会导致消费者在线上渠道搜索和购买的行为减少，进而降低线上渠道的营销和盈利能力。

2.线上渠道对于线下渠道的抑制

线上渠道为消费者提供了丰富的产品信息，方便了消费者对产品进行品牌、价格、性能等多方面的对比。如此一来，消费者很可能会因为一味地追逐更低的产品价格而选择线上渠道，进而对线下实体店的营业额造成负面的影响。事实上，随着物流效率的不断提高，越来越多的消费者依赖于线上购物，他们很可能不会再回到线下实体店中去。

3.线上渠道与线下渠道间的摩擦

线上渠道和线下渠道在分销环节具有可相互替代的关系。因此，当企业对接不同渠道上的分销商时，不同分销商可能会因为渠道间的可替代性而产生竞争。从消费者的角度而言，多渠道提供的丰富的产品信息不仅会加剧品牌间的竞争，还会造成品牌内不同产品线、分销商的相互蚕食，导致更剧烈的渠道冲突。

除了不同渠道间的冲突，同一渠道间也可能存在冲突。例如，线上渠道之间也会存在以下三个问题：①新拓展的线上渠道给已有渠道成员带来威胁；②不同线上渠道之间工作协调不一致；③线上渠道破坏了原有的市场细分。针对这些问题，企业可以通过平台监督、社区建设和消费者自我参与等方式，对线上渠道进行管控，从而降低冲突带来的负面影响。

4.3.2　多渠道营销冲突产生的原因

随着多渠道营销的发展，很多因素可能会引发渠道冲突。这其中既有企业内部因素，也有企业外部因素；有渠道成员之间的主观因素，也有渠道环境中的客观因素。下面，我们将重点讨论导致渠道冲突的 4 个原因。

1.多渠道之间目标不兼容

目标不兼容指的是不同渠道设立的目标不同，主要包括增长率、销售额、利润额、市场份额和市场扩张等目标。当多个渠道各自的目标不能被同时满足时，就产生了目标不兼容。此时，完成某个渠道的目标往往意味着需要牺牲其他渠道的利益，冲突就此产生。当企业对多渠道的整体产出缺乏统一的目标时，各渠道间就会失去凝聚力，使目标不兼容问题更加突出。在这样的情况下，渠道冲突会更容易产生。

2. 多渠道的目标群体高度相似

线上和线下渠道的目标群体可能存在很大程度上的相似性。企业的资源往往是有限的，各个渠道在有限的内外部资源之内要达到各自的目标就会抢夺资源、引发冲突。例如，对渠道供货量的分配，对渠道员工的选拔、培训以及渠道之间的协同合作。实施多渠道营销战略往往会伴随着目标群体的相似性，从而导致渠道冲突。

3. 多渠道的认知视角不同

每个渠道都在追求自身渠道利益的最大化，相互之间竞争、博弈、猜疑，很难做到完全的彼此理解。面对同样的问题，不同的渠道可能会产生不同的理解，甚至是观点的冲突。此时，若是渠道间的沟通效率较低，则会导致矛盾进一步加深和激化，进而引发渠道冲突。

4. 多渠道的角色对立

在多渠道营销中，角色包含了渠道成员应该遵守的规则或者应该实现的目标和实施途径。通常来讲，各渠道成员需要准确把握自己的角色定位。然而，在现实生活中，渠道成员在考虑问题的时候往往很少顾及其他渠道成员的利益，当利己行为损害到其他成员的利益时，冲突就会产生。例如，当新渠道成员加入时，企业对新成员的期望较高，资源分配较多，则原有渠道资源会减少，从而导致渠道冲突的发生。企业用来进行渠道推广和发展的资源往往是有限的，为了占取更多资源而不遵守原有规定也会引发渠道冲突。

多渠道营销虽然能够帮助企业低成本、高效率地完成许多活动，但是各渠道之间的互融、互通之路并不平坦。现实中，传统线下零售商常常为了清库存而拓展线上渠道。然而，企业对产品、市场和线上渠道的发展并没有清晰的规划。这种情况不仅会培养消费者的不良消费习惯，还会冲击企业原有的线下市场，产生替代效应。当前，多渠道的协同效应与替代效应并存，开展线上线下协同营销的传统零售商发展水平参差不齐。企业期望通过增加营销渠道来扩展与消费者的接触点、增加消费者的转移成本，从而有效地降低消费者的流失率。尽管研究证实多渠道营销可以为企业带来更多的收益，但实践中由于多渠道中的消费者行为更加复杂，不少企业也常常面临着无力解决渠道冲突的困境。下面，我们将介绍几种常见的多渠道营销冲突解决策略。

4.3.3 多渠道营销冲突的解决策略

1. 统一不同渠道成员的战略目标

随着市场的发展和进步，竞争不再仅仅局限于企业与企业之间，而是蔓延到同一企业的不同营销渠道之间。如上文所述，不同渠道之间产生冲突的一个主要原因是各渠道的目标不同，当目光只集中于自身渠道的利益，忽略了企业的整体目标，冲突往往不可避免。因此，在不同渠道成员之间建立一个统一的战略目标是缓解多渠道营销过程中出现的矛盾和冲突的有效手段。

2. 明确各渠道成员的角色定位

产生多渠道营销冲突的另一个主要原因是不同的营销渠道在同一市场内争夺同一客户群。鉴于此，大多数企业的做法是：针对规模最大、盈利性最高的客户采用直接的个人销售；针对规模较小、盈利性略差的客户则采用较为经济的营销渠道。但是，当存在边界模糊的中等大小的客户群体时，就出现了几个渠道可能同时竞争的情况。因此，划分渠道界限、确定渠道服务的细分客户群是缓解此类多渠道营销冲突的关键。

3. 完善各渠道间的资源分配机制

企业应该根据行业特点和市场需求，将不同渠道的资源进行合理有效的分配。同时，各渠道应该致力于给消费者传递相同的品牌和产品感知，避免因为资源分配不均而导致品牌或产品形象模糊不清。

4. 根据不同渠道的优劣势构建营销目标

考虑到每个渠道都有自身独特的优劣，各渠道完成销售任务的效率和所花费的成本是不同的。例如，网络和电话销售的成本较低，对消费者的覆盖面广，但无法与重要客户面对面商洽；而销售代表可以与重要客户有效面谈，但人员成本则较高，也难以与大量客户接触。企业应该根据不同渠道各自的优劣势来构建营销目标，对不同渠道设置不同的营销任务，将较低级的增值任务和次要的交易事项转移到成本较低的渠道资源上，将重要的客户交给销售代表去洽谈，这不仅能降低销售成本、最大化利用销售队伍的杠杆作用，而且能避免引起各渠道间的混乱、减少渠道冲突。

5. 建立多渠道的调节和激励机制

当企业在原有渠道的基础上增加新的渠道时，原有渠道不太会轻易放弃先前的销售市场。渠道中存在的机会主义常常使不同的渠道争夺同一顾客，从而产生渠道内耗。因此，建立多渠道过渡期的调节和激励机制就显得格外重要。例如，企业可以通过补偿政策来强化各渠道的边界，在过渡期做出补偿。当然，调节和激励机制不仅仅限于过渡期，在后续的所有经营阶段都要设置相关政策，做好企业内部的信息协同，从企业长远发展的角度来看待各个渠道所做出的贡献，努力平衡各个渠道的利益。此外，企业还要建立完善的冲突管理预警机制，在冲突发生时迅速响应，防止事态进一步扩大，将冲突限制在可控范围内。

◎　**应用案例 4-2**

小米：从线上营销走向线下门店

2010 年 4 月 6 日，在北京中关村一间不起眼的办公室里，雷军和十多个同事一起喝了碗小米粥，就创办了小米。就是这么一个看似简单成立起来的公司，却成了日后最年轻的世界 500 强企业。

小米早期的业务是从手机操作系统 MIUI 起步的，MIUI 通过对安卓操作系统的优化设计，让手机变得流畅好用，并迅速在互联网上获得了大量粉丝。随后小米开始按照计划研发手机，并在 MIUI 论坛里充分听取网友们的意见，将这些反馈带入 MIUI 和手机的设计中。2011 年 8 月 16 日，小米发布小米手机第一代，这款手机没有像其他品牌手机一样在线下门店销售，而是通过自营电商平台小米网销售。第一代小米手机凭借着出色的性能和极高的性价比爆全网，总计销售 700 多万台，这绝对是一个奇迹。随后两年陆续发布的几款手机也都将互联网营销发挥到极致，取得了一个又一个成功。

在发展手机业务的同时，小米也在开展互联网服务、智能硬件、智能家居生态链等业务，比如小米旗下的电视、空气净化器、移动电源、路由器、扫地机器人、小爱智能音箱等产品都已经走进寻常百姓家中。

2014 年，在小米手机发布仅仅三年后，小米全年手机出货量升至国内第一、世界第三。2017 年小米营业额突破 1 000 亿元，2019 年突破 2 000 亿元，2021 年突破 3 000 亿元。小米飞速发展的同时，也受到了众多资本的青睐，2018 年 7 月 9 日，小米在香港上市，跻身全球科技公司前三大 IPO，并成为香港资本市场第一家同股不同权的上市公司。2019 年 7 月 22 日，美国《财富》杂志发布 2019 年世界 500 强排行榜，小米集团首次登榜名列第 468 位，并且创造了一项纪录——从创立到成为榜单中的一分子，小米只用了 9 年的时间，成为历史上最年轻的全球 500 强企业。

1. 线上渠道的"饥饿营销"

小米手机最初没有和其他品牌一样选择在线下渠道销售，而是直接选择在线上销售，从而最大程度地降低销售成本。2011 年网络购物还不够普及，当时消费者还是在 PC 端进行网购，很多互联网企业都在尝试建立电商平台。在第一代小米手机发布前，联合创始人黎万强被任命去负责电商和营销业务，他前往凡客诚品和乐淘网两家电商企业调研，学习如何建立并高效运营电商平台，这两家企业均是雷军投资的企业，因此对小米电商的成立给予了很大的帮助。最初的小米网虽然只是一个看似简单的电商页面，但是小米却完成了最初的商业闭环——硬件 + 软件 + 互联网平台。大多数传统的手机厂商此时还在暗夜中沉睡，专注于长期悉心经营的线下门店，大家还看不太懂这家"奇怪"公司的路径。

第一代小米手机上市后一直供不应求，原计划一年的出货量在几次开放购买后就卖完了，小米只能提前关闭购买通道。小米用销售成绩证明了自己划时代的创新。最初的几年里小米的网上销售一直火爆，但也经常处于缺货状态，有人认为小米使用了"饥饿营销"的策略。但是后来雷军坦言，因为初创企业脆弱的供应链，确实难以满足线上的巨大需求。

2014 年第三季度，小米手机的市场份额第一次登顶国内市场，全年出货量达到6 112 万部，同比增长 227%。无论线上渠道是否真的是饥饿营销，对于小米而言通过线上渠道销售手机无疑帮助它一步步走向了国内市场销量第一的宝座，这也给我国手机行业提供了新的发展思路。

2. 线下渠道的严重短板

小米模式的成功引得其他企业纷纷效仿，众多品牌都在尝试利用互联网渠道销售手机，华为、联想、乐视、魅族等厂商都在不断抢占小米的线上份额。2015 年，小米并没有完成年初定下的全年销售 8 000 万部手机的目标，当年全球出货量只有 7 000 万部。2015 年底，前期超高速成长掩盖的许多问题一下子全部爆发了出来：供应链断供、产品设计弊端、销售渠道不完善……

早期的小米一直是互联网的崇拜者，也是互联网销售坚定不移的执行者，认为线上模式比传统的线下模式更先进，因此忽视了线下渠道的重要性。但是 OPPO 和 vivo 在线下的护城河越挖越深，线上崛起的品牌也都虎视眈眈，小米在销售渠道上逐渐变得无力。

小米在互联网以外唯一的销售渠道——全国代理商体系正在面临瓦解。由于小米手机的利润太低，零售商都转向了利润更高的品牌，而小米和这些全国代理商体系之下的零售商是脱节的，没有办法进行管控。小米之前没有自营的线下销售渠道，流转到线下的手机基本是黄牛在线上渠道抢购，再层层转手而来的，而这些手机往往面临着几百甚至上千元的加价，黄牛为了利益可能还会安装满屏的第三方软件，这给消费者带来很糟糕的购物体验。由于保修困难，一些店主虽然认可小米品牌，但是不敢进货。

到 2016 年底，小米的线上销售额占到总销售额的 75.16%，线下销售只占到 24.84%。这一年小米在国内市场的销量暴跌至第五，而在线下门店深耕多年的 OPPO 和 vivo 迅速超越小米，线下和线上渠道同时发力的华为更是成了国内销量第一。小米没有在线下市场下沉，就接触不到一些消费者，但是小米一直以贴近成本的售价在线上销售，又将如何承受线下的巨额成本？

3. 小米之家探索线下

小米之家从 2011 年下半年开始建设，最初只是作为售后服务的场所。一直主管售后服务的张剑慧发现很多消费者来到小米之家想要购买产品，而小米之家却无法提供，于是她冒出了一个新的想法，那就是希望给小米之家增加一些销售功能。此时小米业绩正盛，内部的反对声比较强烈，普遍认为小米之家选址都是在写字楼里，客流很少，而且此时线上渠道都来不及供货，难以给小米之家分货。张剑慧通过内部通信工具向雷军汇报了自己的想法，这个想法得到了雷军肯定的回复。

张剑慧从零开始探索，克服了营销宣传、销售培训、线下分货等困难。2015 年 5 月 12 日，小米之家第一次线下销售终于启动了，全国所有门店一共分到 2 000 部小米 Note 顶配版手机。这样的活动让米粉们感到新鲜和激动，全国各地的小米之家都出现了大规模排队购买的场景，2 000 部手机一抢而空。

随后小米在北京当代商城进行小米之家线下销售门店的正式试点，门店自从开门迎客起每天的客流量几乎相当于整个商场的客流量。店铺里除了销售小米手机之外，也销售空气净化器、移动电源等生态链产品，这让消费者有了一种逛街的感觉。货品流速超出了小米的想象，这个店居然很快就赢利了。当代商城店第一次证明了小米在线下的商业模式是可以成功的，只要商品流速快、商业的效率得到保证，线下店就可以获得利润，这给了小米继续进军线下极大的信心。

小米之家北京五彩城店是第一家标准化的门店——简洁的装修风格、精致的细节布局、分开陈列的手机和生态链产品。经过几个月的运营，这家小米之家的月均销售额高达1 100万元，接近整个商场销售额的10%。在当年的小米春季发布会上，雷军宣布小米之家将正式转型为零售店，这个消息被媒体解读为小米的战略突破。到了这一年年底，小米在全国开了50家小米之家。小米具有现代感的零售店和著名的橙色logo出现在了更多人的视野当中，但是这个数量相对于友商成千上万的线下门店而言还是远远不够的。

4. 直供体系线下突围

2016年5月，雷军在小米的低谷期亲自接手手机研发和供应链的工作。他非常关心小米的线下拓展工作，让负责销售运营的于澎走访各地零售商进行线下渠道调研。于澎惊讶地发现：小米品牌在线下的销售在市场上只能排到第10位，很多不知名品牌都排在小米之前。他对雷军总结道："在线下我们很薄弱，没有渠道、没有阵地、没有团队。"小米之家虽然是成功的探索，但是只能覆盖市县一级的市场，想要继续下沉，还需要和终端的零售商合作。

由于大量渠道中间商已经被友商牢牢控制，难以帮助小米分销，线下销售很快遇阻。面对渠道封锁，小米决定做一件在手机行业史无前例的事情，即跳过中间商，直接和核心零售商进行一对一的合作，这样做既规避了竞争，也不用支付中间商的利润点。

从提出设想到下一代新产品发布，中间只有一个月的时间，而建设直供体系的任务非常艰巨，但最终小米只用了7天就完成了对400多家零售商的谈判和系统录入工作。2017年9月，小米MIX 2和小米Note 3如期上市，小米的这套直供体系在首销一周前就收到了7~8亿元的预付款，这个结果验证了小米品牌在零售商中的影响力，也证明了这个因为形势所迫而做出的战略调整的可行性。

5. 多渠道的协同融合

小米早期虽然依赖线上渠道，但是相对封闭，只在自己的小米网上做销售运营。直到2013年小米才在天猫的邀请下第一次参与淘宝"双十一"活动。2015年，小米正式开通全网电商，除了继续做好自己的小米网以外，小米在天猫、京东、苏宁都开始做起了销售运营，并且米粉节促销、新产品开售等均同步进行。

2021年10月30日上午，小米之家第10 000家店开业，同月的发布会上，小米宣布小米之家县城覆盖率已超80%，已覆盖2 200个县城。后续发展的小米专卖店模式则是小米和商户合作，由零售商负责地租和人力成本，由小米直供商品，然后派驻店长，承担物流、经营、人员培训等管理成本。专卖店不用背负库存的压力，只需要在小米账户上存有保证金即可，这是对小米直供体系的进一步规范化发展。

小米之家通过产品的流量来弥补利润率的不足，主要选择自带流量、转化率高的产品，并把生态链的产品组合带进小米之家，这样就可以把进店没太多东西可买的低效流量变成进店总能买走几样有趣产品的高效流量。同时，小米也陆续推出青春版、CC系列、Civi系列等针对线下渠道的手机，这些手机的销售利润率更高，在设计上有效对标友商的线下机型，从而激发线下渠道合作伙伴的销售热情。

小米之家和线上渠道也是充分协同的。小米之家的系统和小米网是相通的，价格体系也完全一致，如果小米网调整价格，线下也会随之调价。消费者还可以在店内使用"扫码购"功能，对于一些体积过大或者复购率不高的商品，小米之家的备货率也不会很高，但是如果消费者看中了展陈的商品，可以通过手机扫码购买这个商品，然后让快递直接送货，消费者可以选择一小时送到家或者正常物流配送两种送货方式。在新产品发布时，消费者可以在线上付款预约，然后在开售的第一时间在小米之家取到商品。线上营销带来的流量的很大一部分会流向小米之家，而消费者线下体验产品产生的美好体验也会给线上带去更多流量。在各个渠道购买的小米产品都可以在小米之家售后服务点享受服务，小到手机免费贴膜，大到拆机维修。

通过对线下渠道的努力建设、对不同渠道进行的协同融合，以及公司内部重大战略的不断调整，小米并没有倒在 2016 年的危机中。在 2017 年的夏季发布会上，雷军自豪地说："世界上没有任何一家手机公司销量下滑后，能够成功逆转的，除了小米！"小米日趋成熟的渠道模式不仅帮助小米在国内市场站稳脚跟，还在国际市场大放异彩。小米手机陆续在东南亚多国、欧洲多国成为当地销量第一的商品，更是在 2021 年第二季度超过苹果，全球手机销量首次位居全球第二。

2020 年，在小米成立十周年之际，雷军许下目标："下一个十年，小米将成为一条蜿蜒奔涌的长河，流过全球每个人的美好生活，奔向所有人向往的星辰大海。"而小米不断完善的渠道体系就是流向每一位消费者的广阔河道，让每个人都能享受科技的乐趣。

资料来源：范海涛.一往无前［M］.北京：中信出版社，2020.

思考问题

1. 小米的多渠道建设历程有哪些特点？

2. 小米的多渠道营销可能存在哪些渠道冲突？

3. 小米是如何处理不同渠道之间协同融合的？

4.4　全渠道营销

4.4.1　全渠道营销概述

信息技术的发展使得线下实体店和线上渠道在客户体验、支付方式与物流交付等各方面的界限越来越模糊。这种无缝连接的渠道关系使各渠道都能充分发挥各自优势并进行融合，企业也可以通过组合尽可能多的渠道，为消费者提供渠道间多时空、无缝连接的服务体验。全渠道营销指的是通过对大量可用的渠道和客户接触点进行有机整合与管理，从而对跨渠道的客户体验和绩效进行优化与提升。在全渠道营销的零售环境下，零售商可以利用实体店、线上店铺、社交媒体、直邮目录等渠道之间的整合实现和客户的沟通互动。近年来，苏宁、天猫等企业率先引领了零售业的全渠道变革。他们通过扩展和整合线上线下多种渠道，实现从多渠道营销到全渠道营销的成功过渡。对于消费者而言，全渠道环境使他们能够在产品的信息传递和交付方式两个方面都同时有线上线下多种渠道的选择。但是，这也给企业带来了新的挑战：零售商应该如何根据产品类型向消费者提供最有效的信息传递和产品交付渠道组合？新渠道的加入将打破旧的壁垒，消费者在多个渠道间无缝转换，其行为变得更加难以预测和干涉。因此，零售商和其供应链合作伙伴都需要重新思考他们的竞争战略。

全渠道营销关注的是多个渠道之间以及不同渠道中的客户之间如何互动。一个成功的全渠道营销可以使客户数据和产品数据在各渠道之间保持同步，其最终目标是为客户提供最大的便利，使客户在不同渠道与品牌的每一次互动都是无缝连接的体验。因此，全渠道营销有时也被称为"无缝营销"或"统一营销"。一个品牌完整的全渠道营销战略包括在线渠道和实体店之间的双向整合，以及在线渠道之间的交接。实体店应该能够与在线渠道分享相关的、准确的数据，比如可用的库存；同样地，在线渠道应该能够将重要的数据传递给实体店，比如客户何时在线下取货。在理想的情况下，客户可以在任何渠道实现从发现产品到购买这一流程。

尽管"全"常常代表着"所有"，但全渠道营销不一定意味着"无处不在"。一个全渠道营销战略应该以客户为中心，在客户与企业互动的任何地方满足客户需要，包括实体店和移动设备。但是，在客户不使用的渠道建立营销战略则是无效的。

4.4.2　全渠道营销和多渠道营销的关系

全渠道营销通常是指将一个企业的实体业务与在线业务联系起来，是连接客户和品牌互动的各种接触点，同时确保信息在接触点之间交接，支撑起更大的商业和营销战略。简单地说，全渠道营销能实现不同营销渠道之间的数据同步，是一种综合的多渠道营销形式。

同时，全渠道营销与多渠道营销在多个方面也具有显著的差别。第一，全渠道营销更关注客户，而多渠道营销更关注产品。全渠道营销战略依赖于识别客户和品牌之间的所有接触点，并找到利用这些接触点的方法，以增加客户的便利性或增强客户与品牌的联系。在多渠道营销中，企业试图把产品放在尽可能多的有价值的客户面前，重点是增加产品的影响力，而不是提升客户体验。

第二，传统的多渠道营销的渠道范围更多地局限于零售渠道，比如实体门店、在线网站和直接营销渠道，而全渠道营销则包含除了传统零售渠道以外的移动端渠道（比如智能手机、平板、应用）、社交网络、大众传媒（比如电视、广播、印刷品等）的整合。同时，全渠道营销将不同渠道连接起来，而多渠道营销并不注重渠道的相互整合。在全渠道营销中，企业的实体店和在线运营部门协同工作，而在多渠道营销中，企业的实体店和网上商店业务通常是各自孤立运营的。

第三，多渠道营销中的多个渠道之间的边界往往清晰、独立，而全渠道营销的渠道之间的边界模糊，且更注重整合效应，为客户提供无缝的营销体验。

第四，多渠道营销的客户管理更多是从客户和零售商的连接渠道角度出发，帮助客户找到他们想要的产品，并在他们熟悉的渠道上进行购买，比如淘宝、京东等电商平台。但客户的品牌曝光率仅限于该平台。而全渠道营销则额外引入了品牌营销的视角，综合利用不同渠道的功能创造新的客户体验。

第五，多渠道营销的目标主要是每个渠道的营业额和客户体验，而全渠道营销更加关注渠道之间的互相作用，比如客户的整体营销体验，以及多个渠道共同贡献的营业额。

4.4.3　全渠道营销的策略

跨渠道整合被广泛认为是实施全渠道营销的核心途径。渠道整合的程度取决于渠道范围（比如实体门店、网络店铺、移动应用、社交媒体）和整合内容（比如零售信息、订单履行、顾客忠诚计划）。

从企业视角出发，跨渠道整合包括企业对于促销、产品定价、交易、信息、交付和客户关系管理等一系列内部运营模块的整合。一方面，跨渠道整合旨在通过多渠道营销模式来提高服务流程的可信度、便利性、质量，从而进一步减少顾客流失。另一方面，跨渠道整合可以通过线上线下渠道的信息和流程整合来实现。例如，将一个渠道的信息内容和搜索功能整合进另一个渠道（在门店提供网络服务厅、在网店提供门店地址和联系方式），或是将一个渠道的订单履行功能和实现方式整合进另一个渠道（网店下单 – 门店自提、门店下单 – 网店支付）。跨渠道整合的关键在于保持多渠道之间信息和流程的一致性，进而保证服务体验的一致性。除了跨渠道中信息和流程的一致性，企业同样需要对客户接触点和客户在不同渠道产生的内容进行整合，从而确保全渠道情境下的零售商品牌形象和顾客体验的一致性。

从客户视角出发，跨渠道营销集中于利用信息技术进行信息内容、交易流程和客户关系管理这三大方面的跨渠道管理。其中，对于信息内容，企业可以使用信息技术（比如网站、电子目录、移动应用、社交媒体公众号）来整合线上和线下渠道的营销信息与搜索途径，以此来保证品牌形象和顾客体验的一致性。对于交易流程，企业可以借助信息技术（比如电子订单履行、SCM 系统、ERP、自助服务技术）来协同和重新配置跨渠道的交易功能，从而提高服务接触过程中有关优惠券兑换、支付、订单履行、产品退换等交易服务的质量。在客户关系管理方面，企业可以使用信息技术（比如大数据挖掘、商业智能、CRM 系统、电子会员卡）多渠道地收集客户信息，从而为客户提供个性化的服务体验。

◎ 本章小结

1. **电子商务多渠道营销的基本概念、类型和对消费者的影响**。多渠道营销是指电子商务企业通过多种渠道进行营销活动，即通过组合多种线上或线下的客户接触点和媒介来进行信息、产品或服务的销售与客户关系管理。多营销渠道包括线上直接营销渠道、线上间接营销渠道、线下直接营销渠道、线下间接营销渠道四种类型。企业采取多渠道营销时既要考虑自身运营情况，也要考虑对消费者产生的积极和消极影响。

2. **多渠道营销的协同关系**。多渠道营销的协同类型包括线下"触网"线上和线上"进军"线下。协同机制包括线下营销渠道对于线上营销渠道的驱动、线上营销渠道对于线下营销渠道的反馈。制定协同策略时要从渠道整合、企业资源、商品和服务三个视角考虑，根据信息和利益的协同制定具体策略。

3. **多渠道营销冲突的具体表现形式及产生原因。**多渠道营销冲突的具体表现形式有：线下渠道对于线上渠道的抑制、线上渠道对于线下渠道的抑制和线上渠道与线下渠道间的摩擦，在同一渠道内也可能存在冲突。冲突产生的原因包括：多渠道之间目标不兼容、多渠道的目标群体高度相似、多渠道的认知视角不同和多渠道的角色对立。

4. **多渠道营销冲突的解决策略。**针对多渠道营销的冲突，企业可以采取这些措施来解决：统一不同渠道成员的战略目标，明确各渠道成员的角色定位，完善各渠道间的资源分配机制，根据不同渠道的优劣势构建营销目标，建立多渠道的调节和激励机制。

5. **全渠道营销的概念与多渠道营销的关系。**全渠道营销指的是通过对大量可用的渠道和客户接触点进行有机整合与管理，从而对跨渠道的客户体验和绩效进行优化与提升。全渠道营销能实现不同渠道之间的数据同步，是一种综合的多渠道营销形式。相对于多渠道营销，全渠道营销更关注客户，包含对电子渠道等所有渠道的整合，其不同渠道之间的边界模糊且更注重整合效应，引入品牌营销的视角，更关注渠道之间的相互作用。

6. **全渠道营销的策略。**跨渠道整合是实施全渠道营销的核心途径。企业视角的跨渠道整合包括对于促销、产品定价、交易、信息、交付和客户关系管理等一系列内部运营模块的整合；客户视角的跨渠道整合集中于利用信息技术进行信息内容、交易流程和客户关系管理这三大方面的跨渠道管理。

◎ 管理问题

1. 企业在决定是否实施多渠道营销战略时，应该考虑哪些因素？第一，从企业自身的运营角度考虑，企业是否有实力去开辟多渠道，实施全渠道营销战略后，能否低成本、高效率地完成多数营销活动。第二，从对消费者的影响来考虑，实施多渠道营销战略对于消费者既有积极影响，又有消极影响，积极影响包括满足消费者的多元化心理、减少消费者对单一渠道的依赖性等，消极影响包括造成消费者决策困难、缺乏对客户关系的统一管理等，因此是否实施多渠道营销战略要权衡对消费者的利弊。

2. 在实施多渠道营销战略的过程中，应该注意哪些问题，从而加强渠道协同、避免渠道冲突？第一，做好多渠道的信息协同，企业要在不同渠道间建立统一的战略方向，在战略实施层面建立信息共享系统，通过频繁的沟通、交流以及合作来加强不同渠道成员间的信任关系，并设计相应的约束制度及监察机制，避免渠道冲突的产生。第二，做好多渠道的利益协同，企业要完善利益分配机制，使渠道成员获得与其付出相匹配的收益，处理好利益的分配能在很大程度上缓解多渠道协同过程中存在的冲突问题。

3. 从多渠道营销向全渠道营销的转变过程中，企业应该注意哪些问题？第一，多渠道营销关注产品，但是全渠道营销更关注客户，要依赖于客户与品牌间的所有接触点来增加客户的便利性或增强客户与品牌的联系。第二，多渠道营销的不同渠道往往是独立运营的，但是全渠道营销要将不同渠道进行连接、整合。第三，注重整合效应，为客户提供无缝的营销体验。第四，引入品牌营销的视角，综合利用不同渠道的功能创造新的客户体验。第五，要更加关注渠道之间的相互作用，比如客户的整体营销体验，以及多渠道共同贡献的营业额。

◎ 章末案例

三只松鼠："坚果帝国的成长之路"全渠道营销

三只松鼠股份有限公司（以下简称"三只松鼠"）成立于 2012 年，是我国第一家定位于纯互联网食品品牌的企业，也是当前我国销售规模最大的食品电商企业，其主营业务覆盖了坚果、肉脯、果干、膨化等全品类休闲零食。三只松鼠 2019 年全年成交额突破 100 亿元，提前一年完成 2014 年定下的松鼠百亿梦目标，成为国内率先且最快达到百亿规模的休闲零食企业。

根据易观智库的研究，我国食品电商行业的发展历经 2005—2009 年的探索期和 2009—2012 年的启动期，目前正处于发展、成熟期。在这个过程中，消费者对电商模式逐渐认可并培养出新的在线消费习惯，一些具有代表性的食品电商企业也迅速崛起。三只松鼠作为众多食品电商中脱颖而出的那一个，从 2012 年成立之后，仅用 6 年的时间就卖出了 160 多亿元坚果和零食，并且每年的销售额几乎保持翻番增长，是当前中国销售规模最大的食品电商企业。

1. 三只松鼠的全渠道营销——全渠道营销加快布局，线上线下业态完美互补

近年来，电商的高速发展深刻影响和改变着传统的分销模式，随着技术发展和零售业变革，全渠道营销已经成为零售业发展的必然趋势。

不可否认的是，电商成就了三只松鼠，电商渠道实现的销售额一度占到其全部销售额的 95%，战略意义重大。但若要取得进一步成功，三只松鼠要从以往"线下造货、线上卖货"的电商模式，转变成"线上造货、立体卖货"的全渠道零售模式。早在 2018 年，三只松鼠便将业务布局划分为五类渠道：第一类是电商渠道，以京东、阿里巴巴为代表；第二类是基于微信生态圈的社交电商；第三类是线下直营连锁渠道——三只松鼠投食店；第四类是以零售通为代表的 2B 分销渠道；第五类是类加盟模式的松鼠小店。

2020 年，三只松鼠借助全国化品牌势能实现千家门店的布局及超 40 万零售终端的触达，全渠道销售收入达 97.94 亿元。

如今三只松鼠在线上的淘宝、京东、当当等大型互联网购物平台进行商品促销；在线下，有相应的实体店铺，注重商品体验感，使客户可以真切感受到商品。这样一种线上线下相结合的方式大幅度地促进了营销，也造就了三只松鼠的进一步成功。

2. 线上营销渠道

（1）线上旗舰店与互联网平台渠道。休闲零食的销售渠道主要有品牌专卖店、商超以及互联网平台。三只松鼠实行渠道多元化时，与当前主要的购物网站建立了长期渠道销售合作关系，在此基础上还通过网络直播的方式和一些自媒体的媒介销售产品。

（2）社交电商。除了旗舰店以外，基于微信生态圈的社交电商是线上营销的另一种渠道。2019年10月，三只松鼠在微信小程序中上线"三只松鼠告白盒"，刚刚上线就得到了来自银行企业的50万份订单，总计金额3 360万元，这也彰显出了社交电商在促进三只松鼠销量上不可忽视的作用。

3. 线下营销渠道

由于线上竞争的日益激烈、流量红利的萎缩及移动商务的发展等，三只松鼠开启了其线下投食店计划。三只松鼠充分利用了电商的红利，并且打造了IP，这也为三只松鼠线上线下渠道的整合做了铺垫。三只松鼠的线下营销渠道包括以下几种。

（1）直营连锁的三只松鼠投食店。三只松鼠创始人章燎原曾表示，"线下店更多的是营造氛围，注重娱乐和体验，是促进线上更好增长，同时增强用户黏性的重要方式，是品牌投入不可或缺的一部分"。线下店充分发挥了三只松鼠的品牌跨界的价值，品牌不再只是一个单一符号，而是借助IP化的塑造变为了能承载一切流量、渠道、产品、管理的具有互联网人格的企业核心资产，真正做到了与线上零售互补。

（2）2B分销渠道。2018年6月，三只松鼠正式与阿里巴巴零售通建立了合作关系，零售通是一个为城市社区零售店提供订货、物流、营销、增值服务等的互联网服务平台。上线首日，17 000多家小店下单，销售额突破450万元，三只松鼠创造了零售通智选品牌的单日销量纪录，并长期在平台的零食品类中业绩表现第一。2021年，三只松鼠定向开发33款分销专供产品，与近300家经销商伙伴建立合作关系，入驻永辉、沃尔玛、大润发等中国百强连锁商超，累计覆盖全国近300个地级市。

（3）松鼠小店。这是三只松鼠目前正在尝试的联盟店，通过这些营销渠道可以便捷地服务消费者，并进行品牌展示、消费体验和互动。联盟店用小店逻辑做好生意，从核心流量商圈到周边下沉市场全面稳步布局，让三只松鼠在线下的品牌势能得到更大发挥的同时，也让线下门店生意拥有了更多可能性。截至2021年5月，三只松鼠在全国开设的联盟店已超1 000家，遍布全国18个省份，162座城市。

资料来源：1. 郭子赫. 基于4C营销理论对互联网食品品牌的营销策略研究：以"三只松鼠"为例［J］. 现代商贸工业，2020，41（3）：56-57.

2. 林翠萍. 三只松鼠：坚果帝国的成长之路［J］. 人民周刊，2019（18）：40-41.

3. 高利雯，肖鹤. 企业新媒体营销策略研究［J］. 老字号品牌营销，2020（5）：55-56.

4. 华夏时报，CEO解读三只松鼠全新商业模式，透露150家直营店开店计划，明年销售目标超100亿，2018-11-08.

5. 张婉月. 三只松鼠营销策略分析［J］. 老字号品牌营销，2022（2）：28-30.

6. 陈思静. 三只松鼠营销策略研究［J］. 营销界，2021（8）：21-22.

7. 张超然. 数字化赋能新零售商业模式优化研究：以三只松鼠为例［J］. 商场现代化，2021（21）：1-3.

8. 吴谋丽. "三只松鼠"营销策略研究［D］. 南昌：江西师范大学，2020.

9. 薛晨杰，王召义. 新零售下电商企业线下渠道策略分析：以三只松鼠为例［J］. 西昌学院学报（自然科学版），2017，31（4）：67-70.

10. 徐梦迪. 三只松鼠的全渠道增长［J］. 销售与市场（管理版），2020（1）：52-53.

11. 搜狐网. 全渠道营销加快布局 三只松鼠线上线下业态互补，2017-09-22.

思考问题

1. 三只松鼠的线上和线下渠道营销分别有哪些?

2. 三只松鼠的全渠道营销是如何做的?

3. 三只松鼠的全渠道营销的特点是什么?

4. 三只松鼠的全渠道营销还有哪些可以提升的空间?

课堂辩论题

1. 多渠道营销更适合哪些类型的企业?

2. 企业应该如何预防多渠道营销中的冲突?

3. 如何衡量全渠道营销中的企业成本和收益?

◎ 术语表

多渠道营销(multichannel marketing):电子商务企业通过多种渠道进行营销活动,即通过组合多种线上或线下的客户接触点和媒介来进行信息、产品或服务的销售与客户关系管理。

全渠道营销(omnichannel marketing):通过对大量可用的渠道和客户接触点进行有机整合与管理,从而对跨渠道的客户体验和绩效进行优化与提升。

直接营销渠道(direct marketing channels):企业或品牌方直接向终端消费者提供商品和服务的渠道。

间接营销渠道(indirect marketing channels):企业或品牌方借助各级中间商把商品和服务传递给终端消费者的渠道。

线上直接营销渠道(online direct channels):企业或品牌方直接在线上通过自建渠道方式为消费者提供商品或者服务的渠道,主要包括商家官方网站、微信小程序、自建App 等。

线上间接营销渠道(online indirect channels):企业或品牌方通过与线上中间商合作,间接参与线上市场营销活动。其中,线上中间商主要可以分为两类。一类是线上经销商或零售商,另一类是数字平台商。

线下直接营销渠道(offline direct channels):企业或品牌方在线下通过自建渠道直接面向消费者进行销售。

线下间接营销渠道(offline indirect channels):企业或品牌方利用线下中间商把商品和服务传递给消费者,其典型形式为:生产商→批发商→零售商→消费者。

分散混合多渠道(decentralized mixed multichannel):生产商没有建立自己的分销渠道,而是由不同主体的传统实体渠道和电子渠道进行产品分销。

部分整合多渠道(partially integrated multichannel):生产商建立了自己的电子分销渠道,同时通过传统实体零售商在实体渠道进行产品分销。

水平整合多渠道(horizontal integration multichannel):传统在位的实体零售商在保持

传统零售渠道的同时开辟电子市场，采取混合双渠道分销战略。

垂直整合多渠道（vertical integration multichannel）：企业在传统渠道或者电子渠道进行整合，从而对整个渠道完成从上至下的控制。

渠道冲突（channel conflict）：企业在实施多渠道营销战略时，在拓宽原有的营销渠道并重新配置企业内外资源的同时，不同渠道间发生资源抢夺的现象。

电子商务运营与管理

第5章 ●━○━●━○━●

电子商务物流与供应链

■ **学习目标**

1. 电子商务与物流的关系
2. 电子商务仓储管理、物流配送、成本管理的概念
3. 电子商务物流的主流模式
4. 信息技术在电子商务物流中的应用

■ **开篇案例**

京东智能仓库与机器人

中国制造2025和工业4.0概念，给生产、装备和物流行业带来了新的变革，而作为工业4.0三大核心之一的智慧物流，也受到越来越多人的关注。2022年我国社会物流总费用占GDP的比重大约为14.7%，与发达国家约10%的比重相比仍然较高。提高物流效率、降低物流成本是我国物流行业的迫切任务。

作为我国领先的电商企业，京东一直以自建物流见长，并不断培育新的物流技术。在京东看来，第一代物流技术适应于人工作业的仓库，典型特征是人作为入库、在库、出库的生产力；第二代物流系统技术以京东"亚洲一号"系列仓库投入使用作为标志，以适度自动化作为主要特征，主要应用了大量的自动化立体仓库（AS/RS）、输送线、自动分拣机等物流自动化设备，在多个环节提高了库内作业效率；第三代物流系统技术是以"无人仓"作为载体的全新一代智能物流技术，其核心特色体现为数据感知、机器人融入和算法指导生产，可以全面改变目前的仓储运行模式，极大地提升效率并降低人力消耗。

"数据感知"是无人仓之眼。由人、设备和流程等元素构成的仓库作业环境会随时随地产生大量的状态信息。过去，这些信息只能通过系统中数据的流转来进行监控，缺乏实

时性，也难以对业务流程进行指导。相比传统的人工货物盘点，京东无人仓通过视觉传感器摄取库存图像，使用图像处理算法来分析库存的变化，从而达到货物的自动盘点。

"机器人"是无人仓的四肢。料箱穿梭车、并联机器人、自动引导小车、六轴机器人等形态各异的机器人的应用，使得无人仓在商品入库、储存、拣货、包装、装车等各个环节均无须人工参与。据京东估计，"无人仓"的存储效率是传统横梁货架存储效率的 10 倍以上，并联机器人的拣选速度可达 3 600 次 / 时，相当于传统人工的 5 ～ 6 倍。

"人工智能算法"则是无人仓的大脑。上架的商品会根据销量与物理属性，被存放在最合适的货位；商品能智能补货，其补货量与库存量达到平衡；出库时，最合适的机器人会被调度到商品所在货位进行搬运。这一切的背后，是人工智能算法的自动决策。

丰富的数据感知、人工智能算法决策和机器人系统组成了京东无人仓的眼睛、大脑和四肢，面对大量货品的流动，有条不紊地进行调配和操作。与传统的仓储模式相比，京东无人仓在运营效率、灵活性、吞吐量等方面跨上了一个新的台阶，它不仅推动着京东自身物流技术的蜕变，而且树立了我国物流界的里程碑，成为行业引领者。京东在物流领域的优势，最终会转化成更便捷的购物体验，让消费者受益。

资料来源：TechWeb.com.cn，京东揭秘无人仓计划 数据、机器人加算法变革物流行业，2016-09-20.

思考问题

1. 支撑无人仓的基础技术有哪些？
2. 无人仓相对"有人仓"，在哪些方面具有优势？

5.1　电子商务物流概述

5.1.1　电子商务与物流的关系

物流是电子商务"四流"（物流，商流，信息流，资金流）概念的核心之一。在电子商务的交易流程中，消费者在电子商务网站完成选购、下单、支付之后，商品需要依靠物流的方式送达到消费者手中。因此，物流是电子商务中不可或缺的组成部分。物流的发展和电子商务的发展相辅相成，互相促进。一方面，作为连接供应链上下游企业的通道，物流行业能力的提升和渠道的不断拓展助力着电子商务的快速发展；另一方面，电子商务的蓬勃发展也为物流行业提供了新的发展与变革的契机。

1. 电子商务对物流的影响

（1）物流系统结构的改变。电子商务的一个重要的功能是信息中介，即构建直接连接生产者和消费者的桥梁。电子商务的出现，替代了传统物流体系中的中介企业，比如批发商和零售商等。相对电子商务中信息流和资金流几乎"瞬时"的流动，物流的流动速度慢得多，这就造成了消费者对商品可得性心理预期的加大。因此，相比传统物流，电子商务物流对交货的速度要求更高，这在客观上促进了物流体系中"干（干线运输）仓（仓储）配（配送）"布局和结构的调整。例如，为距离终端消费者更近，更多的仓库变成了配送中心以加大配送的服务半径。

（2）物流信息的追踪和共享。在电子商务的商业模式中，为消费者提供即时互动和咨询的服务是重要的组成部分，这要求物流系统的各个环节能够提供对商品状态的实时追踪服务。

（3）物流的驱动由"推动式"变成"拉动式"。传统的物流体系中，商品的流动是供给侧在推动的，这主要是因为物流各环节难以得到关于销售的及时且准确的信息，因此生产和存货的管理往往采用计划的方法。在电子商务环境下，产品销售信息与顾客信息能够及时地传递到供应链的上游，因此供应链上游企业可以根据对销售预测来安排生产和运输活动，即物流变成了"拉动式"。存货在供应链中的总量是减少的，高效运转的物流体系甚至可以实现"零库存"。

2. 物流对电子商务有重要的支撑作用

（1）物流是生产的保障。生产是商品流通的基础，而商品生产的实现有赖于一系列物流活动的支持，这是在传统贸易模式和电子商务模式下均适用的规律。原材料的采购是生产活动的开始，相应的物流采购活动保证了生产的顺利进行。现代生产活动往往涉及原材料和半成品在多个企业的流动，因此物流是生产流动性的基本保证。除此之外，余料、可重复利用物资的回收也需要依靠物流的运作。没有现代物流的支撑，电子商务的交易模式将是无源之本。

（2）物流是商流的保障。商流的核心是商品所有权由供应方向需求方的转移。在电子商务的环境下，消费者完成下单并支付之后，商品所有权的转移虽然已经完成，但只有完成商品在空间上的转移之后，电子商务的过程才算结束。商品在空间上的转移即为物流，因此物流是商流的后续。物流系统的效率是关乎电子商务活动成败的关键因素。

（3）物流是"以顾客为中心"理念的保障。电子商务给商业社会带来的最大变革是，交易的进行不再受到时间与空间的限制。移动电子商务、跨境电子商务的出现更使消费者可以随时随地购买全世界范围内的商品。然而，如果消费者购买的商品迟迟无法送达，上述交易的便捷将无法转化成购物体验的升级。因此快捷的物流服务是"以顾客为中心"理念的必然要求，而现代物流的技术发展将保障这个理念的落地。

5.1.2 电子商务物流的基本特征

电子商务的发展既为物流的发展提供了新的契机，也提出了新的要求。相比传统物流，电子商务下的物流具备以下特点。

1. 信息化

物流的信息化是电子商务的核心特征之一。物流的信息化体现在物流的各个环节和各个方面，比如物流信息的收集、处理、传递、储存中涉及的数据库化、代码化、电子化、标准化、实时化、数字化等。条形码技术、射频识别技术、电子数据交换技术、物联网等信息技术是物流信息化的重要支撑。

2. 自动化

人工成本在逐步升高，与此同时，产品流通和生产效率则需要大幅升高。在此背景下，人工操作已越来越难以满足物流活动的要求。物流的自动化旨在扩大物流作业能力、提高劳动生产效率、最小化物流差错率。自动化的特征表现为：信息化是基础、机电一体化是核心、无人化是表现、省力化是效果。自动化物流系统将自动化仓储（比如条形码自动识别系统、自动分拣系统）、自动化搬运（比如自动导向车）、自动化输送（比如货物自动跟踪系统）、物流管理软件等相结合，能够在很大程度上降低人工成本，提升商品流通及生产、制造环节的效率。

3. 网络化

物流网络化是物流信息化的自然延伸和必然趋势。物流的网络化有以下两方面的含义。

（1）物流系统对计算机通信网络的应用。物流企业与供应商、物流配送中心、下游客户等之间的联系均须依靠计算机通信网络来完成。网络的应用使物流信息能够以低廉的成本即时传递，并通过完善的物流信息系统来完成物流活动的安排。

（2）物流组织的网络化。在全球化与经济一体化的今天，单个企业往往无法承担一个产品所有的生产环节。企业越来越依靠网络化的供应链参与经济活动。例如，计算机制造商在生产一台计算机时，往往采取分散外包的形式，将计算机的零部件、元器件和芯片委托给世界各地的制造商去生产，而后经过配送中心完成组装，发给客户。物流的网络化可以提高供应链的反应速度，具有明显的规模优势。

4. 智能化

智能化物流是随自动化物流发展而产生的。当一个自动化系统的知晓能力上升到状态感知、实时分析、科学决策、精准执行等层面的时候，我们就可以认为这个物流系统具有了智能。也就是说，这个物流系统知道了感知信息，知道了如何分析，并根据分析结果知道了如何执行。智能化的概念和自主决策紧密相关，在物流活动中，库存水平的确定、配送路线的规划、导向车的前进轨迹、分拣机的操作顺序等都涉及大量的决策。智能化交通运输、无人搬运车、机器人堆码、无人叉车、自动分类分拣系统、无纸化办公系统等现代物流技术的出现，大大提高了物流的机械化、自动化和智能化水平。

5. 柔性化

物流柔性化是指物流系统能够对需求变化做出快速反应，可以根据需求组织生产，满足不同种类物流作业的要求，从而消除冗余损耗，获取最大效益。柔性化的出现是"以顾客为中心"的理念在生产方式上的具体体现。柔性化要求物流中心根据"多品种、小批量、多批次、短周期"的电子商务的需求特色，灵活组织物流作业。物流的柔性化，除了指物流作业能力的柔性化，还包括物流装备的柔性化（比如要求装备具备多用途、多接口、标准化、单元化的特性）和物流系统拓展的柔性化（比如提供差异化、多样化的服务，可添加功能模块的结构）等。

5.1.3 我国物流的发展

1. 电子商务物流的发展现状

（1）发展规模增长迅速。我国快递业务总量从 2010 年开始始终保持着 50% 以上的增长趋势，并于 2014 年一举超越美国，成为全球最大的快递市场。我国快递行业的发展离不开电商行业的高速发展，据统计，2021 年我国电子商务的交易额达到了 42.3 万亿元，同比增长 13.71%。与此同时，我国电子商务物流营收规模在 2021 年第四季度达到了 8 506.2 亿元（见图 5-1）。

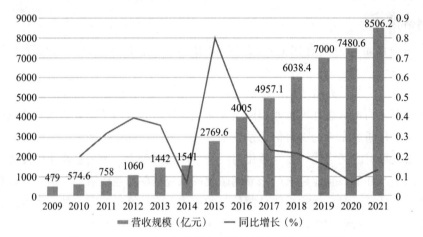

图 5-1　2009—2021 年我国电商物流行业营收规模及增速

资料来源：智研咨询，2022 年中国电商物流发展现状及未来发展趋势分析，2022-07-20.

（2）服务功能不断优化。服务范围不断扩大，目前我国的物流业务已覆盖全国大部分地区，包括部分西部偏远地区，并开始向跨境业务延伸；服务更加完善，客户可以根据自己合适的时间选择次日达、指定时间到达等服务；服务方式更多样化，包括自提柜、上门退换货、网上下单实体店取货等；服务方便快捷，比如当日达、全国范围内的极速达等。

（3）信息技术广泛运用。二维码应用、智能机器人、自动分拣货物等技术在物流企业普遍应用，这些技术极大地提高了货物的到达速度，增强了货物分拣的准确性。智能手机的普及和技术迭代使物流从业人员基本实现了一部手机完成全部的操作流程。

2. 电子商务物流未来的发展趋势

（1）物流业发展多功能化。

1）行业实现高质量发展。高质量发展是现代物流业的重要发展方向。我国区域快递、城市配送、冷链配送等生活物流的快速发展使越来越多的老百姓可以足不出户完成商品的选购和送货上门，充分展示了物流业的发展在提升人民生活质量方面的重要作用。高质量发展也是物流企业实现长远目标的重要保证，给客户提供良好的物流服务体验是重中之重。商品出库后，物流企业不仅需要安全、准确、快捷地把商品送达目标客户，还需要及时发布物流信息，保持与客户的信息交流。

2）信息技术引领产业升级。智能货架、自动化分拣、人工智能、区块链、地理位置等新兴技术，将与现代物流行业不断融合。这些技术的应用将提升物流公司配送工作效率，提高其安全风险管理水平。例如，菜鸟物流旗下的智能机器人技术旗舰仓拥有上百台智能机器人，单日发货量达到惊人的百万件。与此同时，管理机器人开始在车队管理方面得到应用：由于使用了基于人工智能的算法，运输车辆的事故发生率也大为减少。

（2）个性化服务更加普遍。客户满意就是企业成功的最大保障。在未来的物流行业发展中，由于服务人群的扩大，人们的物流需求也将更丰富、更多元。私人定制化、精确化、差异化、高效的服务，会是物流行业的发展方向。

（3）国际化是物流企业竞争的趋势。电子商务的兴起加速了全球经济一体化的进程，带动物流企业向国际化发展。近些年，跨境电子商务迅速兴起，连接起全球的买家和卖家。如何在全球范围内调配资源、开展经营活动、实现与跨国物流企业的竞争，是现代物流企业面临的新的挑战与机遇。

5.1.4　电子商务物流与供应链管理

现代物流系统由图 5-2 所示的部分构成。其中，物流管理系统发挥指挥作用、物流硬件系统为物流作业提供硬件支持、物流作业系统承担具体的作业过程，而流淌在物流信息系统中的信息是物流管理能够有效发挥作用的基础。

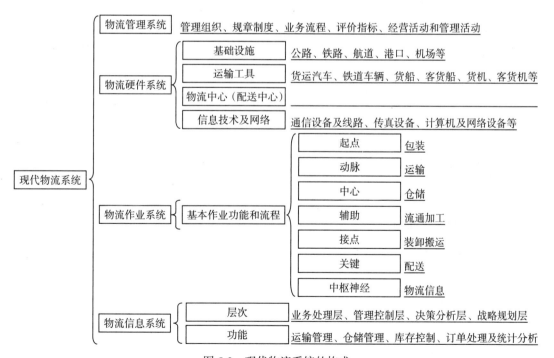

图 5-2　现代物流系统的构成

物流作业的一般流程为包装、运输、仓储、流通加工、装卸搬运和配送。其中包装是起点，运输是动脉，仓储是中心，流通加工是辅助，装卸搬运是接点，配送是关键，而物流信息是物流作业的中枢神经。电子商务物流流程与传统的物流流程是相似的，但是电子商务物流和电子商务信息平台对接，其物流作业流程和商流、资金流以及信息流得以贯通。本节重点介绍物流管理中的仓储管理、物流配送和配送中心与成本管理。

5.2 仓储管理

5.2.1 电子商务物流仓储的重要作用

我国国家标准《物流术语》（GB/T 18354—2021）对仓储的定义为："利用仓库及相关设备进行物品的入库、储存、出库的活动"。其中，仓是指场所，而储是指主要功能。仓储活动是随着人类生存活动出现剩余产品而出现的。这里面，"剩余"既可能是时间上的分布不均衡（比如此时有余而彼时不足），也可能是空间上的分布不均衡（比如此地有余而彼地不足）。保持产品的使用价值、平衡供需的时间差和地域差，是现代仓储要解决的问题。

现代仓储以动态管理、增值服务、信息化管理和机械化与自动化作业为主要特征。动态管理是指实时记录商品库存量、动态补货的存储形式。动态仓储使商品更快、更有效地流动起来，既保证生产需要，又不多占用资源。增值服务包括以提高客户满意度和信息传递效率为目的的操作，比如加工包装、分拣配送、信息咨询、监管服务等。信息化管理涵盖了对商品状态的跟踪，比如进出库跟踪、库存盘点等。机械化与自动化作业是指使用自动化或半自动化的设备（比如自动导引车、物流机器人等），来完成对人力资源的替代。现代物流仓储服务的核心是库存控制，关键是信息化与自动化，增值服务的不断创新则是发展方向。

仓储对于电子商务具有十分重要的作用。合适的电子商务仓储物流模式不仅可以降低企业的经营成本，还可以提高客户响应速度、提升客户满意度。电子商务"小批量、多批次、多品种、短周期"的需求特点，要求电子商务仓储能够根据订单灵活调整和实施物流作业，即柔性化作业。

5.2.2 仓储作业流程

完整的仓储作业流程大致由三部分组成，即入库、储存和保管、出库，如图 5-3 所示。

1. 商品入库

商品入库包括接运、验收和录入两个环节。接运的主要任务是从铁路、公路、航运、空运和短途运输等运输部门中提取商品，要点是及时、准确。商品入库之前，要根据质量标准对商品进行检验，根据明细表和证件对商品进行核对。验收成功的商品将录入计算机、打印入库单，建立商品信息档案，然后根据已有的规则摆放上架；验收不成功的商品，将返厂检修或退换货。

2. 商品储存和保管

储存和保管是仓储的基本功能，包括码垛、密封、维护保养、盘点等活动。仓库的平面布局、库内设置、码垛方式等均与商品自身的物理属性、仓库的自然环境和存储期时长密切相关。例如，重物应放置在地面或坚固的货架上，并接近出库区；相容性较低的货物不可一起保存。

3. 商品出库

电子商务订单送达仓库后，即触发出库操作。这个流程包括根据订单进行拣货、配货，配装完成后进行打包，打印出库单，标注收货地点信息，与第三方物流或本公司送货人员交接等。商品出库的终点是客户成功收货。当送达客户的商品存在瑕疵或客户不满意时，商品需要返回仓库，进行退换货的处理。

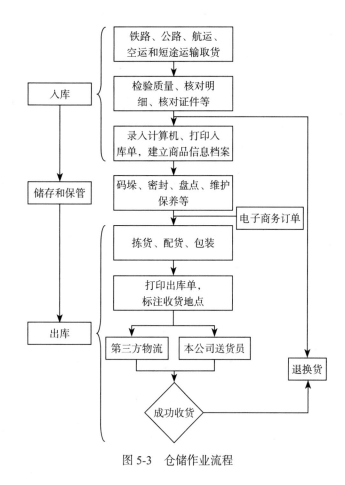

图 5-3　仓储作业流程

5.2.3　电子商务下仓储模式的分析和选择

电子商务环境下，仓储模式分为自建仓储模式、外包模式、混合模式、仓储联盟模式和共同集配模式。这五种仓储方式的优劣势对比如表 5-1 所列。概言之，商品周转率、需求稳定性和市场密度是影响仓储模式选择的主要因素。周转率越高、需求越稳定、市场密度越大、则自建仓储模式更优，反之则推荐采用外包或仓储联盟的方式。

表 5-1　仓储模式的选择

模式	定义	优势	劣势	适用公司
自建仓储模式	电子商务企业为满足自身业务需求，由企业自己建设仓储的模式	• 有助于增强对仓储的控制力 • 保证服务质量、提升企业形象 • 长远来看节约物流成本	• 业务覆盖范围有限 • 资源规模大 • 周期长 • 资金占用多 • 需要较强的综合物流管理能力	• 企业有较强的仓储管理能力和雄厚的资金支持 • 注重建立现代化、信息化、高效率的仓储团队 • 不断扩大仓储物流的服务范围和规模

（续）

模式	定义	优势	劣势	适用公司
外包模式	电子商务企业将仓储物流业务外包给第三方物流公司的模式	·覆盖区域广泛 ·企业投入精力较少 ·有利于社会物流资源的开发利用和提升企业对自身业务的专注度	·企业对物流的控制力较低 ·对第三方物流的依赖较强，企业业绩受第三方公司影响，给公司带来一定风险	·仓储管理能力弱、资金实力一般的企业 ·平台交易量小，但交易批次多的企业
混合模式	企业在拥有自建仓储的同时，将一部分非核心的仓储业务外包给第三方物流企业的模式	·扩大仓储物流业务的范围 ·全力以赴发展核心业务	·较大的资金投入和经营风险 ·"两手抓"的模式不易实现管理的标准化	·仓储管理能力较强但物流成本优势较小的企业
仓储联盟模式	多个电子商务企业通过协议达成共同进行仓储物流业务的企业战略联盟	·降低仓储成本、降低运营风险、提高整体仓储能力和拓展仓储业务	·联盟管理和资金分配较易发生冲突	·自身仓储管理能力不强，且仓储成本优势较弱的企业
共同集配模式	电子商务企业虽有自有仓储，但将货物聚集到集配中心，并配送到各地的企业协同管理模式	·解决企业单独备货不足的问题 ·降低仓储成本	·对集配中心的管理不便	·自身仓储管理能力不强，且仓储成本优势较弱的企业

5.2.4 电子商务与牛鞭效应

牛鞭效应是经济学上的一个术语，也称需求放大效应，指的是信息流（比如对某种商品的需求）从终端消费者向生产端传递时，由于无法实现信息的有效共享，使得信息偏差逐级放大，因为此信息扭曲的过程在图形上和一个甩起的牛鞭十分相似，因此被形象地称为牛鞭效应，如图5-4所示。造成这种效应的主要因素在于供应链中企业间的信息不对称和不完全，或者从较深层次来看，就是供应链中企业的管理方式不符合供应链管理价值最大化的原则。在供应链上，这种效应越往上游，变化就越大；距顾客端越远，影响就越大。

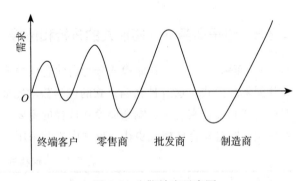

图5-4 牛鞭效应示意图

传统商务模式下的供应链比较长，生产商和终端消费者之间往往存在着批发商、零售商、代理商等诸多营销中介机构。如果各个节点各自为政，都试图将自己的利益最大化，那么牛鞭效应就会很明显。电子商务的出现打破了时空限制，将生产商和消费者直接连接，缩短了供应链的长度，为生产商及时了解消费者的需求提供了全新的沟通平台，进而克服了信息不对称的问题。

电子商务可以在以下两个方面抑制牛鞭效应。

首先，协调企业利益目标。电子商务的发展将供应链内每一个企业的内部过程与供应链其他成员之间的过程集成起来，也将供应链内的企业与消费者连接，实现了整个供应链内所有过程的高度整合，从而使准确预测需求、减轻价格波动、增强信息共享等成为可能。电子商务的发展有利于促成一个组织之间集成化的供应链联盟，帮助链上企业协调利益目标。

其次，实现信息一体化。现代信息技术的发展使得信息一体化成为可能，尤其是信息的实时传递。现代信息技术极大地便利了企业之间的交流，保证了供应链内部企业之间的信息共享（生产、库存和销售信息），使企业可以获得关于最终用户需求的准确信息，增强了供应链内部的信任，使伙伴关系的建立更容易实现，信息的传递也由线性结构变为网状结构，有效地避免了由于多次传递所带来的信息失真。

5.2.5 云仓储

云仓储是近些年出现的一种全新的仓库体系模式。"云"技术主要是指云计算（cloud computing）。"云计算"由谷歌在 2006 年首次提出，是指使用分布式计算、并行处理和网格计算的方式，利用存在于互联网中服务器集群上的大量资源来同步处理计算任务，从而为各种应用提供算力、存储空间以及服务的新型商业计算模型。典型的例子是亚马逊建立的云平台。作为全球最大的在线零售商，亚马逊拥有海量的服务器。然而，在多数时间里，大部分服务器是闲置的。通过亚马逊云平台，用户可以根据需要运行自己的程序，并按照使用资源的多少来付费。如此一来，亚马逊既利用了空闲的资源，又为网络上的软件开发人员提供了集群系统的环境，双方都获得了益处。

物流行业也存在着大量分散的资源，比如分散的运力、规模不一的仓储等。云仓储就是利用"云计算"的思路，结合物流行业已有的信息管理技术（比如 RFID、GPS 等），实现物流过程中信息流转的对称性，将闲置的资源整合调配起来，减少货物在物流过程中的重复搬运，进一步降低物流资源浪费，最终实现资源在物流网络中的最优化配置。简言之，云仓储就是电商卖家把仓储 + 配送方面的问题交由云仓储公司来运营，而电商卖家只需要专注于自己店铺的销售。

5.3 物流配送和配送中心

我国的国家标准《物流术语》（GB/T 18354—2021）将物流定义为："根据实际需要，将运输、储存、采购、装卸、搬运、包装、流通加工、配送、信息处理等功能有机结合，使物品从供应地向接收地进行实体流动的过程。"物流配送一般处于物流系统的末端，是按照客户的要求，在配送中心进行分拣配货，通过合理有效的运输方式送达到需求者手中的过程。配送是物流活动中一种非单一的业务形式，它与商流、物流、资金流紧密结合，主要包括了商流活动、物流活动和资金流活动，可以说它是包括了物流活动中大多数必要因素的一种业务形式，既是物流活动，也包含商流活动中的若干功能要素。

配送中心是物流配送活动的主要地点。在《现代物流学》的定义中，配送中心是指从事货物配备（集货、加工、分货、拣选、配货）和组织对用户的送货，以高水平实现销售或供应的现代流通设置。配送中心不等于一个仓库，而是配送活动的聚集地和发源地，也是物流活动的枢纽。

1. 配送系统的特点

一是目的性。配送流程直接面向终端客户。配送系统的目的性表现在配送活动的组织和实施必须符合客户的要求，按质按量、准时地送到客户所指定的地点。

二是配送信息化和自动化。信息化表现在货物配送过程对现代信息技术的应用。例如，实现信息采集的自动化和代码化、信息存储的数字化、信息处理的计算化和电子化、信息传递的网络化和实时化及信息分析的智能化等。配送的自动化主要体现在配送中心应用先进的自动化物流机械设备，比如全自动包装机、自动导引搬运车、自动分拣机等。

三是配送网络化和智能化。配送网络化主要是指在配送企业与供应商之间、配送企业内部、配送企业与客户之间通信的网络化和组织管理的网络化。配送的实施需要根据配送过程的实际情况，合理地制订配送计划，比如根据货物销售量、城市交通以及配送成本等选择合适的配送路径。进行这些配送作业时，需要采用运筹和决策方面的知识以及智能路线规划算法，从而提高配送的效率、降低物流成本。

2. 配送中心的作业流程

物流配送中心的作业流程主要包括订单处理、分拣与配货、调运配送等环节。

（1）订单处理。商品的配送以订单为核心。物流配送中心从消费者手中接到订单后，新的配送任务随即触发，因此订单处理是配送流程的第一个环节。在电子商务时代，订单下达后往往由与电子商务平台相连接的订单处理系统来完成。配送中心接受订单之后，首先对订单进行审核确认，然后查询商品的储备情况，分配库存，并制定拣货单和出货单。

（2）分拣与配货是指配送中心根据客户订单所列的商品品名、数量和储存仓库位置，将商品从货垛或货架上取出，集中起来的过程。分配的意义在于，商品在配送中心往往按照种类和规格的不同分区存放；而在配送过程中，商品需要按照用户的需求组合包装。在现代的配送中心，自动拣货系统得到了普遍应用，极大地提高了拣货的效率和准确率。分拣有两种策略：一是摘果法，即一个订单一个订单地挑选商品，巡回完毕即完成了一次配货作业，将配齐的商品放置到理货场指定的货位，然后再进行下一个订单的配货。二是播种法，即将不同货单上的同种商品合并取出，集中搬运到理货场，然后将每一种订单所需的数量取出直至配货完毕。

（3）调运配送。商品分拣配货完成后，配送中心要安排调运车辆，为客户及时送货。调运配送环节要求配送中心对车辆实施有效的统筹规划，从而尽量将相近地点客户的商品集中到一辆车上、尽量使每辆车都达到有效的载荷。合理的调运配送可以有效地利用配送资源、降低送货成本、提高送货服务水平和客户的满意度，对配送中心有重要的意义。

3. 配送模式选择

物流配送有自营型物流配送、第三方物流配送、物流一体化配送、共同配送等模式。

（1）自营型物流配送模式。这是目前被生产、流通和综合性企业广泛采用的一种配送模式。企业通过独立组建物流中心实现对企业内部各部门、场、店的物品供应。较典型的自营物流配送是连锁企业的物流配送。例如，北京华联、沃尔玛等连锁企业都是通过组建自己的物流中心完成对内部各场、店的统一采购、统一配送和统一结算的。这种模式在满足企业内部生产材料供应、产品外销、零售厂店供货或区域外市场拓展等企业自身需求方面发挥了积极作用，但是这种"自给自足""大而全"的模式也容易造成重复建设、资源浪费，并不适应电子商务时代对物流的要求。

（2）第三方物流配送模式。第三方物流配送模式是指交易双方把配送业务委托给第三方企业来完成的一种配送运作模式。这一配送模式正逐渐成为电子商务网站进行货物配送的主流模式。除配送外，第三方物流配送企业提供的服务还包括设计物流系统、电子数据交换能力、报表管理、货物集运、信息管理、仓储、咨询等。第三方物流方式可以显著提高电子商务企业的经营效率。首先，电子商务企业可以集中精力于自己熟悉的核心业务，而把物流等辅助功能留给物流公司，从而提高自己的市场竞争力。其次，客户的配送需求往往是千差万别、不断变化的，制造商一般难以兼顾，第三方物流公司能以一种专业、快速、更具规模优势的方式满足这些需求。最后，第三方物流配送可以减少企业自营物流所需要投入的大量的资金和设备，加速资金的周转。相比自营型物流配送，第三方物流配送也存在劣势，比如企业无法直接控制物流过程、无法保证供货的准确和及时、难以保证顾客的物流服务质量等。

（3）物流一体化配送模式。物流一体化配送是在第三方物流的基础上发展起来的。所谓物流一体化，就是物流企业通过与生产企业建立广泛的代理关系，与销售企业形成较为稳定的合作关系，以物流系统为核心，将生产企业的商品或信息进行整合，按订单要求，配送到店铺或消费者手中。在物流一体化的模式下，生产企业、物流企业、销售企业和消费者组成的供应链实现了整体化和系统化。在电子商务时代，这种模式是物流业发展的高级和成熟阶段。在国内，海尔集团的物流配送模式是物流一体化的成功案例。

（4）共同配送模式。共同配送模式是由许多个物流企业联合在一起，对某一地区的用户的配送作业进行统一计划、统一调度。共同配送模式下，配送中心的计划和调度功能发挥着重要作用。共同配送主要包括两种运作形式：一是由一个配送企业整合某一地区内多个物流企业的需求，负责配送的全部流程；二是仅在送货环节上将多家配送企业客户的货物集中到同一辆车上，然后按照订单将货物运送到各个接货点，或者集中接收点上。共同配送模式有以下优势：首先，物流企业实现配送作业的经济规模，提高物流作业的效率，同时不必投入大量的资金、设备、土地、人力等，降低企业营运成本。其次，从社会的角度来讲，实现共同配送可以减少社会车辆总量、提高车辆的装载效率，节省物流处理空间和人力资源，实现社会资源的优化利用。当然，共同配送模式也存在一些难题。首先，各业主经营的商品不同，配送的要求有差别，共同配送的规划是个难点。再次，各企业的规模、商圈、客户、经营意识也存在差距，难以统一协调。最后，分摊费用和对商业机密泄露的担忧同样需要妥善的解决方案。

4. 配送路径优化问题

物流配送路径问题（vehicle routing problem，VRP）主要是进行配送车辆的合理调度，优化配送路径，从而达到降低物流企业的成本、提高物流企业的效率的目的。要实现高效、低成本和优质的物流配送服务，物流配送信息的处理是关键，高速、智能的物流配送决策则是物流配送信息处理的核心问题。

总体而言，配送优化的目标有配送总成本最低、配送的总等待时间最少、运输所使用车辆最少、客户满意度最高等。需要注意的是，这些目标通常没有办法同时实现，甚至选择优化一种目标（比如客户满意度最高）会导致另外一种或几种目标的恶化（比如成本最低）。企业应该根据具体情况，选择合适的目标进行优化。

电子商务下的配送优化问题主要受以下因素的影响：运输网络，配送中心的数量和选址，客户的地址和要求，商品的数量、质量和性质，经济车速，交通道路条件，天气状况，配送的时效性，优化算法等。其中，优化算法的选取是配送路径优化的关键，自物流配送优化问题提出之后，学者们发明和改进了很多算法，比如启发式算法和精准算法等。

5.4 成本管理

1. 物流成本

我国在 2006 年颁布的国家标准《企业物流成本计算与构成》（GB/T 20523—2006）中对物流成本的定义是："企业物流活动中所消耗的物化劳动和活劳动的货币表现，包括货物在运输、储存、包装、装卸搬运、流通加工、物流信息、物流管理等过程中所耗费的人力、物力和财力的总和以及与存货有关的流动资金占用成本、存货风险成本和存货保险成本。"该定义中的物流成本包含两方面的内容：一方面是直接在物流环节产生的支付给劳动力的成本、耗费在机器设备上的成本以及支付给外部第三方的成本；另一方面是在物流环节中因持有存货等产生潜在的成本，比如占有资金成本、保险费等。除此之外，物流成本可以按表 5-2 列示的内容进行分类。

表 5-2 物流成本的分类

分类方式	项目	具体成本
物流环节	运输	主要包括人工费用，比如运输人员工资、福利等；营运费用，比如营运车辆燃料费、折旧、公路运输管理费等；其他费用，如差旅费等
	仓储	主要包括建造、购买或租赁等仓库设施设备的成本和各类仓储作业带来的成本
	流通加工	主要有流通加工设备费用、流通加工材料费用、流通加工劳务费用及其他费用
	包装	主要包括包装材料费用、包装机械费用、包装技术费用、包装人工费用等
	装卸与搬运	主要包括人工费用、资产折旧费、维修费、能源消耗费以及其他相关费用
	物流管理	包括企业为物流管理所发生的差旅费、会议费、交际费、管理信息系统费以及其他杂费
其他分类	一般分类	直接成本或运营成本、间接成本
	活动范围	供应物流费、企业内物流费、销售物流费、回收物流费、废弃物物流费

2. 物流成本的影响因素

物流成本受到诸多因素的影响，具体可以分为行业内因素和社会因素两大类。

（1）行业内因素。

1）订货周期。缩短企业的订货周期可以降低客户的库存量，从而降低客户整体的库存成本，提高企业的客户服务水平和竞争力。

2）库存水平。库存水平与存货成本和缺货成本同时相关。库存水平过低会导致缺货成本增加；而库存水平过高虽然可以降低缺货成本，却会导致存货成本显著增加。合理的库存应综合考虑存货成本和缺货成本，使总成本控制在最低的水平上。

3）运输。不同的运输工具的运输能力大小不等，成本高低也不同。运输工具的选择既要考虑所运货物的体积、重量及价值大小，也要考虑客户对某种物品的需求程度及工艺要求。

4）产品的特性。产品的特性主要包括：①产品价值。产品的价值越大，对运输工具的要求就越高，仓储和库存成本、包装成本也随之增加。②产品密度。在仓库中，一定空间存放的货物较多，库存成本就会降低。同理，产品运输时，产品密度越大，相同运输单位所装的货物越多，运输成本就越低。③易损性。易损的产品对物流各环节的要求更加苛刻。对易损产品完善的保护可以避免因回收、退货而发生的各种物流成本。④特殊搬运。有些物品需要特殊的装载工具，比如对大型物品的搬运，以及运输过程中需要加热或制冷等。⑤距离因素。距离因素是指物流系统中企业制造中心、仓库和配送中心相对于目标市场或客户的位置关系。距离因素会影响运输工具的选择、进货批量等各个方面。若企业距离目标市场太远，则运输成本势必增加；若在目标市场建立仓库，则会增加库存成本。

（2）社会因素。物流行业是一个社会经济系统，与社会各个要素高度相关，除了受到行业内因素的影响，还受到社会经济发展的制约。主要体现在以下几个方面。

1）产业结构布局在很大程度上决定了物流的成本和效率。例如，氧化铝产业。如果东部和西部的电费一样，核心工厂可以在东部沿海完成生产，从而可以避免长距离运输的成本。

2）人口结构会改变物流运作方式。物流行业是人力资源密集的行业。我国面临出生率下降、人口老龄化的问题，劳动人口在未来将不断减少。劳动人口的下降一方面会导致用工成本上升，另一方面可能会促进物流企业在物流各个环节都实现自动化、无人化甚至智能化，从而降低物流成本。

3）信息技术发展极大地提升了物流效率。例如，通信技术、云计算和大数据、机器人等应用使仓储管理中商品识别、入仓、分拣、搬运、传输、测量等环节的效率得到极大提升。因此，促进信息技术行业的发展对物流行业有显著的溢出效应。

4）城市规划是提升物流效率的重要手段。如前文所述，共同配送在于通过仓配一体化管理集中协调社会储运设施，完成配送作业。然而，对于物流资源和设施的整合往往是企业难以独立完成的，城市规划部门能够将这些功能类似的板块集中，促进物流资源的集中规划。除此之外，城市道路的规划、交通管理的水平也对物流的成本有重大影响。

3.物流服务与成本之间的制约关系

一般来说，提高物流服务，物流成本便会上升，它们之间存在着效益背反。面对物流服务和物流成本，企业通常会采取以下几种不同的策略。

1）保持物流服务水平不变，尽量降低物流成本。这种方法被称为追求效益法，一般通过改进物流系统来降低物流成本。

2）提高物流服务水平，不惜增加物流成本。企业面对特定顾客，或特定商品面临激烈竞争时，这种策略具有重要战略意义。

3）保持成本不变，提高服务水平。这是一种积极的物流成本策略，是一种有效的利用物流成本性能的方法。

4）用较低的物流成本，实现较高的物流服务。这是最难实现的方式，企业只有在充分合理运用自身的资源时才能获得这样的成果。

4.物流成本控制的策略

物流系统以成本管理为核心，它通过调整各要素之间的矛盾，把它们有机地结合起来，使成本变为最小，从而追求和实现企业与部门的最佳效益。物流成本控制策略按物流流程可分为采购成本控制、库存成本控制、运输成本控制、配送成本控制、装卸搬运成本控制以及物流服务成本控制等。各环节下可采用的策略如表 5-3 列示。

表 5-3　物流成本控制策略

物流环节	成本控制策略	具体内容
采购	集中采购	使用统一标准的采购系统，采购组织为多个企业或多个部分实施采购，依靠采购的数量获得折扣
	联合采购	中小企业加入采购联盟，集小单成大单，增强整体的议价能力
	网上采购	通过在线商品目录，及时、准确地获取产品信息，利用采购流程的电子化来简化流程、科学管理
	期货采购	根据期货的套期保值功能，在淡季低价时买入原材料的期货合同，在期货市场购回现货，进而保证采购价格的稳定
	招标采购	当物资市场处于买方市场时，采购企业可以在采购时引入竞争机制，择优选择交易对象，从而降低成本
库存	合理划分库存区域，提高库存利用率	通过正确划分库区（大小、位置）来提高库存利用率，控制库存成本
	缩短交货时间	选择合理的运输方式、合适的交货和付款方式，进而缩短商品的在途库存时间
	即时供货	即"看板供货"，看板是根据物料的消耗量制定出的规定格式的补充物料的许可证，企业根据生产节奏，通过看板的形式向供应链上游提出供货要求，因此，看板可以帮助企业理顺物流的运作，缩短交货周期并降低库存
运输	提高运输工具实载率	充分利用运输工具的额定载荷，减少空驶和未满载行驶的时间，减少资源的浪费
	发展社会化的运输体系	充分利用社会中的各种运输系统，打破打造自成一体的运输系统的观念，发挥规模效益的优势
	发展直达运输	减少中转换载，省节装卸成本和减少中转货损
	发挥配载运输的功能	合理安排装载的货物，注重轻重商品的混合配载

（续）

物流环节	成本控制策略	具体内容
配送	混合配送	自营配送和外包配送相结合的策略
	差异化配送	根据产品特性、顾客对服务水平的要求来安排配送服务
	合并配送	既可以是配送方式上的合并，做到满载满装，又可以是共同配送，即和其他配送主体联合，协调配送
	延迟配送	配送活动尽可能推迟到接到订单后再确定，防止出现库存过多或过少的情况，但是一旦接单后，要快速反应
	标准化配送	尽可能多地采用标准化的零部件和模块化的产品
装卸搬运	选择合理装卸设备	企业应结合自身特点（生产计划、财务状况）确定人力、半自动化、自动化等搬运设备，防止设备的无效作业
	合理规划装卸方式和作业过程	减少装卸次数、缩短操作流程、消除无效搬运等
物流服务	提高交货可靠性	确保交货时间、数量、地点、质量的可靠性，避免因不可靠交货带来的额外物流成本
	提高服务质量	高质量的销售和售后服务不仅有利于提高顾客满意度，还有助于扩大销售市场，带来更多的顾客
	提高服务的灵活性	在保证良好服务的前提下，及时了解顾客的需求，提供个性化的服务

5.5　电子商务物流模式

5.5.1　自营物流

自营物流是指电子商务企业独自运营物流业务，通过自己的设施和工具来实现商品的运输与配送。自营物流可细分为第一方物流和第二方物流。第一方物流是指商品的生产商或供给端组织实施的物流，即笼统意义上的卖方。第二方物流是指买方组织的物流，核心目的往往是对商品的采购和销售。典型的自营物流的电子商务企业有京东、亚马逊。自营物流的优势与劣势如下。

1. 优势

（1）掌握控制权。自营物流的企业对商品的采购、运输与销售活动有完整的信息和控制权，因而可自由协调物流活动的各个环节，对于出现的物流问题可快速反应，可及时根据物流中反馈的问题调整战略，完整的控制权还可保证企业商业机密的安全性。

（2）良好的用户体验。自营物流的企业在消费者下单之后，可立即安排从消费者最近的配送中心发货，保证以最快的速度将商品送到消费者手中，同时避免由其他配送公司低质量的服务而造成的品牌形象损失，在很大程度上保证服务的质量和消费者的消费体验。

（3）畅通的信息沟通。自营物流的企业的物流部门和其他部门的信息交流更加通畅，这可以保证企业整体的运行效率，降低交易成本，还可以减少交易结果的不确定性带来的交易风险。

2. 劣势

企业负担较重。物流基础设施有投资巨大、成本回收周期较长的特点。尤其像我国这样国土辽阔的国家，一般需要数十个分布在各大区域的运营中心和数以千计的仓库。巨额的投资可能让企业面临资金短缺的问题，削弱企业抵御市场风险的能力。因此，中小企业往往无法采用自营物流。

5.5.2　第三方物流

第三方物流是指电子商务企业依靠外部企业完成对所售商品的相关物流服务。这里的第三方是指卖家（第一方）与买家（第二方）之外的第三方。第三方物流企业不拥有商品，在实际的供应链中并不是独立的参与者，而往往是作为收货方或发货方，为客户提供专业的商品运输、储存、配送和包装等一整套的物流增值服务。第三方物流企业的出现是经济分工深化的结果，生产和销售企业只需委托第三方物流企业即可完成物流活动，最大限度地节约了自营物流的支出。现今比较著名的第三方物流企业有顺丰、"四通一达"（申通、圆通、中通、百世汇通、韵达）等。

第三方物流企业通常有如下几种来源：由传统运输、仓储、货运代理、信息咨询等企业，不断扩展服务范围而转型产生；由大型企业的物流部门分离而来；由多方合资、合作而建立的第三方物流企业。

电子商务下的第三方物流有以下特点。

（1）信息网络化。信息技术和信息优势是第三方物流发展的基础。第三方物流企业除自身信息外，还可掌握卖家、买家、价格、制度、政策等方面的信息，从而比单独的任何一方都更了解市场。信息技术的应用使第三方物流提高了物流管理的科学性和物流效率。

（2）功能专业化。专业化的运作是第三方物流的核心竞争力。作为专门从事物流的组织，第三方物流有标准化的运作方式、专门的物流基础设施、关于不同物流市场的专业知识、专业的物流人才，还有能够满足不同客户需求的个性化的服务。

（3）经营规模化。通过承担多家企业的物流业务，第三方物流企业可以实现物理的规模化。相比第一方或第二方物流，规模化的作业方式让第三方物流企业单笔业务的成本更低、人力和设施得到充分的利用，为第三方企业带来超额利润的同时，也提高了整个社会的物流投入回报率。

5.5.3　第四方物流

随着物流业务复杂化、体系化、专业化的进一步加深，第四方物流应运而生。第四方物流的概念最早由埃森哲公司在 1998 年提出。埃森哲认为第四方物流为供应链的集成者，负责将专业知识、系统和各方资源汇集在一起，从物品流上为客户提供全面的供应链解决方案。第四方物流公司一般指提供物流咨询服务的咨询公司，这些服务包括物流系统的分析、诊断、优化以及提供设计方案。

如果说第三方物流是对传统物流的升级和突破，那么第四方物流完全是在电子商务下产生的。值得注意的是，与第三方物流的外包属性不同，第四方物流本身并不从事物流的物理活动，其核心在于依靠智力、信息和经验等资源，整合、控制和管理整个物流过程。

因此第四方物流蕴含着更多管理思想的创新。第四方物流也并不是第三方物流的竞争者，两者更多是协同合作的关系。第四方物流的出现有助于第三方物流提高物流服务能力和管理水平。

第四方物流可以被看作物流的架构师、领域专家、信息整合者和资源提供者，它承担着物流服务中资金流、信息流和物流之间"中介"的角色（见图 5-5）。

第四方物流的业务逻辑可以用下面的例子具体说明。

（1）买家下单之后，卖家联系第四方物流企业安排商品的配送。

（2）第四方物流企业分析客户的配送要求（比如配送时段、地点）和商品属性（比如类别和属性）等特点，规划合适的配送路线，协调第三方物流供应商等合作伙伴实施配送。

（3）买家成功收货后，将收货凭证发给卖家，交易完成。

该例子说明，第四方物流与电子商务和第三方物流企业均不存在业务冲突，而是提供互补性、整合的服务。成功的第四方物流需要建立在分享信息、分享风险和分析回报的基础上。第四方物流可以促进供应链体系的一体化，使整个供应链更加有效、快捷和经济。

架构师	领域专家
·供应链规划 ·客户多样性 ·交易促成者 ·供应链重构者 ·项目管理 ·服务集成 ·持续创新	·富有经验的物流专家 ·优化引擎 ·支持决策 ·保持中立立场 ·保持改善
信息整合者	资源提供者
·提供集成 ·提供 IT 基础设备 ·追踪实时数据 ·将数据转换成信息 ·提供信息 ·提供技术	·运输 ·仓库 ·生产制造（外包） ·采购服务

图 5-5　第四方物流

5.5.4　物流联盟

物流联盟是指物流相关企业通过合作形成优势互补、要素流通、信息分享、信任共担、收益共享的伙伴关系。物流联盟中，各物流企业保持自身的独立性，通过股权互持、缔结契约等方式组建相对稳固的松散型网络组织，并承诺在某些方面采取协同行为。物流联通可以使联盟内的企业明确分工、减少冲突，使供应链聚焦到为客户提供优质、全方位的服务上，进而提高行业整体的竞争力和效率。

物流联盟的建立有以下三种方式。

（1）纵向一体化，即处于不同物流活动、不同环节的物流企业。各企业往往具备所在环节的比较优势，物流联盟有助于企业间的互补合作。

（2）横向一体化，即服务范围相同的物流企业。这些企业可能服务相同或不同的地域，物流联盟有助于协调这些企业，形成合力，构建完整的物流服务网络。

（3）混合型，即物流联盟中同时有上下游的企业，也有同一业务环节的企业。这种方式的核心是由第三方物流提供统筹规划、一体化管理的服务，从而减少物流企业由于竞争和重复建设造成的资源浪费、提高物流联盟整体的物流效率和经济效益。

在我国物流行业，典型的物流联盟是由菜鸟网络牵头，圆通、中通、申通、百世汇通、韵达等物流企业加盟的"菜鸟联盟"。

◎ **应用案例 5-1**

菜鸟的前置仓、京东物流的中心仓与生鲜配送

阿里巴巴和京东作为我国最大的两家电商企业，在物流模式上分别选择了平台和自营这两种截然不同的模式，相异的战略各有利弊。

2007 年自建物流体系的京东物流在持续不断的高额投入下打造了一流的服务团队和一流的用户体验，不仅帮助自家品牌形成高端形象，也成为它与阿里巴巴旗下电商竞争最有力的核心武器。2017 年，经过架构重组后的京东物流成立子集团独立运营，打造独立品牌，成为行业内唯一一家提供全套物流服务产品的企业，包括快递、供应链、冷链、快运、大件、跨境、服务、售后等。在此基础上京东物流对第三方卖家全面开放，为京东商城和其合作伙伴提供了坚实的物流服务后盾。坚持自营的京东物流采用以仓配供应链服务为主，以"仓配一体化"为中心的 B2C 模式，其业务的核心环节分为仓储、运输和配送。这样的物流模式在形成统一化管理的同时，打造了京东当日达、次日达的高效物流体验。

2013 年 5 月成立的菜鸟网络起步较晚，它的核心竞争力在于两张王牌，一是打造平台级物流体系，并与多家快递公司形成战略合作，在双方互利的情况下迅速扩大市场规模，二是通过联盟承接的海量订单服务形成数字化、智能化、信息化等一体化的物流解决方案。一方面，菜鸟网络通过建造全国物流骨干网络，将快递行业的上层核心命脉掌握在自己手中，并通过"最后一公里"的菜鸟驿站把握住快递行业用户的流量入口。快递公司正慢慢转变为单纯的"苦力工"，在未来可能要面对丧失核心业务价值并逐渐丧失主动权的局面。因此，菜鸟网络在发展之余更要考虑如何将这种双赢的模式维持在一个平衡线上，因为一旦平衡被打破，后续所谓的合作也荡然无存。另一方面，虽然平台化模式确实可以起到杠杆效应，但即便有雄厚资本的加持，菜鸟网络仍无法完全掌控并帮助快递公司进行基础设施建设、服务体验升级等工作，这也是物流平台模式相对于京东自建物流体系的一个缺陷。仅从用户体验来看，菜鸟网络还无法达到京东物流的服务和效率。

不过，随着消费升级和新零售等趋势的到来，人们对于生鲜水果类产品的时效性要求有了进一步提升，能否在下单一小时后尝到新鲜的海鲜及水果成为物流行业的另一个竞争点。生鲜电商竞争的背后其实是冷链物流能力的较量，而冷链物流服务中的"最后一公里"则是行业一直以来面临的难点，也是影响用户体验的关键。冷链物流相比于普通物流的建设成本、运营复杂度更高，再加上国内一线城市交通复杂拥堵，主打"中心仓"的京东物流很难满足消费者对于时效性的高需求。与京东物流不同，菜鸟网络把控"最后一公里"的关键点是采用前置仓的方式，因此更靠近消费者（比如在消费者集中的社区附近都能看到的菜鸟驿站）。生鲜产品销售方可以利用冷链物流提前将产品配送到前置仓。一旦客户下单，前置仓经营人员将完成货物包裹和"最后一公里"的配送，既能提高配送效率又可

以提高用户体验。菜鸟物流和京东物流在新零售时代的较量，是值得关注的商业现象。

资料来源：科技银狐，菜鸟联盟 vs 京东物流，新零售时代，谁将主宰电商物流，2019-09-01.

思考问题

1.前置仓和中心仓的优势分别是什么？

2.生鲜水果的物流中，前置仓和中心仓哪个更具优势？

5.6　智慧物流

近些年，物流行业经历了高速的迭代发展，新的技术和理念层出不穷，而这些发展离不开信息技术与数据科学在物流行业的应用。信息技术、数据分析（特别是大数据）、人工智能、物联网等技术的发展和成熟催生出了被普遍认为是物流未来发展趋势的"智慧物流"的概念。智慧物流希望物流系统像人一样，具备思考、感知、学习、推断和自主解决问题的能力，并把这种能力使用到物流业的运输、仓储、配送、包装、装卸等各个活动环节。在技术上，智慧物流要实现商品的识别、位置跟踪、溯源、监控和实时响应，达到正确的货物以正确的数量、正确的质量和正确的价值，出现在正确的时间和正确的地点的最高境界。本节将介绍在智慧物流中一些典型的信息技术和数据科学的应用。

5.6.1　信息技术在物流行业的应用

现代物流最基本的特征之一是信息化。信息技术的应用遍及物流活动的各个环节，并极大地提高了效率，降低了成本，改变了物流行业业态。可以说没有信息技术的发展，就没有现代物流。我们在这一部分重点介绍条形码技术、射频识别（RFID）技术、电子数据交换（EDI）技术、定位技术和地理信息技术、物流智能终端技术等在物流行业的应用。

1.条形码技术

条形码技术是在计算机的应用中产生和发展起来的一种自动识别技术。条形码是利用光学电扫描阅读设备，实现数据输入计算机的一种代码。它是由一组按一定编码规律排列的条、空符号，用以表示一定的字符、数字及符号组成的标记，由这些条和空组成的数据条码表达一定的信息。这些信息可能包括产品品名、规格、数量、生产厂商等静态信息，还可能有批号、流水线、生产日期、保质期、发运地点、到达地点、收货单位、运单号等动态信息。条形码将条码表示的数据转变为计算机可以自动采集的数据，从而实现快速、准确、可靠的数据采集。条形码技术的应用解决了数据输入和数据采集的"瓶颈"问题，为供应链管理提供了有力的技术支持。它也是迄今为止最经济、实用的一种自动识别技术。条形码技术及应用都取得了长足的发展：符号表示由一维条码发展到二维，目前又出现了将两者相结合的复合码；条码介质由纸质发展到特殊介质；条码应用从商业领域扩展到物流、金融等经济领域，并向纵深发展，面向企业信息化管理的深层次的集成；条形码技术产品逐步向高、精、尖和集成化方向发展等。

条形码有输入速度快、可靠性高、采集信息量大、灵活实用、条码设备易于操作、条码标签易于制作、效率高、成本低等优点。同时，条形码也有容易刮伤外层、印刷平面易不均匀、易灰尘污染等缺点。

在物流领域，条形码技术就像一条纽带，将产品的生命周期各阶段的信息连接在一起，它有以下具体应用场景。

（1）仓库货物管理。条码出现以前，仓库管理作业存在着很多难题，比如物料出入库、物品存放地点等信息手记过程烦琐、信息传递滞后、发货日期无保证、决策依据不准确、人工登记易出错等。这些都降低了系统的可靠性。为了避免失误，一些物流企业只能增设验单人员。然而，验单人员的增加，不仅会降低劳动生产率、影响指令处理速度，而且人力成本高昂。条码技术的应用，可以避免手工书写票据和送到机房输入的多余步骤，实现扫描后信息实时进入系统，大大提高了工作效率，还解决了库房信息滞后的问题，提高了交货日期的准确性。除此之外，条形码的应用还解决了票据信息不准确的问题，消除事务处理中的人工操作、减少无效劳动。

（2）货物信息控制、跟踪和库存自动预警。条形码技术还可以实现对各种货物库存量的监测，当库存量高于或低于预设值时自动进行预警，并结合货物近期平均用量，在信息系统中自动完成采购或取消订货，进而使库存量保持在合理水平。条形码技术可以用于监测货物的实际位置、存放时间、空间余地等参数，对不合理位置、超长存放时间、余地不足等问题进行自动反馈。

2. 射频识别技术

射频识别（RFID）技术利用无线电波对记录媒体进行读写。RFID技术由电子标签、阅读器、天线和主机系统三部分组成。电子标签与条形码类似，里面储存着货物的唯一标识码，包含产地、日期等关键物流信息。不过，与条形码不同的是，RFID电子标签的信息储存量更大，并且能够自动或在外力的作用下主动把货物信息以无线电信号的方式发送出去，发送距离从十几厘米到几十米不等，进而做到非接触式作业。阅读器是无线电信号的接收装置，接收到标签发送来的信息后，阅读器进行翻译和校验，能够做到在短时间、小空间内读取多个标签，批量获取货物信息。天线负责电子标签和阅读器之间传输数据的发射与接收任务，主机系统负责数据的处理。

RFID技术可以有效地改善电子商务的供应链速度，在以下方面提升物流中心的管理水平。

（1）提升入库作业速度。货物入库之前，可以在RFID电子标签内预先录入货物名称、规格、生产商等信息，并把制作好的标签安装在货物包装上，而运输车上装有阅读器。入库指令发送到运输车后，运输车上的阅读器读取标签内信息，并与入库指令进行比对。库门入口处也可以安装阅读器，当产品入库时，阅读器将自动读取产品信息、计数以及记录入库时间，并把信息发送到后台的主机系统。当货物到达目标货位后，运输车上的阅读器读取货位标签，与指令的目标货位确认无误后，将货物放入货架，并把确认信息发送至主机系统。主机系统更新数据库，将最终的入库结果和进货清单对比，信息一致则入库工作完成。可以看到，由于 RFID 的应用，入库作业的流程从人工录入变成了自动读取，实现无纸化作业的同时，大大提高了效率，通过主机系统自动核对，从源头减少了操作差错，提升了速度和准确率。

（2）盘点作业时间短。电商物流中心的仓库面积较大，库位数量多。人工盘点工作量巨大、耗时较长、错误率高。即使条形码的应用可以部分缓解盘点的作业量，但是货物上的条形码常常出现磨损的状况，给后续工作造成困难。RFID 的非接触式作业的特点可以解决这个问题。盘点员只需手持移动的阅读器在仓库巡回，阅读器就会自动读取货物信息，盘点速度得以大幅提升（仅为传统条形码识别时间的 1/20），同时减少了条形码磨损问题。即使货物放置得比较分散或处于危险货位（比如较高货架），也不影响盘点效率。

（3）拣货和出库作业效率高。电子商务下的订单拆零率非常高，这是因为消费者的需求往往是多样、个性化的。因此，拣货工作是物流中心的一个关键环节，其效率直接影响整个中心的效率。爆仓问题的出现，往往是由于拣货效率太低，无法应对突然增加的工作量。应用 RFID 技术可以提高拣货速度和准确率，使出库过程流畅无停顿，减少了传统拣货过程的开箱复核、人工点数记录的过程，进而显著地改善了物流效率。

当然，RFID 技术并不是完美无缺的。由于 RFID 采取非接触式采集信息，容易受到外界因素的干扰而影响准确性。电商物流中的货物性质复杂、形制多样，货物的物理特性、大小、安装环境、应用层级、标签形式、安装方式等也增加了应用的难度。另外，RFID 技术现在尚无国家统一标准，频率选择、编码规则等方面并不一致，使得企业间信息传输和应用受到限制。相信这些问题可以在今后的发展过程中逐步解决。

3. 电子数据交换技术

电子数据交换（electronic data interchange，EDI）技术是交易伙伴之间、企业的内部应用系统之间，通过计算机和公共信息网络，以电子化的方式传递商业文件的一个安全、标准的连接技术。供货方、物流公司以及需求方可以通过 EDI 系统进行物流数据交换，并以此为基础实施物流作业。EDI 在海关、国际贸易、政府、交通运输和公共事业中都有广泛的应用。EDI 在物流的应用流程一般如下。

（1）供货方在接收到订单后，制订配送计划，把货物清单、运输时间等信息通过 EDI 发送给物流公司和需求方，以便物流公司制订车辆调配计划、需求方提前安排货物的接收。

（2）物流公司对货物进行装配，并制作送货清单。物流公司将发货信息通过 EDI 传达给需求方。在货物送到后，物流公司可以发送运送业务信息和运费信息给供货方。

（3）需求方在货物到达时与先前收到的货物信息进行核对，确认无误后通过 EDI 向物流公司和供货方发送收货确认信息。

EDI 在物流行业的应用有诸多重要意义。

（1）加快处理速度。EDI 可以将过去需要花费数天的邮件通信缩减到几分钟。自动化的信息处理也可以将员工从重复性且低附加值的工作中解放出来，从事更高价值的任务。

（2）降低成本。EDI 降低了打印，复制，存储，归档，邮资和文档检索成本，帮助企业节省了成本。

（3）更准确。EDI 消除了诸多人为错误，比如手写难以辨认、邮件丢失和键入错误等。

（4）改善业务合作关系。EDI 可以缩短订单到现金的周期时间，从而改善了业务流程以及与合作伙伴的关系。

（5）战略利益。EDI 提供对交易状态的实时可视性，实现更快的决策制定，更好地响应客户需求和市场变化。

（6）环境友好。EDI 替代纸质单据，减少二氧化碳排放，促进环境可持续性发展。

4. 地理信息系统

地理信息系统（geographical information system，GIS）是在计算机硬软件系统支持下，对整个或部分地球表层（包括大气层）空间中的有关地理分布数据进行采集、储存、管理、运算、分析、显示和描述的技术系统。GIS 既是地图测绘的数字化产品，同时也是遥感、定位系统的缓冲区，发挥着重要的调节网络信息流的作用。GIS 在物流领域有着十分重要的应用，具体有以下几方面。

首先，数字化管理功能。GIS 的应用有助于提升物流企业的信息化程度，丰富物流企业日常运作数字化的内涵。例如，物流企业拥有的物流设备、货物均能用精确的空间与时间信息来描述。

其次，货物位置查询功能。GIS 可以对运输中的车辆进行实时定位、跟踪、报警、通信等，使物流企业实时掌握车辆信息、为车辆的远程管理提供基础。这些信息还可以反馈给客户，使客户了解自己的货物在运输过程中的细节情况。

再次，GIS 拥有强大的网络分析功能，能够对地理网络（比如交通网络）、城市基础设施网络（比如网线、电力线、电话线）进行地理分析和模型化。在送货区域规划、送货路线优化（包括路线顺序、路线可视化、点间经济距离的优化测算）等方面，GIS 可以提供重要的技术支撑。

最后，实时调度功能。因为 GIS 能够监控车辆等移动目标的位置，因此物流企业可以根据道路交通状况（比如拥堵情况）向移动目标发出实时调度指令。车辆调度人员可以根据货物的运送地点，结合客户的提货需求，通知离客户最近的司机前去取货或去送货，从而节约运输时间，实现资源的充分利用。

5. 智能终端

信息技术催生下的智能终端在物流行业有着广泛的应用。除了前文提到的自动导引车、物流机器人（搬运机器人、码垛机器人等），还有智能手机、导航终端、智能集装箱等。

（1）智能手机：将移动通信与计算功能合二为一的移动设备。智能手机可以像电脑一样依靠操作系统，由用户自行安装软件等第三方服务商提供的程序（即 App），从而极大地拓展设备可实现的功能。物流相关的服务在智能手机上往往以 App 的形式出现，这些 App 依靠手机自带的通信、定位、互联网接入等硬件，完成订单查询等丰富的功能。

（2）导航终端：相对智能手机，导航终端实现的功能更加单一和专业，比如地图查询、路线规划、自动导航。这些设备包括：车载导航、便携式导航仪以及手持式导航仪。

（3）智能集装箱：具有自动识别、信息储存和智能监控功能的集装箱。这些集装箱可以通过 RFID 和传感器随时获取集装箱的一些信息，比如位置、安全状况、温度、适度等，并将提取的信息通过通信网络自动传输到管理信息系统中。货物的利益攸关方可以通过管理信息系统追踪货物，及时了解货物的状态。

（4）自动导引车（automated guided vehicle，AGV）：一种无人驾驶的自动运输车，往往以电池为动力，装有电磁感应引导、激光引导或视觉引导等导航装置，能够沿设定的路径完成行程。AGV 已经广泛应用在物流行业，特别是在仓储业中，用于实现货物出入库的自动搬运。

（5）物流机器人：可以自动执行工作的机器装置，具有可编程、多功能的特点，既可以运行提前编排的程序，又能接受人类指挥，或是以人工智能制定的规则运行。在物流行业得到应用的机器人主要有搬运机器人和码垛机器人。

5.6.2　数据科学在物流行业的应用

电子商务的蓬勃发展带动了物流行业的迅猛发展。2023 年，全年快递业务完成 1 320 亿件快递，同比增长 19.5%。面对如此巨大的业务量，如何及时准确地收集和分析物流相关数据、科学地制订物流解决方案，对提高物流企业的管理水平和效益有重要的意义。物流数据的来源主要包括货物在运输、仓储、搬运装卸、包装、流通加工等环节所涉及的信息。而数据科学，尤其是大数据（big data）技术的应用，可以提高运输与配送效率、降低物流成本、更高效地满足客户的需求。

数据分析是从数据中提取有价值的信息和形成结论的过程。数据分析的技术按种类大致可分为分类、聚类、关联规则和预测。数据分析技术已经广泛应用于商业活动的方方面面，比如风险分析、客户挽留缝隙、销售预测、客户画像、交叉销售、捆绑销售等。而在物流行业，数据分析技术同样有着丰富的应用场景。下面列举一些典型的案例。

1. 库存预测

数据分析技术可以帮助企业优化库存结构、降低库存成本。根据季节、价格、竞品等情况，数据分析技术可以通过对以往的销售数据进行建模，对商品的销量进行预测，以此来判断当前商品的合适库存，对低库存商品给出预警。数据分析技术的应用让企业摆脱依靠直观知觉，实现对库存的精准控制，从而提高资金利用率。

2. 运营设备维修预测

物流企业往往运营着成千上万辆运输车（比如顺丰 2019 年拥有 3.5 万辆干支线车辆，7.2 万末端收派车辆）。车辆如果在路上抛锚会带来很大的损失，因为这意味着需要再派一辆车，运单也将不可避免地延误。以往，物流企业往往对车辆进行定期检查，但是这种方法不够高效。通过监控车辆的各个部件，并对车辆行驶的时间、完成的吨公里数、每公里的油耗、维修保养费用等进行数据分析，可以尽快发现车队管理中的问题，从而及时处理、更换需要的零件。这样的方式可以带来更精准的管理，在提高效率的同时降低了运营成本。

3. 运输路线优化

数据分析技术可以在给定运输资源的条件下结合历史运输数据、中转场地理信息等灵活地进行资源调配，计算物流车辆最短、最优的配送路径，进而提高整体运输的效率、降低单件成本等。最经典的例子是美国 UPS 公司的"不能左转政策"。UPS 的分析师发现，在左驾右行政策的国家，当货车与相反方向的车辆交叉行驶时，会导致货车在左转道上长时间等待，增加油耗的同时，发生事故的比例也会上升。在这项政策下，UPS 的司机即使绕圈子也不会左转。数据显示，在这项政策下，UPS 货车在少行驶了 2.4 亿英里的同时多送出了 34 万件包裹。

4. 智慧选址及排程

数据科学技术还可以帮助物流企业更好地增设网点和排程（即分配快递员）。具体而言，物流公司能够利用积累的运单数据对各个地方的订单进行统计分析，预测出未来一段时间的件量。这些信息可以作为衡量市场需求、资源供应的基础，从而让企业确定网点最优的选址和快递员最合适的配置。

5. 供应链协同管理

数据科学技术在供应链上下游企业的协同生成上可以发挥重要的作用。供应链内企业的协同是保证供应链整体竞争力的关键。良好协同的供应链可以避免因为缺货造成的客户丢失，也可以避免因为过剩造成的生产损失。供应链内的企业可以收集和跟踪资源、交易、供应商、质量、需求、库存等数据，通过数据分析的手段平衡订单、产能、调度和成本的关系，从而找到最优的渠道、生产作业、物流需求与采购计划方案。

◎ 应用案例 5-2

顺丰大数据平台

顺丰通常以一家快递公司的形象为人熟知。但随着顺丰身上的大数据、科技等印记越来越多，版图越来越大，一张以"大数据应用成果"为核心的科技新"脸谱"正悄然成型。在 2019 年的数博会上，顺丰推出了"企业大数据解决方案""大数据智能产品""物联网大数据应用""数据灯塔""丰暴大屏"和"顺丰地图" 6 款产品和解决方案。目前，这些产品已在快递运营、仓储、冷运、医药、金融、快消等多个物流供应链细分领域进行了全场景的应用。

作为一项大数据产品服务，"数据灯塔"融合了顺丰持续积累 20 余年的数据，其数据来源主要有 30 万收派员、5 亿个人用户、150 万企业客户、300 万楼盘和社区信息、10 亿电商数据以及 10 亿社交网络等海量数据，覆盖了全国 3 000 个城市和地区。2016 年上线后，数据灯塔在 3C 数码、生鲜、食品、服装等行业均有不俗的表现。这一产品还曾获邮政行业科学技术奖一等奖。

　　数据灯塔以智慧物流和智慧商业为主旨，期望为企业更加精准地开拓市场提供更专业的解决方案。在智能物流方面，数据灯塔提供快递的实时跟踪、监控，及时发现问题快件并处理。数据灯塔可以实现个性化预警，支持不同地域的自定义设置快递服务质量、件量下滑预警，方便客户基于自身情况定制服务。利用数据挖掘方法，数据灯塔批量化、精准化预测商品的未来订单走势，助力商家提前备货。就仓储管理而言，数据灯塔可以指导商家合理分仓，提升时效、降低成本，实现"单未下，货先行"，提供基于时效和成本的最优解决方案。数据灯塔还可以帮助商家实时了解当前库存状况，及时发现缺货、爆仓等问题，帮助企业进行有效的库存管理，节约成本。

　　在智慧商业方面，数据灯塔帮助企业洞察同行、洞察消费者、洞察供应链。数据灯塔帮助企业在第一时间掌握市场行情，关注同行动态，轻松应对件量高峰和低谷。数据灯塔使电子商务企业可以随时了解畅销商品，关注竞争对手品牌销售动态及用户口碑情况，助力商家优化产品运营，调整营销策略。利用顺丰的运单数据和外部地址信息，使用大数据技术基于地理位置的商业环境进行分析，数据灯塔让商家更清楚地掌握消费者的购买偏好及人群画像信息，提供完整的商业落地方案，协助商家更好地定位目标客户。数据灯塔的供应链分析帮助商家洞悉供应链上游（比如分销商、代理商、生产企业、原料供应商）活跃程度和下游市场动态（比如流行趋势、购物偏好、商品热点），帮助商家在生产、采购、销售活动中及时把握市场潮流，及早调整、有效应对，规避供应链风险。

　　科技成为顺丰的重中之重。顺丰为什么要如此？

　　其一，顺丰能借此提升自我，用科技技术制造更高的产业壁垒，巩固自身的"护城河"。近几年，随着高速互联网的发展和即将到来的 5G 网络时代，以及大数据分析系统和物联网等技术的发展红利，快递、物流行业受益匪浅。基于配送及时率、准确度、快递员评价和投诉率等因素建立起的应用系统，每一步都得靠数据。顺丰每日涉及数百万订单，如果能对物流消费过程中产生的大量数据加以合理分析和利用，就能对其物流运营效率、消费体验和产品升级带来巨大的价值提升。

　　其二，立足大数据、应用解决方案等科技，顺丰可以再造一个顺丰，进行蝶变。顺丰的雄心是参照国外三大巨头（DHL、UPS 和 FedEx）的发展路径，将这些年积累的 To C 端的能力、技术和资源等逐渐嫁接到 To B 业务上，对物流供应链、企业经营等进行产业赋能，改善整个物流行业的现状。

　　总之，立足科技的智慧物流是一门大生意。对于整个消费市场而言，物流如同血管一般。如今，顺丰给出智能化解决方案，物流升级为智能化物流、智慧化物流，让智慧物流不再是一种空想。

　　资料来源：极客网，顺丰蝶变：物流的科技化之路，2019-05-29.

思考问题

1. 数据灯塔的应用场景有哪些？

2. 你还能想到哪些数据灯塔的应用？

3. 科技对顺丰而言意味着什么？

◎ 本章小结

1. **电子商务物流的基本特征**。物流是生产、商流、"以顾客为中心"的保障。信息化、自动化、网络化、智能化、柔性化是电子商务物流的基本特征。

2. **电子商务物流管理**。物流作业的一般流程为包装、运输、仓储、流通加工、装卸搬运、配送。其中包装是起点，运输是动脉，仓储是中心，流通加工是辅助，装卸搬运是接点，配送是关键，而物流信息是物流作业的中枢神经。

3. **仓储管理**。仓储作业流程大致由三部分组成，即入库、储存和保管、出库。电子商务下的仓储模式大致分为自建仓储模式、外包模式、混合模式、仓储联盟模式和共同集配模式等。

4. **物流配送**。配送中心是物流配送活动的主要地点，其作业流程主要包括订单处理、分拣与配货、调运配送等环节。物流配送有自营型物流配送、第三方物流配送、物流一体化配送、共同配送等模式。配送优化的目标有配送总成本最低、配送的总等待时间最少、运输所使用车辆最少、客户满意度最高等。

5. **成本管理**。物流成本包括货物在运输、储存、包装、装卸搬运、流通加工、物流信息、物流管理等过程中所耗费的人力、物力和财力的总和以及与存货有关的流动资金占用成本、存货风险成本和存货保险成本。物流成本受行业内因素和社会因素两大类因素的影响。物流成本控制策略就是调整各要素之间的矛盾，把它们有机地结合起来，使成本变为最小，以追求和实现企业与部门的最佳效益为目标。

6. **电子商务物流模式**。电子商务物流模式包括自营物流、第三方物流、第四方物流、物流联盟等。

7. **智慧物流**。信息技术（条形码技术、射频识别技术、电子数据交换技术、地理信息系统、智慧终端等）、数据科学等技术的发展和成熟，催生了智慧物流的发展趋势。

复习题

1. 定义电子商务物流与电子商务的关系。
2. 简要叙述电子商务物流的发展趋势。
3. 论述电子商务物流管理的组成部分。
4. 简述仓储管理、物流配送的流程。
5. 举例说明不同仓储管理模式适用的公司类型。
6. 区分不同的电子商务物流模式。
7. 简要介绍社会因素对电子商务物流成本的作用与影响。
8. 列举促进电子商务物流发展的主要信息技术。

◎ 章末案例

无人机送货：未来智能物流发展的潜在方向

1. 无人机送货在国外的应用

2013 年底，亚马逊创始人兼首席执行官杰夫·贝索斯（Jeff—Bezos）在电视节目中向观众介绍了亚马逊的无人机送货项目。2022 年，无人机配送成为了现实。这个计划全称是 Prime Air Drone Deliveries，并将加利福尼亚州作为试点进行大规模无人机配送。

与此同时，零售业巨头沃尔玛也宣布了它的无人机配送网络计划——DroneUp 项目。2022 年 5 月底，沃尔玛对外宣布将在美国 6 个州的范围内进行大规模无人机配送，并且送货时间将少于 30 分钟。

无独有偶，谷歌母公司 Alphabet 宣布，旗下的 Wing 无人机已在全球累计完成超过 20 万次商业交付。该服务目前已在美国、澳大利亚等多地部署，可通过无人机在几分钟内将生鲜杂货直接交付到消费者手中。

2. 无人机送货在国内的应用

京东于 2015 年开始实现无人机交付，并建立了干线、支线和终端的三级无人机物流配送和通航物流系统。干线无人机可以覆盖 300 公里的区域，通过大吨位无人机将产品从一个仓库运送到另一个仓库；支线无人机可以在物流分中心之间快速运输较小批量的货物；终端无人机则可以前往偏远地区以解决"最后一公里"的交付问题。美团已通过试点计划惠及深圳 8 000 名客户。该项目包括七个社区，为顾客提供方便的自助服务。美团已申请在深圳全境运营，还计划在上海建设一个无人机物流试点中心。

3. 无人机送货要解决的问题

快递无人机可以帮助快递公司解决利润下降的问题，尤其是与"最后一公里"货运相关的盈利问题。所谓"最后一公里"是指将产品送到客户家门口的物流，是物流过程中最昂贵的环节，因为它通常涉及多个站点，这可能占运输成本的一半以上。因为距离遥远、地形复杂，"最后一公里"配送在中国的农村尤其昂贵。而随着电商在农村地区的发展，无人机可以用来克服物流难题。在城市地区，低空飞行的无人机需要获得特别许可，但即使如此，一些地区拥堵的交通也还是让无人机配送比人工配送更便捷。

4. 无人机送货面临的困难

在技术层面，无人机的可靠性与飞行安全性面临考验。无人机的载重量一般不超过 3 千克，续航时间仅 20 分钟左右，最远航程不超过 10 公里。此外，一旦遇到狂风暴雨，无人机的飞行会受到影响。如果无人机受到电磁干扰而失去控制，只能机毁货损。

在监管层面，无人机快递的实质是对低空空域的广泛使用，个别试验性运行尚无大碍，当无人机快递广泛普及形成比较密集的低空交通流时，空域管理与管制就必不可少。在这方面，我国的立法处于世界前列。我国的首个无人机快递服务国家标准于 2021 年 1 月生效。其中列出了无人机快递的条件、程序和安全问题的要求。此外，用于商业用途（包括交付）的无人机必须在我国民航局注册并获批。

资料来源：1. 科技日报，《无人机快递 任重道远》.

2. 李铭，谷歌"背刺"亚马逊，美团京东试水无人配送，全球抢滩即时零售，2022-07-14.

3. 赵汗青，外媒看中国快递无人机：推广缓慢但坚定 比美国更先进，2022-07-10.

4. 搜狐网，9 年过去了，人类终于等来大规模无人机送货时代，2022-07-01.

思考问题

1. 无人机送货会在多大程度上取代人工配送？

2. 除了上面提到的困难，你认为无人机送货还存在哪些难题？

3. 无人机和自动配送车，你认为哪个更有前景？为什么？

讨论题

1. 京东物流一直是自营物流的典型企业。从2016年下半年开始，京东物流开始全面向第三方商家开放物流服务。探索京东物流的发展历史以及演变过程，探讨改变的原因。

2. 信息技术的发展会在哪些方面影响物流的成本？

3. 云仓储的模型面临什么样的技术与非技术层面的难题？

4. 快递柜是提高还是降低了快递服务的用户体验？

课堂辩论题

1. 所有电子商务企业都应该发展自己的物流体系吗？

2. 机器人的应用对物流人员是利还是弊？

3. 新冠疫情对电子商务物流行业的发展有什么影响？

网络实践

1. 浏览网站 https://www.sf-express.com/ 和 https://www.jdl.com/，作为第三方物流与自营物流的代表企业，比较两个网站的异同。

2. 浏览丰巢快递柜在淘宝和微信的小程序，思考这两个小程序有什么不同的设计，并分析原因。

3. 浏览网站 http://www.galaxis-tech.com/，找到所售的物流机器人种类。

4. 浏览网站 http://wap.yto.net.cn，查询圆通速递的运费。

5. 浏览网站 http://www.kuaidi100.com，找到我国所有的快递公司。

团队合作

1. 整理并搜集最新的机器人创新，了解其底层技术，并讨论应用前景。

2. 了解电子商务物流领域的头部企业，综合分析并探讨不同物流模式的发展趋势。

3. 探讨鄂州花湖"专业货运机场"对中国物流行业的影响。

◎ 术语表

物流（logistics）：为了满足客户需要而对商品、服务消费以及相关信息从产地到消费地的高效、低成本流动和储存进行的规划、实施与控制的过程。

干线运输（mainline transportation）：运输网中起骨干作用的线路运输。

仓储（warehousing）：通过仓库对商品与物品进行储存和保管。

配送（distributing）：根据需求把货物送到指定地点的过程。

无人机（drones）：利用无线电遥控设备和自备的程序控制装置操纵的不载人飞机。

配送中心（distribution center）：在物流供应链环节中是一处物流结点，为物流下游经销商、零售商、客户做配送工序。

自建仓储（self-built warehousing）：电子商务企业为满足自身业务需求，由企业自己建设仓储的模式。

外包模式（outsourcing warehousing）：电子商务企业将仓储物流业务外包给第三方物流公司的模式。

仓储联盟模式（warehousing alliance）：多个电子商务企业通过协议达成共同进行仓储物流业务的企业战略联盟。

牛鞭效应（bullwhip effect）：供应链上的一种需求变异放大现象，使信息流从最终客户端向原始供应商端传递时，无法有效地实现信息共享，使得信息扭曲而逐级放大，导致需求信息出现越来越大的波动，此信息扭曲的放大作用在图形上很像一个甩起的牛鞭，因此被形象地称为牛鞭效应。

云仓储（cloud warehousing）：基于"云计算"的思路，在"云"平台的信息系统统一规划和计划各仓库的活动。

自营型物流（self-operated logistics）：企业自身经营物流业务，建设全资或是控股物流子公司，完成企业物流配送业务。

第三方物流（third-party logistics）：生产经营企业为集中精力搞好主业，把原来属于自己处理的物流活动，以合同方式委托给专业物流服务企业。

物流配送路径问题（vehicle routing problem，VRP）：对配送车辆进行合理调度、优化配送路径，从而达到降低物流企业成本、提高企业效率的目的。

智慧物流（intelligent logistics system）：通过智能硬件、物联网、大数据等智慧化技术与手段，提高物流系统分析决策和智能执行的能力，提升整个物流系统的智能化、自动化水平。

条形码技术（barcode）：一组由宽条、窄条和空白排列而成的序列，这个序列可表示一定的数字和字母代码。条形码可印刷在纸面和其他物品上，因此可方便地供光电转换设备再现这些数字、字母信息，从而供计算机读取。

电子数据交换（electronic data interchange，EDI）：交易伙伴之间、企业的内部应用系统之间，通过计算机和公共信息网络，以电子化的方式传递商业文件的一个安全、标准的连接技术。

RFID（radio frequency identification）：自动识别技术的一种，通过无线射频方式进行非接触双向数据通信，利用无线射频方式对记录媒体（电子标签或射频卡）进行读写，从而达到识别目标和交换数据的目的。

地理信息系统（geographical information system，GIS）：在计算机硬软件系统支持下，对整个或部分地球表层（包括大气层）空间中的有关地理分布数据进行采集、储存、管理、运算、分析、显示和描述的技术系统。

数据科学（data science）：利用科学方法、流程、算法和系统从数据中提取价值的跨学科领域。

第6章

电子商务与消费者行为

■ 学习目标

1. 了解电子商务中消费者行为理论及影响因素
2. 描述电子商务中消费者的购买决策过程
3. 体会电子商务中消费者信任的重要性，了解消费者信任的分类，并描述如何建立消费者信任
4. 掌握电子商务中消费者感知价值的概念及维度划分，并描述如何提高消费者感知价值
5. 理解电子商务中的消费者满意和忠诚并解释两者之间的关系
6. 了解文化价值观理论和消费者行为中的文化差异

■ 开篇案例

亚马逊在中国的"水土不服"

近年来，科技的进步和互联网的发展使得全球市场发生了巨大的变革，也为电子商务的成长提供了源源不断的动力。提到电子商务市场，我们可能会首先想到电商巨头亚马逊。1994年，亚马逊通过互联网销售图书，此后不断发展，逐步在市场上形成垄断地位。2004年，亚马逊通过对卓越网的收购开辟了我国的电商市场，在那个电商萌芽的时代占据了我国市场绝对的份额。然而，在淘宝、京东等电商平台兴起之后，亚马逊逐渐被"挤出"了我国市场。

1. 欧美的"简洁"并不适用于中国

亚马逊中国的网页（见图6-1）以黑白为基本配色，页面简洁，文字偏多，左侧为商品大图，右侧只有商品名称、价格区间、颜色尺码选择、交易方式以及商品购买介绍。右

侧内容采用"纵向＋横向"的排版方式，整体较为凌乱和拥挤、文字堆叠过多、缺乏重点的强调。虽然有很多文字介绍，但其内容较为随意，并不能够充分满足我国消费者购物时的信息需求，呆板的界面难以吸引"第一次"用户。

图 6-1　亚马逊中国商品首页截图

天猫的商品首页（见图 6-2）中非常吸引眼球的是页面上以红色标注的活动主题、时间以及折扣力度和优惠方案，其余的信息都与亚马逊中国有很大相似之处，比如尺码、颜色分类、支付方式等。但是二者的网页布局却有很大的区别：虽然天猫没有选择太过花哨的色彩，但它的整体视觉体验非常舒适，所有信息按部就班、整齐排列，右侧详情部分只采用了"纵向"排版方式，每部分信息之间用暗线作为分割，并留有合适的间距，使整个页面看起来美观大方。相比亚马逊中国文字堆叠的网页，我国消费者更倾向于天猫网站的页面。

图 6-2　天猫商品首页截图

除了商品首页，商品详情页也是如此。亚马逊中国的商品详情页面（见图 6-3）只有同类型商品的推荐、商品基本信息以及购买提示这三大部分，没有过多的赘述，色调单一。而天猫的商品详情页面通篇采用 H5 的海报形式，详细展示了商品的细节、做工、模特试穿搭配图以及品牌介绍，使消费者在进行购买决策的过程中可以获得更多的产品信息，进而引导用户深入了解商品、刺激消费者产生购买欲望、提升网络购物体验，从而进一步地提高网站的用户黏性，获得更广阔的市场。

图 6-3　亚马逊中国商品详情页

细观亚马逊中国的网站色彩，除价格以外，其余部分均采用了冷色调处理，比如黑色、蓝色、白色等。加之网页文字较为紧密的排版，使网站整体看上去不太"欢迎顾客"。除了有刚需或明确目的性的消费者以外，这种"冷淡"的网页设计对其他闲逛的用户，尤其是"第一次"用户并不会产生很大的吸引力，更不用说激发购买的欲望了。反观天猫的设计，它将所有满足消费者需求、有利于消费者利益的模块都用鲜明的暖色强调出来，排版整齐，整个页面更加有重点。Norman（2013）的研究表明，令人愉悦的颜色搭配能够激发用户在消费过程中的正面情绪，进而影响其行动意愿与决策。因而，鲜明的色彩搭配对于网站商品展示具有尤为重要的积极影响。亚马逊中国网站的色彩、排版的搭配过于简单，太倾向于"欧美风"，在我国市场黯然失色也就不足为奇了。

　　在搜索商品时，消费者会发现亚马逊中国就像一个统一管理的大超市，每种类型的商品只有寥寥数个，似乎具有"唯一性"，而在天猫中搜索时会出现大量的相似甚至相同的产品，消费者能够最大限度地货比三家，带给了消费者极致的购物体验。天猫将购物的选择权完全交给了消费者，给他们提供了广阔的选择余地。而亚马逊中国反而将主动权掌握于自己手中，没有充分了解我国消费者的消费偏好，忽略了中美消费文化的差异，导致其网站严重缺乏用户黏性。

2. 亚马逊从不"造节"

　　从天猫网站的首页可以看出，创造电商节（"双 11""双 12""618"等）是中国电商网站提高平台销量的常用营销策略。其页面常用鲜明的颜色突出进行的活动，以获取点击量与销量。如图 6-4 所示，天猫网站首页的截图中，"酷喵家影节"的宣传与其活动折扣信息在首页优先显示。作为消费者，看到电商网站这样有关商品折扣的宣传，会产生一定的消费倾向。

　　亚马逊中国则非常保守，极少参加我国电商的大促活动，甚至连广告宣传都很少。其页面（见图 6-5）长期保持着以黑白为主的状态，没有过多的吸引力。每到各种"电商节日"，我国的电商平台便开展了"价格大战"，疯狂争抢流量，但亚马逊中国始终以一个旁观者的态度将自己独立出来，没有任何参与。

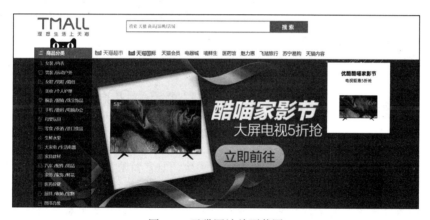

图 6-4　天猫网站首页截图

图 6-5　亚马逊中国网站首页截图

3. 消费者也需要安全感

我国消费者的特点是在购物前都会寻找客服咨询关于商品的一些信息，最后在衡量之下做出购买决策，最大程度地减少了消费者购买商品后出现的"图片与实物不符""商品不适合自己使用""商品是否能够退货"等一系列可能导致消费者产生后悔心理的问题。因此，天猫网站为消费者开通的售前售后咨询、投诉通道在网页上（见图6-6）非常醒目，并且贴心地告知消费者客服在线的时间。作为消费者，能够与商家直接沟通交流无疑为自己的消费决策过程带来巨大的安全感。

图6-6　天猫客服通道

但是在亚马逊中国的网站上，乍一看一目了然，非常简洁方便，但却缺少了买卖双方一对一的联系渠道。从这一角度讲，这样的设计阻断了我国市场上习惯性的买卖双方的交流，没有适应我国用户的交易习惯。因此，亚马逊中国从售前到售后整体的服务体系相较于我国本土的电商服务有些逊色。

4. 亚马逊中国最终还是"掉队了"

在我国电商市场急速发展的过程中，各类电商平台兴起，逐渐与亚马逊中国形成了鲜明的对比。因此，亚马逊的客户不可避免地流失，在我国的市场份额大幅下跌。根据市场数据，亚马逊中国占据的我国电商市场份额从2008年的15.4%下降到2014年的2.1%，2016年更是只剩下1.3%。根据易观分析的报告（见图6-7），2021年亚马逊中国在我国电商市场的份额仅剩0.1%。亚马逊中国的优势已经不复存在，生存空间急剧减小，进退维谷。

亚马逊中国并没有做到入乡随俗，而是僵化照搬本国模式，在我国电商市场中常常是不参与、不适应、不改变。亚马逊在我国十几年的长跑终究还是掉队了。

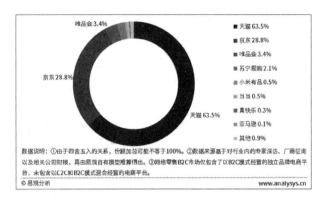

图 6-7　2021 年第 4 季度我国网络零售 B2C 市场交易份额

资料来源：1. 易观分析，2020 年第四季度中国网络零售 B2C 市场交易份额，https://www.analysys.cn/
　　　　　 article/detail/20020037，2021-01-27.
　　　　　2. 易观分析，2021 年第四季度中国网络零售 B2C 市场交易份额，https://www.analysys.cn/
　　　　　 article/detail/20020374，2022-04-18.
　　　　　3. 易观分析，2022 年第三季度中国网络零售 B2C 市场交易份额，https://www.analysys.cn/
　　　　　 article/detail/20020817，2022-11-15.
　　　　　4. 陈梅梅，闪姗. 网页背景色对网络购买决策的影响：一个实验研究 [J]. 商业研究，
　　　　　 2014(3):133-137.
　　　　　5. 牟小妹. 为什么国外互联网巨头在中国总是水土不服 [J]. 中国眼镜科技杂志，2019(6):36-39.
　　　　　6. 左亚莉. 亚马逊中国用户流失现状调查研究 [J]. 新闻研究导刊，2018, 9(6):48-49.
　　　　　7. 人人都是产品经理，亚马逊中国，不懂中国 http://www.woshipm.com/chuangye/2344189.
　　　　　 html，2019-05-15.

思考问题

1. 你认为是什么原因导致了亚马逊在我国的"水土不服"？
2. 在电子商务背景下，各大电商平台应该如何保留用户？

6.1　了解消费者行为

6.1.1　消费者行为的概念

　　消费者行为是人类履行生活中交易职能的行为基础，涵盖消费者寻找、购买、使用、评价和处理能够满足自身需求的产品或服务的所有活动，同时也包括在这些活动前后以及决定这些活动时消费者的情感、心理和行为反应。研究中一般将消费者行为分解为消费者、消费者活动和消费者反应三个部分，以细化对消费者行为的理解，如图 6-8 所示。

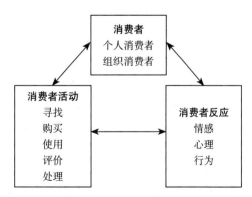

图 6-8　消费者行为的概念

在互联网时代，新技术的升级换代对人们的生活产生了深远的影响，消费者行为的内涵因此也在不断地演化，如今人们普遍使用数字化消费者行为（digital consumer behavior）一词来描述互联网时代的消费者行为。最早提出数字化概念的是美国麻省理工学院的尼古拉·尼葛洛庞蒂教授，在《数字化生存》一书中，他预言计算机和互联网将把人类带入数字化生存时代。2009 年，著名的消费者行为学者迈克尔·R. 所罗门（Michael R. Solomon）在《消费者行为》一书的前言中提出了"数字化消费者行为"一词，他在书中写道："……消费者和生产者以我们从前从未经历过的方式在网上聚集到一起……信息的快速传播正在改变着新趋势的流变速度和发展方向，尤其是虚拟世界允许消费者参与新产品的创造和传播"，数字化消费者行为已逐渐超脱于传统消费者行为。

数字化消费者行为与传统消费者行为的区别在于五个方面（见表 6-1），包括信息环境、行为主体、口碑、购买决策模型以及研究方法、途径和效果。前四者可以归纳为消费者行为自身的变化，最后一个可以总结为研究消费者行为方式的变化。

表 6-1　数字化消费者行为与传统消费者行为的区别

属性	传统消费者行为	数字化消费者行为
信息环境	非对称的不完全信息状态	接近透明的完全信息状态
行为主体	个人	社群
口碑	传统消费者口碑	数字化口碑
购买决策模型	传统购买决策模型	新型购买决策模型
研究方法、途径和效果	难解的"消费者黑箱"	依赖大数据的"消费者画像"

资料来源：卢泰宏，周懿瑾 . 消费者行为学：洞察中国消费者［M］. 3 版 . 北京：中国人民大学出版社，2018.

6.1.2　影响消费者行为的因素

消费者的购买行为受到多方面因素的影响。本书将对菲利普·科特勒的三因素论做具体展开。科特勒认为文化因素、社会因素和个人因素是影响消费者行为的三个重要因素，其中，个人因素包括心理因素，但是由于心理因素较为重要，所以，单独进行说明。另外，网站及技术因素也很重要，故加以简要说明。

1. 文化因素

文化因素包括文化、亚文化和社会阶层。

（1）文化。文化是一个人的需求和行为最基本的动因。每个群体或社会都有一种文化，文化对购买行为的影响在地区和国家之间的差异可能很大。

（2）亚文化（subculture）。每种文化都包含更小范围的亚文化，包括国籍、民族、宗教、种族和地理区域等。处于相同亚文化之中的人往往具备共同的生活经历并持有相同的价值体系。例如，二次元文化自成一个小圈子，圈内人热衷于购买周边、手办等，有着与圈外人不同的消费偏好。

（3）社会阶层（social class）。社会阶层是社会中相对持久和有秩序的分化，分化出的每一层的成员有着相似的价值观、兴趣爱好和行为方式。

2. 社会因素

社会因素包括群体、社交网络、家庭、角色和社会地位。

（1）群体（group）。个人的行为习惯常常会受到群体的影响。成员群体一般会对个人有直接影响，而参照群体经常间接地影响一个人的态度或者行为。

（2）社交网络。社交网络是供人们交换信息和意见的社区，口碑效应往往在这些社区中得以放大。互联网时代的到来使社交网络对消费者行为的影响迅速扩大，小红书、豆瓣等在线社区已成为商家打造爆品的一个关键平台。

（3）家庭。家庭是社会中最重要的消费者购买组织，家庭成员会显著影响消费者行为。丈夫、妻子和孩子在不同产品与服务购买过程中所扮演的角色和影响力都不同。

（4）角色和社会地位。个人在群体中的位置由其角色和地位确定，角色包括人们根据周围群体的行为所参与的活动，每个角色都具有一定的社会地位，人们常常根据自己的角色和地位来选择产品。

3. 个人因素

个人因素包括年龄、生命周期、职业、经济状况、生活方式、个性。

（1）年龄。随着年龄增长，人们对食品、衣服、家具和消遣娱乐的品位常常会发生变化。

（2）生命周期。消费会随生命周期阶段的改变而发生改变，比如结婚、生子、购房、离婚、退休等都会影响消费者行为。

（3）职业。一个人的职业会影响产品和服务的购买。例如，体力工作者倾向于购买较粗糙的衣服，公司白领则更愿意购买职业套装。

（4）经济状况。一个人的经济状况将影响他对产品和服务的购买。例如，处于经济危机中的人的消费水平将会降低，更倾向于选择物美价廉的商品。

（5）生活方式。生活方式包括活动（工作、爱好、购物、运动、社会活动）、兴趣（食物、时尚、家庭、娱乐）和观点（关于他们自己、社会问题、商业、产品）。不同生活方式会导致不同购买行为的发生。

（6）个性（personality）。个性是指一个人或一组人所具有的明显的心理特征，通常可以用自信、主导性、社交性、自主性、防御性、适应性和侵略性等来描述。品牌也是有个性的，顾客更倾向于选择和他们个性相匹配的品牌。

4. 心理因素

心理因素包括动机、感知、学习、信念、态度。

（1）动机（motive）。动机是一种迫使人们寻求满足感的需要。一个人的购买抉择由潜意识的动机决定。

（2）感知（perception）。感知是人们通过对信息进行选择、组织和解释，从而形成对世界有意义的描述的过程。人们对同一刺激有不同的感知，是因为感知过程不同。研究表明，主要有三种不同的感知过程：选择性注意（selective attention）、选择性扭曲（selective distortion）和选择性保留（selective retention）。选择性注意是指人们从接触的事物中过滤掉大部分信息的倾向；选择性扭曲是指人们以支持他们所相信的事实的方式去解释信息，使之符合自己的意向或已有的观念。选择性保留是指消费者倾向于保留支持他们态度和信念的信息，而忽略或遗忘与其态度和信念相悖的信息。例如，记住所喜爱品牌的优点，而忽略其他竞争品牌的优点。因为有不同的感知过程，所以相同的刺激可能产生不同的购买行为。

（3）学习。学习是指由经验引起的个人行为的变化。学习理论认为大多数人类行为都是通过学习获得的，是欲望、刺激物、信号、反应和巩固相互作用的结果。在购买行为中，如果这次购买经历令人满意，消费者对产品使用的次数会增加，他的反应也会随之被加强，等到下次再去购买的时候，他购买相同品牌、相同产品的可能性会更大。

（4）信念（belief）。信念是一个人对某种事物的描述性看法。信念可以帮助新产品和新品牌树立形象，从而影响消费者的购买行为。

（5）态度（attitude）。态度描述了一个人对某一事物或观点的相对稳定的评价、感觉及倾向。态度很难改变，因而产品营销通常是尽可能地融入消费者已有的态度中，而不是去改变其态度。

5. 网站及技术因素

随着互联网时代的到来，电子商务蓬勃发展，消费者购买行为不仅受以上四大因素的影响，还会受到网站及技术因素的影响。

（1）网站特征。网站之于网络购物相当于商场之于线下购物。网站的知名度、网站页面的布局及设计、产品信息展示方式等都会影响消费者的购物行为。一般情况下，消费者都会选择知名度高、声誉良好、界面布局合理美观、产品信息较为完整的网站进行购物。

（2）便利性。方便和节约时间是许多消费者选择网上购物的重要因素之一。在网络购物中，消费者可以在很大程度上节约传统购物过程中花费的时间和精力，且购买过程中不会受到交通、天气等外部影响。但是不同网站平台为消费者提供的便利程度是不同的。平台如何持续为消费者带来便利性，比如购买导航、智能推荐、高效配送等，是提高平台持续竞争力的关键所在。

（3）个人隐私安全。由于在线交易的特殊性，电子商务活动一般都需要消费者向注册网站提供相关的个人信息。然而很多网站对这些用户信息并没有依据承诺采取保密措施，有的甚至将这些信息卖给其他网站。如今，消费者对个人隐私问题越发关注，平台是否能在技术和流程两方面同时保护消费者的隐私安全，将在很大程度上影响消费者行为。

（4）交易安全。网上交易的付款一般采用电子支付，而网络的开放性这一特点的弊端就是给消费者交易安全带来风险，这大大增加了消费者财产遭受不法侵害的概率。只有当交易环境安全时，消费者才会倾向于网上购物。

6.1.3　消费者行为模型

消费者行为模型用于认识及研究消费者购买过程中的各种因素，以及消费者由此做出的反应。较为典型的消费者行为模型包括以下几种。

1. 霍华德 – 谢思模型

霍华德 – 谢思模型（Howard-Sheth model）主要强调影响消费者购买行为的因素，即外在因素、刺激或投入因素、内在因素和反应或产出因素，如图 6-9 所示。外在因素和刺激或投入因素会影响内在因素，从而影响反应或产出因素。外在因素是指消费者购买决策过程中受到的外部影响，包括文化、受教育状况、经济状况、时间压力等。刺激或投入因素包括产品刺激因素、符号刺激因素和社会刺激因素。产品刺激因素主要包括产品质量、价格、特征、可用性等；符号刺激是指通过推销员、广告、媒体等形式向消费者传达产品特征；社会刺激包括来自家庭、群体和社会阶层等的影响。内在因素是指消费者的心理活动过程，消费者根据购买动机、需求、预期和过去的消费感受，对各种商品进行排序的心理倾向。最后，反应或产出因素是指购买决策过程引起的最终购买行为，包括认知、情感和行为三个反应阶段。

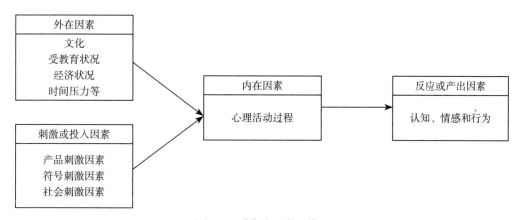

图 6-9 霍华德 – 谢思模型

2. 消费者黑箱模型

如图 6-10 所示，消费者黑箱模型（buyer's black box model）包括：外部刺激、消费者黑箱和消费者反应。其中，外部刺激分为营销刺激和其他刺激两个大类，营销刺激包括产品、价格、渠道和促销等，其他刺激则包括经济、技术、社会和文化等；消费者黑箱中的消费者个人特征和消费者购买决策过程影响消费者如何看待外部刺激；消费者反应即做出购买行为。

图 6-10 消费者黑箱模型

3. 输入 – 处理 – 输出模型

如图 6-11 所示，输入 – 处理 – 输出模型（input-process-output model）包括输入、处理和输出三个阶段。输入阶段影响消费者对产品需求的确认，主要包括公司营销和消费者所处的社会文化环境。处理阶段关注消费者如何决策。消费者的动机、感知、学习、性格和态度等心理因素都会影响消费者购买决策过程。购买体验也会影响消费者已有的心理特征。输出阶段包括购买行为与购后评价两个部分。

4. EKB 模型

EKB 模型是目前比较完整和清晰的消费者行为理论，由恩格尔（Engel）、科拉特（Kollat）和布莱克韦尔（Blackwell）在 1968 年提出并在 1984 年进行了修订，其重点是从购买决策过程分析消费者行为。

如图 6-12 所示，EKB 模型分为四个部分，包括中枢控制系统（消费者心理活动过程）、信息处理、决策过程

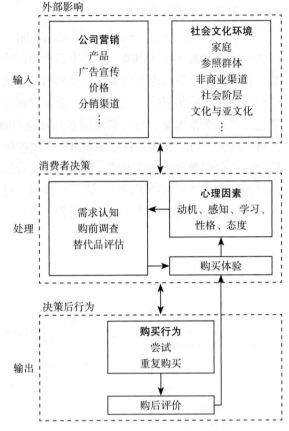

图 6-11　输入 – 处理 – 输出模型

和环境。EKB 模型认为，商品在有形和无形因素的作用下输入到消费者的中枢控制系统，吸引消费者的注意力，从而构成消费者对商品的初始认知；然后消费者在心中对商品构成信息进行评估，并生成决策方案；最后消费者购买商品和体验商品，并得出是否满意的结论。结论通过信息反馈，进入中枢控制系统，形成信息和经验，影响消费者未来的购买行为。

EKB 模型将消费者的购买决策过程分为五个阶段，包括识别需求、信息搜寻、选择评估、购买决策以及购后行为，称为五阶段模型（five-stage model），但是在日常购买活动中，消费者时常跳过几个步骤或者将这几步的顺序打乱，这在很大程度上取决于消费者的性格、所购产品和购买状况。罗格·D. 布莱克韦尔（Roger D. Blackwell）将五阶段模型中最后一个阶段的购后行为拆分为使用、用后评估和处置三个阶段，从而将五阶段模型扩展为七阶段模型（seven-stage model），如图 6-13 所示。

5. AIDMA 模型、AISAS 模型与 SIPS 模型

刘易斯（Elias St. Elmo Lewis）在 1898 年提出的 AIDMA 模型是消费者行为学领域内较为成熟的理论模型之一。根据这一理论，消费者从接触信息到最终购买都会经历五个阶

段：attention——引起注意，interest——引起兴趣，desire——唤起欲望，memory——留下记忆，action——购买行动。

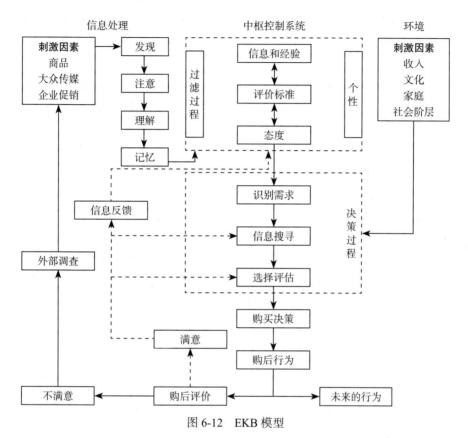

图 6-12　EKB 模型

在互联网时代，消费者的主动性越来越强，他们已经从被动接受产品信息和营销宣传逐渐转变为主动获取信息和认知，AIDMA 模型渐渐丧失了指导意义。日本电通公司在 2004 年提出了全新的 AISAS 模型，同样分为五个阶段：attention——引起注意，interest——引起兴趣，search——进行搜索，action——购买行动，share——人人分享。

2011 年，日本电通公司在之前模型的基础上又提出了 SIPS 模型。SIPS 模型更加强调消费者的传播和分享行为的影响，根据这一模型，消费者在社交网络中会关注引起自身共鸣（sympathize）的信息，并通过各种手段确认（identify）这一信息是否符合自己的

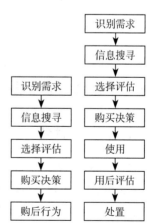

图 6-13　五阶段模型和七阶段模型

价值观，然后参与（participate）到与这一信息相关的分享（share）活动中，并最终扩散（spread）这一信息。

6.漏斗模型、双环模型与新双环模型

漏斗模型（funnel model）是"漏斗式"的选购方案评估法，描述的是一个逐步缩小品牌选择范围的过程。一开始，消费者的头脑中有许多可能的品牌，当消费者逐渐建立起一套标准并系统性地筛选候选品牌时，那些候选品牌逐一被"漏"掉，直到最后一个品牌，如图 6-14a 所示。

大卫·考特（David Court）和其他三位作者在 2009 年提出了"消费者决策进程模型"（consumer decision journey model）。2010 年，大卫·C. 埃德尔曼（David C. Edelman）发表在《哈佛商业评论》上的文章介绍并强化了这个模型。他指出数字化决策过程是循环的，而不是逐渐缩减的过程，由"购买环"（purchase loop）和"忠诚环"（loyalty loop）两个小环构成，称为双环模型（dual loop model）。"购买环"和"忠诚环"一共包括六个关键阶段：考虑（consider）、评估（evaluate）、购买（buy）、享受（enjoy）、宣传（advocate）和联结（bond），如图 6-14b 所示。

2015 年，埃德尔曼又在《麦肯锡季刊》上提出了新双环模型（new dual loop model），如图 6-14c 所示。他认为当今企业能够利用新技术来设计和优化决策进程，甚至能够将品牌价值传递给消费者。若能将品牌价值传递给消费者，将会极大地减少消费者在购买过程中反复考虑和评估的部分，直接把消费者推向决策进程中的忠诚环节。

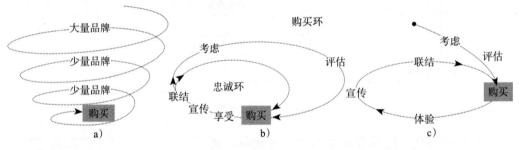

图 6-14 漏斗模型、双环模型、新双环模型

6.2 建立消费者信任

6.2.1 信任是什么

信任（trust）在人类社会生活中的诸多领域都是非常重要的，比如人际交往、团队合作、信息传递、谈判、绩效评估、领导等。它是社会系统中重要的润滑剂，在几乎所有涉及货币交换的商业交易中都发挥着关键作用，特别是当交易关系中存在着较高的不确定性、脆弱性和依赖性时。

随着电子商务的蓬勃发展，在线交易变得越来越普及。相较于传统的线下交易，在线交易具有一些独有的特点：①商品交换和货币交换通常不会同步发生；②消费者需要提供一些个人信息供商家记录（比如收件地址、联系电话）；③消费者收到的商品可能与网上描述不符等。这些特点使得消费者与商家之间的交易关系的脆弱性变强，加剧了交易双方

的风险感受，使得线上购物环境相较于线下更为复杂，在线交易的不确定性程度也较传统的线下交易更高。因此，消费者在参与在线交易前需要克服额外的心理障碍，只有建立了对商家足够的信任，消费者才愿意与商家进行在线交易。可见，在电子商务环境下，信任的重要性更加凸显。

最被广泛采用的信任的定义是："当一方预见另一方将采取的行动对自己来说很重要时，不管自己是否有能力监督或控制对方，都愿意将自己置身于容易受到由于对方采取的行动而给自己带来伤害的弱势地位（即脆弱状态）的程度。"根据该定义，信任是涉及信任方和被信任方的一个二元概念。此外，该定义中另一个重要的点在于对脆弱性的描述，脆弱性意味着可能会失去一些重要的东西，因此将自己置于脆弱状态就是在冒险。但需要注意的是，信任不等同于冒险，而是指愿意冒险的程度。

信任的三个维度是**诚信**（integrity）、**善意**（benevolence）和**胜任力**（competence）。诚信是指信任方相信被信任方会遵守一系列诸如诚实守信的基本原则；善意是指信任方相信被信任方会关心信任方的福祉并且会从信任方的利益出发行事；胜任力是指信任方相信被信任方具备某一领域相关的能力、技能和专业知识，从而能够有效完成该领域的任务。从这三个维度的定义可以看出，尽管它们都包含信任的含义，但侧重点却不同。诚信强调被信任方是否达到职业准则的客观标准；善意强调的是被信任方关注信任方的福祉；胜任力则强调的是被信任方有效完成任务的能力。这三个维度之间具有一定的相互独立性。例如，一种情形是信任方一方面可以相信被信任方会遵守职业行为规范以及贸易准则，另一方面也可能会对被信任方是否真切关心自己的福祉以及是否会从自己的最佳利益出发行事有所质疑；另一种情形是信任方可以一方面相信被信任方确实关心自己的福祉，但同时也认为被信任方缺乏实现这一愿望的胜任力；再如，信任方可以一方面相信被信任方具备完成某项任务的胜任力，而另一方面也可能会认为被信任方实际上并不诚信。

需要指出的是，信任的三个维度涉及的层面是不同的，诚信和善意涉及道德层面，而胜任力涉及的是对能力的判断。这一区分是很重要的，因为人们在形成对他人的最初印象时，道德判断起到的作用更大。对一个人道德品质的判断能够为识别这个人的意图在本质上是否是好的提供可靠的参考。因此，当消费者初次与商家接触时，对商家的道德判断比能力判断更重要。

6.2.2　信任的分类

在电子商务中，可以按照信任对象的抽象程度不同，将信任划分为**一般信任**（general trust）和**具体信任**（specific trust）两大类。一般信任指的是信任方对他人和线上环境的可信赖性所持有的一般性、整体的信念，不针对具体的对象，是人们在处理陌生情况时的一种应对机制；而具体信任指的是信任方愿意将自身置于容易受到某个具体被信任方可能带来伤害的程度，针对的是具体特定的对象，比如将信任的对象具象化到与消费者直接进行互动的具体线上商家或网站。此外，一般信任和具体信任的形成方式也不同，一般信任比较容易基于很多事先确定的因素快速地扩展。例如，对互联网环境的信任常常来自个体过去接触互联网以及进行的一些互联网活动（比如电子邮件、即时通信或搜索）的经历及体验。但具体信任依赖于情境因素，需要建立在对具体被信任方相关信息的了解和评估的基础上。

尽管一般信任和具体信任相互区别，但二者也是相互关联的。一般信任可以是形成具体信任的起点，作为形成具体信任的必要条件。在电子商务中，对线上环境缺乏信任的消费者也不会去信任在这一环境下的任何商家或网站，但即使消费者信任线上环境，也不会和他们认为不值得信任的具体线上商家进行交易。

在一般信任和具体信任两大类的基础上，还可以按照信任对象的类型对信任进行更细致的划分：一般信任包括信任倾向和制度信任，而具体信任包括信任信念和信任意向。

（1）信任倾向。信任倾向指的是信任方在大多数情境下表现出来的一贯相信大多数人的倾向程度。它是跨情境和跨个体的，意味着一个人总是有一种愿意信赖他人的倾向。

（2）制度信任。制度信任意味着信任方相信有利的条件已经到位，能支持他在特定情境下成功的可能性。有利的条件指的是电子商务环境下能够支持线上交易成功的法律、监管、商业和技术环境等。也就是说，由于这些制度能够保障线上交易的顺利进行，所以在这种情境下人们可以去信任他人。可见，尽管制度信任依赖特定的情境，但它是跨个体的，不针对特定的被信任方。

制度信任包括结构保障和情境规范两个方面。结构保障指的是信任方相信线上交易相关的保护性结构（比如法律追索、担保、合同、规章制度、承诺、流程或程序等）已经到位，可以保护其权益，从而为他在该情境下的成功交易提供保障。例如，如果消费者感到电子商务环境中有结构保障，他们会相信有相应的法律和技术保障措施能够保护他们免受隐私泄露、身份盗窃以及财务损失等伤害。

情境规范则指的是信任方相信他所处的情境是常态化的、是有利于交易成功的。这反映了信任是一种对某一情境中的事物是正常、适当或有秩序的感知。在电子商务环境下，若消费者相信线上环境是正常的且他们和线上商家所处的角色都是恰当的，那么消费者就有了在这种情境下信任线上商家的基础。换言之，感知到高度情境规范的消费者会相信线上环境是恰当的、有序的且有利于交易成功的，也会相信这一环境下的线上商家具有诚信、善意、胜任力的属性。

（3）信任信念。信任信念指的是信任方对被信任方是否具备对自己有益的属性的感知。在电子商务环境下，信任信念的对象包括线上商家和网站。当信任对象是具体的线上商家时，信任信念指的是信任方相信他是诚信、怀有善意、有胜任力的；当信任的对象是具体的网站时，信任信念指的是信任方相信网站具备完成在线交易的技术功能和可以长期健康运行的可靠性。

（4）信任意向。信任意向指的是信任方愿意或打算依赖被信任方的程度。它包括信任方依赖具体线上商家或网站的意愿和主观概率。依赖意愿是指信任方主观意志上愿意将自己置于易受被信任方伤害的弱势地位，在电子商务环境下也就是消费者相信线上商家会以适当、高效的方式做好线上交易中他的那部分工作。依赖的主观概率则是指信任方预测自己将依赖被信任方的概率，在电子商务环境下也就是消费者预测自己未来将依赖线上商家的概率。依赖意愿反映主观意志或愿望，而依赖的主观概率则反映具体的、可核实的行为意图，比如向商家提供个人信息、听从商家建议等。

表 6-2 列出了信任倾向、制度信任、信任信念和信任意向这四个概念在情境维度上的区别。

表 6-2　四个信任概念之间的区别

信任类型	情境维度			
	情境		个体	
	特定情境	跨情境	特定个体	跨个体
信任倾向		√		√
制度信任	√			√
信任信念		√	√	
信任意向		√	√	

这四个信任概念之间的影响关系如图 6-15 所示，信任倾向影响制度信任、信任信念和信任意向，制度信任影响信任信念和信任意向的形成，信任信念也会影响信任意向。

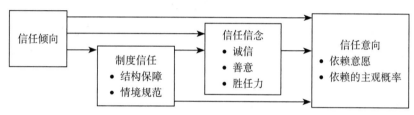

图 6-15　四个信任概念之间的影响关系

6.2.3　信任的影响结果

在买卖双方的交易关系中，信任可以影响消费者的购买意愿、购买行为、满意度、忠诚度等态度或行为。

信任是影响消费者购买意愿的重要因素。消费者对线上商家的信任会让他愿意购买，接受自身可能处于易受伤害的脆弱状态的事实，也就是说信任可以正向影响消费者的购买意愿。

购买行为则是买卖双方交易关系中一个重要的结果变量，它能够有效地衡量交易的经济结果，直接决定了线上商家的销售业绩。之所以要将购买意愿和购买行为进行区分，是因为消费者的购买意愿并不能完美地预测他们未来的购买行为，即购买意愿不一定会导致购买行为。但消费者对线上商家的信任确实会增加消费者与该线上商家交易的意愿，进而对消费者的购买行为产生积极影响。

满意度指的是消费者对交易的满意程度，是消费者对交易的事后评价。这种评价是一种情感反应，其程度从消极到漠不关心再到积极。它是研究买卖双方关系的一个重要概念，是建立和维持消费者长期忠诚、吸引消费者定期浏览以及增强消费者再次购买意愿的关键影响因素。

忠诚度是指消费者再次到购物网站购买的意愿，信任是在线忠诚的基础，它可以通过满意度对消费者的忠诚度（比如再次购买行为）产生长期的影响。这意味着信任不仅会影响消费者当下的决定，而且会影响消费者和线上商家的长期关系。

6.2.4　如何建立信任

了解电子商务背景下影响消费者信任的因素能够提供给线上商家一些关于如何构建消费者信任的有益参考，由此可以帮助线上商家事先确定需要努力的方向，包括以下七个可能的影响因素。

1. 网站的感知易用性（perceived ease of use of the website）

网站的感知易用性指的是用户认为的使用网站的难易程度。感知易用性主要体现在网站的导航结构上，包括搜索功能、站点地图、产品索引以及网站的整体设计和架构等。有效的导航被认为是在线交易环境下向消费者传达网站可信度的最佳方式之一，能够有效地帮助网站迅速取得消费者信任。当消费者初次接触网站时，网站的易用性和导航性对消费者信任的影响更加明显。对于平台来说，尤其需要注意避免网站的技术错误，比如与订单处理相关的错误（订购了不需要的产品、支付问题等），这是因为技术错误会使得网站的易用性较低，从而增加消费者的不信任感，不利于吸引消费者参与在线交易。

2. 信息质量（information quality）

用户期望任何网站都是没有错误的，所以他们可能会倾向于信任那些信息准确、及时、完整的网站。由于在网上购物时无法观察和触摸商品，消费者需要详细且清晰的信息来帮助自己做出购买决策，因此信息质量能够有效增加消费者对在线交易的信任。

3. 视觉特征（graphical characteristics）

网站的视觉特征指的是网站使用的颜色、图片等设计特征。有学者对网上银行界面设计的视觉特征（网站使用的图片和颜色）研究后发现，没有图片的界面会引起用户的不信任感，而带有三维动画的界面则会增强用户对银行系统的信任感；界面使用对称的低亮度颜色可能会增强用户的信任感，而使用非对称的高亮度颜色可能会使用户对系统的信任感降低。

4. 社会临场感（social presence cues）

社会临场感是指在利用媒体进行沟通时，一个人被视为"真实的人"的程度以及与他人联系的感知程度。社会临场感较高的媒体是社交性、热情和人性化的，社会临场感较低的媒体则是非人性化的。

在电子商务领域，社会临场感与现实中的人际互动类似，但消费者互动的对象变成了网站，而不是有血有肉的人。尽管网站并不能真正做到像现实中的人际交往一样，但通过在线社交增强社会临场感的确是建立消费者在线信任的一种可行方法。社会临场感能够正向影响消费者对线上社区的认同和参与在线互动的意愿，还可以有效地增加消费者对网站有用性的感知和使用网站时产生的愉悦感，从而增强消费者的在线信任。商家可以通过提供即时通信工具、问答留言簿、评价系统为买卖双方的沟通提供便利，从而增强消费者的社会临场感。

5. 定制和个性化功能（customization and personalization capacity）

个性化定制意味着线上商家有能力为消费者量身定制产品和服务。具有定制和个性化功能的线上商家常常被认为能够更好地为消费者提供产品和服务，为培养消费者在线信任提供有利条件，因此定制和个性化功能也被视为建立消费者初期信任的一个重要前提。但需要注意的是，信任也是良好的个性化实践的先决条件，因为定制和个性化功能需要在线商家通过各种直接或间接的手段从消费者处收集个人信息，消费者对隐私的重视可能会让个性化对在线信任的建立产生负面影响。找到二者之间的平衡，实现消费者信任和个性化功能的互相促进的良性循环才能真正构建起消费者信任。

6. 隐私保证和安全功能（privacy assurances and security features）

当消费者评估线上商家的可信度时，隐私和安全是重要的参考指标。隐私包括用户是否会收到垃圾邮件、是否会被盗用个人数据、是否会被网站通过 cookie 跟踪浏览历史和使用偏好、是否会被第三方利用恶意程序访问机密信息等。隐私问题是影响电子商务中消费者信任的重要因素，一般来说，越强大、越完善的隐私政策越能够增强消费者信任。

同时，交易安全也会显著地影响在线信任，其重要性甚至超过了隐私声明、安全图章和隐私图章。此外，这些安全或隐私功能的存在会增加消费者对其他功能的渴望，因此线上商家需要及时地跟进配套功能与设施，这可能意味着这种构建消费者信任的方式存在一定的潜在成本。

7. 第三方保证（third-party guarantees）

来自可信赖的第三方的保证可以弥补电子商务中线上商家与消费者之间缺乏交易历史的缺陷，尤其是当消费者初次尝试网上购物时。它一般被划分为三种类型：隐私保证、流程保证和技术保证。其中，隐私保证包含线上商家对隐私政策的遵守情况；流程保证强调了线上商家对业务流程或订单执行标准的遵守情况；技术保证则指的是线上商家是否使用了安全可靠的订单支付技术。这些第三方保证在增强消费者对网上购物的信任方面是有效的，并且有助于增强消费者对相关隐私和安全政策的认可。

◎ 应用案例 6-1

淘宝购物与客服聊天

淘宝作为我国深受欢迎的网购零售平台，在阿里巴巴集团 2003 年创立初期时就有了第一个客服。随着淘宝的影响力不断增强，淘宝客服衍生出的淘宝体"亲"也曾一度爆红。

近年来，随着互联网和人工智能技术的发展，智能客服作为一种新的客服形态涌现出来。相较于人工客服而言，智能客服不但不需要人力，而且可以做到随问随答，没有接待人数限制，有效地降低了企业成本，提升了服务效率。为降低费用，一些商家在使用智能客服后，大规模地减少人工客服岗位。然而，在智能客服给人们带来不少便利的同时，也暴露出了一系列诸如"听不懂人话"的问题，比如常被人们诟病的读不懂关键词、答非所问、用户想要转人工客服需要排长队甚至人工客服都不在线；还有一些商家利用一环套一环的子母菜单，将人工客服栏隐藏得很深，年轻消费者不费一番功夫都很难找到，更别提老年人了……如此种种不够"智能"的现象说明，缺乏管理的智能客服不仅不能解决问题，反而让前来咨询的消费者心里更添堵。不少人表示有时在与所谓的智能客服周旋了许久后，问题仍然没有得到解决。商家对智能客服的不当使用造成的这些问题不仅影响了消费者的消费体验，而且成了阻碍消费需求释放的"拦路虎"。

智能客服不"智能"，甚至成为服务短板有两方面的原因。一是现有的技术尚不成熟，很难满足消费者多元化、个性化的咨询需求，智能客服还不能完全地取代人工客服。但究其根本还是因为一些商家没有正确地看待客服工作，过分重视智能化、低成本，忽视了便利化、满意度，对客服工作敷衍了事。这样做从表面上看的确能够有效地帮助商家节约成本，但长期来看却削弱了消费者对商家的信任，也会极大地影响产品的口碑，从而对商家的可持续发展产生危害，可谓是得不偿失。商家应该正视客服工作的重要性，看到它在用户互动、产品优化、品牌竞争力等方面的积极作用，不要被短期利益蒙住眼睛。二是要正确看待智能客服和人工客服二者之间的关系。在当前技术水平下，它们并不是非此即彼的，人工客服不能缺位，只有实现人机的有效协同才能更好地回应消费者的诉求。技术应该是辅助手段而不应是商业技巧。

《中国国民经济和社会发展第十四个五年规划和 2035 年远景目标纲要》提出，"加快数字社会建设步伐""适应数字技术全面融入社会交往和日常生活新趋势""构筑全民畅享的数字生活"。智能客服作为重要一环，服务升级势在必行。商家应当不断完善智能客服系统，建立相应的数据分析和智能识别系统，也可以建立行业标准，提供便捷、有效的客户服务。同样地，针对某些特殊领域、特殊群体，建议开启人工客服"一键转接"功能。就监管层面来说，有关部门可将企业客户服务纳入消费者满意度评价体系，定期开展检查测试，及时披露并纠正一些乱象问题。

资料来源：1. 申少铁. 让客服更有温度［EB/OL］.（2021-05-12）［2021-08-20］. http://henan.people.com.cn/n2/2021/0512/c351638-34721419.html.

2. 人民网，智能客服，切忌聪明反被聪明误，2021-06-02.

3. 吴秋余，客服智能化 莫忘便利化，2021-01-04.

4. 光明网，智能客服"听不懂人话"？消费者很"闹心"，2021-08-03.

5. 夏熊飞，不只老年人需要人工客服，2020-12-17.

思考问题

1. 如何理解与客服聊天对构建消费者信任的影响？

2. 智能客服在构建消费者信任方面的作用与人工客服有什么区别？

3. 线上商家如何在智能客服和人工客服二者之间进行平衡？

6.3 提高消费者感知价值

6.3.1 什么是感知价值

被誉为"现代管理学之父"的彼得·德鲁克在其著作《管理的实践》中提出，真正引导消费者购买和消费的并不是产品，而是产品带给消费者的价值。这种突出价值主导的思想为感知价值概念的提出奠定了理论基础。

感知价值（perceived value）是指消费者在使用产品或享受服务过程中，将感知到的收益与付出的成本进行衡量后对产品或服务效用的总体评价。感知价值不是只考虑消费者从产品或服务中得到的部分，而是基于对"得到"和"给予"两个部分的综合评估。其中，"得到"指的是买方从卖方提供的产品或服务中获得的收益，而"给予"指的是买方为此付出的成本，包括金钱、时间、精力等。通常来说，感知价值是指某个主体对某个客体的评价。在电子商务背景下，感知价值的主体主要指消费者，而客体则是消费者购买的产品或享受的服务。

6.3.2 感知价值的属性特征

我们在生活中总是遇到这样的场景：当你没带伞出门却在返家的途中下起了大雨，这时你可能会在附近的商店购买雨伞。即使雨伞的价格很高，并且雨伞的质量不是很好，但你仍然可能认为你购买的这把雨伞对你来说具有较高的价值。对于同一产品，不同消费者的感知价值可能不同。即使是同一个消费者，对同一产品的感知价值也可能在不同情境下发生改变，这些差异都是由感知价值的属性特征决定的。因此，想要为顾客提供有竞争力的价值的公司都需要了解感知价值的属性特征。感知价值主要有以下四个属性特征。

1. 互动性（interactive）

所谓互动性，指的是感知价值是在作为主体的消费者和作为客体的产品或服务之间的互动中产生的。感知价值既不完全取决于消费者这一主体的主观体验，也不是作为产品或服务的固有属性存在于产品或服务这一客体本身，而是存在于主体和客体之间的互动。也就是说，感知价值虽然依赖于产品或服务的客体特征，但如果没有消费者这一主体的参与及对客体特征的识别和认可，感知价值是无法产生的。

2. 相对性（relativistic）

消费者感知价值的相对性体现在三个方面：比较性（comparative）、主观性（subjective）、情境性（situational）。

（1）比较性。感知价值是比较性的，消费者在对一个产品的价值进行评估时，会以其他产品作为参考。合理的价值判断涉及的是对某一特定产品的相对偏好，即同一个人对不同产品的偏好比较，而不是不同人之间对同一产品的偏好比较。例如，你可以宣称"相比于巧克力冰激凌，我更喜欢香草冰激凌，但我认为草莓冰激凌是最好吃的"，改变一组比较对象（香草冰激凌和巧克力冰激凌、香草冰激凌和草莓冰激凌），就会改变你对给定产品（比如香草冰激凌）的价值是高还是低的结论，因此对消费者感知价值的评估需要考虑竞品比较。

（2）主观性。感知价值是主观性的，因为它因人而异。不同的消费者对同一产品的价值可能有不同的看法，这一现象与消费者的个人价值观、需求、偏好以及财务资源有关。例如，在购买同种产品时，有的消费者追求高数量，有的消费者追求高质量，而有的消费者追求高效率，这就导致了不同消费者对同一个产品的感知价值不同。

（3）情境性。感知价值是情境性的，消费者对感知价值的评估会受到所处情境的影响。具体来说，消费者评估判断的标准依赖于所处情境，会因时间、地点和环境的变化而发生变化。例如，在寒冷的冬天早晨，你可能会认为没有什么比一杯热腾腾的豆浆更美味的了；而在闷热的夏天下午，你可能会更喜欢一杯冰凉的水果茶，此时如果把一杯热腾腾的豆浆摆在你面前，你可能就紧皱眉头了。

3. 偏好性（preferential）

感知价值体现出一种偏好判断。消费者对购买的产品或服务体验后做出的总体评价往往会表现出一种偏好性，即消费者如果对某一家产品或服务感知价值评价很高（比如消费者认为购买的产品质量很好），代表消费者可能会认为这家产品或服务比其他竞争者的产品或服务更好，这也可能导致消费者对这家产品或服务的再次购买行为。

4. 体验性（experiential）

消费者的感知价值不在于购买的产品或服务，也不在于选择的品牌，而是存在于消费体验中。人们购买产品或服务是为了满足需求或欲望以及令人满意的体验的。

以用户访问电子商务网站为例，对感知价值的四个特征进行说明。感知价值的互动性是指用户访问一个网站，在用户与网站之间的互动中，用户产生对网站的感知价值。感知价值的相对性体现在价值判断在网站访问者之间是不同的，就像消费者的特征和对网站特征的感知可能在人与人之间是不同的一样。感知价值的偏好性包括评价（比如网站有用性）和对这些评价采取行动的意图（比如再次访问网站的意图）。感知价值的体验性体现在用户在使用网站的体验中感知网站的价值。

6.3.3　感知价值的维度

消费者感知价值既可以被认为是一个全局的单维概念，也可以看作由几个相互关联的属性或维度构成的多维概念。

传统上，市场营销者认为市场选择和消费者偏好是由实用价值驱动的。这一观点来源于新古典经济理论，消费者被认为是理性人，在做出决策时会选择效用最大化，而效用会同时受到价格和收入的限制。因此"价值"是根据性能（质量）和价格来定义的。也就是说，"价值"被认为是利益和牺牲之间的认知权衡，从单维的角度出发，主要就是基于经济学的消费者功利主义来定义感知价值。虽然单维方法具有简单性的优点，但它没有反映出消费者感知价值的复杂性，特别是它没有恰当地考虑到构成感知价值的许多无形的、内在的和情感的因素。

当感知价值被视为一个多维概念时，有以下两种划分方式。

第一种方式将感知价值划分为四个维度：功能 / 工具价值、体验 / 享乐价值、象征 / 表达价值和成本 / 牺牲价值。

1. 功能 / 工具价值

功能 / 工具价值是指产品或服务具有预期特征、执行预期功能或有用的程度。功能 / 工具价值有三个关键方面：①拥有正确、准确或适当的属性或特征（比如美观、质量、定制化或创新性）；②执行适当的功能（比如可靠性、性能质量或支持性服务的提供）；③产生适当的效果或影响（比如战略价值、有效性、运营效益和环境效益）。

2. 体验 / 享乐价值

体验 / 享乐价值与产品为消费者创造适当的体验、感受和情绪的程度有关。大多数餐馆和零售商通过创造感官价值（比如美观、氛围、香味、手感、色调等）来提升消费者的体验 / 享乐价值。而旅游和娱乐行业的企业专注于创造情绪价值（比如快乐、兴奋、冒险和幽默等）。此外，玩具或游戏公司、提供专业服务的组织（比如家政公司）和许多从事企业对企业业务的组织则关注社会关系价值（比如关系或网络利益、联系 / 连接、人际互动、发展信任或承诺以及及时响应）。此外还有一些企业比如字节跳动、迪士尼以及旅游和酒店公司专注于认知价值（比如好奇心、新奇、知识或幻想）。

3. 象征 / 表达价值

象征 / 表达价值是指消费者附加到或关联到产品上的心理意义的程度。有些产品（比如音乐、食品）具有个人意义。对于某个消费者来说，因为一款产品与这个消费者认识的某个人或某件事之间建立了关联，这款产品对于该消费者具有特殊的含义。例如，因为妈妈以前常用"健美"牌洗衣膏，这款洗衣膏对于消费者个人来说附加了家庭关系的意义。有些产品提供了一种自我表达的方式，比如李宁、鸿星尔克等国货品牌的运动产品、上海飞跃球鞋、华为手机等产品。消费者通过购买或赠送产品来反映或表达他们的个性、品位和价值观。还有一些产品专注于社会 / 社交意义，即别人如何看待自己，比如像宝马、劳力士等品牌产品的购买是因为它们代表的地位或形象。最后，还有一些产品具有在特殊情境下的意义，比如中秋节的月饼、端午节的粽子、情人节的玫瑰、母亲节的康乃馨等，它们具有与社会文化、民族事件和传统有关的象征或意义。

4. 成本 / 牺牲价值

为了最大化或至少实现价值利益，消费者还会尽量减少在购买、拥有和使用产品时可能涉及的成本与其他牺牲。成本 / 牺牲价值与各种交易成本有关。物美超市、京东和大多数金融机构专注于最小化经济成本，比如产品价格、运营成本、转换成本和机会成本。而像汽车销售商、快递公司等则专注于便利和最小化心理或关系成本。心理或关系成本包括认知困难、压力、冲突、搜索成本、学习成本、心理转换成本、心理关系成本（比如依恋）等。此外，各种便利店和大部分互联网企业都试图最小化客户的个人投资——消费者在购买和消费过程中投入的时间与精力。一些家具或电子设备企业（比如海尔、小米）都试图通过使用质量保证承诺、保修、灵活的退货政策以及第三方背书等降低消费者在购买、拥有和使用产品时感知到的风险（包括个人风险、运营风险、财务风险或战略风险）。

第二种方式将感知价值看作多维概念划分为实用价值和享乐价值。

1. 实用价值

实用价值源于对预期结果的有意识追求，指的是消费者在使用产品或服务中实现或达到某个具体目的而获得的价值，主要是工具性、功能性和认知性的，比如时间或金钱上的节省、便利性、产品质量就可以被归类为实用价值。实用价值更多地强调消费者对产品的认知方面，包括经济上的"金钱价值"和对方便和时间节省的判断。例如，消费者选择在网上购物是因为方便查找和比较商家、评估价格/质量比、节约时间和心理资源等。

2. 享乐价值

享乐价值主要来源于消费者在使用产品或服务过程中获得的乐趣，指的是消费者对体验利益（比如娱乐和逃避）的评价，是非工具性的、体验性的和情感性的，比如娱乐、探索和自我表达都属于享乐价值。消费者经常为了体验而购物，而不仅仅是为了完成购物任务。例如，消费者访问电商网站常常不只是为了购买商品，更是为了享受浏览琳琅满目的商品带来的探索体验和乐趣。

6.3.4 如何提高消费者感知价值

根据感知价值的定义，提高感知价值，简单来说就是要提高消费者感知到的利益，降低消费者付出的成本。我们可以从以下消费者感知价值的五个关键来源入手，实施对消费者感知价值的四个维度进行增强的措施。

1. 信息

信息是由与广告、公共关系和品牌管理相关的价值链活动，比如通过包装、标签或说明产生的。在提供信息方面，可以通过告知和教育消费者增强功能/工具价值；通过有创意的广告等方法提高体验/享乐价值；通过关联建立和意义解读来增强象征/表达价值；通过帮助消费者做出更明智和更快的决策来降低成本/牺牲价值，比如在网站上提供同类产品中销量排名前 10 的产品。

2. 产品

产品是由与新产品开发、市场研究、研发和生产相关的价值链活动创造出来的。在产品方面，可以通过对产品功能和特性的研发升级等来提升产品本身提供的功能/工具价值；通过提高产品本身所附带的感官、情绪、关系和认知体验来增强体验/享乐价值，比如腾讯旗下的各类游戏除了提供游戏的功能外，还提供了社交体验；通过开发品牌的个人意义来提高象征/表达价值；通过产品价格和增强互补性服务来降低成本/牺牲价值，比如提供产品的组装服务、保修条款、退换货政策等。

3. 互动

消费者与组织员工或系统之间的互动是通过与招聘、培训、服务质量和运营相关的价值链活动得以实现或增强的。在互动方面，可以通过提高服务的及时性提高功能/工具价值；通过改善员工服务的态度或强化服务补救措施等来提高体验/享乐价值，比如员工的礼貌、友好行为，同理心都会给消费者带来更好的体验；通过让消费者感受到不同于其他人的特权来增强象征/表达价值，比如向消费者提供不同等级的会员服务；通过增强消费者和员工或系统之间的交互质量来减少消费者的个人投资，从而降低成本/牺牲价值，比如通过员工详细的讲解或购物网站提供的具体数据等让消费者更容易理解产品的具体功能，减少消费者了解产品需花费的精力和时间成本。

4. 环境

购买或消费环境由诸如设施管理、室内设计、网页设计和商品销售等价值链活动创造。在环境方面，可以通过提供有利于产品功能实现的环境设计来提升功能/工具价值，比如网站采用恰当的背景、搭配、配饰等元素以及先进的技术手段更好地展示产品的功能、特色和效果；通过营造令人愉悦的购物氛围来提高体验/享乐价值，比如音乐、美观的网站设计等；通过具有特定意义的环境设计来提升象征/表达价值，比如春节期间购物平台的中国红主题设计；通过增加消费环境的便捷性和简洁性来降低成本/牺牲价值，比如平台即时的系统响应、便捷的页面跳转会减少消费者等待、思考的时间。

5. 所有权转移

所有权转移是由与会计（比如付款和开票）、交付（比如产品挑选、包装、运输和跟踪）和占有权转移（比如合同和版权协议）有关的价值链活动所支持的。在所有权转移方面，可以通过提高所有权转移过程的效率来提高功能/工具价值，比如及时交付；通过提高在所有权转移过程中的服务质量及消费者满意度来提高体验/享乐价值；通过增强或丰富所有权及所有权转移过程赋予的意义来提高象征/表达价值，比如通过提供有品位的礼品包装增强产品意义；通过改善和优化所有权转移过程中的各个环节来降低成本/牺牲价值，比如自动化产品跟踪系统提供给消费者的安心。

6.4　消费者满意和忠诚

6.4.1　消费者满意

1. 满意的定义

消费者满意（consumer satisfaction）是市场营销领域的一个重要概念，首次将消费者满意的概念引入营销学范畴，提出消费者在获取产品过程中花费的努力与消费者对产品的期望都会影响消费者对产品的满意度。消费者满意不仅取决于产品本身，还取决于购买过程中的体验。当消费者对产品或服务满意时，就很有可能会回购并变成忠诚顾客，而忠诚顾客的增加会提高企业的利润并降低经营成本。

在电子商务背景下，消费者通过互联网购买产品，在网上交易过程中，消费者需要经历访问网站系统、与卖家进行交流、等待产品到达等过程。消费者根据自身以前的交易经历形成心理预期，并将它与对本次购买的产品及购买过程中的实际感知进行比较，形成最终的感受和满意度。因此，在总结已有的对消费者满意定义的基础上，本书采用的消费者满意的定义如下：消费者满意是指消费者在消费产品或服务的过程中，将对产品或服务的实际感知与消费之前形成的心理预期（即期望）进行比较后产生的一种感知，当实际超过预期时，消费者满意，否则不满意。

消费者满意的影响因素及形成机制是消费者行为研究的一个主要领域，**期望确认理论**（expectation confirmation theory）很好地解释了消费者满意的形成过程，如图 6-16 所示。该模型指出，消费者购买产品时会产生两阶段的心理变化：在第一阶段，消费者会在购买产品之前产生对产品或服务未来效能的心理预期，

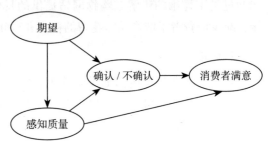

图 6-16　期望确认理论模型

即期望。购买产品之后，消费者将其实际感受到的效能与购买之前的期望进行比较，两者之间就会产生一定差距，这种差距形成了"确认"。在第二阶段，消费者得到的"确认"共有三种情况：当产品表现超过期望时，形成正向确认（positive confirmation），产生消费者满意；当产品表现等于期望时，形成确认（confirmation），消费者产生适度的满意；若产品表现未达到期望，则形成负向确认（negative confirmation），产生消费者不满意。

根据期望确认理论，如果消费者的期望过高，即使对于优质产品，他们也可能会不满意。同理，对于普通产品，消费者也可能会因为产品表现超出期望而对产品感到满意。例如，虽然天猫超市和拼多多上的不知名小店都是通过在线平台销售商品，但消费者对两者有着明显不同的期望。当消费者的体验低于他的期望时（比如在天猫超市购买的产品不是正品，或在拼多多小店购买的产品与描述严重不符时），他将是不满意的；当他的体验与期望相匹配时，他是满意的；而当他的体验超越了期望时（比如在天猫超市购物时商家额外赠送了小样，或者在拼多多小店购买的产品拥有精美的包装时），他将会非常满意或是愉悦。因此，消费者在购买之前对产品或服务抱有的期望与消费者对产品或服务功效的实际感受同样重要。这种思路制造了一种潜在的满足悖论，营销者必须创造足够高的期望来吸引消费者试用产品或服务，但是期望又不能高到可能引起消费者失望的程度。换言之，期望值极低的产品或服务很难吸引消费者试用，但如果营销者针对产品或服务创造了不切实际的高期望，他们又很难得到消费者的满意。

如何衡量消费者满意也是各大企业重点关注的问题之一，一些学者和企业开发了衡量消费者满意度的指标。例如，密歇根大学开发的美国顾客满意度指数（ACSI），网上客户满意度调研企业 ForeSee 公司发布的 ForeSee 客户体验指数、ForeSee 政府满意度指数、ForeSee 口碑指数（WoMI）等。

2. 满意的类型

在电子商务背景下，消费者满意可以是一个整体性的概念，也可以划分为以下三个类型：**系统满意度**（system satisfaction）、**信息满意度**（information satisfaction）、**服务满意度**（service satisfaction）。系统满意度是指消费者对网站的系统和交互机制的满意程度；信息满意度是指消费者在购物过程中，对网站所提供的帮助自己进行产品选择和购买的信息的满意程度；服务满意度则是指消费者对网站提供的支持消费者选择和购买产品的服务过程的满意程度。

在电子商务背景下，消费者在选择商品时所获得的信息来自网站的系统，因此消费者能够从网站中获取有用的信息的前提条件是消费者能够有效地与网站交互，这也就导致了消费者对系统的满意度会影响他对系统提供的信息的满意度。此外，系统满意度、信息满意度和服务满意度分别受到系统质量、信息质量和服务质量的影响。在现实生活中，如果我们在购买产品时遇到了网站卡顿、响应不及时的情况，我们会觉得网站系统质量很差，因此对系统满意度会很低；或是发现网站上提供的很多信息都过时了，信息更新不及时，并且存在信息缺失或错误，我们会觉得信息质量差，对网站提供的信息满意度也相应会低；抑或是我们在购物过程中与客服交流时，客服响应缓慢、态度恶劣，我们会觉得服务很差，因此对网站的服务满意度低。

6.4.2 消费者忠诚

一般来说，消费者忠诚包含两个维度：态度维度和行为维度。从行为维度上，对消费者忠诚的理解注重于重复购买行为，认为消费者重复地对某一企业的产品或服务进行购买，则消费者对该家企业是忠诚的，即**行为忠诚**（behavioral loyalty）定义为消费者对同一企业的产品或服务的重复购买行为。而在态度维度上，**态度忠诚**（attitudinal loyalty）是指消费者对于持续重复购买某一企业提供的产品或服务所持有的主观态度和承诺。

在电子商务背景下，人们已经习惯了通过互联网购买产品或服务，消费者忠诚的对象就变成了网络上的销售商或者是在线进行消费者忠诚计划的企业。本书采用考虑行为维度和态度维度的消费者忠诚定义，即：尽管受到可能导致转换到其他企业的情境因素和企业营销活动的影响，消费者仍然在未来重复购买和使用某一企业的产品或服务，进而导致消费者对同一品牌或品牌系列的产品或服务的重复购买行为。

（1）认知忠诚（cognitive loyalty）。忠诚发展的第一个阶段是认知忠诚，消费者得到的产品属性信息表明，一家企业的产品或服务相比其他替代品更好。这个阶段称为认知忠诚或仅基于对某一企业信任的忠诚。认知可以基于先前的或者间接的知识，也可以基于从最近的体验中获取的信息。由于消费者只是根据产品的信息（产品属性的性能表现）进行判断，这个阶段的忠诚是直接针对某一企业的，这样的忠诚状态是浅层次的。例如，当消费者在进行常规的或例行性的交易时，消费者可能没有意识到自己的满意状态，即没有对满意度进行处理，此时消费者忠诚仅限于对产品的性能表现层面。但如果消费者对自己的满意状态进行处理，那么满意就会变成消费者体验的一部分，并开始带有情感上的意义。

（2）情感忠诚（affective loyalty）。忠诚发展的第二个阶段是情感忠诚，经过多次令人满意的使用经历的累积，消费者会形成对某个企业的喜好或者态度，会产生对企业提供的产品或服务的购买承诺。这个阶段的承诺称为情感忠诚，在消费者身上既包含情感，也包含认知。虽然认知会直接受到反驳言论的影响而发生改变，但情感却不那么容易被动摇。这个阶段所展现出来的忠诚是针对某一企业的喜爱程度的。然而，与处于认知忠诚阶段的消费者类似，情感忠诚阶段的消费者仍然可能转换到其他企业。大量研究发现，相当比例的品牌转换者都声称他们对之前的企业是满意的。由此可见，这个阶段的忠诚仍然达不到较为坚实的状态，更深层次的忠诚应该是消费者对某一企业有着更深程度的承诺。

（3）意向忠诚（conative loyalty）。忠诚发展的第三个阶段便是意向忠诚（行为意图），这一阶段的忠诚受到消费者对企业抱有的持续不断的积极情感的影响。意向暗示着对某一特定企业的回购承诺。因此，意向忠诚是包含消费者忠诚定义中提到的坚定的购买承诺的一种忠诚状态。尽管消费者有再次购买的意向，但是意向不等同于实际的行动，消费者重购意向可能仅是预期而并未得到行动上的落实。

（4）行为忠诚（behavioral loyalty）。忠诚发展的最后一个阶段是行为忠诚。相关研究将意图转化为行动的机制称为"行动控制"（action control）。行动控制范式表明，要想让上一个阶段的行为意向转变成实际行动，就需要消费者克服一些可能阻止实际行动发生的阻碍因素，克服了这些阻碍因素后，消费者就付诸了实际行动。如果消费者不断克服阻碍因素进行购买行为，就会形成一种行为惯性，这种行为惯性会推动消费者不断重复地进行购买行为。最终在不断重复地对某一家企业的产品进行购买后，就形成了行为忠诚。这与前文中提到的消费者忠诚的定义也是相符的，克服阻碍因素进行购买行为对应了定义中的消费者不会因为受到可能导致其转换到其他企业的情境因素和企业营销活动的影响而发生改变。

总的来说，认知忠诚聚焦于产品或服务的性能表现方面；情感忠诚针对消费者对某一企业的喜爱程度；意向忠诚表现为消费者对产品或服务的重购意向；行为忠诚体现在重复购买。当市场营销人员需要维护他们的忠实客户时，就需要明确这四个忠诚阶段的脆弱点，如表 6-3 列示。

表 6-3　忠诚四个阶段的特征及脆弱点

阶段	特征	脆弱点
认知忠诚	忠诚于信息 （比如产品价格、产品性能等）	• 通过媒体（比如广告）、间接体验（比如朋友告知）或个人体验获知的具有更好性能或更低价格的竞品 • 当前选择的品牌的性能退化或价格失去优势 • 消费者想要寻求多样性、尝试其他品牌
情感忠诚	忠诚于喜爱	• 由于一些因素导致的对当前选择的认知上的不满意 • 竞品通过给产品建立关联增强消费者对其喜爱程度 • 消费者想要寻求多样性、尝试其他品牌 • 当前选择的品牌的性能下降

（续）

阶段	特征	脆弱点
意向忠诚	忠诚于意图	• 具有说服力的反驳信息 • 被引诱试用其他竞品（比如优惠券、试样、现场促销） • 当前选择的品牌的性能下降
行为忠诚	忠诚于行为惯性 及对阻碍因素的克服	• 当前选择的品牌缺货 • 阻碍因素增加 • 当前选择的品牌的性能下降

6.4.3　满意与忠诚的关系

消费者满意是消费者忠诚的必要不充分条件。如图 6-17 所示，消费者满意与消费者忠诚虽然存在正相关关系，但并非线性关系。一个高度满意的消费者会忠诚于企业更久，但满意度只有达到一定水平之后消费者忠诚度才会迅速增加。Coyne（1989）提出，在消费者满意与消费者忠诚的非线性关系中存在两个关键阈值，分别处在消费者满意度的高水平端和低水平端，本书分别称为高阈值和低阈值。当消费者满意度超过高阈值时，消费者忠诚度将随着满意度的提高而急剧增加；而当消费者满意

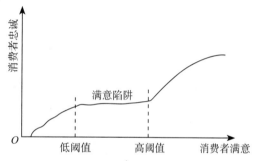

图 6-17　消费者满意与消费者忠诚的关系图

度下降到低阈值时，消费者忠诚度将随着满意度的降低而猛烈下降。有的学者将高低阈值中间的区域称为"满意陷阱"或"质量不敏感区"，即企业在这个区域为消费者满意投资不能产生较大的实际绩效，除非企业努力使消费者进入很满意的区域即超过消费者满意度的高阈值水平。

消费者满意是通向消费者忠诚的基础，消费者满意积累到一定量后会形成一种分离的消费者忠诚状态。换句话说，随着时间的推移，满意和忠诚可能会完全脱节，消费者对产品或服务的不满意可能不再影响忠诚。事实上，满意度既可以被视为基于单一体验的暂时状态，也可以被视为反复体验的状态。然而忠诚可能是消费者保持的一种更持久的、获得的状态。满意是忠诚形成的一个必要部分，但除了满意外，还有许多其他的因素比如转换成本也会最终导致消费者忠诚的形成，因此消费者忠诚是在消费者满意和一些其他因素协同作用下共同形成的。

6.5　文化与消费者行为

6.5.1　消费者行为中的文化差异

文化是一个非常广泛的概念，涉及历史、语言、法律、宗教、音乐、文学艺术、饮食

习惯、工作方式等诸多因素。文化的范围很难界定，从某种意义上讲，一个社会的特征就是它的文化。文化是一个集体概念，是将一个群体或另一类人与另一个群体或另一类人区分开来的共有的心理程序（collective mental programming）。

文化是影响人的欲望和行为的基本因素，是本土化和全球化消费行为之间长期存在着差异的重要原因。为了确定文化带来的消费者行为的具体差异，Schütte 和 Ciarlante（1998）在 *"Consumer Behavior in Asia"* 一书中从认知风格、产品名称选择标准等 14 个维度详细比较了西方与东方（亚洲）消费者行为的差异（见表 6-4）。

表 6-4　亚洲与西方消费者行为比较

维度	亚洲	西方
认知风格	综合的、具体的、情境导向的	线性的、抽象的、分析的
产品名称选择标准	考虑复杂的命名过程；最好是"幸运的名字"；名称是品牌态度的重要指示器	短小、有特色、好记、直接陈述产品功能
形象	强调公司形象	强调品牌形象
品牌忠诚的形成时间	比西方消费者品牌忠诚的形成时间长，形成后持续时间更长	形成时间短，持续时间短
对社会风险的敏感性	比西方消费者对社会风险更敏感	更倾向于规避货币和功能性风险
创新扩散曲线	不对称、陡峭	对称、平缓
对待权威的态度	容忍等级、尊重权威、销售人员的角色重要	向领导提出质疑
马斯洛需要层次（由低到高）	生理需要→安全需要→归属需要→被赞美的需要→地位需要	生理需要→安全需要→归属需要→声望需要→自我实现需要
行动动机模型	保留面子 → 行动动机；群体一致性压力 → 个人成分（态度）；感知的与购买相关的后果 → 个人成分（态度）；评价与购买相关的后果 → 个人成分（态度）	重要参照群体的观念和期望、顺从这些参照群体的动机 → 社会成分（主观）→ 行动动机；感知的与购买相关的后果、评价与购买相关的后果 → 个人成分（态度）→ 行动动机
对消费品的态度	实用主义；较少冲动购买	与情感联系；较多冲动购买
购买决策过程	社会的自我引导问题识别	私人的自我引导问题识别
购买后行为	抱怨、退货或更换产品被认为是冒犯的行为，会使销售人员没面子；较少表达不满；卖方对买方的责任持续产品的一生	需要向商店或生产厂家表达不满并寻求赔偿；习惯于表达不满
对他人的态度	年龄和性别是评价他人的重要标准；社会阶层是家庭及亲属的反映	社会阶层是收入的反映
与群体的关系	集体主义	个人主义

6.5.2　全球化消费与来源国效应

当消费者做购买决定时，他们可能要考虑所选商品的来源国。Schooler（1965）率先开展了有关来源国效应的实证研究，他在危地马拉学生中进行了一项有关商品来源国的实验。在实验中，他赋予相同产品不同的原产国标签，观察学生对不同来源国的产品是否持有不同的看法。经过实验，Schooler 发现产品的原产国影响消费者对产品的看法，即消费者对原产国不同的产品存在偏见，具体而言，相较于来自经济不发达国家的产品，来自经济发达国家的产品更受消费者欢迎，这项研究是最早的来源国效应的实证研究，之后陆续有学者研究来源国效应，来源国效应研究已成为国际营销和消费者行为领域中的一个重要研究话题。

来源国效应（country of origin effect）指的是消费者对一个国家及其产出的刻板印象对消费者对该国产品或服务的认知和决策造成的影响。具体而言，来源国效应对消费者的影响体现在以下几个维度。

（1）认知维度。来源国信息属于一种与产品有关的线索，被用来推断产品的属性，比如产品质量。事实上，消费者通常对各个国家形成了一些公认的、与产品相关的刻板印象，例如，多数消费者想到酒类、时装、香水等就会想到法国；想到相机和一些家用电子产品就会想到日本；想到汽车和机械设备就会想到德国。这种将国家与产品相关联的刻板印象是基于一个国家的经济、文化和民族符号等信息形成的。这种刻板印象实质上是来源国效应在认知维度上的体现，当提及某品牌、某商品时，消费者常带有固有的认知和偏好，这种固有认知可能影响消费者对产品的评估和他们最终的购买决定。事实上，消费者对来自某国的特定产品的固有认知是基于产品和国家之间的匹配的。当消费者认为某国的感知"优势"与制造产品所需的技能相匹配时，他们更喜欢将某国作为特定产品的原产地。例如，人们对德国汽车和机械设备的偏爱，可能是因为对德国工程师技术水平、工艺，以及德国是一个技术先进的国家的认知。当然，这种认知不是一成不变的，它也受到消费者对一个国家产品质量的直接体验的影响，可能随着时间的推移而改变。例如，我国国货逐步走向世界，大疆无人机、华为手机、回力运动鞋等产品都是中国制造的优秀品牌。

（2）情感维度：来源国具有情感和象征意义，可以将产品与国家形象联系起来。具体而言，消费者将原产国与记忆、民族或种族身份以及与拥有某些国家产品相关的"地位"和"自豪感"联系起来。消费者对来源国的这种情感作用，可能是在假期或与外国人相遇的直接经历中形成的，也可能是在艺术、教育和大众媒体等间接经历中形成的，这些情感可能会影响消费者对产品或品牌的态度和评价。对产品来源国的积极情感往往增加消费者对来源国产品的偏好。例如，一些针对尼日利亚、罗马尼亚和土耳其的人类学研究发现，"西方"产品原产地这一信息往往使消费者对品牌态度有实质性的积极影响，即使是在对感知质量进行控制之后。另外，对产品来源国的负面情感可能导致消费者对来源国产品的抵制。

（3）规范维度：来源国具有一定的道德影响。具体而言，消费者持有与来源国相关的社会和个人规范会影响消费者对产品的态度。这一影响主要表现在两个方面。其一，购买国外产品的规范。因为购买一个国家的产品通常是支持这个国家经济的一种方式，所

以从那些从事令人反感的活动的国家购买产品可以被视为一种反道德行为。例如，2019
年"日韩贸易争端"中，出现了双方国家对对方国家产品的抵制行为：日本对韩国的啤
酒出口量跌至零，而超强台风"海贝思"肆虐日本之时，大量韩国泡面却无人问津。其
二，购买国内产品的规范。许多消费者认为购买本国生产或种植的产品是符合个人道德的
行为。在美国、加拿大和英国等国家，政府、工会和行业团体一直在发起旨在建立"购买
国内产品"规范的运动。来源国的这一作用本质上是因为消费者民族中心主义（consumer
ethnocentrism），消费者民族中心主义是消费者对于是否购买他国生产的产品的一种道德
判断。消费者民族中心主义的程度越强，对于国内产品的偏好就越强，同时对国外产品的
偏好则越弱。

来源国效应是个复杂的现象。事实上，认知、情感、规范三个维度并不是独立作用于
偏好和行为的，三个维度之间的界限是模糊的。来源国效应通常是认知、情感、规范三个
维度相互作用的结果。这一点在与消费者民族中心主义相关的产品抵制行为中就有明显体
现。事实上，在进行购买一国产品的规范性判断时，也涉及认知和情感反应，抵制的决策
往往需要复杂的认知过程，也会引发恐惧、愤怒等情绪反应。情感会影响消费者信息处理
的过程，为信息处理提供动力，并可能增强或终止信息处理，进而影响与来源国相关的认
知信息的检索和评估。此外，消费者民族中心主义本身就包含"认同感""归属感"等情
感因素，它对消费者来源国偏好的影响受到认知的调节，即消费者认知中该国对消费者本
身以及所在国家威胁的程度。

◎ 本章小结

1. **消费者行为的概念。** 消费者行为是指消费者的感情、感知、行为与环境因素的动态
   互动过程。消费者行为包括消费者、消费者活动和消费者反应三个部分。

2. **消费者行为模型。** 本章介绍了几种较为典型的消费者行为模型：霍华德 – 谢思模型、
   消费者黑箱模型、输入 – 处理 – 输出模型和 EKB 模型。

3. **影响消费者行为的因素。** 影响消费者行为的四个重要因素有：①文化因素，包括文
   化、亚文化和社会阶层；②社会因素，包括群体、社交网络、家庭、角色和社会地
   位；③个人因素，包括年龄、生命周期、职业、经济状况、生活方式、个性和心理，
   其中心理因素包括动机、感知、学习、信念和态度；④网站及技术因素，包括网站
   特征、便利性、个人隐私安全和交易安全。

4. **消费者购买决策模型。** 第一类模型将消费者购买决策的一般过程解读为认知的过程，
   包括五阶段模型和七阶段模型；第二类模型将消费者从接触信息到最终购买都划分
   为五个阶段，包括 AIDMA 模型、AISAS 模型与 SIPS 模型；第三类模型是"环形"
   的消费者购买决策模型，包括漏斗模型、双环模型与新双环模型。

5. **电子商务中消费者信任的定义和分类。** 信任是指当一方预见另一方将采取的行动对
   自己来说很重要时，不管自己是否有能力监督或控制对方，都愿意将自己置身于容
   易受到由于对方采取的行动而给自己带来伤害的弱势地位（即脆弱状态）的程度。在
   电子商务中，可以按照信任对象的抽象程度不同，将信任划分为一般信任和具体信

任两大类。一般信任指的是信任方对他人和线上环境的可信赖性所持有的一般性、整体的信念，而具体信任指的是信任方愿意将自身置于容易受到某个具体被信任方可能带来伤害的程度。在一般信任和具体信任两大类的基础上，还可以按照信任对象的类型对信任进行更细致的划分：一般信任包括信任倾向和制度信任，而具体信任包括信任信念和信任意向。

6. **电子商务中建立消费者信任的方式。** 线上商家可以通过提高网站的感知易用性、信息质量和社会临场感，改善网站的视觉特征，提供定制和个性化功能、隐私保证和安全功能以及第三方保证等策略来建立消费者信任。

7. **电子商务中感知价值的概念和维度划分。** 感知价值是指消费者在使用产品或享受服务过程中，将感知到的收益与付出的成本进行衡量后对产品或服务效用的总体评价。感知价值具有四个属性特征：互动性、相对性、偏好性和体验性。消费者感知价值既可以被认为是一个全局的单维概念，也可以看作由几个相互关联的属性或维度构成的多维概念。当感知价值被认为是一个多维概念时，主要有两种划分方式，一种是将感知价值划分为四个维度：功能 / 工具价值、体验 / 享乐价值、象征 / 表达价值和成本 / 牺牲价值，另一种是将感知价值划分为实用价值和享乐价值。

8. **电子商务中提高消费者感知价值的方式。** 要想提高感知价值，简单来说就是要提高消费者感知到的利益，降低消费者付出的成本。主要可以从消费者感知价值的五个关键来源（信息、产品、互动、环境、所有权转移）出发增强消费者的感知价值。例如，在信息方面，可以通过提供有效的信息，告知和教育消费者从而提高功能 / 工具价值；在产品方面，可以通过增强产品附加的感官、情绪、社交等体验来提高体验 / 享乐价值；在互动方面，可以通过增强消费者和员工或系统的交互质量来减少消费者的个人投资从而降低成本 / 牺牲价值；在环境方面，可以通过具有特定意义的环境设计来提升象征 / 表达价值；在所有权转移方面，可以通过改善和优化所有权转移过程中的各个环节来降低成本 / 牺牲价值。

9. **电子商务中的消费者满意和忠诚。** 消费者满意是指消费者在消费产品或服务的过程中，将对产品或服务的实际感知与消费之前形成的心理预期（即期望）进行比较后产生的一种感知，当实际超过预期时，消费者满意，否则不满意。在电子商务背景下，消费者满意可以是一个整体性的概念，也可以划分为三个类型：系统满意度、信息满意度和服务满意度。消费者忠诚是指尽管受到可能导致转换到其他企业的情境因素和企业营销活动的影响，消费者仍然在未来重复购买和使用某一企业的产品或服务，进而导致消费者对同一品牌或品牌系列的产品或服务的重复购买行为。消费者忠诚包含态度和行为两个维度，它具有四个发展阶段（认知忠诚、情感忠诚、意向忠诚和行为忠诚）。

10. **电子商务中的消费者满意和忠诚之间的关系。** 消费者满意是消费者忠诚的必要不充分条件。消费者满意和消费者忠诚之间是正向非线性关系，两者之间的非线性关系中存在两个关键的阈值：当消费者满意度超过高阈值时，消费者忠诚度将随着满意度的提高而急剧增加；而当消费者满意度下降到低阈值时，消费者忠诚度将随着满意度的降低而猛烈下降。但随着时间的推移，消费者满意和消费者忠诚可能会完全脱节，消费者形成一定程度的忠诚后，消费者对产品的不满意就不再影响消费者忠诚。

11. **消费者行为中的文化差异**。文化是一个集体概念，是将一个群体或一类人与另一个群体或另一类人区分开来的共有的心理程序。文化是导致消费者行为差异的重要因素，文化使得亚洲和西方消费者在 14 个维度存在差异：认知风格、产品名称选择标准、形象、品牌忠诚的形成时间、对社会风险的敏感性、创新扩散曲线、对待权威的态度、马斯洛需求层次、行动动机模型、对消费品的态度、购买决策过程、购买后行为、对他人的态度和与群体的关系。

12. **来源国效应的定义和影响**。来源国效应指的是消费者对一个国家及其产出的刻板印象对消费者对该国产品或服务的认知和决策造成的影响。来源国效应对消费者的影响体现在认知、情感、规范这三个维度，这三个维度并不是独立发挥作用的，来源国效应对偏好和行为的影响通常是认知、情感、规范三个维度相互作用的结果。

◎ 管理问题

　　北京小米科技有限公司成立于 2010 年，发展至今小米品牌已经家喻户晓。小米始终坚持做"感动人心、价格厚道"的好产品，除了在手机领域迅速发展，小米在智能家居、小米生态链等理念上也逐渐获得用户的偏好和支持。除了国内业务的大力发展之外，小米从 2013 年就开始扩展海外业务，目前在东南亚、欧洲等市场都取得了较大的成就。请查阅小米公司的产品设计理念、网络运营、全球化发展等相关资料和数据，结合本章内容思考和讨论小米是如何在国内外市场中获得如今的成就的？

◎ 复习题

1. 简要描述影响消费者购买行为的因素有哪些？回想你最近在电子商务平台上进行的一次购物，哪些主要因素影响了你的决策？
2. 简要描述消费者对于一个新产品的购买决策过程。
3. 列举消费者信任的主要类型。
4. 描述一下应该如何形成消费者信任。
5. 列举消费者感知价值的维度。
6. 列举提高消费者感知价值的途径。
7. 解释消费者满意的定义。
8. 简要描述消费者满意和消费者忠诚之间的关系。
9. 列举我国消费者和西方消费者的消费者行为之间有哪些文化上的差异。
10. 解释什么是来源国效应。

◎ 章末案例

百雀羚的创新与重生

　　百雀羚是一家成立于 1931 年的专业化妆品制造商，也是我国历史悠久的化妆品品牌之一，百雀羚曾以"东方美韵，护肤精品"享誉海内外。随着国外知名化妆品牌的冲击，百雀羚逐渐没落，百雀羚曾尝试走重振"经典国货"的路线，并推出了一些甘油、凡士林类产品，然而最终失败了。随着互联网的兴起，百雀羚开始了新一轮的逆袭之路，并取得了巨大的成效。那么，百雀羚是如何创新与重生，成为现代、时尚的日用化妆品的呢？

1. 百雀羚的发展历史

出生阶段（20 世纪三四十年代）

1940 年百雀羚推出了第一款"百雀羚冷霜"。自诞生之日起，就受到社会名媛的追捧，成为社会名流的护肤品牌，引领时尚潮流，到 1949 年，百雀羚的产品已遍布全国，成为女士和贵族首选的护肤品。

全盛时期（20 世纪 80 年代）

自 20 世纪 80 年代以来，百雀羚在研发中不断推出新产品。它在保护功能上迈出了一大步，开创了国内"呵护滋养"护肤新概念。以客户为导向的业务也从精英贵族转向各个年龄段的消费者，在全国各地都很受欢迎。

低谷与衰退时期（20 世纪 90 年代）

在 20 世纪 90 年代初经济全球化的发展过程中，雅诗兰黛、雪花秀、资生堂等众多国外知名护肤品牌充斥国内市场，迅速走红。百雀羚曾是外资日化公司的独家合作伙伴，但在大牌化妆品市场未能站稳脚跟，逐渐衰落。

品牌创新与重生（2000 年至今）

2000 年，百雀羚开始转变其品牌。它建立了一个"草药车间"，并于 2006 年开发了"草药精华"产品系列。2009 年，成立了韩方药物研究所，随后于 2010 年推出了"水嫩倍现"系列产品。发布了许多广告，还开展了线上和线下活动来宣传新产品。

2011 年，百雀羚全面接触互联网，与天猫、淘宝、京东、当当等各大电商平台开展合作。在 2012 年的"双 11"大促活动中，百雀羚在天猫和淘宝的交易总额达到 191 亿元，同比增长 2.6 倍。到 2018 年，其年零售额达到 230.1 亿元，业绩增长超过 30%。2019 年其"双 11"销售额达到 8.56 亿元，连续五年蝉联淘宝"双 11"促销活动美妆销售冠军。

2. 百雀羚是如何成功"逆袭"的

（1）通过产品和外观，塑造独特"东方之美"。2008 年，百雀羚重新定位了"草本护肤"系列护肤品。为了突出这一特点，它在产品的各个方面都加入了传统元素。例如，包装从塑料瓶变成了玻璃瓶。包装的绿色代表天然草药，方盒圆瓶象征"天圆地方"。之后，为了迎合年轻消费者需求，百雀羚推出"三生花"系列产品，主要通过电商渠道销售，主攻年轻人护肤和美妆市场。三生花古典风系列独特的东方美韵深深吸引了女性消费者。

（2）入驻电商平台，拓展销售场景。百雀羚与多家电商平台合作，线上线下销售渠道同步开展，满足不同类型消费者的需求。除日常的线上销售外，百雀羚借助"双 11""618"等线上购物节，开展各种促销、宣传活动，这不但激发了消费者的购买意愿，而且在较短时间内提高了产品的"曝光度"，进而提升了品牌的市场关注度。此外，从长远角度看，规律性的促销活动有助于培养消费者的消费习惯，增加消费者信任，进而实现有助于品牌利润增长的长期效应。

（3）利用大数据技术，实现精准营销。在产品端，百雀羚借助大数据，依据自身和对家产品销售数据，实时调整产品生产和供应线；利用销售数据获取消费者的用户画像和需求偏好，并借此预测消费趋势，调整产品的研发和改进计划；利用销售数据不断挖掘潜在消费者，稳固忠实消费者。在营销端，借助大数据提升百雀羚广告内容设计和投放的精细化和准确度，从而提升产品的营销效果。

（4）关注消费者实际体验。百雀羚注重消费者的体验，鼓励消费者感知产品、使用产品、发表产品体验，以用户为核心。百雀羚通过大众喜爱的微博、哔哩哔哩等社交网络平台收集消费者的反馈、评价，尝试提供更好的产品与服务。

（5）跨界合作，实现双赢。2017 年，百雀羚联合故宫推出了一款极具宫廷风与东方美的文创礼盒，包含一支发簪"喜上眉梢"和一个镜匣"燕来百宝奁"，这款礼盒广受消费者喜爱，一上架就被抢购一空。此外，百雀羚还冠名《快乐女声》《中国好声音》等综艺节目，提高知名度。

现在，百雀羚已经逐渐从一个国货老品牌升级为一个充满活力的时尚新品牌。百雀羚的成功在于它"内外兼修"。百雀羚不断研发新产品、着重挖掘品牌的价值观和文化、弘扬独特的"东方之美"。在此基础上，百雀羚依托互联网，创新产品的销售和营销渠道，提升消费者对品牌的好感度，将百雀羚"东方之美"的理念牢牢地植入消费者的内心，最终成为广受消费者喜爱的化妆品牌。

资料来源：1.SONG Y, CHOI M, KAN Z. The development strategy of pechoin in the new era［J］. Turkish Journal of Computer and Mathematics Education, 2021, 12(5): 435-441.

 2.柴俊武，陈倩倩.复古品牌品牌激活策略研究：以百雀羚为例［J］.广义虚拟经济研究，2014(3): 65-73.

 3.小数研究中心，小数战略说百雀羚，2021-03-24.

 4.周恩勇，品牌年轻化：国货老品牌"百雀羚"值得借鉴，2020-10-16.

思考问题

1. 百雀羚为什么会受到年轻人的喜爱？

2. 你认为百雀羚重生的关键因素有哪些？

3. 在百雀羚的成功过程中电子商务平台起到哪些作用？

讨论题

1. 与传统商务相比，电子商务背景下的消费者行为模式有哪些变化？

2. 在电子商务背景下，消费者的搜索成本和转换成本大大降低，那么商家应该如何建立消费者忠诚？

3. 如果你想要创立一个跨境电商平台，那么你需要考虑哪些因素？

课堂辩论题

1. 在影响消费者行为的三个因素中，你认为哪个因素最重要，是文化因素、社会因素还是个人因素？

2. 在电子商务背景下，商家是应该迎合消费者需求进行改变，还是应该为消费者创造需求？

网络实践

1. 打开淘宝、京东等购物 App，观察你最近消费的一笔订单，尝试回忆你是如何做出这次购买决策的。

2. 观察购物 App 是通过哪些功能增强消费者信任和消费者忠诚的。

3. 在网上搜索一些海外的购物平台，对比分析国内外电商平台在设计上反映了消费者行为的哪些文化差异。

团队合作

与 3 ～ 4 名同学组成一组，选择一家较为典型的电商平台，对其发展历程进行调研。讨论分析你所选的平台有哪些关键的发展节点、做出了哪些关键的战略决策、平台是如何运用对消费者及其购买行为的理解来实现如今的成果的？

◎ **在线补充读物**

1. Luo, X., Tong, S., Fang, Z., and Qu, Z. 2019. Frontiers: Machines Vs. Humans: The Impact of Artificial Intelligence Chatbot Disclosure on Customer Purchases, *Marketing Science* (38:6), pp. 937-947.

2. Gao, H., Kumar, S., Tan, Y., and Zhao, H. 2022. Socialize More, Pay Less: Randomized Field Experiments on Social Pricing, *Information Systems Research*, (33:3), pp. 935-953.

3. Hong, Y., Pavlou, P. A., Shi, N., and Wang, K. 2017. On the Role of Fairness and Social Distance in Designing Effective Social Referral Systems, *MIS Quarterly* (41:3), pp. 787-809.

4. Lu, S., Yao, D., Chen, X., and Grewal, R. 2021. Do Larger Audiences Generate Greater Revenues under Pay What You Want? Evidence from a Live Streaming Platform, *Marketing Science* (40:5), pp. 964-984.

5. Cohn, A., Gesche, T., and Maréchal, M. A. 2022. Honesty in the Digital Age, *Management Science*(68:2), pp. 827-845 .

6. Gao, J., Rong, Y., Tian, X., and Yao, Y. O. 2021. Save Time or Save Face? The Social Presence Effect and Herding Effect in the Use of Facial Recognition Payment Technology in Retail, *Information System Research* (35:1), pp.16-27.

7. Lei, Z., Yin, D., and Zhang, H. 2021. Focus within or on Others: The Impact of Reviewers' Attentional Focus on Review Helpfulness, *Information Systems Research* (32:3), pp. 801-819.

8. Reimers, I., and Xie, C. 2019. Do Coupons Expand or Cannibalize Revenue? Evidence from an E-Market, *Management Science* (65:1), pp. 286-300.

◎ 术语表

消费者行为（consumer behavior）：消费者的感情、感知、行为与环境因素的动态互动过程。

霍华德－谢思模型（Howard-Sheth model）：主要强调影响消费者购买行为的因素：刺激或投入因素、外在因素、内在因素和反应或产出因素。刺激或投入因素包括产品刺激因素、符号刺激因素和社会刺激因素；外在因素包括文化、教育、经济实力、时间压力等；内在因素指消费者的心理活动过程；反应或产出因素包括认知、情感和行为三个反应阶段。

消费者黑箱（buyer's black box）：消费者会受到营销刺激和环境刺激的影响，在内化处理后做出一系列购买决策，这种内化被称作消费者黑箱。

消费者黑箱模型（buyer's black box model）：外部刺激到消费者黑箱、消费者黑箱再到消费者反应的购买决策过程。外部刺激分为营销刺激和其他刺激两个大类，其中，营销刺激包括产品、价格、渠道和促销等，其他刺激因素则包括经济、技术、社会和文化等。

输入－处理－输出模型（input-process-output model）：将消费者决策制定过程分为三个不同却相互联系的阶段，包括输入、处理和输出。输入阶段影响消费者对产品需求的确认，主要包括公司营销和消费者所处的社会文化环境；处理阶段关注消费者如何决策；输出阶段包括购买行为与购后评价两个部分。

EKB 模型（EKB model）：包括中枢控制系统、信息处理、决策过程和环境四个部分。EKB 模型认为，商品在有形和无形因素的作用下输入到消费者的中枢控制系统，吸引消费者的注意力，从而构成消费者对商品的初始认知；然后消费者在心中评估商品构成信息，并生成决策方案；最后消费者购买商品和体验商品，并得出是否满意的结论。结论通过反馈，进入中枢控制系统，形成信息和体验，影响消费者未来的购买行为。

亚文化（subculture）：每种文化均包含更小范围的亚文化，包括国籍、民族、宗教、种族和地理区域等，同一亚文化中的人往往有着共同的生活经历，持有相同的价值体系。

社会阶层（social class）：社会中相对持久和有秩序的分化，分化出的每一层的成员有着相似的价值观、兴趣爱好和行为方式。

群体（group）：分为成员群体和参照群体，成员群体一般会对个人有直接影响，而参照群体经常间接地影响一个人的态度或者行为。

个性（personality）：一个人或一组人所具有的明显的心理特征，通常可以用自信、主导性、社交性、自主性、防御性、适应性和侵略性等来描述。

动机（motive）：一种迫使人们寻求满足感的需要。

感知（perception）：人们通过对信息进行选择、组织和解释，从而形成对世界有意义的描述的过程。

信念（belief）：一个人对某种事物的描述性看法。

态度（attitude）：描述了一个人对某一事物或观点的相对稳定的评价、感觉及倾向。

五阶段模型（five-stage model）：将消费者的购买决策过程分为五个阶段，包括识别需求、信息搜寻、选择评估、购买决策以及购后行为。

七阶段模型（seven-stage model）：将五阶段模型扩展为七个阶段，包括识别需求、信息搜寻、选择评估、购买决策、使用、用后评估、处置。

AIDMA 模型（AIDMA model）：消费者从接触信息到最终购买都会经历五个阶段：引起注意、引起兴趣、唤起欲望、留下记忆和购买行动。

AISAS 模型（AISAS model）：消费者从接触信息到最终购买都会经历五个阶段：引起注意、引起兴趣、进行搜索、购买行动和人人分享。

SIPS 模型（SIPS model）：更加强调消费者的传播和分享行为的影响。消费者在社交网络中会关注引起自身共鸣的信息，并通过各种手段确认这一信息是否符合自己的价值观，然后参与到与这一信息相关的分享活动中，并最终扩散这一信息。

漏斗模型（funnel model）："漏斗式"的选购方案评估法，描述的是一个逐步缩小品牌选择范围的过程。一开始，消费者的头脑中有许多可能的品牌，当消费者逐渐建立起一套标准并系统性地筛选候选品牌时，那些候选品牌逐一被"漏"掉，直到最后一个品牌。

双环模型（dualloop model）：消费者的决策进程由"购买环"和"忠诚环"两个小环构成，"购买环"和"忠诚环"一共包括六个关键阶段：考虑、评估、购买、享受、宣传和联结。

新双环模型（new dualloop model）：主要包括六个关键环节：考虑、评估、购买、体验、宣传和联结。该模型认为，若能将品牌价值传递给消费者，将会极大地减少消费者在购买过程中反复考虑和评估的部分，直接把消费者推向决策进程中的忠诚环节。

信任（trust）：当一方预见另一方将采取的行动对自己来说很重要时，不管自己是否有能力监督或控制对方，都愿意将自己置身于容易受到由于对方采取的行动而给自己带来伤害的弱势地位（即脆弱状态）的程度。

诚信（integrity）：信任方相信被信任方会遵守一系列诸如诚实守信的基本原则，是信任的三个维度之一。

善意（benevolence）：信任方相信被信任方会关心信任方的福祉并且会从信任方的利益出发行事，是信任的三个维度之一。

胜任力（competence）：信任方相信被信任方具备某一领域相关的能力、技能和专业知识，从而能够有效完成该领域的任务，是信任的三个维度之一。

一般信任（general trust）：信任方对他人和线上环境的可信赖性所持有的一般性、整体的信念，包括信任倾向和制度信任。

具体信任（specific trust）：信任方愿意将自身置于容易受到某个具体被信任方可能带来伤害的程度，包括信任信念和信任意向。

网站的感知易用性（perceived ease of use of the website）：用户认为的使用网站的难易程度。

感知价值（perceived value）：消费者在使用产品或享受服务过程中，将感知到的收益与付出的成本进行衡量后对产品或服务效用的总体评价。

消费者满意（consumer satisfaction）：消费者在消费产品或服务的过程中，将对产品或服务的实际感知与消费之前形成的心理预期（即期望）进行比较后产生的一种感知，当实际超过预期时，消费者满意，否则不满意。

期望确认理论（expectation confirmation theory）：一个用于解释消费者满意的形成过程和机制的理论模型。消费者购买产品时会产生两阶段的心理变化：在第一阶段，消费者会在购买产品之前产生对产品或服务未来效能的心理预期（即期望）。购买产品之后，消费者将其实际感受到的效能与购买之前的期望进行比较，两者之间就会产生一定差距，这种差距形成了"确认"。在第二阶段，消费者得到的"确认"共有三种情况，当产品表现超过期望时，形成正向确认，产生消费者满意；当产品表现等于期望时，形成确认，消费者产生适度的满意；若产品表现未达到期望，则形成负向确认，产生消费者不满意。

系统满意度（system satisfaction）：消费者对网站的系统和交互机制的满意程度。

信息满意度（information satisfaction）：消费者在购物过程中，对网站所提供的帮助自己进行产品选择和购买的信息的满意程度。

服务满意度（service satisfaction）：消费者对网站提供的支持消费者选择和购买产品的服务过程的满意程度。服务满意度被认为是一种面向对象的态度，是消费者对自己所持有信念的一种整体认知和情感反应。

行为忠诚（behavioral loyalty）：消费者对同一企业的产品或服务的重复购买行为。

态度忠诚（attitudinal loyalty）：消费者对于持续重复购买某一企业提供的产品或服务所持有的主观态度和承诺。

消费者忠诚（consumer loyalty）：尽管受到可能导致转换到其他企业的情境因素和企业营销活动的影响，消费者仍然会在未来重复购买和使用某一企业的产品或服务，进而导致消费者对同一品牌或品牌系列的产品或服务的重复购买行为。

认知忠诚（cognitive loyalty）：消费者忠诚的第一个发展阶段。消费者得到的产品属性信息表明一家企业的产品或服务相比其他替代品更好。认知可以基于先前的或者间接的知识，也可以基于从最近的体验中获取的信息。

情感忠诚（affective loyalty）：消费者忠诚的第二个发展阶段。经过多次令人满意的使用经历的累积，消费者会形成对某个企业的喜好或者态度，会产生对企业提供的产品或服务的重复购买意愿，它在消费者身上既蕴含情感也包含认知。

意向忠诚（conative loyalty）：消费者忠诚的第三个发展阶段。意向暗示着对某一特定的产品或服务提供商的回购承诺。意向忠诚是包含消费者忠诚定义中提到的重复购买的一种忠诚状态。

行为忠诚（behavioral loyalty）：消费者忠诚的第四个发展阶段。消费者不断克服阻碍因素发生购买行为，形成一种行为惯性，该行为惯性推动消费者重复进行购买，最终消费者在不断重复地对某一家企业的产品进行购买后，就形成了行为忠诚。

来源国效应（country of origin effect）：消费者对一个国家及其产出的刻板印象对消费者对该国产品或服务的认知和决策造成的影响。

消费者民族中心主义（consumer ethnocentrism）：消费者对于是否购买他国生产的产品的一种道德判断。

第7章

精准营销、广告与推荐系统

■ **学习目标**

1. 电子商务精准营销的基本概念与理论基础
2. 电子商务精准营销的实现方式
3. 精准广告投放的基本原理
4. 精准广告投放的实现方式
5. 个性化推荐系统的应用场景
6. 个性化推荐系统的核心算法
7. 电子商务精准营销的机会与挑战

■ **开篇案例**

阿里巴巴的千人千面战略

阿里巴巴集团创立于 1999 年，经过不断发展，其业务板块涉及多个领域，包括电子商务、云计算、数字媒体和娱乐等，其中最核心的是电子商务业务。电子商务业务是阿里巴巴最初进军的领域，也是阿里巴巴目前的主要收入来源，它包括国内外各种营销平台、批发和零售电商平台，典型的代表有淘宝网、全球速卖通、天猫等。这些平台为成千上万的消费者、商家、企业之间的日常商业和社交活动提供了重要的途径。

2013 年，淘宝推出了"千人千面"算法。当我们打开淘宝时，淘宝首页会为我们推荐各种各样的产品，但是每个人的首页推荐各不相同，这就是被业界称为"千人千面"的个性化营销体系。它依托丰富的数据库，构建买家喜好模型，从细分的商品类目中找到与买家偏好相匹配的店铺 / 商品，最后呈现在买家的终端浏览页面，完成精准营销。

淘宝的"千人千面"让流量更加细分、更加精准，它主要是通过买家与店铺 / 商品的相关关系进行个性化推荐的，具体表现如下。

（1）直接营销关系。买家与店铺 / 商品有直接营销关系，比如购买、收藏、加购等，这些行为会被系统记录为强相关关系，并在各个终端页面优先推荐。例如，猜你喜欢、会场千人千面排序、搜索优先排序等。特别是在搜索端的页面，能够看到之前收藏、复购过的店铺和商品被频繁推荐。

（2）根据营销关系推荐同类店铺 / 商品。当我们购买或浏览某些商品后，首页推荐会出现类似商品。这是系统根据浏览痕迹，针对性地给我们推荐同类中的优质商品。例如，用户浏览了几款男士运动鞋后，会发现近期的推荐页面时常出现其他品牌或同一品牌其他款式的男士运动鞋。

（3）根据消费者画像针对性推荐。当用户的历史行为记录达到一定数量时，系统会为买家生成人群画像。通过分析买家的人群画像标签以及淘宝上店铺和人群的标签，可以给买家推荐符合其标签的店铺 / 商品，比如某一用户的画像标签为女性，系统会为她推荐女性更偏好的店铺 / 商品。当用户画像足够精准时，系统的推荐结果也更加精准，从而提高推荐的转化率。

（4）根据概率进行相关匹配。当新用户进入系统时，除了基本的人群属性外，其行为记录和购物偏好是空缺的，系统很难为用户生成精准的人群画像，从而进行精准推荐。这时候搜索引擎会根据概率进行匹配。系统会根据用户的搜索意图，为其推荐同类商品中购买可能性最大的产品。

"千人千面"算法的背后，是阿里巴巴对用户大数据的重视与运营。2015 年，阿里巴巴提出了中台战略，其核心便是数据中台。数据中台对集团中的所有数据进行统一规范和管理。例如，集团内部的某一指标可能存在多种数据定义，通过对这些数据指标进行口径的规范和统一，保障了在设计、开发、部署和使用数据过程中数据口径的一致性。这项工程虽然复杂浩大，但它使得阿里巴巴的数据指标得以精减，计算开销大幅减少，为集团内部提供了统一的数据服务。数据中台的实时数据分析能力为阿里巴巴带来了明显的效益。

此外，阿里巴巴专注于用户画像的构建，来更好地理解每个用户的喜好和特点。基于数据中台，阿里巴巴推出了名为"GProfile"的用户画像标签服务。该服务通过分析用户的历史行为记录，为用户提供各种属性标签，主要涵盖以下八类：基础特征、地理位置、信用状况、经济状况、互动行为、交际活动、消费行为、喜好习性。"GProfile"通过属性标签来构建用户画像。例如，根据一个用户购买服饰的特点，推断其喜好风格；根据用户在购物评论中使用男友、老公等字眼的频率，推断其感情状态等。"千人千面"的个性化服务以"GProfile"的各种属性标签精准定位用户和构建用户画像为基础，推荐个性化产品，完成精准营销。

经过多年发展，阿里巴巴早已是电子商务当之无愧的代表，而"千人千面"精准营销策略更是为其进步提供了强大动力，被业界广泛学习。

资料来源：1. 搜狐，新思路电商：解析淘宝千人千面的规则和玩法，https://www.sohu.com/a/310013236_100263259，2019-04-24.

2. 任斐菲，阿里技术专家深度剖析：千人千面的淘宝背后，阿里如何做大数据营销，http://www.itvalue.com.cn/read/article/72307，2015-10-19.

3. 阿里味儿，千人千面的背后：揭秘阿里数据中台，http://www.logclub.com/articleInfo/NTc4NC1jNzc5ODZmMA==，2019-04-20.

思考问题

1. 什么是精准营销？
2. 阿里巴巴精准营销的具体实现方式有哪些？
3. 阿里巴巴实施精准营销的技术支撑是什么？
4. "千人千面"的精准营销策略为阿里巴巴的发展带来了什么好处？

7.1　电子商务中的精准营销

7.1.1　精准营销概述

1. 从传统营销到精准营销

市场营销内涵丰富，美国市场营销协会（AMA）将市场营销阐述为：一项关于如何有效引导商品或服务由生产者流转到消费者中的研究，这涉及一系列的商业活动，包括消费者需求的研究与分析、市场调查、商品研发、定价、广告宣传、公关和销售等。

传统的市场营销已经是一个比较成熟的领域，但经济与信息技术的不断发展使人们生活的方式和观念都焕然一新，更加注重个体感受、追求个性，消费方式也开始出现分散化和多元化。对于企业来说，常规的营销手段已越来越不能有效地满足日益分散、多样和异质的需求，分众市场或小众市场开始大规模出现。面对这一趋势，传统的广撒网式营销模式已逐渐落后，企业的营销策略需要更有针对性，才能打动高要求的消费者。随着互联网，特别是移动互联网的普及，企业收集用户数据变得更为便捷简单。此外，大数据技术的进一步发展使企业可以利用大数据来定位客户，实现产品的精准营销变得更加容易。因而以网络和信息技术为核心的精准营销日益受到企业的重视。

2. 精准营销的定义

国内外的学者经过多年的研究，不断对精准营销的定义进行修正和拓展。首次出现与精准营销相关的概念是"直复营销"，它是由美国市场营销学家 Lester Wunderman 在 1967 年提出的；而在其后的 1999 年，他在上述基础上创新出精准营销的概念，并对此做出了更为具体的解释：与传统的营销渠道不同，精准营销围绕着顾客这一中心，通过电话访问、电子媒体、因特网等手段建立顾客数据库，并通过科学的分析方法确定潜在的目标顾客，引导生产商改变营销策略，提供详尽的销售商与客户的跟踪材料，最后采取更具可操作性的全新营销传播方案来推广产品。发展至 2005 年，"现代市场营销之父"菲利普·科特勒（Philip Kotler）对精准营销的概念进行了更进一步的系统性概括，即企业要求的营销沟通应是可度量、更精确、投资回报更高的，而制订的营销传播计划也应更侧重于行动与结果，重点投资直接销售沟通，精准地锁定客户，这样营销效果就会更好成本会更低。2008 年，Jeff Zabin 在他的《精准营销》一书中将精准营销定义为：真正影响目标客户的购买决定，即在适当的时机，通过适当的渠道，向适当的客户发送适当的信息，有效地促进营销目标的实现。

在国内，徐海亮（2007）根据多年的精准营销实践，提出精准营销是在精准定位的基础上，借助先进的信息技术，打造具有针对性的关于客户沟通的服务体系，实现企业商家低成本、可测量的扩张途径。而伍青生等（2006）对于精准营销的认识则是：企业结合定性与定量的方式，深入分析与归纳目标市场中不同类型消费者的特征，并针对其行为特点和消费心理，运用相应的现代技术、研究方法以及指向清晰的策略，完成对目标市场中不同群体高投资回报的高效营销沟通。曹利菊等（2009）将精准营销理解为以顾客的消费行为、消费偏好等个性化特征为依据，构建个性化的顾客沟通服务体系，从而推动企业的发展。基于以上定义，张恒（2016）将精准营销总结为：以市场为导向，通过现代科技手段，实现对目标消费者高效的沟通，从而达到企业高回报率的投资目标的营销活动。

3. 精准营销的特征

虽然学术界对精准营销从多个角度进行了定义和解读，但还没有形成统一的定义，从总体上看，精准营销是一种延续和发展，而非颠覆和否定传统营销。以传统营销为基础，精准营销更加强调营销信息传播的有效性，并具有以下基本特征。

（1）目标人群的针对性：以目标人群为对象的营销活动，减少非目标人群的营销费用。

（2）顾客让渡价值的增益性：精准营销可以提供给消费者个性化的商品和服务，降低顾客在选购过程中的时间、精力和体力等方面的成本，提高顾客的满意度，进而提高顾客让渡价值。

（3）营销活动的经济高效性：通过开展精准营销，可节省企业开展营销活动的成本，提高营销的效果。

（4）营销效果的可衡量性：利用信息化手段跟踪和监测营销活动的效果与成本，以减少营销活动的不合理性。

（5）精准化过程的动态性：精准营销并不能一蹴而就，其中的精准化过程会随着客户需求的变化而不断改善。

7.1.2　精准营销的理论基础

1. 顾客让渡价值理论

菲利普·科特勒首次提出了"顾客让渡价值"（customer delivered value）的概念。顾客让渡价值理论的核心观点是企业让渡给顾客的价值是企业的收入来源，即顾客让渡价值是顾客总价值与顾客总成本之间的差额。其中，顾客总价值是指顾客在消费时获得的利益总和，包括人员价值、服务价值、产品价值及形象价值；而顾客总成本是指顾客购买产品时所需要的全部成本，包括货币成本、时间成本、精力成本及体力成本。由于顾客在购买时总是倾向于获取更多实际利益的同时降低成本，所以顾客会优先选择提高"让渡价值"

的最佳途径。对于企业而言，只有比竞争对手给予客户更多的"让渡价值"，企业才能在竞争中占据优势地位。

2. 市场细分理论

"市场细分"（marketing segmentation）的概念是由 Wendell Smith 在 1956 年提出的，他认为市场细分的基础是根据市场需求面的变化，对产品和营销活动进行更合理、更实际的调整，使之适应消费者或适用者的需要。Alfred 在 1981 年给予了市场细分新的定义，他认为市场细分是将市场划分为不同的客户群，从而使每个客户群都可以成为特定营销组合的目标市场。Kolter（1998）对市场细分概念进行了更加详细的补充，他认为市场细分就是把市场分割成不同的购买群体，不同的市场分割要求不同的产品和营销组合。企业可以按不同的方式来划分市场，并将每个市场划分成若干部分，对这些细分市场进行描述，并选择目标市场（marketing targeting）和定位产品（product position）。总的来说，市场细分理论的核心在于将消费者划分为多个有差异的消费群体，并根据不同群体的需求差异设计不同的营销策略，根据营销策略开展营销活动。精准营销中的"精准"集中体现在市场细分理论，即对于需求不同的消费者群体实施不同的营销方案，以此精准地做到与消费者群体进行高效的沟通，从而达到更好的营销效果。基于市场细分的精准营销可以提高顾客忠诚度、降低营销成本。

3. 4C 理论

与顾客让渡价值理论、市场细分理论不同的是，4C 理论从消费者的角度出发，设定了市场营销组合的四个基本要素：消费者（customer）、成本（cost）、便利（convenience）和沟通（communication），并以这四个基本要素为中心开展企业营销活动。虽然 4C 理论的思想十分深刻，但不完善的操作方法和手段影响了它的发展。精准营销理论是对 4C 理论的发展和深化。精准营销的核心思路是以消费者导向作为基本原则，聚焦于如何使消费者的个性化需求得到最大的满足，并给予消费者更多的价值。在满足顾客需求的前提下，精准营销从企业和消费者这两个方面寻求成本的降低。要降低消费者的成本，首先要使产品或服务本身的成本降低，其次是提高消费者的便利性。精准营销重视与顾客进行双向的、互动的沟通，使企业更好地理解和尊重消费者，同时也使消费者的认知价值得到提升。

7.1.3　精准营销与电子商务

目前，我国电子商务的发展主要存在以下困难：市场竞争激烈、产品同质化严重；服务互动性较差，缺乏满足多样化、个性化需求的能力；企业的盈利能力不足等。随着消费者需求多样化、个性化的趋势越来越明显，传统营销中的高成本、低效率、缺乏针对性的大众营销方式难以满足当代电子商务发展的需求。将精准营销应用到电子商务领域，可以利用电子商务平台的技术、数据优势，分析消费者的需求特征，针对个性化需求进行精准营销，将合适的产品和服务信息传递给不同消费者。这有助于降低营销成本、提高企业利润、增加与消费者的互动、降低交易成本、提高消费者忠诚度，最终实现消费者与企业的双赢，促进电子商务的蓬勃发展。显然，精准营销已经成为电子商务营销的必然选择。

随着大数据时代的到来，人们对产品、市场以及网络环境的分析有了全新的方式，大数据技术已经成为网络营销的制胜之道，更是电子商务通过精准营销创造全新价值的重要工具。运用大数据技术挖掘消费者的个性化需求，有针对性地设计个性化产品和服务，实现精准定位和营销，这不仅能满足消费者的个性化需求，还能帮助企业实现更高收益。

对于电子商务来说，精准营销具有以下重要意义。

（1）精准营销提高了广告投放的效率。精准营销要求对市场进行细分，通过分析大量消费者的数据信息，明确消费者的需求特征，将不同的广告有针对性地展现给不同的消费者，实现对消费者的个性化营销。精准营销可以显著提高广告投放的准确率和命中率，在降低广告费用的同时提高广告投资回报，实现更好的广告投放效果。

（2）精准营销提高了电子商务服务的水平。精准营销要求电商平台以消费者为导向，通过高效的双向沟通了解和分析其需求变化；设计差异化产品和服务，充分满足消费者对于商品细节、价格和快递时效等方面的个性化需求，从而提高服务水平。

（3）精准营销提高了交易的效率，降低了交易的成本。一方面，精准营销根据消费者的需求特征，将各种产品和服务精准地展现给不同消费者，从而减少消费者的搜索、浏览时间，加快决策过程，提高交易的效率；另一方面，通过精准营销压缩营销链，减少库存费用，从而降低交易的成本。

（4）精准营销提高了消费者的让渡价值。精准营销将产品和服务有针对性地展现给不同消费者。精准营销优化了消费者的购买体验，提高其满意度，从而使消费者在平台购买产品时所获得的总价值增加。精准营销压缩了营销链，使产品和服务的销售成本下降，消费者所需支付的购买价格降低；同时，精准营销还减少了消费者的搜索产品和完成交易的时间成本，从而降低了消费者总成本。

7.1.4 电子商务精准营销的实现方式

精准营销的工具丰富，方法多样，并随着技术的发展呈现更多的变化。总的来说，现有的电子商务精准营销可归为以下三大类。

1. 数据库营销

数据库营销（database marketing）是一种传统的精准营销方法，重点在于建立具有一定规模、信息较为完备的潜在消费者数据库。在传统市场中，由于信息化程度低，数据组织混乱，建立一个潜在消费者数据库耗时久且工作量大，有时还需要借助第三方数据库。而在电子商务中，消费者的网络行为可以被跟踪和记录，大大降低了企业获取数据的成本，并且数据的组织更规范有序，具备进行数据库营销的有利条件。所以，在电子商务中仍然采用了一些数据库营销方法，包括以下几种。

（1）邮件营销。针对某一个产品或服务，根据消费者特征寻找潜在消费者，然后给此类消费者发邮件详细介绍该产品或服务。电子商务平台一般要求用户在注册时提供邮箱，平台便可以直接向目标客户发送营销邮件，但这些邮件有可能被用户的邮箱客户端作为广告或垃圾邮件拦截。

（2）呼叫中心。与邮件营销相似，呼叫中心通过电话与目标客户交流。当通信内容比较简单时，电话以其双向语音沟通的方式有效地提高通信效率；但当通信内容较为复杂、涉及更多详细信息时，重要通信内容往往容易被客户忽略和遗忘。同时，由于呼叫中心的运营成本较高，当电商平台的客户数量多，而产品价格不高时，平台一般不会采用电话营销的方式，商家也较少使用。

（3）手机短信。手机短信作为一种与客户沟通的方式，其使用成本远低于电话，但由于短信并非实时沟通，且用户回复短信需要费用，导致用户回应积极性较低、营销效果有限。与此同时，通过短信发送的营销信息有可能被用户的手机拦截，成为垃圾短信。

（4）即时通信软件。相比于手机短信的单向信息传播，即时通信软件，比如企业微信、阿里旺旺等，能够实现电商客服与目标客户之间的有效双向沟通，达到精准营销的效果，是电子商务中较为常见的营销手段。

2. 网络营销

网络营销（network marketing）是电子商务精准营销的主要实现方式。基于网络的精准营销通过网络和相应客户端来分析用户的行为和心理特征，企业再根据用户特征在电商平台或相关网络应用中进行精准营销。目前基于网络的精准营销方法主要有以下几种。

（1）门户广告。许多门户网站会设置不同频道（比如体育、健康等），用户浏览某一频道往往是因为对频道内容感兴趣。因此，企业可以根据实际情况，选择符合自身产品特点的频道进行广告宣传。

（2）关键词搜索广告。目前许多搜索网站均提供关键字搜索广告服务，企业可与搜索引擎合作投放广告。当用户通过搜索引擎查询某一特定关键字时，合作企业的产品信息将优先呈现在搜索结果中，针对性强且准确率高。

（3）移动营销。移动营销是网络营销的一种形式，通过移动互联网，借助微博、微信、抖音等手机移动应用和社交网络进行营销。企业可在移动终端上根据目标消费者特征获取云端的营销内容，实时定向地为消费者传递个性化信息，并通过与消费者的信息交流实现精准营销。

3. 推荐系统

推荐系统（recommender system）是电子商务实现精准营销的有效手段，它由一系列智能推荐算法组成，通过为消费者提供个性化的推荐服务，帮助消费者从海量信息中挑选出心仪商品或服务，有效地缓解了"信息过载"问题。目前电子商务运用推荐系统实现精准营销的方式主要有以下两种。

（1）平台内推荐。电子商务网站内部自建推荐系统是最主要的实现方式。例如，电商平台亚马逊的主要推荐方式包括个性化商品和相关商品推荐。亚马逊被读写网称为"推荐系统之王"，是个性化推荐的先驱者和领军者。

（2）跨平台推荐。有些企业虽然所在领域不同，但它们有共同的消费群体。这时，企业可从对方处获取潜在消费者的信息，通过分析消费者的个性化需求进行精准营销。因此，跨平台推荐系统应运而生。例如，京东借助今日头条的渠道，向今日头条的用户进行商品信息的精准推荐。

7.2 面向精准营销的广告投放

7.2.1 广告的数字化转型

广告是指由提供商品或服务的企业出资，通过一定形式和媒介，向消费者介绍企业商品或服务的传播活动，其本质是广告主广泛而高效地接触用户。广告在市场营销中占有重要位置，在传统营销中，广告主关注的是一次性交易，强调将尽可能多的产品或服务提供给尽可能多的用户，其中最常见的是电视台黄金时段广告，它可以最大限度地曝光企业产品，最大化广告的价值。但是这种广告营销方式以市场为导向，忽略用户感受，且成本高。

在电商领域中，传统广告营销方式趋于落后，为用户提供个性化服务的精准营销逐渐兴起。而传统广告也凭借着快速发展的信息技术逐步转型为多元化、互动化、精准化的面向精准营销的广告，形式上也逐渐倾向在线互联网广告。

1. 多元化

传播媒介多元化。在数字化时代，广告传播形式的发展呈现多元化态势。传统媒体的传播媒介主要是电视、报纸、广播等，而基于数字媒体的传播媒介更为多样化、常态化，比如写字楼 LED 屏幕、门户网站、二维码、短信等，能够为电子商务引流更多潜在用户。

广告形式多元化。随着互联网和移动互联网的普及，互联网广告产品迅速崛起，并演化出不同类型，比如富媒体广告、横幅广告、视频广告、文字链广告、社交广告等。互联网广告的形式丰富多样，且成本较低，受到电商平台各类大小商家的青睐。

2. 互动化

将营销创意与先进网络技术搭配，可以挖掘出一个全新的流量场景：互动广告。互动广告作为一个中间载体，通过消费者与广告内容的互动，使得广告主与消费者能够沟通交流，实现信息双向流动，为广告主积累了丰富的、价值极高的营销数据资源，是对传统广告中单向传播方式的重大革新。

此外，移动互联网技术为线上与线下的互动融合提供了有效途径。消费者可在线下轻易接入互联网，在获知广告内容的同时迅速在电商平台上查询或购买商品，大大缩短了从宣传到销售的距离。

3. 精准化

大数据是指在一定时间内无法通过常规软件进行采集、分析、存储等操作的海量数据集合。大数据的应用能够帮助人们全面准确地了解事物，而数据分析结果能为企业下一步行动提供有效指导。互联网广告结合大数据技术，能够为特定用户提供个性化服务，使得广告投放朝着精准化的方向发展，包括精准定位广告受众、精准预测受众需求、精准控制广告投放、精准评估广告效果。

7.2.2　精准广告投放

广告的精准投放是实现精准营销中的重要一步，广告投放的精准与否直接关系到消费者能否有效接收广告信息，从而影响广告的传播效果。百度最早于 2006 年提出"精准广告"（precision advertising）这一概念，一般是指以互联网广告网络、广告交易平台为基础，运用大数据技术分析消费者特征，一对一地向消费者投放广告的广告模式。精准广告的投放可以按投放过程分为：精准定位广告受众、精准预测受众需求、精准控制广告投放、精准评估广告效果。

1. 精准定位广告受众

精准广告投放的第一步是精准定位客户，即"能准确找到目标消费者"。在传统广告模式中，广告主对目标客户的定位仅有模糊的判断，他们通过预测不同媒体受众的类型与数量来估算媒体价值，从而制订预算分配方案。由于缺乏科学的数据支撑和量化评估，广告主无法精确定位目标客户，导致广告资源极大的浪费。

然而，结合了大数据技术的互联网与移动互联网能够全面记录和跟踪目标客户的线上操作与线下轨迹，再通过数据挖掘和统计分析等数据处理技术精准定位目标客户。通过用户在电商平台上的消费记录、好友列表等，电商平台可以获知用户的兴趣爱好、社交网络等社会属性。同时，借助移动互联网技术，电商平台可以精准获知用户所处的时间、位置、情绪状态、购买目的等消费情境属性。精准定位目标消费者与精准分析其所处的消费情境是实现广告精准投放的前提。

2. 精准预测受众需求

预测是大数据应用最核心的功能，它关注事物的相关性，通过统计科学的原理，在海量数据的基础上量化两个变量之间的相关关系，进而预测事物发生的可能性。具体到广告投放上，广告主首先以用户的操作轨迹为依据，利用大数据技术分析用户的消费需求；其次，判断其关联需求，对其消费需求进行预测；最后，根据预测结果对用户进行个性化推荐，促成有效消费。

电商平台拥有海量的用户数据，十分合适进行大数据预测。例如，业界著名的亚马逊商品推荐系统在亚马逊的整个购物流程中都有针对用户的个性化商品推荐。在首页推荐中，美妆爱好者与运动爱好者看到的商品并不相同，前者是美妆新品，而后者则是运动装备。下单付款后也有多种形式的推荐，比如"搭配商品套餐""（浏览了该商品的）用户还购买了其他商品"等。商品推荐中追求的"推荐转化率最大化"就是以大数据的关联分析方法为基础的，在海量用户数据中预测出用户的消费需求，从而提高广告促销的效率。

3. 精准控制广告投放

上面所说的客户的精准定位和需求的精准预测都是在广告投放前对客户的观察与分析。在广告投放过程中，广告交易操作的精准性与可控性还能进一步提升，结合相关的网络技术，进而发展出合约广告、竞价广告、程序化交易广告这三种在线广告产品。

（1）合约广告（agreement-based advertising）。合约广告借鉴线下广告的交易逻辑，是指按合同要求确保某些广告位在某一时间段为指定广告主所有，主要分为按时长付费的 CPT（cost per time）广告和按展示量付费的 CPM（cost per mile）广告。这类广告产品的收费模式简单，但是受众定向模糊，适用于广告效果难以直接衡量的品牌广告，在门户网站和视频网站较为常见。

（2）竞价广告（bidding advertising）。竞价广告最重要的形式是搜索广告，即广告主根据自己的产品或服务特点，设定合适的关键词，并为自己的广告确定合适竞价，当有用户搜索该关键词时，广告就会按竞价高低来展示，按广告点击率收费。用户主动搜索关键词的行为表达了其个性化需求，广告主通过优化关键词策略，可将广告精准呈现在客户面前，受众定向明确。此外，竞价排名与点击率收费的方式能够帮助广告主灵活把控广告预算，使得广告主可以及时调整广告投放策略，优化广告预算效果。

（3）程序化交易广告（programmatic advertising）。在竞价广告的条件下，广告主需要提前采购广告位等广告资源进行广告投放，但随着进入者变多，广告主垫付资金的压力增大，竞价广告衍生出实时竞价的交易模式。广告主可在每一次广告投放中实时地选择目标客户参与竞价，使得广告的受众定向更为明确、投放更为精准。而通过以实时竞价为核心的自动化程序完成交易的广告产品就是程序化交易广告。

在以上三种在线广告产品中，广告主都可以通过精准控制广告的展示位置、明确定位广告的目标受众、精确核算广告的投放费用，来进一步提高广告投放过程的可控性与精准性。

4. 精准评估广告效果

广告投放后，还需对广告效果进行评估。在传统的广告投放模式中，广告主无法准确得知广告投放的效果，比如目标客户接收的广告数量、广告的客户转化率等，广告主一般只能依靠电视收视率、报刊发行量等间接数据来粗略判断广告效果。而电商平台凭借大数据技术极大地提升了量化评估广告投放效果的准确性。目前衡量互联网广告投放效果的基本指标主要有：点击率（click through rate，CTR）和转化率（conversion rate，CR）。

（1）点击率。点击率是指在一定时间范围内广告点击量占广告展示量的百分比。通过点击率，广告主可以了解到消费者对广告的接受程度，它是广告吸引力的重要体现。

（2）转化率。转化率是指在一定时间范围内发生转化的广告浏览者人数（即因广告产生消费行为的人数）占广告点击总人数的百分比。该指标用于衡量广告的销售效果，反映了广告对产品销售的影响程度。

基于上述指标，电商平台能够量化计算广告展示、受众点击、下单购买的流程，精准评估广告投放所产生的价值，从而帮助广告主及时优化广告投放策略。

7.2.3　数字媒体时代的精准广告投放

在精准广告投放的实践中，计算广告是离不开的话题。计算广告是支撑互联网广告产业发展的基础，其本质是一种精准广告投放机制，即在一定环境下针对某个用户找到与之匹配的最佳广告。在计算广告中，无论何种广告产品都与技术密切相关。因此，全面了解计算广告的关键技术对于我们的理解与实践具有重要意义。

1. 合约广告关键技术

最初的合约广告多数为 CPT 广告，其本质是对广告位的管理，技术上采用广告排期系统。广告排期系统技术的实现一般为：在媒体页面中直接插入由合同确定排期的广告素材，然后借助内容分发网络技术，加速用户访问，从而降低广告的投放延迟，避免服务端的开销。

合约广告后期则以 CPM 广告为主，技术上主要采用担保式投送系统。担保式投送要求媒体主保证广告在某一定向条件下的投送量（比如广告位、广告位的流量），若没有在规定的合约时间内完成投送，广告主有权要求赔偿。而担保式投送系统的一般流程是：系统先接收广告主的广告请求，然后通过受众定向技术找到对应的广告合约，最后由在线分配算法框架来做出决策，并形成分配方案交由投放引擎执行。可见，在线分配是整个系统的核心技术。在线分配是指每次即时决策展示广告时，在满足某些量的约束下，实现整体广告产品组合收益的最优化，其中优化算法包括直接求解法、基于对偶算法的紧凑求解、SHALE 算法、HWM 算法等。

2. 受众定向关键技术

受众定向是指从用户、广告及上下文等维度进行特征提取（或标签化）的过程。通过标签分类，媒体主可以对媒体网站的广告位实现时分复用，向不同受众展示特定广告，提高了广告主的预算使用效率。受众定向的标签主要分为以下三类。

（1）用户标签。主要依据性别、地域、年龄等个人信息，或者是点击、购买等特定行为来刻画用户。

（2）上下文标签。根据网站主题、页面内容关键词、受众在网页上的搜索内容等来刻画用户当前所处的网站环境。

（3）广告标签。根据广告主题、广告定义的关键词、广告创意等刻画广告内容。

一般来说，用户的性别、年龄等人口属性不容易改变，而用户的兴趣爱好、网络行为等个性化特征变化无穷，所以用户标签的难点主要在于行为定向。行为定向以找到某一类型广告中点击率较高的用户群为目标，以大规模数据挖掘为技术基础，依据某一段时间内用户在网络上产生的各种行为，把用户映射至一个或多个标签中。

3. 竞价广告关键技术

搜索广告是竞价广告的一个重要形式，其主要流程为：在用于展示的候选广告中，根据用户查询记录来预测候选广告的点击率；将点击率与点击单价相乘，得到候选广告的

eCPM（每千次展示的广告收益）；最后将按 eCPM 排序的广告列表返回给用户。可见，搜索广告的关键技术在于点击率预测和查询扩展。

（1）点击率预测。点击率预测是指预测每次展示广告的点击情况，即判断某一次点击是否会发生，或者得出用户点击某个广告的概率，主要用于广告排序。一般把点击率预测当作回归问题来解决，其基础模型为逻辑回归模型，可用最大似然估计法求解。而在实践中工程师更加关注该模型的收敛速度与大数据计算的便捷性，可通过拟牛顿法、置信域法、交替方向乘子法等算法来优化逻辑回归模型。

（2）查询扩展。查询扩展是指在搜索广告中对用户查询的关键词进行扩展，这是搜索广告的关键技术。广告主可以借此来获取更多流量，而媒体主则可以通过扩展关键词来提高竞价和变现流量。查询扩展主要有三种思路：一是基于推荐，通过搜索日志和推荐技术进行扩展；二是基于主题模型，通过文档主题模型来对某个用户查询扩展出相似主题的查询；三是基于历史效果，通过广告的历史数据来挖掘效果较佳的其他查询。

4. 程序化交易关键技术

程序化交易广告的核心是实时交易（real-time trading，RTT），其竞价流程为：在用户浏览网站时，媒体网站向广告交易平台（ad exchange，ADX）发送广告请求，ADX 会将竞价请求和广告请求中的核心信息（比如域名、IP 地址、Cookie 等）一起发送至各需求方平台（demand side platform，DSP）。DSP 根据上述信息决定是否参与广告竞价，或者根据这些信息找出该用户在自己系统的历史数据，推断出该用户的兴趣爱好和行为特征，从而决定广告投放和出价的策略。若要出价，DSP 会向 ADX 返回竞投价格等信息，而 ADX 会选出竞价最高的 DSP。最后赢得竞价的 DSP 将广告的静态资源发送到媒体网站，完成广告展示。

（1）广告交易平台（ADX）。ADX 的架构相对简单，技术挑战也较少，主要涉及两种技术：Cookie 映射和询价优化。由于 RTT 中的广告投放策略和出价策略涉及特定用户的属性分析，故准确标识特定用户实体对于 RTT 极为重要，Cookie 映射正是用于 ADX 解决需求方和供给方的用户身份标识问题的。此外，在 ADX 询问出价时，若采取逐个询问策略，ADX 的带宽等成本会随 DSP 数量增加而大幅提升。而询价优化则要求在一定成本下，优化每次广告展示中询问出价的 DSP 数量。其主要优化思路有基于工程规则的方法和基于带约束优化问题的方法。

（2）需求方平台（DSP）。DSP 的技术要点分为：点击价值估计和出价策略。DSP 代表广告主的利益，在结算广告费用时需要估计点击价值。点击价值的计算公式一般为：点击价值 = 到达率 × 转化率 × 转化单价。到达率和转化率分别代表广告页打开总次数与点击总次数之比、到达广告页后产生广告主定义的转化行为的用户比例。而转化单价与广告主有关，不同广告类型的转化单价不同。在这三个变量中，转化率最难估计，一般需要结合统计方法与运营经验来计算。

DSP 的出价策略可直观理解为：在广告预算约束的条件下，广告主希望每次广告展示都能带来尽可能高的利润率，而利润率的计算需要知道 eCPM 与当前展示的市场价格，最后在全局水平上尽可能将出价集中在那些利润率较高的展示上。因此 DSP 的出价策略制定会重点参考广告收益 – 时间曲线、市价 – 时间曲线。

（3）供给方平台（SSP）。SSP（supply side platform）的关键技术是网络优化，即 SSP 在接入多个广告网络后，实时决定选择某个广告网络发送广告请求，实现整体收益的优化。因为一般的广告网络并没有报价功能，所以只能采取较为粗糙的数据分析来估计其收益，同时由于没有广告信息，建模预测的准确性会大打折扣。

◎ 应用案例 7-1

百度精准广告

在 2006 年 7 月的百度世界大会上，百度公司首次提出"百度精准广告"的全新概念，其最大特点是能够精准确定目标受众，即从海量网民中选取出符合广告主需求的目标客户，使得广告只呈现给目标客户。同时，只有客户点击广告后才计算费用，从而提高了广告投放费用的使用效率，减少了广告预算浪费。百度精准广告依靠百度推广平台，主要有以下优势。

（1）全面的超级流量。百度日搜索量高达数十亿次，百度系列 App 用户日活跃量超过 2 亿，为用户提供定位服务 800 亿次，囊括了广告受众线上、线下生活的全场景。

（2）先进的定向技术。百度定向技术领先于行业，通过数百万种特征刻画人群画像，精准识别每一个用户的兴趣爱好以及真实需求，从而定向推荐与投放广告。

（3）智能的广告调整。百度大脑会在线分析用户数据，自动完成广告创意，为广告主优化出价策略。同时，百度还会根据资讯内容自动追投相关广告，降低成本。

下面我们通过一个成功应用百度精准广告的案例具体说明。在电子商务领域，北京值得买科技股份有限公司（以下简称"值得买"）会通过"什么值得买"电商网站向客户推荐优质的消费决策类信息（比如口碑好、性价比高的商品），为客户提供中立、专业、高效的消费决策建议。为了进一步扩大品牌影响力、增加品牌曝光度、获得更多下载和激活，"值得买"使用了百度营销的广告推广服务。针对"什么值得买"电商平台的特点，百度精准广告为它制订了专属的广告营销方案，将广告投放的目标客户定位为"80后""90 后"的青中年人群，投放的地域则锁定为北上广深等全国各大重点城市，在百度贴吧、百度搜索、手百信息流等百度相关的热门媒体上投放与"值得买"相关的搜索广告、信息流广告。此次广告投放持续 20 天，取得了显著的效果："什么值得买"电商网站的曝光量过千万，App 下载量高达数十万，且其中的获客成本较其他媒体更低。最后，"值得买"对此次广告推广总结出以下三个优点：①百度搜索投放用户需求精准、转化效率高；②手百信息流广告投放的广告样式较为新颖，移动端信息推送更加的便捷，易于用户接收；③广告投放在百度旗下的各类应用，可以帮助企业笼络更多的潜在客户。

另一个应用百度精准广告的成功案例是去哪儿网十三周年大促销活动推广。去哪儿网是我国领先的旅游网站与旅游搜索引擎，主要为消费者提供机票、景点门票、酒店、旅游特产等信息的实时搜索，并提供旅游产品购买以及其他旅游信息服务。去哪儿网在十三周年大促销时选择百度营销平台进行活动推广，增强宣传效果。为了提升去哪儿网十三周年大促销的声量，导流十三周年大促销的页面，百度精准广告通过百度全意识整合营销数字平台锁定各地域中去哪儿网的核心客户，保证广告精准到达客户；使用多元产品组合与持续优化创意的方式，优化广告投放效果；此外，广告投放点在拥有巨大流量的百度 App 推荐频道和视频频道，还使用大图样式的投放创意，吸引潜在客户的关注。最后，去哪儿网的十三周年促销活动推广获得了显著的营销效果：总展示量突破 7 千万次，超过原定目标约 800 万次，总点击量高达 51 万次，CTR 为 0.66%。

华为在推广其新上市的手机 Mate10 时，同样也用到了百度精准广告的服务。由于手机市场竞争激烈，市场对于新上市的 Mate10 缺乏认知，品牌急需通过曝光提升知名度，增加其销售量。因此，百度精准广告首先将广告投放的目标客户定位为：有购买或更换手机需求的人群，尤其是追求时尚的年轻人群；然后，通过 PC 端和手机端将广告投放到全国客户的家庭场景，即如果某用户最近一周在百度搜索了华为相关信息，则在匹配到的该用户家庭智能电视上投放华为广告，通过这种线上线下相通的投放方式实现广告的精准营销。最后的广告营销效果显示，广告的触达人群对华为很感兴趣（即主动搜索过与华为相关的关键词），这与目标客户高度匹配，且触达人次超过 400 万。此外，广告播出后品牌的回搜率也发生了显著变化，在触达用户中搜索华为品牌的人数比非触达的高 2.7 倍，而且搜索次数也比非触达的高 3.9 倍。

百度精准广告投放借助百度搜索在我国互联网极高的覆盖率，帮助企业引入大量潜在用户；再通过先进的定向技术筛选用户，帮助企业锁定目标客户；最后通过点击收费机制和灵活可控的投放计划使企业高效管理广告预算。一站式的广告服务使得百度推广处于行业领先位置。

资料来源：百度营销，http://e.baidu.com/.

思考问题

1. 无论是线上还是线下场景，互联网广告随处可见，它是否会干扰到我们的正常生活？

2. 竞价广告是否会造成广告资源向大企业倾斜，从而压缩中小企业的宣传营销环境？

3. 精准广告投放在迎合我们需求的同时，是否会阻碍我们发现新商品？

7.3 精准营销的数据基础

7.3.1 基于大数据的精准营销概述

随着互联网的飞速发展与电子商务的兴起，大数据时代的到来势不可挡。大数据是庞大且复杂的数据集，难以用传统数据分析工具进行处理。大数据作为一种新型工具，给在线购物平台的商业活动带来了深远的影响。其中，消费者在线行为大数据是大数据中的一种重要类别。消费者在线行为是指围绕在线消费平台所发生的，以即时通信、网络购买等为目标的，一切与消费相关的个人行为。消费者基于在线平台的网络购买行为的步骤如下：确定需求、搜索商品、浏览并评估比较商品以及购买商品，同时还包括购买后的一系列行为，比如售后服务以及评价商品等。而网络购买中产生的消费者在线行为数据包括用户浏览数据、点击数据、交互数据、眼动图等。

在庞大的数据集中，仅仅依靠经验进行决策的网络营销方式早已无法满足营销工作的需求。传统网络营销方式的缺点在于：数据无法得到高效利用、单向沟通方式无法实现产品和客户的精确营销、缺乏对客户行为和需求的有效分析。为了弥补以上缺点，以驱动客户高效参与、实现一对一精准营销为目标的消费者在线行为大数据营销被提出并广泛应用于电子商务领域。

基于大数据的精准营销的基本流程如下：首先，收集消费者的注册数据、交互数据和来自第三方的数据。其次，对这些原始数据进行数据挖掘，即以最高效率将数据转化为信息。数据挖掘技术包括分类挖掘、Web 页挖掘、聚类挖掘，其中分类和聚类挖掘是数据挖掘的主要形式。最后，将通过数据挖掘提取的信息运用在精准营销中。针对在线消费者的精准营销主要有以下几种方式：用户行为分析营销、个性化推荐营销以及基于运营商数据的分析营销。分析消费者在线行为大数据能够帮助企业深入了解"每一个消费者"，通过打造针对每个消费者的"私人定制"提高营销效率和增进企业效益，并为消费者带来全新的体验。

精准营销的数据基础主要分为三个方面：消费者在线行为大数据的类型、收集和分析方法。

7.3.2　消费者在线行为大数据的类型

消费者在线行为产生的数据按照数据形式可以分为结构化数据和非结构化数据；按照数据来源可以分为注册数据、交互数据和第三方数据；按照消费者行为显隐性则可以分为显性反馈行为数据和隐性反馈行为数据。

1. 以数据形式为分类基础

结构化数据是高度组织和整齐的、格式化的数据，可以直接用行和列存储与分析，比如日期、金额、电话号码和产品名称等。结构化数据具有易搜索性、易存储性和定量性的特征。具体而言，结构化数据能够用数字、符号等数据或统一的结构来表示。由于结构化数据的明确性，在项目实践中运用结构数据非常方便。然而，也正是因为它的明确性，结构化数据的商业价值较差。

结构化数据以外的数据就是非结构化数据，其特点是非整齐性、难以格式化和形式多样化，比如文本数据、视频数据、声音数据。非结构化数据的来源更为广泛，论坛、微博、网站等都是非结构化数据的来源，因此非结构化数据的数量远比结构化数据多。非结构化数据的特点使得传统的数据分析工具很难对其进行收集、处理和分析，因此这项工作是一个重大的挑战，寻找非结构化数据的使用方法已成为基于大数据的精准营销的重要战略。

以通过电信运营商获取的数据为例，这些数据既包括结构化数据，比如用户的基本特征（性别、年龄、居住地、受教育程度），也包括非结构化数据，比如用户办理的业务（入网渠道、会员等级以及协议内容）、用户偏好（眼动行为、终端点击行为、浏览行为）、客户生活圈子（地点、业务使用时间）等。

2. 以数据来源为分类基础

（1）注册数据。注册数据即消费者注册账户时根据在线平台要求填写的个人信息，包括性别、年龄、居住地、手机号等。同时，存在部分个人信息是在线平台通过其他数据分析得到的情况。有时用户提供的个人信息未必是准确的、全面的，比如用户的注册信息很少、用户在注册时随意填写、用户的个人偏好不可胜数等，不能被问卷完全表示。

（2）交互数据。交互数据即消费者与在线平台产生的一系列相关数据，包括消费者在网站的浏览数据、使用数据、点击数据、消费记录等。例如，某用户短时间内在淘宝上频繁地搜索、点击特定商品，或者将相似的商品加入购物车，基于这样的交互数据，淘宝会给该用户推荐同类商品。

以上提到的注册数据和交互数据均属于第一方数据，即在线平台直接从消费者那里收集的数据。

（3）第三方数据。第三方数据是指在线平台无法采集原始数据而从外部购买或者申请的数据。一些大型数据收集或分析企业采用提供奖品、支付费用等不同方式，向持有原始数据的用户或其他数据持有者收集第一方数据，在对它进行处理后作为第三方数据出售。同时，在线平台也可以向合作企业、政府申请数据。第三方数据可以弥补在线平台缺少的用户数据，为在线平台实施精准营销提供数据支撑。

3. 以消费者行为显隐性为分类基础

消费者在线行为数据在个性化推荐系统中一般分为两种：显性反馈行为数据和隐性反馈行为数据。

（1）显性反馈行为（explicit feedback behavior）。它是指用户明确表示对物品偏好程度的行为，比如使用"喜欢"与"不喜欢"，或者打分制来表示偏好程度。以视频打分为例，用 1～10 分来评判视频，然而人们在观看视频时往往只会给出 10 分或者 1 分，因此有些网站会直接采用"喜欢"或者"不喜欢"作为评分标准。

（2）隐性反馈行为（implicit feedback behavior）。它是指不能明确反映用户对物品偏好程度的行为，比如与在线平台发生交互的记录（听歌、阅读、购物）。以浏览物品为例，虽然用户对一个物品的浏览行为并不能表示其偏好，但是这样的数据依然是有意义的。隐性反馈的数据往往非常庞大，浏览时间、点击次数等数据通常情况下可以间接反映用户对该物品的偏好程度，这与第二种分类中的交互数据类似。

7.3.3　消费者在线行为大数据的收集

消费者在进行网络操作的过程中会产生庞大且复杂的数据，从个人角度来看，这些数据对于消费者而言价值不大，在许多人眼里，这些数据就像是工业垃圾或者在商场购物后开具的小票一样，可以直接丢弃。然而对于企业而言，他们旨在搜寻互联网上被消费者忽略的但却富含商业价值的信息，因此收集这些数据是对客户定位并进行精准营销的基础。数据收集是基于大数据的精准营销的第一步，没有大数据收集的过程就没有后续行动可言。

在线下销售中，如果企业想知道用户的偏好，必须通过察言观色的方式来获取。然而在大数据时代，企业必须通过大数据技术收集用户上网时的数据，全面了解用户属性和用户行为模式。消费者在线行为大数据的收集可以分为主动收集与被动收集。

（1）主动收集。它是指消费者主动提供的数据，比如网络市场调研、客户反馈数据等。以网络市场调研为例，网络市场调研泛指在互联网上展开、以市场调研为目的并系统地收集、整理、分析与研究营销信息的活动，比如市场情报收集、竞争者现状分析、用户满意度调查等。网络市场调研的渠道主要有网站、App、搜索引擎、第三方信息平台等。企业通过网络市场调研可以更精准地把握消费者偏好趋势，从而灵活地调整精准营销战略。

（2）被动收集。它是指消费者被动提供的数据。在线平台运用 Cookie 技术捕捉和定位用户账号后，锁定该账号，并追踪其在其他在线平台的行为轨迹。基于这种收集思路，以网络购物为例的消费者在线行为大数据的收集的具体步骤如下。

首先，收集用户注册数据，通过在线平台上该用户的注册信息判断其身份特征和地域属性。其次，根据该用户的互动分享内容（比如浏览、点击、加入购物车等行为）将这些数据通过分析技术拼凑出用户的兴趣爱好、消费习惯等完整连贯的信息。再次，通过不同的网站、合作企业等第三方渠道获得其他零散数据，补充用户画像。最后，借助移动互联网技术来定位该用户的移动设备，将用户的实时地理位置补充到消费者数据分析中，最终得到更加丰富、动态和立体的用户画像。

因此，通过不同平台、设备和企业收集到海量用户数据，加上对用户数据的精准判断、动态追踪和智能补充，最终能够真实、准确、完整、实时地刻画出用户的社会属性（用户偏好、消费习惯、生活圈子等）和自然属性（基本特征、地理位置信息）。

基于对互联网用户行为数据的需求，数据分析工具应运而生。数据分析工具可以帮助发现和记录用户在网站上的浏览、点击等行为，主要有下列几种。

（1）Userfly。

Userfly 是免费的网页访客动作记录器，它可以跟踪访客的浏览行为和鼠标操作行为。通过在网页中添加一段 JavaScript 代码，此工具可以记录访客从打开该网页开始，一直到关闭网页整个过程中的所有动作。对于企业来说，Userfly 可以帮助企业方便地分析与记录用户行为数据。但是站在网页访问者的角度来看，如果他们知道浏览的网页有这种功能，可能会要求网站停止这种记录行为，或者对网站敬而远之，而这显然不是网站拥有者所希望看到的情景。因此，目前许多网站拥有者只是记录登录用户在其网页上的浏览信息，不会记录其他信息。

（2）ClickTale。

ClickTale 是一个免费的访客行为数据分析平台。具体而言，ClickTale 以录像的方式记录了访问者在网站上进行的全部操作，用户可以自由选择在线观看或者离线观看这些记录。通过分析 ClickTale 记录下的访客行为，可以帮助网站管理者优化网站的访客路径，同时为访问者打造更好的用户体验，以提高网站的访问量和转化率。

（3）Mouseflow。

Mouseflow 是一款用户会话录像热力图工具。用户浏览网站时的一系列行为（比如点击、收藏等）都离不开鼠标，鼠标在用户与网站的交互中占据了重要地位。因此，用户的鼠标行为在分析网站数据中显得尤为重要。通过获取鼠标行为，可以获取用户对网站的关注区域和行为特性，为完善网站提供了重要依据。具体而言，Mouseflow 通过"热区图"非常直观地反映了访客在网站上的鼠标操作行为。

（4）Mixpanel。

Mixpanel 是一个强大的数据化运营工具。Mixpanel 平台的突出优点在于即插即用的分析功能，即用户可以直接访问 Mixpanel 的即时分析数据而无须安装任何驱动程序或设备。即时分析数据包括用户的点击次数、收藏者次数、活跃用户数量、页面访客数量以及访问时长等。

7.3.4 消费者在线行为大数据的分析方法

数据不是信息，而是有待理解的"原材料"，因此需要分析消费者在线行为大数据。对这些"原材料"的理解程度和分析程度决定了能够获取的有效信息含量，这也是由"原材料"转换成信息，进一步带来商业价值的基础。数据分析就是将数据以最高的转换率转换为有效信息，并基于有效信息寻找事物潜在规律的技术。数据分析大致可分为三个类型：描述性分析、诊断性分析和预测分析。

1. 描述性分析

描述性分析即描述已有定量数据的整体情况，包括样本的年龄、收入、消费水平等，并对各指标进行单变量分析、多变量分析、假设检验或者简单建模，以掌握消费者特征的总体情况，比如已有消费者画像、潜在消费者画像以及消费者价值分组等。

以聚类分析为例。聚类分析是一种探索性分析，具体做法是根据一组数据的相似性和差异性来计算距离，并按照距离将数据分为几个类别。分类的标准是同一类别的数据间距离尽可能小、不同类别的数据间距离尽可能大。聚类分析的探索性具体体现于能够实现对自身样本数据的自动分类。聚类分析可以应用于消费者群体的分类、消费者背景分析、消费者购买趋势预测、消费者市场的细分等。聚类分析方法可分为层次聚类、非层次聚类和智能聚类。这三种方法各有千秋：层次聚类适用于多种形式的数据，是最常用的聚类分析方法；非层次聚类的优点在于可指定类别个数；而智能聚类适用于数据数量过于庞大的情况。聚类分析最终得到的聚类数取决于采用的不同方法。

2. 诊断性分析

在分析消费者在线行为大数据时，我们需要了解有哪些原因造成现在的消费者偏好或市场现状，即识别、量化结果与各因素之间的因果关系。

常用的方法是主成分分析法。主成分分析法被普遍应用在经济、管理、社会等领域里多指标、多属性的综合评价。在研究多变量的课题时，多个评价指标之间的相关性会造成变量出现多重共线性，增加了课题的研究难度。主成分分析法通过删去不必要的、重复的以及关系紧密的变量，消除评价指标间相关性的影响，另外建立一组新的、数量少的、互不相关的综合变量，并用此代替原始向量。同时，通过因果关系分析可以确定哪些变量具有重要作用，接下来可以通过主成分分析剔除高相关变量，得到每个变量单独的贡献。

除了主成分分析法，还有决策树、时间序列、随机森林等诊断性分析方法。通过诊断分析，我们可以构建多种消费者模型，比如忠诚度模型、消费者决策模型、价格敏感度模型、用户价值模型等。

3. 预测分析

预测分析的主要目的是预测客户偏好以及关键节点，即预测精准营销的效果，主要的方法有回归分析和相关分析。

回归分析是考察两种或两种以上变量间数量对应关系的一种统计分析方法，主要用于预测新的数据、研究数据的趋势特征以及研究两组或两组以上数据间的相关关系。按照自变量个数，可以分为一元回归分析和多元回归分析。在基于大数据的精准营销中，我们往往采用多元回归的方法进行统计分析。回归分析结果可以用于精准营销中的销售量预测、广告点击率预测以及客户保持或流失因素分析等。

相关分析是一种测量变量间关系紧密程度的分析方法，用于评价两组变量间的相对变动程度。与回归分析不同，相关分析不区分自变量和因变量，两组变量各自的变化情况也没有限制。相关分析通常在回归分析前进行，帮助在回归分析中寻找自变量。在精准营销的领域里，相关分析一般被用于分析营销因素相关性以及相关现象之间关系紧密程度的研究，帮助找出影响营销效果的关键因素，为产品、价格、客户等进行定位，从而为精准营销提供决策性的参考信息。

◎ 应用案例 7-2

京东"揽客计划"：基于大数据的精准营销

随着互联网信息技术的飞速发展、数字营销业的日益壮大和电子商务平台的兴起，电子商务开启了数字营销业新世界的大门。精准营销实现了从"消费者数据整合"到"需求精准定向"，再到"广告投放"乃至"大数据反馈"的完美闭环。

作为我国领先的自营式 B2C 电商企业，京东早已在大数据领域部署了自己的战略格局。与其他电商一样，大数据对于京东来说最大的价值是对产品的精准营销。京东"揽客计划"是一款针对用户的精准营销工具，其主要目的在于让店家更好地推广产品。具体而言，借助"揽客计划"，店家可以盘活用户生命周期、打通数据运营和营销一体化、拉动潜在新用户、增加老用户复购率、留住高风险流失用户，从而实现精准的用户管理。"揽客计划"主要包括以下两个模块。

1. 购物车营销

线上购物的大趋势造就了众多电商平台。随着国民购买能力的提升，平台购物比价悄然从线下购物渗透到线上购物。任何一个商家都要充分利用好进入店铺的每一个用户、每一笔加购，购物车营销已成为商家首次交锋的战场。以往基于大数据的购物车营销，主要的产品形式是猜你喜欢和为你推荐，两者都是围绕用户的购物行为、用户商品偏好和用户画像属性展开，经过大数据分析后，由系统智能地推荐符合用户口味的商品。但是，这种营销方式是围绕已购的商品或者用户画像推荐其他商品，并非对购物车内的商品做营销策略。"揽客计划"中的购物车营销是针对将店铺商品加入购物车但未下单的客户推出的精准营销工具。

购物车营销（shopping cart marketing）本质上就是将加购的系列商品进行一定程度的降价促销处理，并告知客户的一种营销模式。店家只需对加购商品设置降价促销，系统通过购物车提醒和京东 App 消息自动将降价信息告知客户，即可帮商家促使加购客户立即购买。京东 App 的购物车降价消息推送不是每个商品的降价消息都推送，而是会根据客户购物车里的商品的总体降价情况和降价的幅度来决定何时向客户集中推送购物车商品降价消息。当购物车营销活动创建完成时，商家就需要对活动效果进行统计分析。在活动开始后的第二天（最迟第三天），在活动列表单击详情可以查看购物车营销的效果。购物车营销效果包括下单金额、下单客户数、转化率以及成交商品的详细效果整体列表。

2. 客户营销

客户营销是一款精准高效的营销工具。客户营销通过对用户行为的深度分析，精选出对本店铺商品更感兴趣的新客，并提供个性化的画像筛选功能，为商家精准拉新锁定目标。

客户营销中的营销场景将客户分为"潜在新客户""潜在复购客户"和"高风险流失客户"。开发"潜在新客户"就是店铺拉新，系统通过分析全站客户的搜索、浏览、加购、下单和成交等行为数据，为店家智能筛选出对店铺商品感兴趣，但未曾购买过的客群。分析"潜在复购客户"的主要目的是提升客户复购率，系统针对已经在店铺购买过的老客户，通过分析客户在京东全站的行为数据，筛选出近期可能会购买店铺商品的潜在客群。挽留"高风险流失客户"的主要目的是挽回店铺即将流失的客户，系统通过分析全站客户的行为数据，为店家筛选出店铺已购买客户中，到达复购周期且有潜在购物需求的客群。

同时，客户营销还会为店铺提供用户画像，包括性别、年龄、婚姻状况、区域、购买力、评论敏感度、会员等级和促销敏感度共 8 个画像标签。京东绘制的用户画像基于用户的人口统计学属性（年龄、性别、居住地等）、购买能力、用户的扩大价值、用户的行为特征（搜索关键词、浏览时间长短、关注的其他品牌等）以及兴趣爱好等。每个用户都会有 200 多个标签，京东会基于这些标签来对用户精准定位并设计个性化服务。以智能卖场为例，不同用户在京东首页上看到的活动页面和感兴趣的商品页面都是不一样的，这就是基于用户标签和用户画像自动推荐的结果。

资料来源：1. 搜狐，京东 PM 自述：基于大数据的购物车营销玩法，https://www.sohu.com/a/204835699_695183，2017-11-16.

2. 京东商家帮助中心，https://helpcenter.jd.com/vender/issue/887-4411.html.

3. 搜狐，京东 618 你不会玩快车和购物车营销，你真落伍了，https://www.sohu.com/a/138510410_650418，2017-05-05.

思考问题

1. "揽客计划"中的哪些措施体现了精准营销？
2. "揽客计划"中涉及哪些大数据的使用？

7.4　精准营销的核心技术：推荐系统

7.4.1　推荐系统概述

随着互联网和电子商务的发展，人们进入了"信息过载"的时代，这给用户和商家都带来了极大的挑战。对于用户来说，他们很难从大量的信息中迅速地找到自己喜欢的商品；对于商家来说，想让自己的商品信息从众多信息中脱颖而出极为困难。商品的长尾效应明显，即少量热门商品被频繁消费，而大量其他商品的流行度很低。如何在大量数据中，把合适的信息展现给感兴趣的人群变得极为重要。因此，网络精准营销应运而生。

推荐系统是实现精准营销的重要工具和技术，它帮助用户个性化地筛选有用的信息，从而达到精准营销的目的。推荐系统要解决的问题可以定义为：对于给定的用户 U 与物品集 I，在特定的场景 C 下，构造用户的个性化偏好函数 $f = (U, I, C)$ 来预测用户 U 对所有物品的偏好程度，再根据预测的偏好程度为用户生成推荐列表。

推荐系统广泛应用于许多领域，特别是电子商务领域。推荐系统从所有可供选择的商品中进行个性化推荐，从用户的角度来说，这有效缓解了信息过载的困扰；而从商家的角度来说，通过将商品展现给更可能产生交互的人群，有助于缓解商品的长尾效应，从而实现双赢。

7.4.2　推荐系统在电子商务中的典型应用场景

电子商务允许用户以线上的方式购买产品或服务，极大地促进了互联网经济的发展。而推荐系统的应用，更是加速了这一领域的成熟。以下是推荐系统常见的应用场景。

1. 电影和视频

许多视频类网站都采用了推荐系统，为用户推荐免费或付费的视频，以提高用户黏性和网站收入。第一个推荐系统是一个名为 Movielens 的电影推荐系统，该系统为用户提供个性化的电影推荐。而 YouTube 作为全球最大规模的视频分享网站，采用了基于内容的推荐算法来为用户推荐视频，并通过实验证明了个性化推荐可以显著提高视频的点击率。

2. 音乐

推荐系统在音乐领域的广泛应用，得益于音乐本身的几个特点。首先，音乐的数量很多，每年都会有大量新歌产生。其次，用户在听音乐时，有时候并不知道自己具体要听哪一首，但是要求符合兴趣和目前状态。推荐系统便可以帮助用户找到偏好的歌曲。以豆瓣音乐电台为例，它在播放歌曲时，为用户提供了几种反馈的方式，通过分析用户听歌时的反馈来推断用户偏好，从而为用户推荐符合其偏好的歌曲。

3. 网上商城

网上商城（比如淘宝、京东、亚马逊等）有大量的产品和服务信息，是个性化推荐的重要应用领域。其中，亚马逊是网上商城个性化推荐的代表。亚马逊平台主要有以下两种推荐类型。

（1）个性化推荐。个性化推荐采用基于内容的方法，分析用户过去偏好的商品信息，从而为用户推荐相似的商品。

（2）相关商品推荐。通过统计频繁被用户统一购买的商品，从而进行推荐。

4. 旅游服务

随着生活质量的提高，人们对旅游业的需求也不断增长，出现了许多旅游服务平台。这些平台允许用户在线上预览各地美食美景或者预定旅游路线。如今，用户的旅游需求呈现多样化特点，为了优化用户体验和提高网站收入，携程、同城等平台都采用了个性化推荐。以携程为例，携程会基于用户近期的行为数据推断用户偏好，再结合各种辅助信息，比如时间、地点、用户信息（年龄、性别等）、产品信息来为用户进行推荐。

5. 房屋租赁

近年来，房屋租赁市场需求越来越大。贝壳找房、安居客等房屋租赁网站通过收集各地的房屋租赁信息，方便用户以线上的方式进行查询，但这容易导致信息过载。因此，许多房屋租赁网站便通过搭建推荐系统框架，为用户推荐合适的租赁信息。例如，贝壳找房为给用户提供个性化服务信息，搭建了智能推荐平台，通过用户的历史行为数据分析用户偏好，提取房屋特征，从而为用户进行房屋推荐。

7.4.3　推荐系统的核心算法

作为实用性较强的一类学科，推荐系统受到广泛关注。推荐系统的核心算法也在不断改进，演变出许多效果显著的推荐方案。以下是推荐系统核心算法的分类和介绍。

1. 基于人口统计学

在新用户注册时，一般网站都会要求用户输入性别、年龄、学历、职业等基本信息，这就是用户的人口统计学信息。由于刚注册的新用户没有历史交互数据，很难对用户进行个性化推荐。因此，可以通过用户的人口统计学信息进行推荐。基于人口统计学信息的推荐是一种较为基础的个性化推荐，但是与随机推荐相比，其推荐效果更为显著。

基于人口统计学信息的推荐策略如下：①获取用户的人口统计学信息；②根据信息对用户进行分类；③给该用户推荐所处类别中其他用户偏好的商品。例如，男性和女性的观影兴趣是不同，若已知用户是女性，则系统会向她推荐女性喜爱的热门影片。基于人口统计学信息推荐的优点是不需要用户的历史交互数据，但它存在个人数据隐私问题。

2. 基于内容

基于内容的推荐（content-based recommendation）算法主要通过用户对物品的描述性特征进行推荐，来源于信息检索领域。它的基本推荐策略是：①分析用户的历史交互数据（阅读、购买、评价等），构造用户偏好文档；②提取物品的内容特征；③计算物品特征与用户偏好的相似度，向用户推荐相似度高的物品。

在基于内容的推荐算法中，推荐物品的内容特征提取是一个技术重点。相对于其他的多媒体信息（视频、图片等），基于内容的推荐算法更多应用于文本项目的推荐，这是因为文本内容的特征提取相对简单，且技术发展较为成熟，比如典型的 TF-IDF 技术。此外，计算物品特征与用户偏好的相似度是该算法的另一个重点，目前存在多种算法，典型的有向量夹角余弦的距离。

基于内容的推荐算法简单有效、容易理解，但是也存在明显的缺点：它受物品特征的提取能力限制，推荐结果的好坏在很大程度上取决于内容特征的提取，而且这种推荐算法难以产生新的推荐结果，无法为用户推荐不在用户模型兴趣特征中的物品，导致新用户的冷启动问题。

3. 协同过滤

协同过滤推荐（collaborative filtering recommendation）算法是通过用户的历史交互数据进行推荐的，比如用户 – 物品评分矩阵。该算法于 20 世纪 90 年代被提出，之后被广泛地应用于各个推荐领域中。协同过滤推荐算法是推荐系统领域最著名的算法，它的诞生推动了整个推荐系统领域的研究。

协同过滤推荐算法一般分为基于内存的协同过滤和基于模型的协同过滤。

基于内存的协同过滤认为，如果一些用户的历史评分数据相似，那么这些用户的偏好是相似的。因此，这些用户对其他物品的评分可能也会相似。根据这个假设，基于内存的协同过滤的推荐策略为：①根据用户历史评分数据，找到兴趣相似的用户集合；②根据集合中其他用户的评分，预测目标用户对某些物品的评分；③最后向目标用户推荐预测分数高的物品。

为了增强模型的泛化能力，学者们进一步提出了基于模型的协同过滤算法。基于模型的协同过滤利用了用户的历史评分数据，通过统计方法、机器学习、数据挖掘等技术来构建用户模型，从而预测用户对物品的评分，比如常用的贝叶斯模型等。这种算法可以有效缓解评分矩阵中的数据稀疏性问题。

4. 基于上下文

基于上下文的推荐是指利用上下文信息为用户进行推荐，然而目前对上下文信息没有统一的定义，常见的上下文信息包括时间、地点、天气、季节、温度、活动状态、目的意图等。上下文信息会明显影响到用户的需求，例如在电子商务领域，不同的上下文（时间、季节、天气）状态下，用户对服装、食物等的需求各不相同。

上下文信息的获取主要在数据收集阶段进行。一方面，可以通过各种物理设备和用户主动设置，直接收集相应的信息，但是这种方式获得的信息量有限。另一方面，可考虑通过间接的方式来补充更多上下文信息，比如通过用户已有数据（用户系统交互日志）或通过数据挖掘、统计方法，推断出用户的上下文信息。目前已有不少国内外企业（亚马逊、阿里巴巴、大众点评等）通过协同上下文信息来对用户进行推荐。

5. 基于社交网络

社交网络是指人与人之间关系的网络。在网络上，用户不仅可以与现实生活中的好友联系起来，还可以通过关注等行为，与兴趣爱好一致的陌生人建立联系。社交网络的巨大商业价值日益受到更多人关注。

基于社交网络的推荐算法主要分为以下两种。

（1）基于邻域的社交网络推荐。该推荐策略是通过找到用户的好友，将好友偏好的物品推荐给该用户。同时，不同好友的重要程度各有不同，通过各种信息定义出好友权重，可以得到物品对目标用户的吸引力。

（2）基于网络结构的社交网络推荐。该算法构建了一个用户 - 商品的网络结构图，将用户、好友和物品抽象为节点，并用节点间的边来表示用户之间、用户与物品之间的关系。此外，还可以根据各种信息来设置边的权重，然后通过图排序算法（如 personalrank 等）计算目标用户节点与所有物品节点的相关性，最后将没有直接边相连的物品按相关性高低推荐给用户。

6. 混合推荐

混合推荐（hybrid recommendation）算法是指按照切换、加权、特征组合等不同策略，将两种或两种以上的推荐算法结合进行推荐的过程。混合推荐算法的目的是使算法间相互取长补短，以达到更好的推荐效果。在实际的应用场景中，一般都会根据具体的需求，结合多种推荐算法进行推荐。

近年来，深度学习逐渐成为推荐领域的主流算法。深度学习是指提取用户和物品的潜在特征，通过潜在特征来进行推荐。相较于传统的推荐算法，深度学习有更强大的表达能力，它能提取用户和物品之间的非线性关系。此外，深度学习的推荐模型结构灵活，可以根据不同的业务场景和数据需求进行调整，使推荐更贴近实际应用。

因此，深度学习也常常被应用于混合推荐中，比如通过解决冷启动、稀疏矩阵等问题，来提升整个推荐系统的性能。常见的深度学习推荐模型包括深度神经网络（DNN）、卷积神经网络（CNN）等。

7.4.4 推荐系统的评价指标

一般来说，在选择一个合适的推荐系统时，需要进行离线实验、用户调查和在线评估三个阶段的测试。

（1）离线实验。离线实验主要通过收集用户的历史行为数据来训练推荐模型，从而评估算法的性能。离线实验的成本较低，但能回答的问题有限，无法计算关注的商业指标，一般用于过滤不合适的算法，为进一步的测试缩小范围。

（2）用户调查。为了更加客观地评估推荐系统的优劣，需要收集真实的交互数据。在这种情况下，需要先进行用户调查，了解用户的体验或评价，以获得更多的信息。

（3）在线评估。推荐系统是否真的有作用，取决于它是否真的对用户的行为变化产生正向影响。因此，通过在线评估实验来获取用户行为变化的相关指标是证明推荐系统效果的有力证据。

推荐系统的服务对象包括用户、商家和网站。一个好的推荐系统除了能给用户推荐偏好的商品，还可以将更多商家的商品推荐给合适的用户，提高商家的收入。同时，还会考虑网站的健康发展，增加用户与网站的交互，享受更高的用户红利。因此，推荐系统设计者需根据不同的要求，权衡各项因素后，选择最合适的测评指标。下面将对推荐系统的各个测评指标进行简单介绍。

1. 用户满意度

作为主要的服务对象，用户对推荐系统的满意度是非常重要的。用户满意度可以通过用户调查和在线实验获得。

（1）用户调查。用户调查一般是以问卷的方式，让用户对推荐系统进行评价。在问卷调查中，需要注意几个问题。首先，多次购买商品的用户的反馈往往比首次购买用户的反馈重要。其次，每个用户对系统的满意度有所偏差：有的用户对推荐系统非常满意，而有的用户可能只是稍微满意。如果仅以喜欢 / 不喜欢的二分类答案来设计问卷，调查结果与实际结果可能会存在较大偏差。最后，用户对推荐系统的满意度可能是多层次的。从各个方面了解用户感受、分析用户对推荐系统的评价有助于理解并改善推荐系统。

（2）在线实验。它是指通过在线指标的统计收集来获取用户满意度。在线系统中，用户对推荐结果的反馈行为能够体现他们的满意度。例如，推荐系统向用户进行推荐之后，用户的点击率、购买率等有了一定程度的提高。因此，我们可以利用用户行为统计指标来衡量用户满意度。

2. 预测准确度

预测准确度是目前学术界研究推荐系统时讨论最多的属性。给定一个包含用户历史行为记录的数据集，在训练集上训练推荐模型，预测准确度就是用于衡量模型的预测结果与测试集中用户的实际行为之间的偏差程度。预测准确度可以分为评分预测准确度和 TopN 推荐准确度。

（1）评分预测。它是指预测用户对商品的评分行为，其准确度主要通过均方根误差（RMSE）和平均绝对误差（MAE）两个指标来衡量。

（2）TopN 推荐。它是指通过推荐列表向用户推荐可能感兴趣的物品，其预测准确度主要通过准确率（precision）和召回率（recall）来衡量。

3. 覆盖率

除用户以外，商家也是推荐系统的服务对象之一。商家关心的是自己的商品有没有被推荐给用户，如果一个推荐系统只推荐少量热门商品，这必然不利于大部分商家的发展。覆盖率指的就是推荐系统发现长尾商品的能力。

覆盖率最简单的定义是指被推荐系统推荐过的商品占全部商品的比例。这个定义仅刻画出被推荐商品所占的比例，如果大部分商品被推荐的次数很少，只有少量热门商品被频繁推荐，说明该推荐系统的覆盖率较低，不能很好地发现长尾商品。考虑到推荐次数的分布，覆盖率还可以用基尼系数和信息熵来定义。

4. 多样性

用户的兴趣往往很广泛，一个好的推荐列表应该包含用户的多个兴趣，而非只有一个。例如，一个用户 70% 的时间在听古典音乐，30% 的时间在听摇滚音乐，最理想的推荐结果是推荐列表中既含有古典音乐（占主要部分），又含有摇滚音乐。这样的推荐列表不仅具有多样性，还考虑了用户的兴趣偏好。因此，在给用户进行推荐时，应提高推荐列表的多样性。而推荐列表的多样性可以通过物品间的不相似性来衡量。

5. 健壮性

健壮性是指推荐系统抵抗攻击的能力。推荐系统在商业环境中的作用越来越重要，驱使一些利害关系人对推荐系统实施攻击行为。例如，在一些电影评分网站中，通过雇用"网络水军"来刷高自己的电影评分，或对竞争对手进行差评，从而使自己的电影被频繁推荐。这就是常见的对推荐系统的攻击行为。

测评推荐系统的健壮性可以通过模拟攻击来衡量，比如注入虚假评分等噪声数据后，分析攻击前后推荐结果的差异。一个有较好健壮性的推荐系统在攻击前后推荐列表的差异应该是较小的。

一般来说，一个可以完全抵御任何攻击的推荐算法是不存在的。但在大多数情况下，可以通过一些手段在一定程度上提高推荐系统的健壮性。第一个方法是使用代价较高的用户行为来进行推荐。例如，使用用户购买行为，而不是用户浏览行为来建模，因为注入虚假用户购买行为的代价通常较高。另一种方法是先对数据进行清理，再使用清洗后的数据来建模。

6. 新颖性

新颖性是指给用户推荐他们之前没有听说过的物品。实现新颖性最简单的做法是筛选出推荐结果中用户没有浏览过的物品。但这种方法并不能完全实现新颖性，因为很多情况下无法收集齐全用户使用过的所有物品信息。

针对推荐结果的新颖性研究，许多学者提出了不同的测评方法。一些研究指出可以通过用户调查了解用户对推荐结果的熟悉程度来评估新颖性；另有一些学者使用推荐结果的平均流行度来衡量新颖性。这种方法假设流行物品很少是新颖的，不流行物品可能会让用户觉得新颖。但基于流行度衡量物品新颖性，是一种相对粗糙的方法。

7. 惊喜度

假设给用户推荐了一部与其历史兴趣不相关的电影，但是用户观看后很喜欢，说明这部电影给用户带来了惊喜。惊喜度就是指推荐的物品与用户历史兴趣不相关，但是又给用户带来了较高的满意度。

根据上述定义可知，惊喜度可以从推荐列表与用户历史兴趣的相似度、用户满意度两个方面同时进行测量。

8. 信任度

信任度是指用户对推荐结果的信任程度。一个用户对推荐结果的信任度越高，他就越想去体验推荐的物品，增加与系统的交互。可以通过向用户发放问卷的形式衡量信任度。提高用户对系统信任度的方法主要有两种：一种方法是通过提供推荐解释来提高推荐的透明度，常见的有亚马逊的"买过本商品的用户还买了……"的推荐解释；另一种方法是利用用户的好友进行推荐和解释，因为用户通常更信任自己的好友。

9. 实时性

在特定应用场景中，推荐系统的实时性非常重要。例如，在时效性很强的新闻领域，今天的新闻往往比昨天的新闻更有价值。

推荐系统的实时性主要体现在两个维度。一是对新物品的推荐。当在系统中加入新物品时，要如何将它推荐给用户，这其实是物品的冷启动问题。这个维度的实时性可以通过推荐列表中新加入物品的所占比例来度量；二是根据用户的行为变化及时更新推荐内容。例如，当用户刚购买了一台 Kindle 电子阅读器时，实时性强的推荐系统会立刻向他推荐相关的配套产品（比如 Kindle 保护膜和保护壳），而这可以通过推荐列表的更新速率来度量。

10. 隐私性

推荐系统需要收集大量的用户信息，但这些信息通常涉及用户的隐私。例如，在推荐中利用用户的性别、年龄等人口统计学信息对用户进行分类，通过用户历史行为数据分析用户偏好等。对于大部分用户来说，他们并不想被第三方获取自己的隐私。

关于用户隐私保护的研究逐渐成为推荐系统的一大热点。一些学者通过测量被泄露隐私的用户比例来评估不同算法，从而衡量推荐系统的隐私性。然而，对基于数据驱动的推荐系统来说，保护隐私往往需要牺牲一定的推荐准确率。因此，需要在隐私保护和推荐精度之间寻求一个平衡，来优化推荐系统的性能。

11. 可扩展性

推荐系统的目的是在海量信息中为用户进行个性化推荐。这就要求推荐系统能扩展应用到大型数据集上，从成千上万的信息中高效地计算出推荐结果。然而，随着数据量的增大，推荐系统可能变得缓慢，或者需要额外的计算资源（内存、计算能力等）。因此，推荐系统的可扩展性十分重要。

度量推荐系统的可扩展性一般是通过增长数据集的实验来测量系统运行速度和资源消

耗情况。例如，测量系统运行速度时，可以通过测量吞吐量，或者推荐延迟时间来获得相应指标。

◎ **应用案例 7-3**

携程的个性化推荐

携程旅行网创立于 1999 年，是国内领先的在线旅游业服务公司，主要业务包括机票预订、酒店预订、商旅管理和高铁代购等。携程成功整合了高科技产业与传统旅行业，向用户提供全方位旅行服务，是互联网与传统旅游结合的典范。

作为在线旅行社，携程在旅行社上的投入非常大，推出了很多城市的旅行套餐，并通过打包服务、旅程包机等赚取旅行社利润。

此外，作为在线旅游代理机构，携程与各大航空公司、酒店、景点等供应商建立长期稳定的合作关系。首先，供应商向携程提供产品和能够保证自己从中盈利的价格；其次，携程将这些产品进行"加工处理"后调整价格，发布在平台上；最后，顾客通过搜索和浏览携程平台，获得产品信息并下单。可见，携程的盈利来源主要有以下三点：①自身定价与供应商报价的差额；②供应商给予携程平台的佣金；③供应商向携程支付的广告费用。从携程的利润构成可知，携程的盈利关键在于用户数量。因此，提高用户体验、增加用户黏性是携程的首要任务。一方面，携程通过对数量庞大的客户进行市场细分，不断推出新的细分领域，制定个性化服务；另一方面，携程通过精准定位、精准营销来提高用户体验。

携程在为用户提供个性化服务上做了充足的工作。首先，在旅游资源上，携程整合了内部所有业务线和众多第三方的数据，收集各种旅游信息，形成一个丰富的旅游资源中心。在算法机制上，携程积极探索各种深度学习算法，寻找更为用户所接受和喜爱的算法机制，探索与旅游推荐更为匹配的模式。在显示方式上，携程的算法推荐系统支撑携程 App 的大部分频道，包括 App 界面的广告推荐位、特价酒店等栏目。在用户数据采集上，携程通过各个终端积极采集用户的浏览、点击、关注、消费和售后等数据。同时，用户在各个终端的操作都会被实时跨屏聚合，并同步进行个性化推荐。完成个性化推荐除了受携程自身数据库的影响之外，还受外界因素比如天气、风力、温度等的影响。因此，携程需要积极加强与外界第三方机构的合作，以充实数据库来源，优化自身个性化推荐的精确度。通过跨屏数据处理、实时数据 API 以及基于数据算法平台的训练，携程可以更好地预测用户的行为和偏好，从而在用户出行前给出更好的服务推荐，提高点击率和转化率。

携程的个性化推荐为用户带来了许多便利。例如，当用户搜索某个目的地时，携程会立刻在终端页面推荐该地区的相关产品和服务；当用户在挑选酒店但还未预订时，携程会立刻推荐周边相似酒店。携程的个性化推荐服务在激发用户灵感的同时，也便于用户快速获取所需的信息，减少搜索、筛选等操作流程和时间。携程的个性化推荐策略主要有以下几个方面。

（1）推荐当前的热门产品。例如，夏天时海边景区的搜索量会较大，携程会重点向用户推荐热门的海边景点。

（2）推荐附近的热门产品。在获取用户位置信息后，携程有两种推荐策略：根据用户的具体地理位置向用户推荐周边数公里内的产品，或者根据用户所在地推荐当地的热门产品。

（3）推荐关联的常见产品。携程从用户大量的历史行为数据中提取规律，找到相关的产品组合进行关联推荐。例如，用户在预订了迪士尼乐园的门票后，携程会为他推荐附近的酒店等。

（4）推荐用户的偏好产品。通过用户的历史行为数据分析用户的偏好，从而为用户推荐类似的产品和服务。

旅游电商是一个快速增长的行业，携程在起初竞争者很少的情况下已经全面布局整个产业。作为服务业企业，携程始终关注客户，保证用户体验。经过近几年的快速发展，携程已经获得了大量客户，在市场上占据了重要地位。

资料来源：1. 携程官方网站，http://www.ktrip.com.

　　　　　2. 葛荣亮，当你在携程搜索时，背后的推荐系统是如何工作的，https://blog.csdn.net/Nx2XJBUr4Jg8ef80l1K/article/details/90815914, 2019-06-04.

　　　　　3. 曾宪天，大数据、个性化？这一次，携程 CTO 甘泉跟你好好聊聊，https://www.traveldaily.cn/article/114640, 2017-05-08.

思考问题

1. 在线旅游领域的推荐系统主要面临什么问题和挑战？

2. 携程的个性化推荐考虑到什么策略？

3. 个性化推荐为携程的发展带来了什么优势？

7.5　电子商务精准营销的机会与挑战

7.5.1　用户隐私保护

电子商务平台在运作过程中不可避免地要收集用户的个人隐私信息，以便提供更好的服务。尤其在精准营销应用上，要刻画更加完整的用户画像，提供更精准的个性化推荐和广告，就必须收集和利用更详细的用户的个人信息。然而，近年来，电商平台上的用户隐私泄露事件屡见不鲜，主要集中在以下几个方面。

（1）用户的注册账户被非法盗用导致用户个人信息的泄露。

（2）电商平台对用户的个人数据进行非法售卖，严重威胁用户的个人信息安全。

（3）电商平台未经用户同意对用户的个人隐私数据进行过度收集和随意开发利用，使用户感觉自己的隐私受到侵犯。

如果电商用户的隐私安全得不到有效保护，会为电子商务精准营销带来一系列的负面影响。一方面，电商平台进行精准营销的合法性无法得到保证；另一方面，用户基于对自身隐私保护的考虑，会尽量避免为电商平台提供真实的数据，同时排斥电商平台提供的精准推荐服务。因此，用户的隐私保护是电子商务精准营销面临的一个巨大挑战，也是未来需要重点解决的关键问题。

在未来的发展过程中，电子商务精准营销业务对用户的隐私保护可从以下几个方面进行努力：首先，加强平台的信息安全建设，全方位保护用户的账户安全；其次，规范用户数据的收集和使用范围，严厉打击各类违规采集和使用数据的行为，保证精准营销活动的合法性；最后，利用区块链等先进技术对用户数据保护途径进行积极探索，对用户数据进行确权和使用溯源，提高数据使用的透明度，赋予用户更高的知情权，降低用户对精准营销服务的顾虑和反感。

7.5.2 数据质量

电子商务中精准营销的有效性往往是由可用数据的质量所决定的。例如，推荐系统就是一种数据密集型技术，它的准确性严重依赖于用户偏好数据（用户评分、评论等）的丰富程度和准确程度。但现实中，用户缺乏主动提供偏好数据的动力，所提供数据的质量也普遍较差。平台只能通过被动收集的方式为精准营销服务提供数据支持，但由于上述用户隐私保护问题的制约，效果并不十分理想。现有的电商平台为了鼓励用户提供更多的有效反馈数据，普遍引入了激励手段：用户如能在消费完成之后提供反馈数据，比如评分和超过一定字数的评价，便可获得积分奖励。这种激励手段有效提高了用户主动提供偏好数据的积极性，但用户为了以较低的成本获取奖励，会采取投机的方式，比如习惯性的好评或者差评，复制粘贴毫不相关的评论文本等，这些行为反而为平台带来了大量的噪声数据，不利于精准营销的进行。

针对这些问题，一方面，电子商务平台可以借助先进的数据挖掘算法和技术对现有数据进行降维，降低数据稀疏性的影响，并对垃圾数据进行过滤，以提高数据的利用效率。另一方面，电商平台可结合区块链通证研究用户数据的资产化，配合智能合约设计用户数据确权机制，对用户数据的真实价值进行客观量化，设计精细化的数据贡献激励机制，探索数据有偿使用的机制，允许用户共享数据变现红利，从根本上激发用户主动提供高质量数据的积极性。

7.5.3 计算复杂性

从技术角度上看，精准营销依赖的关键技术既是数据密集型技术，也是计算密集型技术。要提高营销的精准性，就必须从海量的数据中提取出有价值的信息，要达到这一目标既需要具备超大规模数据处理能力，也需要高度复杂的机器学习算法。当对计算的实时性要求较高时，就需要巨大算力的支持，要求电商平台支付巨大的硬件、空间和能源成本。所以，精准营销中关键算法的计算复杂性，也是制约精准营销的一个主要问题。

在未来的研究和应用中，可针对电子商务精准营销中的关键算法，如个性化推荐算法等优化计算复杂性，从而提高计算效率，降低电商企业在硬件上的运营成本。同时，可进一步探索计算的分散化和社会化，建立去中心化的精准营销计算社区，将电商平台中繁重的计算任务分散到社区成员的本地计算节点中，激励社区成员主动贡献算力，最大限度地利用社会的闲散计算资源，既可以降低企业的计算负载，又避免了社会资源的浪费。

7.5.4　智慧化

现有的电子商务精准营销借助先进的大数据分析技术和机器学习技术在一定程度上做到了消费人群的自动精准定位，广告的自动生成、投放，以及商品和服务的自动精准推荐，有效提高了营销的效率和效果，降低了人工的成本。然而，在智能技术飞快发展的今天，电子商务精准营销的目标不仅仅是自动化，未来应该往更加智能化、智慧化的方向努力。

首先，机器学习技术的加持使得现有的营销决策和判断可以做到人类难以达到的绝对理性，但却缺乏人类的情感。而营销活动是企业与客户之间情感联结的重要途径，不能完全基于数据统计的理性判断，还应融入人性的思考。因此，如何对人类的情感进行建模和模拟，是人工智能领域的一个巨大挑战，也是未来精准营销智慧化的重要方向。其次，现有精准营销所依赖的机器技术大多利用数据监督学习，即需要从大量的样本数据中提炼一般的营销规律，还难以做到自发、主动或者基于直觉的判断。智慧化的精准营销应从类脑计算的角度研究如何让算法拥有优秀营销人员般的敏锐直觉，摆脱对数据的绝对依赖。最后，未来的人工智能是人类和机器智能共同协作的产物，在精准营销领域也不例外。如何让优秀的营销人员与人工智能算法从竞争关系变为协作关系、相互之间形成优势互补、高效提升精准营销的智慧化，是一个充满挑战而又意义重大的研究方向。

◎ 本章小结

1. 电子商务精准营销的基本概念与特征。电子商务精准营销是指在适当的时机，通过适当的渠道，向适当的客户发送适当的信息，有效地促进营销目标的实现。精准营销的特征包括：目标人群的针对性、顾客让渡价值的增益性、营销活动的经济高效性、营销效果的可衡量性、精准化过程的动态性。

2. 电子商务精准营销的实现方式。现有的电子商务精准营销可归为以下三大类：数据库营销、网络营销、推荐系统。首先，数据库营销是一种传统的精准营销方法，重点在于建立具有一定规模、信息较为完备的潜在消费者数据库。其次，网络营销是电子商务精准营销的主要实现方式。基于网络的精准营销，通过网络和相应客户端来分析用户的行为和心理特征，企业再根据用户特征在电商平台或相关网络应用中进行精准营销。最后，推荐系统是电子商务实现精准营销的有效手段，它由一系列智能推荐算法组成，通过为消费者提供个性化的推荐服务，帮助消费者从海量信息中挑选出心仪商品或服务，有效地缓解了"信息过载"问题。

3. 精准广告的定义及分类。精准广告是指以互联网广告网络、广告交易平台为基础，运用大数据技术分析消费者特征，一对一地向消费者投放广告的广告模式。精准广告的投放可以按投放过程分为：精准定位广告受众、精准预测受众需求、精准控制广告投放、精准评估广告效果。

4. 计算广告的定义及其关键技术。计算广告是支撑互联网广告产业发展的基础，其本质是一种精准广告投放机制，即在一定环境下针对某个用户找到与之匹配的最佳广告。其关键技术包括：合约广告关键技术、受众定向关键技术、竞价广告关键技术、程序化交易关键技术。

5. 精准营销的数据基础。精准营销的数据基础主要分为三个方面：消费者在线行为大数据的类型、收集和分析方法。首先，消费者在线行为产生的数据按照数据形式可以分为结构化数据和非结构化数据；按照数据来源可以分为注册数据、交互数据和第三方数据；按照消费者行为显隐性则可以分为显性反馈行为数据和隐性反馈行为数据。其次，消费者在线行为大数据的收集可以分为主动收集与被动收集。最后，数据分析方法大致可分为三个类型：描述性分析、诊断性分析和预测分析。

6. 个性化推荐系统的应用场景。电子商务允许用户以线上的方式购买产品或服务，极大地促进了互联网经济的发展。而推荐系统的应用，更是加速了这一领域的成熟。推荐系统常见的应用场景包括：电影和视频、音乐、网上商城、旅游服务和房屋租赁。

7. 个性化推荐系统的核心算法及评价指标。推荐系统的核心算法也在不断改进，演变出许多效果显著的推荐方案。推荐系统的核心算法包括：基于人口统计学、基于内容、协同过滤、基于上下文、基于社交网络、混合推荐。同时，推荐系统设计者需根据不同的要求，权衡各项因素后，选择最合适的测评指标。推荐系统常见的测评指标包括：用户满意度、预测准确度、覆盖率、多样性、健壮性、新颖性、惊喜度、信任度、实时性、隐私性和可扩展性。

8. 电子商务精准营销的机会与挑战。电子商务精准营销面临挑战的来源主要包括：用户隐私保护、数据质量、计算复杂性和智慧化。

◎ 管理问题

1. 电子商务如何进行精准营销及客户管理？
2. 推荐系统的引入是否会侵犯用户隐私？
3. 如何促进平台间的数据共享？
4. 如何进行营销信息管理？
5. 如何进行二手营销信息搜集？

◎ 复习题

1. 简要叙述精准营销的特征。
2. 对于电子商务而言，精准营销有什么重要意义？
3. 简要叙述电子商务精准营销的分类。
4. 简要叙述精准广告定义和分类。

5. 目前衡量互联网广告投放效果的基本指标有哪些？

6. 计算广告的关键技术有哪些？

7. 简要叙述基于大数据的精准营销的基本流程。

8. 区分显性反馈行为数据和隐性反馈行为数据的定义。

9. 常见的消费者在线行为大数据的分析方法有哪些？

10. 推荐系统在电子商务中的典型应用场景有哪些？

11. 推荐系统的核心算法有哪些？

12. 推荐系统常见的评价指标有哪些？

13. 简要叙述电子商务精准营销所面临的机会与挑战。

◎ 章末案例

Netflix 的百万美元大奖

Netflix 是美国的一家互联网公司，它的主营业务是会员订阅制的流媒体播放平台。该公司成立于 1997 年，曾经在 DVD 实体光盘租赁业务上取得巨大成功，开创了订阅制不限租期的创新模式。用户只需支付一定的月租费，并在 Netflix 的网站上选择想看的电影后，DVD 光盘就会邮寄到用户手中，用户可以无限期观看。当用户想要观看新的电影时，只需将光盘免费寄回，便又可以获得新的光盘。这一创意在当时为 Netflix 带来了近百万的用户，所以 Netflix 开始考虑引入精准营销技术，从而更好地服务大量的用户。

Netflix 是精准营销技术的引领者，该公司超过 60% 的销售额来源于它自行开发的一个叫 Cinematch 的电影推荐系统。2006 年，由于推荐系统的精度对于 Netflix 来说至关重要，该公司高层对于现有推荐系统的效果还不够满意，于是他们决定对其推荐系统进行改进升级。然而，他们并没有采用传统的技术研发手段，在公司内部成立研发小组并启动研发项目，而是通过一种创新性的手段来实现：设立百万美元大奖进行全球悬赏，第一支能够成功将其推荐系统的精度提升 10% 的参赛队伍便可获此大奖。

该活动一经发布便在学术界和产业界引起了轰动，全球有超过 186 个国家和地区的四万多个团队参与了竞赛，这些队伍中不乏顶级科学家和工程师。经过三年的角逐，终于由一个工程师和统计学家组成的七人团队夺得此大奖。在当时，Netflix 的年收入在 14 亿美元左右，每年要在技术研发上投入近 1 亿美元；相比之下，只投入区区百万美元便可让全球成千上万个顶尖科研人员为它工作三年，可谓一本万利。在第一个百万美元大奖取得巨大成功之后，Netflix 便马上发布了第二个百万美元大奖。

然而，成功并没有得到延续，Netflix 很快就因为百万美元大奖官司缠身。原因是比赛中需要向所有参赛者提供一个真实的数据集，其中包含了 Netflix 平台中大量用户的真实观影记录、评价以及部分个人隐私信息。虽然数据进行了匿名处理，但两名来自得克萨斯大学的研究人员还是通过技术手段把真实的用户信息识别出来，导致 4 名 Netflix 的用户在 2009 年用"视频隐私保护法案"起诉了该公司。即使后来原告与 Netflix 庭下和解并决定撤诉，但第二个百万美元大奖只能中途终止，并从此取消此类赛事。由此可见，隐私安全保护是精准营销需要重点考虑的问题。尽管国内互联网巨头争相效仿 Netflix 的百万美元大奖模式，但出于对用户隐私安全的考虑，他们都对数据和参赛条件做了诸多限制，影响力远不如当年 Netflix 的赛事。

资料来源：1. 经管之家，算法改变未来：NetFlix 百万美金数据建模大奖的故事（上），https://bbs.pinggu.org/thread-3204564-1-1.html, 2014-09-12.

2. 经管之家，算法改变未来：NetFlix 百万美金数据建模大奖的故事（下），https://bbs.pinggu.org/thread-3204565-1-1.html, 2014-09-12.

思考问题

1. Netflix 的百万美元大奖模式可否成为未来推荐算法开发的主要手段？
2. 你对国内的推荐系统比赛有什么建议？
3. 现有的电商平台如何保护用户的隐私数据？

讨论题

1. 传统营销模式和精准营销模式有什么异同点？
2. 推荐系统是实现精准营销的重要工具和技术，越来越多的电子商务平台开始引入推荐系统。然而，推荐系统的引入是否会给平台或是用户造成负面的影响？
3. 如何提高应用于推荐系统的用户数据质量？
4. 平台应该如何选择合适的个性化推荐系统的核心算法？
5. 如何应对电子商务精准营销所面临的挑战？

课堂辩论题

1. 所有平台都应该引入推荐系统吗？
2. 平台引入推荐系统，对使用用户而言是利大于弊还是弊大于利？
3. 精准营销模式是否可以完全取代传统营销模式？

网络实战

1. 浏览网站 https://www.taobao.com/ 和 https://www.pinduoduo.com/，同为电商平台，它们在精准营销的策略上有何不同？
2. 登录网站 https://www.taobao.com/，列出它给你推荐的 5 款产品。
3. 浏览网站 https://www.baidu.com/，比较登录前后网站的用户交互有什么不同。
4. 浏览抖音和快手 App，它们的广告投放模式有什么不同？
5. 找出其他 5 款提供个性化推荐的网站或移动端 App。

团队合作

1. 整理 "618" 购物节产生的原因及营销策略的变化过程，并讨论它对平台、卖家、消费者的影响。
2. 对比抖音和快手的广告投放要求、流程及定价策略的区别。
3. 对比淘宝、京东和拼多多在营销策略上的异同点。

◎ 在线补充读物

数智驱动 – 新零售全链路数智化转型，http://cloud.video.taobao.com/play/u/2960709063/p/1/e/6/t/1/285380775549.mp4

◎ 术语表

精准营销（precision marketing）：在适当的时机，通过适当的渠道，向适当的客户发送适当的信息，有效地促进营销目标的实现。

顾客让渡价值（customer delivered value）：顾客总价值与顾客总成本之间的差额。

市场细分（market segmentation）：将消费者划分为多个有差异的消费群体，并根据不同群体的需求差异设计不同的营销策略，根据营销策略开展营销活动。

4C 理论（the marketing theory of 4Cs）：4C 理论从消费者的角度出发，设定了市场营销组合的四个基本要素：消费者（customer）、成本（cost）、便利（convenience）和沟通（communication），并以这四个基本要素为中心开展企业营销活动。

数据库营销（database marketing）：一种传统的精准营销方法，重点在于建立具有一定规模、信息较为完备的潜在消费者数据库。

网络营销（network marketing）：通过网络和相应客户端来分析用户的行为和心理特征，企业再根据用户特征在电商平台或相关网络应用中进行精准营销。

推荐系统（recommender system）：电子商务实现精准营销的有效手段，它由一系列智能推荐算法组成，通过为消费者提供个性化的推荐服务，帮助消费者从海量信息中挑选出心仪商品或服务，有效地缓解了"信息过载"问题。

精准广告（precision advertising）：以互联网广告网络、广告交易平台为基础，运用大数据技术分析消费者特征，一对一地向消费者投放广告的广告模式。

合约广告（agreement-based advertising）：借鉴线下广告的交易逻辑，是指按合同要求确保某些广告位在某一时间段为指定广告主所有，主要分为按时长付费的 CPT（cost per time）广告和按展示量付费的 CPM（cost per mile）广告。

竞价广告（bidding advertising）：竞价广告最重要的形式是搜索广告，即广告主要根据自己的产品或服务特点，设定合适的关键词，并为自己的广告确定合适竞价，当有用户搜索该关键词时，广告就会按竞价高低来展示，按广告点击率收费。

程序化交易广告（programmatic advertising）：在竞价广告的条件下，广告主需要提前采购广告位等广告资源进行广告投放，但随着进入者变多，广告主垫付资金的压力增大，竞价广告衍生出实时竞价的交易模式。

点击率（click through rate，CTR）：在一定时间范围内，广告点击量占广告展示量的百分比。

转化率（conversion rate，CR）：在一定时间范围内，发生转化的广告浏览者人数（即因广告产生消费行为的人数）占广告点击总人数的百分比。

显性反馈行为（explicit feedback behavior）：用户明确表示对物品偏好程度的行为，比如使用"喜欢"与"不喜欢"，或者打分制来表示偏好程度。

隐性反馈行为（implicit feedback behavior）：不能明确反映用户对物品偏好程度的行为，比如与在线平台发生交互的记录（听歌、阅读、购物）。

购物车营销（shopping cart marketing）：将加购的系列商品进行一定程度的降价促销处理，并告知客户的一种营销模式。

协同过滤推荐（collaborative filtering recommendation，CF）：通过用户的历史交互数据进行推荐，比如用户 – 物品评分矩阵。

基于内容的推荐（content-based recommendation，CB）：主要通过用户对物品的描述性特征进行推荐，来源于信息检索领域。

混合推荐（hybrid recommendation）：按照切换、加权、特征组合等不同策略，将两种或两种以上的推荐算法结合进行推荐的过程。

电子商务人机交互设计

■ 学习目标

1. 电子商务人机交互设计的关键概念
2. 交互设计对消费者的影响
3. 认知以及认知对交互设计的重要性
4. 注意力以及能吸引消费者注意力的设计
5. 怎样通过设计提升消费者记忆
6. 怎样使交互界面更有表现力以及怎样避免产生让人厌烦的界面
7. 怎样通过交互设计改变消费者的态度和行为

■ 开篇案例

抖音交互设计和用户体验

抖音上线于 2016 年 9 月,是一款拍摄短视频的音乐创意视频社交软件。上线早期,用户可以拍摄 15 秒的音乐短视频,通过配音、渲染或添加特效等方式形成自己的作品,也可以浏览其他人发布的作品。因其独特的市场地位、易用、易传播等特性,抖音快速地成长为现象级应用程序。2020 年,抖音日活跃用户数量(daily active user,DAU)超过 4 亿,日均在线时间超过 30 分钟的用户占 38%。

作为当前短视频领域统治级别的应用程序,抖音是如何做到在短时间积累大量用户,并保持用户长时间在线浏览、激励用户不停贡献自创的视频内容的?我们可以从交互设计及用户体验的角度来分析原因。

1. 浏览视频页面设计

在抖音出现前,短视频应用程序一般是效仿长视频网站的设计模式,以缩减长视频或自制内容较为轻松的短视频等为主。视频时长从几秒钟到几十分钟，短视频的"短"没有统一的定义。此外，早期的短视频应用中虽然承载了社交功能，但是更多的是以社区网站的评论和推广为主，用户和视频创作者以及用户之间的互动较为分散。

抖音首先采用了 15 秒这个标准时长，重新定义了短视频。这种类似微博早期 140 字的限制提升了视频内容质量，通过和音乐结合的方式瞬间吸引了大量的用户，并独立于其他短视频平台。基于短视频的内容特征，抖音的浏览页面设计也有相应的特点。例如，抖音的页面设计极大地降低了用户的浏览成本，主要体现在"推荐"功能。在用户打开抖音后会直接进入首页的"推荐"页面，即全屏视频播放页面，用户可以通过向上或向下滑动浏览另一个视频。无论从哪个页面退出，再次打开抖音时都会返回"推荐"页面。这样，抖音直接将用户可能喜好的视频推送给用户，用户不需要对比同页面多个网格中展示的不同视频进行选择和决策。如果用户对推荐的视频不感兴趣，可以轻松地向下滑动浏览下一个视频。这样，抖音以丰富集中的视频内容、较短的视频时长、便捷的更换视频操作模式以及视频自动循环播放等一系列功能，实现了沉浸感极强的短视频浏览体验。这种几乎"无摩擦"的使用过程可以使用户长时间、不间断地持续浏览。同时，为增强社交氛围，抖音在视频播放主页上突出显示"喜欢""评论"和"转发"三个按钮，让用户可以通过点选的方式直观表达对视频的感受。三个选项均有累积数字显示，代表视频累积喜欢、评论和转发的人数，增强了用户观看视频的群体认同感受，突出了社交特性，这让优质或吸引眼球的视频可以快速地在用户中传播。

2. 内容推送机制

抖音基于用户基础数据（用户浏览过的内容、基础信息、使用场景、地点等）形成用户画像，模拟用户的喜好，做到精准推送用户感兴趣的视频，让用户很容易找到他们想看的视频，从而保证了用户的线上活跃程度。

（1）当用户对当前浏览视频感兴趣，并点开搜索时，系统会自动提供用户可能想搜索内容，比如当前视频中提到的事件、人物以及其他相关的视频，即"猜你想搜"。用户可以快速地点选感兴趣的搜索词条，跳转到下个视频。这样大大简化了用户的搜索过程，优化了用户体验。

（2）系统会通过用户关注的内容、喜欢的视频博主、收藏的视频以及浏览的历史来了解用户偏好，聚焦于用户感兴趣的视频领域，比如娱乐、旅游、美食或健康等。在确定用户喜好的领域后，系统会推送特定领域中当前较为流行的视频，比如点赞规模在 10 万以上的视频。如果用户收藏了推荐的视频，或关注了视频制作者，系统将会进一步缩小用户喜好领域，并在此基础上推送视频中可能涉及的商品广告或者推荐相应的直播销售内容，从而实现商品精准投放的目的。

3. 视频创作的简易性

在抖音问世前，视频创作有一定的门槛，需要用户进行系统性学习，精通使用的成本较高。而相对容易的视频剪辑软件均需要在 PC 平台上运行，但嵌入音频、转场以及滤镜特效的成效要远低于专业软件，这就造成了早期短视频平均质量较低、质量较高视频的创作门槛高的情况。抖音显著降低了创作和分享视频的门槛要求。作为短视频平台，抖音建议初次创作的用户将视频时间控制在 7 ～ 15 秒，这让用户对视频制作的感知难度降低了很多，更有意愿去尝试和学习。基于短视频的显著特征，抖音大大简化了音频和特效嵌入流程，使得这些较难的操作变得简单、易上手。此外，抖音内嵌了"抠图""插入关键帧"以及"植入特效"等复杂效果，极大地丰富了视频成效。这种以较简易的方法创作复杂视频的形式在早期吸引了大量有视频制作经验的工作者，他们制作了一系列"技术流"教学短视频，让更多的一般用户加入视频创作行列中，帮助抖音在各年龄段群体中快速传播。

抖音成功的原因是复杂的。单从交互设计和用户体验的角度，我们已看到了不少好的设计理念。抖音的页面设计和推荐算法大大降低了用户的浏览成本、帮助用户快速上手制作视频，因而形成了沉浸式浏览和创作的闭环，提供了良好的用户体验。

本章我们将了解交互设计的关键核心理念，以便从理论角度分析好的交互设计成功的内因，以及如何从用户角度出发设计更好的交互体验。

思考问题：

1. 你还能想到哪些促进了抖音用户频繁使用和长时间浏览抖音的交互设计相关的原因？
2. 抖音的广告和商业化策略对用户体验有何影响？

8.1　人机交互设计基本概念

8.1.1　概述

电子商务是消费者与商家互动的领域。对于商家而言，通过精心设计的产品网页、移动应用或交互式产品创建有效的在线客户体验是很重要的。让我们想一下，我们平时使用的网站或应用是否好用？它们中有多少让我们喜欢用或不自觉地就会打开，甚至不知不觉中就下单的？电子商务平台上买卖双方数量的持续增长，卖家间的竞争日趋激烈，卖家都希望在新兴且竞争激烈的环境中最大化销售业绩。那么，电商平台与商家是如何设计界面和呈现信息，从而有效吸引消费者的？他们会采用怎样的视觉元素、文案和交互设计使访问者转化为购买者？这些设计元素是如何定的？要解答这些问题，需要充分了解在线交互设计元素是如何塑造消费者的多维体验、如何影响他们的产品态度和购买倾向，以及如何为消费者定制这些体验的。

商家在设计网页和产品时往往需要从用户的角度进行考虑，即以用户为中心进行设计，以便提供简单易用且愉快的使用过程。然而，有些商家只关注如何传达某些信息或实现某些特定功能，并没有考虑用户的感受。这样的产品也许能实现短期目的，但由于牺牲了用户体验，往往无法培养用户黏性和长期的契合度。以用户为中心的交互设计的目的是减少给用户带来的负面影响（比如购物过程中的沮丧和后悔），同时增强积极效应（比如提升购物过程中的享受感和功效），从而实现提升用户黏性的长期目标。

8.1.2 交互设计

交互设计是指创造承接用户和产品（计算机、互联网等）之间的界面，让产品易用、有效而让人愉悦的技术，它关注如何提升和优化人们工作、交流和互动的方式。Terry Winograd（1997）最初将其定义为针对人类交流和互动空间的设计。John Thackara（2001）将其视为使用计算机进行日常互动的原因及方式。而 Dan Saffer（2010）则更强调其艺术特性，即通过产品和服务实现人与人之间互动的艺术。

在电子商务情境中，交互设计是为达成一定的商业目标而服务的，设计的价值也是建立在商业价值实现的基础上。设计本身是商家表达信息和感情的手段。为了达成业务目标或实现某种用户体验过程，设计也需要一定的指导准则。当前的互联网环境比以往更强调"以用户为中心"的设计原则，其根本原因是产品的同质化在市场激烈竞争的大环境下日趋严重，因此商家获取用户的成本也越来越高。在市场高速发展且瞬息万变的情况下，商家较难有第二次接触用户的机会。因此，商家需要通过合理的设计来保证高质量的用户体验，尽量减少因为体验不佳而引发的用户流失现象。

8.1.3 用户体验

用户体验是指用户使用产品的方式和感受。具体而言，它涉及用户对产品的感觉，以及他们在使用、浏览、交互或关闭产品时的愉悦和满足感。消费者在打开任何网站和移动应用之后，浏览的信息和交互行为都在塑造着他的体验，而这种体验在很大程度上影响着消费者的决策。

用户体验是多方面的，其核心是可用性、功能实现性、美观性以及情感上的吸引力等。传统意义上的设计更关注功能实现性和可用性，即能让使用产品的用户达到他们预期的目的，并保证他们使用过程的易用性。如今，人们越来越多地考虑其他方面的用户体验，比如美观性和情感上的吸引力等。Hassenzahl（2010）提出经典的用户体验模型，即用户体验包含实用主义和享乐主义两个角度。实用主义聚焦于产品是否实用，即是否能让用户实现其目标，并且这个过程是否简单、直接。而享乐主义关注产品和用户的互动是否具有启发性和刺激性。著名认知科学家、设计师 Don Norman（2004）强调，产品仅实现功能是不够的，我们需要通过产品创造喜悦、兴奋、乐趣以及生活中的美。实际上，用户体验的各方面（比如外观和感受）都与产品的功能性、可用性有着千丝万缕的联系。不管针对哪个方面，用户体验设计（user experience design，UXD）是指通过用户与产品或服务交互中的可用性、可触达性、情感性等因素，最终使用户达到满意的设计过程。需要具有一定的设计思维。我们在后面的章节中会讲述如何在设计过程中考虑消费者不同方面的体验、不同体验之间的联系和它们各自的作用。

8.1.4 什么是"好"设计及其影响

好的交互设计旨在开发可用的且令人愉悦的交互产品。让我们以电商购物网站为例讨论这个问题。虽然很多消费者都早已习惯线上购物，但线上购物一个不可否认的劣势，就是消费者无法直接接触商品，从各个角度去观察、感受和评估商品。这种用户与商品直接互动的缺乏使得电商网站需要尽其所能改善购物体验，提供全面的产品信息、清晰的产品图片和视频，甚至提供与线上产品交互的机会，从而让消费者更了解商品。此外，网站还要保证用户在不离开当前商品页面的情况下向购物车中添加商品、便捷地填写付款信息来完成订单，并且有多种支付渠道。从浏览商品到订单完成之间设置的步骤越多，消费者就越有可能放弃购买，离开网站。因此，为了实现更好的用户体验并提升购买转化率，商家要思考很多问题。例如，是要求用户在开始浏览时就注册一个账户，还是在最后下单阶段向他们提供注册选项？需要提供多样化的搜索功能吗？在什么时候提供何种类型的产品推荐？如果用户遇到技术问题、销售问题，或者想要退货时，如何提供便利的联系方式？在传达信息和确保流程通畅的基础上，网站还应当尽量传递正向情感、提升用户之间的互动，甚至帮助用户实现仿真的感官体验等效果。许多研究证明，网站设计的质量也是产品质量的信号，特别是当消费者对产品的了解有限、获取信息困难时，网站设计的质量尤为重要（Wells 等，2011）。因此，在电子商务环境中，商家需要注重交互设计的质量，从而提供更好的用户体验，在竞争激烈的市场中脱颖而出。

针对电子商务网站的设计，Bleier 等人（2018）基于多个实验总结了三类影响用户体验的设计元素，包括语言元素（语言风格、产品描述信息、产品特征列表、退货规则信息）、视觉元素（产品图片、生活图片、图片大小、产品视频）和综合元素（消费者评价星级、达人推荐、产品比较矩阵、推荐系统和内容筛选器），这些设计元素对四个维度的在线用户体验（信息、娱乐、社交活动和感官吸引力）有塑造作用，进而影响用户的购买倾向。

研究发现，尽管能有效获得产品信息是影响用户购买决策的一个关键维度，但线上购物过程中的社交元素，比如社交网络、实时聊天或聊天机器人这种与企业的直接互动同样重要，这些设计会给消费者传递社会存在感，它们的作用甚至与传递产品本身的信息同样重要。网页设计的娱乐性和对用户的感官吸引力也很关键，而且这些设计元素对用户的影响程度会因为产品类型和品牌信誉而变化。例如，对于搜索型产品（即根据产品参数信息就能较好评估的产品），消费者的线上购物过程更多地受益于信息体验，而较少受益于社交体验。然而，对于体验型产品（即较难仅根据产品参数做出购买决定，更依赖实际使用体验进行评估的产品），网站的感官吸引力和社交体验更为重要。新的信息呈现技术（比如虚拟产品体验技术），可以让消费者在线上模拟真实产品的体验，从而让消费者更好地了解和评估产品（Luo 等，2012）。从品牌的角度分析，声誉较高的品牌更多受益于信息的有效传达，而品牌声誉较低的产品则更多受益于网页的娱乐性体验。此外，商家还应重点关注售后服务等相关领域，通过增加与消费者互动的方式降低消费者可能出现的负面情绪。总的来说，商家应综合评估自身特征，全面考虑设计元素，从而提供更好的用户体验，增加购买转化率。

8.1.5　超越可用性的用户体验：说服设计

在交互设计中，我们不仅应强调可用性，而且要更多关注不同维度的用户体验，在很多交互情境中，让用户高效完成任务已经不再是商家的核心竞争点了。以在线购物为例，很多购物网站或应用基本能让用户高效地完成订单流程，其更关注的是如何说服或影响用户，帮助他们做购买决策。例如，当用户在使用麦当劳在线订餐服务时，在选完产品进入结算页面的过程中，系统会弹出附加产品推荐窗口，劝说用户进行额外消费。有时，这些额外的推荐的确会让消费者动心，但有时这种强制推荐的形式降低了购物的效率和便利性，也可能会引发负面效应。事实上，在电子商务各种情境中，无论是购买产品还是会员身份，商家的确需要鼓励、建议或提醒用户，让他们关注一些可能喜欢或需要的信息。这类信息只有做得既醒目又有用，用户才可能会关注。但更关键的是，如何在劝说用户的同时仍然给予用户一定的自由度，以愉悦的方式传达信息并建立消费者的信任。这类设计综合了说服、情感和信任等多重感受，而不单单是强调可用性。

在后面的小节中，我们将具体介绍电子商务交互设计与用户体验相关的理论和方法。

8.2　交互设计与用户认知

认知是我们头脑中进行的活动，包括思考、记忆、学习等各类认知。认知心理学是对人机交互设计影响深远的基础学科，其本质是研究人们在思考、感知、记忆和学习中的心理过程。研究消费者认知可以帮助我们了解消费者的感知、思考过程以及局限性，从而更充分地了解他们的线上行为（比如他们在信息搜索和决策过程中可能遇到的问题）、指导电子商务交互设计、优化他们的线上体验。

8.2.1　注意力

注意力是人们日常生活中最基础的能力之一。它使我们能在某个时间点选择集中精力关注某一件事情和与其相关的信息，不被其他事情干扰。我们对某件事情集中注意力的能力取决于是否有明确的目标和需要的信息是否在环境中突出。

1. 目标

很多商家在设计网站时会假定人们逐条浏览页面上的信息，先了解信息是如何组织的，然后衡量他们的需求和选项再做下一步的浏览或点击决策。但实际上，人们对网页的浏览过程并非如此有序和结构化。他们一般会在整个页面上粗略寻找感兴趣的、可交互的内容，一旦搜寻到相关信息，他们就会跳往下一页，也就是说，他们的交互行为跟他们的目标紧密相关。

例如，某人打开外卖应用想点餐，但还没想好要吃什么，那么当他打开应用时，醒目的图片、视频和动画可能很容易吸引其注意力，因为这些元素在页面上很突出，也很能刺激食欲。但如果他已经规划好要吃哪类食品，那么他就会自然地忽略掉这些非相关信息，哪怕这些信息很引人注目。他会尝试将自己的需求与可用信息进行匹配，会仔细研究几种可能的菜式，会关注价格、特色、推荐等具体信息后做决定。因此，设计网站上的信息时要充分了解浏览者的目的。

在电子商务情境中，消费者的购买漏斗模型已广为人知。购买漏斗模型也被称为 AIDA 模型，包括意识（awareness）、兴趣（interest）、欲望（desire）、行动（action）。学者们对漏斗模型进行了多次修改和扩展，使其能适用于新的媒体平台上用户行为路径的改变，但模型的本质依然不变，即消费者在购买过程中的不同阶段的目标清晰度并不相同，于是他们对信息的注意力也会有所区别。Lee 和 Ariely（2006）提出了双阶段购物模型，即在购物初级阶段，消费者没有明确的购物目标，他们试图找到他们感兴趣的目标。在这个阶段，他们会愿意接纳任何可获得的信息，对新信息相对敏感，也更容易受到情境和外部信息（比如他人的购买行为、折扣券等）的影响。而在购物后期，消费者的购物目标更具体、更实际，因此他们会聚焦于自己的购物目标，更专注地处理目标产品的具体属性、交易信息，不易受到外部信息的影响。

了解了消费者在不同购物阶段的目标和关注点，商家就知道该何时呈现或推送何种信息，或者哪些呈现的信息是真正有效的。例如，频繁曝光的广告可以吸引消费者的目光，还是会让他们心生厌烦？ Hoban 和 Bucklin（2015）研究发现，在线展示广告在 AIDA 四个阶段中有三个阶段的效果是显著且积极的。一般来说，没有具体购买目标但有初步产品意识的消费者（只浏览网站、尚未注册的消费者）会关注广告，但广告的边际回报会缓慢下降，这表明广告对此阶段的消费者起到了建立和增强产品意识的作用。对于有一定产品认知和兴趣的消费者（比如以登录用户身份浏览了产品或者曾经购买过同类产品的消费者），广告也是能被关注到的，但它的边际效应衰减得更快，这表明广告起到了提醒作用，意在唤起消费者的欲望。而对产品基本没有意识和兴趣的消费者（比如之前访问过网站但拒绝注册）几乎不会关注这些在线展示广告。针对具体产品信息的展示，Yi 等（2014）发现在购物初期的消费者会特别关注产品的受欢迎程度信息（比如有多少人已购买产品），而该信息对购物后期做购买决策的消费者的影响则大大降低；但对于购物后期的消费者，如果心仪的产品比较稀缺（比如限量或限时折扣），那么他们在做决策时还是会特别关注产品的受欢迎程度。基于这些研究探索，商家在设计网页上的产品信息展示时就会考虑浏览该页面的消费者是处于购买过程的哪个阶段，从而相应地突出消费者更需要的信息。

2. 信息的呈现

信息的具体呈现方式也极大地影响着消费者的注意力，因为更显著的信息往往更能让人关注。例如，搜索结果排名前列的信息往往关注率和点击率更高，因此更能吸引广告商高价购买。百度网站会对搜索结果信息进行排序，且在关键位置插入相关广告，一般是在前三项或偏中间的位置，这是因为用户最关注的往往是前几项和靠近页面中间位置的搜索结果。

大幅的动态广告也会引起人们注意。例如，一些网站在用户刚进入网站的时候在下方弹出购买会员的大面积广告，用户需要手动把广告关闭，然后广告会缩向左侧变成可弹出的收缩栏。这种大面积、遮挡式、以动态形式进出的广告往往使得用户不得不关注。

当用户已经习惯了这种大面积的动态广告，他们可能会本能地关闭它并忽略内容，这种现象被称为广告盲点（banner blindness）。广告盲点是网页使用中的一种现象，主要指网站访问者会习惯性地自动忽略横幅样式的信息。这个现象起源于 20 世纪 90 年代后期，很多网站通过在页面顶部显示水平的动态广告来补充收入，但其质量并不高。由于这些广告经常分散了用户的注意力，降低了用户执行主任务的效率，用户便开始适应、忽略横幅状的任何内容。认知理论上把这种行为称作选择性无视，也就是说，人们经常错过在眼前发生的事情，这是因为人们不可能、也没有必要去关注视野中的每个元素。这也意味着网站上显著的信息并不一定会引起消费者的注意。

8.2.2　感知

感知是指人们如何通过五种感官（视觉、听觉、味觉、嗅觉和触觉）从环境中获取并理解信息（Roth，1986）。感知是一个复杂的过程，它还涉及其他认知过程，比如记忆、注意力和语言等。在五种感官中，视觉是人类最主要的感觉，其次是听觉和触觉。在考虑交互设计时，让人们容易且迅速地感知到展示的信息很重要。例如，页面布局要遵循人们感知的特点，把页面的元素按照人们的任务逻辑进行组织和摆放。人们视觉的一般顺序是从上而下、从左到右的。因此，在一个页面上，任务的第一步，也就是人们想先观察到的信息应该放置到左上方，而最后的步骤则放置到右下方。这点在很多电子商务网站的商品页面上都可以观察到。例如，在淘宝和亚马逊的商品展示页面中，搜索框一般位于页面上方，正下方左边是大幅的产品图片或视频，右边是产品信息，添加购物车或下单购买的按钮位于右下方。在很多网站和移动应用中，商品或频道的目录也常常列在页面左边，右边用于展示具体某项的展开内容，遵循人们从左至右的浏览路线。

也有很多页面并没有按特定的信息浏览步骤来排列元素。但为了更好地帮助和引导人们探索信息，信息的陈列总是需要遵循一定的原则，其中最常用的就是相近性法则（proximity），即将同类或相关的事项靠近摆放，用留白等方式将不同组别的信息区分开来。这样，人们就能关注到信息是分门别类展示的，会更容易找到自己想要浏览的内容。例如，虽然 58 同城的主页上信息和链接非常密集，但页面通过留白和分割线把不同类别的信息区分开来，让用户能比较容易地找到他们所需的服务类型。

8.2.3　记忆

人们的记忆能力包括对知识的编码和回忆两部分。尽管我们可以识别某个人的脸、记住某个人的名字，但我们不可能记住我们感知到的每个细节，因为我们的大脑的容量是有限的。因此，我们观察事物时会伴随着一个过滤过程，这个过程决定了我们要进一步处理和记忆的信息。

我们的大脑是如何筛选信息的？首先，我们要把环境中的信息进行编码，确定环境中应注意哪些信息以及如何理解这些信息。信息被注意到和被解读的方式会直接影响人们以后重新调用该信息的能力。心理学家一般将记忆分为短期记忆和长期记忆。短期记忆只能在很短的时间内保留信息，从几分之一秒到几秒，甚至一分钟。长期记忆涵盖了我们在更长时间内保留的信息，从几分钟到几天、几年，甚至一生。我们可以把短期记忆理解成通过我们的感知系统或从我们长期记忆中提取的、在当下能意识到的信息，也就是人们能集中注意力的能力。在任何一个时刻，我们的短期记忆中能容纳的事物数量是很有限且不稳定的。而长期记忆则是一个储存我们所有关于世界的知识的地方，但这些知识并不全是我们想要时就能想起的，而是需要通过一个激活的过程。我们对某件事的关注越多、处理或思考得越多，它就更有可能被快速想起。例如，学生在学习了某个知识点后，最好复习并多加练习，而不只是被动地读书或观看视频，因为通过对知识反复的强化和激活，后续在记忆中对它的检索也就更容易。

1. 短期记忆

关于短期记忆，心理学上有一个非常著名的米勒定律，即人们处理信息的能力是有限的——人的大脑最多同时处理 7 个信息块。认知心理学中的"块"是指相似信息的一个集合。这个结论意味着人们的短期记忆很有限，但这个容量并不由单位信息量来决定，而是由信息"块"的多少来决定。也就是说，最重要的结论不仅仅是数字 7，而是信息块与我们记忆能力的联系，将信息分块会帮助我们更有效地保留信息。

当应用于交互设计时，信息分块化将带来不可思议的价值。当内容被分块处理时，用户就可以更快地扫描内容，确定哪些内容更符合其目标，并更好地了解信息间潜在的关系和信息层次结构。如图 8-1 所示，新氧医美 App 中的智能脸部检测系统在扫描用户脸部之后，该系统针对脸部特征进行分析，输出对用户脸部特征的描述，并针对面部的缺点建议相关的商品或服务。图 8-1a 和图 8-1b 对比了系统的初期版本和某近期版本中系统输出信息的展示方法。

a）初期版本　　　　　　　　　b）新版本

图 8-1　新氧医美 App 智能脸部检测输出信息

可以看到，前后两版在信息排版和架构方面都有很大区别。在初期版本中，所有脸部特征都呈现在一个大段内，用户要从中提取出关键信息并不容易，也很难对自己的关键特征有印象。而新版本增加了特征类别的小标题，把该类别相关的面部特征都聚集在一起形成了一个信息块，并通过字体颜色的区别突出显示了关键特征。虽然整体的文字并没有减少，但新版本通过信息分块产生的留白区域把不同类型的特征信息清晰地区分开来，减轻了大段信息的拥挤和过载的感觉，也让人们更容易对自己的关键特征和所需的产品留有清晰印象。

2. 长期记忆

跟短期记忆不同，我们的长期记忆几乎没有容量限制，但它却存在其他缺点。例如，它很容易出错，因为我们对事情的记忆并非精确，而且容易受到我们自身情绪的影响，因此回忆时很可能无法还原事实。自史前时代以来，人们就发明了各种技术来帮助记忆，比如带锯齿的棍棒、打结的绳索等，后来我们开始用电话簿、记事本、计算机等帮助自己更好地记忆和回溯。从人机交互设计的角度来看，设计者至少应避免增加用户的长期记忆负担。系统登录安全管理就是一个很好的例子。不论是登录任何应用还是支付账单，为了保障用户信息的安全，用户通常需要提供多条信息和使用密码，但记住和回忆起不同应用对应的支付密码给用户们造成了很大的记忆负担。近几年来，计算机视觉和生物识别技术的应用使人们无须每次都输入密码，用户只需将脸部对准手机的摄像头或把手指放在指纹传感器上，通过面部或指纹识别即可启用业务。这些替代方法通过技术卸下了人们身上的记忆重担。

另一个著名的记忆现象是人们识别信息（即根据信息提示回想某内容）的能力要比回忆信息（即没有任何信息提示而回想某内容）的能力好得多。早期基于命令的界面要求用户靠回忆调用具体指令，这对于很多一般用户来说是相当困难的。后期的图形化界面（graphical user interface，GUI）就大大减轻了这种负担，让用户可以通过浏览选项来识别他们所需的操作并进行选择。当前很多应用也支持基于识别的搜索，比如浏览器罗列出常用的 URL、搜索框提示常搜产品等，这些都充分说明选择远比回忆和输入指令更容易。

此外，人们很擅于识别图片，甚至只是一扫而过的图片（Henkel，2014）。识别图片也可以激发关联的信息，这就是为什么现在几乎所有的电子商务网站和移动应用都经常使用图片来传达信息，比如将导航栏进行图标化。人们的识图能力并不受限于图片的大小，采用缩略图显示就能很好地帮忙人们识别信息。图片社交分享网站 Pinterest 在采集用户喜好信息时，把每个类别（技术、时装、旅行、烹饪等）都配以生活化的小图，从而帮助人们更快地理解每个类型的含义并进行快速选择。

如今，人们越来越依靠互联网和智能手机来协助他们对信息的回溯过程。Sparrow 等（2011）发现人们很希望能随时上网以减少对记住信息的需求，同时增强他们搜索信息的能力。除了搜索引擎，还有很多应用旨在帮助人们更容易地找到或记住事物，比如音乐识别 App、淘宝的"拍照识货"功能以及爱奇艺的"以图搜剧"等，都旨在帮助用户在不用回忆很多信息的前提下就能实现需求。

8.2.4 学习

学习与记忆息息相关，因为它是不断积累技能和知识的过程，没有记忆就无法实现，而如果没有学到知识，人们也就不会记住。在认知心理学中，学习可以是偶然的，或是有意的。偶然学习包括我们对世界的认识，比如识别人脸、街道和物体。相反，有意图的学习通常是以目标为导向的，比如人们为了考试而学习，或为掌握新技能而学习，这都比偶然学习要难得多。因此，交互设计者不能假定用户能很快学会并且使用一个应用或产品，因为这需要一个努力学习的过程。

试想，我们平时喜欢怎样的学习过程？一般人可能不太喜欢读用户手册或使用说明来学习新事物，而更喜欢在实际操作中学习。信息技术的发展在不断拓展人们线上学习的方式，很多图形界面都允许用户对页面内的物体进行直接点选操作，给用户提供一种交互环境，辅助人们进行主动、探索性的学习。在电子商务环境中，消费者对产品的评估就是一个学习的过程。研究和实践都探索了各种在线展示产品的方法，从而最大限度地降低消费者对产品质量的不确定性。从最初的产品图片，到后来的清晰大图、视频演示以及产品交互展示（即让人们可以在网页上变换产品的颜色、外形，全方位地旋转，以便观察产品），

再到现在的场景化虚拟现实技术（virtual reality，VR），这些方式都旨在辅助消费者在不能接触实物产品的情况下更了解产品，做更满意的购买决策。例如，家具电商平台酷家乐通过 VR 智能室内设计平台，让用户在电脑端在线完成户型搜索、绘制、改造以及拖拽等设计步骤，并基于云渲染技术快速生成家装效果图，还可一键转为 VR 方案，让用户可以戴着头戴显示器走动着观摩虚拟房间（见图 8-2）。这些产品生成

图 8-2 场景化的虚拟现实

和展示技术大幅提升了用户的学习过程、体验和沟通效率、设计师的出图效率以及家装企业的签单效率。

8.2.5 阅读、聆听和交流

阅读、聆听和交流是三种处理语言的形式。尽管无论用何种方式处理，一句话的本意都是相同的，但人们是否可以轻松地阅读、聆听或交流取决于个体、任务和所处的情境。对于很多人来说，交流和聆听是自然的，正常人天生就具备学习说话和理解周围语言的能力。然而，阅读文字相对困难，因为我们需要持续训练大脑（包括视觉系统）以识别阅读特征和模式。因此，页面内过多的文字展示会引发反感，用户通常抗拒看大段文字描述或显示不太清晰的文字。例如，在 8.2.3 小节中提到的智能脸部检测输出信息，图 8-1a 中的大段文字反馈对于消费者来说并不是友好的设计。

近年来，很多音频平台兴起，有声阅读已成为一个迅速崛起的行业。尽管有声出版物的业务由来已久，但移动互联网直接对接用户需求，释放了市场潜力，结合内容付费模式开辟了一个新领域。如今，很多有声书基本与纸书同步推出，甚至在纸质书出版之前上线。很多互联网原创文学内容以及非著名小说也被主播演绎后成为爆款，受到大批粉丝追捧。音频应用之所以有巨大的市场潜力，是因为聆听是人们与生俱来的能力，特别是对于儿童而言，听比阅读或说话所需的认知负荷更低，而且声音也有其独特的魅力和力量，能够触动人心。

实时聊天是人们最习惯、也是信息最丰富的沟通方法。在电商平台上，实时聊天工具作为一种减少信息不对称和在网络平台上建立信任的方式，已成为改善服务和促进买卖双方交易的重要渠道。多项研究都发现实时聊天增加了消费者购买的可能性。事实上，在人工智能（AI）的推动下，很多基于自然语言界面与用户交流的方式不断涌现。许多电商平台都提供了聊天机器人服务，可 24 小时回应消费者的问题。尽管机器人还不能完全替代客服，但已经给电商带来了许多便利，降低了人工成本。

消费者是如何与聊天机器人交流的？这是电子商务人机交互领域研究的一个热点。Luo 等（2019）针对对外销售电话场景的研究发现，如果用户没有被告知客服实际为聊天机器人，那么机器人在促进客户购买方面的效率几乎接近于熟练的人工客服，比没有经验的人工客服要高效四倍。但当客户被告知对方是机器人身份后，他们的对话时间会大大减少，购买率降低了 79.7% 以上。这是因为，当客户知道他们正在与机器人交流时，他们会觉得焦躁并降低购买欲望，因为人们更倾向于与真实的人交谈，而不是和机器人。人们也会认为机器人的产品知识较少，缺乏人类的同理心。因此，有时尽管人工智能机器人具备客观能力，但仍然会引起负面效应，而这主要是由人们对机器的主观感知导致的。对于商家来说，如何减轻这些负面效应是值得思考的。

8.2.6　计划、推理和决策

计划、推理和决策是涉及反思与解决问题的认知过程。我们经常要思考该怎么办、有哪些可用选项、各种行为可能导致的结果，综合比对后，选择一个最优方案。这通常涉及一个有意识的思考过程。例如，当人们决定去哪里度假时，可能会权衡不同地点的利弊，包括费用、天气、住宿类型、飞行时间、景点距离、城镇大小等。在决定最佳方案之前，人们通常要考虑每种方案的优缺点，然后进行推理和选择。

在线上购物时，人们经常面对过多的选择，时常会出现信息过载的情况。经典的理性决策理论（von Neumann 和 Morgenstern，1944）认为人们做选择时会权衡不同行动方案的成本和收益，但这个过程会花费很多认知精力，完整地处理所有信息并进行权衡。在现实中，这种决策过于耗时耗力。认知心理学研究表明，人们实际倾向于依靠经验快速且简单地进行判断（Gigerenzer 等，1999），因为这样就已经能做出不错的决策了。例如，我们选购商品时通常会忽略大多数信息，仅依靠一些重要信息（品牌或产品受欢迎程度等）。对商家而言，这意味着要特别突出显示这些关键信息从而辅助人们决策。当然，对不同信息的关注度可能因人而异。例如，同样考虑去哪里度假，一个人可能更在意酒店周围有没有一片安静的海滩，而另一个人可能更关心酒店周边的娱乐活动等。

在线上信息极度丰富的今天，人们变得越来越难自主决定、越来越依靠搜索和推荐系统，或他人在社交媒体平台上的评价。产品推荐已是电商不可或缺的重要元素。产品推荐功能对消费者行为的影响已被广泛研究。例如，Kumar 和 Hosanagar（2019）针对产品页面上对其他相似产品的推荐功能的研究显示，相似产品的推荐能使这些产品单日访问量增加 7.5%，对正在浏览的产品及其相似品的平均销量提升 11%。当然，这种收益对不同产品来说并不均等，因此产品在推荐网络中的位置对商家来说十分关键。与此相关的研究还包括对搜索排名的算法和策略推演等。

近年来，商家也越来越多地思考怎样从用户的视角去设计推荐系统，提升推荐的效果。事实上，目前人机交互和推荐系统研究领域的一个热点方向就是其可解释性，也就是如何让系统与用户进行有效沟通、让用户知道这些推荐是如何生成的并参与其中，使得推荐系统不再控制消费者的选择，而成为一种解放人的技术。首先，如果推荐能具备更高的透明度，那么用户就更能信任和接受。例如，亚马逊最先推出的协同过滤会在推荐结果中给出明确的推荐解释，比如"看过此商品后的顾客所购买的其他商品"。对用户而言，这是非常清楚的推荐理由，也因此更愿意浏览这些推荐。美国最大的点评网站 Yelp 在推荐列表中的餐馆旁边会提供简短的用户点评，并强调其中的重点词语（比如特色菜、价格等），让人们不用点击进入餐馆的详情页面就了解到为什么该餐馆值得推荐，以及它可能的缺点是什么。百度地图对于路线的推荐也提供了基于用户位置、时间等的合理解释。此外，还有更直接的告知用户推荐理由的方式，比如今日头条通过把用户画像中的兴趣属性元素展示出来，给了用户更多的控制推荐机制的机会。如何更大程度地融入消费者的反馈到系统推荐，使消费者从被动的接收者转变为主动的协作者和对话者，是提升交互体验和线上购物过程的一大关键（Kane 等，2021）。

8.3　交互设计与用户情感

交互设计的传统聚焦点在于设计可用、高效的系统，但用户是有情感诉求的，有时简单的情感反应很可能就是用户决策中的决定性因素。因此，越来越多的商家关注如何通过页面或产品的交互设计来传达情感，以及如何唤起用户的某些正面情感，比如轻松、舒服和幸福感等，这被称为情感设计（Norman，2004）。情感设计是一个迅速崛起的领域，其重点是通过设计交互式产品唤起人们的某些情感反应，并促使人们表达自身的情绪和感受。例如，图 8-3 中美团的评价界面通过表情符号和用户的情绪建立联系，当用户按下按钮时，他们可以回顾自己的产品使用经历，并完成对该经历的表达或宣泄。事实上，情感的重要性

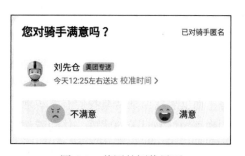

图 8-3　美团的评价界面

远不止于此。情感常常左右着我们的注意力，也影响着记忆的强度和清晰度。因此，信息和情感相结合往往更能进入我们的记忆，令人产生共鸣，影响我们的决策和行为。

8.3.1 情绪和用户体验

商家要想设计有情感的用户交互界面和产品，首先要理解什么能使人感到快乐、悲伤、恼火及焦虑等，然后再利用这些知识进行设计。例如，每逢"双 11"、京东年货节等重大折扣日，各商家的页面都采用满屏的红色背景来渲染一种喜庆、热情的气氛（见图 8-4），从而激起用户想要消费的情绪。

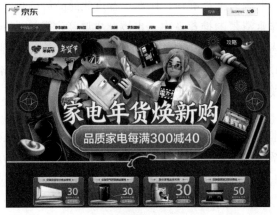

a）天猫"双 11"页面　　　　　　　　　b）京东年货节页面

图 8-4　天猫"双 11"、京东年货节的页面

了解情绪如何影响用户行为有助于商家思考如何在设计中引入合理的元素来影响消费者情绪。Ortony 等学者在 2005 年提出了一个关于情绪和行为之间联系的模型。该模型认为，我们的大脑对事物的加工和处理可能发生在不同的水平或层次。最低层是大脑对环境中发生事情的一种完全本能或自动的反应，称为本能水平。第二层是大脑对日常行为的控制，称为行为水平。最高层是大脑的主动思考，称为反思水平。本能水平大多为大脑已经设计好的、能迅速做出的反应，能让我们直观地判断好坏、美丑、愉悦或可憎等，是最基本的情绪反应。行为层面控制我们日常的知觉、运动和肌肉活动，比如说话、打字和走路等。而反思层面则需要我们有意识地思考，通过日常行为进行概括并提升，也是人类特有的高级知性和对美的感悟，伴随着注意力、创新思维、逻辑思维等高级智力活动。

理解这个模型可以帮助商家思考如何设计交互界面或产品来触发用户三个层次的反

应，即情感化设计的三种层次（Norman，2004）。本能设计主要是指通过设计产品外形给用户带来的直观的情绪反应，即通过设计产品外观、感觉和声音来使用户立即感到愉悦。如上文所述，满屏的红色背景能给人带来即刻的感官刺激，并提升兴奋感。而行为设计则与产品使用的乐趣和效率有关，与传统的可用性价值息息相关，比如向用户有效传达页面的功能信息。当用户打开某商家或平台的主页时，他们是否可以清晰地了解到可搜索的信息类型，它是产品的行为设计的体现。反思设计是关于产品在特定文化中所传达的意义和价值，比如通过使用产品来赋予用户某类形象或传达某种价值观，影响用户的自我形象、个人满意程度和记忆。商家在规划用户交互设计时，应综合考虑上述三种层次的反应，从而创作出既美观易用又富有个性的产品。

这三种加工层次虽然各自独立，但却是互相影响的。很多时候我们对某事物的反应都是三种层次的同时体现。也就是说，任何产品都会在一定程度上触发用户的某种情感，这种情感会在产品与用户的互动认知中起着非常重要的作用。因此，人们的情感和认知并非独立分割的信息处理系统。这种联系在决策领域已被广泛研究，比如在很多情况下我们的理性选择其实并非绝对理性：当我们感觉焦虑时，我们的大脑将专注于一件事而不会分心，这会使我们在思考问题、做决策时更狭隘；而当我们处于积极状态时，肌肉就会放松，大脑会关注更多新的信息和机会，更愿意接受新颖的想法，正如页面的某些信息会让我们购入计划外的商品。因此，针对用户情感的设计元素并不会独立于认知和可用性等元素而存在。

1. 经典美学与表现美学

三个层次的情感设计都与用户对美的感知息息相关。Lavie 和 Tractinsky（2004）提出，用户对美的感知主要包括两个方面：经典美学和表现美学。经典美学强调有序和清晰的信息组织与设计，与许多可用性设计规则密切相关，而表现美学强调的是创造力和突破常规设计的独特风格。Ye 等（2020）通过眼动追踪和自我报告方法发现，用户可以在很短的时间内（1 秒）对网页的经典美学和表现美学元素产生不同的感知，这两者都会积极地影响用户对网页的印象。如果用户在页面上停留的时间很短（比如 1 秒），那么经典美学元素会比表现美学元素更能影响人们对页面的印象，这是因为经典美学元素是确保实用性和易用性的必要条件。但如果用户在一个页面上停留的时间足够长（比如 3 秒），那么经典美学元素会降低对用户的刺激，而表现美学元素可以增强用户的唤醒程度，让他们对网页产生积极印象。这种积极的感觉会让用户觉得电子商务环境是安全的（Schwarz，1990），因此他们更愿意探索网页上的信息。

2. 好看的产品往往更好用

Tractinsky 等（2000）提出过一个著名的观点，即产品的可用性和美观性是相关的。他们发现，人们会觉得更美观的 ATM 机器更好用。其他研究也发现，一个网站的整体视觉设计，包括排版、字体大小及颜色等，是让人产生信任感的第一大因素。为什么美观性会影响可用性？因为美观的设计可以让人产生积极的情绪，这种积极情绪使用户相信该设计实际上能更好地发挥作用。正如 Norman（2005）指出，人们的情绪能改变认知系统的运作方式。积极情绪对于学习、好奇心和创造性思维至关重要，而消极情绪会使思维狭窄。因此，有吸引力的事物会使人们感觉良好，让人们更容易找到问题的解决方案。如果一个界面是美观且吸引人的，用户甚至愿意接受它某些功能方面的不足（比如缓慢的下载速度）；相反，当人们感到焦虑或愤怒时，他们更难容忍任何设计上的不合理或失误。

8.3.2 情绪设计基础

1. 视觉和交互元素设计：让页面更有表现力

许多视觉和交互元素能使界面更具表现力，即能与用户建立起情感联系（比如传达温暖或悲伤的感觉），或引起用户某些类型的情感反应，比如放松感、舒适和幸福。其中，色彩、文字、图片和头像及表情符号是比较常见的几种元素。

（1）色彩。色彩是界面设计中最重要的视觉元素之一，也是表达情感最直接有效的元素。即使用户只在页面上一扫而过，色彩在吸引和保留用户方面也起着至关重要的作用。一般来说，红色和黄色表示幸福和热情，在页面中使用这些颜色或配色方案就能轻松地引起相应的情绪，使用户感到愉快。蓝色和绿色常常带来和平、舒适和自由的感觉。在界面中使用这些颜色可以让用户在不知不觉中变得更耐心和理性。简而言之，在设计中使用不同颜色可以触发不同的用户情感并提供多种情感体验。

（2）文字。语言文字一直是人们表达情感的重要载体，在网站或应用程序设计中亦是如此。相比一些乏味且缺乏人性化的指示、错误提示、通知或反馈，精心设计并充满情感的文案会更具说服力和吸引力。很多商家在页面产品简介或广告中使用一些更贴近用户且有感情的文字，并结合一些个性化图标，这样商家就能更好地与用户建立情感联系，提供更好的情感体验。比如，图 8-5 展示的 QQ 邮箱首页上的文本通过讲述故事突出了产品特质，引发用户共鸣，也提升了品牌形象。

图 8-5　QQ 邮箱首页

（3）图片和头像。当文字不能清楚地传递信息时，商家一般可以通过将复杂的说明与适当的图片配对来进行简化。这也是简约网站设计的基本原则之一：少即是多。图形元素（图像）在创造引人入胜和愉悦感方面非常有效，特别是带有人脸的图片，会让用户不自觉地更关注，因为它们能传递一种温暖和社会存在感，让网站更有趣也更值得信任（Cry 等，2009）。例如，某社交媒体网站在用户注销账户后在页面显示"很遗憾得知你要离开了，请告诉我们为什么不继续使用我们"。后来经过改版，这个页面加入了带有人脸的图片，并在图片上面注明"你的朋友 ××× 会想念你"。这种图片和文字唤起了用户的留恋之情，使该网站的用户注销率降低了 7%。

很多具有社交属性的网站或移动应用都鼓励用户上传头像，实际上也是为了提升整体界面的表现力。比如，微信等社交账号的头像就是用户的一种自我表达，其他应用或小程序希望绑定用户的社交账号，获取用户头像，也就是想让这些头像出现在自己产品的界面上，这会让整个应用产生截然不同的社交和情感感知。

（4）表情符号。在线上进行文字沟通和对话时，最大的问题就是没有语调和语气。在缺乏语气的情况下，人们总会倾向于读出负面语境。从最开始的在纯文本媒体中用字母和符号组成的表情符号，到现在表情符号图片，都是用来弥补文本交流中所缺乏的情感表达，在当今的线上交互中占据了重要的一席之地。例如，微信 8.0 版本在原有的表情框架基础上更新了动态效果，原本只是单纯烟花的图像在新版本中展现为满屏动态烟花绽放的形式，这让用户眼前一亮，也大大加强了情感的表达。

表情符号是否只是年轻用户的语言？几年前的研究就已经证明，表情符号并不只是年轻和个性化的象征，它也适合各种工作场所。但如何在工作场所使用要看具体情境而定。Li 等（2018）研究了商务沟通情境下用户和客服使用表情符号的情况，提出用户会从两个维度来评估发送表情符号的服务人员，即热情和能力。研究发现，当用户因为对产品不满意而跟商家联系时，商家客服人员需要谨慎使用表情符号，因为有负面情绪的用户会认为使用表情符号的工作人员业务能力较低，没有遵循与客户的交流规范。相反，如果用户是接受来自服务人员的附加服务（比如提供额外信息），则客服使用表情符号会产生积极的服务效果，因为用户会觉得使用表情符号的客服更热情和人性化。因此，商家可以通过激励员工为客户提供额外的服务来最大限度地发挥表情符号在营销活动中的效用，提升顾客体验。

2. 避免让人厌烦的页面设计

在许多情况下，产品界面可能会引起用户厌烦或愤怒等负面情绪反应，比如本应简单使用的功能被设计得过于复杂，或者设计了过多干扰。最常见的例子是动态的或突然弹出的大面积覆盖页面的广告、长时间的前贴或中贴视频广告、下单前复杂的登录或验证流程、网页上过多无关的文字或图像、没有给出明确提示的错误信息等。

要消除用户在使用产品时的负面情绪，设计者首先要清楚用户使用产品的流程并模拟可能出现的情况，然后识别出用户可能出现不满情绪的节点，并对其进行优化。例如，有些页面载入时间较长，那么可考虑在等待期内让用户了解进程，或利用有趣的卡通形象化解等待时的负面情绪。当用户用打车软件等待接驾时，应让用户清晰地看到车辆位置以及预期抵达时间，避免等待中因不确定带来的烦躁情绪。如果用户等待收货，就应完整地展示物流进程，让用户不仅能看到商品的运输进程，还能找到相应的工作人员。

例如，某环保回收应用旨在帮助用户进行旧衣服及其他各类闲置品的回收。试想，如果捐赠品一出手就完全无法追踪，那么整个体验是让人沮丧的。如果能让用户看到捐赠品在每一个环节的流通，甚至被捐赠者和赠品的互动，用户是不是会觉得很暖心？理解用户的担忧，并通过产品的设计降低这种负面情绪，可以使产品更加感性，建立与用户的情感连接。例如，在旧衣回收后显示详细的物流信息，支持查询签收人的信息。

在电子商务情境下，广告的强制出现经常让消费者产生厌烦的情绪。从交互层面分析有两个解决方法。一是让广告更个性化，提升广告与用户需求的相关性。很多平台的广告推荐都是基于用户画像产生的。这意味着广告本身的内容与性质不仅要符合用户的需求和爱好，出现的时机也要符合用户当时的心态和情绪。有研究发现，对比已有购买意识的消费者，还在建立兴趣状态的消费者对广告的可接纳阈值要高出两倍，也就是说前者会更容易对广告产生负面情绪。这就说明优化广告排程并根据消费者行为优化广告的曝光时机和频率对于降低消费者对广告的厌烦情绪很重要。如果忽略了消费者可能出现的负面情绪，消费者也许就不会完成购买结算。此外，如果厌烦的消费者越来越多地采用广告屏蔽技术，广告投放的成本会进一步增加。因此，广告商需要有效地调整媒体调度策略，精准跟踪消费者浏览行为，在不引发烦恼情绪的情况下激发消费者兴趣。

二是让广告的投放方式更人性化。比如，很多视频平台都以广告收入为主，但视频广告，尤其是在用户的目标内容之前播放的广告（即前贴片广告）经常推延用户观看目标视频，引起用户很强的厌恶感。为了提高用户体验，解决广告的低效问题，YouTube 首先开始允许用户 5 秒后跳过前贴片广告，一旦用户跳过，广告商家可免付费。实验发现，相较于没有提供跳过控制的用户，有跳过选项但没有跳过广告的用户在看广告时的投入度要高75%，甚至那些选择跳过了广告的用户也比没有跳过控制的用户更能记住广告中的品牌。这说明赋予用户一定控制权有助于降低其厌恶心理并提升接受度。

另一家公司 Hulu 除了提供跳过广告的控制外，还会给消费者提供几个广告进行选择。最初，Hulu 提供了一个"换广告"的选项，即一个广告开始后，如果用户不感兴趣，可以从给定的 2～3 个广告选项中进行广告替换。但此设计效果欠佳，因为当用户选择广告时已经看了一段原广告，替换意味着要看更久的广告。改版后，Hulu 让用户在网页打开时就可以从三个广告中进行选择（见图 8-6）。如果广告内容对于用户是未知的，那么用户通常想知道自己选择的结果，于是会关注所选广告。当然，有的用户可能根本不想选择，那么平台就会在选择期结束后自动播放一个默认广告。Hulu 通常向用户推送与他们兴趣相关的广告，也会记录用户每次的选

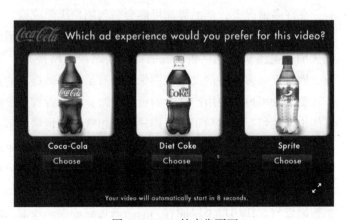

图 8-6 Hulu 的广告页面

择结果，并提供反馈按钮来询问广告的相关性，从而进一步提升广告的相关性。另外，有些视频平台的模式是允许用户成为付费会员，这样可以看更少的广告。这些都是平台在保证收入的情况下降低用户的厌烦情绪、提高用户体验的措施。

8.3.3　情感计算和情感智能

情感计算是指使计算机具备识别理解、表达和适应人的情感的能力，建立和谐的人机交互环境，使计算机具有更高的、更全面的智能。近年来，情感人工智能已经成为一个独立研究领域，探索如何通过人工智能技术根据人们的面部表情、声音或其他生理反应和行为来分析他们的感觉，使计算系统能感知、识别和理解人的情感，并能针对人的情感做出智能、灵敏、友好的反应。很多传感和分析技术已经可以初步实现这一目标，并从收集的数据中预测用户行为，比如用于捕捉面部表情的相机，测量皮肤电反应的生物传感器等。

在商业环境中，尤其是在市场营销和电子商务中，自动面部识别的使用已越来越普遍。例如，情感分析软件 Affectiva 采用先进的计算机视觉和机器学习算法，通过摄像头采集的用户脸部数据（比如皱眉、张口、嘴唇上扬等）来识别用户对内容（电影、在线购物网站和广告）的情感反应。通过追踪一则广告对用户造成的情感变化，商家能了解到该广告是否能吸引消费者注意力、哪一段内容最能让人投入、当广告中有品牌显示时用户有何反应，以及宣传词是否能深入人心等。依据这些情绪反馈信息，商家可以改进广告设计，比如去掉造成负面情绪的部分，留下真正能影响用户的有用信息。除了面部识别，用于揭示人们情绪、心理状态的其他方法包括眼动追踪、鼠标轨迹、手指脉搏、语音以及线上聊天或发信息时使用的语言。

用户负面情绪的检测对于网站的设计和持续改进具有重要意义。Hibbeln 等（2017）发现用鼠标光标的距离和速度可以探测用户实时的负面情绪。实验证明，较大的光标距离和较慢的平均光标速度都与负面情绪相关，基于这些特征可以推断用户的负面情绪反应，商家也就可以根据消费者的情绪变化对相应的信息内容进行调整。Guo 等（2017）通过分析呼叫中心客服的录音的声学（语音质量、语调、音调、声音大小和节奏等）和语言学特点判断客户致电时的情绪，识别不满意的客户。通过实时识别客户情感，该系统使商家能针对不满意的客户进行及时、有效的干预，提升客户体验。

8.4　说服技术和行为改变

人们认知能力和情感相关的理论知识对于设计者而言是非常强大的。随着技术的发展，我们不仅会发现利用这些理论知识能帮助商家们设计好的产品、提升用户体验，更要意识到产品和服务其实在潜在地改变人们的目标和行为。例如，商家在界面上展示的弹窗广告、警告消息、提示、个性化推荐等能引起人们的注意，并可能改变他们的想法或行为。这些意图引导或吸引人们去做某件事情或改变某种习惯的技术叫作说服技术（Fogg，

2009）。当设计者们意识到交互设计对人们行为的改变时，他们才会对创造的产品更负责任，且进行更有目的性的创造和设计。

8.4.1 说服设计

说服设计是指意图引导或吸引人们去做某件事情或改变某种习惯的技术。说服设计在很多领域都被用来改变人们的行为，比如电子商务、安全、预防保健、健身、人际关系、能源消耗和学习等。一般来说，说服设计的重点是改变某人的不良习惯或促使人做一些更有益的事情。例如，小米米兔儿童电话手表包含了宠物养成的功能，孩子如果想要手表里的虚拟宠物长大，就必须喂食，而孩子需要通过运动（手表能帮助计算运动步数）来换取食物。这样一来，孩子们如果想养好宠物，他们就更有意愿去锻炼身体，以避免宠物无法成长时的不开心体验。这种积极的奖赏通常是有力的劝说方式，因为孩子们对他们自己的虚拟宠物很有感情。

如今，许多移动应用程序和个人跟踪设备旨在帮助人们监控自己的各种行为，在进一步整理与分析收集到的行为数据后显示给用户。这些设备包括健身追踪器（比如 Fitbit 手环）、体重追踪（比如智能秤）、手机屏幕使用时间追踪等。通过显示图形仪表板，这些应用可以告知人们目前的行为，比如显示他们在一天或一周内进行了多少运动、减轻了多少体重、使用了多长时间的手机屏幕，这些行为与前一天或一周相比是否有进步等。当用户看到本周的手机屏幕使用时间比之前增长了许多，尤其是自己在社交网络或游戏上消耗了大量时间，可能会产生愧疚感或紧迫感，让自己更有动力去改变这种行为，利用时间做些更有意义的事情。还有很多应用通过在线排行榜和图表将这些行为结果与用户的同龄人或朋友做比较，以鼓励人们多做运动或实现更好的生活方式。

电子商务领域也有很多数字产品和服务会采用各种方法来促进或改变消费者行为。例如，为了让用户停留在网站上的时间更长久、购买更多商品、分享更多内容，各类应用程序都会在适当的时候使用一些说服设计。

说服设计的一个核心问题是，人的行为是如何被驱动和改变的？斯坦福大学心理学教授福格（Fogg）构建了一个行为设计学模型，提出了人类行为背后的驱动因素。福格认为，要使人们行动起来，三个要素必不可少。第一，充分的动机；第二，完成这一行为的能力；第三，促使人们付诸行动的触发。简单来说就是一个公式：B=MAT。B 代表行为，M 代表动机，A 代表能力，T 代表触发。下面让我们深入探悉这三个要素在交互设计上的体现。

8.4.2 说服设计：增强动机

想让一个人愿意采取某个行动，首先需要让他有动机。"自我决定论"的提出者德西（Deci）对动机的定义是：行动时拥有的热情。福格认为，能够驱使我们采取行动的核心动机不外乎是对快乐、希望或社会认同的追求。我们可以从这个角度来分析目前主要增强用户动机的机制。

1. 设置奖励

提供奖赏是提升用户快乐感的一个重要方法。奖励的形式是多种多样的，实物奖励、达到里程碑时获得的徽章、积分及等级的提升、排行榜上的排名等对于用户来说都可能是动力的来源。关键问题是如何设计良好的奖励机制。各大电商基本都有类似"签到送奖励"或通过会员等级的形式来提升用户活跃度的机制。例如，淘宝用户的淘气值是通过综合计算用户的购买力、活跃度、购物信誉以及个人信息完善度等指标最终得出的分值，该分值对应着会员等级，等级越高的会员可享受更高的权益，比如最顶级的会员能享受低于5折入住五星级酒店的机会、每周1次退换货免运费、直接领取退货保障卡等特权。超级会员可以用更低的积分兑换多种优惠，而普通会员则主要利用积分抵扣一些日常娱乐性消费。当然，大多数普通消费者也许很难升级到超级会员（占比仅3%），这就意味着这种奖励对于大多数人的动力提升也许是有限的。

另一种做法是让用户意识到产品功能上的奖励。例如，领英的一个目标是要扩大付费用户数量，所以付费用户可以比普通用户看到很多更具体的信息，比如谁看了自己的档案。那么如何吸引用户成为付费用户呢？一个普通用户收到的信息会显示在过去几天有多少人看了自己的档案，以及自己的档案出现在多少次搜索中，但用户并不知道查看或搜索的人是谁。隐藏这个最关键的信息可能会激起用户的好奇心，促使用户付费去获得完整信息。很多其他平台比如婚恋交友网站、QQ 等也通过类似做法让用户知道有人在关注或访问他们的页面，但需要通过付费成为更高级会员才能获得更具体的信息。

游戏化机制的出现大大改变了电商吸引和刺激用户的方式。对于很多电商而言，游戏机制不管是在拉入新用户还是促进现有用户活跃度上都有较好的效果。例如，在淘宝的金币庄园，用户在金币地块种植植物，需要一定时间才能成熟；植物成熟后，用户来访金币庄园可以采摘成熟的植物，并获得金币奖励和成长值，成长值可让庄园升级。这种需要等待时间的设定促使用户多次打开应用以适时收取果实。当出现购物需求时，用户会优先考虑消费金币来完成交易，也因此有动力通过游戏获取更多金币。而拼多多的"现金签到"机制似乎更为直接，因为用户对现金的认知更加强烈，其消费方式也更加灵活，增强了玩法的价值感和吸引力。这些游戏化产品拥有细化的游戏玩法和任务，无形之中增加了用户的停留时长。同时，通过埋下各种用户转化触点，也为其他相关产品提供了更多的机会，提高了用户的转化率。例如，在游戏任务中，用户需要浏览店铺和商品获得收益，或者在游戏过程中推送各种优惠券来激励用户转化。当用户有退出意愿时，这种奖励就显得尤为重要。

游戏吸引用户的核心已经超越了界面设计本身，而是在于玩法机制的设定、回报类型以及能否让用户有获得感和成就感，产品能否与用户建立情感层面上的联系。用户进入游戏后，无论是激励体系、游戏玩法，还是视觉设计，都可能触发用户的情感体验点。例如，成长体系、成就体系、好友排名等激励方式为用户设定了丰富且明确的目标，让用户能更持久地投入游戏中，并逐步在用户意识中形成一种内部动机，让产品具有更高的用户黏性。蚂蚁森林对于用户的吸引可能不仅是每日定点收取能量，更多的是在拿起手机时不由自主地打开支付宝，查看有没有能量可以收。

在上述很多场景的机制设定中，人们的付出和所获奖励的比例是一定的，但有时用户也会为不确定的收益而感到兴奋。事实上，当某件事情超出了我们习惯的模式时，我们的大脑便开始高速运转，来关注这一异常事物，这正是赌博、看电影或读小说的主要驱动力，即好奇心。世界各地赌场中的老虎机就是一个典型的例子。人类学家舒尔（Schüll）揭示了机器辅助赌博和老虎机使人们着迷的原因，即诱使人们进入一个"持续生产力"的状态，通过持续不断的反馈获取最大价值。每个玩家都有一个风险档案，他们的活动会被记录到数据系统中。这样一来，赌场就能知道玩家们在损失多少钱后仍然会继续。当玩家接近通过算法计算出的"痛点"时，赌场通常会通过分发一些奖励使玩家继续，从而形成一种刺激 – 反应的循环，最大化玩家在机器上花费的时间。

我们平时使用的电子产品和平台也经常通过可变、不确定的奖励来影响用户的行为。例如，我们总是不自觉地检查手机上是否有通知、打开微信或微博刷新内容等。餐厅推荐应用 Urbanspoon 通过"摇一摇"的方式为用户随机推荐附近的餐厅。用户只需摇动手机便可获得随机的餐厅推荐，包括餐厅的三个特征，即菜系、价格和位置；如果用户不喜欢，他们可以再次摇动。这种随机性吸引了很多好奇的、没有明确目标的用户。当我们已经习惯了个性化推荐之后，我们会因为这种不可预知的惊喜而格外心动。值得一提的是，在这种经历中，用户并没有失去了控制权。相反，用户可以跳过不喜欢的推荐，或者限制一两个随机推荐的特征，这种设定让人们在探索中增强了控制感。

2. 社会认同和回馈

人类天生就是社会性生物，因此寻求社会奖励是人们天生的动力。这种目标也延伸到了社交媒体上。我们在社交媒体上收到的每个"赞"或正面评论都能满足我们对社会认可和归属感的渴望，也能让我们更积极地贡献信息。各平台网红都是通过表达自我而获得关注的，对社会认同感的追求也激励他们持续进行内容创造。人们对社会认同的渴望在其他场景中也发挥着激励作用。例如，QuitNow 为想要戒烟的人提供了一个在线社区，吸烟者可以在此分享他们的进步并互相检查。根据其开发商的统计，已有超过 200 万人使用 QuitNow 成功戒烟。通过这种应用程序或社交媒体发布自己戒烟的公告和进程会使得戒烟者想要对他人负责，更坚定地执行计划，并意识到自己在追逐目标的过程中并不孤独。

回馈他人也是人类一种天生的行为，是我们重视的社会规范。目前很多社交应用激发了人们相互交流的动力，从而塑造了人们的行为。例如，领英的用户档案中列有用户的专业或专长，并提供了让其他用户认可这些专长的功能，受到他人认可的用户当然很高兴，同时他们也会感到有义务对他人做出回应。于是，双方都有动机花费更多时间在平台上进行互动。这对领英来说是很有利的，因为这意味着更高的用户活跃度，也意味着更丰富的用户信息。

8.4.3　说服设计：增强能力

有时，即使动机强烈，用户也不一定会按照设计者期望的轨迹行动。一个重要的原因是该行动的可行性不足，即福格行为模式中的一个核心要素——用户的能力有所欠缺。换句话说，任务的难易程度会直接影响人们完成这一任务的可能性。当用户没有能力轻松自如地使用产品时，即使他们有动机，也不一定会行动。因此，商家必须尽量简化用户的产品使用流程，为用户的行为转变扫清障碍。

福格建议，为了增加用户实施某行为的可能性，设计人员在设计产品时应该关注用户最缺乏的方面，即要先弄清楚是什么原因阻碍了用户完成这一活动。究竟是用户时间不足还是欠缺购买力、是忙碌了一天后不想再动脑筋还是产品太难操作、是这个产品与他们所处的社交环境格格不入还是它太逾越常规让人难以接受？这些因素会因人、因时而异，所以设计者应该深入分析，找到问题的根源，将简化使用过程作为设计宗旨，从而减少摩擦、消除障碍，推动用户采取下一步行动。

Hauptly（2007）将产品的创新过程分解成了三个基本步骤。第一步，了解用户使用某个产品或服务的原因；第二步，列出用户使用该产品时的必经环节；第三步，在明确整个过程的所有环节之后开始做减法，把无关环节全部删除，直至将使用过程简化到极致。在 Hauptly 看来，越简单的东西越受欢迎。从最初的博客网站，到每条微博不得超过 140 个字符，这样的限制实际上使更多的人具备了在网上书写的能力，他们只需简单地敲打几个字，就可以和别人分享自己的感受。如今，Pinterest、Instagram、Vine 等平台又进一步简化了分享网络内容的过程。用户只需通过拍摄或是收藏心仪的图片，就可以将内容分享到多个社交网站。再如抖音等短视频平台，用户可以用文字、图像、声音、视频结合的形式来表达自己，这些以前对于普通用户来说很烦琐的操作已经变得非常简单。因为行为的简化，越来越多的普通用户不再是网络潜行者，而是参与到内容分享中来。

因此，要影响用户的行为，就要尽可能地消除用户在行动前后的"摩擦"。动作越容易、越方便，人们就越有可能执行并养成习惯。例如，京东的搜索框页中包含了"常购清单"的功能入口，页面上包含了用户的常购商品，用户一键点击就可以复购，无须重新搜索商品或者在订单中翻找。开篇案例中提到的抖音短视频的推荐页面，其最大的特点是手指滑一下就能无限、滚动地播放内容，用户几乎不需要做任何决定就可以一直有内容看，这也是通过消除摩擦来最大化用户在线时间的例子。在 8.2 节中提到的推荐系统也是一个消除摩擦的例子，因为推荐让人们太容易发现与自己需求相关的好产品，从而买得更多。

8.4.4　说服设计：触发

人们的行为有时并不完全是自己主动选择的，很容易受到社会情境的影响。所谓触发，就是提醒人们采取行动的外部刺激。例如，一个人每天经过一家商店都有想进去买件衣服的冲动，但出于价格原因选择了放弃。但当该店家进行半折促销时，他就马上有意愿去消费。"打半折"就是触发，触发的作用就是告知顾客时机已成熟，可以马上行动。很多电商平台上不定期发布的"秒杀"活动显著提升了用户的购买欲望，其实也是一种触发设计。

长久以来，商家一直在思考如何减少购物车放弃行为。购物车放弃是指消费者把产品加入购物车后并没有继续下单，但这时商家已经知道消费者对某个或某类产品的喜好，即用户存在某种动机。在电子商务领域，购物车放弃行为非常普遍（Litsa，2017），全球范围内的平均放弃率超过了 70%。很多商家采取了邮件提醒的办法，提醒消费者购物车里有未下单的商品，也就是通过触发消费者的动机来促进行动，降低放弃率。当前，很多购物应用都会及时地将用户已经加入购物车的产品的降价或打折信息推送给用户，推送的信息一般都会将已加购的商品以大图显示，或在推送内容中加入"秒杀"或"库存紧张"等文字来强调稀缺性和紧张感，以触发的方式进一步增强用户的动机以及可行性（降价意味着可行性提升）。Luo 等（2019）通过跟踪商家的购物车，研究如何发送触发信息以减少购物车放弃行为。他们通过研究常用的触发信息，包括降价促销（即打折）和产品稀缺性提示（即剩余产品较少），发现降价促销信息更能促使消费者下单（即提升可行性的作用更大）。总的来说，触发机制可以进一步提示用户某种行为变得更容易了（比如商品价格降低了），也就是能力增强了，或是进一步提升动机（比如商品稀缺，价值增高了）。只要用户原本有一定的动机，那么此类触发就能进一步推动行为的发生。

另外，商家也通常将触发信息渗透在用户生活的各个方面来引导他们采取下一步行动。例如，用户在微信发布的一条朋友圈被朋友点赞或评论了，微信就会给用户推送一条信息，或者在微信下方显示红色数字表示新信息。本来用户可能没打算打开微信，但因为此类推送和提示，用户就会有意愿点开微信，来确认点赞对象或查询评论内容，这些推送和提示也是触发设计。只要用户自己同意接收这些提醒信息，手机上各种应用程序图标上的数字或通知就会时不时出现，这些触发的源头就有可能获得用户的关注。当然，这些触发的时机非常重要。在别人点赞后及时推送就是一个很好的时机。如果一个购物应用能了解对用户重要的日子，它就能在合适的日期、时刻给用户推送提醒，比如在朋友生日前夕适当推送礼品和蛋糕等物品信息，从而引导购买。

◎ 应用案例 8-1

多多果园的说服设计机制分析

多多果园是拼多多于 2018 年 4 月在其平台内上线的一款休闲社交游戏，用户初次进入游戏会领养一棵虚拟的"果树苗"，而用户每日登录游戏、浏览商品、拼单、分享以及邀请新人等行为能够获得水滴或化肥奖励，用于树苗的生长，多多果园领取水滴任务列表如图 8-7 所示。用户只有不断对树苗浇灌或施肥，树苗才能迅速生长，而待果树成熟后用户会收到一箱实物水果作为奖励。多多果园负责人在接受媒体采访时表示，在游戏上线后半年，多多果园已每天向玩家送出超过一百万斤[⊖]的水果。下面我们从游戏化的产品设计思路和产品成效两个视角阐述多多果园的特点与价值。

游戏化设计能够增强产品对用户的吸引力，培养用户持续参与的行为，这一作用的发

⊖ 1 斤 =0.5 千克。

挥可以用福格行为模型中的动机、能力、触发三个维度进行分析。

从动机的维度看，多多果园从多个方面激励用户使用，赋予用户持续参与动机。首先，用户不仅能在互动过程中获得优惠券、小额现金奖励，在果树成熟后还能收到真实水果，这在用户看来近乎免费赠送，非常有吸引力。其次，随着用户在游戏中级别的提升，游戏玩法和获取奖励的路径也更加多元化（包括牧场、农场等），提供给用户持续参与的动机。最后，游戏提供一定的社交功能，用户可以与好友乃至商家进行抢水滴互动，从而赋予用户在社交层面的参与动机。

图 8-7　多多果园领取水滴任务列表

从能力的维度看，多多果园充分考虑其目标用户的接受能力。企鹅智酷 2018 年发布的《拼多多用户研究报告》表明，与淘宝、京东相比，拼多多用户的平均学历较低，平均年龄更高，地域分布主要在三四线及以下城市。这样的用户特征意味着游戏在玩法设计上要降低门槛，并且尽可能提高用户参与的回报。多多果园以给果树浇水为游戏主体，用户完成任务后便可获得一定的"水滴"奖励，操作简单直接，不需要过多的时间和精力投入。在界面设计上，游戏的各功能入口均采用动态图标的样式，在完成每一步操作或要退出游戏时会出现弹窗提示，用户只需要根据引导进行点击操作即可，降低了其思考负担。

从触发的维度看，多多果园通过强调和暗示两种形式刺激用户持续参与。一方面，在游戏界面中，领取水滴或任务列表中的"明日可领""明日再来"等细节信息向用户反复强调每日登录参与游戏，而在用户要退出游戏界面时再次提醒用户第二天继续领取水滴。另一方面，界面中会以弹窗形式滚动展示已收到水果的用户列表，暗示用户只要坚持参与游戏就能获得奖励，强化用户参与游戏的目标，培养用户每日使用的习惯。

多多果园这样一款内嵌于电商平台的游戏产品对拼多多平台的增益效果可以分为两个方面：一是对现有顾客的留存；二是对新顾客的获取。首先，用户参与游戏的习惯能够直接转变为对于拼多多平台的黏性。遵循游戏任务的指引，用户会有意识地增加浏览商品的时间，通过游戏获得的优惠券会进一步刺激用户下单消费，平台的商品交易总额由此得到提升。不仅如此，多多果园任务驱动式的游戏玩法能够将顾客流引导到平台内的其他功能模块，增加整体效益。

其次，多多果园对平台的另一重要作用是新用户的扩展。玩家为了获得水滴、肥料资源使果树成长，需要转发分享或邀请新用户加入，使得拼多多能够以现有用户为基础向外有效扩展。多多果园还提供了数据互通的微信小程序入口，以方便用户的转发行为。

总体看来，多多果园这样一种在电商平台内置的轻量级游戏，凭借其简单的玩法和反馈激励为平台吸引并培养了大批活跃用户，带来整体效益的提升。不仅是多多果园，淘宝的淘金币和芭芭农场、京东的东东农场、美团的小美果园等，都在其平台中发挥着类似的作用。

资料来源：搜狐，企鹅智库：拼多多用户研究报告，2018-08-26.

8.4.5 黑暗模式

某些网站为了让用户购买更多商品采取了一些让人厌恶的方式。例如，用户通过某些旅行应用程序购入机票和预订酒店，在结算前，应用程序会"默认"帮助用户购买保险或接送机等服务，并默认用户勾选了此类额外服务。如果用户在结算前不做仔细核查，就会额外购买这些计划外的服务，支付更高的费用。此类"强制购买"的方法常常会带来负面的体验。Harry Brignull 将这种欺骗性的设计方法定义为黑暗模式，即任何采用欺骗、操纵或诱骗等方式，强制用户参与没有意愿的行动（比如进行不必要的购买、共享不必要的信息、接收营销信息等）的设计。如果购物者发现他们被强制增加购买成本，通常会感到愤怒。

在 2019 年的一项研究中，普林斯顿大学和芝加哥大学的研究人员分析了大约 11 000 个购物网站并发现了 1 818 个黑暗模式实例，很多受欢迎的网站甚至更有可能出现这些模式。例如，很多网站注明了产品的稀缺性信息，比如库存数量有限、受欢迎程度、已经卖了多少件等来增加人们需求，但这并非实际库存数量和销售情况。Loma（2018）也描述了多种黑暗设计模式的例子，并认为应采用公平和道德的设计来吸引用户，让用户自己选择才是正确的设计方向。

如今，用户们每天都收到来自各个应用的消息，有些消息并没有实质性的内容，单纯是为了吸引用户注意力。例如，应用会在发送真实提示信息（比如有新评论）的间隙推送其他形式的通知（比如使用记录回顾，或你关注的用户在做什么等），并邀请打开应用。这种填补用户通知流的方法总能吸引到一定的注意力，但很难界定此类缺乏实质性意义的信息推送究竟是代表用户自身的需求，还是软件方的利益。

随着技术的发展，商家和设计者必须遵循一定的行为规范，真正做到尊重用户，不要把用户当作贡献点击量的工具。也许在不久之后，技术能帮助商家和设计者更精准地了解用户愿意接纳通知的内容，或希望忽略何种信息提示，这也将有助于设计更加个性化和信息推送更加准确。

总而言之，行为科学即对人的行为的研究，在交互设计中扮演着日渐重要的角色，技术也越来越能帮助人们改善生活。说服技术领域需要许多学科的融合，包括数据分析师、行为科学家、游戏理论家等，这样才能更好地了解用户、服务于用户以及促使用户产生积极改变。数据分析师可以帮助人们了解如何使用应用程序以及用户何时最活跃；行为科学家可以提供洞察力，了解用户缺乏活跃度的原因，并提出激励建议；游戏理论家可以建立奖励或游戏机制来鼓励人们持续执行下一步动作。

◎ 本章小结

在电子商务领域，用户总在与各种各样的交互式产品打交道，从传统的基于 Web 的各类电商平台、移动应用，到可穿戴设备、虚拟或增强现实、智能机器人等，技术的发展使得实践中的交互设计一直在不停变化。但不管是在何种技术界面，商家都应该知道好的交互设计对吸引新用户以及保有老用户的重要性。在本章的学习中，我们知道要做出好的交互设计，设计者们需要了解人们的认知能力、他们的情绪和行为的特点。基于这些知识和现有技术，设计者们才能发现人们的需求，开发以用户为中心的交互式产品。

◎ 管理问题

1. 某家居产品公司总经理曾提到，大量的家居产品或改造项目是因为消费者无法在购买前预览最终成品。结合 AI、VR 等新技术，你觉得可以如何解决这个问题？
2. 由于人们对机器人的一些主观印象（如产品知识较少、缺乏人类同理心等），尽管人工智能机器人具备了较强的能力，它们仍然可能引起负面效应，你觉得商家可以如何减轻这些负面效应？

◎ 复习题

1. 定义交互设计和用户体验。
2. 解释什么是以用户为中心的设计理念。
3. 简要叙述交互设计中有哪些认知因素需要考虑。
4. 在吸引用户注意力时需要考虑的两大因素是什么？
5. 什么是米勒定律、如何创造有利于记忆的用户体验？
6. 什么是情感设计？要创造出更有表现力的页面，可以从界面设计的哪几个要素来考虑？
7. 避免让人厌烦的页面设计的方法有哪些？
8. 什么是说服设计、进行说服设计要考虑的几大要素是什么？

◎ 章末案例

虚拟人直播

2019 年以来，视频直播行业发展态势迅猛。视频直播融合了图像、文字、声音等丰富元素，通过传输真实生动的信息，逐渐成为线上销售的主流表达方式。传统的直播大都通过视频真人直播现场展示产品，所需的人力、占用的物理空间与场景的搭建成本都比较高。2022 年初兴起的虚拟人直播却突破了这些局限性。虚拟人直播可以实现 7×24 小时不间断直播，解决了真人主播无法不间断直播的难题，大大降低了人工成本，提升了直播效率，也为用户提供了更灵活的观看时间和购物体验。通过虚拟演播室技术，直播间还能实现各种酷炫、新颖的场景以及别具一格的直播形式。

以淘宝平台为例，不少店铺（三只松鼠、肯德基、麻辣王子等）都在直播间里加入了虚拟主播（见图8-8）。虚拟主播演播行为的设计元素主要包括：内容输出方式、人物形象设计、人物动作交互、人物声音设计，以及演播室背景设计等。

a）三只松鼠虚拟直播间   b）肯德基虚拟直播间

图8-8　虚拟直播间

（1）内容输出方式：虚拟主播的直播内容目前主要有两种输出方式。一是自动介绍，即商家提前准备好每一种商品的介绍文案，由虚拟主播逐个、循环按文案内容介绍。这种方式稳定、不易出错，但交互性较弱。淘宝平台的绝大多数虚拟主播都采取这种形式。二是点播介绍，即消费者输入关键词或者数字编码，虚拟主播自动识别该信息之后，可为用户推送更为个性化的内容。

（2）人物形象设计：虚拟主播的形象设计是虚拟直播最重要的设计元素之一。虚拟人物的外形特点、性别、表情与动作的丰富度、姿态、着装设计等共同决定了虚拟人物的表现力。一般来说，虚拟人物的形象设计往往与商品营销策略有关，比如三只松鼠的虚拟主播的形象就是三只可爱的松鼠。

（3）人物动作交互：虚拟主播往往通过一些动作加强和观众的交互，从而提高真人感和观众的观看体验，比如摆动手臂、头部在说话时轻微摆动等。由于技术的局限性，目前虚拟人的动作设计还十分有限，直播中出现的重复动作较多。

（4）人物声音设计：虚拟主播的声音往往经过了声学处理，语音语调大都与其形象相符，比如轻熟风虚拟主播的声音偏成熟，可爱风虚拟主播的语调更轻柔。

（5）演播室背景设计：演播室背景设计决定了虚拟主播身处怎样的演播环境，一般背景设计符合品牌调性和主要的商品内容，比如家具用品店的演播室背景一般为居家环境。

虚拟主播目前还在发展初期，并没有形成完整的产业链，不管是消费者的接受度还是虚拟人的具体设计都有很多未知和未解决的问题。

思考问题

1. 虚拟人直播对于消费者的价值主要体现在哪些方面？

2. 虚拟人直播的内容目前以产品信息为主体。如何增强其内容的娱乐性和生动性？

3. 从虚拟主播的形象、声音、表情、肢体设计等角度分析，虚拟人的"类人"程度会怎样影响消费者？

4. 在传统聊天机器人的基础上，我们还可以让消费者与虚拟主播如何互动？这些交互方式与真人之间的互动有何根本的不同？

讨论题

1. 如今，触摸屏的使用很广泛。特斯拉汽车公司的 Model S 车型也启用了类似 iPad 的控制触屏，这个触摸屏位于汽车中控台并将几乎所有的汽车操控都整合其中。你觉得这个触摸屏设计的优劣势是什么？

2. 在有用户体系的产品中，当用户没有上传头像时，缺少的头像应该如何设计？如何鼓励用户上传头像？

3. 客服与消费者线上沟通时，怎样使用表情符号是有利的？

4. 举例说明如何在交互界面上使用奖励来提升用户的积极情感。

5. 微信曾经的启动页面背景图名字叫"蓝色弹珠"（见图 8-9），是 1972 年一位宇航员在阿波罗 17 号宇宙飞船上用一台 80mm 镜头的哈苏照相机拍下的完整的地球照片。这张图片显示了一个人望着硕大的地球，它与微信的产品特性有何联系？

图 8-9 微信启动页面背景图

课堂辩论题

1. 电商平台可以让用户在一开始就登录或注册，也可以让用户在即将下单时再登录或注册。请讨论这两种策略的优劣。

2. 从用户认知能力的角度来说，功能越明显，用户就越容易知道下一步该怎么做。对功能简单的页面，这意味着所有按钮都要放在用户一目了然的位置。但对于功能复杂的系统（比如销售多种产品的网站、提供多种功能的综合性平台），浅宽信息架构（即一次看到的选项数量很多，层级较少）和窄深信息架构（每次看到的选项数量很少，但层级很多）各有何利弊？

3. 很多视频网站都支持弹幕功能（即看视频时在视频上"飘过"的评论性字幕）。弹幕在什么情况下会提升用户看视频的体验、在什么情况下会干扰用户体验？

网络实战

1. 选择一个电子商务网站或应用，从该产品针对用户认知体验、情感体验的设计以及说服设计等方面进行评估。

2. 针对一个游戏化系统，尝试理解以下几个方面。

(1) 该系统的目标是鼓励什么样的用户行为？

(2) 用什么样的方式可以激励这种行为？

(3) 总结该系统的游戏化对象（objects）、机制（mechanics）、设计规则（design principles）和结果（outcomes）。

(4) 你觉得这个游戏化系统设计得如何？是否会有效引导用户行为？还可以如何改进？

团队合作

1. 讨论情感计算在电子商务人机交互方面的应用和发展。在何种情况下，情感设计是很关键的？你觉得未来的趋势是什么？

2. 新技术（如 VR、AR、AI 等）支撑下的电子商务，会给人机交互方面带来什么样的变革？在交互设计上需要有何突破？

◎ 术语表

交互设计：创造承接用户和产品（计算机、互联网等）之间的界面，让产品易用、有效而让人愉悦的技术。

用户体验设计：通过提升用户与产品或服务交互中的可用性、可触达性、情感性等因素，最终使用户达到满意的设计过程。

人机交互：人与计算机的交互，是交互设计范畴下的一个领域。

情感计算：使计算机具备识别、理解、表达和适应人的情感的能力，建立和谐人机交互环境，使机器具有更高的、更全面的智能。

说服设计：意图引导或吸引人们去做某件事情或改变某种习惯的技术。

第9章

电子口碑与用户评价

■ 学习目标

1. 了解传统用户口碑和电子商务用户口碑的区别
2. 了解电子商务用户口碑与评价的产生和参考动机
3. 了解电子商务用户口碑的劝导性
4. 了解电子商务用户口碑与评价的特征及其影响
5. 了解电子口碑的管理和分析策略

■ 开篇案例

《大圣归来》的逆袭

2015年电影暑期档，一部名叫《西游记之大圣归来》（以下简称《大圣归来》）的动画电影在一众拥有豪华明星阵容和强大制作班底的大片中脱颖而出，实现排片和票房的双逆袭。

《大圣归来》根据《西游记》改编，讲述了孙悟空因"大闹天宫"被封印在五行山下五百年后，被小和尚江流儿误打误撞解除了部分封印，并一起踏上旅途，找回初心的冒险故事。2015年5月，本片先于戛纳电影节亮相，并取得了初步成功，然后于同年7月暑期档在国内正式上映。

在国内正式上映首日，《大圣归来》的排片比仅为7.25%，远远低于同档期的其他高成本、大制作的电影。除此之外，与其他电影铺天盖地的广告宣传、新媒体营销和精美发行相比，《大圣归来》的宣发显得格外简陋。虽然该片的排片及曝光率远不如其他同期电影，但它却靠着优质的内容在首日便斩获了近1 800万元的票房，并通过持续的口碑发酵实现票房的节节攀升。在短短的96小时内，其排片量提升至13%，虽仍远低于同期几部热门电影，但是却在排片量完全劣势的情况下成为单日电影票房冠军。通过口碑效应，《大圣归来》在上映7天后就累计获得超过3亿元票房，并打破了我国国产动画电影票房纪录。此片上映 1 个月后下档，最终票房成绩为 9.56 亿元，并问鼎 2015 年的中国动画电影票房冠军。

《大圣归来》的出圈离不开其成功的口碑营销，而"自来水"一词也随着本片的大获成功而有了新的含义。此片的粉丝自称"自来水"，即"自发组成的水军"。与某些片方为了刷分而雇用的"水军"不同，"自来水"们多是因为对此片由衷的喜爱而积极、无偿地为其票房和宣传贡献自己的力量。

《大圣归来》口碑的发酵离不开"自来水"们在各大社交平台上的疯狂传播和宣传。这些"自来水"一般来自两个群体：国产动漫粉丝以及对同档期其他大片质量不满的影迷。不论是动漫粉丝还是影迷，他们都对于优秀的国产动画或电影十分渴望。然而，在长期低迷的、充斥着粗制滥造的国产动画电影市场中，他们经历了一次又一次的失望，他们的热情也在此过程中不断被压抑。因此，当国产动画电影市场终于迎来《大圣归来》这样一部制作精良、尊重观众和市场的片子，这些粉丝和影迷的热情瞬间被引爆，他们看到了国产制作的希望，也就更愿意为这部片子的诚意声援和付费。与此同时，他们强烈的发声意愿和情感抒发需求也就转换成了他们自发地、疯狂地"安利"这部片子的行动。

有的"自来水"会"二刷"或"三刷"（即去影院重复观影消费），甚至会组织自己的朋友和单位去影院包场观看。除了自身贡献票房以外，"自来水"们还在自己的社交网络圈子内"刷屏"式推广。他们不仅在自己的朋友圈、微博和评分网站上自主、义务地宣传此片，还会在一些有名的微博账号、微信公众号，甚至影评自媒体下面留言私信，向更多具有话语权的"大 V"们"推销"此片。

正是依靠这些"自来水"的这种独特的、多平台的口碑渗透方式及传播渠道，此片不仅成了该年度票房与口碑齐飞的影市黑马，并且斩获了多个电影奖项，成为少有的现象级国产动画电影。

资料来源：1. 凤凰娱乐，《大圣归来》揭秘：口碑神话还是营销胜利，https://ent.ifeng.com/movie/dayinmuhou/special/dymh32，2015-07-14.

2. 虎嗅网，曾经命悬一线的《大圣归来》成了电影圈的一次"集体高潮"，https://www.huxiu.com/article/120099.html，2015-07-13.

思考问题

1. 上述案例中，电子口碑主要体现在什么形式上？

2. 此案例中传播电子口碑的主要传播者和传播途径都是什么？

9.1 口碑的定义与范畴

9.1.1 传统口碑的定义、特征与影响

1. 传统口碑的定义

传统口碑（word of mouth，WOM）指的是人与人之间自发的口口相传。作为一种最

古老而又有效的交换和沟通信息的方式，在缺乏新闻媒体的偏远地区，传统口碑直到现在仍然是当地人获得资讯的主要方式。

在营销学的范畴中，传统口碑特指消费者之间针对产品、卖家、服务而自发产生的交流。口碑强调自发性，即接收信息的消费者不能感知到商家对于信息传递者及其传播的信息的操控。口碑也具有效价（valence），即口碑内容的性质。口碑的效价可以是正面、中立或者负面的。通常来说，负面口碑相较于正面口碑的影响更为深远。

从传播学的角度来分析，口碑作为一种非正式信息传播渠道，其传播与信息传播者和接收者这两方面息息相关。与口碑相关的文献主要围绕着信息接收 / 传播者与起因 / 影响这两个研究维度而展开（见表 9-1）。

表 9-1　传统口碑文献回顾

研究维度	起因	影响
信息接收者	影响消费者使用口碑的因素 ①商品的特征及消费者的主观感知（比如风险感知） ②其他社会关系网相关因素（比如社会关系的强弱）	口碑对信息接收者的影响 ①口碑对意识、态度、购买行为等的影响 ②调节变量 ③口碑的劝导性，即人们为什么会愿意接收口口相传的信息（比如两级传播模型、归因理论和可及性 – 诊断性模型）
信息传播者	影响人们传播正面或负面口碑的因素 ①与意见领袖相关的因素 ②偶然事件引起的因素 ③其他的微观或宏观因素	口碑传播后对信息传播者的影响 ①自我增强 ②认知失调的减弱

资料来源：NYILASY G.Word of mouth: what we really know and what we don't［M］. London:Butterworth-Heinemann, 2007.

2. 传统口碑影响消费者使用口碑的因素

口碑传播前因的相关研究试图确定影响消费者使用、寻找或接触口碑的因素。在这个研究领域，口碑作为市场研究中"外部信息搜索"的重要组成部分，与其他可能的消费者信息来源（比如广告等由营销者主导的来源）形成对比。大量早期的实证研究指出商品的特征及消费者的主观感知（比如风险感知）是影响消费者寻求和接触口碑的重要因素。消费者认为购买决定的风险越大，他就越有可能寻求和使用口碑。

除此之外，另一类使用"网络分析"（network analysis）方法的研究表明，社会关系也是口碑传播是否会发生的一个重要预测因素。通常，网络分析术语中的"强关系"（即家庭和朋友）比"弱关系"的个人传播者（即社会关系重合度低的个体）更值得信赖和认可，但是"弱关系"对于信息在错综复杂的关系网中广泛传播更有利。

3. 传统口碑对信息接收者的影响

大量的广告相关的效果变量已经被证明与口碑相关。例如，消费者对品牌的认知度、对品牌的积极态度的改变、最初和长期的"产品判断"、品牌评价、服务质量期望和购买意向都受到口碑的正向影响。这个传播效果变量列表基本涵盖了所有潜在的营销目标。在学术文献中，相较于付费信息，口碑的力量是无可争议的。

　　除此之外，口碑的强度也会因受到许多调节变量的影响而变化。其中最重要的因素之一是消费者此前接收的品牌信息，即消费者对品牌的偏好和品牌印象调节了口碑对产品评价的影响。

　　口碑的影响也常常被拿来和付费信息或其他来自商家营销渠道的消息（比如广告）的传播能力相比较。大量实证研究表明，口碑比付费信息更为有效，这可以通过两个模型解释。

　　其一，归因理论（attribution theory）为口碑的传播能力提供了一种解释。归因理论研究了信息是如何被社会认知者收集、结合和利用来对事件形成因果判断的。在口碑传播的情境下，此理论说明，如果接收者认为传播者没有偏见并且认定传播者真的相信传播的消息，那么此信息就会被接收者接受。相较于口碑中传播的信息，付费信息来源的动机是经济驱使的，通常不能反映其真实的评价，因此接收者会对接受的信息持怀疑态度。

　　其二，可及性–诊断性模型（accessibility-diagnosticity model）为口碑与付费信息的传播能力差异提供了另一种解释。可及性–诊断性模型表示，任何增加信息输入可及性的因素也会增加该输入被用于判断的可能性。信息的"生动性"，比如口碑的口述和互动特质，是消费者接收信息时能产生良好反应的原因。由于口碑这样生动的信息比付费信息等非个人信息更"可及"，接收者更有可能使用口碑信息来形成对产品的判断。

4. 传统口碑影响人们传播正面或负面口碑的因素

　　这一领域的文献主要研究影响传播者进行正面或负面口碑传播的因素。

　　两级传播模型（two-step flow model）仍然是解释口碑传播最为全面的模型。作为大众传媒研究中最重要的理论之一，该模型提出，大众媒体的信息不是直接影响消费者，而是先被意见领袖（即在社交网络中具有影响力的个人）筛选后再被传播而产生影响的。该模型表示，口碑传播的同时受到"信息效应"（即被传播的口碑消息）和"规范效应"（即消费者对"意见领袖"和团体规范的从众性）的影响。

　　除了意见领袖外，还有其他有影响力的传播者。例如，"市场专家"通常拥有关于市场的专业知识，且比意见领袖拥有更广泛的特定产品类别的知识；"创新者"会第一个尝试新产品并在创新扩散前谈论这些产品。

　　另外一类影响口碑传播的因素则更具有偶然性和暂时性。这类由偶然事件引发的口碑营销行为解释了为什么非意见领袖的消费者也会频繁地传播口碑。例如，消费者对产品使用的满意度和不满度足以引发口碑的传播，满意度导致正面口碑的传播而不满意导致负面口碑的传播。除此之外，一些研究也发现产品的负面评价或者消极口碑在一些情况下比正面评价或积极口碑更有利于信息的传播。

　　除了以上两类，一些实证研究也确定了很多微观层面和宏观层面的先决因素。微观层面的变量包含情绪状态中的惊喜、顾客参与度、促销、激励和交易倾向等；宏观层面的变量包含市场类型和文化等。

5. 传统口碑传播后对信息传播者的影响

　　这一领域主要通过动机分析研究口碑传播对信息传播者的影响。其中，自我增强和认知失调的减弱是最重要的两项影响。一方面，信息传播者通过帮助他人来增强对自身学识和能力的认同。另一方面，口碑的传播可以使传播者对自己的购买选择更有信心也更安心，并帮助传播者摆脱认知失调相关的负面情绪。

综上所述，传统口碑营销作为传统营销的一个重要分支一直广受营销和信息系统学科等不同领域的学者的研究。其巨大的商业价值也逐渐被市场和企业认可，并且得到企业、广告商和营销人员的高度重视。营销人员虽然不能完全掌控口碑的传播，但是他们也在积极学习如何更高效地引导与监测口碑的好坏及传播。

9.1.2　电子口碑（eWOM）

随着互联网技术的逐渐成熟和社交媒体的蓬勃发展，互联网为消费者提供了前所未有的与他人分享消费体验的机会，传统口碑逐渐走向了数字化的道路，电子口碑（electronic word of mouth，eWOM）也应运而生。电子口碑也被称为数字化口碑或网络口碑。消费者对电子口碑比对传统媒体更加信任，营销人员也就对这种以互联网为媒介口碑传播越发感兴趣。从一方面来讲，电子口碑营销可以作为一种特殊的推广形式。营销人员通过发起各种形式的电子口碑营销，比如病毒式营销、病毒式广告和在线推荐等，来影响消费者的品牌的选择、态度和行为，并进一步影响商品和服务的销售。从另一方面来讲，电子口碑营销也可用于企业的公共关系和品牌管理。企业或公关公司将电子口碑营销添加到他们的产品中来应对品牌的在线负面评论。

电子口碑被定义为消费者之间关于产品、服务、品牌或者公司的一种动态且持续的信息交换过程，且此过程通过互联网向大众和机构呈现。这里的消费者可以是潜在消费者、实际消费者或曾经的消费者。这个定义从传统口碑的概念发展而来，同时强调了电子口碑独特的传播方式和信息来源，即电子口碑基于网络产生和自发传播的特性。信息以互联网这个电子媒介从一个消费者发送消息开始，逐渐传播给他网络中的朋友，并且通过朋友各自的在线社交媒体不断发酵和推进，从而使信息被更多人接收。因此，电子口碑的传播并不是一个静态的过程，而是一个循环的过程。同时，不同于传统口碑的定义，电子口碑并不强调消息来源的非商业性。因此，意见领袖、专家和独立的第三方评估者通过分享他们对产品、服务、品牌或公司的看法而获得报酬的现象（比如赞助型评论）也在电子口碑的范畴中。

由定义可以看出，电子口碑是一种关于产品、服务、品牌或者公司的特定类型的用户原创内容。这里需要强调一下电子口碑与用户原创内容的联系和区别。从广义上讲，电子口碑营销的定义与消费者生成媒体和病毒式广告有一定重叠。用户原创内容（user-generated content，UGC）也称为消费者生成媒体/内容（consumer generated mediate，CGM 或 consumer generated content，CGC），是指由日常消费者而非媒体或通信专业人士产生和公开发布的多种形式的互联网媒体内容。随着 Web 2.0 技术的逐渐发展和成熟，用户原创内容被大量应用于网络应用程序和内容创建中（评论、建议、问题解决、营销传播、新闻、电子口碑和娱乐等）。消费者也通过此技术最大限度地倾听和贡献用户原创内容。值得关注的是，因为在用户原创内容环境中每个人都可以自主地发布信息，所以这类原创内容通常比传统广告更受消费者信任的同时，也更具有说服力。营销人员也试图利用用户原创内容来实现广告目标，以达到吸引消费者的目的。例如，淘宝和京东等电商平台邀请消费者撰写产品评论，以此来帮助其他消费者做出购买决定；还有很多公司把他们的电视广告上传到视频网站上，建立官方社交网络账号，甚至是利用官博来征集产品意见和讨论。这些例子都表明用户原创内容可以以多种在线形式出现，并且包含多种功能或特征。

作为一种用户原创内容，电子口碑也可以在不同的网络场景中产生和传播。例如，消费者可以在博客、社交网站、论坛和评论网站上发布他们对产品或服务的评论和意见。互联网的匿名性和互动性使得消费者可以就他们从未见过的人的产品或服务体验提出和征求意见。

根据用户原创平台的不同，电子口碑可以进一步分为两大类：在线反馈系统和评论网站的消费者评论，以及电子论坛、在线社区和在线社交网站中的产品评论与意见。

1.在线反馈系统和评论网站的消费者评论

在线反馈系统（online feedback system）是专门为消费者交流他们对产品和服务的意见而设计的平台机制。例如，淘宝、京东和亚马逊等电商网站邀请消费者在购买产品或服务后对产品和服务进行评论、评级或撰写证言。除了电商网站外，消费者也可以在大众点评、携程等第三方评论网站上评价餐馆、酒店和度假等行业的公司。任何用户都能够自由地提交评论并参与相关讨论。由于在线反馈系统和评论网站的主要目的是为消费者提供产品评价的信息，大多数这种形式的用户原创内容直接被归属于电子口碑的范畴。消费者评论也因此与产品和服务的营销对品牌声誉与消费者的信任、态度和决策的影响直接相关。根据消费者的不同类型，这类电子口碑也呈现不同的形式。例如，评分或评论可由该领域的专家或业余写手（广告博主或者意见领袖等）提供，甚至一些专业写手和业内专家也可以撰写评论。

2.电子论坛、在线社区和在线社交网站中的产品评论与意见

电子论坛和在线社区被认为是促进有共同兴趣和经验的消费者之间的主要在线交流平台，而在线社交网站则是为特定人群设计的（比如职场人士）以维持和扩大与朋友和亲戚的人际关系的社交平台。随着这些在线社交网站的日益流行，这类原创内容以及其社交连接形式会不断触及最初计划目标细分以外的用户。电子论坛、在线社区和在线社交网站为电子口碑创造了更自然的交流环境。例如，人们可以通过博客、实时通信软件、社交网络等用文字和图片来进行关于产品与服务的对话和交流，甚至还可以在网络社区或视频网站用视频形式发布对产品与服务的评论和意见。部分博主、视频主或独立第三方评估者甚至可以因此获得商务报酬。

影响电子口碑在这些平台传播的基本因素包括信息、情感以及效价值等不同方面。对于可以更为频繁地在这些平台上交流个人经历和想法的消费者而言，情感是基于这类平台上的电子口碑的重要组成部分。相比在线反馈系统和评论网站上以信息为主导的电子口碑，电子论坛、在线社区和在线社交网站上的电子口碑中情感占比通常更多，且能对其他消费者的态度和行为造成较大的影响。由于这些平台中存在大量人与人之间的情感联系和信息分享，这类混杂着各种情绪和信息的电子口碑得以在这些平台上快速传播和发散。例

如，在微博上发布关于产品和公司的更具有个人情感色彩的评论（比如 2021 年微博上多位车主对特斯拉刹车失灵的控诉）可以加速电子口碑的传播。因此，对于想要在一个更自然环境中营销电子口碑的营销人员来说，在这些平台上寻找和区分信息型口碑、情感型口碑及其效价是他们的首要任务。与此同时，能否有效地利用这些平台及其相应的市场营销功能也成为电子口碑营销能否成功的关键。例如，商家可以在社交网络的官方账号上发布关于新产品的想法来收集消费者意见，他们甚至可以将此链接添加到公司的其他社交网络页面以及公司的内部网站。再如，商家可以利用微博用户创建的个人资料和粉丝及朋友列表，联系这些消费者的朋友开展强大的电子口碑营销。

综上所述，电子口碑作为用户原创内容的一种，在不同的原创内容平台上有不同的特征和作用，比如在线反馈系统和评论网站上的电子口碑会更偏重信息主导；而电子论坛、在线社区和在线社交网站上的电子口碑则通常是情绪与信息混杂，甚至会更偏重情感主导。如果营销人员想把电子口碑作为一种有效的营销工具，那么明确电子口碑的定义与其不同的形式、呈现和情境是进一步研究与了解电子口碑的其他方面（比如特征、影响、功能和管理）的第一步。

9.1.3　电子口碑的特征

研究表明电子口碑具有七个主要特征，这些特征定义了电子口碑独特的本质，并且使其区别于传统口碑。

1. 覆盖广度

与传统口碑相比，电子口碑有着前所未有的传播速度和覆盖范围。在传统口碑营销中，人们以同步模式在一小群人之间共享信息，而电子口碑的传播则可以在非同步模式下进行多线路多渠道的信息分享。

传统口碑通常来自个人和社会的小群体之间共享的信息，其影响通常局限于人们当地的线下社交圈。相反，因为全世界的消费者都可以通过互联网访问和阅读电子口碑，并且电子口碑具有非同步性，因此人们交换的产品或服务信息可以超越地理或时间的限制。随着更多的贡献者和消费者参与其中，这些交流的范围超越了小型个人网络，故而电子口碑的影响也随之超出当地社区的范围。

简而言之，与传统口碑相比，电子口碑的传播边界要大得多，传播者与消费者有更多的渠道来传播和获取电子口碑，产品和服务也能因此获得更广的认知度。因此，互联网使电子口碑与传统口碑营销相比达到前所未有的体量和覆盖面。

2. 平台渗透性

平台渗透性是指与产品相关的对话在形形色色的互联网平台和在线社区中进行的程度。在互联网这个大型分布型媒体中，对话可以分散在不同类型的平台和社区中。

对于电子口碑来说，平台的特征和性质会对电子口碑的产生与传播造成很大的影响（比如哪种产品会被讨论及其被讨论的频率）。这也意味着，对于营销人员来说，确定目标平台并准确测量电子口碑在多元化的互联网社区中的影响将更加困难。

3. 持久性

互联网上的大多数信息都是存档的，并能无限期公开给人们访问和使用。因此，电子口碑也能长期留存在互联网的公共资源中。寻求产品和服务意见的消费者可以"按需"索取相应的电子口碑。

4. 可观测性

电子口碑中的消息主要通过书面文字和图片进行传播，即文本性。因此，当消费者评估电子口碑的可信度和可用度时，信息的内容、观点的书写方式、使用的语言类型、其他语法和语义属性，以及消息来源的特征都会尤为突出。因此，电子口碑的形式、持久性和数量也使其相较于传统口碑更易于观察和测量。

5. 匿名性

传统口碑与电子口碑的信息发送者和接收者之间的联系强度也是不同的。传统口碑通常在亲戚、朋友和熟人之间（强关系）传播，而电子口碑大多数发生在陌生人之间（弱关系），即在电子口碑情境下，信息发送者具有匿名性。

互联网是一种相对匿名的媒介。在匿名的情况下，供应商和卖家很容易产生或出于商业目的，或出于娱乐目的的欺骗或者自利行为。例如，商家可能会采取"刷单"的方式来提高自家信誉度和好评率，或是利用给竞争对手"刷恶评"的方式来操纵舆论从而达到伤害对家的目的。这些非法的营销行为都大大降低了电子口碑的可信度和有效性。为了减少此类欺骗的可能性，消费者开始更多地关注电子口碑的质量而不单单是体量。

随着电子口碑越来越主流和普遍，近年来各类平台开始提供与供应商和卖家质量及声誉相关的记录，公司也开始建立更为完善的在线声誉机制。这些建立在商家之前的行为和评论质量至上的在线声誉机制也极大地影响着电子口碑的产生和应用。

6. 效价

效价是指消费者在评价产品或服务时所给予的积极、消极或中立的评价。传统口碑的效价主要由个体之间交流的信息推断得出，这也使口口相传的消息有了被误解的可能性。

我们在前面讨论过，根据用户原创内容的形式可以将电子口碑分成两大类。第一类是在线反馈系统和评论网站的消费者评论，而第二类包括电子论坛、在线社区和在线社交网站中的产品评论与意见。前一类电子口碑通常包含一个数字评分的部分（比如李克特量表），并允许消费者根据自己的购买体验或产品意见对产品或服务指定一个数字评级，因此这类电子口碑的效价会更为明确，也不太可能被误解。相反，后一类的电子口碑则类似于传统口碑。它们缺乏明确的数字评级，因此其效价也较为不明确并且更依赖于人们对交流的信息内容的推断。

7. 社区参与

传统的口碑传播通常发生在面对面或一对一的环境中（比如面对面的交流），而电子口碑传播则发生在以计算机为媒介、更为复杂的环境下（比如电子邮件、即时通信、博客、论坛、在线社区、评论网站等）。传统口碑营销中的对话通常更为私人，对话的参与者的距离较近，因此他们可以从大量的社交和情境线索中获取信息。相反，对于电子口碑营销来说，在线社区中的对话通常对大众可见，因此电子口碑的传播参与者可以与这些社区的用户进行自由交流。这些在线社区的用户因为对特定产品、服务、主题或活动的共同兴趣而走到一起。在大多数情况下，他们彼此不认识，只通过在线交流来维持他们的关系。这种只在网络上进行交流的特性也为电子口碑的产生和消费方式增加了几个有趣的研究角度。

消费者的社区参与度是商家可持续竞争优势、盈利能力和获得消费者忠诚度的关键。电子口碑的相关网站（比如第三方评论网站）允许用户聚集并形成专业化、无地域的在线消费者社区。这些电子口碑社区不仅为消费者提供了讨论产品或服务和发泄不满的平台，还提供了互相学习产品或服务的使用方法的论坛。

大量的实证研究已经检验了这些社区在当代企业与客户关系中扮演着重要角色。营销人员可以先让电子口碑在一批社区中的支持者（即过渡层消费者）中传播，再通过支持者与终端消费者的互动而达到影响最终消费者的目的。通过电子口碑社区中过渡层消费者这一新的影响力层级实现的"企业－消费者－消费者"的互动体验对于提升营销客户的参与度非常有效。

表 9-2 总结了传统口碑和电子口碑之间的差异。

表 9-2 传统口碑和电子口碑之间的差异

特征	传统口碑	电子口碑
影响范围	信息是在一小群线下的个体社交网络之间共享的	由于世界各地的消费者都可以通过互联网访问电子口碑，其影响可以超过当地社交网络的范围
发生情境	通常发生在面对面的情境下	发生在以计算机为媒介、更为复杂的情境下
社交网络关系强度	通常发生在亲戚、朋友和熟人之间（强关系）	大多数电子口碑传播发生在陌生人之间（弱关系）
私密性	传统口碑的对话大多是私人的	通常是公开的
匿名性	参与者通常是已知的	参与者大多是匿名的
扩散速度	人们以同步模式在一小群人之间共享信息	电子口碑的传播是非同步、多线路、多渠道的信息共享，因此电子口碑可以实现更为高速的信息传播
持久性和可观测性	口口相传不具备持久性和可观测性	电子口碑更为持久，并且无限期公开给人们访问
可测量	传统口碑不易被测量	电子口碑的文本性和可观测性使其更容易被测量
体量级	传统口碑体量较小	电子口碑的数量更多

资料来源：ISMAGILOVA E, DWIVEDI Y K, SLADE E, et al. Electronic word of mouth(eWOM)in the marketing context: a state of the art analysis and future directions. ［M］.Berlin: Springer-Verlag, 2017.

9.2 用户的参与及电子口碑的产生

9.2.1 电子口碑的产生

消费者通常利用电子口碑分享他们在购买产品、体验服务或与品牌互动的消费体验。

有的消费者选择将自己的消费体验发布在产品评论网站上或者在线社交网络上，以供朋友或者他人参考。然而，并不是每个消费者都会在消费后分享自己的看法和体验，这也激发了研究者对影响电子口碑产生的因素的探索。换句话说，研究电子口碑的产生也就相当于探讨消费者贡献电子口碑的前因，即为什么人们有通过电子口碑来分享的意愿。现有文献表明，顾客满意度/不满度和购前预期、忠诚度、承诺和帮助企业的意愿以及信任是电子口碑的主要前因或产生动机。

1. 顾客满意度/不满意度和购前预期

顾客满意度是指顾客或者消费者的消费需求通过他们购买产品、体验服务或者与品牌互动被满足的程度。不论是满意还是不满都能促使消费者积极地贡献其对产品或服务的看法。

目前文献中存在两种对于满意度与电子口碑贡献关系的解释。第一种解释基于期望确认理论或者期望不一致模型，它主张顾客对于一个产品和服务的评价意愿取决于他们基于购前期望与购后绩效的对比结果的满意度。第二种解释则强调顾客满意度不仅仅与其认知相关，更包含了情感维度。因此，基于情感的满意度是激发消费者推荐行为并影响他们积极传播电子口碑的主要原因之一。具体而言，如果产品或服务的绩效表现超出他们的购前预期，他们更有动力去和他人分享其正面的购物体验，而如果他们的期望没有得到满足，他们就会更愿意通过电子口碑来宣泄这种不满意所产生的负面情绪。

2. 顾客忠诚度

顾客忠诚度，也称为顾客黏度，是指顾客/消费者出于对产品、服务、品牌或公司的依附性偏爱而经常性重复购买其产品或服务的程度。它主要通过顾客的情感忠诚（即顾客对产品/服务/品牌/公司的理念、行为和塑造的形象的认同程度）、行为忠诚（即顾客具体的重复消费行为）和意识忠诚（即顾客的未来消费意向）反映顾客的留存和重复消费意愿。许多研究认为电子口碑是衡量顾客忠诚度的一个指标，并证实了忠诚度与电子口碑的贡献意向呈正相关，即忠诚用户更愿意撰写和提供电子口碑。

3. 顾客承诺和帮助企业的意愿

顾客承诺体现了消费者与商家保持关系的意愿。其测量可以是单维度的，也可以是多维度的。单维度的测量方法通常只反映顾客承诺的情感维度，而多维度的测量方法则进一步区分顾客的情感性承诺（即正向的情感依恋）和持续性承诺（即基于脱离商家所产生的成本的承诺）。情感性承诺的顾客通常更愿意积极地贡献电子口碑，也会更努力地帮助和支持商家；而持续性承诺的用户则相反。

4. 顾客信任

顾客信任是指顾客对于产品、服务、品牌或企业的认同和信赖。它体现了顾客对于交易另一方的可靠性和正直性的信心，而这种信心是营销环境中信任的重要组成部分。部分研究发现，消费者对商家的信任会正向地影响消费者的电子口碑行为，而这种正相关也在一些荟萃研究（meta analysis）中得到进一步验证。

9.2.2　用户参与及传播动机

从逻辑上看，电子口碑作为传统口碑的一种衍生形式，与顾客/消费者传播传统口碑有着相同的核心动机。动机是指驱使个人采取行动的一种动力，而识别动机对于理解个人行为非常重要。动机常产生于一种不平衡的体系或者不安的状态下。人们通常都有一种保持平衡的基本愿望，因此当状态失衡时，人们会通过选择一个目标来促使平衡恢复，从而使他们从紧张的状态中解脱出来。

从传统口碑营销和电子口碑营销的文献来看，顾客/消费者参与及传播电子口碑的动机，即促使顾客/消费者在互联网上花时间和精力表达自己看法与评价的驱动因素主要包含利他主义、自我价值提升、情感宣泄、社交需求和经济激励。

1. 利他主义

利他主义是指消费者出于自愿且不求回报的、为了帮助其他人的行为。

从利好其他消费者的角度来说，这种利他主义主要体现在消费者的同理心和他们对其他消费者的关心上。一方面，消费者通过提醒他人来帮助他人避免拥有和其相同的负面体验；另一方面，他们也试图通过分享自己的正面体验来帮助他人购买正确的产品或做出更为合适和正确的购买决定。同时，帮助他人后所获得的愉悦感也能激励消费者更积极地参与电子口碑的传播。

从利好产品和卖家的角度来说，这种利他主义主要体现在互惠性上。消费者获得满意的产品或服务体验后，可以通过电子口碑的传播来回报商家，从而帮助商家进一步成功或者保持竞争优势。

在线平台可以提供"识别精英评论者"或"意见领袖"的机制，来识别提供过有用电子口碑的用户。此外，在线平台可以开通私信功能，允许贡献者和读者通过私信联系，并为读者提供感谢贡献者的沟通渠道。

2. 自我价值提升

提升自我价值是人类最基本的动力。人们喜欢积极地展示与自己相关的事物，同时这些展示也会影响其他人对他们的看法。因此，人们通常会通过分享信息来塑造和提升自己的形象。提升自己的地位、声誉和价值是消费者在互联网上发布产品评论的主要动机，而且此类动机也和人们的个性相关。换句话说，人们通过发布和分享对产品的评论与看法来获得他人的正式或非正式的认可。其中，非正式认可可以是来自他人对自己评论或者评价的反馈，而正式认可则通常由平台运营商规定和定制。例如，在线平台可以在评论者的资料中添加公开可见的线索，比如会员时长和评论的数量。平台还可以引入"达人""专家"或者"大V"等个人资料徽章，并以此吸引其他用户的更多关注，从而提高他们的地位。

3. 情感宣泄

人们可以通过在社交网络分享情绪来调节个人情绪。首先，这种情绪分享可以帮助人们更好地处理引起负面情绪的经历。愤怒或不满的消费者可以通过分享和传播电子口碑来发泄他们的情绪。其次，消费者通常相信负面电子口碑会对商家产生很大的影响。因此，这种情感宣泄型的电子口碑可以让消费者从惩罚商家的负面体验中获得心理上的解脱和满足，从而进一步调节自己的情绪。

现有研究发现电子口碑的传播具有很强的负向倾向。负面口碑的传播范围更广、传播时间更长，而且传播方式比正面口碑更精细，因此比正面口碑更具有影响力。对于企业来说，通过增强对电子口碑传播流程的理解来学习如何更有效地应对负面电子口碑也变得至关重要。例如，商家应该通过正当的理由、道歉和改善产品质量的决心及行动来处理负面口碑。另外，商家也可以为消费者提供更容易直接联系的渠道，或者更积极、及时地回答消费者的投诉。

此外，消费者参与电子口碑贡献和传播的动机也可以是与成功的消费体验所导致的正面情绪的表达相关的。人们对正面的消费体验以及从体验中获得的喜悦有强烈的分享欲，电子口碑为消费者满足情感宣泄的需求提供了一个有效的渠道。

4. 社交需求

消费者的社交需求是指他们对社交互动的渴望。在线平台可以为用户提供创建个人资料、公开个人资料给其他用户、添加其他用户为朋友、和其他用户交流的机制。此外，平台可以通过营造虚拟社区的感觉来鼓励消费者分享新话题和参与到与其他消费者的评论互动中，并以此帮助消费者获得社区归属感。

消费者通过在线上评论和意见平台上发表其对产品和商家的评论与看法以及与其他消费者的交流来实现个人身份认同和社会融合，并由此融入虚拟社区，而他们与虚拟社区的联系也代表了其个人的社会利益。确切地说，消费者在虚拟社区发帖和互动不仅彰显了他们在虚拟社区的存在感与参与度，也使他们从社区成员中获得社会利益。社区归属感、社交纽带、社会效益都是人们在互联网平台上表达观点、转发他人观点和积极参与电子口碑传播的动机。

5. 经济激励

经济激励（积分点数、优惠券、现金返利等经济诱因）也是消费者参与电子口碑的贡献和传播的动力之一。经济激励是电子口碑营销独有且区别于传统口碑营销的特征。与传统口碑营销不同的是，电子口碑营销通常是由第三方平台的支持而进行的。例如，一些平台采取顾客举荐制度，并为成功举荐新用户的顾客提供金钱奖励。在线评论和意见平台也通过提供优惠券、免费送货、网站积分等经济激励措施来提高用户电子口碑的参与度。

6. 其他因素

除了发现上述用户参与电子口碑的动机外，一些研究者还进一步调查了不同类型的消费者贡献或传播电子口碑的动机。例如，电子口碑贡献者可以分为三类：潜行者（多数为评论新手）、创造者（主要对撰写评论感兴趣的用户）和扩散者（更喜欢评论和转发他人的评论的用户）。创造者大多出于利他主义的动机，潜行者更多受到个人利益动机的驱使，而扩散者主要受社交动机驱动。因此，对于商家和营销人员来说，在虚拟社区的背景下识别和描述贡献者是一个重要的问题。

除此以外，还有一些研究也发现了某些调节变量对用户参与电子口碑的动机的影响，比如纽带强度、人口统计资料和产品类型等。另一部分研究还考虑了电子口碑营销动机对消费者参与口碑营销频率的影响。例如，社交利益动机对平台访问频率和评论数量的正向影响最强，而负面情绪的发泄与平台访问频率呈负相关。因此，消费者的口碑行为差异，比如提供口碑的频率，会因消费者的口碑动机而产生不同的影响。

9.2.3 用户参考电子口碑的动机

电子口碑的接受者是指寻求他人意见或参考他人产品或服务评论的个人。研究消费者寻求电子口碑的行为和参考动机有助于营销人员与企业更了解电子口碑对消费者决策的影响。常见的参考动机包括降低风险、寻求社会认可、减少搜索时间和精力、获取产品使用信息和实现社交互动效益。

1. 降低风险

消费者可以通过参考电子口碑而降低购买决策中的感知风险。当感知的购买风险较高时，人们会倾向于依赖人际信息来源。电子口碑中蕴含的信息为消费者提供澄清和反馈的机会。这可以减少他们购买产品或服务前的不确定性，帮助他们建立信心，有效地降低他们购买前的感知风险。

2. 寻求社会认可

寻求社会认可是消费者阅读在线评论的主要动机之一。消费者寻求和参考电子口碑的动机可以是为了购买被他人接受的产品或服务，也可以是为了了解产品的社会形象，或者是为了将自己对产品的想法与他人进行比较，来寻求他人对其购买决定的认可。

3. 减少搜索时间和精力

消费者也可能是为了减少购买决策中的搜索时间和精力而选择寻求、参考和阅读电子口碑中的信息。在产品种类繁多、信息量大的情况下，消费者需要花费更多的时间和精力获得产品及其替代品的相关信息，而电子口碑给消费者提供了一种能方便、快捷地获取产品或者购买信息的方式（整合和提供用户评论与推荐评级等），从而大大减少了消费者在信息搜索活动上所需要的时间和精力。多项研究在不同的情境下（比如在线书评、酒店评论或其他在线意见和评论平台）都发现消费者之所以选择参考电子口碑是为了节省决策时间和做出更好的购买决策。

4. 获取产品使用信息

消费者可以通过参考和阅读电子口碑的信息来获得产品相关的信息。例如，消费者可以获得关于新产品和服务的信息、学习如何使用产品，并解决与产品使用相关的问题。消费者对于电子口碑的依赖也随着产品特性变得更加复杂和专业而增加。同时，因为电子口碑是由产品的实际购买者和消费者提供的，消费者更愿意信任电子口碑中包含的产品信息和评价，而不是其他营销传播渠道的信息。多个电子口碑和社交网络相关的研究都发现，获取产品信息和发掘新产品是消费者在社交网络中寻求口碑的关键动机。

5. 实现社交互动效益

一方面，由于互联网能促进人际交流和互动，人们还可以通过在平台上寻找其他消费者的帖子来参与其他消费者的购物体验，从而产生对虚拟社区的归属感。从另一方面来说，参考和阅读他人贡献的电子口碑也会让消费者觉得他们有义务回馈社区。这也意味着消费者寻求和参考口碑的行为可以促使他们贡献口碑的行为。除此之外，这类参考动机还会影响用户访问在线意见平台的频率。例如，对社会互动利益感兴趣的人们会定期寻求和参考电子口碑，然而以降低风险为参考动机的消费者往往只在需要时才会偶尔参考电子口碑。这也表明，消费者与电子口碑相关的行为差异（征求意见的频率等）会因为消费者参考动机的不同而受到不同的影响。

9.3 电子口碑的劝导性及其评估和测量

电子口碑是消费者做出购买决策最重要的信息来源之一。消费者如何评估和测量电子口碑的劝导性（persuasiveness）不仅是了解电子口碑传播的关键之一，还影响着消费者的态度和购买意愿产品的可能性。现存的关于电子口碑劝导性及其评估和测量的研究主要集中在两个方面：可信度（credibility）和帮助度（helpfulness）。电子口碑可信度是指人们认为他人推荐的可信、真实或符合事实的程度，而电子口碑的帮助度则被定义为信息能帮助消费者做出购买决定的程度。根据耶鲁大学信息传播模型，信息传播的劝导性通常取决于传播者、信息内容和接收者三方面。

9.3.1 劝导性

电子口碑的劝导性（persuasiveness）是指电子口碑通过迎合消费者的需求和欲望来说服他们信任或购买产品/服务的能力。

详尽可能性模型（elaboration likelihood model）是研究电子口碑劝导性的一种常用模型。它强调不同动机和能力的人对于和议题相关的信息的处理与使用方式的不同，而这不仅导致了人们态度和行为的改变，还影响了人们对信息来源的判断。

详尽可能性模型区分了两种劝导路径：核心路径（即当消费者基于理性认知的因素有逻辑地判别信息时）和外围路径（即当消费者通过信息的外围因素，比如产品广告、代言人等来判断信息时）。消费者参考电子口碑的动机以及消费者自身的专业知识水平都会影响消费者信息处理路径的选择。动机和能力较高的消费者会更倾向于选择核心路径，而动机或者能力较低的消费者则会更倾向于选择外围路径。一些核心路径的选择因素包括论点质量、信息质量等，而一些外围路径选择因素包括来源可信度、信息一致性和信息评级等。

9.3.2 可信度

人们对信息可信度的判断是信息劝导过程中的早期的一个重要阶段。这种判断也决定了接收者从接收到的信息中学习和采用的程度。许多研究都证明了信息可信度和信息的采纳之间的联系。当消费者认为收到的电子口碑中的信息具有较高可信度时，他们对于基于此信息来做出购买决策就会更有信心。在大多数的情境下，电子口碑的传播和交流都发生在以前没有关系的人们（即弱关系）之间。因此，研究消费者如何评估和测量这些交流信息的可信度对于理解电子口碑的传播和影响就变得至关重要。前面提到，电子口碑的可信度受到信息内容、来源和接收者三方面因素的影响。

1. 信息内容

信息内容方面的主要因素包含内容、推荐的一致性、评级、质量和数量。

电子口碑中信息内容的论点强度、偏向性、效价、正负信息比例、形象、强度和图像等都可以影响消费者对其可信度的评估。除此之外，大量研究表明，推荐的一致性、质量和数量与电子口碑的可信度呈正相关。电子口碑的评级也可以帮助消费者判断电子口碑的可信性。例如，如果一个产品的综合评级很低，但是一个评论却对该产品的评价很高，那么阅读这个评论的消费者就会质疑这条信息的可信度。

除此之外，在不同产品种类、商业情境和调节变量的情况下，消费者基于这些因素的可信度判断也会有所不同。例如，当前文献在不同的情境下对于正面电子口碑和负面电子口碑的相对可信度并没有定论。之前的研究也从语言学角度分析过信息内容与可信度的联系。电子口碑包含了大量有关结构、格式、内容属性、信息取向、词汇数量、词汇丰富度、人称代词和副语言特征等方面的信息，而这些丰富的信息可以为判断在线评论的真实性提供有价值的线索，从而帮助消费者评估和评测电子口碑的可信度。

2. 信息来源

信息来源的特征也会影响电子口碑的可信度。信息来源方面的因素包含信息源的专业知识水平、诚信、声誉、吸引力、感知的社会关系和来源类型。例如，消费者认为来源于高水平的专业、高诚信度、高声誉、相似社交圈和强社交纽带（即强关系）的电子口碑信息更为可信。除此之外，评论者的写评论经验以及吸引力（包含信息源与信息接收者的相似性、熟悉度和亲和度）也可以影响消费者对于电子口碑信息可信度的判断。另外，电子口碑信息是否为消费者原创或商家创造，也可以作为消费者判断电子口碑信息的可信度和实用性的重要线索。具体来说，在网络社交媒体中，比起商家发布的产品相关信息，消费者更为信任和愿意采纳其他用户原创的内容。

3. 信息接收者

信息接收者方面的因素包含信任倾向、与先前的信念的一致性、介入 / 参与程度、文化特征、与商家之前的接触和消费者专业知识水平。例如，文献表明信任倾向、与先前的信念的一致性以及与商家过去的满意的交易经历都和消费者感知的电子口碑可信度呈正相关。先前对产品有更多了解的消费者也会比没有了解的消费者对负面电子口碑更为敏感。另外，一些调查电子口碑在不同文化情境下的研究还发现，文化特征能在信息偏向性和信息一致性对电子口碑可信度的影响中起到调节作用。电子口碑信息接收者的个人主义倾向越高，论点质量对其信息可信度的影响越强。

表 9-3 列出了与电子口碑可信度相关的决定因素。

表 9-3　与电子口碑可信度相关的决定因素

分组	因素	细节
信息内容	内容	论点强度、偏向性、效价、正负信息比例、形象、强度、图像
	推荐的一致性	对同一产品或服务而言，电子口碑信息与其他消费者评价的一致程度
	评级	推荐评级，平均产品评级
	质量	相关性、及时性、准确性、全面性
	数量	在线评论总数
信息来源	专业知识水平	一个人能够提供正确信息的程度
	诚信	接收者对信息传播者的信任程度
	声誉	网站 / 平台和评论者的声誉
	吸引力	相似性、熟悉度、亲和度
	感知的社会关系	同质性、社交纽带强度
	来源类型	由用户 / 消费者原创、由市场营销人员 / 商家发布
信息接收者	信任倾向	愿意依赖和信任他人的程度
	与先前的信念的一致性	接收者先前的信念与接收到的有关产品 / 服务的信息之间的确认 / 不确认程度
	介入 / 参与程度	接收者对产品 / 服务的心理认同程度和情感联系程度
	文化特征	个人主义或集体主义倾向
	与商家之前的接触	与产品 / 服务提供者之前的接触、体验
	消费者专业知识水平	先前对产品或服务的了解程度

资料来源：ISMAGILOVA E, DWIVEDI Y K, SLADE E, et al. Electronic word of mouth (eWOM) in the marketing context: a state of the art analysis and future directions ［M］. Berlin: Springer-Verlag, 2017.

9.3.3　帮助度

人们把能帮助和支持他们做购买决策的信息认为是有帮助或有用的信息。因为具有劝导性或说服力的电子口碑可以影响消费者的态度和购买意愿，因此电子口碑对于公司来说是一种可以用来影响消费者对他们的产品和服务的评价的有用工具。换句话说，被消费者认为是有帮助的评论，往往比其他评论更能影响消费者的态度和购买决定。因此，大量的研究致力于识别影响消费者评论的帮助度的因素。和电子口碑的可信度类似，影响电子口碑帮助度的因素主要在信息内容、来源和接收者方面。

1. 信息内容

与信息内容相关的因素包括信息评级、内容、质量和数量。研究发现了大量能影响电子口碑帮助度的、从信息内容中提取或挖掘出的因素，例如，客观性 / 主观性、情绪、情绪强度、评论格式、评论类型等都能影响消费者对于电子口碑信息的帮助度的判读。

2. 信息来源

与信息来源相关的因素则包括了评论者的排名和关注者的数量、专业知识水平、诚信和来源类型。例如，在网站上排名靠前、有更多粉丝、有更高专业知识水平、更值得信任的用户所发布的电子口碑对消费者更有帮助。

3. 信息接收者

与电子口碑可信度类似，不同的信息接收者对同一信息的帮助度的感知是不同的。例如，消费者的介入程度（参与程度）以及专业知识水平都会影响消费者评估和感知电子口碑的帮助度。当消费者的参与度较高时，他们会更加关注电子口碑信息的内容而不是如产品火爆度等非信息内容。除此之外，消费者对产品和服务的了解程度越高，他们越会觉得围绕产品属性的而非围绕产品效益的电子口碑更有用。

表 9-4 列出了与电子口碑帮助度相关的决定因素。

表 9-4　与电子口碑帮助度相关的决定因素

分组	因素	细节
信息内容	评级	评级不一致性、整体星级评级
	内容	长度、负面词汇百分比、图像、效价、客观性／主观性、情绪、情绪强度、详细信息、解释的行动和反应、评论格式、评论类型（单一／多方面产品属性评级）、评论诊断性、技术信息、论点多样性、专业主张、有说服力的词汇的比例
	质量	相关性、及时性、准确性、全面性
	数量	在线评论总数
信息来源	评论者的排名和关注者的数量	其他用户对评论者的评价
	专业知识水平	一个人能够提供正确信息的程度
	诚信	接收者对信息传播者所给出的信息的信任程度
	来源类型	由用户／消费者原创、由市场营销人员／商家发布
信息接收者	介入／参与程度	接收者对产品／服务的心理认同程度和情感联系程度
	消费者专业知识水平	先前对产品或服务的了解程度

资料来源：ISMAGILOVA E, DWIVEDI Y K, SLADE E, et al. Electronic word of mouth (eWOM) in the marketing context: a state of the art analysis and future directions.［M］. Berlin: Springer-Verlag,2017.

9.3.4　可信度和帮助度的对比

可以看出，影响电子口碑可信度和帮助度的因素有部分重叠。尽管如此，消费者对于电子口碑可信度和帮助度的评估和判断不尽相同。一方面，相比于评估电子口碑的可信度，消费者在评估电子口碑信息的帮助度时更关注信息所处的情境。例如，评论的长度、专业要求、技术信息含量、情感和劝导性词语的含量会影响消费者对电子口碑的帮助度的评估，但是不会影响他们对其可信度的判断。此外，在评估电子口碑信息来源以确定其帮助度时，消费者往往并不考虑其声誉、吸引力和感知的社会关系。然而，这些因素在他们评估可信度时则至关重要。

另一方面，电子口碑中与其他消费者有关联的因素，比如由大量评论综合得出的产品综合评级和推荐评级，被认为是消费者判断电子口碑可信度的重要因素。除此之外，信息内容相关因素比如评论效价，图片含量、质量、数量，以及信息来源相关因素比如诚信度、专业知识水平、来源类型也被认为是同时影响电子口碑的可信度和帮助度的判断因素。

电子口碑劝导性的研究不仅加深了人们对消费者如何在不同场景下评估电子口碑可信度和帮助度的理解，还为营销人员和商家更有效地进行电子口碑营销提供了实用的建议，同时也可以指导平台设计出更能帮助用户处理电子口碑和评论的功能。例如，大众点评网添加了点赞、回复和收藏等关于评论帮助度的小功能。通过这些小功能，消费者可以更容易地对评论的内容进行评估，商家也能更容易地在大量评论中发现更具价值的评论，并能选择在其商家页面优先展示这些精品评论。

9.4 电子口碑的影响

关于电子口碑营销影响的研究可以分为两大类。第一类是个体层面的分析。这类研究认为电子口碑的发送者和接收者之间的沟通可以改变接收者的购买决策相关的结果，比如购买态度、意愿、决定、商品选择、忠诚度、信息采纳和信息过载等。因此，探索电子口碑对消费者层面的影响能促进人们对消费者行为的理解。

第二类是市场层面的分析，研究人员关注市场层面的参数，比如产品销售量。这些研究使用来自网站的面板数据来量化电子口碑传播对产品销售的影响。

9.4.1 对用户信息获取的影响

电子口碑对用户信息获取的影响主要体现在信息采纳和信息过载两方面。

1. 信息采纳

电子口碑信息采纳是指人们在做出购买决策时接收和使用电子口碑的程度。当消费者接收和采纳电子口碑中的信息时，他们的态度会因此而改变，这也随之影响了他们的决策过程和购买决定。根据大量研究，能影响消费者信息采纳的电子口碑特征如下。

（1）效价。

（2）数量。

（3）信息的可信度、质量、全面性、一致性、诊断性、论点的强度。

（4）信息来源的可信度、吸引力、同质性（homophily）、社交纽带强度。

（5）与接收者先前的信念的一致性。

（6）其他调节因素，比如消费者的专业知识水平、介入程度、品牌承诺、平台类型等。

其中，多项研究都表明电子口碑的可信度（包括信息来源和信息的可信度）是消费者愿意采纳电子口碑信息的基本要求。除此之外，一些和信息帮助度相关的因素，比如信息一致性、数量、信息诊断性等，也和电子口碑信息采纳呈正相关。

2. 信息过载

当人们面对大量的、超出个人处理能力的电子口碑信息时，信息过载的情况就会出现。消费者并不会仅仅因为大量的电子口碑信息而感到信息过载。处理不同内容、类型和格式的电子口碑信息需要不同的认知水平和付出，因此，电子口碑信息过载不仅取决于电子口碑的数量，还取决于电子口碑信息的类型和格式。

电子口碑信息过载对消费者有多方面的影响。例如，它会导致消费者的满意度下降、信心减少并且会对产品选择更加困惑。除此之外，研究发现尽管丰富的电子口碑信息可以提升消费者的信任程度和购买意愿，但是当电子口碑信息的负荷过度时，消费者感知的信息有用性、信任和购买意愿则会相应地降低。

9.4.2 对态度、购买意愿和购买行为的影响

对电子口碑对消费者购买行为或者产品选择的影响的研究可以分为两类。第一类研究通过实验或调查问卷的方式研究消费者对于产品的态度或者购买意愿。

1. 消费者态度

消费者态度被定义为一种通过一定程度的赞成或不赞成某物来表达的心理倾向。电子口碑能影响消费者对产品、品牌和网站的态度，而消费者的态度则会随之影响他们的购买意愿，电子口碑影响消费者态度的因素如下。

（1）效价：电子口碑可以影响消费者感知的品牌的形象。品牌的负面评论会使品牌形象受损，而品牌的正面评论可以积极地影响消费者感知的品牌形象。

（2）认知契合：当消费者的阅读方式和信息的呈现格式在认知层面上更为契合时，消费者的阅读态度也会更加积极。

（3）观点的极端性：极端的正面评论才能提升人们对品牌的印象，而温和的负面评论就能让这种提升效果付之东流，更严重的是，极端的负面评论比稍微负面的评论对消费者态度有着更大的影响，甚至可能让品牌的形象毁于一旦。换言之，人们对负面或极端信息的重视程度高于正面或温和的电子口碑信息。

（4）信息来源的可信度：电子口碑的信息来源可信度影响消费者对品牌的态度。

除了对信息接收者的态度有影响外，电子口碑还可以影响电子口碑信息贡献者和传播者的态度。例如，传播正面电子口碑的消费者的态度会变得更加积极；相反，传播负面电子口碑的消费者则会变得更为消极。因此，与传统口碑对传播者的影响类似，电子口碑的传播者也能通过传播电子口碑而改变他们对于产品和品牌的态度以及对于自身的认知。

此外，消费者的介入/参与度以及平台类型也是调节电子口碑对消费者态度影响的变量。

（1）消费者的介入/参与度。随着消费者参与度的增加，高质量的负面电子口碑对消费者态度的影响高于低质量电子口碑的影响。除此之外，当产品的评论数量较少或者推荐度较低时，低参与度的消费者的态度和意图会受到适度的影响，但是高参与度的消费者则不会受到影响，同时高参与度的消费者对产品的态度和购买意愿随着评论数量的增加呈现先增加后下降的趋势，即倒 U 形曲线。

（2）平台类型。比起商家或者营销网站上的电子口碑信息，消费者往往对于在线评论

网站上的类似评论拥有更为积极的态度。

2. 消费者购买意愿和购买行为

购买意愿被定义为消费者购买一种产品的可能性或意愿。大量研究通过识别电子口碑信息中影响消费者购买意愿的因素来推测消费者的购买行为，验证了购买意愿和实际购买行为之间关系的统计显著性。以下是影响消费者购买意愿的电子口碑相关因素。

（1）效价。

（2）与先前期望的一致性。

（3）信息类型。

（4）视觉和图像信息。

（5）信息来源的可信度。

（6）实用性。

（7）网站声誉。

第二类研究则是利用消费者个人层面的二级交易数据来对电子口碑如何影响消费者的实际购买行为和产品选择进行实证研究。

首先，一些研究分析消费者的评论和购买数据，并通过建立计量经济学模型来探索电子口碑相关特征对消费者产品搜索、实际购买行为和产品选择的影响。这类研究中常见的电子口碑有以下特征。

（1）效价。

（2）效价离差。

（3）数量。

（4）评级。

（5）竞品的电子口碑的以上计量数据。

其次，随着点击流数据的普及，还有些研究模拟消费者参考电子口碑信息并评估产品的过程。例如，一项基于在线书评的研究发现，消费者从其他人的在线书评中获得的信息比他们自己阅读同类书籍的经验要多，而这随之影响他们对书籍的评价和选择（Wu 等，2015）。另一项研究则具体研究了消费者参考的电子口碑的信息内容如何影响他们的购买转化率（Xiao 等，2019）。

9.4.3　对产品销售的影响

大量的电子口碑实证研究在不同的情境下验证了电子口碑的传播对产品和服务的销售的影响。这类研究分析来自网站的面板数据，从而量化与电子口碑相关的因素或者计量指标对产品销售的影响，包含以下情境。

（1）电子产品：手机应用下载量、电脑软件销量、电视节目收视率等。

（2）实体产品：低介入产品（书籍、CD 等），高介入产品（手机、电子相机、笔记本电脑等）的销售。

（3）线下服务：餐馆、酒店销售额等。

文献中已发现和证明了以下电子口碑相关指标对产品销售的影响，其中最常用的电子口碑指标是其效价和数量。

（1）效价。

（2）数量。

（3）不一致性。

（4）信息来源。

（5）竞品的电子口碑。

除此之外，在研究和理解电子口碑对销量的影响时，也需要考虑电子口碑作为前兆和结果的双重作用。具体来说，电子口碑会带来更多的产品销售，而产品销售反过来又会带来更多的电子口碑以及更多的产品销售。因此，正反馈机制表明，电子口碑不仅是消费者购买的驱动力，也是销售的结果。这也意味着过去或者现有的电子口碑将显著影响着未来的口碑。因此，电子口碑是内生的，它不仅影响消费者的购买行为，还是消费者购买的结果。

9.5　电子口碑的管理与分析

消费者利用在线平台来传达他们意见和声音，而这类电子口碑通常能对公司的产品开发、改进和销售以及资源规划等多方面提供非常有价值的信息。作为消费者购买决策重要的信息来源，电子口碑已成为研究消费者行为最为重要的大数据来源之一。除此之外，因为消费者对企业回应的满意程度会影响其重复购买行为和传播口碑意愿，所以企业的回应线上评论和意见的方式与策略也至关重要。

9.5.1　处理与回复策略

互联网使消费者能够用更少的时间和成本向更多人抱怨与分享他们的糟糕经历。这些负面口碑会使人们对这个企业或品牌产生负面的印象和认知。因此，企业需要及时监测并且有效地对这些负面口碑进行干预。通常，出于对电子口碑传播的有限控制力以及对负面口碑的影响力的忌惮，许多企业都采取回应负面评论，而非阻止人们评论或删除负面评论的策略。如果一家企业阻止消费者发布负面评论，这将消除其粉丝的潜在积极评论，从而使其失去正面的口碑和客户反馈；如果企业删除这些负面口碑，那么发布者和其他人则可能会进行报复性传播或更为肆虐的恶评。因此，"回复"是多数企业对负面口碑采取的措施。

1. 获取渠道

企业可以从两种渠道获得消费者在互联网上发布的评论。其一，企业可以在用户原创内容网站发现和获得有关自己企业的电子口碑及评论。其二，企业也可以直接在其评论端或者企业运营的评论网站获得相关的评论。

2. 处理策略

企业针对获取的评论的处理首先取决于该企业是采取主动策略还是被动策略。

主动策略是指企业主动回应各类消费者评论与产品相关的讨论。当采取主动策略时，企业同时也需要考虑获取的评论和讨论所来源的平台类型。例如，当企业介入发生在用户原创内容网上的评论和讨论时，该企业会被认为是侵入性的，这可能会导致消费者对该企业的负面评价。然而，如果企业回复自己的评论端或者与自身相关的评论网站（即消费者认为的被企业所监控的反馈平台）上的相关评论和讨论，消费者则不会认为该企业的回复是侵扰性的；相反，他们会认为这是一个该企业关心其客户并认真对待他们的问题和需求的象征。

被动策略指企业只在消费者在评论中表明或暗示需要回复（即差评、抱怨以及索求赔偿等）时进行回应。若企业采取的是被动策略，那么不论平台类型如何，消费者通常都认为企业的介入和回复是合适的。

3. 回复策略

针对获取的负面电子口碑和消极评论，企业的回复策略一般可以分为三类：无措施、积极措施以及防御措施。

无措施策略是指企业对负面电子口碑或者消费者要求解决问题的需求不提供实质性的意见或不采取公开的行动。通过此策略，企业在互联网上保持沉默，以便从负面事件中分离出来。这种策略在企业没有受到公开指责、或企业觉得自身责任较轻、不恰当的回应可能会导致更严重的后果时都有可能有用。然而，不采取任何回应也会使得这些传播的负面信息受到较少的质疑，从而影响企业的声誉。除此之外，相当一部分的消费者选择在互联网上公开抱怨通常是因为他们希望得到企业的回应。

积极措施则包含任何类型的道歉、补偿和纠正措施，即企业承认对问题的责任，并准备采取行动来解决它们。当人们认为企业应该对问题负责时，他们会期待企业做出迁就性的回应。通过承认对负面事件的原因负责，企业可以提高消费者的信任，并影响他们未来的购买意愿。甚至给予部分赔偿就足以使企业挽回消费者的积极态度。

防御措施则包括否认对消极事件的责任、指责他人和攻击原告的任何形式。虽然防御性策略可能在问题的根源难以追溯时起作用，但是在大多数情况下，防御措施往往会使问题恶化并损害企业的声誉，因为当一家企业否认其对负面事件的责任时，它会导致消费者对企业产生负面印象。除此之外，当其他旁观消费者目睹企业的防御性措施后也更容易将负面事件归咎于该企业。

除此之外，企业也需要考虑和决策回复评论时的其他细节，包括定制化（比如使用第二人称或直接称呼消费者）、口语化（比如使用日常对话、感叹词、表情符号）等。

◎ 应用案例 9-1

钉钉与小学生们的一星差评

2020 年，受新冠疫情影响，许多人需要居家办公，各式各样的远程办公软件也就成了刚需。阿里巴巴旗下的钉钉作为此类软件中的龙头之一——时风光无限。然而，好景不长，与其急速飙升的下载量相应的是其手机应用商店评分的急剧下滑，而这主要源于一场钉钉和学生之间的"拉锯战"。

1."五星好评，分期打星，每期一星"

2020 年，全国多个省份积极响应教育部"停课不停学"的号召，加入钉钉的"在家上课计划"，并要求学生在家通过钉钉打卡学习。超过 2 万所学校、1 200 万学生参与到这个网络平台学习计划中。然而，学生却不情愿选择这种强制性在线打卡学习的方式。当"1 星 App 会被应用商店强制下架"的说法被传开后，大量学生不约而同地冲进钉钉下载页面，给它打出一星评价，并留下了许多让人忍俊不禁的评论。学生们一面在文字评价中"夸赞"钉钉，一面留下了一星的差评，极具反讽效果。钉钉在应用商店的评分也从原本的 4.9 分迅速降到接近 1 分。

随后，up 主"虾仁蒸饺 z"在目睹小学生疯狂刷一星的行动后，在社交原创视频平台 Bilibili（B 站）发布了鬼畜视频《午夜凶钉》，迅速获得极高的播放量和弹幕。截至 2020 年 2 月 20 日，该视频获得 635 万次播放量、55.3 万点赞、20.3 万转发，一跃成为全站热门视频。而"此生无悔入钉钉，分期付款给五星""先有假期后有钉，反手好评带一星"等押韵搞笑的弹幕评论也在学生和年轻人之间迅速传播。

2."鬼畜公关"化危机为机遇

对于钉钉来说，这样大量的一星评价严重影响着其电子口碑。钉钉需要迅速反应来应对这场由小学生发起的"一星差评"报复战。

钉钉深知自己的"对手"是一群小学生，传统的正式回应方式，比如"正式声明""严正警告""律师函警告"等不仅收效甚微，甚至还容易进一步激怒学生，造成恶劣的负面口碑。因此，钉钉巧妙地选择更为"年轻人""非正式"的方式来回应。

钉钉在微博平台发布了一个"请少侠手下留情"的自制表情包。尽管这一出"认怂"表现吸引了大量网友围观，但却收效甚微。

随后，钉钉迅速转至 B 站，先在 B 站发表情包认错，随后制作了多个迎合年轻人的"求饶"视频。其中，由钉钉公关团队填词、演唱、拍摄，并在 B 站和微博同步发布的"鬼畜"视频《钉钉本钉，在线求饶》，通过幽默诙谐的歌词、洗脑的旋律，以及搞笑的配图迅速斩获百万播放量，霸占 B 站全站日排行榜的头名。此外，这个视频巧妙地将网络用语融入歌词中，一边对老师和学生道歉，一边解释自己被教育部选中成为学生们的线上学习打卡 App 的"无奈"，还顺便表示如果差评形势得不到缓解自己可能会迫于无奈去自刷好评。

这一套接地气的公关操作让广大网友捧腹大笑的同时，还迅速扭转了舆论形势。钉钉在应用商店的评分也逐渐回升到 2.5 分以上。市场营销通常强调负面电子口碑对于品牌形象的不利影响，而钉钉这次优秀的电子口碑公关不仅有效地处理了差评可能带来的负面影响，还成功令自身出圈，并迅速扩大品牌认知度，让许多本来完全不知道它的人也记住这个"跪地求饶"的办公打卡软件。

资料来源：1.36kr，被小学生"吊打"，钉钉怕了，在 B 站哭着叫"爸爸"，https://36kr.com/p/1725135699969，2020-02-21.

2.新浪科技，钉钉自制"鬼畜视频"在线求饶：五星好评"少侠"一次付清，https://tech.sina.com.cn/roll/2020-02-17/doc-iimxyqvz3557856.shtml，2020-02-17.

思考问题

1.思考钉钉对一星差评的处理和回复策略。

2.分析如果钉钉采取了其他措施，这次电子口碑公关的结果可能会有什么不同。

9.5.2 监测、获取与分析

为了选择合适的策略来应对电子口碑的传播，企业有必要对不同类型的在线平台上的评论与讨论进行监控，并通过专门的工具来捕获和分析电子口碑。

1. 监测

利用收集的电子口碑，企业可以更容易监测到消费者的需求以及产品的销售状况，比如以下几点。

（1）更受关注和欢迎的产品或服务及其特点。

（2）消费者对待特定的产品、品牌和服务的看法与评价。

（3）消费者对企业的看法和评价。

2. 获取

科技的进步为企业捕捉和分析互联网上所有评价、意见等提供了机会。例如，企业可以通过编写网页数据爬虫或机器人来自动扫描和抓取网页上字段数据中的相关评论及讨论。除此之外，企业还可以利用评论或社交网站的应用程序编程接口（application programming interface，API）来收集电子口碑。尽管 API 有助于企业较为轻松地自动提取内容，但是企业能获取的信息却限于 API 提供商决定提供的信息。因此，企业在评估一些商业问题或使用数据上会受到一定限制。

3. 分析

电子口碑的数据分析一般分为三种：内容分析、情感分析以及网络文本分析。

内容分析也称作文本分析，是一种客观、系统、全面地描述和确定定性数据（即文本）中是否存在特定的单词、主题或概念的研究工具。通过内容分析，研究人员可以客观、系统地量化和分析特定词汇、主题或概念的存在、含义、关系、和传播内容中的各种语言与特性，并由此解析传播内容的信息、推测传播内容对于整个传播过程所产生的影响，甚至借以研究产生该项内容的环境背景和意义。同时，在线平台的管理者可以从可用性、语言的恰当性和内容的充足性等多方面监控客户的评论。

情感分析也称作意见挖掘，是分析个人对产品、服务、公司、个人、话题和事件的意见、评价、态度和情绪的研究工具，并被广泛用于电子口碑的分析研究中来捕捉和理解其他人的观点。

网络文本分析是以数据的内容和质量为基础，同时考虑词语之间在时间、空间维度上的关系以及交流的条件而进行的一种在线上对产品、服务和事件的相关对话和讨论的文本分析。通过网络文本分析，公司能够更深入地理解对话中的论点、信息优势和劣势，以及论点的中心地位等。

9.5.3　电子口碑的争议性与局限性

随着在线评论平台和社交媒体越来越受欢迎，人们对电子口碑的担忧主要体现在可信度和代表性两方面。一些企业可能会给自己或竞争对手留下虚假评论，从而削弱评论的可信度。例如，一些企业会直接或请第三方来给自己刷好评或给竞争对手刷差评。部分关于操纵电子口碑的研究表明，商家销售的产品的质量和平均评级越低，他们操纵评级或者制造虚假评论的可能性就越高。

这种虚假评论的盛行会损害消费者的信任，对在线评论门户网站和产品搜索引擎来说是一个巨大的威胁。这种违背了电子口碑目的的操作可能致使消费者完全放弃在线评论，继而导致在线评论信息量减少的情况。因此，建立一套区分商业（虚假）和非商业（真实）用户评价的标准/体系对相关研究者和从业人员来说至关重要。

1. 防御和处理虚假评论

对于相关平台的管理人员来说，解决这个威胁涉及两个主要步骤。

首先，确定哪些评论是不真实的。常用的评论与社交网站评论过滤和恶评防御机制包括版主审核评论、买家核实认证等。例如，大众点评通过技术手段主动识别假评恶评、拦截刷单炒信等违规行为。作为国内第三方在线评论的领头羊，它不仅长期优化和更新其假评恶评筛选算法，还定期迭代平台信誉机制，以此确保平台上在线评论的质量。

其次，确定如何处理这些虚假评论。对于较为确信的虚假评论，评论网站可以选择对它进行搁置、进一步审查、标注，甚至删除；对于恶意刷假评的企业和公司，网站可以指定相应的惩罚机制，比如将它排除在宣传和评级名单之外或在其网页上放置惩罚的标语，更有甚者，网站还可以采取相应的法律措施。例如，2015 年，亚马逊开始对 1 000 多名在其网站上提供虚假评论的人采取法律行动。此外，它还对 4 家在其网站上出售评论的网站提起了诉讼。亚马逊发言人表示，为了保持评论的可信度和帮助度，他们会继续使用一系列机制来检测并删除小部分违反其准则的评论。

2. 电子口碑系统性偏差

因为在线产品评论有助于消费者推断产品质量，所以电子口碑的效价或者平均评级通常会被当作衡量产品质量的指标。然而，人们也担心电子口碑会因受到各类系统性偏差的影响而不能准确反映产品质量。常见的电子口碑系统性偏差包括以下几方面。

（1）内容产生者的自我选择偏差。其中，获取偏差即对某一产品有良好倾向的消费者更有可能购买该产品并撰写评论；而漏报偏差即拥有极端评价（积极或消极）的消费者比拥有中等评价的消费者更有可能发表他们对于产品的评论。这两种偏差也是导致在线产品评论出现众所周知的 J 形分布（即正向倾斜、不对称、双峰的分布形态）的主要原因。

（2）内容偏差，即早期评论的内容会影响后期评论的贡献和内容。

（3）其他特殊情境下的偏差，比如共享平台过于正向的偏差和免费试用促销带来的电子口碑偏差（详见应用案例 9-2）等。

因此，尽管消费者在做出购买决定时越发重视产品的电子口碑，企业仍然不能忽视虚假评论以及电子口碑系统性偏差对于消费者信任以及电子口碑的准确性的影响。

◎ 应用案例 9-2

淘宝试用与测评

淘宝网是我国最大的电子商务网站。作为一个独立的电子商务平台，淘宝支持并促进了个体零售商 / 商店和消费者之间的交易。淘宝上有大量的独立店铺，每个店铺都可以自己决定出售的产品。

淘宝网于 2011 年推出了电子商务产品试用中心"淘宝试用"，并开始为店铺和消费者提供产品试用促销的选择。一个典型的免费试用促销活动通常遵循以下五个步骤。

第一步，淘宝店铺选择自己销售的一个产品并向淘宝试用提交此产品的免费试用促销活动申请。

第二步，淘宝试用批准申请，将目标产品放在"近期预告"栏目中，并告知消费者诸如产品名称、产品原价、促销规模（即提供的免费产品数量）和促销开始日期等信息。这一步骤通常在实际促销活动开始前几天完成。

第三步，抽样中心在促销开始时将目标产品移至"正在进行"部分，并允许淘宝用户申请目标产品的免费样品。这一步骤持续七天，之后目标产品将被移至"试用报告"部分。

第四步，淘宝试用中心会根据之前的试用申请和报告撰写的情况来选择申请者，成功的申请者即可获得一份免费样品。

第五步，在这些成功的申请者收到并试用免费产品后，他们需要在 20 天内为该产品撰写试用报告。这部分试用报告会与现有的用户评论和评级整合并呈现在商品页面（见图 9-1）。

通常情况下，一个完整的免费试用促销会持续一个月左右。一次促销提供的免费产品数量可以从一个到数百个不等。

详细的产品试用报告可以帮助其他的消费者更好地了解产品并做出正确的购买决策，也能为商家提供宣传功能。然而，"免费试用"的特殊机制也使得这类电子口碑更容易受到系统偏差的影响。

1. 免费试用的发展

免费产品试吃或者试用（也称免费试用）是一种常见于零售业的、重要的促销手段。零售商或者商家通常通过在商场超市设立免费试吃点或者随刊附赠的形式，免费为消费者提供一些样品。免费试用能让消费者在不需要任何花费的情况下通过体验样品来直接了解产品，这不仅能降低消费者对产品质量的不确定性，还能促使他们购买。因此，免费试用也一直被认为比其他传统营销策略更有效。

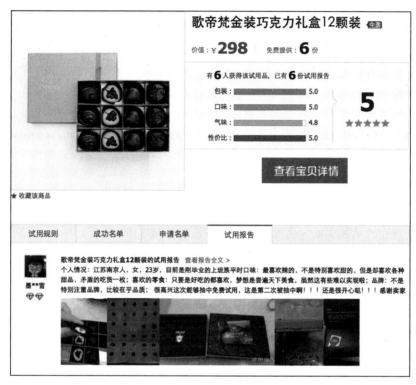

图 9-1　免费试用商品页面

这种策略最早被广泛用于线下的实体商品（比如食品和化妆品）体验，随后也被用于线上的信息商品（比如软件和电影）的试用。近年来，随着越来越多的电子商务平台（比如淘宝网、京东商城）推出自己的产品试用平台，基于电商平台的实体商品的免费试用也开始扩大规模。通常情况下，电商平台店铺 / 零售商能开展一段时间的产品试用促销并会在此期间提供一定数量的免费样品。然后，消费者可以通过申请免费样品来参与促销。平台会根据申请者的信誉、评论与购买历史来选取申请者。申请成功的消费者就可以随之免费获得试用的产品。在消费者体验完产品后，作为回报，他们需要为产品撰写详细的试用评论。这部分试用评论会与现有的用户评论整合呈现。

2. 免费试用与电子口碑偏差

传统营销学早在免费试用 / 试吃中证明了消费者的互惠性行为，即当消费者获得免费的产品时，他们会感到有义务对商家的有益行为做出更友好的反应。在电商平台免费试用的情境下，提供试用报道可以看作一种回馈商家免费产品的方式。因此，收到免费产品的成功申请者会表现得更加"友好"，也就会在撰写评论时为产品提供更高的评级。换言之，进行免费试用促销的产品会收到更正向的用户评级和评价。这也就使得产品的总体评价偏离其"真实"水平，并会削弱电子口碑的帮助度。除此之外，产品特征（比如定价、折扣力度、受欢迎程度）能提供产品价值的信息，也能调节产品评级的偏差。例如，免费试用对产品评级的影响在产品定价较高时更强，但在价格折扣较大和产品知名度较高时则较弱。

因为电商平台的评级系统极其依赖于其反映消费者对产品评价的真实性，所以免费试用所产生的电子口碑系统性偏差可能会对电商的用户评级体系造成破坏。因此，电商平台应该尝试一些能帮助用户纠正偏差的设计机制。例如，平台可以在产品网页上增加产品是否参与了免费试用的标签。此外，平台也可以根据量化后的偏差程度对网页上显示的评级值进行相应的调整。

资料来源：LIN Z, ZHANG Y, TAN Y. An empirical study of free product sampling and rating bias［J］. Operations Research:Management science, 2021(5/6):419-422.

思考问题

1. 根据电子口碑的定义，解释为什么试用报告也是电子口碑的一种形式。
2. 本案例中的系统偏差与内容自我选择偏差有什么不同？
3. 除了对电商平台的启示外，你认为本案例对消费者还有商家有哪些借鉴和启示？

◎ 本章小结

本章全方位地从定义与特征、用户参与和产生、可信度和帮助度、影响以及管理和分析策略的角度对电子商务用户口碑与评论进行了归纳和阐述。通过本章的系统学习，学生应该对营销背景下的电子口碑有更深的理解。

第一，介绍了电子口碑与传统口碑的关联和差别。虽然传统口碑和电子口碑都能对消费者的购物行为造成影响，但是电子口碑的扩散速度以及可观测性能在更多的情境下、更广的层面上影响消费者。除此之外，与口口相传的单一传统口碑模式相比，电子口碑的形式也更为丰富，其定义也更为宽泛。

第二，从电子口碑贡献者、传播者和接受者的角度，分析了消费者为什么要制造电子口碑、消费者为什么愿意参与电子口碑的传播，以及消费者为什么愿意参考电子口碑的信息。这类电子口碑前因的研究对于商家和营销人员了解消费者的动机并制定有效的营销策略尤为重要。

第三，分别从电子口碑的信息内容、来源和接收者三个方面总结了影响电子口碑对消费者劝导性的两个重要因素：可信度和帮助度。

第四，进一步归纳了电子口碑对消费者层面以及产品层面的影响，并总结了商家对电子口碑的处理和恢复策略以及平台的管理策略。

第五，讨论了电子口碑的争议性以及其局限性。

◎ 复习题

1. 电子口碑和传统口碑的主要区别有哪些？这些区别对于研究和学习电子口碑有什么启发？
2. 常见的关于电子口碑的测量指标有哪些？哪些指标可以同时影响劝导性？

3. 企业可以采取什么策略来管理电子口碑？

4. 平台对于虚假评论或者恶意评论可以采取什么管理策略？

◎ 章末案例

车企与负面口碑

随着社交媒体的普及，越来越多的企业和营销从业者开始意识到电子口碑的重要性。早在社交媒体刚开始发展的 21 世纪 00 年代，企业就开始意识到不起眼的事件或者差评都有可能因为社交媒体的影响力和传播速度而迅速演变成营销危机。例如，2009 年，达美乐比萨的两名员工把他们在准备外卖食品时将奶酪塞到鼻子里、鼻涕粘在三明治上的恶作剧拍成视频，并上传到在线视频网站上。这样严重违反了食品卫生标准的视频在短短两天时间内收获了超过 100 万的浏览量，并让达美乐的负面电子口碑在各个社交媒体上迅速发酵。达美乐由于该视频销售额减少了至少 1 450 万美元，直到一个季度后才逐渐恢复。

这类负面电子口碑对品牌形象的恶劣影响即使在现在仍然屡见不鲜。不仅如此，这种影响已经渗透到各行各业，不断冲击着传统行业的营销和运营模式。例如，在汽车市场，随着传统营销模式的逐渐式微，不论是传统车企还是新能源汽车，都在受到"数字化营销"的冲击。而电子口碑作为数字化营销的重要一环，也在竞争激烈的汽车市场成为车企塑造和管理品牌形象不可忽略的一个因素。企业直接或者间接的行为都会在社交媒体上引起一系列社会舆论并对企业的口碑和品牌形象造成严重损害。

1. 奥迪广告"抄袭"事件

2022 年 5 月，自媒体博主"北大满哥"在抖音上称奥迪汽车新发布的广告文案抄袭自己早前发布的原创视频，并要求奥迪对此回应。此事瞬间引起广大网友的关注和质疑，甚至连出演广告的代言明星刘德华都受到了舆论的波及。在微博上，"奥迪小满广告抄袭"话题在短短一天时间内就引发了超过 2 亿的阅读和 2 万条的讨论。第二天，奥迪对广告中存在的文案抄袭现象向"北大满哥"以及刘德华道歉，下架了该争议广告，并问责了负责广告的创意代理公司。

尽管此事件在奥迪回应"北大满哥"后就基本告一段落，然而由奥迪抄袭引起的舆论却并没有停息，网友们也表现出不同的立场和看法。一方面，一些网友认为奥迪作为品牌方对于广告方的内容应该加强审核，并不能像他们发表的声明那般把责任直接推卸给广告承接商。另一方面，部分网友认为奥迪和刘德华在这次品牌抄袭口碑风波中较为无辜，毕竟这类文案抄袭本来就比较难审核和鉴定，在很大程度上需要依靠创作者的自觉。因此，品牌方和代言明星其实也算是代理广告公司抄袭的受害者。这次抄袭事件不仅让代言明星名誉受损，还极大地影响了品牌的形象与口碑，打断了奥迪本来想通过广告向消费者渗透品牌形象的计划。

2. 保时捷"减配门"事件

2021 年，由于芯片短缺问题，保时捷将部分车型减配为手动转向柱，并承诺将免费为车主升级成电动转向柱。2022 年，保时捷却改口不愿提供免费升级服务，而是给车主

2 300 元的代金券作为补偿。这意味着车主需要自费 3 万元安装电动转向柱。2022 年 4 月，因为不满保时捷减装电动转向柱这一举动，车主们在黑猫投诉平台、保时捷官方微博评论区等渠道留言投诉，却迟迟等不来品牌方的回应。在投诉未果后，大量车主涌入了保时捷于 4 月 27 日为引进新车型召开的线上发布会直播间，在直播间刷屏"保时捷还我电动转向柱""保时捷合同欺诈还我电动转向柱"等维权信息。而这个发布会也因此在短短半小时后就中断了。4 月 30 日，保时捷的致歉信才姗姗而来。然而，保时捷并未直接回应车主们的诉求，而是将问题归咎于全球半导体产能短缺。如此避重就轻的回应更激怒了车主们，让这个口碑事件进一步激化，更多的车主也随之加入了维权的行列。直到 5 月 18 日，保时捷终于发布了具体的解决方案，并表示会履行之前的承诺，为车主提供转向柱电动调节功能的免费升级。就此，这一"减配门"口碑事件才算告一段落。

资料来源：1. 中国公关网，车企再"翻车"？奥迪怎么做才能挽救抄袭口碑，2022-05-23.

2. 新浪财经，用 2300 元代金券赔偿 3 万元的电子转向柱，"不坑穷人"的保时捷要"翻车"，https://finance.sina.cn/2022-05-06/detail-imcwiwst5886660.d.html ,2022-05-06.

3. 36kr，保时捷减配门，一个教科书级的负面公关案例，https://36kr.com/p/1747946133323779，2022-05-19.

思考问题

1. 思考两家车企品牌对于负面电子口碑的回应方式对于其舆论走向的不同影响。
2. 分析并思考奥迪是否可以利用这次口碑事件完成口碑逆袭或营销。
3. 分析电子口碑对于消费者维权的帮助。
4. 讨论传统产业（比如案例中的车企）应如何管理和应对不同平台上的投诉与差评。

◎ 管理问题

分别从企业、平台、消费者的角度，思考并分析"顺其自然"型（即不对用户的电子口碑进行过多干预）和"干预"型（即积极干预和处理电子口碑）的电子口碑管理措施的利与弊，并讨论在这两种不同类型的策略下，企业、平台、消费者应该如何应对以及其应对措施的预期效果。

讨论题

1. 电子口碑营销是如何改变传统企业的营销策略的？
2. 选取一个电子商务平台，并讨论它是如何从可信度和帮助度的角度设计其平台的声誉或者评论机制的。

课堂辩论题

1. 企业都应该追求正向电子口碑吗？
2. 企业都应该对负面电子口碑采取主动策略吗？

网络实践

你是否收到过短信或即时通信信息宣传刷单炒信赚钱的广告？

1. 你见过哪些平台的相关信息?

2. 这类刷单炒信广告的受众一般是哪些人?

3. 分析这类广告对平台、消费者、企业的信誉的影响。

团队合作

1. 与三四名同学组成一组,选取一个电子口碑两极化的事件、一个极好电子口碑的事件,以及一个极差电子口碑的事件,观察其利益相关者采取的相关行动,并追踪其电子口碑一个月、半年以及一年后的变化。

2. 根据这三个事件的纵向追踪,对它们的相关影响进行评估和分析,并讨论对于不同效价的电子口碑企业的处理和回复策略的利与弊。除此之外,思考并分析其他电子口碑相关计量(数量、质量等)会不会起到调节效价的作用。

◎ 术语表

传统口碑(word of mouth):人与人之间自发的口口相传。

效价(valence):口碑内容的性质,可以是正面、中立或者负面的。

归因理论(attribution theory):研究信息是如何被社会认知者收集、结合和利用来对事件形成因果判断的。

可及性 – 诊断性模型(accessibility-diagnosticity model):任何增加信息输入可及性的因素也会增加该输入被用于判断的可能性。

两级传播模型(two-step flow model):大众媒体的信息不是直接影响消费者,而是先被意见领袖筛选后再被传播而产生影响的。

意见领袖(opinion leader):在社交网络中具有影响力的个人。

电子口碑(electronic word of mouth):一种关于产品、服务、品牌或者公司的特定类型的用户原创内容。

用户原创内容(user-generated content,UGC):也称为消费者生成媒体/内容(consumer generated mediate,CGM 或 consumer generated content,CGC),指由日常消费者而非媒体或通信专业人士产生和公开发布的多种形式的互联网媒体内容。

在线反馈系统(online feedback system):专门为消费者交流他们对产品和服务的意见而设计的平台机制。

劝导性(persuasiveness):电子口碑通过迎合消费者的需求和欲望来说服他们信任或购买产品/服务的能力。

详尽可能性模型(elaboration likelihood model):研究电子口碑劝导性的一种常用模型。它强调不同动机和能力的人对于和议题相关的信息的处理和使用方式的不同,而这不仅导致了人们态度和行为的改变,还影响了人们对信息来源的判断。

可信度(credibility):人们认为他人推荐的可信、真实或符合事实的程度。

帮助度(helpfulness):信息能帮助消费者做出购买决定的程度。

电子商务创新与实施

第10章 ●─○─●─○─●

社交电子商务

■ **学习目标**

1. 了解社交电子商务的主要业务形态
2. 了解相较于传统的电子商务，社交电子商务具有哪些独有的特征
3. 了解社交网络和社交媒体在社交电子商务中的运用机制及其效果
4. 了解社交购物如何改变传统市场
5. 了解企业如何有效利用社交商务工具

■ **开篇案例**

互联网大厂进军社区团购

2020年初，在新冠疫情的冲击下，居民购买日常生活所需的生鲜商品尤为不便。与此同时，兼具方便和低价优点的小程序下单、家门口提货的社区团购模式应运而生，并逐渐被广大消费者知悉和接纳。有关人士认为，社区团购已成为传统电商发展的新风口，未来社区团购将在资本的加持下稳步加速发展，优化质量、深化服务、强化管理将是其发展的新方向。

1. 网上下单 + 小区取货 = 社区团购新模式

虽然社区团购的商业模式和传统的生鲜电商模式类似，都是消费者在线上下单，商家组织配送，但二者有本质区别。社区团购依托于社交通信软件（微信），主打低价方便。这种模式通常是由社区内的某人担任社区"团长"，并基于社区内人员组建微信群聊，团长每日更新商品种类和价格，群成员在查看这些信息后可以自行选择是否购买以及购买多少，并将购买意愿告知团长或者通过小程序下单，平台方在收到购买信息后以社区为单位统一组织配送到团长处或者指定地点，最后由团长将群成员所购买的商品进行分派。同

时，和一般团购模式不同的是，社区团购主打低价方便，相当于集体采购＋电商＋社交，不但具有集体采购所具有的议价优势，而且融入了互联网方便、透明、开放的特点，是一种基于熟人和半熟人关系卖货的模式。从供应链的角度来看，社区团购通过"预售＋次日达"这种销售模式在很大程度上降低了对生鲜商品非常重要的库存成本。此外，社区团购还通过消费者"自提"的模式在一定程度上降低了配送成本。这是它实现低价竞争的主要优势。

因此，社区团购本质上是一种社交商务。事实上，传统电商一直存在物流配送"最后一公里"的难题，越来越高的获客成本也使得传统电商盈利艰难。此外，传统电商和消费者之间往往是单向沟通，对消费者的意见和建议应对迟缓。而社区团购这种模式通过即时网络和前置仓的方式弥补了传统电商的这些不足。

2. 安全便捷＋邻里好友推荐＝更高的购买欲

根据有关市场调查，不少社区团购的消费者表示，由于新冠疫情期间很多小区封闭管理，社区团购很大程度地增强了购物的便捷性。此外，社区团购具有一定的社交属性，它表现在社区团购往往是根植于群成员之间的邻里关系的，基于这种关系的口碑也是消费者做出购买决策的重要影响因素。

3. 新需求＋巨头下海＝重燃活力

事实上，基于社区团购的生鲜零售思路早在 2016 年就已经出现了，作为打通线上线下的电商新模式而受到国内资本圈的广泛关注，淘宝、京东、拼多多等头部电商平台也纷纷入局。但这种团购模式在初期需要大量的资金补贴，因此 2019 年前后，一些没有强大资本支撑的企业就因现金流断裂而倒闭，行业未来充满了不确定性。

艾媒咨询指出，在新冠疫情的冲击和影响下，社区团购市场逆势发展，截至 2020 年底，市场规模已达到 720 亿元；按此趋势，经过两年发展，仅中国市场规模就能达到千亿元。

社区团购的风口不仅仅体现在其庞大的市场规模，更体现在其巨大的下沉市场"流量池"中，而流量是互联网企业乃至互联网时代中资本追逐的东西。根据开源证券研究所和《新经销》对社区团购团长信息的统计数据，一线和二线城市中的团长数量占比不到30%，超过 70% 的团长来自三线、四线和四线以下的城市。有关业内人士表示，目前一线和二线城市电商竞争已呈白热化，三线、四线及四线以下的城市尚属蓝海，这些增量市场正是电商企业寻求的破局之道。

2020 年，滴滴上线橙心优选小程序，随后美团推出美团优选，拼多多推出多多买菜，盒马鲜生推出盒马优选。

4. 资本逐利＋市场监控＝更多期待

然而，社区团购也表现出了互联网头部企业利用自身雄厚的资金、庞大的用户信息、便利的技术优势对传统意义上的菜贩子的降维打击现象。社会舆论更希望这些企业能利用自身优势不断创新并且承担起更多的社会责任。

2020年12月11日，人民日报发表了一篇题为《"社区团购"争议背后，是对互联网巨头科技创新的更多期待》的文章，称"别只惦记着几捆白菜、几斤水果的流量，科技创新的星辰大海、未来的无限可能性，其实更令人心潮澎湃"。人民日报称，"如果只顾着低头捡六便士，而不能抬头看月亮、展开赢得长远未来的科技创新，那么再大的流量、再多的数据也难以转变成硬核的科技成果，难以改变我们在核心技术上受制于人的被动局面"。

2020年12月22日，市场监督管理总局联合商务部召开规范社区团购秩序行政指导会。6大互联网平台企业（阿里巴巴、腾讯、京东、美团、拼多多和滴滴）均参加了此次会议，该行政指导会要求互联网平台企业严格遵守"九个不得"，其中包括互联网平台不得通过低价倾销和价格欺诈等方式滥用自主定价权、不得违法达成或实施任何形式的垄断协议、不得滥用市场支配地位、不得利用数据优势"杀熟"、不得销售假冒伪劣商品等主要内容。

在这九条禁令中，"不得通过低价倾销、价格串通、哄抬价格、价格欺诈等方式滥用自主定价权"格外引人注目。做社区团购业务的互联网企业在商业初期惯用的获客方式是高额补贴，通过"烧钱"在短期内迅速收割大量流量从而抢占市场。这种似乎过于"不讲武德"的打法除了帮助企业迅速扩大用户"流量池"外，也面临两大问题：其一是获得的用户更多是"羊毛党"，当高额补贴的红利退去之后，这群"羊毛党"也会毫不留情地离开；其二是高额补贴不是企业的生存之道，"烧钱"的目的终将回归到盈利上，而主打低价入局的这些平台如何盈利是一个艰难的问题。巨头们必须先纠正一个理念偏差：低价不是消费者追求的根本目标，性价比才是。社区团购的两大核心优点在于其极致的性价比和便利性。因此，互联网平台企业既可以利用其技术优势、用户数据、资金支撑去重塑供应链从而打造生鲜商品的新零售模式，也可以深耕性价比和用户服务，提供高质量的产品和服务从而驱动消费升级。总而言之，社区团购企业的破局之道在于持续优化农产品购买的便利性、提高产品的质量和服务，从而更好满足消费者日益增长的美好生活需要。

资料来源：1.常盛，"社区团购"争议背后，是对互联网巨头科技创新的更多期待，人民日报评论，2020-12-11.

2.李逸萌，社区团购：危中寻机的新消费方向，人民网，2021-02-01.

3.李卓，"九不得"新规之下，社区团购要"凉"了吗，人民网，2020-12-25.

4.孙博洋，乔业琼，社区团购火热，巨头们应该拼什么，人民网，2020-12-24.

5.徐佩玉，滴滴、美团、拼多多等企业纷纷布局，社区团购再次火起来：互联网大厂拼抢社区团购，人民网，2020-12-10.

6.叶丹，周中雨，互联网巨头先后入局社区团购大战"一触即发"，人民网，2020-12-14.

思考问题

1.如何理解社区团购的社交属性？请解释你的观点。

2.社区团购给消费者带来了什么影响？

3.社区团购给社区（社区团购线下门店、基层商贩等）带来了什么影响？

10.1　社交商务的定义与范畴

社交商务（social commerce），即社交电子商务，又称社会化商务，是指通过社交媒体进行的电子商务交易。社交商务是对传统电子商务的发展，它利用 Web 2.0 并基于社交媒体的支撑技术对电子商务、电子营销、社交媒体等进行整合（见图 10-1）。社会化资本、社会心理学、消费者行为学以及在线合作等理论支持了这种整合，并由此产生了一系列有效的应用来促进社交商务。因此，社交商务通常被视为一个跨学科领域，它涉及商业模式与战略、消费者与组织行为、社交网络技术、系统设计、商业实践等。

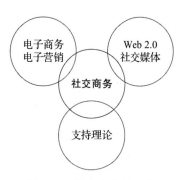

图 10-1　社交商务的基础

社交商务的概念产生于 20 世纪 90 年代末，亚马逊和 eBay 提供基于 Web 2.0 的在线评论功能，鼓励用户评价产品和服务。直到 2005 年，"社交商务"一词才由雅虎正式提出，特指电商网站上供消费者新建、分享及评论产品的新功能。此后，Flowers.com 于 2009 年开设了第一家基于知名社交网站 Facebook 的网店，被认为是社交商务发展的一个重要里程碑。紧接着，Groupon 提出了"团购"商业模式。自此，在 Web 2.0 以及社交媒体迅速发展的基础上，社交电子商务如雨后春笋般迅猛发展，并成功帮助原有电子商务应用进行扩展以适应消费者的新需求。图 10-2 总结了社交商务发展中的几个重要里程碑。

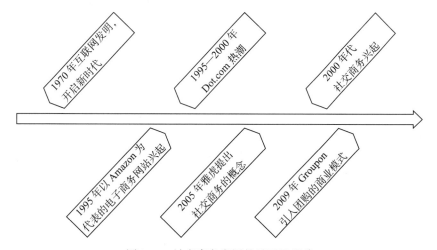

图 10-2　社交商务发展的重要里程碑

如今，社交商务的范畴已经覆盖至社交媒体与市场营销，企业社交商务，技术、社交支持整合、软件工具，以及管理与组织这四大模块（见图 10-3）。值得一提的是，大多数社交媒体与市场营销活动都围绕着电子营销展开，通常表现为社交媒体营销活动。本章我们将集中讨论和消费者相关的社交商务活动，以及其支持技术与工具。

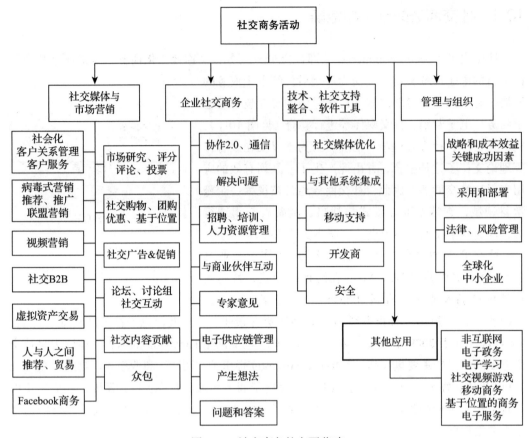

图 10-3 社交商务的主要范畴

10.1.1 社交商务与传统电子商务

与仅支持"品牌-消费者"的单向交流的传统电子商务不同,社交商务通过 Web 2.0 功能实现了"品牌-消费者"甚至是"消费者-消费者"之间的双向交流。因此,社交商务被视为传统电子商务的重要延伸,具有更高的社交互动水平,具体表现在以下几个方面:①消费者个人活动;②信息交流;③支持社区;④联系互动。表 10-1 列出了社交商务与传统电子商务的主要区别。

表 10-1 社交商务与传统电子商务之间的主要区别

属性	传统电子商务	社交商务
主要目标	交易	社交互动
主要活动	发布	联系
内容	企业生成	用户生成
问题解决	企业专家、顾问	众包、群体智慧
合作	传统的统一通信	Web 2.0 工具
产品信息	网络上的产品表述	在线产品评论
交易市场	电子零售商和直营制造商商店	社交网络、协作市场

（续）

属性	传统电子商务	社交商务
定位	大众营销、细分	行为定位、微观细分
客户关系管理	卖方、制造商支持	其他用户、供应商及雇员的社会支持
在线营销策略	网络销售	多渠道、基于社交网站
数据管理	报告和分析	分析

10.1.2 社交商务的商业模式

商业模式描述的是公司为了满足客户需求所实施的方法（计划），据此公司可以产生收益和创造价值（详见第 2 章）。

总的来说，社交商务的商业模式可以通过两种主要方式实施。一是基于**电子商务**网站，添加了社会媒体功能；二是基于**社交网络**网站，提供了电子商务功能。因此，社交商务是对传统电子商务商业模式的创新和发展：一些是全新的商业模式，另外一些是传统电子商务模式的补充（比如开篇案例中提到的社区团购模式）。其中，大量的社交商务模式主要出现在社会化购物领域，以下是几个简单的示例。

（1）社交媒体网站上的"立即购买"小插件。

（2）具有引流效应的社交网络上开展的促销活动。

（3）社交书签网站（比如美味书签、Pinterest）。

（4）社交网络招聘（比如 LinkedIn）。

（5）基于博客、维基百科和众包平台的协作模式。

10.2 社交商务的工具和平台

10.2.1 社交计算

社交计算（social computing）是社会行为学与计算机系统相交叉的计算机科学领域，聚焦于一系列利用社交媒体工具（博客、维基百科、社交网络服务等）执行的新兴计算方式。社交计算的研究范围非常广，它研究了社交媒体传播和产生内容的新机制、新的人机交互形式、新的内容生成与分享方式，从中发现新的社会关系、社会行为规律。

当涉及电子商务范畴时，它研究了支持消费者在线社会化交互的数字系统。当涉及特定技术和特定社会现象之间的整体关系时，它们通常被概括在"Web 2.0"或"群体智慧"（the wisdom of crowds）这样的宽泛的概念之下。

10.2.2 Web 2.0 及其主要特征

Web 2.0，又称作参与式网络（participatory web），描述了第二代基于互联网的工具和服务，主要专注于在线协作、用户成为内容的创造者和修改者、动态定制的信息推送等服务。与 Web 1.0 相比，Web 2.0 强调了用户生产的内容、应用性、参与文化以及兼容性等重要属性。表 10-2 总结了 Web 1.0 与 Web 2.0 之间的主要差异。

表 10-2 Web 1.0 与 Web 2.0 的主要差异

属性	Web 1.0	Web 2.0
互联网的作用	互联网作为媒介	互联网作为平台
网站内容	只读、静态	可读可写、动态
主要原则	技术为中心	用户为中心
用户体验	有限	丰富
用户权限	限制性的	自由的，赋能的
用户行为	个人为主	群体为主
用户的主要角色	内容的消费者	内容的消费者及创造者
交互模式	人与计算机，和交易相关	人与人，和关系相关
软件设计	独立的应用程序，注重具体功能	网络服务，注重总体效用

10.2.3 社交软件

社交软件（social software）包含一系列允许用户相互交流与分享文字、图片或媒体等信息的软件工具。这类软件大多都具有轻松上传数据和媒体内容的功能，是创建在线创新社区和应用程序的主要力量，并且在社交网络中也很流行。下面着重介绍在社交商务中应用较广泛的代表性社交软件：博客、微博、维基、社交搜索以及基于位置的服务和应用。

1. 博客

博客（blog）是可以公开访问的个人日记，它向公众开放，博主可以在上面发表自己的想法和观点。博客通常提供网上个人日记或特定主题的评论，由博主定期更新公布。典型的博客包括文字、视频、图片和相关资源的超链接。近期流行的视频博客（vlog）特指包含视频内容的博客。

对于个人和企业用户来说，创建博客变得越来越容易。新浪、WordPress 等软件供应商提供的软件程序对用户都非常友好，且通常是免费的，使得博主（即创建和维护博客的人）可以直接在他们的站点上创建、撰写和更新文本、图像、视频等内容，而不需要具备任何与网页开发或编程技术相关的知识。博文可以简单轻松地被编辑和转发。

作为个人站点或网络站点的一部分，博客为互联网用户在网络上发布信息提供了媒介。此外，博客也可以视为企业和用户双向沟通的工具，用以促进企业（包括企业内部）和用户通过使用博客进行相互协作。在商业活动中，博客的典型应用包括：创建、展示品牌信息；展示个人或品牌的专业知识，以吸引订阅者（潜在用户）；在博客上进行广告推广，以吸引注意力；使用搜索引擎为其他网站引流；为客户和商业伙伴提供意见反馈。

2. 微博

微博（microblog）是一种允许用户撰写短消息、添加图片、嵌入视频，然后在论坛发布的一种博客形式。微博虽然是博客形式的一种，但微博往往会对用户发布的每条微博设置字数上限，因此微博也被视为一种互联网版本的短消息。此外，微博通常允许用户对内容添加推文话题（hashtag）。值得一提的是，许多微博网站都包含了社交网络和社交媒体功能。

3. 维基

维基也称为维基博客，是一种让用户能够联合创建数字文档的软件工具。因此，它也被视为一个由多位作者进行协同维护的，不断被修订的博客。最著名的维基网站是维基百科，它是全球最大的百科全书合作编辑项目。

维基由维基软件提供后台服务，并依赖于企业内部网和知识管理系统实现部署（比如进行知识的创建和更新）。因此，它也被视为用来储存和共享企业知识与观点的理想工具。

4. 社交搜索

社交搜索，又称图谱搜索（graph search），被定义为"与用户密切相关的搜索"，旨在提供基于社交网络相关性的可靠搜索结果。此处的"相关性"主要体现在人、图片、地点和兴趣爱好这四个社交网站上与用户密切相关的维度。典型的社交搜索工具使用户可以寻找到和自己最相似的人或者和自己匹配度最高的兴趣爱好，以及自己可能感兴趣的地点等。它可以回答非常具体的问题。例如，就"兴趣爱好"维度而言，它可以帮我们搜寻"我朋友喜欢的电影""我朋友喜欢的游戏"等具体问题的答案。此外，专为搜索社交网络设计的搜索引擎包括 pipl.com、wink.com、peekyou.com 和 zabasearch.com。

5. 基于位置的服务和应用

基于位置的服务（location-based service，LBS）包括地理社交（geo-social）服务、基于位置的广告（geo-advertising）服务和基于位置的信息（geo-information）服务。其中，地理社交服务可以帮助你看到你关注的人的位置；基于位置的广告服务可以帮助你找到最近的网红店；基于位置的信息服务可以告诉你学校周边的博物馆中正在进行哪些展览。将这些服务联系起来并作为移动商务基础的是全球定位系统（global positioning system，GPS）。用户通过 GPS 可以在智能手机上使用地图服务。

例如，地理社交服务允许你到访网红餐厅时显示定位并"打卡"，而你的社交好友会接收到该信息。

10.3　社交网络

10.3.1　社交网络的构建

社交网络（social network）由个人、团体或组织组成，并且通过某种联系或关系相连。社交网络中的参与者（人、团体、组织等）称为节点，节点之间的所有连接代表了参与者不同社交关系的集合。

社交网络通常用于描述人与人之间的交互所产生的社交结构。因此，社交网络视角为社会科学中研究个人、团体、组织或整个社会（社会单位）之间的关系提供了理论架构，也为我们观察社交商务中参与者之间的社交关系、信息流动和商业活动的结构提供了整体方法。与商业活动有关的典型社交网络包括：通信网络、社区网络（线下、线上）、创新网络等。

根据小世界理论（small world theory），任何 2 个人之间都可以通过至多 6 个人产生关联。因此，人与人之间的联系比我们想象中要紧密得多。人与人之间的互相联系在社交商务领域有着重要的意义：利用处于社交网络中的用户（及潜在用户）的社交互动分享兴趣和购买心得，相互交流和影响。你对于某件产品与服务的感知和评价会影响你朋友的购买决策，反之亦然。作为一个营销人员，你的目标受众不仅仅是 100 万个观看推广视频的用户个体，而是由这群用户组成的社交网络，以及他们各自的个人社交网络。

社交网络站点（social networking site，SNS）也称为社交网站或社交网络服务，可以为用户建立公共档案（public profile）并提供免费的网络空间。在此，用户可以上传个人资料、通过添加好友创建自己的网络社交人脉、了解新闻资讯、访问他人主页、主动分享或查看他人分享的文字和媒体等信息。除此以外，SNS 还提供通信支持工具（比如聊天、博客、论坛和邮件功能）。

社交网络构建是社交媒体活动的具体执行，它使社交网络活动场景化。它是在各种形式的网络技术（比如互联网、手机或其他设备和服务）中，通过使用社交媒体工具、应用程序来交换隐私或公共信息的行为。社交网络构建包含了社交媒体活动，这些活动可以在社交网络中实现，也可以在其他网站（比如公司的门户网站）中完成。社交网络构建的范围包括以下几类。

（1）媒体共享站点：专注于发布和分享用户原创的多媒体内容（照片、视频等）。

（2）专业网络站点：专注于商业化的网络，比如 LinkedIn 等。

（3）虚拟世界站点：由虚拟世界中的"居民"（即用户）建造并拥有的 3D 虚拟世界（社区）。

（4）拥有社交网络功能的通信网站：比如腾讯 QQ、微软 SharePoint、Salesforce Chatter 等实现人与人沟通、对话、协作和其他社交网络活动的站点，以及企业自有的私有通信社交网站等。

值得注意的是，在上述社交网络站点中，用户都可以找到社交软件工具和社交应用程序（App）。社交网络正在成为用户进行通信等社交互动的新场所。例如，QQ 早期是国内流行的通信服务工具，在添加个人资料与朋友网络相连等一系列具有社交属性的功能之后，已然成为全球最大的社交网络。除此之外，QQ 还包含了游戏虚拟社区、社交商务等功能。由此可见，社交网络站点的功能和商业模式也在不断变化。

10.3.2　社交网络理论与分析

社交网络理论（social network theory）于 20 世纪 50 年代由社会学家提出，用于表述社会关系中的一组参与者，以及他们之间特定类型的连接。其主要研究对象是参与者（social actor），即社会中的个体、群体和组织以及所形成的一系列关系。和传统意义上的社会群体不同，社交网络是动态发展着的，并没有固定的边界。

在互联网上，SNS 已经将社会网络的概念扩展到个体及其环境（包含了其客户、供应商、政府及其他参与者）。该理论视角可以用来解释社交网络中参与者的社会交互的特性、关系、规律及其影响因素。

社交网络分析（social network analysis，SNA）是一种分析社交网络的方法，探讨了如何使用网络理论分析社交关系。社交网络分析提供了对社交网络的可视化描述，包括以下构成要素。

（1）节点（node/vertex/actor）：代表社交网络内的个人或组织。

（2）连接（tie/edge/connection）：代表个人或组织之间的关系，比如友谊关系、亲属关系、合作或对抗关系、上下级关系等。

（3）二人组（dyad）：由两个节点形成的连接，是社会网络最底层的架构，是分析各种连接的前提和基础。

（4）三人组（triad）：由三个节点所构成的关系。

（5）子群（subgroup）：节点之间的任何形式连接的子集。

（6）群体（group）：关系得到测量的所有节点的集合。

上述要素通常用社交图谱（social graph）表示（见图 10-4）。它是对社交网络中所有重要社交关系的映射。其中，节点通常用点表示，连接用线表示。社交图谱可以分为有向（directed）和无向（undirected）图。其数据可以通过邻接矩阵（adjacency matrix）（见表 10-3）或连接列表（edge list）（见表 10-4）表述。因此，社交网络分析既有定量的，又有定性的。

社交图谱这一术语最初被用来描绘用户之间的网络和关系，如图 10-5 所示。该定义稍后被扩展，泛指利用社会网络分析方法研究社交网络中的人、群体和组织之间的相互联系的图。

在社交商务领域，社交网络分析的重点在于分析社交建立的网络（比如影响者识别、特征描述与预测），以掌握现有和潜在客户的当前与未来的行为规律，以及洞察其对品牌、产品或服务的喜好。为此，研究者和实践者提出了多种相关度量来进行社交网络分析，主要可以分为联系、分布和分割这几大类。

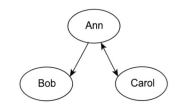

图 10-4　社交图谱

表 10-3　邻接矩阵

	Ann	Bob	Carol
Ann	0	1	1
Bob	0	0	0
Carol	1	0	0

表 10-4　连接列表

节点 1	节点 2
Ann	Bob
Ann	Carol
Carol	Ann

1. 联系（connections）

（1）同质性（homophily）：社交网络的参与者倾向于与相似的人形成联系，相似度可以由性别、民族、年龄、职业、受教育水平、喜好或其他特征来定义。

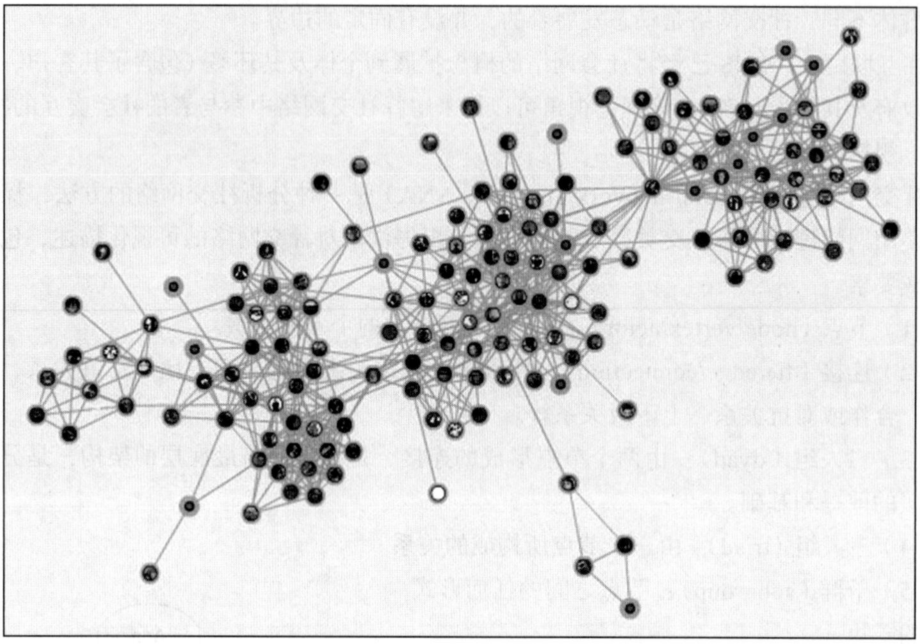

图 10-5 社交图谱功能示例

（2）多重性（multiplexity）：连接中所包含的内容种类的数量。例如，社交网络中的两个参与者之间既是同事关系，也是好友关系，那么他们之间的连接的多重性为 2。

（3）相互性 / 互惠（reciprocity）：两个参与者互相回应对方的友谊或者其他互动的程度。

（4）网络闭合（network closure）：度量关系三人组的完整性，个体对网络闭合的假设（即朋友的朋友也是朋友）称为传递性（transitivity）。

（5）邻近关系（propinquity）：节点倾向于与地理上接近的节点产生连接。

2. 分布（distribution）

（1）中心性（centrality）：量化网络中某一节点的重要性或影响力。

①度中心性（degree centrality）：与中心节点直接相连的节点的数量。

②紧密中心性（closeness centrality）：中心节点距离其他所有节点的最短距离的和（倒数）。

③中介中心性（betweenness centrality）：某节点作为其他节点之间最短距离的中介节点的频率。

④特征向量中心性（eigenvector centrality）：在计算时对其相邻节点视重要性加权。

（2）密度（density）：节点之间直接连接数与所有节点之间可能的连接数的比值。

（3）距离（distance）：连接社交网络中两个节点需要的最小连接数。

（4）结构洞（structural hole）：社交网络中的两个部分之间缺少连接。

（5）连接强度（tie strength）：由时间、亲密度、情绪强度和相互性的线性组合定义。

（6）桥（bridge）：如果某个节点的弱连接（weak tie）填补了结构洞，为其他节点或簇提供了唯一的连接点，那么该节点就是桥。

3. 分割（segmentation）

（1）小群体（clique）：如果一个组群中每个节点与其他所有节点都直接相连，那么该组群被称为小群体。如果放宽直接连接的条件，则构成社交圈子（social circle）。

（2）聚类系数（clustering coefficient）：一个节点的连接点之间相互连接的程度，聚类系数越高说明聚集程度越高。

（3）内聚力（cohesion）：网络中节点之间直接相连的程度。

◎　前沿研究回顾 10-1

社交网络中的病毒式营销

病毒式营销（viral marketing）是指利用社交网络中用户的互动和人际网络，使得营销信息像病毒一样不断在每个节点处裂变并扩散。得益于互联网技术的便捷和低成本，基于小世界理论，病毒式营销的目的就是使营销信息在短时间内被更多的人接收到。顾名思义，这种营销方式可以将营销信息"病毒化"，能够在短时间内说服消费者购买并为其传播，从而在触及新的消费者时启动购买和传播循环。病毒式营销利用用户之间的关系进行营销。因此，病毒式营销是一种口碑传播方法。

相较于传统的口碑营销，病毒式营销具有两个重要的特征。第一，其传播速率（类似于病毒的感染率）大于 1，这意味着每个接收者将消息传递给不止一个受众。第二，通过社交技术的应用（尤其是社区的社交元素）将营销信息传递给社群中的一大群受众。

此外，要让病毒式营销发挥作用，必须满足三个基本标准，即在合适的环境中将合适的信息传递给合适的信使，如图 10-6 所示。

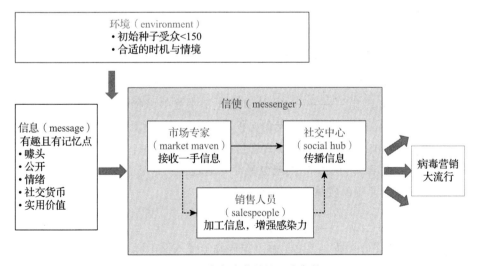

图 10-6　病毒式营销的基本条件

第一个基本条件是信使（messenger），即找到合适的人来传播营销信息。这里通常需要三类信使：①市场专家（market maven），即能够获取大量市场信息，并积极与其他消费者讨论以传播这些信息的个人；②社交中心（social hub），即拥有非常多社交关系的人（比如拥有众多订阅者的关键意见领袖、网络红人等）；③销售人员（salespeople）。首先，市场专家（包括广告中间商）从品牌方获取一手的市场信息；其次，与相关领域的关键意见领袖、网络红人等达成商务合作，由他们进行营销信息的扩散；最后，专业的销售人员在售前活动中进行信息的加工，使其对消费者更相关、更具说服力，并交由社交中心进行进一步的传播。

第二个基本条件是信息（message）。有趣且有记忆点的信息是关键。病毒式营销最核心的步骤是"病毒"（即病毒性内容）的制造。不管"病毒"最终是如何呈现的（博客、视频、图片等），都需要具备基本的感染基因，即具有传染性（传播性）。值得一提的是，病毒式营销是"允许式"的，即尊重用户的自主意愿，不能强迫用户传播，不能是"强迫式"的。研究发现，病毒性内容通常具备以下基本要素。

（1）噱头：信息来源，即病毒式营销的"病原体"，需要具有一定的话题度和吸引力（符合大众的普遍情感共鸣、社会诉求等），从而能够激发用户的参与度（在社交网络中分享、传播、评论等）。

（2）公开：相较于私人的信息（针对特定用户的特制化信息、包含个人隐私的内容等），面向广大受众的公开内容更容易被复制和传播，因此传播范围更广。

（3）情绪：具有情绪感染力，即能够唤起强烈的积极或消极情绪的内容，比如激动、气愤、焦虑等，往往更具病毒性。

（4）社交货币：用户倾向于传播让他们看上去更高大上的内容（基于影响管理、自我增强等原因）。

（5）实用价值：有价值的内容通常能引起更多的关注，从而被分享。

第三个基本条件是环境（environment）。传播的环境也是关乎病毒式营销成败的关键因素之一。首先，初始传播受众不宜过广，应当瞄准若干互不相连的社交圈子。其背后的逻辑是，信使只会传递他们认为不是所有人都知道的信息。这里的所有人，指的是维系一定频率的日常交流的社交好友。根据社交网络的核心思想之一——邓巴数字（Dunbar's number），也叫"150定律"——一个人在日常生活中能够保持稳定的社会关系的最大数量约为150人。其次，病毒式营销启动的时机和情景必须合适。

在实践中，在社交网络中选择病毒式营销的最佳策略是一个基于多种标准的复杂决策问题。因此，当前病毒式营销的一大研究课题是通过模拟信息在社交网络中传播的过程，帮助品牌优化病毒式营销的实施策略。

拓展阅读

伯杰·疯传：让你的产品、思想、行为像病毒一样入侵［M］.乔迪，王晋，译.北京：电子工业出版社，2020.

◎ 应用案例 10-1

看 WonderLab 如何霸屏微信朋友圈

随着人们生活节奏的加快和对健康的日益关注，传统快餐已经无法满足人们的需求，市场迫切需要一款既能满足消费者对健康的追求又方便快捷的食品，各种品牌产品应运而生。其中，2020 年被淘宝评选为年度最受女性欢迎的瓶装代餐奶昔 WonderLab 备受瞩目。该品牌成立仅有一年，其代表产品"喝不胖的奶茶"是和喜茶联名推出的，在社交平台被广泛关注。

1. 精准踩点 + 营销能手 =WonderLab 团队

代餐食品赛道正成为新的风口。代餐最早诞生在 2013 年。一位名叫 Rob Rhinehart 的硅谷程序员由于工作繁忙，又吃腻了不健康的快餐，于是将人体生存所必需的 35 种营养物质用搅拌机打成混合粉末，之后将混合后的粉末加水搅拌形成混合液体——这就是日后代餐的雏形。2013 年，Rob 创立了 Soylent 代餐品牌，因它很好地迎合了互联网企业的工作和生活方式，在硅谷的程序员中非常受欢迎，Soylent 也成为代餐品牌的典型代表。后来，越来越多的人想要通过代餐来打开国内市场，其中就包括 WonderLab。

WonderLab 创立于 2019 年，当年的销售额就达到了 6 000 万元。成立之初，WonderLab 主打方便快捷的"代餐"食品，之后拓展了营养美容等功能，更是抓住当代年轻人喜爱甜食但是担心发胖的心理需求，推出"喝不胖的奶茶"，从而受到市场的广泛关注，一跃成为行业内的领军企业。欧睿国际统计资料显示，2017 年全球代餐市场销售额达到 661.6 亿美元。根据艾媒咨询的数据，中国代餐市场规模持续稳定增长，从 2017 年的 58.2 亿元跃升至 2022 年的 1 321.8 亿元，并于 2023 年进一步发展到 1 750.0 亿元。

此外，团队创始人大多来自宝洁，创建 WonderLab 之前的数次创业经验在很大程度上锻炼了他们的市场敏感性和营销能力。对于一个基础粉丝群体薄弱、消费者认知度不足的新兴代餐品牌而言，WonderLab 靠着对市场精准的踩点，以及有据可依、行之有效的推广营销策略，开展了几轮教科书式的社交商务营销活动。

2. 微信朋友圈 + 微博 + 小红书 +…="无所不在"的营销闭环

作为 2019 年创立的年轻电商品牌，WonderLab 在代餐行业蓬勃发展的风口决定走"社交突围"路线，从而迅速扩大知名度。微信、微博、直播带货、抖音、小红书……你所能想到的新媒体平台它几乎都有覆盖，堪称品牌营销的经典案例。换言之，只要是你能接触到的热门平台，WonderLab 都能让你看到他们的广告。尤其是在借助了微信的超级流量扩大品牌曝光后，品牌成功破圈，一举走红。此外，其运营人员深刻理解品牌的生命周期，并在不同阶段采取了不同的营销策略，一方面提高了营销的效果，另一方面降低了营销的费用。

（1）阶段一：朋友圈为核心的社交拉新 + 小程序直链购买的转化场景。

在推广初期，WonderLab 瞄准年轻人喜欢喝奶茶但担心发胖这一痛点，推出"喝不胖的奶茶"概念产品，迅速吸引了大量关注并积累了一批忠实粉丝。与此同时，WonderLab

通过研发新口味、设计更符合当代年轻人审美的包装、和热门 IP 联名等方式在已呈白热化竞争的奶茶市场中分得一杯羹。WonderLab 的这种独具话题性的产品定位为其社交属性奠定了基础。除了具有强社交属性这种先天优势外，WonderLab 在营销时选择具有庞大用户基础、高用户黏性，以及强社交属性的微信广告进行强强联合，通过唤醒消费者对于痛点的共鸣，促使消费者深入了解并与朋友分享其产品，进而提高消费者对其产品的认知度并为之宣传。

对 WonderLab 来说，要想在茶饮品这个红海市场抢占市场份额，它当前的营销目标主要有三个：一是通过向更多目标客户推送广告来提高产品曝光度，从而将更多对产品的"陌生人"变成知悉者；二是通过活动等方式吸引更多知悉者付费成为客户；三是将客户转化为忠实客户。基于以上这些营销目标，微信广告为 WonderLab 制定了"朋友圈为核心的社交拉新 + 小程序直链购买的转化场景"的营销策略，在帮助它实现阶段性的破圈增长的同时，构建了品牌营销全链路。其中，前链路 **"公众号加粉"** 瞄准的是营销目标一和目标二：通过朋友圈分享和朋友圈广告推送的方式实现精准营销，并引导这部分消费者关注其官方公众号，从而实现品牌私域资产的积累，使产品"陌生人"转化为知悉者；对于新关注客户，WonderLab 通过推送 9.9 元尝鲜活动，降低消费者试错风险，从而将知悉者转化为客户，并且通过公众号的其他咨询服务让消费者与品牌沟通更顺畅。后链路 **"小程序直购"** 缩短转化路径，注重流量收割，快速实现销售转化的同时积累产品口碑以期更好地长效运营。

（2）阶段二：数据优化 + 社交突围。

为了稳固前期的成功，WonderLab 对微信广告进行了长期规划和持续投放，并从数据优化和社交突围等方面不断改进，以满足品牌在长效运营过程中的诸多需求。

数据优化： 算法优先选择高匹配人群作为种子人群进行广告投放，随后根据前期投放点击和转化率对算法进行升级，使得算法能够更精准地识别目标客户，少漏选、少错选潜在客户。广告在线期间，分析多套广告素材测试结果，针对优秀素材开启优先拿量投放。以此往复，通过实时的数据更新、算法调整，不断优化广告投放的目标人群、投放的广告素材。

社交突围： 品牌可以在微信社交场景中拉近用户距离，同时可以借助社交生态能力为品牌营销加速。WonderLab 利用朋友圈广告转化数据实时外显功能展示真实转化（购买）数据，增强客户信任感，无形中又产生一股消费同辈压力（peer pressure）。此外，朋友圈广告下好友的点赞和评论，无形当中充当了产品的代言人，依赖消费者本身的个人关系形成了信任，从而大幅提高营销信息的点击率和转化率。

就算投放过于密集、投放不够精准，且你也没有"真实"的好友推荐，WonderLab 也可以制造话题，实现"社交推荐"效果。"OMG 这是什么神仙代餐"的 WonderLab 隔三差五跑到你的朋友圈刷屏，微信好友好奇或嘲讽地在广告下评论，诸如"所以连广告都知道我该减肥了？""这是精准投放吗"等。可以说，WonderLab 把贴吧以及论坛的氛围和玩法移植到了微信朋友圈，成功"出圈"。更有网友调侃道："要不是 WonderLab 广告，我都发现不了朋友圈还有那么多活人。"

对此引起的热议（和嘲讽），WonderLab 团队表示，他们的算法是基于全域种草的逻辑，且"有时候广告投出去，是超出了我们自己的控制范围。"WonderLab 团队借助大数据分析方法对朋友圈广告下面的留言进行统计分析，结果表明，绝大多数的留言都是在抖机灵式调侃；也有 10% 的留言是积极正面的信息，主要是 WonderLab 的客户发布的；但也有 4% 左右的留言是负面信息，这部分数据是 WonderLab 进行风险分析的来源之一。

单就数据来说，WonderLab 经过短短两年的发展，就实现了代餐奶昔销量超过 2 500 万瓶、用户数量突破 100 万，WonderLab 毫无疑问是成功的。即使你躲过了微博、卸载了小红书，它还能在朋友圈里出现。算法越来越高级，数据越来越全面，没有人能躲过精准营销，大数据时代也没有人是一座孤岛，你的同事、朋友、家人，不论他们是不是 WonderLab 的客户，都能对你产生无形中的消费压力，这种压力也是购买欲望的来源之一。社交网络与电子商务的发展，为新产品的出圈提供了更高效的渠道。

参考资料：1. 搜狐，后浪来袭，看 WonderLab 如何霸屏朋友圈，2020-08-19.

2. 卢奕贝，为什么总在朋友圈看到它的广告？WonderLab 是这样解释的，2020-12-03.

3. 网易，揭秘！频繁现身朋友圈广告位的 WonderLab 究竟有何魅力，2020-09-24.

思考问题

1. 和其他社交网络相比，微信朋友圈有什么特征？

2. 微信朋友圈广告推广有什么优势？

3. 如何看待微信朋友圈 WonderLab 的广告效应？

10.4 社交媒体

10.4.1 社交媒体的特征

社交媒体（social media）主要是指利用 Web 2.0 和社交计算工具与技术，促使人们在互联网中创造文本、图像、音频和视频等数字化多媒体内容，从而分享各自的见解、经验、领悟和观念，并实现社交互动与对话的媒介。这里提及的数字化内容既可以是站点运营方（比如网站管理员）所发布的，也可以是用户原创的新内容、二次加工或分享的信息等。因此，它也被定义为建立在 Web 2.0 的技术基础之上、允许用户原创内容的生产和分享的一系列应用。

传统媒体（包括印刷出版物、电视节目等）采用的都是一对多的传播模式，即内容由职业作家、编辑、导演和制片人等处于核心位置的专家或媒体人创作，以供大量观众消费。然而，社交媒体提供了多对多的大众交流方式，赋予了普通用户大规模创造和传播内容的能力。在这种模式下，用户既是内容的消费者，也是内容的创造者和传播者。因此，相较于传统媒体，社交媒体的受众更广，质量波动更大，使用频率更高，易用性、可用性、即时性和可更新性更强。

社交媒体是促进社会化的强大生产力，它促进了用户与用户之间大规模的交互、沟通和协作。社交媒体和其他所有媒体一样，会为用户提供诸如娱乐、学习、写作等目的的内容营销。通过社交媒体，用户可以通过社交图文与社交好友进行交流，从而实时、方便地在社交网络上分享兴趣和想法。总的来说，社交媒体是社交计算技术、社交内容和社会互动共同创造价值的有机结合。

值得一提的是，社交媒体是致力于品牌建设和营销的媒体中成长较快的媒体之一，也是社交商务的关键驱动力之一。社交媒体的广泛受众、高更新频率、易用性和可用性，便于企业将消费者（包括潜在客户）、业务伙伴和渠道成员连接到日益频繁的社交商务活动中。社交媒体传播的主要目标包括以下几点。

（1）提升品牌知名度：利用社交媒体传播品牌相关信息，以吸引新的潜在客户，并触发口碑营销。

（2）锁定目标市场：借助于社交媒体，信息可以低成本、自动地发送到由兴趣相投者构成的微型市场中。

（3）开展社交互动：通过及时在社交媒体上回复客户问题，跟进正面或负面评论，使得客户服务具有社交性，与客户建立起有意义的社交关系。

（4）接触意见领袖：识别在社交媒体上具有影响力的意见领袖，并与他们建立起合作关系，开展业务推广合作。

（5）寻找销售转换：将潜在客户转化为客户，并提升其品牌忠诚度。

社交媒体分析（social media analytics）关注的是对社交媒体的工具和技术所产生的大量非结构化内容进行分析，从而增强企业的竞争力。社交媒体内容的指数级增长和挖掘这些数据的分析工具，为企业提供了接触并理解消费者的全新机会。

10.4.2 社交媒体的类型

为了帮助企业更好地利用社交媒体，从而促进社交商务活动，美国互动广告局社交媒体委员会（Interactive Advertising Bureau Social Media Committee）将社交媒体分为自有媒体、付费媒体和赢得媒体三大类。

1. 自有媒体（owned media）

自有媒体是指由企业独自拥有或部分控制的社交媒体渠道。多媒体内容的绝大部分在这种自有媒体渠道中产生。该类媒体的首要目标包括以下几点。

（1）塑造积极正面的品牌形象，从而增强老客户的客户黏性和品牌忠诚度并且吸引新用户。

（2）引导消费者将品牌生产的内容传递给他人。

（3）建立基于社交的客户关系管理渠道。

总的来说，上述三个目标皆聚焦于提示消费者的初次购买意愿与重复购买行为。企业通常使用该类媒体渠道向消费者传播促销信息（打折、抽奖、免费试用等）。典型的自有媒体包括以下几类。

（1）官方博客或微博：比如星巴克中国官方微博。

（2）专注于收集消费者意见的网站：比如星巴克 My Starbucks Idea。

（3）应用程序（App）与小部件（widget）：比如星巴克中国手机 App、星巴克微信小程序。

（4）线上社区：公司为消费者、潜在消费者以及企业顾客创造一个网络空间，以便用户对感兴趣的品牌相关内容进行讨论，或就产品、技术问题寻求企业帮助，比如 SAP 社区。

（5）虚拟世界：企业在 Second Life 这类虚拟空间中构建的场景，或自行打造的支持商务活动的虚拟世界（比如 Webkinz）。

在社交商务中，企业可以通过上述自有媒体进行以下商务活动。

（1）通过官方网站出售发布于社交媒体中的数字化内容，比如音乐、软件、白皮书、网课等虚拟产品。

（2）在自有媒体中展示产品信息，并提供第三方电子商务网站（比如淘宝、京东等电商平台的官方旗舰店）的链接。

2. 付费媒体（paid media）

付费媒体提供广告位，供企业进行付费宣传（比如广告）。企业作为广告客户控制发布的内容，但同时必须遵守媒体渠道对广告内容及技术上的要求和管控。付费媒体通过吸引目标市场的注意力，将目标市场的消费者导向企业的自有媒体，进而引发社交媒体中的讨论，从而转向赢得媒体。市场调研发现，2019 年全球付费媒体广告投入高达 362 亿美元，同比增长 23%。通过在社交网站上购买付费媒体广告位，企业希望能达成以下目标。

（1）树立品牌的正面形象。

（2）提升名牌的知名度。

（3）吸引目标市场的注意力，引导流量。

（4）扩大品牌社区（由用户、粉丝、订阅者等构成的群体）的规模，并激发互动讨论。

（5）获得品牌相关的反馈意见。

（6）销售产品（最终目标）。

广告收入是社交媒体网站当前主要的收入来源之一。广告主愿意为社交媒体网站广告付费的根本原因是这些社交媒体网站巨大的访客数量以及他们的逗留时间。付费社交媒体中的广告通常通过以下方式呈现。

（1）付费搜索引擎广告。

（2）图片 / 旗帜广告。

（3）移动广告：发布于智能手机或其他移动设备（比如平板电脑）上的广告。

（4）行为锁定广告（也称为上下文关联广告）：利用 cookie 文件追踪用户的点击行为，然后基于此有选择地呈现广告。

（5）赞助式内容：将编者撰写的内容与广告整合在一起，这些广告可以基于其他人出资的内容，也可以是广告主创作的内容（比如微信营销号的赞助内容帖）。

（6）产品植入广告：广告主可以付费将产品或广告植入视频等多媒体内容中。

其中，以关键词为核心的付费搜索引擎广告是最重要的广告技术，移动广告则是增速最快的类别。上述广告形式都具备互动能力，即让消费者参与互动。

3. 赢得媒体（earned media）

赢得媒体利用消费者的对话交流作为传播渠道。赢得媒体通常是基于企业发布的内容触发的，包括视频（及短视频）网站上关于产品的测试视频、社交媒体驱动的新闻发布，或者其他社区自发的互动活动（比如针对上述内容的转发、评论、点赞）。由于赢得媒体上的内容大多为用户原创或二次创作，企业对该内容的创作、传播和交流没有控制力。因此，赢得媒体上传播的内容可能是对立的、冲突的，甚至是不利于品牌形象的。企业能做的只有根据用户的对话和交流做出反应，并积极引导他们转向有利于品牌形象的方向。

表 10-5 总结了这三类社交媒体的定义、示例、功用和面临的挑战。一个成功的社交媒体营销方案通常既包含自有媒体传播元素，也包含付费媒体传播元素，同时以这两类元素为基础，达成赢得媒体免费关注与传播的目标。例如，企业可以制作一条新产品的推广视频，将它发布在公司官方网站（自有媒体）和优酷等视频媒体（付费媒体）上。这条推广视频可能会进一步激发赢得媒体元素的产生，比如消费者对该视频进行分享、评论、二次创作，并发布于个人 SNS（比如微博）主页上。通过利用自有媒体和付费媒体的加法效应进行品牌推广，可以使消费者一步步地从认识品牌转化为购买产品、重复购买，乃至培养起品牌忠诚度。赢得媒体所拥有乘数效应可以大大提升品牌信息在社交媒体中的传播广度与速度。

表 10-5　自有媒体、付费媒体与赢得媒体的对比

项目	自有媒体	付费媒体	赢得媒体
定义	品牌部分控制的渠道	品牌付费后得以利用的社交媒体平台	消费者成为渠道
示例	官网、官方微博	广告位、赞助	口碑、热搜
功用	建立基于社交的客户关系管理	在社交媒体接触到潜在用户	社交媒体演变为赢得媒体
面临的挑战	建立并维护多个渠道 持续互动 内容传播受限	早期的行业标准 定价模式不断演化 快速变化的环境	活跃的品牌参与 消费者可以迅速引发正面或负面的言论

值得注意的是，这三类社交媒体中产品的内容通常包含了图像元素（比如视频和图片）。其理论依据在于人类大脑加工处理图像的速度远超文字处理速度。此外，相较于纯文本内容，包含图像元素的内容更利于吸引用户的注意力，并提高用户的互动参与度。

10.4.3　社交媒体监控与声誉管理

声誉（reputation），又称商誉，指的是人们持有的对于特定事物的观点或信任。社交媒体的兴起一方面使得消费者有很多机会发表自己对品牌的观点，从而塑造品牌和产品的声誉；另一方面也使企业和品牌在很大程度上失去了对自身形象和声誉的控制权。因此，利用社交媒体实时监控声誉、吸引和引导用户在社交媒体上面开展积极正面的对话，显得尤为重要。

爱德曼的信任调查表明，质量、信息透明和信任是影响企业与品牌声誉的主要因素。值得注意的是，"透明"的含义不仅包含了一般情况下企业和消费者之间真诚的对话，也包括了当企业发生信誉危机等特殊情况下，企业能够真诚而迅速地向公众说明事实真相，提供合理解决方案。否则，如果企业选择隐瞒真相，后来却被揭发，负面舆论通常会在社交媒体上逐渐升级。

声誉管理的流程包括建立、维护、监控和修复这四个步骤。除了可以利用自有媒体和付费媒体建立并维护正面的企业形象、参与赢得媒体的交流，向消费者及大众传递积极的信息之外，企业保持良好的声誉还需要不断地监控线上和线下媒体，及时地倾听顾客的声音、市场的反馈，甚至是竞争对手的诋毁等。基于它可能带来的影响，企业需要酌情决定是否需要参与到社交媒体的互动中，并做出回应。例如，如果企业监控到来自高价值客户的投诉帖，或者有影响力的记者的吐槽帖，并引起了社会关注（即转发和评论量高），企业必须立即回应。有时，企业可通过社交媒体私信或者电子邮件直接与发帖人进行联系，沟通修复方案。相反，如果帖子由低价值客户或者竞争对手发布，并且引起的关注有限（即转发和评论量低），则企业可能会选择忽略该帖。在回应社交媒体的诋毁之前，了解和解决潜在的问题也至关重要。缺乏实质性内容的危机应对可以看作给社交媒体参与者的空头支票，无法修复企业的声誉。

大多数优秀企业在社交媒体的批评声中不断学习，并用积累到的经验指导后续社交媒体活动。负面评论和正面评论并存一方面增加了信息的真实性，另一方面也为企业提供了通过补救行动提升声誉的机会。

此外，企业还可以借助声誉管理系统（reputation management system）提供的技术解决方案管理声誉。该系统利用各种预定义的标准来处理复杂的、来自多个社交媒体的、非结构化的数据，从而产生声誉报告。一种解决方案是通过实时监测和品牌相关的关键词，探知社交媒体中大众对品牌的观点，如图 10-7 所示。例如，以 Awario 为代表的社交媒体监控工具（见图 10-8）可以帮助企业实时监控企业的社交媒体传播表现、发稿及活动表现，帮助企业系统性地进行社交媒体媒介评估和管理，有效地支持公关部门的媒体传播工作，维护企业形象等。另一种解决方案是通过帮助企业吸引特定的客户（或潜在客户），促进企业与客户之间的互动和信任，以此获得更多积极评价，维系品牌忠诚度。

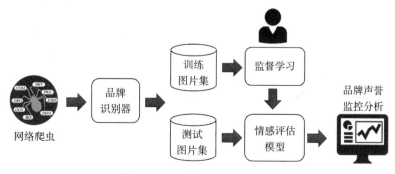

图 10-7　品牌声誉监控分析流程

图 10-8   Awario 社交媒体监控软件截图

◎ **应用案例 10-2**

社交媒体时代的品牌建设

社交媒体问世以来，催生出了众多具有社交属性的平台型企业。然而，其中多数企业仍然没有找到恰当的企业定位和品牌建设方式。新浪微博、抖音等大型的社交平台投入了数十亿美元进行品牌建设，虽然从表面上看它们掌握了一部分话语权，然而并没有触及文化这一核心要义，更没有引领文化趋势的能力。《哈佛商业评论》认为，这些企业要想解决这一问题，就要回归到数字化的核心魅力，即**众创文化**上，而不是社交媒体本身。众创文化（crowd culture）是指由广大互联网用户自发成为文化的创造、创新和传播者。众创文化的横空出世和逐步发展使得传统的内容营销与商业赞助收效甚微，但却引入了一种新的品牌建设方法——打造文化品牌（cultural branding）。品牌建设实际上是一种产生文化影响力的技巧，一个品牌的成功离不开文化上的突破。

于 2015 年 4 月成立的三顿半咖啡，以精品咖啡为主营品类，致力于构建精品咖啡品牌文化，实现精品咖啡的大众化。近年来，咖啡文化盛行，社交媒体让这种潮流成为一股强大的力量。然而，市面上的速溶咖啡和精品咖啡之间还有很大的差距。因此，三顿半将品牌定位为"精品超即溶咖啡品牌"，即让顾客能随时以速溶咖啡的价格品味到精品咖啡的醇美。通过打造文化品牌，三顿半成功跻身新晋销售龙头。具体来说，三顿半采用了以下 5 个原则，成功树立了自己的文化品牌。

1. 寻找文化正统

自瑞幸创造上市神话以来，资本市场加速了对咖啡市场的投资步伐。例如，农夫山泉不仅推出咖啡饮品，还和物美合作卖起了现磨咖啡。中石化更是跨界出击，在旗下加油站便利店做起了咖啡生意。当资本竞相进驻现磨咖啡行业时，三顿半却注意到以星巴克为代表的现磨咖啡馆可能存在的问题：其一是咖啡的主力消费军年轻白领对咖啡的消费越来越高频，咖啡的饮用也越来越日常化，而动辄几十元的咖啡势必会引起消费者对价格的担忧；其二是在这个快节奏的时代，消费者的休闲时间是碎片化的，消费者更希望能随时随地喝到美味的咖啡。外卖咖啡需要长时间等待，传统速溶咖啡口味过于单一。因此，三顿半认为目前咖啡市场的痛点和机遇在于针对速溶咖啡进行产品创新升级，从而打破消费者对速溶咖啡口味寡淡的传统观念。

三顿半瞄准的消费场景就是喝咖啡，但它的核心关键词在于"随时随地""日常生活"。通过创新性地将冷冻干燥技术应用于速溶咖啡的生产，提高了速溶咖啡的口味，同时保留了其便携的优点。

2018 年，三顿半自主研发的无损风味萃取系统成功投产，推出了第一代冷萃速溶咖啡，3 秒钟溶解于冰水和冰牛奶。这种技术通过冷冻干燥保存了咖啡原有的风味物质，咖啡液升华后所形成的疏松结构更加亲水，属国内首创，从而实现了产品创新，为用户带来全新的功能体验。得益于冷萃技术，三顿半研发的速溶咖啡不但具有传统速溶咖啡方便携带的优点，其香气也更为浓郁，口感更为新鲜醇厚。总之，三顿半以精品速溶咖啡为主营品类，致力于构建和开拓精品咖啡的消费场景，实现精品咖啡的大众化，从而打消消费者对传统速溶咖啡在品质和价格上的固有偏见，塑造新兴品类的形象认知。

2. 寻找文化机遇

三顿半的发展离不开两个重要的文化机遇：国货的崛起和自媒体的兴起。起步阶段的三顿半在品牌的推广策略中选择了小规模试错，与种子用户紧密交流，放弃了大范围选择客户，从支流开始培养忠实用户。三顿半一开始选择在"下厨房"进行推广，通过给一些用户送产品样本，并接受他们的意见反馈，进行优化改进，后期还得到了下厨房官方的流量扶持。产品成熟之后，三顿半致力于开发淘宝店，而下厨房的第一批用户也自然地成为三顿半的粉丝和宣传者，即第一批关键意见消费者（key opinion consumer，KOC）。这批 KOC 不仅在社交媒体上分享有效产品评论，还使用三顿半的咖啡粉设计食谱，给品牌带来了一波初始流量。例如，很多 KOC 通过利用三顿半咖啡制作不同美食、拍摄好看的照片进行分享推广，"免费"为三顿半进行宣传。同时利用这批下厨房的 KOC 用户账号了解用户的反馈数据，让三顿半进一步了解某款产品的受欢迎程度，使得三顿半可以在第一时间掌握市场的反馈信息，更加快速地了解消费者的偏好。

在社交媒体时代来临之前，这部分尝鲜者和意见领袖所能影响与带动的消费者仅在其物理生活环境周围非常有限的范围内，而在众创文化背景下，这部分 KOC 通过构建三顿半速溶咖啡的消费场景，引发消费者内心对美好和精致生活的追求与共鸣，在为自身获取流量和关注的同时，也是对三顿半品牌的一场营销。

3. 找准众创文化

三顿半是擅长创造网红品牌的社交媒体时代的既得利益者，这也决定了其品牌战略的核心是内容营销。因此，三顿半进行品牌推广时合作的平台都是极具社交属性和内容属性的平台。三顿半推出产品时，并没有提供各式搭配，而是利用年轻人爱分享、爱动手的特点，将主动权交给用户，赋予了产品更多的可能性。

小红书是三顿半的主要营销平台，这里有网友们自发为三顿半创作的上千条笔记，话题包括三顿半喝法、返航计划、冷萃等，其中三顿半喝法最为火爆，如采用冷萃、奶萃、椰汁萃等各种花式搭配饮用三顿半咖啡。在小红书平台上，有关三顿半品牌和产品的上千篇笔记中，90% 都是用户主动创作的。

此外，三顿半通过制造极具话题度和创作空间的微博话题让广大网友自由发挥，从而拉近与粉丝的心理距离，这种互动在提高品牌曝光度的同时也促进了用户活跃度。比如：#On the Way# 话题邀请网友记录自己在三顿半咖啡陪伴下的旅途；#Cats and Dogs# 则记录了萌宠与三顿半咖啡擦出的小火花；#罐子和画# 为喜爱绘画和天马行空想象的网友提供了施展才华的机会。

在这个每个人都有发声机会的嘈杂的媒体环境中，企业要想让自己的声音被更多人听到、让自己的观点态度脱颖而出，从而建立良好的品牌形象，就必须借助众创文化的力量，用创新的理念和包容的态度打动大众。当我们回过头来思考三顿半成功的秘籍时，会发现它精准找到了市场的痛点和自己品牌的营销定位——精品咖啡大众化。三顿半擅于挖掘 KOC，鼓励他们成为文化的传播者，将喝咖啡的场景引入广大受众的生活中。因此，三顿半能取得成功，并非成功地利用了微博等主流社交媒体平台，而是通过产品和沟通来支持精品咖啡文化。三顿半营销的重心在于建设文化品牌，从而获得了大众的认可也就获得了大众的力量，这种力量是品牌影响力的前提。

4. 引入新的理念

当代年轻人的物质需求基本都得到了满足，更多追求的是高层次的精神需求，也就是马斯洛需求层次理论中的获得尊重和自我实现。在后期的品牌营销中，三顿半放弃了传统的广告宣传和网红推广，开始挖掘和培养自己的 KOC。三顿半的这种战略布局在 2018 年就已启动，当时为营销其数字系列的小罐咖啡，三顿半精挑细选了一批与其营销理念相匹配的美食及生活区活跃博主，将他们确立为品牌的第一批种子用户和意见领袖，给对方免费寄送产品并保持友好沟通，并授予他们 "星际领航员" 的称号。"星际领航员" 中大多是 "素人"，如摄影师、插画家、甜品师等，非常符合三顿半的品牌调性，这些用户也就成了三顿半的 KOC。

仅仅通过挖掘和培养 KOC 并不能最大范围地推广品牌的产品，想让更多的用户成为自己的 KOC，需要让消费者自发地进行传播，三顿半选择了与用户共创产品，从而提升用户自发传播的可能性。

第一，自制不同的喝法。三顿半品牌官方引导用户晒出自己不同的喝法，不仅增加了咖啡的可玩性，也激发了用户更大的分享兴致。第二，别具一格的包装。三顿半抛弃传统的速溶咖啡的塑料袋包装，选择了迷你咖啡杯，体型小巧、颜色亮丽，让不少用户忍不住拍照分享。第三，不同的消费场景。三顿半在品牌推广初期便一再强化三顿半咖啡的特殊使用场景，比如外出、郊游、登山和出差等。在三顿半的产品推广晒图中，相比日常生活场景，更多的是户外生活场景，以此强调三顿半的特殊使用场景。这种营销推广模式更贴近生活，不仅节省了传统促销的费用，通过 KOC 的分享减少了消费者对广告的接受疲劳，而且能促进用户购买。

5. 利用文化热点，持续进行创新

如果说只在线上进行传播和销售并不利于互联网新零售品牌在用户中树立品牌认知，那么，三顿半的"返航计划"无疑弥补了其中的缺失：借助线下广泛的回收点，三顿半加深了线上用户对品牌和产品的认知与理解。

三顿半创建了"返航计划"，在各个地区的不同地方设立回收站，用户可以通过微信小程序预约，到回收点用空包装杯换取周边小礼品或者新咖啡。除了回收空罐、提倡环保，"返航计划"还通过设立线下回收点，鼓励用户多出门走走。

三顿半通常会精心挑选作为回收点的合作对象，例如一些小众书店、咖啡馆等创意空间。三顿半以此来最大化消费者的回收体验，鼓励消费者在环保的同时收获生活的美好与惊喜，同时加强了消费者对三顿半调性的感知。除了体现品牌的社会责任感，"返航计划"也是一个作为纯线上品牌三顿半打造线下触点，以触及目标消费者（即咖啡爱好者）的好方法。这种回收模式门槛很低，很大力度地鼓励大家参与到项目之中，不仅为消费者提供了优惠的福利，还促进了环保，提高了品牌意义，也提升了消费者对品牌的黏性和复购率。

资料来源：1.阿莫斯·温特，维贾伊·戈文达拉扬.众创文化：重构社交媒体时代的品牌建设［Z］.哈佛商业评论中文版，2016.

2.曹流芳.三顿半咖啡，如何逐鹿热门赛道？［J］.国际品牌观察，2021(19):53-54.

3.陈承琦，唐小波，陈巧妹.三顿半速溶咖啡 KOC 营销模式研究［J］.理论研究，2021:349-351.

4.方宇.三顿半，让咖啡脱离咖啡馆［J］.经理人，2021(10):60-64.

5.王磊.三顿半的新媒体平台卡位策略［J］.中国广告，2021(6):22-23.

6.张知愚.网红爆款方法论：三顿半、元气森林和 Lululemon［J］.销售与市场（管理版），2021(03):79-82.

7.周文辉，张昱帆，付子航，等.三顿半：咖啡新锐品牌的"价值营销"［J］.商业评论，2021(8):74-83.

思考问题

1. 如何描述三顿半的社交媒体和电商渠道的互补性？
2. 对比三顿半和速溶咖啡巨头雀巢，其社交媒体的战略有何不同？

10.5　社交购物

社交购物（social shopping）也称为销售 2.0（sales 2.0），是指通过社交工具和平台进

行在线购物，并与朋友分享购物体验的一种购物形式。社交购物融合了电子商务和社交媒体，因此它具备了社交媒体（讨论组、博客、评论和推荐等）的关键特征，并且用户在购物前、购物过程中和购物后都可能采用这些社交媒体。

社交购物也是社交商务活动中日益增加的一类活动。购物本质上是一种社交活动，参与购物是社交网络的一个自然领域。这是因为，许多消费者都有从众心理，习惯在购物前听取朋友的推荐，其他消费者的建议。开展社交购物有以下两种基本的方式。

（1）将社交软件、应用程序和插件等社交功能添加到现有的电子商务网站中。

（2）将电子商务功能（比如电子商品目录、购物车和支付网关）添加到社交媒体或社交网站中。

10.5.1　社交购物的构成

根据社交购物的方式、产品供给渠道、相关信息以及支持性信息系统的不同，社交购物网站的构成要素呈现多样化的特点。其中，从内容方面来看，帮助消费者做出购买决策的基本内容要素有以下几种。

（1）视觉共享：图片、视频等视觉信息使消费者可以直观地浏览并分享产品体验。

（2）在线评论：产品（商家）评级、评论、建议、对话等有助于讨论产品的功能与优缺点。

（3）产品使用指南：通过视频、博客和分步说明来演示如何使用产品。

（4）用户指南：来自用户（有经验的消费者、专家或员工）的原创内容，通常包含使用案例、消费者证言和视频等材料。

此外，从社交媒体及社交网络的关键特征来看，社交购物通常包含如下网络要素（见表 10-6）。

表 10-6　社交购物的网络要素

社交网络要素	描述
消息来源	用户在主页找到来自朋友和订阅号的通知流
时间轴	过去为用户创建的个人历史照片和事件流，可以与朋友分享
社交组群登录	网站允许用户通过新浪微博、微信或其他社交网站的账户登录，从而在这些社交网站获得大量的社交用户信息
协同购物	通过展示产品、聊天，允许消费者彼此分享自身的购物经验，在线交流对品牌、产品与服务的观点
网络通知	用户可以通过转发、评论、点赞等功能分享自己对产品、服务或内容的评价，或者通知朋友自己所处的地理位置
社交搜索（推荐）	帮助用户通过听取来自朋友（或朋友的朋友）的评价，来了解产品和服务

10.5.2　社交购物的模式

近年来出现的新型社交购物商业模式很多是由初创企业创立的。其中一些商业模式是对电子商务通用模式的扩展，另一些则是全新的尝试。基于相关文献，这些模式大致可以分为垂直类、内容类（基于社交媒体内容的模式）、协同类（基于社交关系的模式）和社群类（基于社交网络的模式）这四大类。

1. 垂直类

总体来看，我国电商市场长期被以淘宝、京东等为代表的传统电商主导。近几年电商行业异军突起的拼多多通过前期裂变营销和资本补贴在微信朋友圈迅速收割流量，并打开了淘宝和京东多年未打开的农村市场。拼多多更是借此抢占市场，其市场份额已经超过苏宁易购、唯品会等，和淘宝、京东形成三足鼎立的局面，是垂直类社交电商企业的代表。

2. 内容类

内容类社交购物是一种基于社交媒体上用户生产的内容所驱动的购物模式，主要包括以下几种具体的商业模式。

（1）专业购物网站：提供产品推荐。

（2）购物展示网站：比如抖音上的购物展示。

（3）购物种草应用：比如小红书。

3. 协同类

协同类社交购物是一种基于社交关系的购物模式，消费者可以向朋友征求建议。许多消费者在购买之前希望听到别人的建议，这会使他们对购买（或不购买）决策更有信心。它主要包括以下几种具体的商业模式。

（1）共同购物网站（collaborative shopping site）：它支持消费者与其好友同时在不同地点进行在线购物，帮助在线的好友实现浏览器同步、共同查看商品、交换意见、聊天等（比如 Select2gether、Coshopping 等）。

（2）社交市场（social marketplace）与直销：利用社交关系为商品的展示、比较、互动、付款等销售活动提供交易流程的中介。

4. 社群类

社群类社交购物是一种基于社交网络或社区的购物模式。对许多消费者而言，和朋友一同在线下实体店逛街购物是一项愉快的活动。社群类社交购物模式旨在将网络购物和社交网络进行有机结合，打造一个有相似兴趣爱好的消费者聚在一起讨论、分享和购物的购物社区，主要包括以下几种具体的商业模式。

（1）团购（group buying）：一群人聚集在一起购买某种商品以获得一定团体折扣的商业模式（比如 Groupon、Living Social、美团等）。

（2）拼购 (shopping sharing)：拼多多、京东拼购、京喜、苏宁拼购等。

（3）闪购（flash sales），又称每日特惠：提供限时（通常为 24 ～ 72 小时）的大幅折扣或特价优惠（比如：主打特卖的 Gilt.com、唯品会等）。

（4）直播（live streaming）：淘宝直播、抖音、快手。

（5）购物社区和俱乐部（shopping community and club）：将消费者、企业与社区连接起来，允许消费者自由地选择自己感兴趣的产品，从而形成一份意向清单。消费者可以公开自己的清单或者与特定的人分享，从而分享经验或获得建议。此类购物社区通常围绕时尚、美食、宠物等主题或兴趣爱好组织起来（比如主攻时尚服饰搭配的 Polyvore、美丽说）。

值得注意的是，社群类社交购物网站通常由以下要素构成。

（1）用户论坛：用户在社交网络中聚集和交流的场所。

（2）用户相册：陈列商家提供的图片和视频，以供用户讨论。

（3）创意公告牌：一种创意产生和创意评估的众包机制。

（4）Q&A 论坛：接受用户提问以及回答问题的网络群组。

（5）品牌社区：围绕某一品牌形成的讨论该品牌及产品的社区。

10.5.3　社交购物的效益

社交购物对买卖双方均有影响，其中对买家的收益主要包括以下几方面。

（1）通过团购、每日特惠等获得大幅优惠（通常高达 50% ～ 90% 的折扣）。

（2）发现不知道的产品或服务。

（3）与和自己有相似偏好的人一起购物、相互交流，从而降低各自的信息搜寻成本。

（4）通过与朋友的交流互动，提高对网络购物的信心和信任。

（5）与朋友分享产品体验和购物技巧，获得朋友的反馈，并学习他人的经验。

（6）在购物的同时进行社交，获得支持和奖励。

（7）创建与分享礼物清单和愿望清单。

（8）直接与品牌方（供应商）进行交流。

社交购物带给卖家的收益包括以下几方面。

（1）提高整个销售团队的效率。

（2）增加客户数量，实现营收的增长。

（3）提高客户的忠诚度和信任度。

（4）获得客户的反馈。

（5）通过团购、每日特惠等促销快速清仓过量、过时或临期的产品。

值得注意的是，社交购物网站可能会通过广告、销售佣金提成、与零售商分享客户信息以及相关营销活动来获取额外收入。在大多数情况下，社交购物对卖家来说都是有利可图的。

10.5.4　社交购物工具：从推荐、评论、评级到市场

除了诸如产品对比引擎、产品推荐等典型的电子商务购物辅助工具，社交商务中还有一些特殊的辅助工具。

1. 评级与评论

这些来自消费者、专家（意见领袖）或独立第三方评估者的评级和评论对社交购物者来说都具有以下重要的借鉴意义。

（1）顾客评论：顾客的证言通常发布在电商网站或者第三方网站（比如大众点评、TripAdvisor、Yelp 等）。

（2）付费、赞助评论：博客写手、业内专家或者营销号收费撰写的评论。

（3）产品的视频评论：以视频或者 vlog 形式发表的评论，消费者通常可以在微博或者视频网站（YouTube、抖音等）上传、查看、评论和分享该类评论。

2. 社交推荐与建议

推荐引擎允许消费者搜索并参考其他消费者的建议，并向他人提供建议。社交推荐和建议与评分、评论密切相关，通常结合在一起。常见的社交推荐通常会利用到消费者的群体智慧，具体工具包括以下几类。

（1）社交书签（social bookmarking）：推荐的产品、服务等都被打上用户生成的书签，以方便社交网络的成员通过书签进行检索。

（2）针对个人的社交推荐：建立在找到"同类人"（即有相似特征、爱好的用户）的基础上，分析目标市场的推荐方案。

（3）匹配算法：利用客户相似度匹配算法提供产品推荐建议。

（4）协同评议（collaborative review）：收集消费者关于产品的正反两方面意见，并请消费者就这些意见投票，因此评议结果综合考虑了消费者群体的意见，突出了产品的重要特质（比如 ProductWiki）。

◎ 应用案例 10-3

Groupon 有风险，借鉴需谨慎

2010 年，人人网、优酷土豆和当当网等中国互联网公司先后赴美上市，创下了中国互联网公司在美上市数量的历史高峰。

其中，王兴的连续多个创业项目都借鉴了美国榜样。继对标 Facebook 的人人网、对标 Twitter（现为 X）的饭否后，王兴版的 Groupon——美团网上线了。

1. Groupon：团购鼻祖

2008 年 10 月，Groupon 发布了团购模式的首次广告，即"披萨买一送一"。随后，这个网站就吸引了大量的关注，用了不到一年的时间就拥有了约 100 万用户，而实现 5 亿美元销售额的目标仅仅用了约 1 年半的时间。Groupon 成立于 2008 年，2011 年就在纳斯达克上市，市值高达 160 亿美元，被称为"史上最疯狂的互联网公司"。

Groupon 最初的模式非常简单：它每天只推出一款折扣产品或服务（可以是餐厅的套餐、电影票，或美容院的 SPA），通常会低至商品或服务原价的 2 ～ 3 折，当然，交易生效的前提条件是购买人数需要达到某个预先设定的数量。此外，Groupon 还以地域为基准来划分不同的优惠产品，即在特点的时点上，来自不同城市的用户看到的促销商品是不同的。在推广上，Groupon 也选择了最经济的模式，通过批量发送邮件以及口口相传，吸引想要获得优惠的消费者。

对于消费者来说，可以以超低价购买到自己想要的产品或服务。这对次贷危机背景下消费降级的消费者来说非常有吸引力。此外，Groupon 的使用方法也非常简单：邮箱注册、拼团购买、选择支付方式。交易成功后，凭借订单号、手机号等，就可以享受产品或服务了。对于参加团购的商家来说，即使利润低一些，但是能够销售临期产品，或短时间内吸引大量关注也是非常有利可图的。

2. Groupon 的拓展之路

Groupon 创始于芝加哥，其版图于 2009 年初开始逐渐扩张到美国的其他城市，包括同样在美国东部的波士顿、纽约等。此后，Groupon 以美国东部为跳板，用了一年多的时间，将业务进军到近 50 个国家和地区，随后在这些国家和地区的不同城市拓展业务。Groupon 主要是利用原本的资源不断进入市场和扩张从而壮大自己，但这种模式在进入我国市场后遇到了残酷的"千团大战"，铩羽而归。

为了进一步拓展其业务，Groupon 随即推出了两项分别针对消费者和卖家的新功能：Deal Feed 和 Groupon Stores。最开始的团购模式有一个很大的问题：正在促销的商品不一定是用户感兴趣或正好需要的商品，用户也不一定有耐心每天认真查看促销信息以等待自己需要的商品，Deal Feed 就是解决这个问题的。该功能允许用户关注自己感兴趣的商品或服务，从而能在第一时间收到促销信息，并且能将 Facebook 上的信息关联，以了解自己关注的人的购买行为和意向产品。Groupon Stores 则是为商家提供服务的。该功能允许商家展示自己的产品和发布促销信息，用户还可以针对商家添加关注。在这两项新功能的助力下，Groupon 迅速吸引了大量目标用户和加盟商家，并且非常有效率地管理了这部分流量。

虽然开创了 O2O 团购模式，Groupon 却一直很难盈利，上市之后其股票市值更是一路缩水。分析者认为，它迅速衰败的原因主要在于战略上的短视，以及国际扩张过快导致的资金链紧张。Groupon 快速崛起和陨落，从万众瞩目到被市场抛弃，它的成功的经验和失败的教训都值得模仿者们学习与借鉴。

3. 我国的团购

其实在 Groupon 创立之前，国内线下市场就存在着团购模式（比如汽车和电脑等昂贵产品的拼团折扣）。由于群体文化深入人心，团购模式对我国的消费者来说非常具有吸引力。在 2010 年团购热潮的高峰期，有 5 058 个团购网站正常运营；但到 2012 年，其中一半的团购网站已经关闭；到了 2013 年 8 月则只剩 943 个。这些网站关闭的一个主要原因是缺乏资金。

对此，李开复曾指出团购模式的弊端：低门槛，基本不具有行业壁垒，短时间内大量的模仿者进入，必然导致价格战，尚未完全打开的市场、不规范的管理以及众多入局的小企业都在初期便夭折了。此外，团购模式的可持续性存疑：商家为了快速获客愿意打折、被团购，然而无法保证服务质量，最终这些"捡便宜"的消费者大多是一次性消费。

直接复制 Groupon 的商业模式到我国市场并不困难，但必须考虑到不同市场的消费者有不同的消费理念和消费习惯，不去正视这种差异，不用心去本土化，简单地复制别人的商业模式只会遭受失败。为了解决这一困境，Groupon 的模仿者美团步步为营。第一步，美团凭借团购模式收获了大量商家和用户流量；第二步，开展外卖服务，将 O2O 模式进一步深化；第三步，通过补贴等手段鼓励餐厅做外卖，从而为用户增加了大量的选择。如此，美团的业务范围和服务种类不断拓展，团购产品也从日用品到生鲜、电影票、景区门票等，并且组建了自己的骑手队伍，从而形成了自己的生态圈，成为泛生活服务的平台型巨头。

Groupon 成立的 10 年后，美团在香港上市。美团在招股书上将自己的定位描述为："利用成熟的配送能力服务更多本地商家，以及对本地商家进行数字化改造以服务当下的消费者"。这一次，美团是否弯道超车成功？让我们拭目以待。

资料来源：1.CHATTERJEE S, STREIFF A, O'KEEFFE S. Groupon［Z］. Ivey Publishing, 2012.

2.搜狐，上市和海外扩张：Groupon 的噩梦，美团的开始，2018-09-21.

思考问题

1. 如何看待对以 Groupon 为代表的团购模式可持续性的质疑？

（提示：Groupon 是否具有先行者优势？除此之外，Groupon 是否还具有其他的竞争优势？它是否有效地形成了行业壁垒？）

2. 描述 Groupon 和美团在商业模式上的异同。

3. 描述社交技术对团购模式的影响。

◎ **本章小结**

1. **社交商务的定义与范畴**。社交商务，又称社会化商务，是指通过社交媒体进行的电子商务交易。社交商务是对传统电子商务的发展，它利用 Web 2.0 并基于社交媒体的支撑技术对电子商务、电子营销、社交媒体等进行整合。

与仅支持"品牌 – 消费者"的单向交流的传统电子商务不同，社交商务通过 Web 2.0 功能实现了"品牌 – 消费者"甚至是"消费者 – 消费者"之间的双向交流。因此，社交商务被视为传统电子商务的重要延伸，具有更高的社交互动水平。

2. **社交商务的工具和平台**。社交计算是社会行为学与计算机系统相交叉的计算机科学领域，聚焦于一系列利用社交媒体工具（博客、维基百科、社交网络服务等）执行的新兴计算方式。社交计算为社交商务的发展提供了技术支撑。此外，博客、微博、维基、社交搜索以及基于位置的服务和应用等代表性社交软件在社交商务中广泛应用。

3. **社交网络的构建与分析**。社交网络由个人、团体或组织组成，并且通过某种联系或关系相连。社交网络构建使社交网络活动场景化。它是在各种形式的网络技术（比如互联网、手机或其他设备和服务）中，通过使用社交媒体工具、应用程序来交换隐私或公共信息的行为。社交网络分析是一种分析社交网络的方法，探讨了如何使用网络理论分析社交关系。

4. **社交媒体与社交媒体分析**。社交媒体主要是指利用 Web 2.0 和社交计算工具与技术，促使人们在互联网中创造文本、图像、音频和视频等数字化多媒体内容，从而分享各自的见解、经验、领悟和观念，并实现社交互动与对话的媒介。社交媒体分析关注的是对社交媒体的工具和技术所产生的大量非结构化内容进行分析，从而增强企业的竞争力。

5. **社交购物构成与模式**。社交购物也称为销售 2.0，是指通过社交工具和平台进行在线购物，并与朋友分享购物体验的一种购物形式。社交购物融合了电子商务和社交媒体，因此它具备了社交媒体的关键特征。其主要模式大致可以分为垂直类、内容类（基于社交媒体内容的模式）、协同类（基于社交关系的模式）和社群类（基于社交网络的模式）这四大类。

◎ 复习题

1. 定义社交商务，并区分它与传统电子商务的不同特征。
2. 描述形成社交商务的商业趋势和技术趋势。
3. 定义社交网络，并举例说明其构建的范围。
4. 定义社交网络分析，并表述其构成要素和相关度量。
5. 列举社交媒体的主要特征，并区分其与传统媒体的不同。
6. 列举社交媒体的传播目标。
7. 举例说明社交媒体的类型。
8. 描述企业如何通过社交媒体分析提升竞争力。
9. 举例说明社交购物的模式。
10. 概述对社交购物未来发展方向的展望和设想。

◎ 章末案例

拼多多

很多人都使用过拼多多，即便你没有使用过，你肯定也收到过或者见到过朋友圈的各种"帮我砍一刀"的链接。事实上，在拼多多入局之前，我国电商市场主要被淘宝和京东占据，还有大量企业在竞争。拼多多成立于 2015 年，在没有占据行业先机也没有空白市场的情况下，拼多多便利用砍价免费拿的营销策略，借助微信的庞大用户基础，迅速收割市场流量。用户类型也从最开始的羊毛党到后期的农村市场消费者。拼多多不但从现有的电商巨头手中分到了一杯羹，更是打开了农村市场，做大了蛋糕。截至 2018 年底，拼多多的交易规模已达 4 000 亿量级 GMV，用户规模超过了京东，仅次于淘宝，并于 2018 年在美国纳斯达克上市。病毒式营销、低传播成本、高用户流量、高传播速度，拼多多可以说是该营销方式的受益者。当然，拼多多的崛起不可复制，但其前期的获客思路却值得深思。拼多多的成功是天时、地利、人和的结果。

1. 天时：腾讯小程序为裂变提供契机

拼多多受益于小程序的兴起为 App 引流。拼多多于 2015 年开始在微信创建其官方账号，随后借助微信小程序开始进行销售活动。2017 年底，为了进一步增强消费者的参与度，并为消费者提供全方位的服务，拼多多的独立移动客户端正式上线。

在**吸引消费者**方面，拼多多看到了微信的庞大流量池。恰逢微信推出小程序功能，因此拼多多注册了微信小程序，利用社交营销方法，在短期高效率获客。根据 QuestMobile 的统计资料，截至 2018 年 3 月，拼多多小程序已经有了两亿多用户；到同年 12 月，拼多多实现了微信用户流量向自己的客户端私域流量的转化，同时完善客户端功能，以便更好地吸引用户。

得益于腾讯平台的用户基础，拼多多的营销广告在短期能够近乎爆炸式传播离不开两个原因。其一，是社交的力量，拼多多利用用户已经形成的社交关系作为它免费传播的巨大渠道网，将营销信息快速传达到尽可能多的人群中。其二，用户要想获得价格折扣，就必须成团，用户甚至自发建立拼团砍价群，从而产生大量的重复订单。这两个原因使得拼多多完成营销闭环。

在**吸引进驻商家**方面，阿里巴巴推出天猫店铺，意味着其平台产品也逐渐从低价向质优转变，而京东一直在做高品质产品。可以说，淘宝和京东都在品牌化升级，消费市场也在宣扬消费升级，所有的资源也都集中在头部高客单价大品牌手中。在这种变革中被挤出的那部分卖家便被拼多多的免费入驻、平台补贴等优惠吸引而来。这部分卖家大多是做低价产品的中小商家，因此拼多多的品牌形象一度是售卖低价爆款产品。

2. 地利：下沉市场收入处于网络购物爆发期

我国三四线城市及广大农村市场的消费水平落后于一二线城市，拼多多出现的时间恰好是三四线城市和农村市场消费水平跟上互联网电商发展的时间，拼多多的超低价产品打消消费者的被骗顾虑，并且借助邀请他人砍价免费拿等活动迅速传播到广大中等收入和低收入群体之中。京东和天猫等都把重点放在精英群体那里，试图获得更多这部分用户，但拼多多则将重点放在了市场的长尾部分。下沉市场具有庞大的用户基础和消费潜力，这些为拼多多的崛起奠定了基础。

3. 人和：创始人具备游戏运营基因

作为拼多多的创始人，黄峥曾经创办过电商企业和游戏企业，将电商和游戏巧妙结合，游戏的趣味性、即时回报性和吸引力使得拼多多的运营活动如鱼得水。拼多多将游戏、购物、社交巧妙结合在一起，牢牢把控目标客户群体的特征和深层次需求，具有庞大的用户群体和较高的用户黏性。

拼多多最核心的拼单模式允许用户以低价买到商品，但是需要在规定时间完成成团，一般是 3 ～ 5 人。用户可以直接在线加入他人的团购队伍，也可以自己发起拼团并邀请好友参与成团，如图 10-9 所示。为增加曝光度和市场知名度，拼多多的用户甚至可以通过分享给好友，好友只需要帮忙点击并不需要购买商品就能降低产品购买价格，即所谓的"砍一刀"，好友帮助砍价的同时也能获得红包奖励。分享作为拼单模式的核心，增加了拼多多用户的参与度和活跃度，提高了用户转化率。分享支持多种途径，除了微信、QQ 这些常规软件外，还支持微博、链接等形式，可以说是无孔不入。

在互联网技术的加持下，拼多多"以用户发展用户"的思维模式确实帮助其实现裂变，打开市场，流量像滚雪球一样壮大。这个前提是用户愿意分享。为了刺激用户的分享积极性，拼多多可谓花样百出，除了提供折扣价格外，还有红包和优惠券等。以每日红包玩法为例，用户每天登录软件都可以领取到一笔红包额度，在有限时间内通过邀请朋友来增加这个额度，当这个金额达到一定额度后就可以提现到微信等支付软件，邀请新用户往往能获得一大笔红包额度。拼多多采用这个方法将获客和促活的成本大幅降低，顺便还进行了宣传，可谓一举三得。

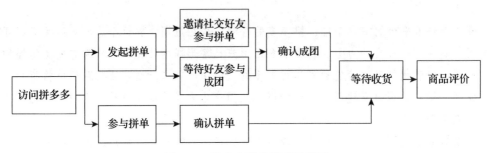

图 10-9　拼多多拼单模式示意图

4. 定位：Costco+ 迪士尼

拼多多的创始人兼董事长黄峥在《致公司全员信：拼多多的一小步》中表示："现在互联网解决的已经不只是效率问题，'Costco+ 迪士尼'将是零售消费市场的未来。"由此可见，其崛起背后的商业逻辑在于回归零售业的本质：价廉物美。"Costco+ 迪士尼"的定位更是突出了它为消费者创造的价值：性价比和购物乐趣的融合。

在**性价比**方面，和 Costco 一样，拼多多会挑选那些具有爆款特质的产品，采用低价策略，在短时间内迅速销售出去，大幅降低营销成本和库存成本。对爆款商品的挑选除了有利于传播外，也有利于拼多多实现对库存的管控。Costco 对于 SKU（stock keeping unit，库存保有单位）管理非常严格。不同于沃尔玛将细分产品种类尽可能做到极致，Costco 的每类细分产品只有 1～3 种，也就是说，只选择爆款。拼多多的模式和 Costco 类似，种类也集中在日用百货、水果零食、服装等快消品上，可谓将薄利多销做到了极致。拼多多 CTO 陈磊总结公司商业模式为："少 SKU、高订单、短爆发"。

此外，拼多多以算法替代 Costco 的"买手"选货。同样从消费者需求出发，拼多多则依赖算法，锁定目标市场，并给予爆款足够的曝光量。拼多多的算法主要是通过建立以消费者及其社交好友的兴趣爱好、搜索记录、购买历史等为基础数据的模型来预测用户可能感兴趣的产品，据此来挑选和推送 SKU，往往具有较高的正确率。表 10-7 对比了拼多多与 Costco 商业模式的相同点和差异点。

表 10-7　拼多多与 Costco 商业模式对比

项目	属性	Costco	拼多多
相同点	产品逻辑	爆款 SKU 低价	刚需爆款 SKU 低价，不赚差价
	供需思维	需求→供给	需求→供给
	商业模型	大型超市带动高效运转	拼团 – 大规模 – 带动高效

（续）

项目	属性	Costco	拼多多
差异点	商品推荐	买手推荐	算法推荐
	运营模式	自营模式，3 700SKU	平台模式，SKU 可扩充
	盈利模式	收益来自客户	收益来自商家（品牌方）

注：资料来源：招商证券。

在**购物乐趣**方面，拼多多的游戏性玩法层出不穷，有提升黏性的多多果园，也有促进日活的金猪赚大钱。拼多多非常重视让用户之间产生互动，并不断尝试为用户建立分享的习惯。不管是年轻人还是高龄用户，不管是网络熟手还是网络小白，拼多多的活动都能吸引用户并且提升黏性。例如，在"金猪储蓄罐"活动中，用户可以领取金猪，自动产生金币，金币可以兑换成红包或者物品等奖励，用户要想获取更多金币就必须隔段时间返回页面收取金币；"多多果园"就像蚂蚁森林一样，用户完成系统分配的任务之后获得水滴，水滴可用于种植水果树苗，达成收获条件后便可以免费收到实物水果。

拼多多从迪士尼的商业模式中学习如何提高消费场景中的娱乐性，并将这种思路移植到线上，一方面帮助它提高用户留存率和转化率，另一方面提高其用户活跃时长和用户黏性。此外，"游戏＋电商"的模式帮助拼多多大幅提高了用户黏性。总之，在提高点击率、用户留存比和转化率等方面，拼多多的趣味运营策略无疑是成功的。

5. 输出：美国版拼多多 Wish 上市

2020 年 12 月，美国电商平台 Wish 在纳斯达克上市。Wish 的招股书中写道"为全球数十亿消费者带来实惠、娱乐的移动购物体验""我们建立 Wish，是为了服务于那些看重实惠而非品牌和方便的消费者"。对比之下，拼多多声称"为买家提供物超所值的商品和有趣的互动购物体验"。如此熟悉的配方，无怪乎 Wish 被称为"美国版拼多多"。

Wish 的运作逻辑和商业模式与拼多多非常相似。同样要在竞争激烈的电商市场中开辟一条道路，Wish 也将目光转向下沉市场，在这个市场抢占先机；在运营逻辑上，同样采用打造爆款商品的思路，用病毒式营销和游戏化运营相结合的方式提高用户活跃时长和用户黏性；Wish 瞄准的平台也是移动端 App，从电商购物的表现来看，其运营模式能更好地提高移动端用户的转化率。

Wish 和拼多多从公域流量池中转化私域流量的方式也很类似，拼多多在前期主要借助微信进行引流，Wish 则把 Facebook 作为营销的主要平台。Wish 在 Facebook 等 SNS 上打造爆款商品，这些商品往往有极低的价格且大多属于快消品，通过鼓励用户拼团、拉新、分享等方式，为用户获得高额折扣的同时也为自己获得了巨大的品牌曝光度和流量。除了通过关系链之间的裂变和口碑相传之外，Wish 也布局视频等社交媒体平台，尝试跨界合作，以拓宽自己的用户来源。2018 年俄罗斯世界杯期间，Wish 平台上一条名叫 *Time on your hands* 的视频在全平台有 12 亿的播放量，在这个视频的带动下，Wish 客户端的下载安装量增加了 648 万。

当然 Wish 也有其独到之处：Wish 强调通过深度学习用户的信息及行为数据，从而给用户推荐可能购买的产品。Wish 平台上通过搜索完成的销售额不到三成，其余都是通过个性化推荐转化为成功的交易。

我国下沉市场的规模远大于美国，拼多多能够借此快速获得大量用户，而 Wish 下一步会不会继续采用拼多多的类似模式？至少从目前来看，Wish 对未来的规划更加野心勃勃。

首先，Wish 显然决心要摘掉顶在自己头上的"廉价但低质"的标签。在积累了大量用户数据之后，它也在尝试直接从厂家进货来销售（即自营模式），实现品牌化战略转变。

其次，Wish 对于未来发展的规划侧重于线下和社区，计划在未来和线下门店及社区合作，开拓本地化服务。Wish 推出本地化 Wish Local 项目，包括从 App 线上引流到线下门店消费，在小区门店下设立提货点——这是不是和美团等社区团购有些类似呢？

最后，Wish 也准备投入资金自建物流，这不免让人想到了京东。

或许，Wish 的野心就是做一个美国的拼多多＋美团＋京东吧。

资料来源：1.ZHOU K, LAU J. Pinduoduo: 300+ million shoppers teaming for good deals［Z］, Havard Business Review, 2018.

2.ZHU F, PALEPU K G, CAO B Y, et al. Pinduoduo［Z］. Harvard Business Review, 2019.

3.董小薇，拼多多教美国人做电商，远川商业评论，2021-01-26.

4.搜狐，如何理解拼多多凭借 Costco+Disney 模式成长为第二大电商巨头，2019-05-27.

5.腾讯大学，身处地球另一端的 Wish，比国内任何一家公司都更像拼多多，2021-01-06.

思考问题：

1. 在拼多多的崛起中，社交技术及工具起到了什么作用？

2. 拼多多的商业模式中是如何融入拼团、分享等社交属性的？

3. 我国电商在社交电商领域从模仿到超越，从超越到输出，凭借了什么？

◎ 管理问题

某抖音网红表示："电商创业最大的挑战在于让潜在的客户看到自己、知道自己的产品。有了抖音上强大而忠诚的粉丝，我相信我可以通过将抖音粉丝引流到个人电商网站来应对这一挑战。这个商业设想很简单，我通过社交联系找到具有网红属性的货品的货源，通过抖音将流量引到公司的销售网站，然后由第三方物流完成订单的配送"。

如何看待该网红的创业设想？

讨论题

1. 社交技术如何改变传统电子商务？

2. 社交购物是如何改变买卖双方的关系的？

3. 在互联网从 Web 2.0 向 Web 3.0 进化的背景下，社交商务如何变得更加智能化？

课堂辩论题

1. 所有企业都应该发展社交商务吗？

2. 社交技术的发展提高了还是降低了消费者的自由？

网络实战

你是否在微信生态系统（包括朋友圈、公众号等）看到过以下营销内容？

（1）Python 训练营。

（2）网红零食。

（3）奢侈品牌手袋。

1. 列举其可能的受众。

2. 说明微信营销给上述不同行业的公司带来的商业利益。

3. 哪个企业通过增加微信营销预算可以获得更多的收益？（提示：可以综合考虑内容营销、话题营销、事件营销、渠道推广等多种营销手段的效应）

团队合作

与三四名同学组成一组，选择同行业中相互竞争的两家企业，观察追踪其在各类社交媒体上近一年的活动。

根据其采用的社交媒体的特征、支持公司业务战略的能力，对每家企业的社交媒体活动进行评估。哪个企业在哪个社交媒体上做得更好？为什么？你能否提出改进的建议？

◎ 在线补充读物

[1] 陈丽荣. 预见 2021：《2021 年中国社交电商行业全景图谱》[EB/OL]. 前瞻产业研究院（2021-08-21）[2021-09-01]. https://www.qianzhan.com/analyst/detail/220/210820-bc6cd067.html.

[2] 网经社. 2020 年度中国社交电商市场数据报告 [EB/OL].(2021-05-20)[2021-09-01]. http://www.100ec.cn/zt/2020sjdsbg/.

[3] 中投顾问. 2022-2026 年中国社交电商行业深度调研及投资前景预测报告 [EB/OL].(2021-07-01)[2021-09-01]. http://www.ocn.com.cn/reports/2100shejiaodianshang.shtml.

◎ 术语表

商业模式（business model）：公司为了满足客户需求所实施的方法（计划），据此公司可以产生收益和创造价值。

协同评议（collaborative review）：收集消费者关于产品的正反两方面意见，并请消费者就这些意见投票，因此评议结果综合考虑了消费者群体的意见，突出了产品的重要特质。

赢得媒体（earned media）：利用消费者的对话交流作为传播渠道。

闪购（flash sales）：又称每日特惠，提供限时（通常为 24～72 小时）的大幅折扣或特价优惠。

团购（group buying）：一群人聚集在一起购买某种商品以获得一定团体折扣的商业模式。

社交搜索：又称图谱搜索（graph search），是指与用户密切相关的搜索，旨在提供基于社交网络相关性的可靠搜索结果。

自有媒体（owned media）：由企业独自拥有或部分控制的社交媒体渠道。

付费媒体（paid media）：提供广告位，供企业进行付费宣传的社交媒体渠道。

声誉（reputation）：又称商誉，指的是人们持有的对于特定事物的观点或信任。

社交书签（social bookmarking）：推荐的产品、服务等都被打上用户生成的书签，以方便社交网络的成员通过书签进行检索。

社交商务（social commerce）：又称社会化商务，是指通过社交媒体进行的电子商务交易。

社交计算（social computing）：社会行为学与计算机系统相交叉的计算机科学领域，聚焦于一系列利用社交媒体工具（博客、维基百科、社交网络服务等）执行的新兴计算方式。

社交图谱（social graph）：对社交网络中重要社交关系的映射。

社交媒体（social media）：主要是指利用 Web 2.0 和社交计算工具与技术，促使人们在互联网中创造文本、图像、音频和视频等数字化多媒体内容，从而分享各自的见解、经验、领悟和观念，并实现社交互动与对话的媒介。

社交媒体分析（social media analytics）：关注的是对社交媒体的工具和技术所产生的大量非结构化内容进行分析，从而增强企业的竞争力。

社交网络（social network）：由个人、团体或组织组成，并且通过某种联系或关系相连。

社交网络站点（social networking site，SNS）：也称为社交网站或社交网络服务，可以为用户建立公共档案并提供免费的网络空间。

社交网络分析（social network analysis，SNA）：一种分析社交网络的方法，探讨了如何使用网络理论分析社交关系。

社交软件（social software）：包含一系列允许用户相互交流与分享文字、图片或媒体等信息的软件工具。

社交购物（social shopping）：也称为销售 2.0（sales 2.0），是指通过社交工具和平台进行在线购物，并与朋友分享购物体验的一种购物形式。

小世界理论（small world theory）：任何 2 个人之间都可以通过至多 6 个人产生关联。

●—○—●—○—● 第11章

移动电子商务

■ **学习目标**

    1. 了解各类移动互联网的电子商务模式

    2. 了解移动电子商务的历史背景及相关技术

    3. 了解移动电子商务的思维、运营机制及其效果

    4. 了解移动电子商务的未来发展和所带来的挑战

■ **开篇案例**

墨迹天气 × 肯德基：雨神宅急送整合营销活动

    2019年5月17日，墨迹天气联合肯德基宅急送独家上线"KFC雨神宅急送"惊喜福利活动，用户在下雨天气里可在墨迹天气App内的活动详情页领取一元超级福利。根据活动规则，用户进入活动详情页之后，手机定位会自动判断用户所在地的天气情况，当用户所在位置的天气显示为雨天时，便可以在活动页面一键领取一元劲爆鸡米花（小）、葡式蛋挞（1个）和醇香土豆泥（1杯）优惠券，并可通过活动享受更多超值套餐；当用户所在位置的天气显示为非雨天时，用户则享受"晴天买一送一"福利政策，可领取香辣鸡翅（2块）、热拿铁（中）、葡式蛋挞（1个）的"买一送一"券。"KFC雨神宅急送"活动的线上所有优惠均为墨迹天气用户专享，每位墨迹天气的用户均可根据天气情况领取雨天/非雨天优惠券各3张。

1. 背景分析

    餐饮、物流等相比其他行业对天气有着非常高的敏感度，天气往往决定着订单量和运营效率，恶劣天气是对餐饮、物流行业的考验。肯德基宅急送受恶劣天气的影响主要体现在两方面：①订单需求大，恶劣天气时外出就餐人数减少，用户外卖需求激增；②送餐难，

恶劣天气影响肯德基宅急送外卖服务，制约配送调度和备餐效率。

在墨迹天气平台，用户形成了良好的查询天气的习惯，尤其在雨天，用户查询天气的频次更高。因此，在特定场景下针对性地开展营销活动，更易激发用户的消费意愿，培养用户的消费习惯。

2. 营销目标与策略

营销目标：深化雨天场景，培养用户订餐习惯，让"天气影响"转化为"天气让利"。增强传播活动的趣味性与话题性，吸引用户参与，提升用户体验，强化雨天与肯德基宅急送的品牌联想。

营销策略：①基于位置服务的广告精准投放。基于全球气象数据，利用 LBS 技术 + 气象雷达捕捉 + 机器学习算法，精准计算全国不同位置即将降雨的城市，定向雨天城市投放活动广告。②联合扩散，引爆网络。借助墨迹天气百万粉丝级官方微博，打造"雨神降临，雨天彩蛋菜单"话题引发忠实粉丝关注，同步多平台联合扩散，为活动造势引流，联合多家权威媒体发声传播，扩大活动影响力。

3. 营销活动评价

本次"KFC 雨神宅急送"活动是墨迹天气在"天气 + 出行与饮食"方面进行 LBS 场景化营销的一次成功尝试。作为全球天气类服务平台，墨迹天气拥有超过 5.5 亿用户，支持 199 个国家、20 多万个城市及地区的生活类天气查询，能为用户提供经纬度级别的精准天气服务，这使得墨迹天气在天气场景化营销方面拥有天然的优势。此次墨迹天气与肯德基宅急送合作，聚焦雨天场景，实现双品牌的强势互动。一方面帮助肯德基挖掘和激发用户需求，进而实现消费转化、优化用户订餐体验，强化雨天与肯德基宅急送的品牌联想。另一方面也给墨迹天气平台用户提供了更多生活化和场景化的服务，在丰富了"天气 +"场景功能的同时，也提升了自身的用户黏度。

资料来源：新浪游戏，肯德基套餐一元购　墨迹天气联合 KFC 推"KFC 雨神宅急送"送福利，2019-05-17.

思考问题

1. 上述营销案例中应用了哪些来源的数据？

2. 这些数据拥有哪些特殊性？

3. 你是否也体验过这样的个性化服务？

11.1　移动电子商务基础技术

11.1.1　移动互联网

随着时代的迅速发展，各类创新型技术被广泛应用于现实生活中。其中，移动互联网技术便是对人们生活影响最多的技术之一。移动互联网技术主要将互联网技术和移动通信技术结合，在应用过程中转变了传统的移动信息技术，使它更加符合当前人们对随时随地享受互联网的具体需求。我国工业和信息化部中国信息通信研究院 2011 年对"移动互联网"的定义为："移动互联网是以移动网络作为接入网络的互联网及服务"。现如今移动互联网无所不在的影响力也直接证明了中国信息通信研究院对于移动互联网的预测。

总体而言，移动互联网包括三个层次，由下至上分别为：移动网络、移动终端和应用服务，如图 11-1 所示。

相对传统的互联网而言，移动互联网最大的不同体现在用户可以随时随地使用。同时，随着移动通信技术的不断发展，即便用户在高速移动的状态中也可以通过移动设备接入互联网并使用多种多样的应用服务。具体而言，其主要区别在于：终端、接入网络以及由于终端和移动通信网络的特性所带来的多样化的应用。从终端

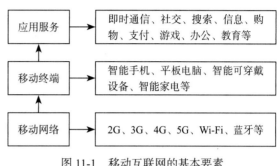

图 11-1　移动互联网的基本要素

用户的角度而言，除了这类移动通信网络，还有无线互联网，但是它通常只覆盖热点区域，覆盖面小。一般来说，移动互联网并不完全等同于无线互联网：移动互联网是通过使用蜂窝移动通信网接入互联网的，因此常常特指通过手机终端利用移动通信网接入互联网并使用互联网业务；而无线互联网则强调无线的接入，其接入技术除了蜂窝网外还包括各种 Wi-Fi、蓝牙、WiMAX 等无线接入技术。

我国移动互联网发展历史可以简要归纳为萌芽期、培育成长期、快速发展期、高速发展期和全面发展期五个阶段。

1. 萌芽期（2000—2007 年）

萌芽期的移动应用终端基本都是基于无线应用协议（wireless application protocol，WAP）的。在这一阶段，移动 2G 网速以及移动设备智能化程度限制了我国移动互联网的发展，使得它仅仅应用于较为简单的 WAP 服务，即通过 WAP 应用将简单的、传统的互联网上标准通用的超文本标记语言（hyper text markup language，HTML）直接用无线标记语言（wireless markup language，WML）进行描述，然后显示在移动设备上。在这一萌芽阶段，移动互联网用户通常通过手机中的支持 WAP 协议的浏览器访问企业 WAP 门户网站。由于缺乏行业规范、用户覆盖率低、用户体验感较差等，此时我国的移动互联网提供商存在收费不统一、业务不规范等现象。因此，原信息产业部在 9 月 8 日下发《关于规范移动信息服务业务资费和收费行为的通知》。由此，我国移动互联网逐渐进入了培育成长期。

2. 培育成长期（2008—2011 年）

2009 年 1 月 7 日，工业和信息化部为中国电信、中国联通和中国移动三家公司分别发放了第三代移动通信（3G）牌照。这标志着我国正式进入 3G 时代。3G 移动网络铺设可以说打开了我国移动互联网发展的新篇章。这一变化主要体现在两方面：一方面，从 2G 到 3G 的数据传送速度得到显著提升，可达到 2Mbps 至数十 Mbps，这大为改善了用户的网

络使用体验，移动互联网网速的大幅提升在一定程度上破解了手机上网带宽的瓶颈；另一方面，随着智能手机的出现，终端应用的丰富化使得使用移动互联网上网的娱乐性和适用性得到大幅提升。例如，手机游戏软件的出现使得用户可以随时随地利用碎片化的时间享受游戏带来的放松。同时，我国在 3G 移动通信协议中制定的 TD-SCDMA（time division-synchronous code division multiple access，时分同步码分多路访问）被纳入 ITU 3 个 3G 标准之一，得到了国际的认可和应用。这肯定了我国在移动互联网领域技术发展的领先优势，也为我国移动互联网的后续发展打下了坚实的基础，促进了下一阶段的快速发展。

3. 快速发展期（2012—2013 年）

随着智能手机的不断普及、手机操作系统及其生态环境的全面发展，移动互联网在 2012—2013 年前后得到了快速的发展。首先，智能手机逐渐从传统的键盘机向有触摸屏功能的智能手机迁移。触屏手机的出现解决了传统键盘机上网的诸多不便，同时也为手机功能多样化提供了必要的技术支撑。以老年人为例，传统的键盘不利于他们打字，而在触屏手机上，他们可以利用手写进行输入，这一变化加快了智能手机的普及。其次，智能手机操作系统的不断优化和普及使用户可以在应用程序商店中获取各类手机软件，从而极大地丰富了手机上网功能，这也进一步促进了移动互联网应用的爆发式增长。2010 年 iPhone 手机的热销及其推动的移动 App 产业改变了整个移动互联网的发展，美国方言协会将"移动 App"评为 2010 年的代表词。当网络速度不再成为瓶颈时，新的社交模式、新的通信方式在移动 App 的普及下诞生。2012 年 4 月，Facebook 斥资 10 亿美元收购苹果应用开发商 Instagram，这一收购也预示着移动 App 将成为软件开发市场的主力军。在我国，这一阶段也迎来了"双微"时代，微博和微信的接连火爆更进一步展现了我国移动互联网的快速发展。进入 2012 年之后，手机设备厂商之间的竞争也更为激烈，这使得智能手机价格快速下降。千元以下的智能手机大规模量产，推动了智能手机在中低收入人群中的大规模普及应用。

4. 高速发展期（2014—2018 年）

移动通信网络的技术支撑和进步是推动移动互联网发展的最主要的催化剂，4G 网络的建设将我国移动互联网发展推上高速的快车道。4G 牌照是无线通信与国际互联网等多媒体通信结合的第 4 代移动通信技术的经营许可权。2013 年 12 月 4 日，工业和信息化部正式向中国电信、中国联通和中国移动三大运营商发放了第四代移动通信（4G）牌照，由此我国 4G 网络正式大规模铺开。

随着我国 4G 网络的部署，移动互联网的网速得到极大提高，网速瓶颈限制基本被破除，因而移动应用场景得到极大丰富。由于网络速度、上网便捷性、丰富的手机应用等移动互联网发展的外在环境和限制问题基本得到解决，移动互联网商务从最初的尝试逐渐成了各类公司不可缺少的一环。在桌面互联网商业时代，商家往往通过建设自身的门户网站开展业务，而在移动互联网时代，手机 App 和各类社交媒体官方账号则是各个企业开展业务的标配。在 4G 网络的催生下，许多公司利用移动互联网开展商业业务。4G 网速的大大提高促进了实时性要求较高、流量较大、需求量较大的移动应用快速发展，比如基于视频的营销也逐渐成为电子商务发展的主要方向。

5. 全面发展期（2019 年至今）

移动通信网络升级至 5G 网络推动了移动互联网的全面发展。5G 网络的重要发展目标是实现"人与人""人与物""物与物"之间的信息互联。2020 年，工业和信息化部发布了《关于推动 5G 加快发展的通知》，指出我国要加快 5G 网络建设部署、丰富 5G 技术应用场景、持续加大 5G 技术研发力度、着力构建 5G 安全保障体系，以及加强组织实施。2020 年是我国 5G 网络大力建设与加速发展的一年。GSA 统计显示，截至 2020 年 12 月中旬，全球范围内已有 58 个国家的 135 家运营商成功建成 5G 商用网络，相较 2020 年 2 月，增长了近 1 倍。随着 2020 年 5G 网络的大力建设与发展，移动互联网行业应用创新不断，在赋能工业、交通、能源、医疗及经济社会等千行百业方面起到了重要的作用。可以说，5G 移动互联网是新一轮科技和产业革命中的核心关键技术之一。5G 技术将与大数据、云计算、物联网、人工智能等新型技术融合，不仅形成一系列产业新业态，为经济不断增长注入新的能量，而且可能为社会和经济的各领域赋能，带来社会形态乃至经济形态的革命性变化。

11.1.2　移动设备与移动操作系统

移动设备（mobile device）也被称为移动终端、手持设备（handheld device）、移动通信终端等，大多数为口袋大小的设备，包括手机、笔记本电脑、平板电脑、POS 机、车载电脑等。这类移动设备的重点与核心是可移动性（mobility）。其移动性可以从以下几个方面来描述：（1）设备的尺寸和重量；（2）设备是否可以随主机移动、是否可以随时移动；（3）设备的信息传输和通信方式。

随着时代的发展和技术的不断更新，移动设备逐渐被认为是具有多种应用功能的手机和平板电脑，通常有一个小的显示屏，支持触控输入，或是配备小型的键盘，并且可以随时通过联通或移动网络为用户提供办公、娱乐等功能。下面将从移动电话及其配置的移动操作系统的角度分析移动设备的发展。

1. 移动电话

移动电话，又被称作手提电话，简称手机，是可以在较大地理范围内使用的便携式电话。总体而言，手机的发展可以分为两个阶段：功能手机和智能手机。

功能手机最早通过蜂巢式基地台网络完成与手机之间的通信。功能手机是相对于固定电话（座机）发展而来，突出的是移动化的电话沟通。最早的功能手机出现在 1990 年前后，比如俗称"大哥大"的手提式电话。但是，当时这类设备价格昂贵，只有极少部分拥有较强经济实力的用户才能买得起。例如，在 1985 年的香港，一部"大哥大"价值 29 000 港元，至 1990 年，其价值仍然达到 13 000 港元。这类移动通信设备制造商中有名的先驱是美国摩托罗拉公司。随着移动通信的发展和电子技术的不断完善，功能手机的可移动化和功能也不断得到完善。例如，增加短信功能、从黑白屏幕变成彩屏、增加录音机和 MP3 的功能等，同时设备的大小和重量不断变小。

智能手机这一名称主要是针对"功能手机"而来的，是对运算能力及功能比传统功能手机更强大的手机的集合性称谓。智能手机的出现与移动通信系统的发展是密切相关的。从 20 世纪 90 年代末期开始开发，并在 21 世纪 00 年代在世界各国陆续开始服务的第三代移动通信系统（3G）为智能手机的出现打开了大门。随后出现的第四代移动通信技术（4G）和第五代移动通信技术（5G）进一步为智能手机的功能多样化提供了技术支撑。

最初的智能手机主要是面向商务市场的，旨在消除支持电话功能的掌上电脑（personal digital assistant，PDA）与传统手机的区别。随后针对市场的需求，智能手机增加了数字相机和闪光灯（手电筒）、GPS 导航、多媒体播放器、NFC、重力感应水平仪等功能，从而成了一种功能多样化的设备。智能手机的流行在一定程度上也使其他数码产品（比如 MP3、MP4、CD 播放器、袖珍相机等）消亡。现今的智能手机能够显示与电脑显示一致的正常网页，并且由于智能手机的普及性，各大公司也选择开发智能手机的应用程序。智能手机拥有不断成熟的移动操作系统，良好的用户界面，以及很强的应用扩展性，能方便、随意地安装和删除应用程序；同时，智能手机还拥有超大高清触摸屏，能随时进行触摸、手写、进行多任务操作，并且拥有强大的多媒体和上网功能，这些使它完全替代了 MP3、MP4、PDA 等传统便携式设备；随着云技术的发展，智能手机甚至可以替代个人电脑处理各类办公事务和其他事务，它能随时随地与网络保持连接，并且能与桌面电脑、笔记本电脑以及其他移动设备等同步资料。

智能手机的普及也得益于智能手机市场的残酷的竞争环境。根据全球权威咨询机构国际数据公司（IDC）发布的 2014—2022 年各大智能手机品牌的出货量可以看出（见表 11-1）：①虽然出货量排名前二的品牌相对稳定（分别为三星和苹果），但是可以看出三星作为行业第一一直在走下坡路，而苹果的出货量也不稳定；② 2020 年之前稳居前三的华为由于受到美国的制裁，出货量遭到重创，连续两年掉出了前五；③排行第四和第五的品牌更是波动巨大，除去表中列举的小米和 OPPO，联想和 LG 也曾在 2014—2015 年进入过前五的行列，但是自 2016 年后均未再进入过前五。

表 11-1　2014—2022 年各大智能手机出货量资料　　　（单位：百万部）

年度	三星	华为	苹果	小米	OPPO	总计
2014	318.2	73.6	192.7	未进入前五	未进入前五	1 301.1
2015	324.8	106.6	231.5	70.8	未进入前五	1 432.9
2016	311.4	139.3	215.4	未进入前五	99.4	1 470.6
2017	317.7	154.2	215.8	92.7	111.7	1 465.5
2018	292.3	206	208.8	122.6	113.1	1 404.9
2019	295.7	240.6	191	125.6	114.3	1 371
2020	266.7	189	206.1	147.8	未进入前五	1 292.2
2021	272.1	未进入前五	235.8	191.0	133.6	1 359.8
2022	260.9	未进入前五	226.4	153.1	103.3	1 205.5

资料来源：IDC, Smartphone shipments suffer the largest-ever decline with 18.3% drop in the holiday quarter and a 11.3% decline in 2022, according to IDC Tracker, 2023-01-25.

2. 移动操作系统

移动操作系统（mobile operating system，Mobile OS），又称为手持式操作系统（handheld operating system）或者移动平台（mobile platform），是指在移动设备上运行的操作系统。

移动操作系统类似于在桌面电脑上运行的操作系统，但是在系统配置和界面上，移动操作系统通常比较简单。在移动操作系统出现前，各类移动设备如手提电话一般都是使用嵌入式系统运作的。1993 年，IBM 推出了首台智能手机 IBM Simon。随后，1996 年 Palm 推出 Palm OS、1997 年 Symbian 公司的 Symbian 发布，从而打开了移动操作系统争霸的局面。紧接着，微软、诺基亚、黑莓等公司也发布了移动操作系统，以争夺这一巨大市场。2007 年苹果公司推出了初代 iPhone，并搭载着 iOS 操作系统，采用了全触屏的面板，大大改进了用户界面和用户体验。在同年 9 月，谷歌公司也推出了开放的 Android 操作系统。两大智能移动操作系统的推出将智能手机市场发展推向高峰，为智能手机的普及起到了推波助澜的作用。同时，两大智能移动操作系统也凭借相应的智能手机市场占有量的激增，霸占了手机操作系统市场，而其他系统，比如 Windows 和黑莓系统的市场占有率都微乎其微，以至于在 2017 年左右 Windows 和黑莓系统都做出了停止开发的决定。表 11-2 为 2007—2022 年销售的智能手机所使用操作系统的统计数据。

2019 年 8 月 9 日，华为发布自有操作系统鸿蒙系统（Harmony OS）。鸿蒙系统将手机、电脑、平板、电视、汽车和智能穿戴等多种设备的操作系统打通，并兼容全部安卓应用和所有 Web 应用。鸿蒙操作系统的出现能否打破 iOS 和 Android 在移动操作系统上的垄断地位值得期待。

表 11-2　2007—2022 年各系统智能手机出货量　（单位：百万部）

年度	Android（Google）	iOS（Apple）	Windows Mobile/Phone（Microsoft）	BlackBerry（前身 RIM）	Symbian（Nokia）	Palm/WebOS（Palm/HP）	Bada（Samsung）	总计
2007	未有	3.30	14.70	11.77	77.68	1.76	未有	122.32
2008	未有	11.42	16.50	23.15	72.93	2.51	未有	139.29
2009	6.80	24.89	15.03	34.35	80.88	1.19	未有	172.37
2010	67.22	46.60	12.38	47.45	111.58	停止开发	未有	296.65
2011	219.52	89.26	8.77	51.54	93.41	停止开发	9.60	467.70
2012	451.62	130.13	16.94	34.21	停止开发	停止开发	15.90	680.11
2013	758.72	150.79	30.84	18.61	停止开发	停止开发	停止开发	967.78
2014	1 004.68	191.43	35.13	7.91	停止开发	停止开发	停止开发	1 244.89
2015	1 132.40	223.40	18.20	3.44	停止开发	停止开发	停止开发	1 432.90
2016	1 215.01	249.12	2.94	0.74	停止开发	停止开发	停止开发	1 470.60
2017	1 199.09	228.90	停止开发	停止开发	停止开发	停止开发	停止开发	1 472.00
2018	1 156.37	194.44	停止开发	停止开发	停止开发	停止开发	停止开发	1 404.90
2019	1 197.40	145.74	停止开发	停止开发	停止开发	停止开发	停止开发	1 371.00
2020	991.63	277.31	停止开发	停止开发	停止开发	停止开发	停止开发	1 292.20
2021	977.56	371.77	停止开发	停止开发	停止开发	停止开发	停止开发	1 359.80
2022	861.57	335.73	停止开发	停止开发	停止开发	停止开发	停止开发	1 205.50

资料来源：Statcounter, Mobile OS market share worldwide, gs.statcounter.com.

11.1.3　二维码、NFC、LBS 技术及其他辅助性技术

除了移动设备本身的不断发展和移动操作系统的不断完善之外，一些其他辅助性技术的融合和嵌入也为移动电子商务的形成和发展提供了技术支撑。这些辅助性技术包括二维码、NFC、LBS 技术、生物识别技术等。

1. 二维码

二维码是指在一维条码的基础上扩展出另一维具有可读性的条码，以黑白矩形图案表示二进制数据，在被设备扫描后用户可获取其中所包含的信息。二维码是近几年来使用在移动设备上的较为流行的一种编码方式。其中，QR 码（quick response code，快速响应矩阵图码）则是最流行和被广泛应用的一种二维码。

QR 码最早是在 1994 年由日本 DENSO WAVE 公司发明的。QR 是快速反应的英文缩写，用于强调使用 QR 码可以帮助用户快速解码其内容。QR 码使用数字、字母数字、字节（二进制）和日文（Shift_JIS）四种标准化编码模式来存储数据，目前已经被世界各国广泛运用于手机读码操作。QR 码呈正方形，常见的是黑白两色，最大特征为其左上、右上、左下三个大型的如同"回"字的黑白间同心方图案，为 QR 码识别定位标记，失去其中一个就会影响识别。这三个"回"字的同心方的核心作用是帮助解码软件定位，因此在扫码过程中，用户不需要对准，从任何角度扫描，都可以正确读取二维码上存储的信息，如图 11-2 所示。

二维码在商业活动中得到了非常广泛的应用。最初，它在高科技行业、批发零售业、储存运输业等需要对物品进行快捷低价标示信息的行业中广泛应用。例如，

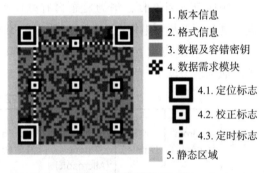

1. 版本信息
2. 格式信息
3. 数据及容错密钥
4. 数据需求模块
4.1. 定位标志
4.2. 校正标志
4.3. 定时标志
5. 静态区域

图 11-2　常见的 QR 码

应用于公安、外交、军事等部门对各类证件的管理；海关、税务等部门对各类报表和票据的管理；邮政部门对邮政包裹的管理、工业生产领域对工业生产线的自动化管理；商业、交通运输等部门对商品及货物运输的管理。在 2012 年春节期间，支付宝平台实现了通过二维码进行银行卡转账和送红包的功能，开启了二维码在移动端的应用。如今，二维码在移动端的应用更为广泛，包括以下几方面。

（1）资料和信息获取：比如通过扫码获取名片、添加好友等。

（2）网站跳转：利用手机扫码跳转到手机网站，利用扫码进行电脑端的登录（例如，跳转到微博、电商购物网站等）。

（3）广告推送和优惠信息获取：用户通过扫码直接浏览商家推送的视频、音频广告，下载电子优惠券，抽奖等。

（4）手机扫码支付：通过扫描商品或者商家二维码，用户使用银行或第三方支付提供的手机端通道完成支付。

2. NFC

近距离无线通信（near field communication，NFC），简称近距离通信或近场通信，是指可以让两个电子设备（其中一个通常是移动设备，比如智能手机）在相距几厘米之内进行通信的一套通信协议。

NFC 可以应用于社交网络，以分享联系方式、照片、视频或文件。具备 NFC 功能的设备可以充当电子身份证、钱包和钥匙卡。NFC 提供了简便的低速连接，也可用于引导能力更强的无线连接。一般而言，完整的 NFC 设备主要可以在以下三种模式下工作。

（1）卡模拟模式（card emulation mode）。这个模式类似于一张采用 RFID 技术的 IC 卡。可以在各类场合发挥刷卡、IPASS、门禁管制、车票、门票等功能。此种方式有一个极大的优点，那就是卡片通过非接触读卡器的 RF 域来供电，即便是寄主设备（比如手机）没电了也可以工作。

（2）读卡器模式（reader/writer mode）。这一模式可以作为非接触读卡器使用，比如从海报或者展览信息电子标签上读取相关信息。

（3）点对点模式（P2P mode）：这个模式和红外线信息传递非常类似，可用于数据的交换，但是由于传输距离较短、传输创建速度较快、传输速度较快，功耗也相对较低（与蓝牙类似）。将两个具备 NFC 功能的设备连接，能实现数据点对点传输，比如音乐下载、图片和视频文件的交换等。因此，通过 NFC 多个设备（相机、计算机和手机）之间都可以交换资料或者服务。

3. LBS 技术

基于位置的服务（location-based service，LBS），也被称作适地性服务、位置服务、移动位置服务、行动定位服务等，是指通过移动运营商提供的无线电通信网络（比如 GSM 网、LTE 网）或外部定位方式（比如 GPS）相对准确地获取用户的地理坐标位置信息，并且通过地理信息系统（GIS）平台，为用户提供与位置信息相对应的信息或服务的一种增值服务。从它的定义可以看出，LBS 技术包含两个方面：①获取移动终端或者用户所在位置的地理位置信息；②提供与用户位置环境相关的各类信息服务。因此，基于位置的服务的组成部分包括移动设备、定位、通信网络和服务与内容提供商。

美国学者 Schilit 在 1994 年首先提出了位置服务的三大目标：你在哪里（where，空间信息）、你和谁在一起（who，社会信息）以及附近有什么资源（what，信息查询），简称"3W"。3W 也成了 LBS 技术最基础的特性。2004 年，Reichenbacher 将 LBS 的服务归纳为五种类型：定位（个人位置定位）、导航（路径导航）、查询（查询某个人或某个对象）、识别（识别某个人或对象）和事件检查（当出现特殊情况时向相关机构发送带求救或查询的个人位置信息）。

从个体用户的层面，目前位置服务主要包括以下三大类应用。

（1）社交化 LBS，即位置交友。微博、微信即属这类应用。通过位置与人聊天互动的位置交友类应用将虚拟的网络关系转换为线下的真实关系，是近几年非常热门的移动端应用。目前，多数的移动通信应用中都包含了 LBS 技术，比如微信中的"摇一摇"，内容营销 App（比如小红书）的"同城用户"等。

（2）工具类应用，包含地图、导航，以及生活服务之类的各种应用。围绕这些应用，将生活的各个方面互联，使百姓生活方便快捷。例如，用户可以通过地图类 App 查找附近的商场、店铺、加油站、餐厅等。而商家也可以通过 LBS 技术向移动用户定向推送相关的折扣信息，从而获得更多的流量。

（3）位置服务。在社会层面可以实现车辆管理、位置信息查询等。例如，通过中国移动开发的位置服务平台，可以方便地对车源货源智能匹配系统、短信通信平台、车辆与货物跟踪平台、网络支付平台统一管理，并且形成一体的系统，为客户提供最为快捷、准确、合理的"寻车配货"服务。在个体层面，个体用户可以通过自己的移动端设备进行终端共享位置，通过签到的方式进行交互的移动位置服务。

4. 生物识别技术

生物识别技术（biometric identification technology）是指通过人类生理特征（指纹、人脸、虹膜等）和行为特征（姿态、动作、情感等）实现身份认证的技术。常用的生物识别技术主要包括指纹识别、人脸识别、虹膜识别、行为识别以及步态识别等。

随着生物识别、人工智能等技术的发展，生物识别市场规模稳步增长。根据腾讯发布的 2020 年全球生物识别行业市场现状与发展趋势分析报告，2019 年全球生物特征识别技术市场规模约为 200 亿美元。2020 年新冠疫情的暴发进一步促进了非接触式生物识别市场的需求。未来，非接触式生物识别将得以更为广泛地应用。前瞻产业研究院调查发现，从产品分类来看，在生物识别技术应用市场中指纹识别是主要的识别方式，占比达 58%，排名第一；排名第二的是人脸识别，占比为 18%；排名第三的是新兴的虹膜识别，占比 7%；此外，还包括掌纹识别以及声音识别，它们分别占比 7% 及 5%。

生物识别技术在移动设备端的应用主要集中在指纹识别和人脸识别。指纹识别是最早应用在移动设备端的生物特征识别技术，相比其他技术，它拥有成熟度高、用户习惯好和价格低廉等多重优势。智能手机、平板等多种移动终端的指纹识别传感器最开始为电容式，如今逐步发展为屏下式。迄今为止，指纹识别仍是智能手机端上主要的身份认证和移动支付技术之一。随着手机进入全面屏时代，越来越多的智能手机采用屏下指纹识别的方案，替代了原本设计在手机背面或者手机屏幕下方的物理指纹识别按键，这样可以获得更好的手机屏幕占比，为用户带来更好的使用体验。人脸识别技术在移动设备端的应用在近几年得到了快速的发展。上海寰观 2021 年发布的《数据安全正在成为人脸识别发展中的达摩克里斯之剑》一文中指出，国内人脸识别技术总投资达到 406 亿元；前瞻产业研究院预计人脸识别市场将保持 23% 的年均复合增长率，到 2024 年市场规模将突破 100 亿元。目前，在金融行业、电子政务、电子医疗、线上下支付中，指纹识别和人脸识别是两类必不可少的身份识别方式，用户可以根据自身需要和习惯，选择不同的方式进行信息识别，而这类生物识别技术以稳定、方便、安全等特性也越来越为大众所接受。2019 年"双 11"期间，通过支付宝支付交易的 78% 是通过生物识别支付方式完成的。

11.2　移动电子商务模式与思维

11.2.1　移动电子商务概述

人们对包括手机在内的移动电子设备的依赖性不断提升，这不仅促进了移动电子软件的开发利用，并且使得移动电子商务成为各大公司着重发展的市场。移动电子商务（mobile e-commerce）由电子商务（e-commerce）的概念衍生而来。之前的电子商务以 PC 机为主要界面，而移动电子商务则是伴随着智能手机这类可以随身携带的终端设备出现的。这些移动终端使用户在任何时间和地点都能进行 B2B、B2C、C2C、O2O 等电子商务活动。作为 21 世纪兴起的新电子商务模式，移动电子商务将互联网、移动通信技术、短距离通信技术及其他信息处理技术进行了有机结合，为企业和广大消费者提供了便利的商务渠道。可以说，移动电子商务将移动电子设备的优势和原有的电子商务特点有机地结合，使得消费者不再受地点和时间的限制，可以随时随地开展线上线下渠道融合的购物与交易、在线电子支付以及各种交易活动、商务活动、金融活动和相关的综合服务活动。移动电子商务为消费者和企业提供了更为便利和快捷的服务，在优化原有商务模式的基础上创建了许多创新的商务模式，因此具有广阔的发展空间。

从计算机技术和移动通信技术发展的角度来看，移动电子商务的发展已经经历了三代。

第一代移动电子商务是以短信为基础的访问技术。例如，商家通过短信或者彩信的形式与消费者进行沟通，或者消费者通过这种形式与商家进行沟通。但是，这种技术存在着较为明显的缺陷，其中最严重的问题是不同步性，查询请求不会得到实时的回答。此外，短信长度的限制和内容类别的显示也使得沟通双方的交流缓慢、不能获取最核心的信息。

第二代移动商务系统则是将基于 PC 端的电子商务模式向移动端进行转移，主要是采用基于 WAP 技术的方式。消费者可以通过手机浏览器来访问 WAP 网页，从而实现随时随地查询信息，这一进步部分地解决了第一代移动访问技术的问题。但是第二代移动访问技术还是存在用户的交互体验差的缺陷。与 PC 的交互相比，利用手机浏览器在 WAP 网页访问的交互能力是相对不流畅的。以线上购物为例，手机屏幕尺寸在这一时期一般都偏小，利用手机浏览器直接访问原有的网站去浏览产品的图片和信息是非常不方便的。因此，此时的移动电子商务还是缺少灵活性和方便性。

第三代移动商务系统同时融合了智能移动终端、VPN、3G 移动技术、数据库同步、身份认证及 Web service 等多种移动通信、信息处理和计算机网络的最新前沿技术，以专网和无线通信技术为依托，为电子商务人员提供了一种安全、快速的现代化移动商务办公机制。

而随着 4G 和 5G 技术的进一步更新，利用移动互联网访问网页和处理网页内容的速度已经和 PC 端没有很明显的差异了。由于移动设备的特殊性，移动电子商务过程中会产生大量的数据，而大数据技术的成熟，使得商家能够利用大数据技术对这些数据进行即时分析，从而个性化地对消费者进行场景营销和内容营销。虽然已经出现了一段时间，移动电子商务依旧具有巨大的发展潜力。

总体而言，随着移动智能设备的不断普及，我国消费者已逐渐习惯通过移动电子商务进行消费,传统电子商务巨头纷纷布局移动电商,众多新型移动电商购物模式和平台不断涌现。艾媒报告中心的数据显示,我国移动电商市场交易额近年来持续增长,从 2018 年的 15.7 万亿元已经快速增长至 2022 年的 31.2 万亿元。可以看到,2020 年我国移动电商市场交易额较 2019 年增长 24.2%,突破 20 万亿元。这是因为在新冠疫情的影响下新的电商带货模式——直播出现并快速发展,各大电商平台和品牌商家均加大力度布局电商直播,特别是与电商促销活动(比如"双 11"和"618"等)结合。2020 年之后移动电商市场发展有所放缓,但仍保持着增长的劲头并有希望在 2023 年达到 35 万亿元(见图 11-3)。

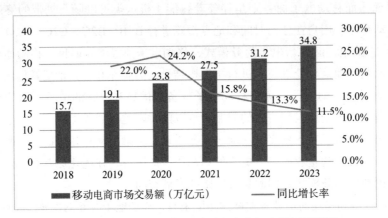

图 11-3 2018—2023 年中国移动电商市场交易额及预测

资料来源:艾媒咨询,2021 年中国电商领域企业服务行业专题研究报告,2022-01-04.

移动端如今是电商平台发展的重要渠道。随着近年来直播电商市场爆发,我国移动电商交易规模将继续升级。在 2013—2023 年的十年里,手机网络购物用户规模呈爆发式增长,这期间经历了两轮快速发展期:第一阶段是 2011—2018 年,主要由京东"618"、淘宝"双 11"等年度优惠活动驱动;第二阶段从 2018 年开始至今,由直播、小程序等新型移动购物模式快速引爆消费者需求。截至 2022 年,我国移动电商用户规模已突破 10 亿人,预计在 2023 年将达到 11.39 亿人(见图 11-4)。

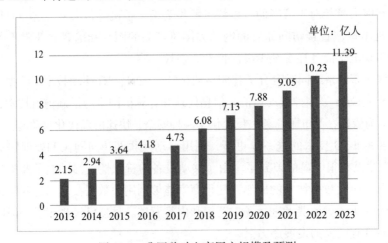

图 11-4 我国移动电商用户规模及预测

资料来源:艾媒网,直播电商行业数据分析:预计 2023 年我国移动电商用户规模达 11.39 亿人,2022-07-22.

11.2.2　移动电子商务的特性

移动电子商务继承了桌面物联网的开放协作的特点，但同时又具备移动网络的实时性、便携性、可定位、可移动等特点。因此，移动商务将时间、空间和用户三个维度有机地联系起来，不断地刺激出新的产品、新应用、新的商业模式（见图 11-5）。

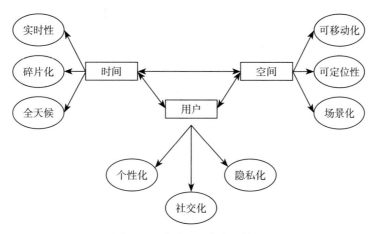

图 11-5　移动电子商务的特性

1. 时间维度上

移动电子商务呈现出全天候、实时性、碎片化等特征。移动设备可以随时携带。相对于之前的 PC 产品，用户使用移动设备的总体时长更长。用户不受时间和空间的限制，可以全天候、实时地获取信息、服务和开展交易。

移动互联网使得人们在任何时间和地点都可以拿起手机，利用工作、学习和生活中碎片化的空闲时间（比如上下班途中、地铁上、等待餐饮时等）接收和浏览互联网上的各类信息。因此，移动电子商务在时间维度上更加强调能够随时为用户提供有趣的信息，并且这些信息能够在短时间内被用户快速处理。例如，如今十分火爆的短视频就是适应了人们在碎片化时间内观看的需求而获得网民的喜爱和追捧。

2. 空间维度上

移动电子商务呈现出可移动化、可定位性和场景化的特征。可移动化主要是由于移动终端的便携性，用户可以在移动中使用设备。无论用户所处的位置和环境如何变化，都可以通过移动互联网保持信息的接收和发出。因而，用户可以在不固定的移动场所（比如移动的车辆内）随时随地地获取信息。

可定位性是指在用户使用移动设备连接移动互联网时可以准确地获取用户的实时位置，相对 PC 端，实时位置的可定位性为移动互联网促生出新的商业模式提供了重要资源。基于定位的商业应用层出不穷，基本已经覆盖了各类消费和商务领域。在社交、物流、内容营销、智能家居、出行等领域，精准的广告和折扣信息的推送能够帮助商家吸引更多流量。基于位置的本地生活服务在餐饮、打车、配送、团购等产业为消费者带来了便利，同时也为商家带来了商业机遇。其中，营销策略的场景化是近些年讨论最多的应用之一。

场景化是指在大数据分析技术的支持下，通过深度解析消费者的年龄、性别、喜好、购买习惯等信息，刻画用户画像，从而预测出消费者的具体需求，并通过对移动终端的地理位置信息获取消费者场景信息和产品使用场景信息的渗透去触发和连接顾客需求的营销策略，其中获取消费者移动终端的地理位置信息破解他们的实时消费场景更是场景营销的重中之重。由于移动设备不受时间和空间的限制，用户无时无刻不在产生数据。根据用户所在的场景进行实时营销也是移动互联网商务的一大特性。例如，"摇一摇"原本是一种便民运用，而如今更多的商家将这种运用变为向用户传递信息的桥梁，通过这种渠道向用户及时发布各种促销信息，吸引用户到商家店里进行消费。只要用户摇一摇自己的手机，便可以搜索到附近的商家实体店，并获知实体店里提供的各种优惠促销信息，这给消费者提供了一种方便、快捷、高效的购物方式。这种场景化的应用与其说是一种营销，倒不如说是一种更加贴心的便民服务。

3. 用户维度上

移动电子商务呈现出个性化、社交化和隐私化的特点。移动互联网时代的品牌营销必须以用户为中心，让用户尽可能地参与产品创新和品牌传播的所有环节。"消费者即生产者"，品牌传播和忠诚度的建立就是在用户的良好体验和分享中完成的。这一过程对于"80后""90后""00后"的年轻消费群体而言尤为重要，因为他们更加希望参与产品的研发和设计环节，希望他们使用的产品能够体现自己的独特性。

移动互联网的核心是连接。如今，智能手机已成为人们接入互联网的主要方式之一，用户行为的移动化让 QQ、微信等即时通信手机 App 成为移动互联网时代最具发展潜力的社交产品，促进了移动互联网的社会化分享发展。分享给自己的朋友甚至是陌生人是在社交媒体上建立关系和交换知识的第一步。在移动互联网时代，社会化分享有了新的成长和发展空间，这一概念备受关注。因此，基于真实社交关系、点到点、即时性的分享工具应运而生，与移动互联网时代特征紧密相连。这种类型的分享可以理解为"社交分享"。以手机游戏为例，将游戏融入陌生人社交中，通过抛绣球、游戏中的点赞交流和实时沟通、真心话大冒险等小游戏，帮助用户打破尴尬的气氛。游戏的社交化使得玩家不但能够在游戏中与以往的好友保持联系，而且能够结交到兴趣相投的新朋友。此外，游戏的社交化往往又和赚取积分、兑换奖品等相关联，这也能够提高用户的社交积极性和参与度，在一定程度上可以避免用户快速流失的尴尬局面。

在使用移动互联网业务时，所使用的内容和服务也变得更为私密，比如手机支付业务和交友等。移动互联网的多种服务正在不断地压缩个人信息安全的空间。例如，用户在享受网上订餐服务的同时，实际也在暴露着自身位置信息、消费水平、口味偏好乃至健康信息。外卖平台会记录用户的送餐地址、消费产品种类。消费者在享受移动网络购物的时候，实际也在分享个人身体数据、性别信息、款式偏好。因此，移动电子商务中的隐私问题也得到了越来越多的关注。

11.2.3　移动电子商务的"5F"思维

在这个移动互联网时代，传统的商务思维也需要升级成"移动互联网思维"。移动电子商务的从业者需要对移动互联网思维有一定认识。目前行业内对于移动互联网思维普遍认同的一种解释是"5F"法则：碎片化思维（fragment）、粉丝思维（fans）、焦点思维（focus）、快一步思维（fast）、第一思维（first）。

1. 碎片化思维

在移动互联网时代，用户的消费场景和时间都发生了巨大的变化。首先，移动设备的可移动性让消费者可以利用碎片化的时间获取信息，因此消费者的消费地点变得越来越不固定。例如，用户可以在等车或者等餐等碎片化的空闲时间中用手机刷微信（微博）、在线下购物时利用大众点评等查询工具随时查找店家信息和优惠信息、在乘地铁时可以用手机看短视频和直播，甚至在入睡前伴着微博或微信入眠、起床的第一件事情是打开手机。同时，碎片化的时间也意味着消费者接触某一信息的时间越来越短。在移动互联网时代，信息内容进一步碎片化发展，碎片化内容沿着不同的时间线和事件分散存在，使得信息不再结构化，但每一条碎片化信息都暗藏着消费者的个性化需求。

因此，品牌及媒体就需要强化自身的碎片化思维，将看似碎片的消费场景和时间汇聚，从而形成商业力量。具体而言，品牌和媒体需要思考如何能让消费者在碎片化时间中快速被你提供的内容吸引，在众多推送中主动选择你的内容；如何让消费者在短时间内爱上你的内容、乃至你的品牌；如何在短时间刺激到消费者，建立起令他们心动的对话；最终如何借助更多价值内容和个性化服务来进一步覆盖甚至占领消费者更多的碎片化时间。

2. 粉丝思维

"得粉丝者，得天下"。在移动互联网时代，对于各大品牌而言，消费者已经不再是简单的"顾客"。如今各大品牌需要与消费者建立更多的情感联系，然后将消费者转化成自身的忠实顾客和品牌粉丝。粉丝就是品牌最强的推动力，粉丝不仅能提升品牌的产品销量，还能为品牌带来快速和广泛的正向口碑传播，甚至在品牌出现负面评价或是危机时，在第一时间捍卫品牌。

利用粉丝思维抓住商业契机的企业代表非小米莫属。从最开始通过饥饿营销打开市场，再到米粉的网上社区，以及各种与粉丝互动的线下同城活动，"为发烧而生"的小米产品聚集了庞大的粉丝群。粉丝强大的力量帮助小米跻身国内互联网公司的一线位置。小米的目标用户以年轻人为主，他们没有很强的经济实力，追求个性化和性价比。小米以个性化的品牌理念和价值主张吸引了年轻人这一目标粉丝群体，并以多样化的活动来凝聚粉丝的力量，激发他们的参与感和热情，持续形成品牌和粉丝之间密切强大的联系。因此，品牌和媒体应该在移动互联网时代思考如何重新定义品牌的理念和产品所传送出来的价值、如何划分出目标用户、如何将这些兴趣相投的粉丝团结在一起，为他们构建温暖的粉丝社区、如何让他们在社区中活跃并参与进来。

3. 焦点思维

乔布斯曾在采访时说过："专注和简单是我的梵咒。简单比复杂更难，你必须更努力工作来使你的思想干净、简单，但这是值得的，因为一旦你做到了，你就可以移山了。"在移动互联网时代，消费者在纷杂的媒体信息环境中已经缺乏耐心和精力，因此品牌方不要总是做加法，而是要选择性地做减法，要明确自身品牌的焦点性优势和战略方向。一旦明确品牌的特点和用户群，就要从一而终地坚守下去，做到极致自然能给消费群体留下深刻的品牌记忆度和好感度。

4. 快一步思维

在移动互联网时代，不仅品牌信息传播速度要快，品牌自身的升级更新更是要快人一步。小米公司的产品创新便是以快而著称的。作为一家创业公司，"快"字诀正是小米引以为傲的。小米的内部组织结构尽可能扁平，基本分为三层：七个核心创始人是一层，部门管理者是一层，然后就是员工。小米始终不会让团队太大，稍微大一点就拆分成小团队，实行小分队小步快跑。因此小米的产品线以惊人的速度膨胀，从智能手机、操作系统到应用商店，再到盒子、电视、平板电脑，甚至是智能家居和电器，迅速建立了自身的用户生态系统。

在这样一个速度当先的时代，企业若是在布局或者在决策时稍慢一步，就会失去发展的先机，甚至会被其他竞争者蚕食市场，后期可能要以成倍的代价才能弥补错失时机的劣势。在 PC 互联网时代，企业还可以慢慢做一件事情，有了好产品再发布出去；而如今，产品两三个月不被消费者接受，可能就没有机会了。即使是出错也要尽快，这样出错成本就会低一些。

5. 第一思维

在移动互联网时代，只有第一，没有第二。第一，并不一定是销售额第一。如果想要成为第一，就必须打破消费者的思维框架，成为消费者心里的第一。在商业竞争越发残酷的时代，消费者的碎片化思维只会记住行业同类中的头部和翘楚，其他小品牌很有可能成为炮灰。这就像一场竞赛，第一总会成为焦点，也会获得很多的关注和资源，滚雪球效应使得其他的竞争者很难去打破第一的垄断效应，日后就会被历史遗忘。因此，品牌在移动互联网时代要成为勇于做第一个吃螃蟹的人，打破消费者的思维定式，以颠覆式的创新变革来突破刷新行业的新上限、争做第一，从而抢占先机。

11.3 基于移动位置的电子商务应用

11.3.1 基于位置的服务的概念

LBS（location-based service，基于位置的服务）场景化营销是指在移动互联网环境下利用用户的地理位置信息，理解并判断用户情感、态度和需求，连接用户线上和线下行为，为用户提供实时、定向、有创意的信息和内容服务，实现精准营销的策略。LBS 这一概念最早起源于美国的 911 紧急呼叫服务，是以军事应用为目的而部署的 GPS 全球定位系统。具体而言，LBS 是通过电信移动运营商的无线电通信网络（比如 GSM 网）或外部定位方式（如 GPS）获取用户的移动终端设备的位置信息，然后在 GIS（geographic information system，地理信息系统）平台的支持下，为终端用户提供与其即时位置相关的移动信息服务。

　　LBS 包含了两个重要的概念：一是确定移动设备的地理方位以获取消费者所在地的环境信息；二是提供与消费者位置和需求匹配的信息服务。例如，平台通过手机定位获取了消费者目前所在的地理位置，然后寻找在该消费者所处位置 200 米范围内的酒吧、餐厅、银行、酒店、咖啡馆、加油站等休闲娱乐场所，并根据其需求推送相应的商家信息。在移动互联网时代，用户位置不断变化，地理定位数据蕴含着丰富的个性化信息，是用户画像非常重要的一环。借助 LBS，商家和企业可以持续采集用户的位置数据，在经过一段时间的数据累积之后，就能够较为精确地描绘出用户的生活轨迹、发现用户集群特征，从而可以大致推测用户的休闲习惯和消费偏好，预测用户对于各类服务信息的反应。因此，掌握用户位置信息对商家而言无疑具有很大的商业价值。

　　LBS 场景化营销不同于一度风靡的 LBA（location-based advertising，基于地理位置的广告），LBA 只是通过 GPS 获得用户单一的位置信息，对于用户的其他数据没有过多的追踪与分析，不能准确地把握用户的需求。而 LBS 场景化营销则是基于位置信息，结合线下设备（通信运营商、Wi-Fi 设施和传感器等）和线上途径（智能移动终端、消费者搜索记录和 App 使用等）来获取消费者多维度的数据信息，对消费者进行精准立体画像。在此基础上，基于位置信息智能预测消费者当下的需求或者潜在需求，为消费者提供私人定制化的信息或服务。LBS 场景化营销模式如图 11-6 所示。

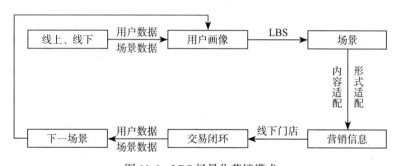

图 11-6　LBS 场景化营销模式

资料来源：联商网，移动互联网时代你必须要了解的六种场景营销模式，2018-05-04.

　　以大众点评网为例，商家通过大众点评网进行推广和营销。在平台上，商家可以推出各类优惠券和团购活动，当消费者通过位置服务向大众点评平台发送请求后，平台会根据用户的地理位置和饮食习惯推送最优的优惠信息。基于位置的营销活动使得消费者与商家之间的空间感进一步缩小，线上的优惠促销活动能够提升用户的消费体验，而用户良好的购物体验又能进一步促进线上、线下的交互。消费者与商家能够借此建立起比较稳固的信任关系，有助于形成良好的商业生态系统。LBS 场景化营销通过对用户属性和行为特征进行有针对性的数据分析，为消费者提供契合的营销信息，实现精准营销。

11.3.2 基于位置的电子商务应用

移动互联网时代的到来使基于位置的场景营销展现出了前所未有的爆发力。如今的 LBS 场景化营销基于大数据分析技术和云计算技术，在 LBS 定位跟踪技术的基础上，以消费者生活和工作环境为场景，融合线上线下，最终满足消费者的个性化消费需求。LBS 场景化营销的特征体现在定制化、连接化、随心化和即时化这四个方面。

（1）定制化。通过搜集消费者所在的位置、消费倾向、消费者特征等数据，预测他们在此场景下的消费需求以及消费可能性，有针对性地制订营销推广方案。这种定制化的营销推广方案不同于以往铺天盖地的硬性推广和强制浏览，更容易满足用户的个性化需求。

（2）连接化。一方面，场景可以通过聚合同类、关联类产品，将碎片化的产品信息聚合形成板块或链条，从而让大众更易于产生关联性消费。另一方面，场景营销还能利用场景的优势，影响用户的深层欲望，维系品牌、媒介、用户三者间的情感关联。三方主体在构建好的场景下围绕用户开启传播，构成一个往复循环过程。除此之外，它可以将人与人、人与信息、人与商业、人与本地服务都更好地进行连接。

（3）随心化。移动互联时代的消费精神已经由"需要"变更为"想要"；由"购物清单"变更为"所见即所购"；由"功能至上"变更为"体验第一"。无论是利用媒介融合加深互动，还是借助虚拟现实技术增强体验，其基础都是改造、构建场景，增加外部触点，消费者所处场景的任一元素发生变化，消费者都有可能激发不同的需求。

（4）即时化。智能手机和平板电脑等移动终端设备的出现使得消费者可以一直在线。这在很大程度上推动了场景营销的发展，使得营销信息的推送随时随地成为可能：实时定位客户，即时发送有针对性和个性化的广告营销信息，依据场景信息激发消费者的购买欲望和消费行为。

《艾瑞：2016 中国程序化市场研究报告》中提到场景营销的四大要素：场景、数据、算法和体验，这在 LBS 场景化营销中同样适用。衣食住行等生活元素是目前场景营销主要关注的细分场景，场景为营销信息和内容提供了新的触达环境。数据至少包括三个维度的信息，即用户识别（个人信息、背景、偏好等）、当下的时间点以及用户的具体位置。数据刻画了用户需求的现实情境，是场景化产品和服务营销的基础，而让数据发挥价值依赖于高效的算法，算法分析结果为营销方案的制订提供了依据。用户是场景营销的主体，是营销的起点和终点，因此用户体验在场景营销中极为重要。在兼具营销成效的同时，营销内容、展现方式和用户互动等营销策划都要重视营造良好的用户体验。

具体而言，LBS 场景化营销有如下应用优势。

1. 实现营销活动的精准投放

在 LBS 场景化营销中，依靠丰富而多维的数据，可以深刻洞察用户的隐藏需求，将营销信息精准推送给用户，有效提升传播效果、降低营销成本，增加消费转化率。

例如，由麦当劳、小米科技、一点资讯共同打造的"麦当劳全民充电饱"活动就体现了 LBS 场景营销精准投放的优势。麦当劳联合小米科技和一点资讯，基于一点资讯用户大数据精确洞察到"充电"和"Wi-Fi"是目标用户群体最为关注的两大痛点。针对目标用户的两大"痛点"，提供了一套解决"痛点"问题的方案：一点资讯借助小米手机终端优势，以全国麦当劳门店为基点，当用户位于这些店铺一公里内，且电量低于 50% 时，便会收到信息，提示用户可以到麦当劳充电，这成为引导用户到店的重要因素。麦当劳门店准备了实惠的全民充电饱套餐、小米充电宝，以及免费 Wi-Fi，一点资讯可以在用餐时间里推送用户感兴趣的内容。此举做到了麦当劳全民充电饱套餐为用户的肚子充电、小米充电宝为手机充电、一点资讯为用户精神充电，精准洞察了用户需求，获得了可观的营销效果，也在业界获得了肯定。

2. 满足大众的个性化需求

LBS 场景化营销为消费者在消费过程中追求个性化体验带来了新的契机。人们生活水平的不断提高使得消费行为也发生了较大的转变，消费者不再局限于商品的实用性，更加注重精神上的多元体验，更倾向于接受商品所赋予的生活情趣、经济地位以及个人喜好等个性化特征，消费需求也变得更加多元化与个性化。

例如，亚朵酒店推出的"亚朵奇妙夜"主题快闪房活动以个性化定制的住宿引起年轻人的关注。亚朵酒店洞察到年轻人在社交平台上的关注点，挖掘到年轻人的兴趣标签，围绕星座、科技、旅游、社交、生活、体育、美食等多个个性化兴趣标签展开了个性化定制房间服务，联合了同道大叔、网易漫画、果壳网、穷游、腾讯 QQ 超级会员、虎扑等众多一线 IP 打造"亚朵奇妙夜"主题快闪房，将线上虚拟的品牌元素与线下酒店房间完美结合，营造各类 IP 场景，真正打通了线上线下相结合的住宿体验。同时，线下 IP 衍生品还能通过线上渠道购买，这些 IP 元素极大地满足了粉丝们的个性化需求，实现品牌营销内容与用户的最佳契合。

3. 打造良好的用户体验

LBS 场景化营销属于体验营销的范畴，可以让用户更直接地沉浸在场景中，在合适的场景触发匹配营销信息内容，吸引用户主动参与到营销活动中，获得深度良好的消费体验。良好的体验更容易通过用户的自发互动引爆社交网络，扩大品牌的曝光率，增加品牌声誉。目前，虚拟现实与增强现实体验交互式技术在场景营销中的运用越来越普遍，两者以其身临其境的沉浸感以及较好的互动属性在营销场景构造中广受好评。

例如，2018 年大众点评平台与全球最大的虚拟现实内容社区 VeeR 进行合作，联手在部分黑珍珠入围和上榜餐厅的详情页面加入虚拟现实元素，推出了"360° 全景漫游黑科技"。该技术将餐厅的内部就餐环境真实还原在用户眼前，爱好美味的用户不仅能在点评端查看评价及餐厅详情，还可以身临其境地感受餐厅氛围，根据黑珍珠餐厅指南上榜名单寻找自己喜爱的餐厅。除了浸入式虚拟现实体验，黑珍珠餐厅指南在 QQ 浏览器的"识你所见"还有 AI+AR 扫描功能，"AR 相机识别 +AI 内容服务 +LBS 场景信息分享"让用户成为分享美食信息的最佳入口，同时在活动详情页还有获奖的机会。此次营销活动极大地提升了用户体验，用虚拟现实的代入感增加用户在商户页面的停留时间，用优质内容挖掘和激发消费者的消费潜力。

◎ 应用案例 11-1

百度地图"喂食火鸡"感恩节营销活动

2016 年 11 月 24 日至 27 日，百度地图推出了"感恩回馈季"营销活动，此次营销活动覆盖了大洋百货、飞亚达、也买酒、万达百货、王府井集团、美特斯邦威、来伊份、FED 等多家商场及门店。活动期间，用户通过百度地图手机 App 的活动入口参与"喂食火鸡"游戏，在活动地图内可查看他们附近的火鸡，点击火鸡可以开启增强现实模式进行游戏，通过喂食火鸡消费者可获奖品或金币。此次百度地图推出的"感恩回馈季"活动为参与者提供了 5 克金条、品牌商店优惠券、超值购物卡等多重好礼。这次活动帮助商场和店铺有效地完成了引流、优惠信息投放等重要环节，更增强了感恩节活动的曝光效果。用户可在享受一键导航商场贴心服务的同时，还能参与精彩纷呈的增强现实游戏互动。

王府井集团、万达百货等诸多商场选择与百度地图合作，正是看中了百度地图在用户量、定位技术、大数据分析技术及一站式服务闭环等方面的平台优势。首先，百度地图的海量用户基数是品牌营销的超级入口，能够为参与活动的商家带来极高的曝光率。其次，百度地图具备精准定位、轨迹追踪、地理围栏、数据挖掘等技术优势。LBS 具备天然场景化嫁接优势，品牌可以根据地理位置信息精准锁定周边人群，能够直接、即时地连接到目标人群，投放相应的促销信息广告。此外，百度地图除了提供地理信息，还具备全场景服务覆盖的巨大优势。百度地图内嵌了打车、酒店机票在线预订、导航、外卖、团购、在线支付、在线评价等功能，与 Uber、携程、百度糯米、百度钱包等相关产品有机整合，进而形成了从广告投放、线上互动、在线支付、导航到店、完成转化到点评的一站式服务营销闭环。

总体而言，百度地图的"喂食火鸡"营销活动成功地完成了基于用户定位数据精准投放广告信息、为商家引流，以及提升用户体验的目标。

这次营销活动主要包含了两种策略：①以海量的定位、出行、轨迹等用户行为数据为依托，构建精细化的用户画像，获取用户行为特征和消费习惯，将营销的精准度、有效性和转化率再推上一个台阶；②将地图应用与增强现实游戏相结合，将线下活动与线上传播结合到一起，增加了活动的趣味性，提高了用户参与度，让用户享受优惠的同时乐在其中，为用户带来了丰富多彩的互动体验。

百度地图的"喂食火鸡"活动是基于 LBS 的场景化营销模式打造的一场精彩的感恩节营销活动，也开启了百度地图与线下商场基于 LBS+ 百货实体店的全面合作。集定位、导航、支付、评价及海量商家地理信息于一身的百度地图为商家开展场景化营销创造了非常有利的条件。由此可以看出，将地理位置与商家信息相结合，实现线上线下的无缝对接，是 LBS 应用于商业活动的最重要的通道之一，这一策略可以有效地实现精准化营销以及个性化的用户体验。

资料来源：齐鲁晚报，从百度地图感恩节 AR 活动看如何玩转 LBS 场景化营销，2016-11-25.

思考问题

1. 从百度地图的这次感恩节营销活动案例，你还能联想到其他的基于位置服务的营销案例吗？

2. 在这个案例中，消费者与商家的距离是进行 LBS 场景化营销的主要因素。除此之外，还有哪些基于地理位置的场景因素可以考虑应用于 LBS 场景化营销中？

11.4　移动社交推荐

11.4.1　移动社交推荐的概念

目前，互联网社交网络中图片、语音和视频之间移动互联的趋势不断增强，通过移动端访问的社交网络将经历爆炸式增长。移动社交的发展打破了空间、时间和社会距离对于人们沟通的限制。营销人员不能控制消费者之间的沟通，然而他们可以刺激消费者产生更积极的口碑，并监测这些口碑传播是否有效。通过移动社交网络中大量的人与人之间的联系，这些正面口碑内容能在企业的激励机制下迅速传播，也就达成了企业的口碑营销策略（WOMM），也称作病毒式营销。相较于传统的在线产品评论，今天的消费者可能更喜欢从朋友和其他购物者那里获取建议。因此，企业需要鼓励消费者与"现实生活"中的朋友进行交流，并且将推荐建议与营销传播以及购物过程相结合，这就诞生了社交推荐计划（social referral program）。社交推荐计划主要是基于消费者之间的社交网络传播产品推荐信息。

在传统的思维中，企业仅关注用户使用、购买产品创造的价值。事实上，用户身后的关系网络具有更大的价值和意义。社交推荐计划即是利用用户的关系网络为企业 / 产品创造收益。已有研究证明，社交推荐计划不仅能为企业带来更多的用户，而且这部分用户创造的收益远远大于从其他渠道获得的用户。而且，相比于传统的广告拉新模式，当企业拥有足够的市场渗透率或者现有用户拥有可观的推荐能力时，社交推荐计划的有效性是高于广告的。由此可见，社交推荐计划对于企业 / 产品的运营价值十分突出。

常用的社交推荐方法一般有四种。第一种是将社交推荐嵌在社交购物门户网站中，允许购物者与自己的朋友就购物意见展开互动，与产品评分和评论打包捆绑在一起，比如小红书和 Kaboodle 等平台。第二种是社交标签，由于提供来自熟人的产品评论的网站显然比只有陌生人评论的网站更可靠，将推荐的产品、服务等都打上来自社交网络朋友的标签可以提高消费者的信任水平。第三种是基于匹配算法的个性化推荐，通过使用顾客的实际购买数据，利用顾客相似度匹配算法找到"同类人"，提供针对性的产品推荐建议，甚至得到目标市场的推荐方案。第四种是很多企业都会采用的推广手段，也是移动端 App 获取新用户的首选方法："推荐奖励计划"（referral reward program），即企业通过各类奖励刺激，引导现有客户利用其社交关系网络传播积极口碑和推荐产品或服务，进而吸引新客户的一种机制。推荐奖励计划最早出现在线下的营销场景中，当用户在购买某产品或消费某服务时，企业会引导用户将该产品 / 服务推荐给自己的朋友，一旦推荐成功，推荐者与被推荐者都将享受到企业提供的奖励。例如，大部分银行都会奖励老客户推荐新客户开户。

11.4.2 移动社交推荐的特点

随着移动社交网络的拓展，在线社交工具可以将推荐信息更为广泛和迅速地传播，在移动端的社交推荐不仅更加便捷，而且突破了地理、渠道的限制，扩展了推荐的边界。移动社交推荐不仅不再限于亲朋好友，还可以连接起认识的普通好友、乃至陌生人。以互联网公司实现用户增长的重要手段之一，即在线推荐奖励计划为例，"社交""激励"和"在线"这三大属性让这个移动社交推荐方法变得与众不同。现有客户和新客户之间有着某种社交关系，且推荐过程中往往伴随着奖励激励机制，整个信息流必须借助在线社交工具，因此企业在实施在线推荐奖励计划时需要兼顾客户关系管理、激励机制设计和推荐信息传播三个方面。

一个系统的在线推荐奖励计划至少需要包含企业、推荐发起者和推荐接收者三个主体。其中，企业是社交推荐系统的激励制度制定者，推荐发起者是企业的现有客户，推荐接收者是企业的潜在客户。在整个推荐流程中（见图 11-7），企业通过涉及货币的奖励制度激励现有客户产生推荐意愿，推荐发起者在自己的社交网络中选择合适的推荐接收者并发出推荐信息。推荐接收者收到推荐信息后，结合各方因素（比如对于所推荐之物的喜爱程度、与推荐发起者的关系、接受推荐后可得的奖励等）决定是否接受推荐。若推荐接收者选择接受推荐，则需要完成一定的任务，比如注册、完成交易等；推荐接收者完成推荐任务后整个推荐流程才算完成，企业会向推荐发起者和推荐接收者发放奖励。

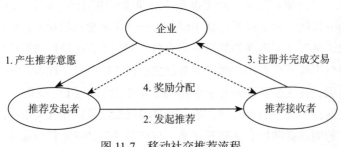

图 11-7 移动社交推荐流程

首先，企业在针对老客户策划邀请推荐的活动时，要尽量找到较为活跃、忠诚的现有客户，他们才是可能传播有效推荐信息的"老客户"。通过对拥有相应特征的现有客户"打标"，可以快速投放针对性的推荐活动。同时，企业也要明确即将拓展的市场，通过现有客户关系网络锁定可触及的目标客户，因为并不是所有被推荐而来的新客户都具有价值。

其次，奖励制度作为在线社交推荐计划中的重要组成部分，推荐完成后推荐发起者和接收者是否都有奖励、有多少额度的奖励、奖励的形式等，这些都将影响到最终的推荐效果。例如，有研究证明，奖励额度越高并不一定会导致更高的推荐成功率，而奖励双方同等的奖励可以大大提高消费者感知的公平性，非现金的奖励可以在一定程度上规避奖励对双方行为动机上的负面作用。因此，企业需要设计诱人且有效的奖励制度才能更好地激励成功推荐的实现。

再次，推荐的传播总需要由一定的信息来承载，这些信息通过在线社交工具进行传播，且在不同的在线社交工具中信息的形式和内容可能有所不同。一个好的推荐呈现形式，即推荐信息由产品方精心设计后呈现给推荐发起者与接收者的方式可以让用户更轻松、更积极地参与活动。例如，推荐活动入口除了呈现为常规的导航栏下的小图标（见图 11-8），也可以通过 banner 位或者活动弹窗增加点击率（见图 11-9a），明显的推荐活动投放可以让更多的用户看到并参与其中。企业需要慎重考虑推荐邀请活动的内容设计，比如已有研究证明亲社会框架的文案可以提高推荐发起者的利他动机，进而增加推荐概率。考虑到以老带新是建立在熟人社交的推荐基础上的，因此企业应着重选择用户更常用的熟人社交平台作为渠道，才更利于推荐信息有效传播。

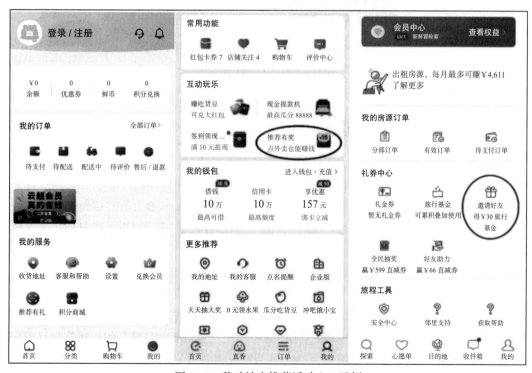

图 11-8　移动社交推荐活动入口示例

最后，一些创新的推荐任务设计也可能会促进推荐数量和质量的提高。因为在推荐奖励计划中，被邀请的新用户往往需要完成一定的任务后才算推荐成功，此后双方才能收到一定的奖励。换句话说，推荐奖励的获取是有一定资格要求的，而且推荐奖励获得的难度也不同。对于推荐发起者来说，有的规定分享推荐信息即可，有的却要等到推荐接收者完成新用户任务后才可以；对于推荐接收者来说，有的仅需要下载注册成为用户，有的还需要完成一笔交易。推荐任务难度设置过高或过低，都有可能造成低效率或低转化率的推荐。一些企业也设计出了新的分级推荐奖励规则，这样可以在不打击用户积极性下，充分发挥老用户的关系网络价值（见图 11-9b）。

a）打车邀新活动的投放广告位　　b）邀新活动的分级奖励规则

图 11-9　移动社交推荐活动示例

11.4.3　移动社交推荐的应用

随着移动社交推荐对于企业利润提升的成效被不断认可，移动社交推荐的形式也越来越多样。其中，应用最多的场景是手机 App 的"拉新"活动，即通过对现有老用户提供推荐奖励计划来吸引新用户，几乎所有处在流量增长期的 App 都会有"拉新"活动。在这些推荐活动页面中，通常会含有"推荐有礼""邀新有礼""邀请好友可得红包"等字样（见图 11-10）。

具体而言，老用户可通过微信等社交网络渠道，向好友推荐该 App（发送推荐码，或者分享推荐链接、海报等），如果推荐成功，老用户与新用户都将被给予一系列奖励。例如，口碑 App 中曾设有"邀请好友赚现金"的功能，用户每邀一位好友成为口碑手机客户端新用户，即可获得 2 元现金红包，同时这位新用户可得 5 元口碑红包；民宿预订应用Airbnb App 中的"邀请好友"规则为：邀请的好友通过分享的链接注册将获得最高 200元的礼金券，当好友使用礼金券并完成首次行程后，自己将获得 30 元的旅行基金。

虽然移动社交推荐已被很多企业实践，具有低成本、高效率、高转化率等优势，但如何设计有效的社交推荐计划、以较低的成本获得较多的用户、以更优的推荐活动留存更多的忠诚用户，这些问题仍在探索之中，还需要更多的数据追踪和分析。

图 11-10　移动社交推荐活动信息示例

◎　**应用案例 11-2**

多种裂变创意的 App 拉新活动系列案例

App 获取新用户的常见方式除了精准化投放广告和品牌渠道推广之外，更多的是用奖励现有用户邀请好友成为新用户的机制，只需要较低的获客成本就可以达到社交裂变，快速拉新促活。而现有 App 在实践这种社交推荐奖励机制中，通过不同的邀请形式、分享渠道、奖励方案、推荐结果反馈，已产生了多种裂变创意活动的设计，具体如下。

1. 今日头条（极速版）：分步式任务

今日头条在推出极速版 App 初期，曾用邀请好友机制来做推广拉新，亮点主要就是分步式奖励机制。在今日头条极速版 App 的用户个人页面，可以很明显地找到邀请好友入口，海报采用诱人的红包作背景，还用邀请好友赚 32 元现金奖励的字眼来吸引用户的注意（见图 11-11），而这 32 元奖励在实际活动规则中要求用户分步完成推荐任务后才能完整获取。首先，用户需要将专属的邀请码发送给好友，让好友通过指定链接下载、注册并输入对应的邀请码即可获得 1 元奖励，这也是最常见的 App 拉新活动要求；其次，好友需要每天认真阅读 3 篇新闻，累计 3 天即可获得 9 元奖励，这样还可以让老用户通过"监督"好友来确保新注册用户的活跃度和黏性；最后是用户可以得到双倍的好友每天阅读获得的金币，累计可达 22 元奖励，这样可以让老用户和新用户双方都能持续性地获得奖励，让双方产生持续的使用习惯和分享动机。整个邀请分享的形式通过每个用户专属的邀请码实现，邀请的新用户越多奖励越多，没有上限。这种分步式奖励机制让推荐任务变得更加复杂，但是奖励额度更高，推荐收益更具有持续性。

图11-11 今日头条（极速版）拉新活动流程

2. 度小满金融：不确定性奖励

度小满金融App在初期推广时也有大力宣传过邀请好友活动，并以App内弹窗的形式吸引用户点击进入活动主页。活动主要标语是"邀好友赚88元红包无上限"，领取1.8元登录奖励后首次分享生成的海报邀请好友下载注册可以得2.2元（见图11-12），此后可以继续邀请好友赚现金奖励，但是推荐奖励的大小不确定。同时，App提供邀请记录反馈的后台，用户可以查看自己的邀请记录和是否成功推荐、得到了多少现金奖励。虽然主活动标语中的高额奖励容易吸引用户参加推荐活动，但随着用户持续性地邀请更多的好友也不一定能达到这个奖励额度，容易降低用户的持续推荐意愿。

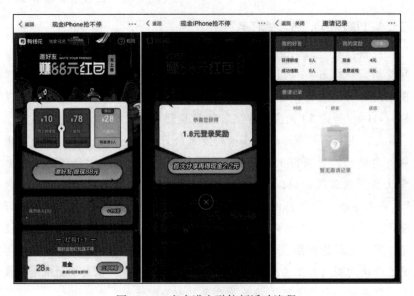

图11-12 度小满金融拉新活动流程

3. 网易蜗牛：虚拟产品价值的奖励

网易蜗牛 App 长期在用户个人中心提供"邀请好友兑换时长"的拉新入口，并将自身产品的会员权益作为推荐奖励，这样与自身产品结合并不需要太高的推广成本，还可以促进用户的使用黏性，很适合内容类的 App。主要活动规则是让用户将自己的专属邀请码分享给好友，好友下载注册成为新用户并填写对应邀请码后，双方均可以得到 1 天网易蜗牛会员时长，当成功邀请到第 3 位好友时则可以额外获得 3 天的网易蜗牛会员时长，即邀请的新用户越多，推荐奖励就会翻倍。同时，在邀请活动页面也有用户的邀请进度结果反馈（见图 11-13）。

图 11-13　网易蜗牛拉新活动流程

总之，各类 App 有很多种活动创意，无论是邀请分享形式、奖励类型，还是推荐任务设计，都是为了拉新和推广到更多的新用户。因此，企业需要做好拉新活动各项细节的决策，如采用哪种奖励类型、是否要根据邀请人数或使用周期设置阶梯任务、是否要设置不同奖励档次、邀请者和受邀者是否都要奖励等，只有结合扎实的产品功能和足够吸引用户参与的拉新活动方案才是更有效的。

资料来源：1. 大城小事，多种玩法解析：打造高效的 App 邀请方案，人人都是产品经理，2019-01-18.

2. 运营派，拼多多/美团/微视等被隐藏的拉新、留存、变现玩法，2019-10-10.

思考问题

1. 目前推荐奖励方案有多种形式，比如实际价值的激励（红包）、虚拟价值的激励（优惠券）、产品价值的激励（会员权益）、实体物品的激励等，请对比这些奖励形式之间有哪些优劣之处。

2. 本案例中不同企业采用了不同推荐任务，有的是很简单的推荐任务，也有较为复杂的分布式推荐奖励任务，你认为推荐任务究竟是越简单越好还是越复杂越好呢？

3. 你认为本案例中列举的 App 拉新活动有哪些借鉴和启示？你还有哪些拉新活动创意？

11.5 移动电子商务中的隐私问题

移动电子商务时代更加强调为用户提供更为个性化的内容以及为用户推荐他们感兴趣的产品，这背后离不开对于用户数据的收集。随着时代的发展，国内消费者的隐私敏感度也随之上升。因此移动电子商务的未来发展离不开对于用户隐私的探讨。

11.5.1 移动电子商务隐私问题的背景

近年来，随着移动互联网的不断发展和智能手机的应用普及，移动应用程序（App）已经成了日常生活中的重要组成部分。数据调查表明，截至 2020 年我国移动网民人均安装 App 数量持续增长至 63 款，人均单日 App 使用时长达 6.7 小时，App 类别更是覆盖了社交、购物、金融、教育、医疗等日常生活中的各种情景。App 在带来便利服务的同时，也逐渐成为个人隐私信息收集的主要入口。由于 App"无所不在"和"持续连接"的特性，更加多维化、细粒度、私密性的海量用户数据被持续收集，增加了用户的隐私担忧。与此同时，近年来各类隐私安全事件频发："Facebook 剑桥分析隐私丑闻""考拉征信贩卖身份信息""4.68 亿个人信息遭泄露"，更是将信息隐私问题推到了风口浪尖。毫无疑问，如何提供有效的信息隐私保护措施，满足不同用户的隐私偏好，成为业界、学术界以及国家政策制定部门的关注焦点。

从用户视角来看，用户的信息隐私担忧主要来源于 App 收集了太多的个人隐私信息，而且在很多情景下用户对 App 收集了哪些信息、此类信息将会被如何使用等问题缺乏自主选择与控制的权利。例如，在使用任何一款 App 前，用户不得不同意企业单方面制定的全部隐私政策和条款，否则就会出现不同意便没办法使用的情况。因此，用户希望拥有更多的信息隐私控制权，真正实现"我的信息我做主"。然而从 App 的视角来看，在数字经济时代，国内外各大 App 的核心盈利方式都直接或间接与用户个人信息紧密相关，比如基于精准用户画像的定向广告、个性化推荐、价格歧视、共享用户信息给第三方合作伙伴等。个人数据的收集和使用早已成为用户交换 App 功能服务免费使用的手段，这也是企业为用户提供免费 App 服务的重要原因之一。若用户对其个人信息隐私拥有完全的选择控制权，那么必将会对 App 现有的盈利模式带来巨大冲击。例如，2021 年苹果公司在 iOS 系统中将设备标识符（IDFA）的披露权利交给了用户，仅针对这一个改变，Facebook 在其内测中表示将会使广告收入出现 50% 的断崖式下跌。据 Facebook 2020 年第四季度的公司财报表示，广告总营收为 272 亿美元，占其总收入的 97.9%。

综上所述，对于愈加凸显的信息隐私问题，既不能忽视用户的隐私担忧，也不能完全限制 App 对信息的收集及使用。那么，如何权衡用户隐私偏好、App 发展需要等多方的隐私诉求呢？

11.5.2　移动电子商务隐私相关的实践

早在 20 世纪 90 年代中期，就有研究提出了数据资产化（data propertization schemes）的概念。具体来说，Laudon 在 1996 年提出建立个人数据市场，在这一市场中消费者可与组织机构就其信息的收集、使用权利进行交易，从而将数据货币化。简单来说，就是把信息隐私也作为一种商品，用户与企业可依据自身需要进行自由买卖。类似的，Jaron Lanier 和 Glen Weyl 2018 年在《哈佛商业评论》上发表文章指出，用户通过披露个人信息隐私换取产品服务的免费使用这种商业模式既不可取，也不可持续，他们希望建立数据市场，通过用户和企业的直接沟通与合理的买卖来取代企业对用户数据的滥用，让整个平台在竞争的市场中真正发展壮大，并恢复用户作为数据创造者本应享有的尊严和权益。

数据资产化在实践中有两种不同的表现形式。

形式一，称为"企业为使用用户的隐私信息付费"（willingness to accept，WTA）。2019 年，美国参议员 Mark Warner 和 Josh Hawley 提出"DASHBOARD 法案"，要求 Facebook、谷歌和亚马逊等大型科技公司告诉消费者他们正在收集什么数据，并评估这些数据带来的经济价值，暗示了未来数据可售的趋势。在此基础上，美国民主党 2020 年总统参选人杨安泽认为，用户的数据是个人财产，如果用户允许企业使用它，互联网企业应该为此支付报酬。不仅是法律提案，事实上在企业的运营实践中早已存在这样的模式。2015 年，美国电话电报公司（AT&T）曾推出一项服务，只要用户同意被跟踪其网络活动，AT&T 就会为消费者的宽带服务套餐提供每月 30 美元的折扣。具体来说，用户的网络活动数据包括访问的网页、在每个网页上停留的时间、点击的链接和广告以及输入的搜索字词等。此外，自 2016 年以来 Facebook 每月秘密付费给用户 20 美元，要求用户安装名为"Facebook Research"的 VPN，以便搜集用户在手机或网页上的活动，获取相对隐私的用户信息。Facebook 回应称，"Facebook Research"项目主要是为了研究分析用户的使用习惯和行为。

形式二，称为"用户为使用隐私增强服务向企业付费"（willingness to pay，WTP）。如前文所述，在数字经济时代，各大 App 的盈利模式大都与个人数据的收集和使用密切相关，这也是企业为用户提供免费 App 服务的重要原因之一。因此，有业内人士评价，若隐私相关政策严格限制 App 对个人数据的使用，那么可能会导致用户再也无法下载到免费的应用程序。用户面临着"个人信息交换 App 使用"和"金钱交换 App 使用"两种选择，这本质上是隐私和金钱的权衡，即用户是否愿意为了更强的隐私保护向企业付费。中国人民大学法学院张新宝教授指出，普遍免费 + 个别服务是个人信息保护的新思维。他认为，业内已存在的普遍免费模式削弱了对用户个人信息的保护意识，也削减了网络服务提供者的相应义务，需要引入个别付费模式对现状加以矫正和补充。"个别付费"模式的关键在于将个人信息保护作为产品或服务的一项独立属性，通过基础性能和附加性能区分的方式为个人信息"定价"。同时，企业也在其运营实践中对这一模式进行了探索，比如 AT&T 要求用户每月额外支付 66 美元，以最大限度地保护其隐私；FastMail 公司为向用户提供个人信息加强保护版的邮箱收取年费；Facebook 公司 CEO 扎克伯格在采访中表示 Facebook 未来会考虑推出付费版本，从而允许用户自主选择是否愿意将个人信息分享给广告客户；Zoom 则允许付费用户选择他们的线上会议数据通过哪里的数据中心进行传输，进而提供更好的信息保护服务。

无论是形式一还是形式二，数据资产化方案在实践中还面临着很多障碍。首先，有大量研究表明，用户的决策往往是非理性的、容易受到各种认知偏差因素的影响，所以当消费者面对将个人信息卖给谁、卖多少钱的决策时，能否对自己的个人信息进行公平、合理的估价是一个问题。其次，将数据资产化有可能创造出一个只有富人才能拥有隐私、富人掌握更多其他人隐私的世界，从而加剧社会不平等问题。还有学者指出，数据资产化会助长科技公司的不正之风，产生新的科技之恶、市场僵化和垄断问题。最后，还有人指出隐私是一项基本人权，不应被标价并参与到市场交易中。因此，对于数据资产化我们应持有客观理性的态度，承认它为解决愈加凸显的隐私问题提供了一个新思路，但也要意识到它存在的不足，在法律法规尚未健全的情况下，个人数据市场的建立很难迈出实质性的一步。

◎ **应用案例 11-3**

隐私付费化：以菜鸟为例

在网购时代，收快递已经成了我们几乎每天都会做的一项日常活动。拆完快递后你是如何处理外包装上的快递单的呢？可能大多数人只是将它随手扔掉了。然而，一张小小的快递单上包含了许多我们的隐私信息，包括姓名、家庭住址以及电话号码，甚至还可以查询到详细的购物信息。一旦它被有心人获取，那么可能会对我们生命和财产造成威胁。

据统计，仅在 2020 年 11 月至 2021 年 11 月一年的时间内，快递行业的信息隐私安全问题就频繁地成为各大新闻的头条。以微博热搜为例，出现了"圆通内鬼致 40 万条个人信息泄露""快递业信息泄露再调查""申通回应快递用户信息遭贩卖""快递隐私保护为什么这么难""快递信息泄露成精准定向诈骗帮凶"等多个与快递行业信息隐私相关的热搜事件。这些热搜事件一方面反映出快递行业已成为信息隐私安全的重灾区，另一方面也引发了公众对于快递行业的隐私恐慌和不信任。快递，这项与我们日常生活深度关联的业务，其信息隐私安全问题亟待解决。

为解决这一问题，2020 年 6 月 18 日，菜鸟裹裹在其官方微博账号中宣布推出付费的隐私面单服务。它是菜鸟联合物流服务商和电信运营服务商针对用户推出的可使用户在淘宝、天猫平台购买的包裹所打印及张贴的电子面单中部分隐藏收件人手机号码，并可部分隐藏收件人姓名、收件人地址的技术服务。该服务的收费标准曾为 2 元 / 月。截至 2021 年 11 月，共有 104 万人正在使用该服务，值得注意的是，仅在 2021 年 6 月至 2021 年 11 月的 6 个月的时间内就增加了 25 万用户。

在使用过程中，用户可选择对姓名、手机号、地址中的一项或几项信息进行隐藏处理。如果用户选择对收件人手机号隐藏，那么电子面单打印后至包裹运输流转的过程中，菜鸟会将用户的包裹面单中的收件人的手机号码部分隐藏且转换为智能号码（即电信运营服务商提供的虚拟号码），并将智能号码打印在纸质面单上，从而保证在整个包裹流转的过程中不会泄露收件人的手机号。通过该智能号码，快递员可以直接联系到收件人完成派件。一个包裹运单号只对应一个专属的智能号码。菜鸟快递服务专家李洪雨介绍，菜鸟之所以能够实现对用户快递信息的保护，主要依赖于菜鸟的电子面单和云打印技术。该服务收费的原因主要是隐私面单的技术成本。

菜鸟推出该服务后，消费者的态度褒贬不一。有的消费者认为菜鸟在传统快递的基础上为用户提供了多样化的选择，满足了不同用户的隐私偏好，消费者愿意为更好的隐私保护服务付费；但同时，也有不少消费者表示不能理解，认为保护用户的信息隐私是企业应该且必须做的事情，为什么还要向用户收费？对此，你的态度是怎样的呢？你是否愿意每月支付 2 元使用菜鸟的智能号码服务？

资料来源：豆瓣，菜鸟隐私面单服务协议，2020-07-21.

思考问题

1. 对于菜鸟裹裹推出的"智能号码"付费隐私保护服务，你的看法是什么？你认为这项服务应该收费吗？你愿意付费使用这项服务吗？
2. 对于快递行业的信息隐私保护，你有什么好的建议？

◎ 本章小结

本章首先介绍了移动电子商务的基础技术和商务模式，讨论了移动电子商务思维、应用及可能存在的隐私问题，以及对消费者和企业的影响。具体地讲，首先，介绍了移动电子商务发展过程中需要的网络、设备、系统及辅助性技术支撑。其次，讨论了移动电子商务模式的特性并从"5F"的角度分析了开展移动电子商务应有的思维。最后，基于移动位置的电子商务应用、移动社交推荐和移动电子商务中的隐私问题，探讨了移动电子商务的现实应用及可能出现的问题。

◎ 管理问题

1. 企业如何根据应用场景选择合适的移动电子商务技术？
2. 移动互联网时代下，传统电商应如何成功转型？
3. 移动电商平台如何实现盈利？
4. 移动电商平台如何应对消费者的隐私担忧？

◎ 复习题

1. 简要叙述移动互联网的特征。
2. 常用的移动电子商务技术有哪些、各有什么特点？
3. 简要叙述移动电子商务的特性。

4. 移动电子商务的"5F"思维有哪些？请简要描述。

5. 简要描述移动电子商务的典型商业模式。

6. 解释 LBS 的定义并描述 LBS 场景化营销模式。

7. LBS 场景化营销有哪些应用优势？

8. 描述移动社交推荐的特点和流程。

9. 移动电子商务中存在哪些隐私问题？

10. 移动电子商务企业该如何应对消费者对于隐私的担忧？

◎ 章末案例

孩子王的"新零售"模式：线上线下无界融合

2021年10月14日，国内大型母婴服务龙头孩子王正式在创业板上市，上市首日，公司股价上涨超280%，总市值高达240亿元以上。自2009年创立以来，短短十年孩子王迅速成长为母婴零售领域的代表品牌之一，也获得了社会的广泛认可。2020年，公司被商务部评为"首批线上线下融合发展数字商务示范企业"，被江苏省工业和信息化厅评为"十大创新力产品——母婴童垂直电商服务平台"、被江苏省电子商务大会评为"国家级数字商务企业"。

孩子王是一家以数据驱动为核心，基于用户关系经营的创新型新家庭全渠道服务商，拥有线上、线下两个服务平台，电子商务、连锁门店和社群分享三大销售渠道。近年来，孩子王持续投入研发全渠道的数字化商业平台，自主构建了以孩子王 App、扫码购自助下单、线下触屏、微信小程序、云 POS 为代表的前端系统，以 WMS、OMS、TMS、BMS 为代表的业务系统，以及以业务中台、数据中台、AI 中台为代表的数字化中台系统，实现了前台、中台、后台数据的实时连接和数据智能化需求。包含用户、员工、商品、服务、管理等在内的全部生产要素的数字化在线，使得线上线下渠道的融合更为紧密。

孩子王的线上布局主要分为三大方面：孩子王 App、微信生态经营，以及依托第三方电商平台。孩子王 App 是孩子王主要的移动端购物渠道，它具备线上购物、育儿咨询、会员积分、社交互动等服务功能。为实现线上线下的全渠道融合，孩子王 App 设置了扫码购、门店到家等板块。顾客可直接根据移动端的自动识别定位功能寻找到离他们最近的直营门店，在网上进行门店的下单配售；在店内消费的顾客用 App 扫描商品二维码即可完成在线支付，免去排队收银的等待，实现线上用户到线下门店的引流。而实体大店拥有相对较低的获客成本，通过门店客流自然转化吸引新用户在 App 上注册会员，转化为线上用户，这部分顾客在门店的良好消费体验大大增加了顾客的黏性。

孩子王微信公众号是其商业生态中重要的用户服务和触达场景之一。用户会员可以直接通过公众号查询相应的会员权益并与专属客服进行线上咨询。公众号会不定期推送产品或优惠信息，当用户看到信息后，可以通过公众号直接跳转到小程序或微商城网上购物。微信小程序无须下载 App 即可实现顾客在线上或门店购物，结合了线下门店的数字化优势。在门店购物过程中，顾客只需通过手机打开微信小程序，即可享受扫码签到、查询优惠、结算等功能，在用户从进店到离店的全过程中渗透。在第三方电商平台方面，孩子王先后在天猫、京东、拼多多等电商平台增设了旗舰店。

孩子王的线下门店采用了"一站式大店模式"，并完成了线下大型实体门店的全面数字化升级。值得关注的是，孩子王运用数字化和大数据分析技术，在服务过程中完成了用户数据的采集，建立了 400+ 个基础用户标签和 1 000+ 个智能模型，形成了"千人千面"的服务方式。通过对大数据的智能分析，孩子王可以获得更精准的用户画像，大数据根据以往消费记录和习惯模拟出顾客的消费行为与购物需求，帮助在线上为用户提供及时、精准的产品和活动推送，线下为消费者精准定制服务。孩子王升级迭代的 G9 门店更是从母婴到亲子家庭全渠道数字化升级的典范，在新技术的赋能下，让线上线下服务充分融合，让用户获得无差别的高效服务。当顾客处于门店时只需要扫码下单便可购物；顾客回到家中拿起手机扫描购物袋上的条码，或在孩子王 App 下单，门店便会尽快将商品配送上门；而当顾客进店扫码签到时，门店的当日活动信息、根据其消费习惯数据推荐的商品会通过后台推送，育儿顾问会尽快根据后台推送的信息为消费者提供更加精准、个性化的服务。

此外，孩子王创新性地采用"商品＋服务＋社交"的商业模式，在提供母婴商品及服务的基础上，以情感和社会关系为纽带，以线下活动为社交载体，通过单店每年举办百余场孕妈妈和儿童互动活动，为亲子家庭构建多样化的互动社区，可同时满足消费者购物、服务、社交等多重需求。同时，孩子王还通过"社交＋内容"模式，在线上平台提供了更多的互动场景，抓住了新生代父母喜欢分享、交流的社交特性和社交需求。

资料来源：1. 冯天鸣，孩子王是怎样将大店模式做到极致的，2021-10-25.
2. 殷中军，独角兽孩子王：传统企业如何打造私域流量池，2021-06-24.

思考问题

1. 孩子王实现线上线下融合的方式是什么？
2. 对商家和消费者来说，移动 O2O 模式分别带来了哪些优势和价值？
3. 孩子王的 O2O 策略对传统零售行业有哪些借鉴和启示？

讨论题

1. 移动 O2O 模式的优势有哪些？
2. 谈一谈生活中用到的 O2O 服务平台的例子。
3. 移动互联网的出现给传统零售行业带来了哪些机会和挑战？
4. 传统线下企业该如何把握移动互联网带来的机会和应对与之相伴的挑战？

课堂辩论题

1. 移动电子商务的发展对传统线下企业是利大于弊还是弊大于利？
2. 移动电子商务能否完全取代线下行业？为什么？

网络实战

1. 打开美团 App，浏览不同的业务功能（比如超市/便利店、酒店/住宿），思考它给你的生活带来了哪些便利？

2. 分别体验到店消费、App/ 小程序 / 微信商城 / 第三方电商平台下单等几种方式，描述你的使用感受并说明你更喜欢哪种消费方式。

3. 根据自身需求尝试在微店等入口购物，体验其购物流程，将它与传统电子商务进行比较，看看有哪些不同和优缺点。

4. 查看手机中经常使用的 App，思考并分析其商业模式和盈利模式。

团队合作

查找典型的移动电子商务企业案例，并分析以下几个问题。

1. 从交易主体的角度来说，企业的移动电子商务模式是什么？

2. 企业开展其移动电子商务的具体方式有哪些？

3. 企业的盈利模式是什么？

4. 你认为该企业是一个成功的企业吗？若是，分析它成功的因素；若不是，说明它失败的原因。

5. 企业目前的运作仍存在哪些挑战？尝试给出你的解决方案。

◎ 在线补充读物

1. 李立威，王晓红，李丹丹 . 移动商务理论与实务［M］. 北京：机械工业出版社，2019.

2. 李琪，彭丽芳，王丽芳 . 电子商务概论［M］. 北京：清华大学出版社，2017.

3. 秦成德 . 移动电子商务［M］. 重庆：重庆大学出版社，2016.

4. 艾瑞咨询，2021 年中国零售数字化转型研究报告，https://www.iresearch.com.cn/Detail/report?id=3781&isfree=0，2021-05-20.

5. 艾瑞咨询，2021 年中国下沉市场电商研究报告，https://www.iresearch.com.cn/Detail/report?id=3775&isfree=0，2021-05-01.

6. 艾瑞咨询，2021 年中国生鲜电商行业研究报告，https://www.iresearch.com.cn/Detail/report?id=3776&isfree=0，2021-05-15.

7. 艾瑞咨询，2021 年中国微商市场研究白皮书，https://www.iresearch.com.cn/Detail/report?id=3765&isfree=0，2021-04-22.

◎ 术语表

移动设备（mobile device）：也被称为移动终端、移动通信终端等，大多数为口袋大小的设备，包括手机、笔记本电脑、平板电脑、POS 机、车载电脑等。

可移动性（mobility）：（1）设备的尺寸和重量；（2）设备是否可以随主机移动、是否可以随时移动；（3）设备的信息传输和通信方式。

移动操作系统（mobile operating system，mobile OS）：在移动设备上运行的操作系统。

快速响应矩阵图码（quick response code，QR code）：近几年来使用在移动设备上的较为流行的一种编码方式，在被设备扫描后用户可获取其中所包含的信息。

近距离无线通信（nearfield communication，NFC）：简称近距离通信或近场通信，是能让两个电子设备（其中一个通常是移动设备，例如智能手机）在相距几厘米之内进行通信的一套通信协议。

基于位置的服务（location-based service，LBS）：也被称作适地性服务、位置服务、移动位置服务、行动定位服务等，是指通过移动运营商提供的无线电通信网络（比如 GSM 网、LTE 网）或外部定位方式（比如 GPS）相对准确地获取用户的地理坐标位置信息，并且通过地理信息系统（GIS）平台，为用户提供与位置信息相对应的信息或服务的一种增值服务。

生物识别技术（biometric identification technology）：通过人类生理特征（人脸、指纹、虹膜等）和行为特征（姿态、动作、情感等）实现身份认证的技术。常用的生物识别技术主要包括人脸识别、指纹识别、虹膜识别、行为识别以及步态识别。

移动电子商务（mobile e-commerce）：由电子商务（e-commerce）的概念衍生而来，是伴随着智能手机、平板电脑这些可以随身携带的终端设备出现的。这些移动终端使用户在任何时间和地点都能进行 B2B、B2C、C2C、O2O 等电子商务活动。

移动电子商务的"5F"法则：碎片化思维、粉丝思维、焦点思维、快一步思维、第一思维。

LBS 场景化营销：在移动互联网环境下利用用户的地理位置信息，理解并判断用户情感、态度和需求，连接用户线上和线下行为，为用户提供实时、定向、有创意的信息和内容服务，实现精准营销的策略。

社交推荐计划（social referral program）：主要基于消费者之间的社交网络传播产品推荐信息。

第12章 ●─○─●─○─●

互联网金融与电子支付

■ 学习目标

1. 掌握互联网金融的概念并了解互联网金融的发展现状
2. 掌握互联网金融的四种主要模式
3. 理解电子支付的基本概念并掌握其原理
4. 了解电子支付的主要模式并熟悉业务流程

■ 开篇案例

今天，你 Pay 了吗？

随着网络将全世界联系起来，交易主体双方通过网络进行互联网支付或者更为先进的支付技术——移动支付（比如微信支付和支付宝支付），为**电子货币**（electronic money）的流通提供了完备的基础设施。电子货币具有方便交易、成本低的优点，因此它成为第三方支付的重要媒介，并且促进了全球范围内互联网经济的快速发展。值得注意的是，传统货币理论因为第三方支付市场的迅猛发展以及现金被电子货币快速替代而受到重大的冲击。

第三方支付是指为了方便交易主体之间通过互联网进行交易，银行提供特殊的支付系统，用户与银行之间签署协议，并开通网银。在这种交易流程中，银行为交易主体提供了保密等级较高的保管资金服务，其性质如中转站一样，为交易主体提供了稳定的交易环境，为交易能够顺利进行起到了关键作用。

支付宝（中国）网络技术有限公司（以下简称支付宝）是全球领先的独立第三方支付平台，致力于为用户提供"简单、安全、快速"的在线支付解决方案。作为最早进入这一领域的国内淘金者，支付宝依靠**"信用中介"**（credit intermediary）角色占据了市场的头把交椅，也培育了这个市场。支付宝从2004年建立开始，始终将"信任"作为产品和服务的核心，不仅在产品上确保用户在线支付的安全，而且让用户通过支付宝在网络间建立起相互的信任，为建立纯净的互联网环境迈出了非常有意义的一步。经过 20 年的发展，支付宝的用户覆盖了整个 C2C、B2C、B2B 领域，也已经成为我国互联网商家首选的网上支付方案，为电子商务各个领域的用户创造了丰富的价值。

在覆盖绝大部分线上消费场景的同时，支付宝也正在大力拓展各种线下场景，包括餐饮、超市、便利店、出租车、公共交通等。

由于信息技术基础的日趋完备以及世界范围内的金融业不断深入融合，现金、银行卡这些传统的支付途径被快速兴起的第三方支付取代。根据第七次全国人口普查报告，我国人口已经超过 14 亿。我国第三方支付行业占有世界上最大的单一经济体市场，发展潜力不可估量。很多配套措施并没有跟上第三方支付速度的急速提高，导致第三方支付出现了不稳定的情况。正是看中了第三方支付发展的潜力，诸多企业投身于此，造成了第三方支付市场服务质量参差不齐的局面。

不过，更值得注意的还是第三方支付发展带来的益处。通过财付通、余额宝等业务，用户不用将钱存入银行，在以上平台中就可以获得一定利息。与上述平台一样有特色的金融服务产品还有很多，正是这些不断变化的第三方支付手段使我国电子商务蓬勃发展。

资料来源：1. 李昆明. 浅谈电子货币与第三方支付 [J]. 质量与市场，2021（7）：152-154.

2. 张俊艳，孙佳. 今天，你 Pay 了吗：支付宝的迭代创新之路，中国管理案例共享中心，2016.

思考问题

1. 你使用过哪些第三方支付？它们与传统支付方式相比有什么优劣势？

2. 第三方支付兴起有哪些动因？

3. 第三方支付的发展存在哪些风险？有哪些应对的措施？

4. 在新型支付方式迅速发展的条件下，银行等传统金融服务机构应该如何发展？

12.1　互联网金融的内涵与范畴

12.1.1　什么是互联网金融

互联网金融是互联网与传统金融部门深度融合的新兴产物，主要依托大数据和云计算等技术，通过互联网平台构建的金融服务功能和服务体系，能够实现投资、**融资**（financing）、支付、结算和资金融通等各项金融功能。相较传统金融业务而言，互联网金融服务模式更加灵活多样、用户友好高效，具有信息金融、碎片金融、普惠金融、平台金融等特征，是金融产品体系、组织体系、业务体系和服务体系的一次深刻变革，对各行各业的发展都产生了深远影响。

我国电子商务的快速发展使互联网金融在原有基础上进一步发展和创新，具有鲜明的中国特色。这种中国特色就是互联网金融在我国的创新。但是，无论形式如何变化，互联网金融的核心依然是金融，金融的本质特征没有改变。传统金融的存贷汇功能依然是互联网金融的核心职能。

消费者的金融需求如图 12-1 所示，包括投资、融资和支付需求，以及风险管理（保险）的需求，而支付在现代社会中又是投资、融资和风险管理的保障。

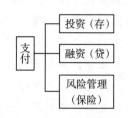

图 12-1　消费者的金融需求

互联网金融就是消费者金融需求在互联网上的实现，即基于电子银行或电子商务平台的一站式服务，包括网络信贷、网络咨询和征信网络保险、网络证券、电子账单以及网络抵押和供应链金融等业务模式，如图 12-2 所示。

图 12-2　互联网金融的构成

12.1.2　互联网金融与金融互联网

金融互联网和互联网金融这两个看似非常相似的概念既有相似的含义，又有诸多不同之处，它们的未来发展趋势与我国经济社会的可持续和健康发展息息相关。

1. 金融互联网和互联网金融的内在联系

（1）开展的业务性质均属于金融业务，根基在于实体经济。金融互联网和互联网金融是商品经济发展到网络经济时代、信息时代的产物，二者都属于金融业务范畴，其根基都是实体经济。传统金融企业（互联网企业）依托互联网操作平台开展直接、间接融资业务和其他金融服务业务，发挥货币资本第一推动力及持续推动力的积极作用，服务广大融资筹资的微观经济主体，促进商品生产和流通，离开实体经济二者都会变成无源之水。

（2）经营动力相同。网上消费带动了网上支付，网上支付带动了**网上信贷**（credit），网上信贷进一步刺激了网上消费，每一个过程都为提供该项金融服务的企业带来盈利点，也服务了整个实体经济的发展。作为一种金融创新形态，金融互联网和互联网金融的业务开展都以企业为基石、以融资为手段、以网络为平台、以顾客为对象、以营利为目的，并不会因为技术手段的变化而改变经营目的。目前互联网金融和金融互联网业务的经营利润主要来源于四个方面：①为金融服务消费者提供便捷性而收取的中间费用；②借助服务平台形成企业的"资金池"，产生资本利得；③产品主页版面推广收益；④与普通电子商务企业对接收取服务费。

（3）均依托于互联网信息技术这一新兴技术媒介。金融互联网和互联网金融都运用互联网技术开展金融业务，共享互联网带来的公平、普惠、效率等优势。借助互联网信息技术，用户和金融机构之间直接通过自助系统与计算机服务器相互联系，金融机构减少许多分支机构和人力资源的支出，降低了运营成本。因而，在运用互联网技术手段为金融服务方面，金融互联网和互联网金融完全一致。

（4）均须政府监管，且监管模式一致。作为经济运行的新技术平台，金融互联网和互联网金融的业务主体都必须根据相关政策的要求，依托国家法律法规进行业务创新，并接受中国人民银行、国家金融监督管理总局以及其他政府机构的监管。金融互联网和互联网金融都必须在金融市场依照国家法律法规进行公平竞争，主要监管目标为：①金融业经营活动与国家货币政策的统一；②减少经营风险，保证流动性，确保经营的安全；③实现公平有效竞争，避免垄断和违法违规行为。

2. 金融互联网和互联网金融二者的差异性

（1）金融互联网与互联网金融二者的依托主体不同。金融互联网依托的主体是传统金融部门，是传统金融部门借助互联网平台开展部分传统业务，比如网上银行、自主转账、支付平台以及网上炒股等，一些典型的产品和业务类型如表 12-1 列示。互联网金融依托的主体是创新型互联网企业，是互联网企业结合自身优势开展的金融业务创新活动，促进它直接发展的动因是日益激烈的互联网行业同业竞争和消费者对金融服务更高更具体的需求，一些典型的产品和业务类型如表 12-2 列示。互联网金融的发展给金融互联网带来了较大的竞争压力，并且促进金融产业加速**脱媒化**（disintermediation）、传统金融服务更加网络化和增值化。

表 12-1　部分典型金融互联网产品及业务类型

产品平台	产品名称	业务类型
中国工商银行	天天益	理财产品移动平台
中国工商银行	微信银行	微信公众号进行个人账户操作
中国农业银行	安心快线	免人工自助理财
中国建设银行	善融商务	电子商务平台
中国银行	中银网络通宝	中小微企业网上贷款平台
齐鲁证券（现为中泰证券）	齐鲁证券移动客户端（现为中泰齐富通）	开户、资金转入转出、委托交易
中国平安	一账通	人身险、车险、意外险等

表 12-2　部分典型互联网金融产品及业务类型

产品平台	产品名称	业务类型
阿里巴巴金融集团	阿里小贷	对小微企业提供信用贷款

（续）

产品平台	产品名称	业务类型
浙江支付宝网络技术有限公司	余额宝	货币基金和分散化组合投资
杭州财米科技有限公司	挖财	理财产品销售平台
普信恒业科技有限公司	宜人贷	P2P 贷款
苏宁云商集团股份有限公司	苏宁财运道	商业票据市场投资
财付通公司	财付通	第三方支付
网信众筹科技有限公司	众筹网	众筹融资平台

（2）金融互联网和互联网金融两者在金融市场发挥的功能不同。金融互联网是银行等金融机构对本身传统业务的拓展，网络银行、手机银行、网络证券公司、网络保险公司和网络交易平台起到对银行、证券公司、保险公司及交易所等实体网点和人工服务的替代作用，互联网是一个重要的媒介工具，起到拓展和延伸金融服务渠道的作用。而互联网金融是互联网企业开展电子商务业务的延伸，代表着互联网企业通过搭建平台涉足金融行业，互联网企业发展借助金融业务由产品经营进入到资本经营的阶段。互联网金融为互联网企业带来业务收益的同时，弥补了传统金融行业的服务真空，细化了金融服务市场的市场定位，一方面有利于社会闲散资金进行专业化投资，另一方面也有利于我国中小微企业拓展融资渠道。

同时，金融互联网和互联网金融服务于金融市场不同层次的消费者。金融互联网服务对象主要是线上团体和个体顾客，团体大户居多，相当一部分客户是原有线下客户发展为在线办理业务的客户。互联网金融服务是新兴经济模式，政策和服务措施还不完善，主要服务对象是广大网民和散户投资者，大额和单位团体业务相对较少。由于互联网金融产品的创新性要求使用者有一定的专业知识，产品设计上需要有完善的产品设计理念和风险控制机制。

（3）创新的形式和内容不同。金融互联网属于传统金融部门运用互联网进行技术创新的范畴，是金融业务通过技术手段的自然延伸。在金融互联网发展进程中，一直以来作为金融创新主体的传统金融机构不仅可以创新服务手段和服务方式，更在金融产品创新方面有较大潜力。互联网金融属于互联网企业开拓金融业务进行制度创新的范畴，是产业升级跨界经营。由于国内金融监管的要求和金融产品创新本身的复杂性，目前国内的互联网金融主要还是基于服务手段和方式的创新，很难做到金融产品上的创新。相对于金融互联网来说，互联网金融在盈利手段上有创新优势，金融互联网盈利主要靠存贷款利差和各种服务费收入，是线下金融机构收入的补充；而互联网金融的盈利模式主要靠各种服务费收入和网络流量带来的综合收益，是线上产业机构盈利的补充。随着各项互联网金融法律法规的出台，互联网金融机构将逐步从现有机构中独立出来，成为全新的互联网金融机构，盈利模式也会随着政策导向发生变化。

（4）两者的监管侧重有所不同。金融互联网监管依然是金融机构监管的延伸，即在原有的金融监管基础上加上了运用互联网开展的金融业务部分，应该是一种原来监管模式向互联网业务的延续。互联网金融是互联网企业渗透到金融业务之中，对互联网金融的监管则要重新建立相应的网上金融管理制度。金融互联网是在传统银行业的基础上与互联网结合衍生出来的，是在复制传统金融业务。受传统银行业务监管模式影响，它本身就被各种金融制度和规范制约，进行分业经营，在许多方面缺乏自主权。而互联网金融是在互联网原先就有的高效、便捷、及时等优势基础上创新的金融业务，进行混业经营，比如余额宝就混合了第三方支付与货币市场基金。互联网金融企业规模小而分散、业务模式层出不穷、随时调控收益率、更加市场化，统一的中央金融监管难以奏效。因此，金融互联网和互联网金融的监管模式会根据不同的运行模式有所侧重，尤其是对交叉性金融产品、跨市场金融创新进行重点协调和监控，不能一概而论。

12.1.3　电子商务对互联网金融的启发

互联网金融促进了电子商务的发展。近年来，互联网金融发展迅速，金融产品和服务渠道不断拓展，加快推动了传统行业和人们日常消费习惯的改变。人们对金融服务的要求越来越高，促进了互联网金融和电子商务的融合，并逐步融入电商产业链全过程，为电商产业发展增添了新动力。社交电商、直播电商等创新模式开始兴起，促进电子商务迅猛发展，平台交易量连年快速增长，电商产业对我国经济增长的贡献日益显现。

互联网金融和电子商务融合模式不断丰富。互联网技术的快速发展促进了互联网金融和电子商务的日益融合，并且金融产品和融合模式也在增加。在互联网金融的银行支付功能的基础上，逐步融入电商产业供应链和产业链，投资租赁、存贷款、股权融资、担保保险等各种金融产品开始涌现，覆盖电商服务各环节，促进互联网金融与电子商务的快速融合，实现互联网消费金融交易量的爆炸式增长。

互联网金融和电子商务的融合度日渐加深。近年来，为了推动互联网金融和电子商务发展，行业监管机构和各级地方政府都出台了一系列政策措施，支持互联网金融和电子商务的发展。互联网支付、网络借贷、股权众筹、互联网基金销售、互联网保险、互联网信托、互联网消费等金融业态在电子商务领域不断发展。一些大型电子商务企业已经开始涉足小额信贷、融资担保、融资租赁、商业保理等金融业务。融资活动和融资能力显著提升、企业核心竞争力不断增强、跨境电子商务不断发展、国际互联网金融业务领域持续扩大，互联网金融与电子商务融合发展的产业格局正在形成。

12.1.4　我国互联网金融的发展现状

1. 我国互联网金融的发展历程

我国互联网金融在全球互联网金融的发展浪潮中逐渐实现从跟随到引领的地位转变，其过程主要分为四个阶段。

第一阶段：金融硬件革新（1997—2005 年）。该阶段互联网与金融的结合主要体现为传统金融机构通过革新互联网所需的硬件设施，满足将业务互联网化的条件，这与西方成熟市场上互联网金融的第一轮高速发展相似。这一阶段的标志是招商银行在 1997 年率先实现硬件革新，成立了我国第一家网上银行，之后陆续被各大银行与其他金融机构效仿。

但是，该阶段所发展的网上银行等金融业务形式类似于传统金融机构的分支机构，并未在业务上实现分离，只是利用了互联网辐射区域更广的特点。

第二阶段：金融技术革新（2006—2012 年）。该阶段真正利用新兴的互联网技术，使互联网与金融的结合深入我国传统的金融业务领域，即传统金融机构不断利用互联网技术进一步拓展业务。同时，互联网企业利用电子商务、社交网络、移动支付等同期技术发展涉足金融业。该阶段以 2006 年我国第一家互联网信贷公司"宜信"的成立为标志。2011 年中国人民银行开始发放第三方支付牌照，为互联网金融大发展奠定基础。

第三阶段：金融模式革新（2013—2016 年）。2013 年被称为"中国互联网金融元年"，这一阶段互联网与金融的结合更加金融化、结构化，结构性理财产品大规模出现，成为互联网金融行业发展新趋势。互联网企业推出各类互联网金融新模式，以 2013 年 6 月"余额宝"的推出为标志。期初，我国互联网金融的模式主要以引入并本地化西方成熟市场中已有的互联网金融模式为主，比如发展自己的第三方支付、P2P、众筹平台等，但到后期我国互联网金融市场出现了更多具有我国互联网金融特色的理财产品，真正使互联网金融行业呈现"井喷式"增长。

第四阶段：金融监管革新（2017 年至今）。自 2015 年起，各级政府和相关部门陆续推出了针对互联网金融行业的监管条例，但大部分政策、措施并没有实质落地。2017 年 2 月 23 日，原中国银行保险监督管理委员会印发《网络借贷资金存管业务指引》，同年 6 月 28 日，中国人民银行等 17 个部门联合印发《关于进一步做好互联网金融风险专项整治清理整顿工作的通知》并明确提出专项整治工作延期至 2018 年 6 月底完成。监管验收等落地的实质性监管条例的出台，真正标志着互联网金融在我国市场进入监管革新阶段。

综上，第一、第二阶段我国互联网金融主要完成了技术创新与积累，第三阶段对于金融改革产生了真正的冲击，也得到了更多来自政府、学界与业界的关注。相较于美国、日本等互联网技术与金融市场率先发展的成熟市场，我国互联网金融业务均起步较晚，但在第三阶段实现了跨越式发展。例如，早在 20 世纪 90 年代，西方成熟市场中没有物理网点的网上银行（纯互联网银行——SFNB 于 1995 年在美国诞生）、网上证券（纯网络证券公司——美国的 E-Trade 成立于 1992 年）、网上保险（美国家庭人寿保险公司和日本电信公司共同投资的互联网直销保险公司成立于 1997 年）开始发展。此后，互联网金融随着第三方支付（1999 年 Paypal 在美国成立）、众筹（2003 年 ArtistShare 在美国成立）、P2P 网贷（2005 年 ZOPA 在英国成立）等具体商业模式逐渐建立，与传统金融体系演进式融合。但是，在我国，2013 年国内第一家没有物理网点的纯网上保险"众安在线"、2014 年国内第一家没有物理网点的纯网上银行"微众银行"才正式成立；在这之前，支付宝、财付通、银联商务等在 2011 年 5 月获得了牌照，2011 年 7 月"点名时间"作为中国首家众筹网站正式上线。实际发展仅十年左右，就已全面超越了西方成熟市场中同类产品的规模，属于跨越式发展。

2. 我国互联网金融现状

我国传统金融业以银行业为主体，并不以网络作为第一载体，但现今互联网金融行业却被后起的电商公司分去了一大块蛋糕。我国传统的互联网公司，比如百度、网易等，在互联网市场上的运营反而不如阿里巴巴、京东等后起的电商公司，互联网公司尚且如此，更不必提以实体的线下银行为主的传统金融业了。近年银联推出的"云闪付"功能便是传统银行业对互联网后知后觉的产物。电商公司只是占了互联网的优势，在金融行业只是抢了先机，并没有影响到传统金融业在互联网金融市场上的领导地位。

12.2　互联网金融的主要模式

12.2.1　网上银行（网络银行）

1. 网络银行概述

全国科学技术名词审定委员会 2018 年将网上银行定义为银行利用互联网技术，向客户提供的开户、销户、查询、对账、转账、信贷等银行传统服务项目，使客户可以足不出户就能够安全、便捷地管理活期和定期存款、支票、信用卡及个人投资等。这是一种新型的银行客户提交方式，用户不受网络连接方式和时间与空间的限制，只要能上网，就可以在家里、办公室或旅行中对自己的资产和银行服务进行安全、简便的管理。

更通俗地说，网上银行是银行在网上设立的虚拟银行窗口，传统的银行服务不再由实体银行机构提供，而是通过技术手段在互联网上实现。

2. 网络银行的业务功能分类

网络银行系统实现的业务可以概括为以下几类。

（1）公共信息服务。它包括：银行简介；银行业务、服务项目介绍；银行网点、ATM、**特约商户**（merchant）介绍；存款、贷款利率查询；**外汇牌价**（exchange quotation）查询；国债行情查询；各类申请资料（贷款、信用卡申请）；投资、理财咨询使用说明。

（2）客户交流服务。它包括：客户意见反馈；客户投诉处理；客户投诉问题解答。

（3）账务查询服务。它包括：企业集团对公业务在询服务；支票、汇票查询服务；个人卡业务查询服务；个人储蓄业务查询服务。

（4）银行交易服务。它包括：企业集团转账业务；个人理财业务；卡转账业务；外汇交易业务；个人小额抵押贷款业务。

（5）代收费业务。它包括代收水电费、电话费等。

（6）账务管理服务。它包括：修改密码；挂失银行卡、存折；挂失支票。

12.2.2　网络众筹

1. 网络众筹的概念

2001 年上线的 ArtistShare 是现代意义上最早的众筹平台，这家公司是音乐爱好者资助艺术家创作的融资平台，第一次真正通过互联网实现了众筹特征：大规模、小额、便捷和快速。在 ArtistShare 成立后的很长一段时间里，众筹并没有成为一种备受关注的融资方式，"crowdfunding"这个词在谷歌上几乎没有搜索量。众筹迎来新成长期的标志性事件是 2008 年的 Indiegogo 以及 2009 年的 KickStarter 这两个产品型众筹平台的出现。此后，众筹平台在世界范围内不断涌现，众筹规模得到了飞跃式的扩大。众筹平台通过互联网直接将创意人士及其支持者联系起来，让创意人士获得项目启动资金。

2. 网络众筹的类型

根据投资人获得的回报类型，众筹模式在广义上可以分为四种：捐赠型、奖励回馈型、股权型和债权型。其中，债权型众筹就是前面讨论过的 P2P 借贷，在此不再赘述。

（1）捐赠型众筹：平台上的项目都是以捐赠形式从支持者处筹资的，支持者不以获得任何回报为目的，项目发起人也无须承诺给予支持者回报。捐赠型众筹是传统慈善捐赠的网络版，借助互联网技术，捐赠活动变得更加高效、准确。Gofundme、YouCaring、GlobalGiving 等均属于捐赠型众筹。

（2）奖励回馈型众筹：允许项目发起人向投资人提供项目的产品和其他优惠作为回报进行筹资，也称预售型众筹。这两家初步获得成功的众筹平台——KickStarter 和 Indiegogo 都是奖励回馈型众筹，即支持者预付资金给融资者，以便拥有优先从融资者那里获取产品以及其他馈赠的权利，电子游戏、音乐、视频和其他创意产品均属于这类众筹。奖励回馈型众筹的魅力在于，它一方面满足了消费者优先获得独特产品的心理，另一方面也测试了市场反馈，使融资者获得了早期开发和生产的资金。

（3）股权型众筹：初创企业利用互联网众筹平台进行股权融资。2008 年金融危机爆发后，中小企业融资环境进一步恶化，美国率先推出了股权众筹。由于互联网的**规模效应**（scale effect）和小额融资的门槛较低，互联网股权众筹平台这一创新的商业模式很快得到了市场的认可，众筹平台纷纷出现。美国有 100 多家股权众筹平台，比较著名的有 AngelList、Wefunder、CircleUp、RockThePost 等；英国有 30 多家股权众筹平台，比较著名的有 Crowdcube 和 Seedrs；我国近年新增的股权众筹平台也较多，包括京东众筹、天使汇、原始会、云投汇和蚂蚁达客等。

除了以上三种模式外，2012 年在美国出现的房产众筹作为众筹领域的细分子行业正在迅速兴起。房产众筹平台以房产为众筹**标的**（the subject），项目发起方通过债券、股权等多种融资工具为商业地产项目、个人房产修缮项目、酒店专修项目等各类房产项目进行融资。房产众筹平台的出现颠覆了传统的房地产投资理念，通过在线平台将需要融资的房地产项目直接与成百上千的投资者联系起来，降低了投资门槛，是众筹未来发展的新的趋势之一。

12.2.3 消费金融

消费金融是指由金融机构向消费者提供包括消费贷款在内的金融产品和金融服务。根据美联储的定义，狭义的消费信贷包括：汽车贷款、耐用品消费贷款、学生助学贷款、个人信贷额度、无抵押个人贷款、个人资金周转贷款、房屋修缮贷款等。

从 20 世纪 20 年代开始，美国的消费金融服务已经兴起，通过分期付款的模式购买耐用消费品。20 世纪 70 年代以后，社会信用体系和个人信贷法律制度逐步完善，消费金融产品更加受欢迎。同一时间，随着经济发展，世界其他各国的消费金融也发展迅速。美国传统消费金融体系发展成熟、服务机构和贷款种类多样、覆盖人群相对广泛、监管与征信环境相对完善，因此其互联网消费金融的发展主要以传统消费金融机构的互联网化为主，包括互联网银行业务的发展，以及发薪日贷款的互联网化。此外，美国互联网消费金融还包括大型互联网电商为客户提供的消费金融服务以及基于大数据提供风控模型的新型消费金融平台。

在我国，互联网技术的发展使消费金融业务延伸至那些没有得到传统、主流金融体系服务的人群。由于征信体系不完善，平台大多选择基于特定场景开展消费金融，包括租房分期、教育分期、旅游分期等，也有基于大学生、蓝白领等特定人群开展的消费金融。从商业模式上看，我国的互联网消费金融比美国的消费金融更加多样化。

12.3　电子支付的基本概念与原理

12.3.1　支付与支付系统

1. 支付的基本概念

支付是围绕着客户和银行间资金收付的关系进行的，是银行提供的金融服务业务，用于**清偿**（liquidate）由劳务活动和商品交换引起的债权债务。支付源自交换主体之间的经济交换活动，而银行作为信用中介的介入，使得支付最终演变为银行与客户、银行开户行之间收付资金的行为。

通过上述定义，我们可以分析得出，支付涉及一系列概念，比如支付主体、支付的货币形态、**支付工具**（payment instrument）、支付渠道、支付方式、支付目的、支付过程、支付结算系统、支付应遵循的规则等。

上述概念随着社会的发展不断演变，尤其是支付方式、支付工具和支付渠道。支付方式不再是传统的面对面方式；支付工具也从传统的现金、票据支付转变为银行卡、储值卡、**虚拟卡**（virtual card）支付等；支付渠道也不再是直接支付，转为网络等间接支付渠道。总而言之，传统支付时代正在演化为电子支付时代。

2. 支付系统的定义

支付系统有时也称为清算系统，是指由提供支付清算服务的中介机构和实现支付指令传送及资金清算的专业技术手段共同组成的，用以实现债权债务清偿及资金转移的一种金融系统整体。

支付系统最基本的组成包括银行、客户和中央银行。支付系统如图 12-3 所示。

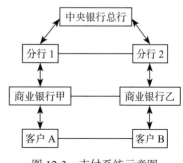

图 12-3　支付系统示意图

支付系统是支撑各种支付工具应用、实现资金清算并完成资金最终转移的通道。支付系统能够为金融市场提供安全、高效的资金清算与结算服务，并能作为经济运行和金融市场的核心基础设施，实现各个金融市场的有机连接，还能有效支持货币政策的实施和金融市场的发展。

支付系统可以分为支付清算系统与支付结算系统。我国的支付清算系统主要有中央银行系统、国际清算系统、中国银联系统以及非金融机构支付系统；支付结算系统主要是指银行业金融机构行内系统，包括核心业务系统、综合大前置系统和电子渠道系统。目前，我国已建成了以中国人民银行大额实时支付系统和小额批量支付系统为中心，以银行业金融机构行内系统为基础，以银行卡支付系统、票据支付系统、证券结算系统以及境内外币支付系统为重要组成部分，以行业清算组织和互联网支付服务组织业务系统为补充的支付清算网络体系。

12.3.2　电子支付系统的发展历程、特点、功能和结构

1. 电子支付系统的发展历程

电子支付系统是伴随着银行支付方式的电子化建设而不断发展起来的，是银行电子化和信息化建设的产物。其发展经历了以下五个历史阶段。

（1）利用计算机处理银行内部及银行之间的**资金汇划**（fund remittance and transfer）业务，办理汇划结算。

（2）办理银行与其他机构的计算机间的资金汇划业务（代发工资）。

（3）用网络终端为客户提供各项银行服务（存取款）。

（4）作为现阶段电子支付的主要方式，采用银行销售点终端为普通大众在进行商务消费时提供自动转账和扣款服务。该阶段基于发卡行的行内授权系统，建立了城市银行卡中心和全国银行卡信息交换中心，创造了银行卡跨行交易的条件，也自然成为第五阶段网上支付的软、硬件基础。

（5）电子支付正在发展中，也将成为 21 世纪主要的金融支付方式，代表了未来电子支付系统的发展方向。目前，银行已在很大程度上依靠电子资金转账系统同客户进行数据通信。电子支付把支付系统延伸到了社会的各个角落，比如企事业单位、超市，甚至家庭，也为普通大众进行信贷申请、账单支付、转账、缴费、商业经营等金融活动提供了更方便、快捷的服务。

2. 电子支付系统的特点

（1）款项支付的数字化。电子支付系统采用数字化的方式进行款项支付，用信息流的传输取代了现金的交换。

（2）操作环境的开放性。基于开放的平台——互联网，电子支付系统能使商家更方便、快捷、无障碍地加入电子支付系统，并且使消费者也可以随时随地进行消费支付活动。

（3）支付技术的高要求。一般情况下，电子支付系统要求有联网的计算机、相关软件及其他一些配套设施；还需要多种技术支持，要求网络速度快、网络安全性高、支付工具方便可行等；与此同时还要保证电子支付的安全性。

（4）支付交易的跨时空性。电子支付系统打破了传统支付交易的时空限制，真正实现了全球每日 24 小时、每周 7 日的服务。

（5）支付过程的经济与高效。电子支付系统不仅支付过程简单，而且支付成本低，具有便捷、高效、经济的特征。

3. 电子支付系统的功能

（1）对参与各方进行身份认证。在电子商务中，交易的参与各方利用计算机等终端设备发送与接收电子数据。因此，电子支付系统中的认证机构为了证实参与各方身份的合法性，必须使用**数字签名**（digital signature）和 **X**.509 对它进行认证，并通过认证机构或者注册机构向参与各方发放**数字证书**（digital certificate）。

（2）对支付业务进行**加密**（encryption）。为了保证数据的真实性、完整性和保密性，通常电子支付系统会采用某种方式进行加密。加密算法分为对称加密算法和非对称加密算法。一般情况下，商家可以通过加密及**数字摘要**（digital digest）算法加密数据，以确保数据是安全的、完整的。电子支付系统在使用 Web 浏览器和服务器时，可使用**安全套阶层 SSL**（secure socket layer）和**安全超文本传输协议 SHTTP**（secure hypertext transfer protocol）完成数据交换。

（3）确保支付交易不可抵赖。交易纠纷在商务活动中总是在所难免的。在交易过程中，电子支付系统须生成、提供足够充分的证据来迅速辨别纠纷中的是非。例如，通过**不可否认签名**（undenable signature）、**仲裁签名**（arbitrated signature）等技术来实现。

（4）支持多边支付。为了保证交易的效率和安全，电子支付系统可以通过**双重签名技术**（double signature）来实现和维系多边支付的关系。

4. 电子支付系统的结构

电子支付系统的结构图如图 12-4 所示。

1）客户：即付款人，是指与商家存在交易关系并有未偿清债务的单位或个人。

2）商家：与客户存在交易关系并有未偿清债权的一方。依据客户发起的支付指令，商家可以向中介金融机构申请获取货币的给付。

3）客户银行：即客户的开户行，是指客户在其中拥有资金账户的银行，是电子支付

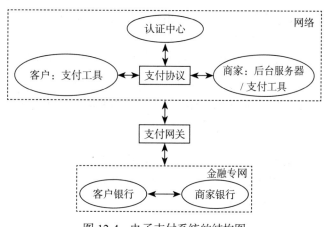

图 12-4　电子支付系统的结构图

的付款行。

4）商家银行：即商家的开户行，商家在该行开立资金账户，将它作为电子支付系统的收款行。

5）认证中心：是交易各方都信任的公正的第三方中介机构，负责向交易的各方发放和维护数字证书、确认各方身份，保证电子商务支付的安全性。

6）支付网关：是网络和金融专网之间的接口。为保护银行内部和网络的安全，金融专网与网络之间的通信和协议转换、数据的加密和解密都只有通过支付网关才能完成。

7）金融专网：是指银行内部及银行之间进行通信的封闭的专用网络，安全性和稳定性较高。目前，中国国家金融数据通信网（CNFN）作为兼具全国性与专业性的金融计算机网络系统，把中国人民银行、各商业银行和其他金融机构有机地连接在一起。

12.3.3 电子汇兑系统及其运作模式

1.电子汇兑系统的基本概念

电子汇兑系统泛指银行内部和银行之间的各种资金调拨作业系统，包括银行之间的资金调拨业务系统和清算作业系统。电子汇兑系统是电子银行系统中最重要的系统，它依托银行自身的计算机网络，既进行银行之间的资金转账，也为客户提供汇兑、**托收承付**（collection and acceptance）、**委托收款**、**银行承兑汇票**（bank's acceptance bill）、银行汇票等支付结算服务，通常涉及大量金额。

2.电子汇兑系统的特点

电子汇兑系统面对的业务主要是银行与公司、企事业单位、政府和其他金融机构之间的资金结算。与一般的银行系统相比，电子汇兑系统的显著特点主要如下。

（1）交易金额大、风险性大。电子汇兑系统处理的交易金额较大，导致其风险性也较大。

（2）相较于时效性，对系统的安全性要求更高。由于使用电子汇兑系统汇兑的金额大，客户最关心的首先是安全。因此，要特别重视系统的安全性。而响应时间方面的要求则不必如零售银行系统一样严格。为了使信息在传输过程中所通过的每个站点都有确切的记录，以便寻找汇兑业务出现问题时的"出事点"，从电子汇兑系统的安全角度考虑，信息传输应采用先存后送的方式。

（3）跨行和跨国交易所占比例较大。随着国际贸易、跨国公司的发展壮大以及全球经济一体化进程的高速推进，跨行和跨国交易在各种汇兑业务中所占的比例在增大。因此，电子汇兑系统应适应国际上通行的各种标准、规范和要求。

3.电子汇兑系统的支付方式

电子汇兑往往是跨地区、跨系统进行的，这也导致了该系统的复杂性。在银行系统间的一笔资金汇兑业务需要经过下列由汇出行到汇入行的作业处理。

（1）数据输入。

（2）电文的接收。

（3）电文数据控制。

（4）处理与传送。

（5）数据输出。

汇出行和汇入行可以是同一家或不同银行。电子汇兑系统的具体作业处理流程如图 12-5 所示。

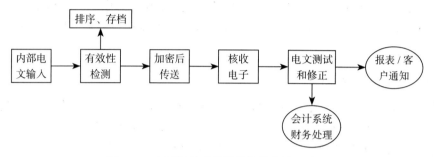

图 12-5 电子汇兑系统的具体作业处理流程

电子汇兑系统的具体作业处理流程如下。

（1）汇出行由内部输入电文。

（2）系统对电文进行有效性检测，分配顺序号并存档。

（3）检测后加密电文，并发送至专用通信网。

（4）汇入行核收电文。

（5）汇入行对电文进行测试和修正。

（6）将数据发送至会计系统进行账务处理。

（7）向客户发送报表 / 客户通知。

在整个流程中，应当采取边界控制和处理控制，从而保证各类交易电文在两个端点之间传输的准确性。边界控制就是对系统同外界的各个接口进行严格的检验控制，从而防止错误的信息进入。处理控制是指当信息进入各子系统后，对子系统的相应操作进行监管和控制，从而确保系统正确地执行处理操作。

4. 国际著名的电子汇兑系统

（1）SWIFT 系统。SWIFT 系统，即国际资金清算系统，由环球同业银行金融电信协会建立，并于 1977 年 5 月开始运行。该系统主要为国际电子商务的支付结算信息提供传输服务，即专为其成员机构传送各种资金汇兑相关信息。收到这种信息后，若成员机构同意处理，则将其转送至相应的资金调拨系统或清算系统内，由后者进行各种必要的财务处理。继 1985 年中国银行成为我国在 SWIFT 的第一个会员银行后，中国工商银行等多家银行也纷纷加入 SWIFT。SWIFT 系统为银行的结算提供了安全、可靠、快捷的标准化与自动化的通信渠道，从而使银行的结算速度大大提升。

（2）CHIPS。CHIPS 是纽约清算所银行同业支付系统的简称，是一个私营跨国大额美元支付系统，是跨国美元交易的主要结算渠道，每年由 CHIPS 处理的美元交易额约占全球美元交易总额的 95%，具有重要的地位和作用。

CHIPS 与 SWIFT 系统常常搭配使用：SWIFT 系统只完成国际上支付结算信息的传递，真正进行资金调拨还需要 CHIPS 系统。

（3）Fedwire 系统。Fedwire 系统是涵盖全美范围的资金调拨系统，它与 CHIPS 一起构成美元清算的两大支柱，主要负责处理金融机构之间的隔夜**拆借**（inter-bank lending）、行间清算、公司之间的大额交易结算、美国政府与国际组织的记账债券转移业务等。全美划分出 12 个联邦储备区、25 个分行和 11 个专门的支付处理中心，Fedwire 系统连接了所有美联储银行、美联储总部、美国财政部以及其他联邦政府机构，提供实时全额结算服务。

5. 国内的电子汇兑系统

我国正在使用的电子汇兑系统的网络结构框架的主要组成部分是中国金融数据地面通信骨干网、中国金融卫星通信网、各商业银行的全国数据通信网等。各种电子汇兑系统在这些金融数据通信网络系统中运行着，成为我国国民经济正常运行的大动脉和生命线。

12.3.4　互联网支付系统

互联网支付系统是在电子支付的基础上发展并创新而来的。它基于金融电子化网络，采用各类交易卡和商用电子化工具作为媒介，运用通信技术和现代计算机技术，通过网络以电子信息传递的形式来实现支付和流通。因此，互联网支付系统强烈依赖网络，也是基于网络的电子商务的核心。

1. 互联网支付系统的体系结构

一个典型的互联网支付系统由客户、客户开户行、商家、商家开户行、金融专用网络、支付网关、认证机构等组成。互联网支付的最终实现必须借助于银行的支付工具、支付系统及金融专用网络，如图 12-6 所示。而互联网必须通过多个安全接口实现与金融专用网络的对接，而这个接口就是支付网关。支付网关的参与是互联网支付系统不同于传统的电子支付系统的一个显著特点。

（1）支付网关的定义。支付网关是连接金融专用网络与互联网的一组服务器，是金融专用网络与互联网之间的接口，也是金融专用网络的安全屏障与关口，是电子支付的重要工具。SET（secure electronic transaction）协议规定，担当支付网关的对象必须是商家收单银行或其委托的银

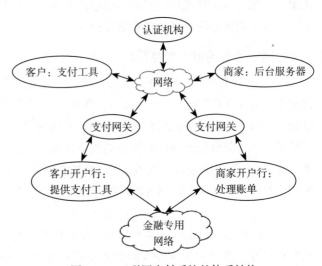

图 12-6　互联网支付系统的体系结构

行卡组织。它不仅与网上支付结算安排和金融系统的风险防范相关联，还关系着银行的安全。

SET 中的双重签名技术要求分别签署支付信息和订单信息，从而确保商家只能看到订单信息而非支付信息。支付指令中与银行业务相关的保密数据包括 ID、交易金额、卡数据等，它们仅对支付网关透明，这也说明了为何必须由商家收单银行或其委托的银行卡组织来担当支付网关。

（2）支付网关的作用。支付起着安全屏障的作用，作为隔离互联网公用网和银行系统的网关，它可确保交易在网络用户和交易处理商之间安全、无缝地传递，并且无须对原有主机系统进行修改。它可以处理所有的网络支付协议、网络安全协议、交易交换信息和协议的转换，以及本地授权和结算处理业务。另外，它还可以通过设置来满足特定交易处理系统的要求。离开了支付网关，网络银行的电子支付功能也就无法实现。

（3）支付网关的功能。支付网关的主要功能是完成通信、协议转换、数据的加密和解密，从而保护银行内部网络的安全。例如，将网络传来的数据包解密后，依照银行系统内部的通信协议重新打包数据；接收银行系统内部传回的相应信息，将其转换为可通过网络传送的数据格式并加密数据。

2. 互联网支付的一般流程

互联网支付的一般流程如图 12-7 所示，详述如下。

（1）客户在互联网上浏览、选择商品，填写网络订单。选择银行授权的网络支付结算工具，比如电子钱包、电子现金、电子支票、银行卡、或网络银行账号等。

（2）客户设备加密相关订单信息，并在网上提交订单。

（3）商家服务器检查、确认客户的订单信息，并把相关的经过加密的客户

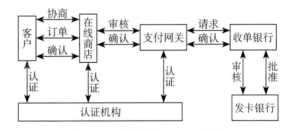

图 12-7 互联网支付的一般流程

支付信息转发给支付网关，再到金融专用网络的银行后台服务器进行确认，以期从银行等电子货币发行机构得到支付资金的授权。

（4）银行验证并确认后，通过支付网关的加密通道向商家发回确认和支付结算的信息，为确保进一步的安全，可以向客户发送支付授权请求。

（5）银行得到客户传来的进一步授权结算的信息后，将资金从客户账户转至商家的银行账户上，借助于金融专用网络进行结算，分别向商家和客户发送支付结算成功的信息。

（6）商家收到银行发来的支付结算成功的信息后，向客户发送付款成功的信息和发货通知。至此，一次典型的互联网支付流程结束。商家和客户可以分别查询、核对各自的资金余额信息。

上述互联网支付的一般流程不代表各种方式的网上支付流程完全相同，仅为对目前各

种方式的网上支付流程的普遍归纳，即大致与上述流程相同。

12.4 电子支付的主要模式及业务流程

12.4.1 电子钱包

1. 电子钱包的概念

作为电子商务活动中顾客常用的一种支付工具，电子钱包是购买小商品或小额购物时常用的新式钱包。由于便利、安全、功能多样，且具有传统意义上的钱包所包含的信用卡、现金等多种付款方式，它被称为电子钱包。

顾客使用电子钱包通常要在相关银行开立账户。使用时，通过电子钱包应用软件将它安装至电子商务服务器，利用电子钱包服务系统输入电子金融卡或各种电子货币上的数据。如果顾客在收付款时需要使用电子信用卡或 Visa 等，仅需单击相应项目即可。该电子支付方式被称为单击式或点击式支付方式。

在电子钱包内允许装入电子货币，即电子现金、安全零钱、电子零钱、电子信用卡、在线货币、数字货币等。这些电子支付工具都支持单击式支付方式。

在电子商务服务系统中，电子钱包管理器模块被设置于电子货币和电子钱包中，作为功能管理模块。顾客能使用它来改变保密方式或保密口令，还能查看本人账号上的往来电子货币账目、清单和数据。顾客还可以通过查询电子商务服务系统中的电子交易记录来了解已购物品、数量，并打印查询结果。

2. 电子钱包的特点

电子钱包是一种较成熟的电子支付工具，它具有以下优势。

（1）电子钱包方便了客户、商家和银行三方。电子钱包中的钱款以数字的形式被存储和扣除，为消费者减少了获取、携带零钱的不便，又因去除找零过程而加快了交易速度。付款方向收款方的电子信箱直接发送现金或支票，将电子付款通知单发往银行，银行将相应款项转入收款方的账户，这一支付过程在数秒内即可完成，不仅能简化银行手续，而且能大大节约用户时间。

（2）电子钱包较现金系统具有更大的可靠性。电子钱包完全脱离启动装置及中介装置，即使计算机资源被盗或丢失，电子钱包中的内置密码、证书概要和其他用户个人数据信息仍然能够得到保护。

（3）电子钱包能为用户带来较大的隐私保护。计算机可为每个电子钱包中的"电子代币"建汇随机选择序号，并把此序号隐藏在加密的信息中，从而在用户提取或使用了这些电子现金后更好地保护其个人隐私。

（4）电子钱包有利于降低交易成本和管理费用。电子钱包减少了持有现金的成本和现金流通费用，还节约了各分支机构用于管理的人力、物力和时间；电子钱包有助于更合理地使用现金，使用者根据不同场所的特点将电子钱包用于各种特殊的用途，还能够分次输入卡上的费用。

（5）电子钱包能够扩大发行者获利的范围。发行者能够通过占有这种支付渠道的使用权而获取利益。例如，从电子现金中获取利息、通过吸收社会闲散资金来减少资金的滞留和沉淀、运用这部分资金进行大范围的投资来获取利益等。

（6）电子钱包有利于银行管理法定准备金。库存现金的增减会使法定准备金变化，使银行额外的准备金发生变动。然而，电子现金的变化仅以电子现金账户中负债的增减代替存折上负债的增减，不会引起库存现金的变化。因此，当准备金率相等时，法定准备金的总体运作就不会受到影响。

（7）电子钱包实现了"一卡走天下"。通过软件设计，在通信系统和娱乐系统中都能广泛地使用电子钱包，它集转账、支付、消费、记录存储、储蓄结算于一体，极大地方便了广大顾客。

12.4.2 网银支付

1. 网上银行的定义

广义的网上银行指的是电子银行，即以互联网作为服务渠道和基础交易平台，在线为公众提供信贷服务、办理结算的金融机构服务系统或商业银行，也可以理解为存在于互联网上的虚拟银行柜台。

2. 网上银行的特点

网上银行源自传统银行，并逐步得到扩展与延伸，是银行业竞争加剧、电子商务迅速发展、金融不断创新、人们生活需求提高等共同作用的结果。相对于传统银行，网上银行在发展过程中表现出了以下几个方面的特点。

（1）服务方便、快捷、高效。通过网上银行，用户可以不受时间、地域的限制，在任何有需要的时候享受到方便、快捷、可靠的全方位服务。

（2）成本低廉。首先，创设网上银行的费用较低，无须设置物理上的营业网点；其次，网上银行能大量缩减日常经营所需的人员、物资费用；最后，网上银行具有互联网的优势，不受地域的限制，能够自动化处理业务，大大降低了单笔业务的交易费用。

（3）服务更标准、更规范。网上银行的业务处理流程更加标准化、规范化，还能更低成本地提供真正符合客户需求的差异化服务，进而提高客户的黏性、满意度和忠诚度。

（4）私密性强。网上银行使用加密手段保护客户信息，具有极强的私密性。用户无须前往银行柜台办理业务，减少了泄露隐私的可能性。

3. 网上银行的分类

（1）个人网上银行与企业网上银行。

1）企业网上银行主要针对企业和政府部门等企事业组织客户。企事业组织能够通过企业网上银行提供的服务了解其财务运作的实时情况，从而在组织内部及时调配资金，更快速、方便地处理大批量的网上支付和工资发放等业务，还能够处理**信用证**（letter of credit）等相关业务。

2）个人网上银行主要适用于个人和家庭日常的转账与消费支付等。客户能够在个人网上银行中完成实时查询、汇款和转账、网络支付等操作。

（2）分支型网上银行与纯网上银行。

1）分支型网上银行是指现有的传统银行为提供在线服务这类新的服务手段而设立的网上银行。它将网络信息技术与原有银行业务相结合，建立起银行的一个营业点或特殊分支机构。

分支型网上银行的优点是它能够利用银行已有的人员、客户资源和技术，有效地丰富客户服务手段和改善银行形象，迅速扩展市场空间和渠道，开发新的银行服务产品，从而既低成本，提高效率，满足客户需求。

2）纯网上银行是为提供在线银行专门服务而成立的独立银行。纯网上银行一般没有分支机构或营业网点，只设有一个办公地址，几乎通过网络进行所有业务。

根据所处发展阶段不同，纯网上银行的主要业务也不同：纯网上银行在初级阶段通常不提供贷款业务和信用评定的服务；而到了成熟阶段，纯网上银行基本上会具有传统银行的全部服务和产品。纯网上银行仍依赖于现有的邮政系统或 ATM 系统进行现金收付。

12.4.3 移动支付

1. 移动支付的定义

移动支付的实质是一种金融支付服务，是利用无线通信技术，通过移动设备转移货币价值以清偿债权债务的一种支付方式。

2. 移动支付的特点

（1）移动性。移动支付采用了先进的移动通信技术，不受距离和地域的限制，能够随时随地获取所需的服务和信息，比如使用手机支付的方式支付公交车车费。

（2）实时性。移动支付实现了每天 24 小时的便捷服务，不再受相关营业时间的限制，也避免了排队等候等无意义的时间消耗。

（3）定制化。基于简易的手机操作界面和先进的移动通信技术，账户交易更加简单、方便，用户还能够定制自己的个性化服务和消费方式。

（4）集成性。运营商可以为用户提供十分方便的支付及身份认证渠道。通过与终端读写器近距离识别进行的信息交互，将各类卡的信息整合到以手机为平台的载体中，对这些信息进行集成管理，并搭建与之配套的网络体系。

3. 移动支付的种类

（1）按支付账户的性质划分。基于银行卡账户的移动支付：直接采用银行的贷记卡或借记卡账户来支付的形式。

基于第三方支付账户的移动支付：通过提供与银行或金融机构支付结算系统相接的支付服务通道，帮助用户实现支付结算功能和资金转移的一种支付形式。

基于通信代收费账户的移动支付：移动运营商提供一种小额支付账户，用户在网上选购商品时，移动运营商通过手机短信等方式进行后台认证，并在用户的通信费账单中记录，于月底进行合单收取。

（2）按运营主体划分。以移动运营商为主体的移动支付：移动支付平台由移动运营商建设、运行、维护及管理。

以银行等金融机构为主体的移动支付：用户提付款时，银行等金融机构通过可靠的银行系统进行**鉴权**（authentication）、支付，为客户提供付款途径；移动运营商只提供信息通道，不参与支付过程。

以第三方支付企业为主体的移动支付：移动支付平台由第三方支付企业建设、运行、维护和管理。

金融机构与移动运营商合作的移动支付：金融机构与移动运营商在移动支付技术安全和信用管理领域建立联盟关系。

（3）按技术手段划分。远程支付：用户使用移动终端，通过 WAP（wireless application protocol，无线通信协议）、短信、App、自动语音服务等方式连接到远程移动支付后台，完成账户查询、转账、订单支付、信用卡还款等功能。

近场支付：用户使用移动终端和相应的配套受理终端，通过采用近距离无线通信技术的移动终端完成本地化通信，并转移货币资金。

（4）按支付额度划分。移动支付根据金额的大小可以分为微支付、小额支付和大额支付三种类别。目前的移动支付主要是微支付和小额支付。

（5）按结算模式划分。按结算模式，移动支付可分为担保支付和即时支付。

担保支付是指支付服务提供商接收买家的货款后，并不立刻向卖家支付，而是先通知卖家发货并告知货款已冻结；买家收货并确认后，支付服务提供商再划拨货款到卖家账户。

即时支付是指支付服务提供商直接从买家的账户即时划拨货款到卖家账户的支付方式。

此外，按照事先是否指定受付方，移动支付可分为定向支付和非定向支付。

4. 移动支付的业务模式

（1）以金融机构为主导的运营模式。该模式下，移动运营商只负责提供信息通道，不参与运营管理，由银行独立提供支付服务，银行和消费者之间支付信息的传递是利用手机、借助移动运营商的通信网络进行的。用户将手机与银行账户进行绑定，直接通过语音短信等形式将货款从消费者银行账户划转到商家银行账户，从而完成支付。

（2）以移动运营商为主导的运营模式。该模式主要以移动运营商代收费业务为主，完全不涉及银行。消费者预先充值其话费账户，将话费账户作为支付账户购买商品或服务（直接从话费账户中扣除交易费用），最后由移动运营公司和商家进行统一结算。

（3）以第三方支付服务提供商为主导的运营模式。第三方支付服务提供商利用移动通信网络和银行的支付结算资源，对支付方进行身份认证和支付确认，独立于银行和移动运营商。该提供商需要与银行相连、构建移动支付平台并提供移动支付账户用于款项的划转，还需充当信用中介，为交易承担部分担保责任。

在该种运营模式中，第三方支付服务提供商主要通过向银行、商店和移动运营商收取的信息交换佣金来获得利润。

（4）金融机构与移动运营商合作的运营模式。该模式分为以金融机构为主导和以移动运营商为主导两种。

在该模式下，移动运营商需要与各银行或银行合作组织（比如银联）建立战略联盟关系，双方各自关注自己的核心产品，同时合作控制整条产业链，在产品开发、信息安全和资源共享方面建立起更加紧密的合作关系。

中国人民银行实行"牌照制"制约电子支付服务提供商，进而规范移动支付的市场秩序。在产业利益的驱动下，最优的运营模式将是以移动运营商和金融机构的紧密合作为基石，以第三方支付服务提供商提供的协助支持为推动力整合而成的商业模式。

12.4.4　第三方电子支付

1. 第三方电子支付的含义

第三方电子支付是指基于互联网及其他电子通信网络，提供线上（互联网）和线下（电话及手机等）支付渠道，实现从买方到卖方的线上货币支付、资金清算、查询统计等一系列过程的一种支付交易方式。

第三方支付平台是指通过通信、计算机和信息安全技术联系起商家与银行，实现消费者、商家以及金融机构之间的货币支付、现金流转、资金清算、查询统计的系统，其本质是支付系统。

2. 第三方电子支付提供的服务

（1）支付中介。付款人和收款人不直接发生货款往来，而是借助于第三方支付平台这一中介，实现付款人、银行、第三方支付机构和收款人之间款项的转移。

（2）技术中介。第三方支付平台在连接多家银行的同时，向商家提供统一的支付接口，使得商家可以使用多家银行的支付通道，却无须与各家银行一一进行谈判。

（3）信用保证。运行规范的第三方支付平台不为个人网站提供支付网关服务，仅向合法注册的企业提供服务，从而能大大减少交易欺诈行为，使消费者更放心地使用网上支付。对双方交易信息的详细记录也能够防止双方抵赖其交易行为，进而减少可能发生的交易纠纷。

（4）个性化与增值服务。第三方支付可以制定个性化的支付结算服务，用以应对市场竞争和商户业务发展的情况，进而创新原有的商业模式。

3. 第三方电子支付的特点

（1）便捷性。相对于传统的支付协议，支付操作流程更为简洁。

（2）监管性。第三方支付平台的信用相对较高，它将与支付款项相等的账户资金冻结到第三方支付机构的账户中，且详细记录了双方的交易状态，为之后可能发生的交易纠纷提供了一定的法律依据，也方便了网络交易税的征收。

（3）技术性。第三方支付平台将一系列金融机构的支付方式整合到一个完备、简洁的平台上，并监管结算和交易，确保了网络上交易的正常进行，促使电子商务迅猛发展。

4. 第三方电子支付的作用

（1）增强相关企业的竞争能力。

第一，第三方支付平台具有便利的在线服务功能，能够拓展企业的现有业务种类，并且使客户支付的方式更加多样化。

第二，第三方支付平台提升了企业相关业务的交易效率，从而促使企业提升利润、创新更多业务。

第三，第三方支付平台提供网上支付服务，使得相关企业在进行业务外包时更加便利，从而大大降低了运营成本，提升了企业的发展效率。

第四，第三方支付平台是独立于交易双方的，从而有效减少了双方的顾虑，为企业的发展建立了信誉保证，提高了企业的客户黏性。

（2）促进多种产业的发展。第三方电子支付也推广了电子银行业务，尤其是推广了C2C 及 B2C 业务，拓宽了银行和企业的服务对象。

（3）减少社会交易成本。对于企业而言，减少了其人力成本；对于银行而言，则降低了其服务成本。银行和企业的有效连接同时降低了二者研发所需的成本。同时，第三方支付还能通过延迟、取消交易有效地对支付失败和信用欺诈行为的高风险成本进行控制，从而提升企业的经营效率。

5. 第三方电子支付的模式

（1）网关支付模式。网关支付模式是指第三方支付平台仅作为支付通道将买方发出的支付指令传递给银行，银行完成转账后，再将信息传递给第三方支付平台，第三方支付平台将支付结果通知商户并进行结算。

在网关支付模式下的第三方支付机构有如下特点：网关独立；有较大的灵活性；通常都具有行业背景或政府背景；根据客户的不同特点和规模供给不同的产品，收取不同组合的交易手续费和服务费；客户主要是需要结算的政企单位或中小型商户，聚焦于 B2C、C2C 和 B2B 市场上。然而这类机构的信用评价体系不够完善、抵抗信用风险的能力较低、增值服务开发空间较小、技术含量较少，因而也容易被同行复制。

（2）账户支付模式。

1）直付支付模式。直付支付模式的支付流程类似于传统的转账、汇款的流程，仅仅屏蔽了银行账户，即双方交易时使用的是虚拟的账户资金。该模式的典型代表包括快钱账户支付、易宝账户支付等。

2）间付支付模式。间付支付模式由电子商务平台合作或独立开发，它与各大银行进行合作，凭借公司的信誉和实力对买卖双方进行担保，利用自身的商务平台和作为中介的担保支付平台来吸引商家，开展业务。

3）特殊的第三方电子支付。银联电子支付平台是中国银联旗下的第三方支付平台。它作为非金融机构，在中国银联和中国人民银行的政策支持和业务指导下迅速发展，具有特殊性。

◎ 本章小结

1. **互联网金融的概念及发展现状**。互联网金融是互联网与传统金融部门深度融合的新兴产物，主要依托大数据和云计算等技术，通过互联网平台构建的金融服务功能和服务体系，能够实现投资、融资、支付、结算和资金融通等各项金融功能。我国互联网金融在全球互联网金融的发展浪潮中逐渐实现从跟随到引领的地位转变，其过程主要分为硬件革新、技术革新、模式革新，以及监管革新四个阶段。

2. **互联网金融的主要模式**。互联网金融的主要模式包括网络银行、网络众筹和消费金融。

3. **电子支付的基本概念与原理**。支付系统有时也称为清算系统，是指由提供支付清算服务的中介机构和实现支付指令传送及资金清算的专业技术手段共同组成的，用以实现债权债务清偿及资金转移的一种金融系统整体。电子支付系统是伴随着银行支付方式的电子化建设而不断发展起来的，是银行电子化和信息化建设的产物。电子支付系统的特点包括款项支付的数字化、操作环境的开放性、支付技术的高要求、支付交易的跨时空性，以及支付过程的经济与高效。电子支付系统的功能包括对参与各方进行身份认证、对支付业务进行**加密**（encryption）、确保支付交易不可抵赖，以及支持多边支付。

4. **电子支付的主要模式**。电子支付的主要模式包括电子钱包、网银支付、移动支付和第三方电子支付。其中，第三方电子支付作为市场的主要参与者，其支付模式包括网关支付模式、账户支付模式，以及特殊的第三方电子支付。

◎ 管理问题

1. 互联网支付企业应该如何管控风险以保护用户？
2. 互联网支付行业如何营造健康的网络支付环境来助力行业发展以及规避行业内的恶性竞争？
3. 金融监管部门应该如何规范和管理互联网支付的相关参与者？
4. 作为互联网支付的用户，在选择互联网支付工具的时候应该注意哪些事项？

◎ 复习题

1. 简述互联网金融和金融互联网的关系与区别。
2. 概括网络众筹各类型的异同。
3. 论述电子支付系统中支付网关的重要性。
4. 简述第三方电子支付各模式的差异。
5. 叙述关于电子支付未来发展方向的展望和设想。

◎ 章末案例

将数字货币转化为黄金

2015 年 4 月，BitGold 正在经历其历史性的首次公开募股（IPO）的最后阶段，计划在多伦多证券交易所融资 1 000 万～ 2 000 万加元。

BitGold 将区块链技术和比特币等数字货币融合在一起，试图通过上市为未来的金融科技初创公司铺平合法化的道路。Roy Sebag 和 Josh Crumb 在 2014 年初共同创立了 BitGold，他们希望让黄金在数字支付和安全储蓄中变得方便和有效。BitGold 的目标是提供全球黄金访问，同时提供基于区块链技术的数字支付。

BitGold 上市不仅仅是为了获得筹集资金的机会，主要动机更是与未来客户建立信任和合法性。同时，戴尔、PayPal、微软等大企业也开始允许使用比特币进行支付。而在加拿大，比特币是合法的，并受到反洗钱和反恐融资法的监管。

在人类历史上，黄金一直被用作货币价值的储存手段，因而其货币效用享有投资需求；黄金的独特贵金属品质也使它在大量的工业应用中效用甚广，因此它也具有由大宗商品驱动的需求。而 BitGold 的使命则是为安全储蓄和交易黄金提供全球渠道。

BitGold 相信黄金在数字货币技术的发展中起着关键作用，因此该公司提供法定货币的替代品，同时它也面临货币贬值和通货膨胀的风险。2015 年 3 月，BitGold 推出其桌面网站平台，该平台允许用户购买存储在该公司金库中的黄金。客户可以使用账户中的黄金在商店和网上进行支付。

支付技术的突破为黄金在日常交易中再次发挥作用创造了一个历史机遇。拥有真正的黄金需要安全的金库和存储条件，这使得玩家难以消费，尤其是在微交易中。BitGold 解决了这个问题：黄金交易的操作平台、支付技术和托管人把黄金从物理元素发展为账户和互联网上的存储单元值。

BitGold 使用区块链技术创新了数字支付，降低了成本，增加了获取安全和透明金融服务的途径，还将正在申请专利的技术 Aurum 融入了区块链技术。与区块链技术（保证没有人可以逆转交易或重复使用比特币）不同的是，Aurum 不是一个去中心化的工具。它的主要功能包括记录条目和仲裁实物黄金的价值。BitGold 的 Aurum 技术帮助确保了实物黄金在金库里的安全性。此外，Aurum 允许对所有金库中持有的所有黄金进行实时审计，强制对所有相应账户持有人和金库中分配的实物黄金持有量进行核对。Aurum 以三种方式分发记录：首先，数字和物理副本每天随机分发给灾难恢复备份；其次，每隔 24 小时，就会有一份加密的数字副本通过安全加密连接发送给第三方审计机构；最后，第三方审计员对金库保管人进行有计划的和意外的审计，确保报告的黄金持有量通过实物检查得到调节。

BitGold 通过帮助人们以前所未有的简单方式安全地获取、存储和消费黄金，推动了数字支付革命。其支付服务给用户提供了一个安全金库账户来购买和持有黄金，以及支付和接收即时黄金的能力，让每个参与者都能轻松地获取、存储和消费黄金。

BitGold 的收入模式基于简单的交易费。购买黄金时，BitGold 向用户收取官方价格

1% 的费用，随后用户可以免费储存黄金。为了实际赎回金条，用户需要支付 25 美元的运费和保险费。BitGold 购买黄金时绕过了制造商和零售商，直接向符合要求的提纯商购买（从传统市场购买黄金，客户需要支付 3%～10% 的溢价）。

BitGold 围绕黄金的使用创造了一个生态系统。这种用户友好的模式使黄金比以往任何时候都更容易获得、更安全、更可用。

1. 竞争对手

英国伦敦的 Bullion Bitcoin 允许成熟的投资者用实物黄金交易比特币。Bullion Bitcoin 通过记录区块链上的所有交易增加透明度。该公司每天两次用比特币"固定"黄金价格，交易员在这些交易时段提交对比特币和黄金的报价。然后，该交易所再试图匹配大多数的出价和要价。Bullion Bitcoin 对每笔交易收取 0.5% 的佣金，每笔交易至少认购一公斤黄金。其创始人亚当·克利里（Adam Cleary）表示："我希望吸引那些可能正在寻找一种将黄金转移到比特币的方法的黄金爱好者。还有一些从早期就从比特币中赚了很多钱，希望转向一些实实在在的东西的人。"

Serica 的 DigitalTangible 平台是位于美国旧金山的一个安全资产交易和数字货币平台。Serica 将软件工程、加密金融、金融托管和区块链技术引入传统托管金融，旨在帮助全球客户在不断增长的数字货币空间中获得利润。Serica 允许投资者将实物黄金资产的价值转移到比特币，然后可以进行存储或交易，该公司降低了客户投资和投资组合管理的成本。从 2014 年 7 月到 10 月，该平台已经承担了超过 21 万美元的黄金销售总额。

GoldMoney 由 Turk 家族于 2001 年创立，为消费者购买和储存贵金属提供了方便与值得信赖的方式。自 2001 年以来，GoldMoney 允许其用户在网上购买黄金，并将其存储在实体地点。该公司在 105 个国家拥有超过 2 万名客户，在世界各地拥有 8 个最先进的设备，存储超过 10 亿美元的贵金属。该公司还将实物黄金交付给其所有者，或将它兑换成所需的货币。GoldMoney 是一家无债、市场领先、盈利的私营公司，它的所有者都是知名投资者。虽然 GoldMoney 不交易比特币，但它为用户提供了一种类似于 BitGold 的购买和存储黄金的方法。

Coinbase 是全球最受欢迎的比特币钱包，它可以方便、安全地购买和使用比特币作为货币。2015 年，Coinbase 进行 C 轮融资获得了 7 500 万美元，它使 Coinbase 能够推动主流消费者和商家的采用，并进一步扩大到国际市场。许多行业观察人士指出，这一轮投资可能是比特币"从叛逆的金融行业局外人变成群体成员"的时刻。

BitGold 通过专注于数字支付，将自己与比特币和 Coinbase 区别开来，允许在比特币–黄金交易所之外使用黄金。通过利用区块链技术，BitGold 超越了 GoldMoney 的功能（即购买和存储黄金），让用户能够真正消费黄金。

2. 展望

BitGold 需要面对的关键困难包括以下几点。

①地理焦点：BitGold 的 IPO 在加拿大进行。而作为一个全球平台，BitGold 旨在吸引世界各地发展中国家的用户，BitGold 应该把重点放在哪里来获取用户？

②行业标准：BitGold 如何继续站在法律的正确一边？

③用户获取：BitGold 如何向加拿大和国外的用户与商家推广其服务？

④美国市场：基于目前的监管环境，BitGold 决定在美国上市前等待。在美国，比特币初创企业所处的环境被描述为"相互冲突的法规、法律解释和监管延误的拼凑"，各州各不相同。BitGold 扩张的关键步骤需要寻求与 NACHA 达成一致。NACHA 负责自动票据交换所网络的开发和管理，是美国货币和数据电子传输的支柱。然而，若没有传统银行的监管框架，比特黄金无法在 NACHA 的标准下变得合法。BitGold 应该如何策划它在美国的扩张？

资料来源：BitGold: Turning Digital Currency into Gold，哈佛案例库．

思考问题

1. BitGold 的黄金生态系统是如何运转的？

2. 请说出 BitGold 与竞争对手的异同之处，并谈谈你认为哪些异同点值得 BitGold 学习和借鉴？

3. 你认为，BitGold 应该如何策划它在美国的扩张、其发展会对互联网金融市场和电子支付现状有何影响？

讨论题

1. 如何看待"无现金支付"？

2. "拒收现金"是不是违法行为？

课堂辩论题

1. 第三方电子支付中的第三方参与者的介入对整个第三方支付模式来说是利大于弊还是弊大于利？

2. 年轻人使用消费金融是利大于弊还是弊大于利？

3. 防范互联网金融诈骗，关键是靠教育还是法律？

网络实战

1. 你的手机中有哪些金融互联网产品和互联网金融产品？使用的场景分别是什么？

2. 任选三个平台，对比它们可供选择的电子支付方式有何异同，你更喜欢哪种电子支付方式？

团队合作

查找典型的互联网金融企业案例并从以下几个方面分析该案例：

1. 该案例主体企业属于哪一类互联网金融服务模式？

2. 该企业的盈利模式是什么？

3. 分析该企业在行业发展中遇到的机遇和挑战，并给出应对措施。

4. 请基于该企业的金融服务模式设计出新的模式。

◎ 在线补充读物

1. 周虹. 电子支付与网络银行［M］. 4版. 北京: 中国人民大学出版社, 2019.

2. 廖理. 全球互联网金融商业模式: 格局与发展［M］. 北京: 机械工业出版社, 2017.

3. 周光友. 互联网金融［M］. 2版. 北京: 北京大学出版社, 2022.

4. 陈小辉, 陈富节, 陈文. 从喧嚣到理性: 互联网金融全面风险管理手册［M］. 北京: 电子工业出版社, 2017.

◎ 术语表

信用中介（credit intermediary）: 在借贷双方之间占有居间联系的地位和起着媒介的作用。

电子货币（electronic money）: 用一定金额的现金或存款从发行者处兑换并获得代表相同金额的数据或者通过银行及第三方推出的快捷支付服务, 通过使用某些电子化途径将银行中的余额转移, 从而能够进行交易。

融资（financing）: 为支付超过现金的购货款而采取的货币交易手段, 或为取得资产而集资所采取的货币手段。

信贷（credit）: 以偿还和付息为条件的价值运动形式。通常包括银行存款、贷款等信用活动, 狭义上仅指银行贷款, 广义上同"信用"通用。

脱媒化（disintermediation）: 在进行交易时跳过所有中间人而直接在供需双方之间进行。在金融领域, 脱媒化是指"金融非中介化", 因为存款人可以从投资基金和证券寻求更高回报的机会, 而公司借款人可通过向机构投资者出售债券来获得低成本的资金, 从而削弱了银行的金融中介作用。

特约商户（merchant）: 接受银行、其他金融机构和财务公司发行的信用卡作为一种支付手段并在流通中愿意为其提供服务的各种单位。

外汇牌价（exchange quotation）: 外汇指定银行外汇兑换挂牌价, 是各银行（指总行, 分支行与总行外汇牌价相同）根据中国人民银行公布的人民币市场中间价以及国际外汇市场行情, 制定的各种外币与人民币之间的买卖价格。

规模效应（scale effect）: 又称规模经济, 即因规模增大带来的经济效益提高, 但是规模过大可能产生信息传递速度慢且信息失真、管理官僚化等弊端, 反而产生"规模不经济"。

标的（the subject）: 为了确定当事人追求的司法效果的基本内容而要求当事人自己必须明确确定的那一部分内容, 比如货物交付、劳务交付、工程项目交付等。

清偿（liquidate）: 即合同的履行, 是指债务人按合同的约定了结债务、配合债权人实现债权目的的行为。

支付工具（payment instrument）: 用于资金清算和结算过程中的一种载体, 可以是记录和授权传递支付指令与信息发起者的合法金融机构账户证件, 也可以是支付发起者合法签署的可用于清算和结算的金融机构认可的资金凭证。

　　虚拟卡（virtual card）：基于银行卡上的银联、VISA、万事达卡 BIN 码派生出来的虚拟账号，主要用于网上的无卡支付，而不配发实体的卡片。

　　资金汇划（fund remittance and transfer）：工商银行系统内办理结算和内部资金调拨所采用的联行往来核算方法。

　　数字签名（digital signature）：只有信息的发送者才能产生的别人无法伪造的一段数字串，这段数字串同时也是对信息的发送者发送信息真实性的一个有效证明。

　　X.509：密码学里公钥证书的格式标准。

　　数字证书（digital certificate）：在互联网通信中标志通信各方身份信息的一个数字认证，人们可以在网上用它来识别对方的身份。

　　加密（encryption）：以某种特殊的算法改变原有的信息数据，使得未授权的用户即使获得了已加密的信息，但因不知解密的方法，仍然无法了解信息的内容。

　　数字摘要（digital digest）：将任意长度的消息变成固定长度的短消息。它类似于一个自变量是消息的函数，也就是 Hash 函数。

　　安全套阶层 SSL（secure socket layer）：由 Netscape 公司率先采用的网络安全协议，它是在传输控制协议／因特网互联协议（TCP/IP）上实现的一种安全协议，广泛支持各种类型的网络，同时提供三种基本的安全服务，都使用公开密钥技术。

　　安全超文本传输协议（secure hypertext transfer protocol）：一个安全通信通道，它基于 HTTP 开发用于在客户计算机和服务器之间交换信息，使用安全套接字层（SSL）进行信息交换，是 HTTP 的安全版，是使用 TLS/SSL 加密的 HTTP 协议。

　　不可否认签名（undeniable signature）：一种被证明有效的数字签名，但是在无签名者合作的条件下无法验证签名，从而能够防止所签署文件被复制或散布的可能性。

　　仲裁签名（arbitrated signature）：除通信双方外，另含有一个仲裁方。发送方发送给接收方的每条签名消息都先发送给仲裁者，仲裁者对消息及其签名进行检查，以验证消息源及其内容，检查无误后给消息加上日期再发送给接收方，同时指明该消息已通过仲裁者的检验。仲裁者的加入使对消息的验证具有实时性。

　　双重签名技术（double signature）：于 SET 协议中引入，可将发送给不同的接收者的两条消息联系起来，同时保护消费者的隐私。例如，在交易过程中，将客户传递的订购信息和支付信息相互隔离开，使商家只能看到订购信息，并把支付信息无改变地传递给银行；商家和银行可以验证订购信息和支付信息的一致性，以此判断订购信息和支付信息在传输的过程中是否被修改。

　　托收承付（collection and acceptance）：根据购销合同由收款人发货后委托银行向异地购货单位收取货款，购货单位根据合同对单或对证验货后，向银行承诺付款的一种结算方式。

　　银行承兑汇票（bank's acceptance bill）：商业汇票中的一种。由在承兑银行开立存款账户的存款人签发，向开户银行申请并经银行审查同意承兑的，保证在指定日期无条件支付确定的金额给收款人或持票人的票据。

　　拆借（inter-bank lending）：短期贷款业务之一。出借人在短期（一般是一两天）内把资金放出，借款人按期归还。

SET 协议（secure electronic transaction）：主要是为解决用户、商家、银行之间通过信用卡的交易而设计的，它具有保证交易数据的完整性、交易的不可抵赖性等种种优点，成为目前公认的信用卡网上交易的国际标准。

信用证（letter of credit）：国际结算方式的一种，为典型的逆汇（由债权人主动出具票据，委托银行向债务人收取一定金额款项的方式，结算工具是由债权人转向债务人，资金是由债务人转移给债权人）。

鉴权（authentication）：验证用户是否拥有访问系统的权利。

无线通信协议（wireless application protocol，WAP）：在数字移动电话、互联网或其他个人数字助理机（PDA）、计算机应用之间进行通信的开放全球标准。

第13章

电子医疗健康

■ **学习目标**

1. 了解电子商务在医疗健康行业的应用以及所涉及的新兴技术（大数据、5G、AI诊断、区块链等）
2. 了解智慧医院和互联网医院的发展史以及新兴技术在医院内的具体应用
3. 了解医院以外的智慧医疗服务模式，包括互联网＋药店、区块链＋医疗等新型服务模式
4. 思考新兴技术给医疗健康行业带来的机遇和挑战

■ **开篇案例**

舒心就医

　　"舒心就医"是杭州市医疗公共服务的一项创新，杭州市级医保的参保人员可基于"钱江分"的授信额度在诊后支付就医费用。其目的是革新就诊模式，提升医疗服务效能，让公众舒心看病。参保人到杭州市的医疗机构就医时，可以在规定授信额度内取消任何缴费程序，直接完成检查、诊疗、取药或住院。此外，还可以通过信息系统自行完成医疗保险及各项基金医疗费的核算，个人医疗费也可以先行记账，在治疗完成后的48小时内一并支付。

　　在此之前，当患者在登记挂号取号以及由医师开单后做检查候诊时，患者都要先付钱，所以每次看病一般都要付费两到三次。有的患者每天可能会就诊于多个医院科室，又或者在次日继续就医，付费的时间也就更多了。此外，挂号、复查、再付费都要耗费很长的时间，基本上每个环节都离不开等候排队。因此，杭州市卫生保健委员会围绕着"让数据多跑路，患者少跑腿"的理念，推出"最多付一次"服务。2019年4月1日起，以"先

看病后付费"为特色的"舒心就医"政策正式在杭州开始执行，患者在看病结束后可以选择在医院的一体机或者缴费窗口付费，也可以到家再支付医药费。

杭州市城市大脑是舒心就医系统 2.0 的数据来源，它是一个包含健康云、医疗云、卫生云、医保云等一系列基于实时数据的健康服务业务平台和服务生态圈。

智慧病房与医共体的统一构建，做到了基础服务统一、院内院外统一、线上线下统一、基础信息整合与技术架构统一，并提供了集中式的分布存储与信息搜索、规范化的信息连接与数据协议、标准化的信息整合与显示界面和统一的信息安全控制，从而做到了医院信息的综合利用与全面资源共享。

患者获得的急诊信用额为 500～5000 元不等，而住院金额则在 15 000 元以内，由个人信用情况而定。在此额度内，患者在看病过程中可不必立刻承担自费部分的医疗费，特别是在卡内余额不足时，无须再排队充值，节省了时间。对于就诊结束 30 天后仍然欠费的人员，医疗机构有权要求在本次就医时支付欠费部分，暂停患者院内取号、挂号等医疗服务（急诊、发热门诊、肠道门诊等特殊情况除外），患者须一次性支付所有舒心就医未支付费用才能恢复正常就诊。

根据杭州市第一人民医院统计，通过"舒心就医"的模式，患者的看病时间平均节省了 1 小时以上，医院收费窗口也减少了一半。系统在每天 18 时起开始统一代扣，实现基于信用的支付，为医疗就诊付费"减时间、减环节"。

资料来源：1. 浙江在线，少跑腿不跑腿：杭州城市大脑深化"舒心就医"，2021-03-01.

2. 下城发布，先看病，后付费！"舒心就医"你有在用吗，2020-07-16.

思考问题

1. 在舒心就医的案例中，患者的就医体验得到了怎样的优化？
2. 舒心就医系统使用了哪些新兴的信息技术？
3. 信息技术在优化患者就医的过程中起到了怎样的作用？
4. 如果将舒心就医的医疗模式广泛推广，会面临怎样的挑战？

13.1　智慧医疗服务模式导论

近年来，互联网诊疗需求激增，加上国内新一代信息技术的大力发展和应用，医疗服务行业逐渐形成新的医疗服务模式。这类智慧医疗服务模式通过新兴互联网及数字技术帮助患者实现线上挂号、病情诊断、症状咨询、开具处方、配送药品等业务功能。在医院内主要包括全流程智慧门诊、5G 医疗应用、AI 诊断等；在医院外有互联网＋药店、区块链＋医疗等新型服务模式。以下先做一些简短的介绍，具体的内容将在之后的章节中详细展开。

全流程智慧门诊是指智慧医院提供的一种线上就诊形式，是移动互联网技术与医疗领域融合的结果，不仅可以做到完全在线上进行就诊，还能通过线上线下结合，提高患者线下就诊的效率，为患者带来便捷和舒适的就医体验。

5G 技术也应用在智慧医院内部，主要借助 5G 技术的低延迟、高效率等通信特征，应用在医生的实时操作远程手术、医院的急诊急救系统以及对患者的实时健康监控等方面。

AI 人工智能学是指研究能够模仿并扩展人类智慧的计算机方法，通过机器学习方式增加人工智能的学习程度，帮助或取代人类完成某些任务，目前主要应用于医学放射科影像的研究以及一些病理和疾病的诊断。

互联网＋药店是指在医院外以盈利为目的，基于移动互联网，提供相关医药服务的行为，主要模式为医药电商和智慧药店。这种服务模式将互联网作为发展的核心，利用互联网的渠道有效提高药物的开发和应用效率，也为患者带来更丰富的医疗服务。

区块链＋医疗服务模式借助区块链技术特有的加密方式以及链上数据的不可随意篡改和可追溯的特性，主要应用于电子病历的共享、医保的监管机制以及药品的防伪溯源等方面。

以上这些互联网新型医疗服务模式延长了医院服务半径、为患者提供了便捷服务、进一步拓展了新型服务模式、极大地改善了患者的就医体验，在医疗行业提供了更广阔的服务平台。本章将从医院内和医院外两方面来具体展开介绍智慧医疗新服务模式发展概况。

13.2　全流程智慧门诊

13.2.1　全流程智慧门诊概述

全流程智慧门诊提供了诊前、诊中、诊后"全流程覆盖"的线上就诊服务，服务内容涵盖了线上挂号、智能导诊、医保查询、线上交费、报告查询、智慧药房等，这些措施有效缓解了医院线下门诊的压力，在提升患者就诊效率、安全性与便捷性以及解决患者挂号难、缴费难、寻医难等就诊困难上发挥了重要作用。

全流程智慧门诊技术的应用是我国智慧医院建设政策的一部分。智慧医院的总体目标是改善医院业务流程，促进移动网络、移动医疗、大数据分析、人工智能等现代信息技术的有效运用，提升医院管理水平，从而建立以病人为中心的现代医院业务管理模式。智慧医疗的建立离不开政府的牵引与指导，长期连续的统筹性的政策措施催生并推动着智慧医疗持续向前发展。国家卫生健康委员会出台的《国家卫生健康委办公厅关于进一步完善预约诊疗制度加强智慧医院建设的通知》要求我国各级医院都要继续巩固疫病防治成效，优化就诊方式，以提高人民群众的就诊服务水平为目标，推进线上线下就诊业务融合，继续建立健全预约挂号机制，积极做好智慧医院工程的建设。

智慧医院的兴起是医疗数据大爆炸的结果，是大数据分析、移动网络、云计算等各领域信息技术和传统医疗领域融合的产物。新型信息技术和新兴业务方式的快速发展在医学的各个方面深刻地影响着人们的就诊方式，也提供了全新的发展机会。国家着眼于战略规划、技术能力、应用和管理三个方面，积极推进落实医疗大数据的发展政策，加快大数据产业从理论研究向应用研究的发展。我国现已初步建立了健康数据库，形成了人口健康信息系统，并在信息技术与医学研究、健康管理等领域相结合方面有了显著成果。

13.2.2 全流程智慧门诊应用

推进智能医疗数据共享，构建便捷、全方位的医药服务体系已成为现阶段医疗健康行业发展的最新趋向。智慧医院的技术手段已经运用到医院门诊患者治疗全过程，力求全面改善和提升门诊患者治疗体验，提高治疗效率和健康安全。重点的应用领域包括：门诊的网上预约挂号、门诊各科室挂号报道、门诊各科室在线缴费（含医保）、门诊患者病历报告在线查看等。同时，全流程智慧门诊具有很强的可复制性，智慧门诊所建设功能及所取得成效均可在行业内其他医疗机构复制和应用。

与传统医院的就诊流程相比，智慧医院的全流程智慧门诊的特征和优势包括以下几点。

（1）全流程。智慧医院门诊将覆盖患者诊前、诊中、诊后全流程，打造患者就诊闭环。

（2）针对性和安全性。全流程智慧门诊利用互联网相关技术，通过特色功能建设针对性解决患者挂号难、缴费难、寻医难等行业痛点，切实实现将患者从线下往线上转移，缓解门诊压力；同时，通过精准的配药管理及信息推送、结果查询，提升患者就医安全。

（3）高效率。智慧门诊的建设功能及业务形态均以人为中心，从患者的角度进行人性化考虑和设计，切实实现患者高效率就诊。

（4）多元化。智能诊所一方面实现了患者院内自动化就诊，另一方面又把智能化从该院的院内服务范围扩展至院外，帮助患者在院外预约挂号、获取和查询报告以及处方等，从而达到了患者就医的多元化。

总的来说，智慧医院的全流程智慧门诊技术能够切实地做到以人为中心，提高患者就医的安全性和便捷性，大大提高了医院就诊的效率。但全流程智慧门诊目前仍然面临来自用户、技术、流程等方面的挑战，具体表现在以下几方面。

（1）预约率、履约率有待提高。具体表现在有部分患者预约后占用了预约的号源而不到该院治疗，从而导致了号源的浪费，严重影响了其他患者正常治疗；还有部分患者没有预约的习惯，导致挂号后等待时间过长或无法在同一天就诊等问题；有的患者没有按照预约时间入住医院，过早到医院等候，造成不必要的等候时间。

（2）App及自助终端性能需提高。具体表现在线上App和线下自助机操作复杂、界面选择信息需要仔细核对；系统无法独立判断患者对智能操作指导的需求，没有智能容错机制；自助机整体操作容易出现故障，需要管理员定期检查，影响患者用户的使用积极性。

（3）患者退费方式单一。患者无法通过其他途径和方法退款，仍须由本人持挂号记录、收款票据以及打印的临时收据，到该院固定窗口完成操作。

13.3 5G医疗应用

13.3.1 5G医疗应用概述

伴随着5G与医疗行业的深入结合，低时延、高速率、大连接等技术模式被引入了健康领域，开发出大量无线、智能、远程的智慧健康创新应用，这些应用提高了现有健康资源的使用率，提升了患者就诊效果，改善了患者就医体验。和全流程智慧门诊相似，5G 医疗应用的背景也和智慧医院的建设政策有关，较之其他行业，5G 技术在医疗领域的应用和推广仍在起步阶段，它在医疗领域的具体应用包括以下几方面。

（1）机器人辅助微创手术。机器人手术辅助系统是指由外科医生在远离手术台的控制台用电脑进行远程操作的机器人手臂系统。目前使用最为普遍的达芬奇手术机器人具有独特的 3D 图像系统，精准程度可以超越人眼；机器人手臂还能够 360° 灵活移动，突破了人手的极限；术后动作精细，损伤面积小，患者术后康复快、愈合效果好，是未来手术的主要发展方向。借助 5G 网络，世界顶尖的医学队伍不仅能够利用远程会议室和医生们展开病例的探讨与沟通，还可以通过视频融合技术将手术过程共享，使远程专家和医疗团队可以远程协助机器人微创手术。这种诊疗活动突破了空间局限，推动了数字通信科技和医学产业的融合，有效消除了医学资源在区域上分配不均的差距。

（2）院前院后急诊急救系统。5G 城市医疗应急救援系统以急救车为基础，融合 5G 低时延、高速率、大连接的特性，配备人工智能、VR 和无人机等应用，打造综合医疗应急系统。在急救车上可以实时测量患者的体温、血压、心率、血氧饱和度等生命体征，并将这些信息即时传回当地医疗监护室。在医院里的医务人员还能够利用 VR 眼镜与 5G 实时网络，即时查询在急救车上的患者的生命状态，并指挥现场医务人员做出适当的紧急措施等。如果患者急需输血，可以通过 5G 网络使无人机与血液管理中心联系，以最快的速率把血浆送到救援车，从而为救治生命争取了宝贵的时刻。5G 急救车上一般搭载了三路高清影像及二路以上的医疗视频。采用 5G 高速无线网络技术在达到最低 30Mb/s 传输速度的前提下，就可以把清晰度达到 1080P 的高清晰视频流以 H.264 的形式传输给远程医学诊室。

（3）可穿戴健康监控设备。患者生命体征即时监测基于 5G 技术，利用智能手环、血压计、呼吸机、心电仪等监护装置测量患者的体温、血压、心率等生命体征数值，并通过高速率、低延迟的 5G 网络系统即时传递数据给医生和线上的医务人员。在患者的生命体征存在危险之时，能够迅速采取相应的干预治疗措施，有效防治多种慢性、恶性的病症，为患者的身心健康构筑最坚实的医学防线。

（4）远程手术和超声。利用 3D 视频和触摸等传感设备，融合通信信息技术、人工智能信息技术、物联网传感器等先进技术手段，医务人员能够操作自动化机器人来远程实施手术。远程手术不能有较高的时间延迟，因此通常需要就近部署在医院附近。这就应用到了 5G 切片技术：医院自动选择访问网络，将视频快速传输到基站或距离医院最近的基站。远程手术的操作性也由于网络的高速率、低延迟得以持续提升。远程手术的视频还能帮助医生在操纵机器的同时，实时监控手术环境和患者的内窥镜图像。

通过 5G 网络，就能够进行动态图像的远程数字传送。超声诊断是一个基于时间序列的动态图像，仅仅对一位患者就能生成 2GB 的超声图像，并且远程超声也对图像的准确性和连续度有着很严格的要求。常规的 4G 网络最多可以支撑 1Gb/s 的峰值下载速度，而信息传输速度却远低于对远程超声的网络速度要求。经过大规模多输入多输出（MIMO）技术的建设，实现了院区间的高密度联网，达到了 5G 高达 20Gb/s 的高峰下载速度，从而克服了网络方面的技术困难，让超声检查的使用领域更为广阔。

（5）机器人移动查房。医生也能够使用操纵杆遥感技术的方法来操控机器人，使其移动到患者的床边。同时，利用机器人的照片和录像屏幕还能够完成医生与患者之间的信息传递，在实现查房功能的同时，还可以监测患者的血压、体温等生命体征。

利用安装于云端的影像归档和通信系统（PACS）系统，医师、护士等都能够随时查询患者的医学影像资料，也能够从 PACS 系统中看到患者的就医病历、服药记录、医疗检查资料，医师甚至无须亲临现场也能够了解患者的详细医疗资讯。

13.3.2 5G 医疗应用挑战

尽管 5G 技术在医疗行业已广泛开始应用，但仍将面临一些挑战。首先，5G 技术从发布到大面积建网时间较短，从产业、科技、市场、运维等各方面均受到了成熟性的考验，主要表现在如下几个方面。

（1）网络安全面临更加严峻的挑战。在 5G 时代，用户规模将变成万亿元量级，在生活中除了个人电脑、手机、专业设施，连自行车、相机乃至智能电冰箱、洗衣机等也将连接互联网。由于大量的物联网设施都裸露在外且无人看守，很容易被黑客攻击和监控，因此存在着极大的安全隐患。在医院场景，由于医院每天生成的大量病人记录、视频信息都关乎个人隐私，而医院数据传输与数据共享流程中缺少有效的安全保证，大量信息的安全面临挑战。此外，部分医疗管理软件可以使用部分开放的软件开发套件（software development kit，SDK）构成，提高了管理软件对第三方开放数据库的依赖性，从而产生新的安全漏洞。

（2）基站站址部署问题。5G 的网络部署需要大量基站。5G 基站的建设成本高昂、基站耗电量大，基站规模也是传统 4G 基站规模的 2 ～ 3 倍。同时，考虑到网络覆盖范围以及基站成本限制，5G 基站的选择也是基站部署中的重要问题。

（3）5G 网络运行维护仍存在问题。在独立组网（stand-alone，SA）网络系统中，全网复杂路由的软件定义网络（software defined network，SDN）系统以及超大连接量的 VPN 由于使用经验不足，存在网络切片、对现有网络与终端以及应用之间的兼容等问题。因此，有必要对与 SBA（service based architecture，基于业务的体系结构）兼容性的规避机理展开深入研究。

（4）5G 医疗正处于初步的探索阶段。目前，对关键技术研究验证、生产现场应用可行性以及服务规范方面的研讨相对不足。5G 医疗应用技术在我国还只是早期的技术试验，主要是场景方面的开拓性尝试，可推广应用的切实可行的技术方法还很少。此外，目前基于 5G 技术的医用系统较少，在终端设备连接方法、系统数据格式、医学应用数据标准等方面，仍存在着不少的规范问题需要确定。

（5）5G 技术及健康安全问题。意大利专家的研究报告指出 5G 毫米波能有效提高肌肤体温，并改善基因组表现，促使细菌的生长及其蛋白质氧化应激、发炎和新陈代谢过程，但可能会对人体器官的正常功能产生损害，因此有研究人员提出按照合理可实现的最低标准（as low as reasonably achievable，ALARA）准则严格地控制移动 5G 辐射的剂量。但 5G 医疗管理与临床使用的法律法规、产品标准和规范等方面仍面临着不健全、不完善等困难。

13.4　AI 诊断

13.4.1　AI 诊断概述

AI，即人工智能，是数学、计算机技术与神经科学相互交汇的一个前沿学科。它的主要目标是研发能够模仿并拓展人体智慧范围的计算机算法，以便支持或代替人进行特定任务。而机器学习则是 AI 中最主要的子集，指的是计算机在缺乏人引导的情形下进行某些任务，包括通过计算和模型确定数据模式并建立推理模型。AI 诊断在医学影像学领域发挥着重要的作用，它是指利用深度学习、神经网络等 AI 算法识别检验医学影像数据，量化人类无法检测到的信息、辅助医生进行临床决策、发现疾病等，将极大地提高诊疗效率。同时，它也包括应用 AI 技术进行患者康复视频分析、进行辅助诊疗、提高医院管理效率等。

作为一个人口大国，我国的人口老龄化现象越来越明显，伴随着物质条件水平的上升和经济的发展，人们也越来越关注健康，对于各项健康体检、身体检查的需求也随之上升。在此背景之下，有关健康的数字化数据数量日益增多，特别是占据了 90% 数据内容的影像科的数据，大大加重了医院等机构影像科医师的工作。加之影像设备快速扩容以及高分辨率扫描多模态等技术的普及，医师的工作量较之以往大大增加，进而影响了放射科的诊断结果的准确率。

AI 技术的出现可以很好地帮助影像科的医生解决这类问题。AI 可以进行自我学习和自我进化，不需要人为操纵并且不需要像人一样休息。这大大缩短了阅片的时间，准确率和精准度也有所保障，满足了影像科医师的临床需求。此外，AI 技术还拉近了不同区域的基层医院和顶级医院医疗水平的差距。目前 AI 的发展目标是发展 AI 机器人的准确率达到专业医师的水平，帮助医师完成烦琐的一般性工作，使得医师可以有更多的时间处理疑难杂症。此外，医师的新经验也可以让 AI 机器人继续学习，最终达成一个良性循环。

13.4.2　AI 诊断的背景与现状

1. AI 诊断背景

（1）政策背景。自 2015 年第十二届全国人大代表提到 AI 开始，对 AI 的关注度就持续上涨。2016 年 5 月 8 日，国家发展改革委等四部委公布的《"互联网 +"人工智能三年行动实施方案》指出："进一步推进计算机视觉、智能语音处理、生物特征识别、自然语言理解、智能决策控制以及新型人机交互等关键技术的研发和产业化，为产业智能化升级夯实基础。"尤其在第三大项"推进重点领域智能产品创新"中，要"推动互联网与传统行业融合创新，加快人工智能技术在家居、汽车、无人系统、安防等领域的推广应用，提升重点领域网络安全保障能力，提高生产生活的智能化服务水平。"

2017年7月8日，国务院颁布的《新一代人工智能发展规划》指出："推广应用人工智能治疗新模式新手段，建立快速精准的智能医疗体系。探索智慧医院建设，开发人机协同的手术机器人、智能诊疗助手，研发柔性可穿戴、生物兼容的生理监测系统，研发人机协同临床智能诊疗方案，实现智能影像识别、病理分型和智能多学科会诊。"

2022年7月29日，科技部等六部门在《关于加快场景创新以人工智能高水平应用促进经济高质量发展的指导意见》的通知中指出："医疗领域积极探索医疗影像智能辅助诊断、临床诊疗辅助决策支持、医用机器人、互联网医院、智能医疗设备管理、智慧医院、智能公共卫生服务等场景。"

（2）技术基础。AI算法主要是采用深度学习（deep learning，DL）计算，因此高品质的DL技术应具备三个核心要求：算力、计算以及高品质的数据分析量。医学样本的大信息数量优势一直是我国医学领域的AI科技得以领先世界的主要基础所在，尤其是影像学丰富的存量信息和数量庞大的增量数据。在确保安全的情况下，医生和企业之间协同开展大数据分析应用的模式多样化，为计算机视觉算法建模、深度学习训练等带来源源不断的支持。

2.AI诊断发展现状与态势

（1）产业化现状概述。AI技术在医学领域从概念发明到现在的广泛应用已历经数年，在全球各地的工程师、科研人员和医药领域专业技术人员的长期共同努力下，AI技术在医学领域的应用早已不只是最初的概念创新，而是更加现实的商业化产品，在实际中已为医疗机构、患者和科研单位提供了全新的生产力和巨大的服务便利。AI应用的研发与使用离不开医疗信息的收集，目前该领域国内的条件比较宽松，但欧美国家对信息安全防范则比较严密。根据欧盟于2018年颁布的普通数据保护法规（general data protection regulation，GDPR），要求个人数据不得离境，并严格处罚非法披露的个人。美国的（health insurance portability and accountability，HIPAA）的法律规定相对有所放宽，但却对数据隐私权的维护做出了更严格的规定。这也直接反映了AI企业在全世界的发展状况，2018年不完全信息显示，在我国或美国医疗AI领域的创业企业规模大概是欧盟的三倍，我国和美国的公司规模也大致相等，各有80家左右，而欧盟约为25家；而我国和美国的AI企业所获得融资比率相应较多，各有75%，而欧盟AI领域创业企业则只有大约65%。其中，对于医学影像的研究基于诊断过程以及数据结构的特点，最早受益于AI技术的应用。

在医学影像AI方面，我国无论在公司数量或是产业成长规模等方面均领先欧美各国。医学影像AI在国内的需求比较迫切，而且具有良好的临床条件与市场优势。国内的医学影像AI创业企业数量已达几十家之多。国内部分企业对AI肺结节的检测产品都已进行了有效的初步检验，而AI企业对肺结节的检测准确度都已超过了资深医生的水准，可以高效地检出肺的亚实性结节，并辅助影像科室医生的检查工作。全球较有名的影像AI公司有德国的 FetView、法国的 KeenEyeTechnologies、美国的 Enlitic、Caption Health 和 Eyenuk 等。

由于国内外的 AI 市场需求明显，且基础技术也比较完善，对医学影像的 AI 方面的投资也越来越火热。2013—2018 年，我国医疗行业项目投融资事件已超过 100 起，医疗影像系的行业投资占比最大，超过了 30%，而天使轮、A 轮、B 轮和 C 轮投资的占比也表明了这个新细分产业具有活力和长期发展潜力，比如北京推想技术公司就已在 C 轮融资超过 5 亿港元。而互联网企业百度、阿里巴巴及腾讯已开始积极布局医学 AI 和智能医疗技术，推动促进 AI 在智慧医院领域的应用。

（2）科研机构合作现状。目前我国 30% 的科研机构的联合医疗机构数量在五家以内，30% 以上的科研机构都没有和医疗机构间联合取得医学影像数据。而除了医疗机构，47% 的科研机构也没有和其他的科研机构联合合作。近半数的科研机构现阶段并未与有关公司协作，43% 的研究机构仅有五家以下的技术协作公司。上述数据也表明，医疗机构、科研单位和公司之间的技术协作十分脆弱，建立健全合理的技术激励机制和国际医学与影像 AI 协作交流平台才是当下的关键问题。

13.4.3　AI 诊断的应用领域

（1）AI 病理诊断。近年来 AI 在病理学中的应用进展很快，于观贞教授就 AI 在癌症病理治疗与评价中的运用进行了全面概括，并介绍了 AI 的具体疾病使用场合，进一步肯定了疾病 AI 的应用前景，并率先给出了癌症细胞的标注流程与规范。另外，在基于疾病 AI 的诊断与预后评价等方面也有所作为，癌症间质比（tumor-stroma ratio，TSR）是评价宫颈癌、乳腺癌和食管癌等各类恶性癌症的单一预后估计因子，但由于经验差异，医生的 TSR 评价结果差别很大，准确性也较差，但基于 AI 的 TSR 评价却能够精确至小数；淋巴细胞在癌症中空间的分布、淋巴与癌症细胞间的距离均与癌症患者的免疫力状况有关，虽然肉眼无法评估，但 AI 能够轻松揭示淋巴在癌症中的空间分布；AI 也可以评价免疫组织化学指标，一般用作癌症识别诊断和靶向治疗；人表皮生长机制受体 -2（human epidermal growth factor receptor 2，HER2）是乳腺癌和胃癌的关键靶点，精确地评价 HER2 水平更有利于对癌症患者的诊断，AI 的 HER2 水平自动评估系统已初显效果。

（2）眼部疾病。眼部疾病的检测多依靠光学设备对眼表和眼底影像的抓取能力。在眼底病方面。青光眼、黄斑变性和糖尿病性视网膜疾病是最常见的不可逆致盲眼底病。2016 年，谷歌 DeepMind 团队进行了对糖尿病性视网膜疾病的 AI 检测研发，并采用了谷歌 TensorFlow 和 Inception 的 V3 模型进行训练，结果 AI 检测精确度超越了很多眼科专家。

（3）医学影像。从医疗录像数字化开始，研发人员就开始致力于计算机辅助诊断（computer-aided diagnosis，CAD）系统的研发。从基于规则的专家系统到手工控制系统，再到如今火热的深入学习技术，有不少工具早已成功应用于各种医疗录像，其中 CT、MRI 都是目前关注度最高的成像方法。超声图像技术也是 AI 的研发热点之一，其使用方式安全、快捷、实时，价格低廉，应用于乳腺癌等病理检测。2016 年，美国 QView

Medical 公司的基于神经网络的 3D 自动乳腺超声检测 CAD 系统成功通过美国 FDA 验证，该系统可以减少医生的读片时间，并且确保了检测的精确度。

（4）中医药。从传统中医药针灸、推拿的行业 O2O 服务平台的出现，到普通病、常见病症的传统中医药网上咨询服务和问诊业务，再到网络中医药馆，传统中医药的现代化传承与发展模式如同雨后春笋般涌现。

传统中医学面临着继承、开发与传播三个相当大的痛点。传统名老中医的继承大多依靠建立流派继承基地，或名老中医工作室以"人传人"的方法开展，人员形成时间长、人力影响大；中医药没有充足的医学临床数据分析，只是徘徊在"继承困难、开发更难"的发展阶段。AI 的开发有望作为去除传统中医继承痛点的"手术刀"。以 AI 驱动传统中医学继承具有两大优点：①传统中医学通常被看作是一门经历医学，而经历在 AI 中的实质是一门学问，可作为机械教学的重要培训数据；②中医学的重要核心思想哲学是辨证论治，这一思路正好符合了机器学习的基本规律，也就是在训练模型的基础上利用输入集实现目标值。

因此，可将大量中医临床方剂、古代药方、名医医案和中药文化古籍等知识库集成、预处理后作为机器学习的训练数据集合，从而形成类似 IBM Watson 系统的医学健康知识平台。认知平台则整合了大量中医学的海量知识库，让每个中医生都能够掌握、运用包含了多名老中医专业知识内容的中医药知识库，辅佐经验较欠缺的中医生做好临床治疗决定，从而提高业务能力。复旦大学的张彦春项目组还建立了 THCluster 模式，将搜集汇总的古代医案、专业医学方剂和中医学药典采用中文的自然语言技术管理，运用信息网络技术将非结构化文本数据转换为结构化的图形结构，运用有限的随机游走思维统计结点之间的联系概率，再使用已知联系概率建立结点之间的后测概率，并运用最佳预测方法统计参数所得的后测概率，最后再运用概率值得出中医学药物、现象与病情之间的多元关联。

（5）手术机器人。AI 手术机器人主要涉及机器人工程技术、可视化技术、仪器与仪表、数据挖掘四大技术。未来的 AI 手术机器人还需要进行自主学习，通过 3D 视觉技术对病变区域点云画像进行三维重建，并通过卷积式神经网络对大量三维点云画像进行训练。机器人将采用图像特征匹配技术以及多传感器数据融合的综合技术对患者实施手术。

美国 Intuitive Surgical 公司研制的达芬奇手术机器人辅助系统是目前最具特色的视觉导航控制系统，应用于泌尿、心血管外科等行业。医生们可以借助系统操作所使用的双目内镜系统手术臂利用双目不同的视差影像和逼真的三维空间立体感，更好地了解口腔内结构的三维情况，使治疗者视野更清晰、治疗效果更高。

虚拟现实（virtual reality，VR）信息技术与增强现实技术的发展，可使 X 射线断层图像、MRI（磁共振成像）、超声等各种图像系统所采集的图像呈现于术中的视觉影像中。根据颅内病灶穿刺术，医生应用 MRI 信息技术可在术前获取大脑的解剖、功用和新陈代谢等图片，并完成术前仿真穿刺，从而完成术前 VR。在术后当天将 VR 信号和患者脸部标志完成对应，从而使术前重建的病灶、功能区等通过虚拟现实信号覆盖至实际颅骨和大脑表面，并完成术中 VR 显示。此外，医生还可配戴眼镜以获得实际的手术现场视觉信号和虚拟现实图像信号。

13.4.4 AI 诊断的挑战

（1）政策方面的挑战。按照 2018 年新实施的《医疗器械分类目录》，将医用软件按二类、三类医用仪器设立了审核通道：若对治疗软件采用其算法，给出了治疗意见后，只具备了辅助治疗效果，不直接提供治疗结果，则子目录表内的软件将参照二类医用械器处理；如果检测软件使用该技术对病灶区域进行自动识别，给出明显的诊断信息，安全性水平相对更高，子目录的相应公司参照三类医疗器械处理。

由于目前医院服务新增收费制度尚缺乏可依据的业务价格规范，因此医院如果使用了 AI 设备，将无法对与 AI 技术有关的临床业务进行收费，这样将使得医院使用 AI 技术的意识低下、审核过程迟缓，AI 产业化将无从下手，AI 技术产业将不能良性、健康地发展。实现了 AI 产业化，对应的医疗保险政策也需要进行改革，通过新技术开发的新增医疗保险业务也理应融入医疗保险系统中，在提高患者生存质量的同时减少整个产品生命周期的医疗保险费用。

（2）数据质量方面的挑战。AI 目前处在百花齐放、百家争鸣的阶段，并未有统一的国际体系或标准，AI 建模训练中的关键——数值标示，具有较大的不确定性空间，标示的品质往往全部依赖实际标示人的专业能力与实际工作状态。一些企业直接引进了国外公布的或已经标示过的数据集输入模式加以练习，这些行为都有可能使标示品质全部缺乏质量控制。同时，由于临床疾病很多，所以对应各个疾病的 AI 产品都必须经过独立设计研发。诊断的数据分析模态多样，在后期更是可以涵盖从基因、病理学及检测等各种检测手段所带来的各种模态的数据分析，而怎样迅速研发对应各个疾病的各种模态数据乃至更多模态融合的产品，更是业界一大难点。

与其他产业一样，在医院高质量影像数据收集方面也存在着先天的劣势：①由于高质量影像数据多聚集于三甲医院，而不同医疗机构的数据又很少可以进行数据共享，因此缺少高效的大数据互联体系；②我国虽然医学数据量非常丰富，但目前 80% 的数据都属于非结构化数据，制约着 AI 技术在我国医学影像产业的深入运用。此外，训练数据集还应按照范围包括体检、筛查、诊所和试验室等各种场所的图片，采用的设备类型、设置条件和用量可以表示我国各个区域在各种要求下的现实技术水平，但目前还没有标准化工程设计的数据库系统。

除了内容的规范性问题，医院应用病症指南还必须配合最新科技的应用和不断更新，才能适应最新的技术要求。例如，中华医学会放射学分部心胸学组专业人员在对肺结节的 AI 检查工作方面提交了《胸部 CT 肺结节数据标准与质量专业人员意见》，对肺结节的标准原则、标准过程和质量管理方法等各个方面阐述了专业人员组所形成的意见，促进了行业的统一认识，提升了信息标注的一致性以及信息收集的效率，为 AI 的开发保驾护航。此外，普适性也很关键，机器学习算法的普适性（或泛化能力）是指算法中对学习集以外的新样本的适应能力。要提高训练算法的普适性，就必须搜集更多的数据，包括不同设备企业、不同成像参数的数据一起加以训练。患者群体对这个领域还知之甚少，因此需要有一个普及教育的转变阶段，也需要有一个对可能增加的收费项目予以认知的转变阶段。

13.4.5 AI 诊断的未来展望

尽管由于国家政策扶持、产业的蓬勃发展，很多医疗机构和从业人员已开始主动接触并采用 AI 技术，不过仍有部分从业人员对 AI 在医学场景中的应用有质疑与消极看法。政府部门积极推动政策与措施的有效贯彻，为 AI 技术公司提供了发展的宽松环境。政府机构也需要从政府审批层面，积极推动有关 AI 技术公司与产业发展的新的政策法规体系出台，在确保安全和合理的前提下，尽可能地给 AI 公司发展提供更加宽松和有效的政策环境，以推动其高速、良性地发展，并真正使之融入医院业务流程系统之中，给广大患者带来了良好的就诊感受。

医生也应当进行有关 AI 科技和产物的临床应用检验科研，必须对 AI 科技和产物在医院治疗中的应用做出最后的把关。而科研也应该向检验 AI 科技和产物在治疗上的有效性与准确性、对治疗品质的改善程度、对工作过程的影响等问题上倾斜。许多相关临床应用检验成果的问世，也会对 AI 产业发展形成巨大的推动效应。例如，以 AI 科技为基础的筛查 / 多科综合诊断（multi-disciplinary team，MDT）模式 / 综合治疗一体化中心可以推动肿瘤的早确诊、早治愈。目前 AI 技术在医学影像领域方面的局部运用已初见端倪，并发挥着医生助理的重要功能，已具有了成熟的使用场合，但离更广泛的临床治疗应用则尚有很长一段路要走，而这主要取决于技术的创新与基础研究的重大突破。

群众的认可度与接受度将对医疗 AI 技术的临床使用产生重要的影响。因此，政府部门、学术组织、人工智能开发者等组织应当协调配合，为公众参与认知医疗 AI 创造保障与途径，推动公众认识医学 AI 解决问题的真正功能与局限性。从应用视角入手，健全医学 AI 的监管制度，让它的发展适应立法标准与伦理规范，并取得公民对医学 AI 的广泛支持。

即便对医学 AI 的研究都是出于公众的共同利益，但上述问题也必须被进一步探讨与解决：公共组织是否有权以患者的健康信息为交换条件，向私人组织提交对这些个体特别有价值的健康数据？公共组织与私营部门在该问题上，应当怎样承担相互告知的义务、以何种方法取得数据本体的许可？个人就健康数据安全保障系统怎样向相关组织问责？在数据被使用的过程中，个人的参与权、投入程度、退出制度怎样确定？由于患者的人权意识日益提高，对权益追求也越来越多样化，降低患者的疑虑、增加患者的社会认可度与接受度是未来医学 AI 研究创新面对的巨大挑战。医学 AI 的开发者有义务使患者了解个人健康信息将怎样被用作医学、护理及相关研究，患者在信息被利用的时候必须有决定权。不过，在很多情形下的"公众参与"是非常被动的。例如，在收集个人数据时，患者被要求签订知情同意书，以放弃对个人数据的控制权。如果不进行这样的选择，而计算系统被用作临床，医务人员将通过这些计算系统做出决定，不愿意共享健康数据的患者则可能无法进行标准的处理，由此导致了信息保护与处理效率 / 服务质量间的紧张关系。

增强公民对医学 AI 新科技的认知有很多工作要做。要动员患者以及更广泛的公民积极参与。如果医学 AI 的研究工作者无法和患者交流，可能会造成大量医学 AI 行业的错误信息流传。政府部门、人工智能公司、学术组织、科学界和新闻媒体需要合作，使大众充分、真实地知道医学 AI 这种新兴科技的建立过程、作用、好处、限制以及危险控制方法，树立对它的信心与自豪感，从而赢得大众对医学 AI 的广泛支持。

◎ **前沿研究回顾 13-1**

医学影像 AI 诊断

在医药与康复行业的各个环节上，人工智能技术已层出不穷，包括精神疾病、可穿戴设备、个人健康管理、医学影像、药品数据挖掘、医疗管理、临床治疗行为等。其中，药品数据挖掘 AI、放射与影像 AI、医学智能机器人等都是目前在这些医学活动中较为典型的 AI 技术。基于医学成像的二维特性，AI 在医学影像领域中实现了很好的应用结果，包括基于钼靶影像的乳房疾病检查、基于数字病理切片的乳腺癌淋巴结转移检查、基于皮肤照相的皮肤癌分类检测、基于眼底照相的糖尿病性视网膜疾病检查，还有基于胸部 X 线片的淋巴结炎性疾病。

通过深度学习技术，医药研究 AI 已经在心血管药物、抗肿瘤药物和常见感染诊断药物等应用领域中实现了创新突破，从而减少了药品研制时间、提升了研制效果并且降低了研制成本。目前医学自动化机器人中的达芬奇机器人已经在各大公立医院应用，而其余种类的自动化机器人也将随着研究 AI 的进展而逐渐走向医药应用。在智能治疗中，IBM Waston 揭示了 AI 技术在检测和处理人体病变方面的可能性。目前，我国科研工作者也参与了医学 AI 的研究工作，在疾病辅助治疗、眼睛疾病、皮肤病变、医学影像、癌症诊断、手术智能机器人、药物、心电检测、医疗科学研究等领域均有所建树。

13.5　互联网 + 药店服务

13.5.1　互联网 + 药店服务概述

"互联网 +"将互联网作为发展的核心，互联网 + 药店这样的服务模式可以利用互联网的渠道，有效提高药物的开发和应用效率，促进当前医药企业的发展。互联网 + 药店并没有明确的定义，主要是指互联网医药电商以及智慧药店的建设。但这两者并不是独立概念，而是相互融合的。

互联网 + 药店的主要模式为医药电商和智慧药店。医药电商是指以盈利为目的、基于互联网和移动互联网提供相关医药服务的主体，包括制药企业、医疗机构、代理商、分销商、第三方机构等。目前国内的医药电商主要有 B2B、O2O 和 B2C 三种形式：B2B 形式主要分为政府主导的 B2B 采购平台和企业主导的 B2B 药企平台；O2O 是医药新零售的同义词，近年来迅速发展；B2C 形式分为 B2C 主平台和自营平台。

智慧药店是指通过人工智能、大数据技术、互联网等创新实践，加快医药行业和零售终端从传统商业模式创新升级的产物。它具有三个竞争力：品种协调管理能力、数字化经营管理能力和服务提升能力，将推动我国医药营销发展进入数字阶段。目前，有关智慧药店的具体分类还没有明确的界定。就目前智慧药店的发展进程而言，主要成果包括：传统药店与 O2O 结合、微问诊远程医疗服务、无人药店建设、处方系统与配药系统的对接、门诊药房自动化建设等。

在监管政策层面，当前互联网＋药店的发展进程是快于相关政策和监管措施的。当前的发展进程中，存在着信息安全、隐私、网络医疗服务主体资格等问题，但并没有相关监管政策。有很多学者对此做了相关研究，为将来相关法律问题和监管机制提出了建设方向。

在技术层面，当前很多互联网技术发展迅猛，并应用到了互联网＋药店的建设中。首先，移动支付（微信支付、支付宝）给医药电商提供了支付渠道；其次，结合人脸识别等技术可以实现智能收银，ERP、仓储管理、物流、配送由于互联网技术的支持，有了更为高效的工作管理系统。最后，大数据与云计算技术让互联网＋药店产生的大量数据有了更大的利用价值。

13.5.2 医药电商应用

（1）政策背景。自 2018 年以来，医药电商相关政策和立法从碎片化进入系统化。2018 年 4 月，国务院发布《关于促进"互联网＋医疗健康"发展的意见》，发布了一系列有利于互联网医疗的优惠政策，提出要"促进药品网络销售和医疗物流配送等规范发展"，这给医药电子商务带来了发展"互联网＋医疗"处方药分销业务的机遇。2018 年，国家卫生健康委员会出台《互联网诊疗管理办法（试行）》《远程医疗服务管理规范（试行）》《互联网医院管理办法（试行）》三项政策，符合委托条件的第三方机构（药物商家）可以代替医疗机构配发诊断结果，为处方药网售勾勒出基本路径。2019 年，关于药物电商发展的立法更是紧密推进。尤其是《中华人民共和国电子商务法》和新《中华人民共和国药品管理法》两个基础法的颁布，已经最终实现了我国境内药物电子商务行业的顶层规划。

（2）优势。与传统的医药线下批发零售模式相比，医药电商的线上销售模式可以通过 O2O 扩大药店的覆盖范围，不仅可以实现药店的全人群覆盖，还能优化零售药店的店面布局，大大减少了地域限制对药品流通的影响；另外，线上医药电商有利于药品药物的宣传，很好地补充了线下药店的需求；由于网上价格公开透明，也为人们提供了一种更实惠的购药方式。

（3）发展现状。艾媒咨询发布的《2023—2024 年全球与中国医药电商市场与发展趋势研究报告》显示，我国医药电商交易规模在 2022 年达到 2 486 亿元，同比增长 10.0%。到 2025 年预计将突破 3 178 亿元。此外，2014—2022 年医药电商市场渗透率（市场渗透率＝医药电商销售规模/全国医药行业销售规模）分别为 3.1%、4.3%、5.7%、7.4%、9.1%、10.9%、11.4%、13.2%、14.5%，占比逐年上升。

可以看出，当前市场渗透率逐年增加，说明该行业正在蓬勃发展中，潜在需求量较大，还有很大的发展空间。

（4）具体实施情况。基于商务部 2020 年关于 B2B、B2C 业务的统计数据，B2B 模式的销售额占据我国医药电商销售总额的 90% 以上。2022 年，医药电商 B2C 市场份额达 93%，可见 B2B 模式占据着医药电商行业的主导地位，发展前景稳定，但受国家政策影响很大。

根据中康 CMH 数据，2022 年我国医药电商 B2C 市场规模达 961 亿元，B2C 模式销售结构在逐步均衡且稳定，实力强劲。其中，平台型医药 B2C 占据市场垄断地位。从产业整合布局上看，由阿里健康与京东医疗所构成的"二强"争霸格局尚未打开。同时，平台型的医药电子商务两大巨头也已涵盖了药品电子商务、消费医药、网络医院和智能医药四个行业领域，最终形成"互联网+"的药品电子商务产业布局。自营型医药 B2C 逐渐自成体系，且格局较为稳定。具有互联网基因的自营型企业，如 1 药网、康爱多、健客网等，是较为有代表性的发展较好的网上药店。同时，网上药店均开始转型，逐渐向线下发展，并将业务向慢病管理、在线问诊、互联网医院进行拓展，且不断进行尝试。而一些在线医疗平台也进入了 B2C 行业，如平安好医生平台。随着线上问诊服务的体验优化和模式创新，2021 年平安健康医疗服务贡献收入已占总收入的 41%。

医药 O2O 的发展则起源于传统药店，在互联网和移动技术的发展背景下，能让用户在线上快速获取药企提供的服务，通过线上的宣传也能给线下增加用户。京东到家被公认为首个进入医药 O2O 领域的互联网巨头，并凭借着先发优势，在较长时间内一枝独秀，而当前随着美团、饿了么、阿里健康等企业的加入，当前医药 O2O 市场正处于平台割据的时代。2020 年新冠疫情暴发后，不少消费者选择使用 O2O 平台购药，加速了医药电商 O2O 市场的兴起。中康 CMH 统计数据显示，2023 年中国医药零售 O2O 市场规模达 124 亿元。相比于 B2B 或 B2C 模式，O2O 市场规模虽小但增长强劲，展现出未来发展的无限可能性。

13.5.3 智慧药房应用

（1）政策背景。2018 年 7 月，国家卫生健康委员会、国家中医药管理局发布了《关于深入开展"互联网+医疗健康"便民惠民活动的通知》，指出要"鼓励有条件的医疗机构推进'智慧药房'建设，实现处方系统与药房配药系统无缝对接，方便群众及时取药"。

（2）优势。传统药房以销售产品为主，消费者更关注产品的价格。相比之下，智慧药房以专业服务为主要手段，目的是解决顾客的健康需求，引导消费者关注药物的效果和价值。智慧药房更注重消费者的健康，而不仅是销售；智慧药房不仅可以对药品进行分类，还可以对用户会员进行个性化数据管理，深入参与社区卫生保健服务，提供便捷、专业、全面的服务。

（3）发展现状。当前智慧药房的发展仍然处于探索期，政府、政策方面相关的指导较少，目前的发展成果主要是互联网企业以及医药行业龙头企业进行的探索型尝试，未来仍有很大的发展和尝试的空间。

（4）具体实施情况。智慧药店当前实施情况，可以通过以下三个典型案例来展示。

1）支付宝未来药店。支付宝在郑州和河南的张仲景大药店合作，联合推出国内首个"支付宝未来药店"（见图 13-1）。支付宝将身份验证、扫脸支付、信用租赁等新技术融合在一台交互设备上，极大地丰富了顾客在药店的购买场景，给顾客带来了新型的购药体验。人脸识别验证、绑定社保卡使得购药变得更为轻松便捷。

图 13-1　支付宝未来药店

支付宝还专门定制了"国医馆预约挂号"小程序，用户可在支付宝相关页面享受名医在线注册、会诊、回访等服务。借助支付宝的线上会员的方式，张仲景药业有效延伸了药品对于客户的跟踪服务链，客户在药店里接受服务后，会员身份自动生成，从而逐渐增加会员数量。顾客数据库的连接帮助实现会员的全过程管理和二次购买管理服务等。另外，该药店也登陆了美团等第三方 O2O 服务平台，顾客可以直接通过支付宝或者美团平台，选择"去商店取药"或"送药上门"等服务。

2）微信支付智慧药店。2021 年 7 月 24 日，微信支付与大参林合作共同打造了广东首家智能药店（见图 13-2）。微信支付

图 13-2　微信支付智慧药店

打造智慧药店的基本逻辑是以人、物、景为中心，推动数字化水平提升，打造线上线下一体化。具体功能包括：①人脸识别和智能收银，通过微信支付进行线上结账；②会员数据和会员健康检查，可以通过智慧药店的微信小程序注册成为会员，录入并记录客户的健康检查数据；③扫码购买药品并自助对药品进行实物检验；④远程会诊，电子处方。通过将微信支付智慧药店来对比支付宝未来药店，可以发现它们都以移动支付或人脸支付为基础，以及都利用大数据结合药店的电商数据分析，实现千万人精准推荐，具有高度的融合性。然而，正如支付宝与微信两大产品的区别，微信支付的核心竞争力是社交能力，而支付宝的财务能力更加突出，这就导致了这两大智慧药店的不同。微信支付智慧药店在社交方面的体现除了电子会员卡之外，还有会员码和支付码的合二为一，以及小程序的分享转发功能，保持了药店顾客的社交活跃度。在微信好友或者朋友圈分享可以得到代金券、社会健康礼品卡等优惠，构成了在微信手机软件上的营销闭环。

3）康美智慧药房。康美智慧药房通过物联网对传统诊疗流程进行了改造，是一家提供门到门送药到家、药剂咨询、中药代煎等服务的医药服务平台，切实做到了传统医疗药店模式的创新。患者可以根据医院就诊的处方到康美智慧药房进行处方审核、药物代煎，或是直接在康美智慧药房的中心药房进行在线问诊、自主购药，此后用户可以通过微信小

程序来查看中药代煎的信息以及自主购药的用药信息。另外，康美智慧药房还会推出"私

人定制"的粉剂加工，通过微信给
不同患者提供个性化需求推送。为了
进一步完善智慧药房的服务网络，康
美药业还建设了康美智能药柜的项目
（见图 13-3），康美智能药柜在某种意
义上是康美智慧药房的集中展示。用
户如果需要隐私咨询，康美药业还有
封闭式的"智慧咨询室"。康美智慧
药房致力于以多种形式与社会药店合
作，通过一系列互联网技术将传统的
药房改造成智慧药店。

图 13-3　康美智慧药房

13.6　区块链 + 医疗服务模式

13.6.1　区块链 + 医疗服务模式的特征与优势

区块链技术是一种分布式账本技术，同时允许多个个体参与数据库记录，采用点对点
传输、加密算法的机制，具有公开透明、去中心化的特点。当前，医疗数字化进程的主要
痛点在于信息安全问题和数据孤岛问题。一方面，医疗档案的信息量大且价格高昂，往往
牵涉用户个人隐私，对数据安全性的要求较高。然而，目前我国的电子医学记录系统大多
采取中心化保存方法，这也导致了医疗保健领域的数据作为易攻击目标，极易出现数据泄
露、数据被修改等情形。另一方面，目前我国的医疗档案信息基本都是分散在各级医疗单
位各自的系统中，不同机构、不同地区的医疗信息基本不互通，无法对海量数据进行统一
管理。因此，如何找到一种解决方案，使得在保证信息安全的前提下，不同系统、不同医
疗机构、不同地区的医疗数据能够共享，是目前医疗数字化进程主要需要攻克的难题。而
区块链去中心化的存储方式和信任机制的建立恰好能够有效解决这一问题。区块链信息技
术最根本的特征就是去中心化，可以进行大数据的散布式存放，并且通过大范围的信息链
的重复连接，可以形成一个规模巨大的信息数据库。同时，由于区块链中的数据拥有无法
修改和可跟踪的特性，从而有助于确保链上数据的安全性和可靠性。这些特性对于医疗领
域信息不互通以及信息安全和隐私问题提供了有效的解决方案。

（1）加密技术保障医疗信息安全。区块链技术在医疗服务中最广泛的应用是非对称加
密与授权技术，这项技术可以防止医疗信息泄露，有效加强了医疗信息安全。区块链的认
证技术主要通过散列技术密码、数字签名等方法进行，将所有存储在区块链上公开交易中
的个人信息都进行了高度保密，只有通过数据拥有者许可方可访问，大大增强了医疗信息
数据与个人隐私的安全。利用区块链技术存储个人健康数据，患者能够随时随地查询自己
的个人医疗数据的修改历史，而不用担心个人信息泄露或修改。由于区块链的共识机制确

保了信息存储的一致性，在保证了个人医疗数据存储保持一致的同时，降低了不同医疗机构间信息实时共享的成本。

（2）数据不可篡改性保障医疗信息安全可靠。区块链技术存储的医疗数据一经存储，就会表现出固定的特征，不能随意改变。因此，使用区块链技术可以有效地防止链上数据被篡改，从而确保数据的可靠性和正确性。例如，区块链技术可以防止由于链上数据被恶意伪造或篡改而出现医生误判的现象。

（3）可追溯性助力药品信息溯源。在供应链中完成的一切与数据有关的动作均会被时间戳区块记载。这样处理数据的方法更具可追踪性和可追溯性，因为这样增强了供应链参与者间的信任，从而实现自从数据写入开始整个过程的数据跟踪。其应用在药品供应链上，就能够最大限度地保证药品信息的安全可靠性，避免信息被伪造或恶意篡改，从而保证此药品的安全性。针对药品配送过程中出现丢失的情况，根据区块链上的数据信息溯源，也能够快速查询丢失药品的相关信息，方便找到最后的信息录入记录。

（4）开放性助力医疗信息共享。区块链技术在整个网络系统中贯穿于传输的全过程，其底层数据信息都是对互联网传输端的应用载体实现的，在区块链上的每个互联网使用者都能够透过相应的协议对数据信息进行检索，而区块链技术则是以此来保证数据信息在共享过程中的安全与透明性的。使用区块链技术可把整个医疗平台的关键数据资源连接起来，在保证数据时效性和安全性的前提下，进行信息资源互联与无缝共享。

13.6.2 区块链＋医疗服务模式背景

（1）政策背景。区块链技术发展已提高到国家战略层面，区块链与产业的融合受到重视。2016年10月，工业和信息化部发布了文件《中国区块链技术和应用发展白皮书（2016）》，随后国务院印发了《"十三五"国家信息化规划》，首次提出将区块链作为新型技术运用于国家发展计划，区块链技术开始正式上升到国家发展战略层面。

医疗信息化建设需求推进区块链技术应用。2018年8月，国家卫生健康委员会发布《关于进一步推荐以电子病历为核心的医疗机构信息化建设工作的通知》，鼓励将区块链等新技术应用到医疗信息管理中，促进互联网医院的发展。在2019年10月的中央政治局第十八次集体学习中，习近平总书记强调，"要把区块链作为核心技术自主创新的重要突破口，明确主攻方向，加大投入力度，着力攻克一批关键核心技术，加快推动区块链技术和产业创新发展"。作为目前医疗改革背景下的新技术，可以预见区块链与医学领域的结合将成为一种新的应用模式，有效促进医疗机构的信息化建设。

2022年11月，国家卫生健康委员会印发《"十四五"全民健康信息化规划》，指出"开展'区块链＋卫生健康'应用试点。鼓励应用区块链技术加强身份标识管理、卫生健康数据存证、居民电子健康档案共享查阅、药械流通信息追溯、公共卫生事件数据汇聚分析、专病科研数据共享等内容，丰富区块链的应用场景。"

（2）技术背景。区块链技术的发展经历了三个阶段：① 2009—2012年，称为区块链技术的酝酿期，主要是以比特币及其产业为主的形式；② 2012—2015年，称为区块链技术的萌芽期，区块链技术不断创新，融合区块链技术的汇款公司开始出现，并逐渐与比特币系统分离；③自 2016 年至今的发展期，区块链开始在各个行业中广泛应用，其价值开始凸显。

在我国，区块链技术的发展主要集中在 2017 年之后。2017 年 1 月，最早由中国人民银行的交易区块链平台通过测试，用于数字票据的交易。2017 年 5 月，中国电子技术标准化研究院推出了第一个区块链标准，即《区块链参考架构》。市场上开始出现区块链创业公司，各个大型互联网企业也相继开始对区块链技术进行研究，有效促进了区块链应用的发展。2018 年 7 月，国际标准化组织、国际电工委员会第一联合技术委员会通过了关于成立区块链与物联网融合的提案。该项目课题由我国主导，标志着我国区块链技术在新一代信息技术融合创新发展上取得重大成果。

13.6.3　区块链 + 医疗服务模式现状与态势

（1）总体发展概况。纵览我国医疗领域的特征和区块链技术的发展，目前总体的发展应用主要可分为以下四个方面：机构医疗信息安全与隐私保护、个人医疗信息安全与隐私保护、医疗保险和供应链管理。根据 OMAHA 联盟收集到的共计 60 个医疗 + 区块链相关项目可以看出，目前区块链在医疗信息安全与隐私保护上的应用最为广泛。其中，72% 的项目和医疗信息安全与隐私保护相关，应用在区块链医疗信息安全与隐私保护上（见图 13-4）；绝大多数项目（81%）是由企业主导的，政府机构主导的仅占 19%。可以看出，在区块链 + 医疗的相关项目中，企业是主要的应用实践者，而政府在其中发挥的作用尚且不足。由政府主导的区块链 + 医疗项目都集中在机构医疗信息化方面，旨在推进各级医疗机构的信息共享和信息安全的保护；而在个人健康数据共享与隐私保护、医药防伪溯源、医疗供应链金融等应用领域，几乎所有的项目都是由企业主导的。

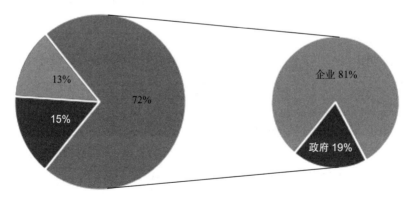

图 13-4　区块链 + 医疗应用领域分布情况

（2）具体实施情况。当前，我国对于区块链技术在医疗领域中的应用尚处于探索阶段，付诸实施的主体主要是企业，另有少部分政府主导、与企业合作的项目。根据 HIA 2020 年发布的《中国区块链 + 医疗发展现状与市场研究》，目前我国"区块链 + 医疗"的落地项目多在北京、上海、浙江等地，主要包括药品 / 医疗器械 / 新冠疫苗的防伪溯源、电子病历、医院电子票据和医疗保险等场景的应用。

在已经采用了区块链技术的医疗企业中占据最多市场份额的细分领域是药品或医疗器械的防伪溯源，达到 50%；其次是商业保险公司将区块链技术应用于医疗保险的稽查和定制；此外还有华大基因、智云健康等掌握个人健康数据的基因科技企业或互联网医疗平台将区块链技术应用于个人健康信息的安全与隐私保护。

由政府主导或与企业合作的医疗领域的区块链技术主要是医联体的建设。2017 年 8 月 17 日，阿里健康与常州医联体＋区块链试点项目宣布合作，将首次在医联体底层技术架构系统中应用区块链技术。通过将常州市各三级医院、区医院和区卫生院等医疗机构旧系统中的信息接入区块链，实现常州市内医疗信息的互联互通。2018 年，河北省廊坊市政府与云巢智联达成合作，携手推出"NEST 医疗云平台"，实施医院信息系统在区域信息平台上的云部署，推进区域医疗信息的一体化建设。

1）医疗保险监管。

目前，区块链在社会医疗保险中的应用尚处于设想和探索阶段。基于区块链技术的医保电子凭证档案管理方案可以将处于医联体中的不同医院或机构中有关医保的电子凭证档案通过区块链平台进行共享和管理。医疗保险监管的主体包括医院、公民和医保管理机构，他们在区块链上提交医保证明信息，区块链将信息存储为数据记录。当公民在户籍所在地有医疗保险，但在非户籍所在地就医需要医疗保险的时候，其医疗费用由户籍所在地医疗保险结算。通过在区块链上所存储的流程信息，可以有效地防止医疗费用多次报销。

而在商业医疗保险中，区块链技术的应用已有所实现。具体来说，区块链技术在商业医疗保险中的应用主要包括：建立保险利益人的信用模型、实现理赔的智能合约化、创立保险积分、进行保险机构与跨行业机构的交易清结算、保险机构的资产管理等。例如，蓝石科技与各地医疗机构合作，构建了国内规模最大的保险联盟区块链，收集和保存了大量的医疗信息。蓝石科技通过对数据进行分析，为各类特殊人群（老人、慢性病患者等）提供不同的保险产品。

2）医疗档案信息共享。目前，基于区块链技术的医疗档案信息共享尚处在小范围试点的阶段，主要是地方政府和科技企业合作建设区域卫生信息平台。对于这类项目的实施，主要需要完成三个方面的工作。一是达成数据共享的合作意愿，比如对于区域卫生信息平台的建设，需要该区域内的各个城市政府部门之间愿意进行医疗信息资源（包括各地三甲医院、基层医院、卫生院等医疗机构的数据）的交互共享；二是选择合作企业进行 IT 基础设施的建设，建立区块链平台并将旧系统中的信息上链；三是构建激励制度，保证第三方运营机构和各级医疗组织作为授权节点参与体系建设与运营的积极性。

13.6.4　区块链＋医疗服务模式应用

（1）电子病历。患者在不同的医院治病会产生不同的电子病历，这些数据一般存储在医院自己的数据库中，单个医院很难掌握某个患者的所有相关电子病历，医生也很难根据这些数据为患者制订最完善的治疗方案。由于解决各个医院之间电子病历的数据共享问题非常紧迫，因此部分研发人员也提供了云计算架构的电子病历数据共享模式，但是基于云端的电子病历数据共享模型却很难破解信息存储中心化的安全隐患难题。患者全部的健康信息都被集中存放到云端上，如果云服务器遭到非法入侵，那么云端上的患者健康信息都会暴露，由此引发个人信息泄露等各种问题，从而造成巨大的损失。

而区块链技术则采用去中心化的个人数据储存方法，能够解决个人信息数据保存与共享的问题，提高医疗效率。将区块链技术应用到医疗服务行业中，患者的就医记录和诊疗信息数据得到了良好的保存，区块链的授权者通过输入指定的账户和密码，就能够获取和该患者相关的电子病历信息，全面了解患者以往的医疗记录，患者也可以查阅以往的病史，有助于看病过程中的医患沟通，提高诊疗过程的效率。

（2）药品防伪溯源。药品是医疗模式中的重点医疗内容。然而在过去药品的生产和销售环节中，可能会存在药品的生产已经达到了合格的标准，但在运输或销售的环节出现不良商家对药品质量的破坏或对药品的偷换，使药品安全性得不到保障的现象，整个环节的透明度较低。

而利用区块链上数据不可篡改、可溯源的特性，可以将其运用到药品生产、销售、营销等环节中，以保证药品安全。要使区块链技术在医药各个环节中广泛应用，只要确保每一个生产流程信息都能够及时"上链"并层层记录，通过追踪这个医药供应链，患者就能够掌握整个医药流通领域的全过程信息，而监督管理人员也就能够做到对用药的全过程进行管理，更有利于提高用药安全性。

（3）医疗保险监管。在医疗保险监管中，医保不诚信问题是一个重点问题，由于患者、参保机构以及医院三方的信息不对称，十分容易产生医疗费用的不合理增长，最终造成医疗资源的浪费和医疗资源配置的低效率问题。区块链技术可以改变此现状，帮助医疗保险监管部门构建完善的监管机制，具体的应用如下：借助区块链的加密算法以及不可随意篡改的特性构建电子病历，并根据区块链上各方信息的对称特性来杜绝医保欺诈；区块链上还可以记录医务人员的医保行为，并将其纳入行业征信系统，加强对医务人员的监管；根据区块链的可追溯性，建立药品供应的监管系统，能防止出现通过二次销售等方式骗保的行为。

13.6.5　区块链＋医疗服务模式的挑战

（1）系统迁移难度大。区块链系统的实施需要将旧系统上的数据和操作迁移到新系统，而这会给组织带来很大的挑战。具体来说，主要包括架构的变更以及数据的同步与迁移两方面的困难。

1）架构的变更。传统的医院信息系统通常是集中式的，中央应用程序所关联的数据库都托管在单个服务器上。与此相比，区块链系统是完全去中心化的。对等节点的集合形成一个特殊的对等网络，执行共识形成，而专门的订购服务节点负责块的形成并将其分发回对等网络。从集中式系统转变为分布式区块链需要对基础架构进行重大更改。

另外，如果没有应用程序界面，用户将难以进行操作。然而，目前关于区块链技术的大多数研究都忽视了这方面的工作，并且假定用户将交易（即对数据的操作）直接发送给其他用户；但实际上，应该是应用程序服务器执行了此操作。此外，尽管区块链上的数据具有不可篡改性，但设置了交互接口之后，应用程序服务器可以创建单点故障。因此，要使区块链系统得以安全地实施并可供用户使用，还需要开发用于系统交互的安全和标准化的应用程序编程接口。

2）数据的同步与迁移。区块链实施的另一大难点在于如何将现有记录和数据库迁移到新系统。首先，分类账无法接受带有旧时间戳的先前记录。其次，区块链分类账是不可变的，这意味着在创建区块之后，任何时间戳更改都是不可能的。因此，必须在迁移开始之前进行任何调整或更新，而这将会是一项艰巨的任务。最后，传统的集中式系统中可能存储了大量的数据，初始化可能是一个漫长的过程，而与此同时，该系统可能尚在创建或更改现有数据。这就产生了一个循环迁移问题，为解决这一问题需要有效的迁移算法和同步技术。

（2）财务不确定性大。一方面，区块链系统实施的初始化工作复杂性很高，而这也意味着会产生高昂的 IT 建设成本；另一方面，由于区块链技术的计算量大、所需的能耗极高，这可能使得区块链系统后续的运营成本较为高昂。梁斌（2016）的研究成果表明，在区块链上的每一个比特币交易，计算机所需的电能就等于一个美国家庭每日的耗电量，这会导致高昂的计算成本。

相比高昂的前期投入和后续运营成本，区块链的实施能够带来的回报却并不那么明确；另外，这些回报在各个主体间将如何分配也是不确定的。这可能使得组织缺乏实施区块链系统的动力。

（3）利益相关者的态度。将区块链技术引入医疗数据管理不仅需要解决技术问题，还需要医疗保健服务提供者（医生）和消费者（患者）愿意使用。根据期望理论，医生和患者在对区块链技术持积极态度时更倾向于使用区块链技术，而在对区块链技术持消极态度时则不太可能使用区块链技术。

候勇生（2019）对 90 名医生和 90 名患者进行了问卷调查，考察他们在医疗信息的管理和分发中对于区块链技术的态度。该研究发现，医生报告的消极态度（平均 3.7 ～ 5.0）显著高于患者（平均 6.3 ～ 6.8）。他认为，与患者相比，医生对区块链技术的态度比患者更为消极，是因为他们认为使用区块链技术更有可能给自己带来负面结果。例如，医生认为区块链技术将使自己难以修改医疗图表，而这会导致当自己与患者或其监护人之间发生医疗纠纷时，自己处于不利的地位。

（4）隐私问题。区块链的不可变性和医疗数据的要求擦除性之间存在矛盾。区块链是不可变的，因此无法删除块。这意味着，区块链不符合 GDPR（通用数据保护条例）下的要求，即规定数据受试者有权请求包含其健康状况的敏感数据被擦除。

（5）效率低。在区块链上写数据非常慢，对单个块进行修改大约需要 10 分钟；当一个区块链包含很多块时，它的整个更新周期会变得非常长，从而显著延迟了事务数据的更新时间。尤其是对于复杂和计算密集的医疗信息系统，应用区块链技术可能导致较大的性能牺牲。而数据的实时共享和医疗服务的可用性对于威胁生命的情况来说至关重要。

◎ **前沿研究回顾 13-2**

区块链在病案中的应用研究

国外对区块链在病案中的应用研究比我国要早，其中美国的研究较多。国外的研究主要关注区块链的机遇与挑战，比如在医疗档案领域的隐私安全问题、存储共享问题、数据互操作性等问题。比较突出的例如"Ledger of Me"系统，通过区块链技术的开放共享特性、可搜索加密方案和开放操作性标准的 Omni PHR 架构模型，开发出"我的账本"区块链应用。另外，还有 Zonyin Shar 开发的用于精准医疗和临床试验的区块链平台，是一款区块链网络中的用户匿名身份验证系统，采用零知识证明技术来完成，并利用上百名患者识别 PHRs 架构模型在区块链的 PHR 管理上的有效性。

国内对区块链在病案中的应用研究主要集中在区块链应用的医疗记录的安全存储、模型探索和隐私保护，比如采用权益授权证明（delegated proof of stake，DPOS）和实用拜占庭容错算法（practical byzantine fault tolerance，PBFT）相结合的混合共识机制实现的数据共享和应用了区块链技术的软件架构 HDG（healthcare data gateways，医疗数据网关）。同国外相比，国内的研究课题大多提出了区块链的技术方案，很少真正付诸实践。例如，2019 年提出可以借助区块链技术供患者访问和控制 iWellChain 框架的 EMR 和 EHR 数据。

1. 区块链 + 医疗的研究分类

按照区块链在医疗领域中的应用场景分类，Hasselgren 等人（2020）梳理了截至 2018 年 10 月的 5 个数据库中的有关"区块链 + 医疗"的相关文献，调研发现，在最终选定的 39 篇文献中，涉及最多的区块链应用场景是电子健康记录，有 43% 的文献涉及此主题，其次受到关注的应用场景是个人健康记录（15%）和临床试验支持系统（5%）；文献中涉及的区块链技术实施流程主要集中在医疗数据的共享、存储、交换和访问；超过一半的文献（62%）讨论了共享健康数据的某些过程，如表 13-1 所示。

表 13-1　"区块链 + 医疗"相关论文的应用场景分类

信息系统类别	计数	比例
电子健康记录	16	42%
个人健康记录	5	13%
临床试验支持系统	2	5%
知识基础设施	2	5%
图片存档和通信系统	2	5%
物联网数据管理 / 个人健康数据	2	5%
病人自动诊断服务	2	5%
行政系统	2	5%
电子病历 / 行政系统	2	5%
人口卫生管理系统	2	5%
医药供应链	2	5%
累计	39	100%

按照研究方法分类，Chang 和 Chen（2020）对截至 2018 年的区块链＋医疗相关的 15 篇文献进行了定性分析，发现其中 33% 使用系统设计的方法，探讨区块链系统和网络架构相关的设计问题；20% 使用概念验证的方法，提出区块链技术在医疗领域的用例并证明其可行性；20% 属于综述类文献；另有 2 篇采用实验或问卷调查的方法，探究区块链参与者对于数据共享和交换的态度。

按照研究贡献分类，国内外关于区块链＋医疗的相关研究主要集中在技术层面，旨在提出技术架构的设想、开发新的算法、推进区块链技术的完善和改进。Anton（2020）等人梳理的有关"区块链＋医疗"的相关文献中发现，很大一部分人提出了结构设计（54%）作为主要贡献，其次是提出新算法或协议（38%）。

2. 管理学领域的相关研究成果

（1）利益相关者对于技术的态度

候勇生（2019）采用问卷调查的方法调研了医生（90 人）和患者（90 人）对在医疗信息的管理和分发中使用区块链技术的态度。该研究发现，医生的消极态度（平均 3.7～5.0）显著高于患者（平均 6.3～6.8）。此外，自雇医生比受雇医生和大学教授抱有更多的消极态度。

Pouyan（2019）等人设计了 16 种信息交换方案用于基于 Web 的受控实验。研究发现，患者在对隐私权的关注、对能力和完整性的信任、选择加入的意愿以及共享信息的意愿方面存在显著差异；患者出于对隐私保护、协调和信息交换的重视而对区块链的交换机制持积极态度。

（2）影响组织采用区块链技术的因素

Trevor（2018）运用创新理论讨论了技术、环境和组织三个方面的因素是如何影响组织机构采用区块链技术的。关于技术的重要考虑因素包括：技术的感知收益、兼容性和复杂性；环境的考虑因素包括市场动态和监管环境；组织层面的影响因素包括高层管理支持、组织准备和组织规模。

其中，Trevor 着重探讨组织层面的影响因素，结果表明：组织高层人员的支持与否对是否采用区块链技术产生重要影响。因为采用区块链可能涉及新的法规要求、新资源的获取、资源的整合，以及企业对交易方式和信息交换方式的重新设计。组织准备对于区块链技术的采用有着重要意义，因为区块链技术的采用所涉及的 IT 基础架构的变化、所需的资金投入以及要求员工掌握的 IT 知识都较高。此外，相比中小企业，大型组织更有可能采用区块链技术，因为大型组织拥有更全面多样的基础设施、更多的信息系统项目人员和 IT 预算。

◎ 本章小结

新兴信息技术的出现正在改变人类社会的医疗保健服务，在降低医疗成本的同时，也可有效保障医疗信息安全、提升医疗服务效率。本章介绍了对智慧医疗服务模式有深远影响的新兴信息技术、几种智慧医疗服务模式的特点以及面临的挑战，包括应用于医院内的

全流程智慧门诊、5G 医疗应用、AI 诊断等，以及作用于医院外的互联网 + 药店、区块链 +
医疗等新型服务模式。

1. **智慧医疗模式概述**。智慧医疗服务模式是指通过新兴互联网及数字技术帮助患者实
现线上挂号、病情诊断、症状咨询、开具处方、配送药品等的业务功能。在医院内
主要包括全流程智慧门诊、5G 医疗应用、AI 诊断等，在医院外有互联网 + 药店、区
块链 + 医疗等新型服务模式。

2. **全流程智慧门诊的应用与挑战**。作为我国智慧医院建设政策的一部分，该技术通过
诊前、诊中、诊后"全流程覆盖"的线上就诊缓解了线下门诊的压力，为患者提供
了高效、安全和便捷的就医体验。其重点应用领域包括门诊的网上预约挂号、门诊
各科室挂号报道、门诊各科室在线缴费（含医保）、门诊患者病历报告在线查看等。
其优势有：全流程覆盖、强大的针对性与安全性、就诊高效和就医多元。目前面临
的挑战包括：有待提高的预约率与履约率、有待改进的 App 及自助终端性能，以及
有待丰富的患者退费方式。

3. **5G 医疗的应用与挑战**。5G 技术将低时延、高速率、大连接等技术模式引入到健康
医疗，并在机器人辅助微创手术、院前院后急诊急救系统、可穿戴健康监控设备、
远程手术和超声与机器人移动查房等领域得以应用。目前该技术面临的主要问题
与挑战包括：网络安全问题、基站站址部署问题、5G 网络运行维护问题、5G 医疗
可推广的切实应用技术较少、相关标准规范不成熟，以及 5G 技术相关的健康安全
问题。

4. **AI 诊断的现状与挑战**。AI 诊断是指利用深度学习、神经网络等人工智能算法识别检
验医学影像、康复视频等数据，助力医生进行临床决策与康复辅助诊疗的一种技术。
我国在医学影像 AI 方面有着迫切的市场需求和良好的临床条件，但医生、科研单位
和企业之间的技术协作十分脆弱，使得建立健全合理的技术激励机制和建立国际医
学与影像 AI 协作交流平台成了当下的关键问题。目前该技术应用领域包括：AI 病理
诊断、眼部疾病诊断、医学影像技术、中医药传承与发展、手术机器人等。它面临
的挑战主要来自政策、数据质量等方面。

5. **互联网 + 药店模式的应用和优势**。该服务的主要模式为医药电商和智慧药店，利用
互联网渠道提高药物的开发和应用效率，促进当前医药企业的发展。医药电商的优
势包括：扩大服务覆盖范围、优化药店店面布局、减少药品流通的地域限制、扩大
药物药品宣传，以及药品价格透明。智慧药房的优势与特点包括：药品系统性分类、
用户信息个性化管理，以及深入参与社区卫生保健服务。该技术以满足顾客的健康
需求为导向，引导消费者关注药物的效果和价值。典型案例有支付宝未来药店、微
信支付智慧药店以及康美智慧药房。

6. **区块链 + 医疗模式的现状与挑战**。该技术围绕区块链公开透明和去中心化的特点，
以加密技术保障医疗信息安全，以数据不可篡改性保障医疗信息可靠，以可追溯性
助力药品信息溯源，以开放性助力医疗信息共享。目前，该技术在我国的总体发展
方向包括机构和个人的医疗信息安全与隐私保护、医疗保险，以及供应链管理等方
面，主要市场份额集中在药品或医疗器械的防伪溯源领域。具体应用包括电子病历、
药品防伪溯源和医疗保险监管。该技术面临的主要挑战有：系统迁移难度大、较高

的财务不确定性、利益相关者（尤其是医生）对该技术较为消极的态度、隐私问题以及较低的数据处理效率。

◎ 管理问题

1. 随着智慧医疗的逐渐普及，电商企业如何结合现行政策，最大化地发挥自身平台优势？
2. 医疗电子商务企业应如何应对用户对自身敏感信息与医疗隐私的担忧？
3. 医疗电子商务企业可以通过哪些努力来解决由当下的技术不成熟、标准规范不确切等挑战而带来的问题？
4. 医药电子商务平台如何应对消费者的健康隐私担忧？

◎ 复习题

1. 全流程智慧门诊应用有何优势，面临怎样的挑战？
2. 5G 技术将给医疗应用带来怎样的改变？
3. AI 在医疗领域有哪些应用、面临怎样的挑战？
4. 区块链技术将为现有的医疗服务模式带来怎样的改变？

◎ 章末案例

区块链 + 医疗

1. 常州区块链-医联体项目

我国首个通过医学场景进行的区块链解决方案是常州市的区块链 - 医联体建设项目。该项目为缓解一直困扰我国医药行业的安全与"信息孤岛"问题，率先在医联体底层的技术框架体系中使用区块链技术。通过将常州市内各三甲医院、区级医院和区卫生院等医疗机构与旧体系中的信息系统之间连接区块链，从而完成与江苏省常州市内医院信息系统的互联互通。

以分级诊疗的心脑血管疾病为例。常州市的城乡居民在到附近卫生保健院完成体检后，即可将体检报告上传至区块链。通过对区块链上的体检报告的大数据分析，附近卫生院的医生筛选出心脑血管疾病高危患者。接着，社区医师就可以利用区块链把约 5% 的需转诊的患者权利授予上级医生。上级医院的医生在经过批准之后就能够迅速掌握患者过去的病历和体检信息，患者也无须再完成二次基础体检，从而做到了"防病"的早发现、早检查、早诊断，以及医联体中对各级医院医生的全过程医学服务。

该项目已在常州市武进医院、郑陆镇卫生院实施，并逐步推广到常州市医联体的所有三级医院和基层医院。

2. 微信智慧医院 3.0

2018 年 4 月，腾讯公司正式发布了"微信智慧医院 3.0"，除了包含微信智慧医院 1.0

和 2.0 的所有功能之外，微信智慧医院 3.0 还增加了 AI 导诊、商保支付、处方流转、区块链技术应用等一系列看病所需的功能，如图 13-5 所示。

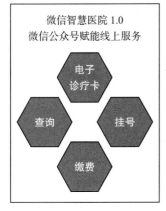

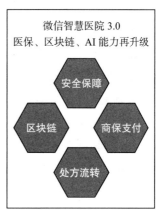

图 13-5　微信智慧医院 3.0 功能

运用区块链技术，微信智能医院 3.0 整合人社、医疗、药企、保险公司等社会资源，实现协同互助，将所有医疗相关数据全部纳入区块链进行保存。一方面，使患者能够更高效和便利地获取医疗服务，避免了重复而不必要的医疗检查费用支出；另一方面也有助于医生更加全面、完整地了解患者的病历，以便做出更准确的判断或对患者进行覆盖整个健康周期的健康管理。

此外，通过利用区块链数据无法篡改和可追溯性的特点，微信智慧医院 3.0 也实现了链上的电子处方信息流转功能，医务人员可以在治疗环节之后依然对处方信息实现整体跟踪与监测，而地方监管部门则能够全面防止数据的篡改，增强了处方的安全保障。

思考问题

1. 医药电商和传统电商有何不同？
2. 智慧医院应该在医疗体系中扮演怎样的角色？
3. 区块链技术在医疗应用方面的推广面临着怎样的机遇和挑战？

讨论题

1. 对于 5G、AI、区块链等本章讨论的技术在医疗健康方面的应用，它们各自有哪些信息安全方面的隐患？
2. 信息安全的隐患应如何解决？可以随着技术的成熟消除吗？

课堂辩论题

1. 引入 AI 技术进行病情诊断是利大于弊还是弊大于利？
2. 在病情诊断与治疗中，患者应更依赖医生还是智慧医疗技术？

网络实战

1. 从微信打开"腾讯健康药箱"，尝试主要功能，并输入任意药品进行搜索，根据搜索显示的内容，思考互联网＋药店服务模式的便利之处有哪些。

2. 与线下在药店购买药品相比，你更喜欢哪一种药品购买方式？为什么？

3. 你还了解哪些线上移动问诊或购药的平台或应用程序吗？请举 1～2 个例子，并分析该平台或应用的服务模式、商业模式以及有哪些还可以改进的地方。

团队合作

1. 搜集并整理我国医疗行业电子商务的总体发展历程与未来的应用方向。

2. 调研国内头部医疗行业电商平台，综合分析以下几个问题。

（1）不同企业在医疗健康领域的发展侧重点有哪些异同。

（2）不同平台各自的技术创新与战略创新有哪些异同。

（3）探讨并分析平台、用户与服务提供主体（比如医院和药店）之间的相互影响有哪些。

◎ 在线补充读物

1. 前瞻产业研究院，行业深度！一文了解 2021 年中国医药电商行业市场现状、竞争格局及发展趋势，2021-09-25.

2. 36 氪研究院，2021 年中国医疗 AI 行业研究报告，2021-12-21.

3. AL-KHAFAJIY　M,KOLIVAND　H,BAKER　T.Smart hospital emergency system: via mobile-based requesting services［J］.Multimedia Tools and Applicatio-ns,2019,78(14):20087-20111.

4. MUBARAKALI　A, BOSE　SC, SRINIVASAN K, et al.Design a secure and efficient health record transaction utilizing block chain (SEHRTB) algorithm for health record transaction in block chain［J］.Journal of Ambient Intelligence and Humanized Computing,2019.

5. SHANTHAPRIYA　R, VAITHIANATHAN　V.Block-healthnet:security based healthcare system using block-chain technology［J］.Security Journal,2022,35(1),19-37.

◎ 术语表

影像归档和通信系统（picture archiving and communication system，PACS）：一种医疗成像技术，用于存储、检索、管理和分发影像数据。PACS 允许医疗专业人员在不同地点访问和共享患者影像数据，促进远程诊断和协作。

软件开发套件（software development kit，SDK）：综合工具、库、示例代码和文档，旨在帮助开发者创建、测试和调试应用程序或软件。通常包括 API、集成开发环境（IDE）和调试工具。

人工智能（artificial intelligence，AI）：一门计算机科学，通过模拟人类智能进行任务，如学习、推理和自我纠正，应用于语音识别、图像处理等领域。

深度学习（deep learning, DL）：机器学习的一个子领域，通过模拟人脑神经网络结构，利用多层神经网络进行数据分析和模式识别，广泛应用于图像识别、语音识别和自然语言处理等领域。

普通数据保护法规（general data protection regulation, GDPR）：欧盟于 2018 年实施的法规，旨在保护个人数据隐私与安全，规范数据处理行为，增强数据主体对其个人数据的控制权，适用于所有处理欧盟居民数据的组织。

计算机辅助诊断系统（computer-aided diagnosis, CAD）：一种利用计算机算法辅助医疗专业人员分析影像、检测疾病的系统，旨在提高诊断准确性和效率，常用于早期发现癌症等疾病。

虚拟现实（virtual reality, VR）：一种计算机生成的仿真技术，通过佩戴头戴式显示器和传感设备，用户能身临其境地体验三维虚拟环境。

多科综合诊断（multi-disciplinary team, MDT）：一种医疗协作模式，汇集来自不同专科的医疗专家共同讨论和制订复杂病例的诊疗方案，旨在提供综合性、个性化的患者护理，提高治疗效果。

企业对企业（business-to-business, B2B）：企业与企业之间进行产品或服务交易的商业模式，如批发商向零售商销售商品，强调大宗交易和长期合作。

线上到线下（online to offline, O2O）：通过线上平台引流至线下实体店消费的商业模式，结合线上营销与线下服务，提升客户体验和商家业绩。

商家对顾客（business-to-consumer, B2C）：企业直接向消费者销售产品或服务的商业模式，如电商平台销售商品，强调便捷购物和客户体验。

企业资源计划（enterprise resource planning, ERP）：一种集成管理系统，通过统一平台协调企业各部门的资源和业务流程，如财务、人力资源、供应链管理，提升效率和决策能力。

区块链（blockchain）：一种分布式账本技术，通过去中心化和加密算法确保数据的安全性和透明性。每个数据块包含一批交易信息，按时间顺序链式相连，形成不可篡改的记录。区块链广泛应用于比特币等加密货币、智能合约和供应链管理等领域。

委托权益证明（delegated proof of stake, DPOS）：一种共识机制，通过投票选出少数受信任的节点代表全网验证交易和生成区块，可提升区块链网络的效率和可扩展性。

实用拜占庭容错算法（practical byzantine fault tolerance, PBFT）：一种容错机制，通过在分布式系统中实现一致性，确保系统即使在存在恶意节点的情况下仍能正常运行，提高系统的安全性和可靠性。

第 14 章 ●—○—●—○—●

新兴技术在电子商务中的应用

■ 学习目标

1. 了解电子商务涉及的新兴技术（人工智能、VR/AR、区块链、物联网等）
2. 了解新兴技术的特点及其在电子商务领域的应用现状
3. 了解新兴技术对电子商务的使用场景、正面影响及潜在风险

■ 开篇案例

美团智能派单和困在算法里的外卖骑手

从一日三餐到生活用品，不知不觉中，外卖小哥承包了我们生活的方方面面。截至 2022 年底，美团平台有活跃商家 930 万，年度交易用户数 6.78 亿，624 万平台骑手日均完成近 6 000 万笔派送。庞大的订单数目、用户和商家数量、骑手人数，与极短的路径规划时间和配送时间形成了鲜明的数据对比。这背后不得不提到"美团超脑即时配送系统"（以下简称"美团超脑"）。

当骑手在户外配送时，平台系统通过骑手智能手机中的 GPS 追踪骑手的运动轨迹。当骑手进入室内取餐或送餐时，由于室内的 GPS 信号较差，平台系统转而通过智能手机的 Wi-Fi 和蓝牙继续追踪骑手，并且根据智能手机传输的信息对骑手在室内的行为进行监测，掌握骑手在室内的"一举一动"。因此，除了骑手的运动轨迹以外，平台系统还可以识别骑手的运动状态，包括走路、骑行、奔跑、爬楼梯、乘扶梯、坐电梯等，同时记录骑手生成的历史数据，包括到达商家的时间、在商家停留的时长、顾客住址楼层、通知顾客下楼取餐的时间、等待顾客取餐的时长等。

这些信息被用来不断优化美团超脑的算法。在各个城市，美团超脑已经根据各个时段的订单密度、餐厅分布情况建立起了最合适的站点网络和骑手人数规划。同时，分配给每位骑手的订单已经根据他所在的位置、餐厅和用户的位置进行过筛选匹配，确定处于他的

送餐舒适区内。例如，假设骑手还接到了另外 4 个订单，系统会进一步结合这 5 个订单对应的全部餐厅和用户的位置、商家出餐速度、对应街道路况、送餐上楼耗时等数据，规划出一条用时最短的路线。与人工智能在大多数领域的发展类似，美团超脑的算法在不断接受新的数据和人工经验后反复迭代、深度学习，从而提升效率。

随着配送效率的显著提升，"超脑"带来的一系列社会问题也开始获得广泛关注。2020 年 9 月，刊载于《人物》杂志的一篇文章《外卖骑手，困在系统里》刷屏社交网络。文章指出，外卖骑手被算法裹挟，系统限定的送餐时间越来越短，在算法与数据的驱动下疲于奔命，引发了公众对外卖平台规则的广泛质疑。由于平台通过大数据分析智能分配订单，并通过系统监控骑手的接单情况、送餐路线，骑手的自主性基本被剥夺，失去了对时间的控制，完全需要按照算法提供的指令来工作。平台通过手机和大数据，无时无刻不在收集各种信息，并将数据纳入控制骑手的算法内，压缩送货时间。在准时送达的压力下，经常可以看到骑手在街头风驰电掣，逆行、闯红灯，边骑边看手机的情况屡见不鲜，后果就是骑手成为潜在的马路杀手。由于骑手表现评估的部分由消费者完成，他们常常成为骑手发泄不满的主要对象，骑手与消费者之间的矛盾和冲突屡见报端。此外，骑手工作的零工性质导致他们的福利和社会保障难以得到保护。

面对这些质疑，美团外卖从优化系统、安全保障、改进骑手奖励模式、骑手关怀和倾听意见等角度回应了公众关注。美团外卖表示，会更好地优化系统，给骑手留出 8 分钟弹性时间，以便骑手等候延迟的电梯、在路口放慢一点速度；恶劣天气下，系统会延长骑手的配送时间，甚至停止接单；升级骑手申诉功能，对于因恶劣天气、意外事件等特殊情况下的超时、投诉，核实后将不会影响骑手考核及收入。在安全保障方面，美团外卖将增强配送安全技术团队，重点研究技术和算法如何保障安全；将加大正在研发的用于保障骑手安全的智能头盔的产能。针对写字楼、医院等特殊场所存在的进入难、找路难等问题，美团外卖也给出了正在努力的方向：尝试在这些场所铺设智能取餐柜，让骑手最后一公里的配送更便捷。美团外卖还将改进骑手奖励模式，从送单奖励转向综合考虑合理量区间及安全指标的奖励，让骑手在保障安全的同时，获得更实际的回报。声明称，美团外卖将继续加大投入，为骑手家庭及子女提供医疗、教育帮扶，会通过定期召开骑手座谈会、设立产品体验官等方式听取各方建设性意见，从而更好地优化调度、导航、申诉等策略。

2021 年，北京大学社会学博士陈龙的论文《数字控制下的劳动秩序——外卖骑手的劳动控制研究》再次引发大家对骑手和智能派单的关注。文章指出，在信息技术的影响下，互联网平台劳动过程已经呈现出信息化控制、集中化管理、超视距监视等特点，实现了对劳动者信息化管控、基于劳动者特征的差异化管理。在这样的背景下，构筑健康、温暖、高效、可持续并且具有社会责任的外卖生态体系，需要人们从社会伦理、法律制度以及经济学和管理学原理出发，融合大数据技术和人工智能算法等工具，充分满足不同目标下多参与方的核心利益。

资料来源：1. 陈龙. 数字控制下的劳动秩序：外卖骑手的劳动控制研究［J］. 社会学研究，2020，35(6)：113-135.

2. 人人都是产品经理，始于"超脑"终于"骑手"，美团外卖"折叠时间"错了吗，2020-09-11.

3. 赖祐萱，外卖骑手，困在系统里，人物，2020-09-08.

4. 美团算法团队. 美团机器学习实践［M］. 北京：人民邮电出版社，2018.

思考问题

1. 美团超脑应用了哪些数据从而提升了智能配送效率？
2. 智能配送对消费者、外卖骑手、平台、城市交通产生了怎样的影响？
3. 美团是怎样应对美团超脑带来的社会问题的？你认为美团的解决方案是否能解决问题？是否有其他解决方案？

14.1　新兴技术概述

随着大数据、人工智能、区块链等信息技术的快速发展和 5G 时代的到来，各种新兴技术不断加速对传统行业的数字化和智能化改造。新兴技术的突破与发展深刻改变了人们的生产和生活方式，也为电子商务的创新与发展提供了巨大的空间和机遇。在此背景下，电子商务不断进行技术创新，与传统行业的结合也越来越紧密，新技术、新业态、新模式不断涌现。阿里巴巴、京东、沃尔玛等国内外电商和零售巨头动作频繁，"合纵连横"不断，线下巨头搭建电商平台拥抱互联网用户、线上巨头收购线下实体店拓展新渠道，线上线下界限逐渐模糊，融合程度加深加快。总之，科技已经成为电子商务业态不断变革的动力之一，为电子商务的各个环节赋能。新技术在提升消费者体验和收集消费者数据方面正发挥着重要的作用，也在推动着电子商务产业链上、中、下游各个环节的变革。

在人脸识别、室内定位、虚拟现实、增强现实等新技术引入电子商务后，增强了消费者体验，同时完成了消费者数据的收集和线上线下流量的转化。新兴技术基于消费体验重构的融合，创造出不同的消费场景以满足消费者的需求，给用户带来优质的体验。在基于消费场景的新兴技术支持下进行数据化，打破了渠道边界，实现了线上线下双向引流，将数字世界和现实世界融为同一个世界。

在电子商务的运营管理环节，大数据、人工智能等技术能够提升管理运营效率，降低运营成本，通过销量预测方便商家更精准地备货，同时通过消费者画像开展精准营销。新兴技术的应用丰富了数据采集的渠道，提升了对数据整合、分析与利用的能力，从而为电商企业的经营决策提供助力，提高运营效率和消费者效用。

在电子商务的仓储和物流环节，无人机、机器人、区块链等技术的运用提升了供应链效率与追溯能力。此外，借助物联网技术，构建以用户为中心的运营模式，优化供应链，用传感器设备将物品与物联网连接，实现信息交换，建立起新的销售渠道。

总之，电子商务的发展受到 5G、区块链、人工智能等多种新兴技术的融合驱动。本章将着重介绍人工智能、区块链、虚拟现实与增强现实、物联网等新兴技术在电子商务领域的应用。

14.2　人工智能

14.2.1　人工智能技术简介

根据我国《人工智能标准化白皮书》的定义，人工智能是指利用数字计算机或者由数字计算机控制的机器，模拟、延伸和扩展人类的智能，感知环境、获取知识并使用知识获得最佳结果的理论、方法、技术和应用系统。人工智能的最终目标是由机器替代人类完成部分相对简单的重复性任务，使人类拥有更多时间进行创造性的劳动，享受更加高效便捷的生活，真正步入"智能时代"。人工智能在电子商务领域的应用则是指计算机视觉、智能语音等人工智能技术在电子商务场景的落地应用，通过为电子商务的参与主体、不同业务环节赋能，进而实现电子商务和零售行业的整体升级与改造。

人工智能应用于电子商务领域的关键技术主要有以下几种。

（1）计算机视觉：包括图像检索、人脸识别、视频数据结构化等技术，可实现精准识别线上及线下的商品和用户，并对商品和用户的移动进行追踪。

（2）智能语音：包括语音识别、语音合成等技术，有助于用户语音下单、语音导购等。

（3）自然语言处理：包括语义分析、语境分析、情感分析等技术，电商企业可通过智能客户系统为用户提供电话咨询、智能导购、智能客服等服务。

（4）机器学习：计算机通过对掌握的海量数据进行分析及应用，从而具备预测、判断及制定最佳决策的能力，实现数据智能和产业链优化。

（5）知识图谱：包括知识抽取、知识融合、知识推理等技术，企业可通过该技术实现用户和产品的多维度连接，形成完整的用户群体描述，该技术是智能客服、个性化推荐、智能营销的基础。

近年来，人工智能的研究取得了突破性进展。随着互联网尤其是移动互联网的发展，每天全球产生的数据量达万亿 GB，这为人工智能的发展提供了良好的数据基础。而大规模并行 GPU、FPGA 等可编程逻辑器件的出现，以及云计算技术的逐渐成熟，为智能算法（比如深度学习）提供了计算能力保障。以深度学习为代表的新一代机器学习技术在计算机视觉、语音识别、自然语言处理、智能语音与生物信息学等领域都取得了极好的效果，极大地提升了算法的智能性。人工智能技术在电子商务领域的渗透围绕着平台、品牌商、零售商、消费者等参与主体及零售产业链条，促使"人–货–场"的结构发生改变，信息流转速度加快，智能化程度持续提高。人工智能的主要应用场景包括智能客服，语音购物，人脸识别和行为洞察，精准营销与创意营销，智能算法、物流机器人与电商物流等。本节将对人工智能在这些场景中的应用进行逐一介绍。

14.2.2 智能客服

智能客服是指在各类技术（自然语言处理、自然语言生成、情绪分析、语言翻译、语音转文本、机器人流程自动化等）赋能下，通过客服机器人协助人工进行会话、质检、业务处理，从而降低人力成本、提高响应效率的客户服务形式。

传统客服系统存在人工培训成本高、回复质量差异大、接起和响应速度慢、客服人员流动大等诸多痛点。受益于人工智能技术的发展，以自然语言处理技术为基础的智能客服系统在电子商务的应用不断增加。目前智能客服系统已经可以覆盖售前、售中及售后全过程，7×24h 的服务可高效、高质量地满足消费者的商品咨询、自助购物、订单查询、物流跟踪、自动退换货等需求，在节省人力成本的同时提高消费者满意度。此外，智能客服系统能够采集消费者信息标签，为消费者画像，从而为精准营销和智能化运营提供有力的数据支持。

智能客服机器人拥有机器人的通用特点，比如主动履行任务而不知疲倦。对比客服行业的人工座席，它拥有三大优势。第一，全天候不休息地为客户提供咨询服务；第二，针对标准化的提问，可以提供标准化应答，差错率低；第三，成本低廉，不管是对外采购，还是自主开发，一套智能客服机器人的成本是固定不变的，随着服务客户数量的上升，边际成本趋近于零。

智能客服主要应用了知识图谱、自然语言处理、深度学习等人工智能技术。其中，知识图谱技术作为一种描绘实体间关系的语义网络，可帮助整合电商领域的多源异构数据，形成各类行业知识库，帮助企业积累客服知识及信息资源。自然语言处理技术则利用机器阅读文本进行语义理解与问题识别，并对识别问题进行大数据搜索，分析顾客问题含义、辅助情感分析，进行答案匹配与决策。基于海量数据下的深度学习模型结合多轮对话、知识图谱等对话引擎，自动改善解决能力，对咨询意图智能预判、解决推理计算等复杂问题。

智能客服的运行都离不开数据，而数据可能存在多种来源。如果数据质量较高，客服机器人就会在数据的驱动下良性运转。如果客服机器人缺少适当的机器学习训练模型或监管，其表现也可能令人失望。简而言之，数据和算法关乎智能客服能否顺利运转。当传入请求超出处理能力或者任务的复杂性过高时，客服机器人可能会不知所措，无法有效应对，进而给企业和客户造成负面影响。事实上，目前聊天机器人仍然对很多问题无能为力，无法有效予以回答，特别是对于含有众多变量的复杂服务问题。对此，开发人员应该为聊天机器人添加应变计划，比如将用户移交给人工座席，或者询问客户是否能够换一种提问方式。典型的智能客服服务流程如图 14-1 所示。

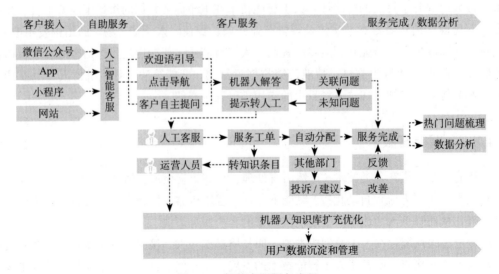

图 14-1　智能客服服务流程

资料来源：赛迪顾问，中国智能客服与营销软件市场营销报告，2022.

◎ 前沿研究回顾 14-1

智能客服

随着人工智能领域相关技术的发展，人工智能机器人开始得到广泛的研究和应用（手机语音助手、智能服务机器人、聊天机器人等）。本质上，人工智能机器人是通过语音命令或者文本聊天模拟人类对话和作为用户虚拟助手的计算机程序。常见的人工智能机器人可分为客服机器人和闲聊机器人。以客服机器人为例，在生活中我们可能会接到一些推销电话，或者快递收取电话，这些电话有时不是真实的人类在和我们对话，而是一个计算机程序。商家是否应该告知消费者他们应用了人工智能销售呢？这会对客户产生怎样的影响呢？应该如何设计智能客服使其更容易被消费者接受呢？

Luo 等（2019）的研究对比了六种不同环境下的机器人销售与人工销售情况，探索了销售机器人身份披露对用户的感知（购买决策）影响，并提出了一些缓解披露带来负面影响的建议。他们在亚洲一家大型互联网金融服务公司进行了实验。与研究者合作的公司通过 App 向个体用户提供贷款、再融资和投资等服务。公司向用户随机分配人工智能销售或者人工销售电话，且人工智能销售的语音特征为优化的女性声音，具有完美的音调、语气和语速。用户被随机分配到六个实验条件中（熟练的人工客服、经验不足的人工客服、不披露机器人身份、在对话前披露机器人身份、在对话后披露机器人身份、在客服做出决策后披露机器人身份）。

实验结果表明：在对话开始前披露机器人的身份将降低消费者的购买率；当得知对方为机器人时，客户开始变得敷衍（挂断或者匆匆结束对话），且对话较为简短；这是因为在对话开始前披露机器人身份，会让顾客产生机器人缺乏知识和不具有同理心的感知。这说明用户在知道提供服务的是机器人时，出现了一定的反感情绪。那么如何缓解这种反感情绪、让用户接受这一设定，对于企业具有重要的意义。事实上，研究结果表明，在对话之后披露机器人身份能够显著降低用户的不满意程度。此外，让消费者拥有更丰富的人工智能客服使用经历也有利于缓解机器人身份披露的负面影响。

在另外一个研究中（Schanke 等，2021），研究人员探究了客服机器人的拟人化程度对于交易结果的影响。研究人员与美国一家双渠道服装零售商合作进行了现场实验。这家零售商在网上以及实体店买卖旧衣服。研究人员使用谷歌的对话 AI 平台 DialogFlow 开发了聊天机器人，将它整合到零售商的 Facebook 页面，目的是与有兴趣将二手衣服卖给零售商的顾客进行互动。三个拟人化特征包括社会临场感、沟通延迟和幽默感。其中社会临场感被设计为聊天机器人的名字，并使用非正式的语言。沟通延迟被设计为每分钟 70 字的文字回复，而不是直接回复。幽默感则被设计为在对话中插入了随机的笑话。当客户与机器人发起对话时，他们将随机接受零个、一个、两个或三个拟人化特征的随机组合，从而将消费者暴露在不同程度的拟人化中，进而估算聊天机器人拟人化对交易结果的影响。研究发现客服聊天机器人的拟人化程度高，则有利于交易实现，这是因为拟人化设计增加了消费者的信任，消费者也更愿意披露完成交易所需的个人信息。

这些研究表明，当消费者与人工智能进行交互的时候，其行为表现与同人工客服进行交互有很大差异。在实施智能客服的过程中，企业与开发人员需要思考一些设计细节（比如何时披露机器人身份、如何对聊天机器人进行拟人化设计）对消费者满意度和购物行为的潜在影响。

14.2.3 语音购物

如今，越来越多的电子设备开始支持通过语音与人类进行交互。语音交互指的是人类与设备通过自然语音进行信息的传递。语音交互让人们解放了双手，并弱化了人们集中在电子设备上的注意力，为人们提供了更加有效和自然的人机交互体验。智能语音技术目前已广泛应用到智能家居、车载语音、智能客服等行业和场景。在电子商务领域，智能语音技术已经被应用于购物场景，即用户可以通过语音指令来寻找、下单商品或者查询订单状态。根据华经产业研究院预测，2023 年全球智能语音市场规模将达 399.2 亿美元，其中 Nuance、谷歌、苹果市场份额占比较高；2023 年我国智能语音市场将达 382 亿元，其中科大讯飞与百度占据较高的市场份额。

相比于传统的交互方式，语音交互具有以下优势。

（1）信息传递效率高。针对复杂的输入词，尤其是在输入方式不便的场景下，语音交互更高效（比如在智能电视上搜索电影或电视剧）；针对需要跨空间的操作，语音交互更高效（比如智能家居控制），因为远场语音交互可以跨 3～5 米进行交流；此外，语音交互还可以一次性下达多条指令，然后分别执行，在需要支持多意图的场景下语音交互更有效。

（2）解放双手和双眼。通过语言交互可以将手和眼睛空出来处理其他事情，在车载交互等场景中，使用语音交互更安全、更高效。

（3）学习成本低，对非文字使用者友好。人类是先有语音再有文字，每个人都会说话但有一部分人不会写字，老人、幼儿、失明的人群无法使用文字交互，语音交互会为他们带来极大的便利。语音交互更自然，上手成本更低，因此在非复杂场景下，语音交互比界面交互更自然。

（4）传递声学信息。通过声纹识别技术可以在下达指令的同时进行身份判断，让身份认证效率更高。声音还可以用来判断消费者的性别、年龄层、情绪等信息，以便商家为消费者提供更个性化的推荐。

相比于传统的交互方式，语音交互具有以下劣势。

（1）信息接收效率低。语音输出是线性的，当用户下达指令时，机器需要对完整内容进行理解，这对语音识别和自然语言理解提出了极大挑战。此外，语音无法同时输出很多内容，在接受信息和多选择交互时，视觉具有更大的优势，声音的效率则不高。总的来说，语音交互针对单向指令是更有效的，而双向交互不是很有效。

（2）嘈杂环境下语音识别精度降低。语音识别需要清晰地识别出人声，包括将人声和环境声进行分离、将人声和人声进行分离。嘈杂环境使得人声的提取变得困难，特别是针对远场语音交互，噪声的问题更加突出。

（3）公开环境下的语音交互容易让用户产生心理负担。语音交互的心理障碍是用户不能预设和预先判断的。在同一情况下，不同的人可能会产生完全不同的行为和期望。这给设计者带来了很大的麻烦，也给用户带来了不确定性。从心理体验来看，用户主观上不愿意对机器说话，因为有可能会得到毫无感情甚至是错误的反馈。

目前，很多国外品牌都已经开通了 Amazon Alexa 或 Google Home 的语音助手功能。例如，星巴克等品牌允许消费者通过语音点餐。一些线下零售商也尝试通过语音导购提升消费者购物体验，在线下卖场推出了导购机器人，利用人脸识别、交互判断算法、毫米波雷达等技术，通过语音交互和屏幕呈现的方式为消费者提供店铺位置信息、店铺产品及活动推介内容，提高商场购物中心内消费者寻店效率，在优化消费者购物体验的同时，也增添了消费者的购物乐趣。

尽管语音购物被认为是一种极具潜力的未来购物方式，但是受制于目前语音识别及自然语言理解技术的发展水平以及语音交互本身具有的局限性，语音购物的应用场景仍然有限。现阶段语音交互主要应用于五种电商场景。第一种是标准化的产品。天猫精灵的购物数据显示，"双 11"期间通过智能音箱天猫精灵卖出最多的商品是柴米油盐等标品，这些标品是生活必需品，并且不需要经过太复杂的筛选。语音购物适用的第二种场景是复购。基于过往的历史购买记录，当用户想再次购买相同的产品时可直接通过语音命令下单购买。第三种场景是语音订餐，比如用户可通过天猫精灵在饿了么订餐。第四种是常规的话费、水电费等充值。第五种是将语音交互用于电子商务的支付环节。通过一系列绑定及授权之后，智能音箱可以识别用户声音，识别通过后，消费者可以完成支付。在天猫精灵上，用户可以通过声纹支付或小额免密来进行付款。

14.2.4　人脸识别和行为洞察

人脸识别技术是近年来迅速发展并被广泛应用到电子商务中的生物识别技术。通过人脸识别、人体特征识别等技术零售商获得消费者购买行为数据，实现对消费者的行为洞察。人脸识别是指通过摄像机读取人类脸部特征信息，分析现实人脸的空间图像映射到机器空间的过程，它通过分析人类脸部共有特征和个体人脸特征之间的关系形成人脸图像模板，最终实现人脸自动识别。2015 年以来，我国相继出台了《安全防范视频监控人脸识别系统技术要求》《信息安全技术　人脸识别认证系统安全技术要求》等国家标准，为人脸识别技术的应用奠定了重要基础。

在电子商务中，人脸识别技术已经被用于产品体验、互动营销和身份认证。当顾客在进行网上购物时可以通过人脸识别系统体验产品的使用效果，比如服装的试穿、美妆产品的试用效果。通过智能技术为顾客实现导购，改善用户的体验。在进行营销时，为了增加用户的互动玩法让用户上传照片进行人脸检测、属性分析，智能化为用户推荐产品。此外，商家可以将人脸识别与增强现实结合起来发起营销活动，让用户与好友分享参与，提升用户购买乐趣。

人脸识别最广泛的应用在于身份认证。在电子商务平台上，新注册的用户不管是商家还是顾客都需要进行身份验证。用户在进行身份验证时通过上传身份证信息与真人进行识别验证，识别成功即可完成注册。人脸识别也广泛应用于支付。作为一种生物识别技术，人脸识别具有其他生物识别技术（指纹识别、虹膜识别、语音识别、掌纹识别等）共有的优势，比如防伪性好、难以被伪造或盗用、携带方便、不会遗忘或丢失等。此外，它还具有一些独特的优点，比如无须接触、无侵扰性、硬件基础完善、采集快捷便利、可拓展性好等。

包括人脸识别、指纹在内的基于生物识别技术的身份认证识别能够覆盖电子商务的全领域。电子商务在运行过程中涉及买卖双方的身份认证、订单信息认证、支付安全认证、物流运输安全认证等多项认证。可靠、便利的生物特征识别认证技术能够确保电子商务系统的正常运转。未来，电子商务的买卖双方可以通过生物特征认证技术证明自己的身份；通过生物特征认证和数字签名的双因子认证确定订单的真实有效，并完成相应的支付；物流公司的物流派送人员通过指纹验证确认接收到需要派发的货物；最终收货人通过提供带有生物特征信息的签收信息表明身份，确保货物安全送达。由此，生物特征技术确保了电子商务安全领域内的安全性、可用性、可控性、保密性和不可否认性，保障电子商务系统正常有序运行。

除了人脸识别技术，商家还可以依托机器视觉技术通过摄像头采集消费者的人脸、动作、轨迹等信息，辅以对商品图像信息的识别分析，帮助零售企业整合"人－货－场"数据，形成完整的用户画像和消费者洞察。基于视觉的消费者信息采集方式正在重构线下零售场景。与电商平台可依靠移动应用有效获取消费者搜索记录、浏览痕迹、购买偏好等数据进行个性化推荐不同，线下零售门店在消费者行为洞察上缺少必要的信息获取手段。以往线下零售门店只能在支付环节对交易数据和客户基本信息进行统计，对消费者的消费过程和消费偏好数据采集不足，客户价值无法得到充分挖掘。通过人脸识别、人体特征识别、人体关键点检测、行为分析等技术洞察线下零售场景中的消费者行为，包括购物轨迹、拿取动作等。基于对消费者生物信息的采集分析，可以通过简化会员到店注册流程、实现会员识别管理、统计客流、进行热力图分析、实现 VIP 到店提醒等优化线下门店营销和经营决策的辅助手段。同时，通过编码高风险人员特征可对盗窃行为进行识别和提醒。

从刷脸购物、刷脸考勤，到人脸识别闯红灯者，随着人脸识别技术等生物识别技术的广泛应用，它隐藏的巨大风险正在逐渐被重视。人脸、指纹、虹膜等不可更改的人体生物特征属于用户最核心且最重要的个人信息，对这些信息的收集和应用，必须持非常谨慎的态度。事实上，美国已有多个城市出台法规对生物识别技术进行监管。其中，伊利诺伊州在 2008 年颁布的《生物识别信息隐私法案》（BIPA）已经给科技巨头带来深远影响。2021年，纽约一项新的生物识别隐私条例规定收集生物识别信息（如面部和指纹）的企业必须在门口张贴显眼的标识，向顾客说明企业正在收集顾客的生物识别信息。此外，该法规禁止企业出售或交易生物识别信息。如果企业违反该法规，顾客可以向法院提起诉讼、要求企业赔偿。我国也已陆续颁布和实施《信息安全技术　远程人脸识别系统技术要求》等相关国家标准和规定规范个人生物信息的应用，防止人脸识别技术的滥用。随着对个人生物信息保护的认识不断提高，人脸识别等生物信息识别技术必须加强规范与安全规制。信息处理者必须尊重每一个用户，敬畏法律和权利，谨慎使用手中的技术能力，这才是相关企业规避信息风险、维护用户利益、促进企业长远发展需要树立的基本理念。

14.2.5　精准营销与创意营销

人工智能技术在电子商务营销领域的应用主要围绕精准营销和创意营销两方面。其中，精准营销主要通过人工智能技术（比如个性化推荐系统算法）向消费者推送广告和产品，为消费者提供个性化的信息服务和决策支持，促进营销转化。创意营销主要通过人工智能技术创作广告内容，丰富营销和互动模式，提升消费者体验。

目前主流电商平台均具备"相关推荐""猜你喜欢"等功能。机器学习技术以超越依靠专家规则的方式，对顾客的购买力、品牌忠诚度、消费频率、消费兴趣等多样化信息标注标签，形成"千人千面"的用户画像，进行大规模、自动化的个性化推荐。实体零售企业则依托线上线下融合的方式进行全渠道营销，一方面将人脸识别摄像头、智慧大屏等硬件设施作为线下数据采集入口，另一方面借助移动端 LBS（location based services，基于位置的服务）锁定零售门店周围的活跃人群，有针对性地推送广告，吸引顾客到店。

除了个性化的产品推荐之外，大型广告交易平台利用自身流量和海量数据优势，对互联网用户进行画像，制定千人千面的广告。深度学习和自然语言处理等人工智能技术在营销领域常被用来进行用户行为分析、行业数据挖掘、广告投放效果的监测和优化等。通过应用 AI 技术进行智能广告营销可降低广告主投放成本、提高 CTR（click-through-rate，点击通过率）、提高产品曝光率、提升转化率。

人工智能技术还可以被用于广告制作。例如，阿里巴巴曾推出了智能文案工具，方便卖家设计广告文案。该工具提供高度模拟人写文案和自由定义字数等核心能力。在文案生成方面，AI 智能产品提供了多种文案写作风格，包括功能描述型、特价促销型、实际功效表达型等八种类型，用户能够基于自身场景选择合适风格的文案。例如，对于粉底液品牌来说，选择特价促销风格生成的文案可能是"大牌粉底液超低价，手慢无！"；而功能描述风格的文案则是"提亮肤色遮瑕粉底液，淡妆可以很美丽"。与此同时，针对广告主的不同需求，产品在生成自动文案时支持"字数选择"功能。从几个字的短标题直至 60 字左右的商品描述，"AI 智能文案"均能实现一键生成。事实上，早在 2016 年的"双 11"期间，阿里巴巴启用的人工智能设计系统"鲁班"就完成了 1.7 亿张商品展示广告的制作，商品的点击率还提升了 100%。随着 ChatGPT 等生成式 AI 技术的广泛应用，在 AIGC 的加持下，广告行业的生产创作、付费模式、从业人员、商业格局等方面都正在迎来重构。

人工智能不仅可以创作文字和图片，依托视频结构化和图像检索等技术通过对象识别、特征提取、动态物体识别等处理视频数据信息，还可以实现对应场景下自动、批量、标准化的视频广告植入。AI 视频营销就是一种以视频为载体，利用人工智能技术辅助广告的植入、投放和监测等环节，使广告的呈现和互动变得更加友好、用户触达更加精准的新式营销。利用 AI 技术识别和分析视频中的场景因素，将视频划分成不同的场景单元，然后根据产品属性匹配到相应的场景，进行广告投放。AI 视频营销利用视频营造的场景氛围带动观众产生情感共鸣，自然而然地呈现广告，达到既强化认知，又不过分干扰的广告效果。人工智能创作的广告节省了前期的规划成本，同时可进行批量化、标准化、自动化的植入，可大大提高行业效率。

14.2.6 智能算法、物流机器人与电商物流

人工智能也被广泛应用于电商物流。在即时物流等对配送时效性要求非常高的领域，通过基于机器学习和运筹优化算法的订单分配系统的使用，效率较低的骑手抢单模式和人工派单模式逐渐转变为系统派单模式。即时物流订单分配本质上可以看作带有若干复杂约束的动态车辆路径问题（DVRP），订单分配系统的工作原理是以大数据平台收集的骑手轨迹、配送业务、实时环境等内容作为基础数据，通过机器学习算法得到预计交付时间、预计未来订单、预计路径耗时等预测数据，最后基于基础数据和预测数据利用运筹优化模型与算法进行系统派单、路径规划、自动改派等决策行为。订单分配系统给企业带来效率提升的最直接表现即配送时长明显下降。以美团为例，在应用了自主研发的 O2O 即时配送智能调度系统后，美团外卖的订单平均配送时长由 2015 年的 41 分钟缩短至 2020 年的 28 分钟，降幅达到了 31.7%；2022 年，美团引入的无人机配送平均配送时长仅为 12 分钟。

此外，人工智能也正在助力零售业的供应链管理。随着零售新业态的快速发展及以消费者需求为核心的经营理念变化，订单碎片化、显著增加的 SKU 数、仓储管理复杂化等均对传统零售供应链提出了挑战。零售渠道商在库存品类及库存量上缺乏前瞻性及灵活性将导致顾客流失、仓储成本增加、流动资金被占用等负面影响。基于人工智能和大数据技术可以实现驱动需求预测、销量基线预测、选品及采购、库存计划、自动订货补货、库存优化、货物追踪、订单管理等环节的高效协同。通过促进供应网络各节点的数字信息流通及自动化分析，重塑产业链模式，推进传统供应链模式向智慧供应链网络转型。

除了通过智能算法提升物流与供应链效率，人工智能也通过机器人降低行业成本。当前我国人口红利正在快速消失，用工成本不断增加，作为典型的劳动密集型行业，物流业面临人工成本和人员缺口的巨大压力。电子商务订单处理也呈现出"多品种、小批量、多批次、高时效"的特点。特别是"新零售"概念的提出，对仓储系统的智能化、柔性化提出了更高的要求。因此，对于想要高效率、低成本地履行订单的企业而言，一套自动化、智能化的仓储系统显得尤为重要。而基于机器人的"货到人"方案可以完成补货、整箱拣货、拆零拣选、退货等物流作业，近年来需求巨大。

物流机器人是指应用于仓库、分拣中心以及运输途中等场景，进行货物转移、搬运等操作的机器人。随着物流市场的快速发展，物流机器人的应用加速普及。在不同的应用场景下，物流机器人可以分为 AGV 机器人、分拣机器人、码垛机器人以及配送过程中的无人车和无人机。其中 AGV 机器人是一种移动运输设备，主要用于货物的搬运和移动，目前广泛应用在工厂内部工序间的搬运环节以及港口的集装箱自动搬运；分拣机器人通过传

感器、图像识别等系统和多功能机械手等设备实现货物的快速分拣;码垛机器人用于纸箱、袋装、罐装、箱体等各种形状的包装物品码垛,包括直角坐标机器人、关节式机器人等。根据此前市场研究公司 IMARC Group 的预测,到 2028 年,全球物流机器人市场规模将达到 586 亿美元。由此可见,物流机器人行业发展前景非常好。

自智能物流逐渐被市场认可以来,越来越多的企业涌入其中。例如,菜鸟自研了一套柔性自动化技术,并于 2019 年 1 月 22 日在南京推出全国首个机器人分拨中心,可实现大件包裹在整个分拨中心内全程可控、智能识别以及快速分拨。据悉,该机器人分拨系统可处理超过九成商超类包裹,比传统人力分拨效率提升 1.6 倍。京东物流除了在 2018 年首次公开无人仓的建设标准,其不同层级的无人仓数量达到 50 多个,分布在北京、上海、武汉、深圳、广州等多地。而以 X 事业部为核心研发的分拣 AGV、叉车、货架穿梭车达到近 10 种,其并联机器人拣选速度已是传统人工的 5 ~ 6 倍。在各大物流巨头公司的战略中,末端无人配送将是今后关注的焦点,比如京东物流、美团外卖等都推出了不同性能的无人配送物流车。电商、物流巨头也都已提出明确的无人机战略规划,加快布局无人机物流。

如今"智慧物流"已开始渗透于日常人们的生活中。长远来看,智慧物流现在依然处于早期阶段,行业商业模式也在不断探索中。以物流机器人为例,目前主要的商业模式有提供产品解决方案、提供租赁服务以及中介合作等,当前下游应用需求并未完全打开,一体化产品解决方案还未成熟。因此,在激烈的市场竞争环境下,一些企业积极探索新的商业模式,找寻更适合自己的发展路径。例如,Geek+ 在提供传统的业务模式外,还创新了"机器人即服务"商业模式,客户可按需租赁机器人、智能仓,或者由 Geek+ 全面代运营,按照客户的订单情况增减机器人的使用数量,助力客户提高仓储运营效率、降低管理成本,实现客户的轻资产配置,紧跟智慧物流的大趋势。

◎ **应用案例 14-1**

美团"AI+生活"打造未来生活服务新基建

作为互联网巨头企业,专注于本地生活服务的美团拥有 77 亿用户评论数据、超过 100 亿线上用户和商户上传的图片数据,以及 624 万骑手的行程数据。依据这些数据,美团就可以进行包括图像、视觉、语音、智能交互、运动规划、智能调度等在内的大量基于人工智能技术的深度探索,解决用户和商家在各种不同场景中的需求。在"AI+生活"理念的指引下,美团旨在通过人工智能技术为 4.5 亿用户提供更好的服务与体验,帮助 600 多万商家提升经营管理水平。美团的人工智能应用主要围绕三个方面展开。

1. 打造生活服务引擎

美团广泛应用人工智能技术,让用户更简单、更便捷地获取各种生活服务。例如,打开美团 App 有两百多种不同的服务,但是屏幕那么小,怎么样才能基于用户喜好,让用户找到他想要的服务呢?这就需要大量的人工智能技术,包括智能推荐、智能搜索等。此外,在美团 App 有"语音应用无障碍外卖",当老人、小孩或者是残障人士没有办法输入文字点外卖时，用户可以用语音的方式做智能交互，完成从挑选商家、挑选菜品、下单、支付等全流程。这不仅得益于美团在语音交互层面的技术能力，更重要的是美团有丰富的生活服务场景，能够通过语音交互、大数据、自然语言处理等技术的支撑，依赖 IoT 设备（手机、智能音箱、智能穿戴设备、车载机、家居设备等）用语音完成服务唤醒、挑选、支付乃至获取的服务闭环，让用户获取服务像说话一样简单。

2. 助力产业升级

美团平台有超过 600 万商户，每年有 20% 左右的商户因为经营不善而倒闭。经营不善包括很多原因，比如选址、口味、服务、物流、供给等。美团拥有的数据和人工智能技术能够帮助很多中小型商户提升自身的经营管理效率，逐渐地建立起数字化的经营管理，依据数据进行经营决策。例如，美团可以通过多维度识别 UGC（user generated content，用户生成内容）中用户对商户的情感倾向，支持情感子句抽取，赋能用户选店决策。

3. 物流新基建

美团致力于通过自身的数据和人工智能技术提升各个行业的经营效率与服务效率，在很多地方推动自动化和无人化。美团闪购目前正在尝试建设无人前置仓，通过自动拣选、打包并无缝衔接配送服务，帮助商超实现经营效率的进一步提升。除了无人微仓，美团还在进行配送场景下的无人车和无人机的相关研发测试，打造空中、地面的立体三维配送网络，跟现有的外卖小哥结合，形成高效的人机协同配送网络。2020 年 2 月，美团已经在北京顺义区落地了一款中型无人配送车，通过自动驾驶技术给用户配送美团买菜的订单。目前无人车主要完成距离较远及订单配重较重的配送任务。截至 2023 年，美团自动配送车已在北京、深圳等多地进入常态化试运营阶段，运营车辆超过 500 台，日均运营超过 16 小时，自动驾驶里程占比超过 98%。在无人机的测试运营中，工作人员接到订单之后，会依据订单打包裹，然后放到专用的褐色的盒子里，按照既定路线行驶，最终落在用户指定配送地点，落地后自动解锁，放下包裹即飞走，用户再取走包裹。2023 年 7 月，美团发布了第四代无人机，3 公里配送一般将不超过 15 分钟。

围绕以上三方面，美团从场景和需求出发推进人工智能的应用，一方面是为用户提供更好的生活服务的引擎，让用户得到更好的服务体验；另一方面，为商家提供产业升级的一系列工具、设施和系统。美团也在探索在未来的生活和城市中可能期望看到的技术和设施，让"AI+生活"成为我们未来生活的基础设施，这种基础设施就像水电煤一样无处不在，可以帮助每一个用户、每一个商户。

资料来源：1. 雷峰网，人工智能如何应用到"吃喝玩乐"，2020-08-17.
　　　　　2. 量子位，科技应该为每一个普通人服务，要做"接地气的 AI"，2020-12-12.

思考问题

1. 美团如何通过人工智能技术改善平台用户体验？
2. 美团如何通过人工智能技术赋能平台商户？
3. 美团能从哪些方面打造未来生活的基础设施？

14.3　区块链

14.3.1　区块链技术简介

作为多种技术的集成应用，区块链涉及数学、密码学、计算机等多个学科。《中国区块链技术和应用发展白皮书》给出的区块链定义为：区块链是分布式数据存储、点对点传输、共识机制、加密算法等计算机技术在互联网时代的创新应用模式。

区块链核心技术包括 P2P 网络协议、共识机制、分布式一致性算法、哈希算法、加密签名算法、二项树结构、账户与存储模型等。本质上，区块链技术是利用块链式数据结构来验证与存储数据、利用分布式节点共识算法来生成和更新数据、利用密码学的方式保证数据传输和访问的安全、利用由自动化脚本代码组成的智能合约来编程和操作数据的一种全新的分布式基础架构与计算范式。在区块链系统中，各参与主体产生的交易数据每过一段时间就会被打包成一个数据区块。数据区块按照时间顺序排列，形成数据区块的链条。各参与主体拥有同样的数据链条，且无法单方面篡改。任何信息的修改只有经过约定比例的主体同意方可进行，并且只能添加新的信息，无法删除或修改旧的信息，从而实现了多主体间的信息共享和一致决策，保证了交易信息的不可篡改、公开透明。区块链具有以下特征。

（1）开放性大，去边界化。区块链网络不设限制，所有方都可以链入其中。完整的数据库可以储存在区块链网络的任一节点中。整个区块链由节点共同维护，某个节点失灵对其他节点不造成影响，其他节点仍可以正常工作。

（2）去中心化，去信任化。去中心化使中心化设备和管理机构没有存在的意义，而形成大量节点组成端到端的网状结构，节点之间借助数字签名技术实现信息交换。区块链系统使用分布式运算和存储，点对点的对等网络协议不需要中心化硬件设备和管理节点，利用纯数学的方式建立信任，形成开放、扁平、平等的结构，同时由节点自由选择中心，随着需求变动，中心可以变动，因此不需要严格区分节点和中心。

（3）交易透明，双方匿名。遵循公开透明原则，数据信息公开面向整个区块链网络，所有节点都可查询网络中的全部交易。去信任机制使参与节点匿名化，不需要公开身份。

（4）不可篡改，可追溯。根据共识机制，区块链中单个甚至多个节点数据库的更改对其他节点的数据库不会造成影响，若想要更改数据，需要全部区块链链条中超过 51% 的节点同时更改，分布式节点的强大算力使得更改可能性极低。密码学技术的应用使区块链中任意交易都和相邻两个区块产生联系，信息储存于全部节点中，交易的全过程皆可实现追溯。区块链中时间戳一般用一个长字符序列来表示某个时刻，该技术的应用为区块链中的大数据加了时间维度，将数据交易的时间写入数据区块中，使得对数据可以进行追溯和证明。利用非对称密码学原理加密数据使区块上储存的数据安全性有所保证，并且分布式节点的强大算力可以有效抵御外部攻击。

14.3.2　区块链技术应用

日益受到各方重视的区块链技术已应用到供应链管理、数字资产等多领域中，也为现阶段的电子商务提供了新思路和新发展。区块链可以有效解决电商领域的信用问题、供应链管理问题和数据安全问题。另外，区块链技术还有助于实现营销创新。

1. 解决信用问题

（1）解决物流环节信用问题。在电子商务供应链方面，如何确保产品不掺假，从源头到物流再到用户手中，整个过程监管到位是行业难题之一。区块链技术的应用可以跟踪产品的全部轨迹，从而能够保证产品质量、防范中间过程的差错。区块链网络去中心化的特点使每一个节点既是客户端又是服务器端，具有双重身份。此外，信息在区块链中的每一个节点都有存储，即便某个节点的信息损坏或丢失，区块链都可以恢复数据，从而保证交易的数据安全。节点之间无法互相欺骗，彼此监督、有效规避数据造假，因此能够有效解决物流环节的信用问题。这使得区块链在电商物流领域拥有广泛前景。例如，在跨境电商中，由于供应链长，产品的原产地与消费者之间时空间隔大、商品质量参差不齐、信用风险高，因此区块链在该领域优势明显。此外，非对称密码学原理和分布式节点的应用使生产流通全环节信息得以储备，从而实现产品溯源。

（2）解决支付结算环节信用问题。在利用第三方支付时，交易过程中会产生两次资金移交。第三方支付与电商平台对接的手续费偏高、清算时间长，导致支付成本高，交易流程冗余。支付时信息交互通过区块链数字签名技术来完成，商家及顾客之间的信息交流直接在区块链上完成，实现彼此间信息的传递。区块链中每个数据块都储存着某段时间内的整个链条的交易信息，交易信息的有效性得到保证，并确保信息不丢失。通过区块链除去第三方支付后，可以实现全天支付、快速到账、规避风险，营造安全的电子支付环境，优化监管模式。

（3）解决交易评价环节信用问题。在电子商务中，一笔交易完成后消费者可以提供商品评论。而由于"水军"的存在，刷单与恶意差评问题时有发生。电商网站上提供的已有交易评价的真实性无法保证，消费者无从考据该评价的可信度。针对评价环节带来的高人力及物力成本，阿里巴巴与以太坊合作，共同构建应用区块链技术的公共金融云，从根源上解决卖方刷单以及买方或竞争对手给出恶意差评的不当行为，保证消费者获得信息的真实性，改善交易后评价环节的信用问题。

2. 解决供应链管理问题

电子商务的发展离不开供应链。供应链是指包括物流、信息流、资金流在内并将行业内不同位置的企业有机结合在一起的复杂结构。区块链在供应链管理上可以发挥以下作用。

（1）整合信息，实时反映。区块链可以实现供应链全过程的有效连接，供应商、制造商、分销商以及物流等可接入同一个区块链网络中，使物流、资金流、信息流都在链上有所记录，实时监管链条动态、紧密联系多方，使企业协同工作。时间戳技术可以验证交易时间并确定交易身份，提高交易透明度。在基于区块链的电商交易过程中，全部流程和渠道都公开透明，避免了人为操作的可能性，推动整个电商供应链的良性竞争。

（2）打通数据孤岛，链接数字资产。区块链公开透明、去边界化、去中心化、去信任化的机制有助于信息共享平台实现数据公开，实现多方参与信息交换，将分散的数据库连成网络的同时借助加密算法保护参与方的隐私。公有链和私有链的配套使用可以使企业告知需求而不透露供应商的具体信息。打破数据孤岛，可将不同部门储存的数据连通起来，共同维护，增强对数据的深加工，实现数据征信，由此推动大数据交易市场的搭建。

3. 解决数据安全问题

电商企业在交易过程中会储存大量的用户个人隐私及支付数据，而这也是由其经营模式决定的。为了了解顾客需求和偏好、维持用户黏度、提高企业自身竞争力，电商企业会采集各种用户信息进行分析并用于企业营销，这要求电子商务企业提高其网络安全性。随着电子商务的快速发展，企业的硬件设施和通信技术如果不能快速更新迭代，很难有力地保护用户数据，数据泄露的潜在风险很大。而一旦发生用户数据泄露将造成严重及不可挽回的损失。区块链去中心化使平台信息交流无须依赖第三方，确保交易的高效可以借助智能合约来实现，既可以降低成本，又能避免人为监管漏洞。

4. 营销创新

业界也在不断尝试将区块链技术应用于市场营销。基于区块链的非同质化代币（non-fungible token，NFT）已经受到品牌与电商平台的广泛关注。与比特币、以太币等虚拟货币一样，NFT 同样依靠区块链进行交易。但 NFT 代币的最大特点在于其唯一性，即"非同质化"。它使用区块链技术进行唯一标识，每个 NFT 都具有独一无二的链上序列号，和特定的作品、艺术品和商品建立唯一的映射关系，可以作为具有唯一性的所有权证明。基于这种稀缺性和独特性打造的数字藏品非常契合新时代人群彰显个性的消费心理。

2021 年 5 月，Gucci 发布了首款数字虚拟运动鞋 NFT：Gucci Virtual 25。这双鞋不能转售，只能在线上世界穿，消费者购买之后可以在虚拟世界"穿"上它拍照或录制小视频，然后分享出去。天猫也在 2021 年"双 11"期间推出了数字藏品展，五粮液、自然堂、科颜氏等品牌都推出了自己的数字藏品。消费者可以购买属于自己的独一无二的品牌数字藏品，用于展示与收藏。尽管 NFT 的营销可行性已彰显，但由于它同时具备代币属性，具有被炒作的风险，NFT 的应用在政策与监管方面仍然具备很大的不确定性。

14.3.3　区块链技术应用现状

"区块链 + 电商市场"竞争格局主要有两种类型的企业：传统电商和新型区块链电商。传统电商是通过区块链技术改变原有的产品与服务，完善已有的产品线的。新型区块链电商则根植于区块链带来"颠覆式创新"。

传统电商巨头提前布局，现阶段区块链产业生态初露头角。例如，日本最大的电商购物平台乐天计划推出自主研发的加密货币——乐天币（Rakuten Coin），该币将会应用于跨境支付中，用户可以将其兑换成美元、欧元、卢布，以减少交易费用及汇兑损失。2018年，腾讯、京东、百度相继发布区块链白皮书布局金融、供应链、慈善公益、云计算、民生等多个领域。阿里巴巴旗下菜鸟与天猫国际宣布在跨境交易中将跟踪、上传、查证进口商品的物流全链条信息，支付宝和 GCash 宣布开放首个基于区块链的跨境数字钱包汇款服务。此外，阿里云将区块链和物联网技术相结合，通过建立全球商家和货品标准化档案、商品身份识别体系，实现了电子商务交易中商品的可信追溯。借助区块链技术，京东与商家合作，实现了品牌商、零售商、消费者及流通渠道，以及监管部门、第三方检测机构之间的信任共享，从而多方位提升品牌效应、优化体验、加大监管力度和增加供应链整体收益。

新型区块链电商刚崭露头角便引发广泛关注。例如，新加坡基于区块链技术的电商平台 NeoPlace 试图构建真正意义上的去中心化电商平台，卖家可以借助其他接口直接将已有销售平台上的产品导入 NeoPlace，并且可通过内置加密钱包出售产品。而英国 Provenance 则关注区块链电商供应链服务，通过区块链技术进行商品溯源，利用区块链的供应链追踪工具可以追踪产品配料、原材料和成品，推动商家树立自己的品牌。

区块链技术正逐渐向不同领域衍生，开始进入大众生活。目前多个行业都已经有比较成熟的区块链应用，比如金融监管、慈善公益等领域。区块链将是一个全新的价值传输网络。从可信供应链到数字金融，技术赋能效能凸显。随着区块链技术与业务场景应用的紧密结合，区块链赋能电子商务的发展已经逐渐得到业界认可，电商平台已经开始了区块链应用的不断尝试。

◎ 应用案例 14-2

京东智臻链

京东从 2016 年开始进行区块链应用的研究，商品防伪是京东第一个区块链大规模落地的应用场景，已经应用于多个品类领域。京东智臻链防伪追溯平台作为供应链追溯的全球领先应用，已合作超 1 000 家品牌商，落链数据超 10 亿级，消费者"品质溯源"查询次数超 750 万次，覆盖生鲜农业、母婴、酒类、美妆、二手商品、奢侈品、跨境商品、医药、商超便利店等数十个丰富的业务场景。京东智臻链在电商物流领域主要应用于以下方面。

（1）供应链溯源。利用智臻链区块链的技术能力，结合物联网技术，记录商品从原材料采购、加工、生产、质检、物流、经销、零售，一直到消费者的全流程信息，解决了信息孤岛、信息流转不畅、信息缺乏透明度等行业问题。

（2）商品防伪。商品经过"一物一码"的标识环节，将全过程流转的信息写入区块链。区块链上的信息不能随意篡改，商品从生产到运输再到最后销售，每一个环节的信息都被记录在区块链上，可以确保商品的唯一性。造假商品很难具备合乎特定规则的商品标识。商品从生产到销售，每一个环节的主体都以自己的身份（私钥）将信息签名写入区块链，信息不可篡改、身份不可抵赖。一旦出现纠纷，能够快速定位问题环节，进行举证和追责。

（3）供应链协同。区块链上的数据高效地在供应链不同部门之间进行共享，达到统一凭证、全程记录、及时高效，能够有效解决多方参与、信息碎片化、流通环节重复审核等问题，从而降低物流成本、提高效率。

以乳制品为例，早在多年以前，惠氏、雀巢、伊利等众多知名乳制品企业纷纷建立自己的防伪追溯系统，在每一罐奶粉罐底附贴二维码，消费者扫码即可查询到奶粉原产地、生产加工信息。但这对增强消费者购买信心、品牌商供应链全程管控，以及政府高效智慧监管仍然不够，亟须能够覆盖经销、仓储、配送、消费者触达，甚至售后逆向管控的供应链全程追溯。京东智臻链通过赋予每一罐奶粉"独一无二"的数字身份证，串联乳制品品牌生产商、仓储、物流、经销商到消费者的全过程信息，通过区块链联盟链账本的形式在多主体中加密共享，消费者收到货后一键扫码，可以清晰地看到这罐奶粉的"前世今生"，可以查询奶源地、生产时间、生产批次、保质期、国外出关、报关报检、国内仓储、销售时间、出库仓库、出库信息等。这大幅提高了用户购物体验。品牌商也因为全程信息的串联和共享，提升了供应链效率，为营销决策提供了脱敏后的数据依据。

智臻链还在其他场景中被广泛应用，比如二手商品买卖、电子合同、数字存证和金融。通过区块链技术构建二手商品全生命周期数据档案库，可以为每个二手商品建立不可篡改的终身数字档案。基于这项档案，为消费者提供公开透明的全流程流转环节，从而做出合理的价值评估，有效避免交易纠纷等问题。同时，也可以降低二手商品评估的成本，最终消除行业信息不对称，打造公开透明的二手交易市场价值评估体系。智臻链云签提供即开即用的电子合同服务，无论是在桌面端还是在移动端均可随时随地完成合同签约，并通过支持电子合同全流程 API 服务满足多样化的需求。智臻链数字存证平台则基于领先的京东智臻链底层技术，结合可信时间戳等，对视频、图文、协议、交易过程等进行区块链存证，并同步司法机构，保障了数据的完整性、真实性、可信性。在金融领域，金融的核心是信用的建立和传递，区块链以其不可篡改、安全透明、去中心化或多中心化的特点，天然适用于多种金融场景，比如交易清结算、资产证券化等。

从可信供应链到数字金融，技术赋能效能凸显。随着区块链技术与业务场景应用的紧密结合，区块链赋能实体经济的发展已经不仅是一个热门话题，也正在方方面面用实际案例重塑着实体经济的面貌。京东数科从自身生态应用出发，提出从可信供应链到数字金融的区块链实践路径，并从可创造持续价值的判断标准出发，打造了一系列经典的标杆案例和典型应用。京东智臻链针对各行业业务特性，打造基于区块链技术的个性化行业解决方案，为用户提供一站式的产品与服务，包括供应链、金融、政务及公共服务等行业领域，为实体经济的转型升级和飞速发展赋能。

资料来源：1. 京东数科，2020 京东区块链技术实践白皮书，2020-10-24.

2. 赵越，解构京东数科区块链：孵化于供应链溯源场景，背靠京东零售和物流，2020-10-12.

3. 深防伪，区块链如何赋能冷链防伪溯源，2021-05-24.

思考问题

1. 区块链技术如何实现产品的可追溯？哪些产品的物流运输尤其需要用到区块链技术？

2. 京东如何通过区块链技术提升京东购物平台的竞争力？

3. 除了在物流流域，京东智臻链还可以有哪些应用场景？

4. 京东智臻链如何为京东以外的企业赋能？

14.4 虚拟现实与增强现实

14.4.1 虚拟现实与增强现实技术简介

数字技术的蓬勃发展对全球商业生态的结构性改革提出了新的要求，也为数字化零售空间的发展提供了新的思路。在5G技术的驱动下，以虚拟现实（VR）、增强现实（AR）、混合现实（MR）为代表的沉浸式技术实现突破性发展，以视觉、听觉、动觉等多感交互为特征的沉浸式媒介（immersive media）正在构建商业信息传播新范式。传统电商平台客户转化率较低的部分原因是无法提供类似线下的实物购物体验，由于当前消费者进行多渠道购物这一变化，线下门店也需要打通"虚"与"实"的链接，而VR、AR和MR技术可以帮助双方实现虚实链接的设想。市场研究机构 Research and Markets 在一份报告中称，到2026年，全球AR与MR市场预计将达到3 720亿美元，并以54%的年均复合增长率增长。

虚拟现实（virtual reality，VR）是指利用电脑模拟产生一个三维空间的虚拟世界，为使用者提供关于视觉、听觉、触觉等感官的模拟，让使用者如同身临其境一般，可以及时、没有限制地观察三维空间内的事物。简单来说，用户眼前的所有东西由计算机生成，都是虚拟的，代表设备如 Oculus Quest、HTC Vive 等。虚拟现实利用计算机生成一种模拟环境，并使用户沉浸到该环境中。

增强现实（augmented reality，AR）通过数字技术，将虚拟的信息投射到真实世界，真实的环境和虚拟的物体实时地叠加到同一个画面或空间。也就是说，用户看到的依然是现实场景，但是被虚拟信息增强之后的现实。代表设备如 Google Glass 和智能手机上的 AR 应用等。AR 代表物理、真实世界环境的实时（直接或间接）视图，其中某些元素通过计算机生成的感官输入进行增强。除了视觉覆盖，AR 还可以向用户提供音频和触觉输入，并且依赖定位技术来向用户呈现特定位置的感官输入和信息。通过这种方式，AR 代表了信息技术和媒体在现实世界环境中的融合，从而造福于消费者、企业和工业用户。

混合现实（mixed reality，MR）指的是合并现实和虚拟世界而产生的新的可视化环境。在新的可视化环境里物理对象和数字对象共存，并实时互动。微软 HoloLens 就是 MR 的代表设备之一。使用 MR，要么将虚拟对象以数字方式混合到现实中，要么将现实世界的对象合并到虚拟世界中。后一种情况有时被称为"增强虚拟"（augmented virtuality），它离 VR 更近了一步，因为虚拟世界中的真实世界物体与真实物体呈现出一种永恒感，似乎实际上真的存在于虚拟世界中。除了这种永久性的感觉，虚拟世界中的真实世界对象可能是数字控制的。相反，MR 还可以支持对永久放置在现实世界中的虚拟对象进行操纵。在任何一种情况下，MR 都将是远程机器人学和其他形式遥操作的一个重要方面。从概念来讲，AR 和 MR 并没有明显的分界线（即都是现实环境与虚拟环境叠加），未来也很可能不再区分，因此在这里我们将狭义的 AR 和 MR 统称为 AR。

通过以上分析不难看出，VR 和 AR 都通过计算机技术构建三维场景并借助特定设备让用户感知，并支持交互操作。两种技术主要存在以下区别。

（1）沉浸感：AR 强调对现实认知的增强，沉浸不强，VR 则强调完全沉浸。

（2）视觉呈现方式：AR 是光学＋渲染，在人眼与现实世界连接的基础上叠加全息影像，加强其视觉呈现的方式；VR 是以渲染为主，将人眼与现实世界隔离，并通过 VR 设备实时渲染的画面，创造出全新的世界。

（3）匹配内容：AR 环境中，匹配主要强调计算机所生成虚拟信息和现实视觉的精确匹配；VR 环境中，匹配主要关注把用户的各种虚拟感官进行精准匹配，而误差主要体现为视觉系统和其他感官系统的冲突。

在数字化零售空间中，沉浸式媒介为商品终端的消费者服务，在满足人的消费需求的同时改变着人的消费行为和品牌的营销模式，并以此为品牌创造商业价值。沉浸式媒介在数字化零售空间中的体验价值基于多感官传播、行走式体验与演绎性互动。首先，沉浸式媒介强调虚拟与现实的自由切换，具有多感官性。它通过调动视觉、听觉、触觉、动觉等感官模拟真实世界中的物理反应，打破虚拟和现实的次元壁，进而让信息主体和客体进入虚拟与现实一体化的感知氛围，通过"虚实相生"的感官方法真实、生动、具体地反映出事物的信息，从而赋予信息主体多层次感官体验。在数字化零售空间中，人物、产品、环境和音效等要素会被转化为视觉、听觉、触觉等不同形式的符号，共同完成 VR 和 AR 场景营造。相关研究指出，许多零售商受益于电子商务，得到了快速发展。

VR 和 AR 的应用可以加深消费者对在线商品的认知，提高购物效率。通过 VR 和 AR 技术的应用，在计算机中能够建立完善的虚拟环境，与客观世界高度吻合，能够让广大顾客在多个场地、足不出户就能获取相应的购物体验，通过三维立体化的"实物"来展示商品成果，从而让消费者从多个角度观察商品特征，提升广大消费者对商品的感知度。顾客在选购各类商品的过程中，仅根据自身要求提供相关信息就能够建立与消费者相仿的模型。在虚拟环境中（比如基于增强现实的虚拟穿衣镜）试穿各类服装，能够为广大消费者提供较大便利，消费者不需要实际试穿每件衣物。这能够对消费者时间成本进行控制，让广大顾客能够选取更多合适的服装。

VR 和 AR 还能够提升在线商品信息准确性，完善信用机制建立。在虚拟化的购物环境中，相关企业通过电子商务平台对各类商品进行建模，这样能防止诸多商家在市场经济发展背景下欺骗消费者，随意发布虚假商品信息。将商品最真实信息向消费者展示，能在满足消费者视觉感知的基础上，让消费者认识到不同商品材质，以及商品质量的高低，有助于实现各个商家公平性竞争。在电子商务平台中融入三维建模能够建立现代化生态系统，为广大顾客创设虚拟化空间环境，在虚拟化空间环境中将产品无差化展示，让广大消费者对产品进行审视，从而促进电子商务平台信用机制建立。

VR 和 AR 还能够支持在线产品虚拟制造，提高产品设计效率。在过去传统化的工业设计中主要是通过人工手绘方式完成的，不能将各类产品更直观地展示出来，只有通过工业化生产获取真实的产品之后才能够让消费者进行评估。目前将 VR 和 AR 技术引入到产品设计阶段，产品在尚未上市之前在虚拟环境中进行展示，能够让广大消费者提前认识到产品相关功能。相关厂家对产品多项性能进行优化，在反复调控过程中再投入生产，使得产品能够最大化满足广大消费者的需求。此外，还能降低资源成本消耗量，对产品设计评估时间进行控制，加快产品加工生产效率。

总之，沉浸式媒介集图片、视频、音频等媒介于一身，将营销传播的内容可视化，将商业展示从二维推向了三维时代，让消费者能够更加生动、有趣地体验产品。保时捷虚拟试驾、优衣库虚拟试衣、阿迪达斯虚拟试鞋、丝芙兰虚拟试妆、周大福虚拟试珠宝等，都是沉浸式媒介在数字化零售空间中的典型应用。企业借助沉浸式营销传播的丰富体验有效增强消费者的购前参与性、提升消费者对产品的认知、提高产品本身的先验性价值，为品牌建设赋能。

14.4.2 VR 和 AR 技术应用

据 IDC 等机构统计，2021 年全球 AR 和 VR 总投资规模接近 146.7 亿美元，并有望在 2026 年增至 747.3 亿美元，五年复合增长率（CAGR）将达 38.5%。其中，我国市场五年 CAGR 预计将达 43.8%，增速位列全球第一。在网络支撑方面，信息网络等新型基础设施迅速普及，云化虚拟现实产业发展条件基本成熟。在终端发展方面，云 VR、AR 终端有望重塑虚拟现实终端形态。

自 2017 年以来，以巴黎欧莱雅和耐克为代表的全球大型零售商收购了 Modiface 等多家以 3D、AR 或 VR 技术见长的企业，对其技术资源重新整合。例如，巴黎欧莱雅引入了 Modiface 的 AR 技术之后推出了虚拟试妆、AR 购物等功能，品牌和零售商的线下销售额平均增长率为 84%，互动时长增长了 117%。美国电商巨头亚马逊继开设 AR 家具店之后，于 2018 年获得了 MR 智能镜子专利，实现了用户在虚拟空间中进行虚拟试穿的体验。宜家家居在 2018 年上线了 VR 厨房，消费者通过 VR 头盔不仅可以置身于仿真的厨房场景中，还可以根据自己的偏好实现更换墙壁颜色、模拟厨具使用等操作。中国阿里巴巴、天猫也在杭州嘉里中心和银泰城开设了新零售体验馆，公开了虚拟试衣镜、未来试妆镜、AR 天眼等一系列由沉浸式媒介驱动的购物体验。

VR 和 AR 技术在我国的应用以阿里的 Buy+ 产品为起点，此后虚拟穿衣、虚拟美妆等 VR 和 AR 技术应用场景开始逐渐丰富。在 2016 年阿里巴巴启动 Buy+ 计划，其中融入了 VR 技术，让消费者通过 VR 头盔在虚拟化环境中感受商品购买场景，通过手势与肢体动作与商品进行交互，为消费者带来沉浸式的虚拟购物体验。因此，2016 年也被认为是中国 VR 和 AR 电商元年。然而，受制于硬件性能、通信基础设施以及内容创作等方面，VR 和 AR 在此后的两年发展缓慢。

随着技术的发展成熟，近两年来 VR 和 AR 的应用开始逐渐得到普及。58 同城、安居客此前发布报告显示，在新冠疫情期间，全国用户找房方式发生了巨大转变，以临感 VR 看房为载体的线上看房需求大增。在线下销售承压的情况下，多家汽车厂家将展厅转移至线上，并推出 VR 看车服务。而 AR 的应用随着智能手机性能的提升被广泛应用到电商 App 中。2020 年"618"期间，京东将 AR 技术普及到了试鞋、试墨镜、试美瞳、试发色甚至试玩等丰富的场景中，不仅用 AR 一键搞定全身穿搭，还能在真实的场景中摆弄一局乐高，手指操控让体验感大大增强。对于家居行业来说，AR 更是一个打破僵局的突破口。通过 AR，用户可以用手机直接查看物体的尺寸、颜色、匹配效果等细节。尤其是可以在大件低频的家居产品上实现更加真实的虚拟购物，提高购买决策和转化率。天猫已经将 AR 技术大规模应用于宜家、顾家等 100 家品牌的网上商店。消费者通过手机 App 进入天猫 3D 购物后，可以"站在"任意货架前，360 度查看商品款式、价格，甚至还可以提前预览搭配效果。

　　零售空间作为传播商业信息、进行商品交换、实现商品流通、满足消费者需求的空间环境，在数字技术的推动下迎来了新一轮的数字化变革，谋求从数字化零售空间的转型升级中获取新的竞争优势。对应于传统零售空间，数字化零售空间将基于数据化、智能化、信息可视化等技术构建一个虚拟与现实深度融合的双线式（online-merge-offline）消费场景。5G 时代的来临，将极大促进社会生活从"线下"向"线上"融合。沉浸式媒介将在零售空间的数字化转型中得到更加普及、更加广泛和更加深刻的应用。

◎ 应用案例 14-3

上海南京路商圈 VR 和 AR 应用

　　上海南京路步行街智能商圈新地标于 2020 年底上线了"玩转南步街"App，打造了上海首个带有 AR 功能的商圈导游导购 App。"玩转南步街"由上海南京路步行街投资发展有限公司开发，是正在创建的"智能购物中心"项目的一部分，旨在为游客提供旅行路线、购物信息，以及道路的历史和文化等数字内容。

　　"玩转南步街"结合了 5G、AR 和 AI 技术，当用户在南京路步行街上时，只需要打开 App，将摄像头对准主路，屏幕上便会出现如丝绸大厦、第一医药、泰康食品等周边主要商场、商店的位置距离，点击一下还能进入商户的详情介绍页面。用户还可以通过 App 线上查看商品及活动信息；利用地图导航功能直接指引商家具体位置，进店之后接受优质服务并完成消费支付后，可以由商圈合作快递公司送货到家，而消费者可以继续轻松地在商圈内逛街购物，最大限度地体验消费的便利感和满足感。

　　"玩转南步街"不仅包含了导航、导览等基础功能，还有开宝箱等新玩法。打开 App 将手机镜头对准南京路步行街，就会立刻跳出各个商户信息和随机放置的虚拟宝箱，虚拟宝箱分为"普通宝箱"和"稀有宝箱"两种，分别需要消耗 30 金币和 60 金币。其中，"普通宝箱"包括沿街各种餐馆的折扣或现金券，而"稀有宝箱"则包含一年使用新车的权利、最高 10 000 元的零售券以及最新的 iPhone 手机和化妆品。

　　"玩转南步街"结合 AR 技术，将南京路步行街的商业信息、旅游路线、历史文化、潮流元素通过全新的方式展现。在新一轮的迭代中，App 将会员服务、台账管理、移动支付等针对 B 端的诸多全新场景引入，使商圈 App 与商场微信小程序互通，实现无缝衔接，不但提升商圈的服务和管理能力，为商户提供更为便捷和优良的营商环境，还为用户带来更为新颖和流畅的购物体验。近期，App 上还同步开启了红色剧本"踏寻红色印迹"。将南京路步行街沿线五卅纪念碑、黄浦剧场、劝工大楼等红色地标串联成一条红色线路，结合多媒体技术让市民及游客在手机、平板上"寓教于游"。基于 AR 地图的导游导览功能使导览更具趣味性和便捷性，新技术的运用也能更全面、生动地传达南京路步行街悠久的人文历史。另外，"玩转南步街"导入 AR 游戏引擎，将时下流行的"沉浸式剧本""组团对战"等游戏形式也融入了 App，同时将商业信息和推广嵌入并最终指向商户，实现引流，带来全新的商圈购物和游览体验，提升商圈的流量感召力。

作为上海首个带有 AR 功能的商圈导游导购 App，"玩转南步街"让线上线下的结合更加紧密，通过信息的聚合完成了人的聚合。通过打造智能商圈，南京路步行街上的商家们也在拥抱数字化。上海世茂广场上线了一套"VR 实景线上购"场景：一家家店铺逼真地还原于虚拟世界，让人如亲临现场，消费者足不出户，在线上就能逛商场、挑好物。而这背后是南京路步行街已经全面实现 5G 商用网络的覆盖，满足室内应用场景的需求。再往中段走一走，原新世界休闲港湾以"U479"的全新形象亮相，Vans 大中华区首家品牌旗舰店已经开业。在这里，除了可以买到普通门店很难找到的新款、限量款，旗舰店还利用线下商店和小程序进行对接，配合店内智能快捷购物流程，让消费者可以通过店内互动屏和手机完成对店铺货品浏览、AR 试穿和结算。

在 5G、人工智能、云技术、大数据等技术支撑下，华为与黄浦区正展开合作，再造一条"南京路"。可以期待，未来我们戴上眼镜、拿起手机，就可以看到一条"数字南京路"，人们在物理世界看到的南京路上的场景全部都呈现在其中，出现一个 1 ：1 呈现的"孪生世界"。

资料来源：1. 上海黄浦，南京路步行街变身"藏宝街"！数字化赋能"玩转"南步街，2021-05-10.

2. 文汇报，虚拟现实融合！南京路步行街带上 AR 功能，能玩游戏能导购，2020-12-26.

思考问题

1. 南京路商圈如何通过 AR 技术的应用影响消费者？

2. VR 和 AR 技术的应用对于实体店会产生怎样的影响？

3. 你认为 VR 和 AR 与实体零售结合还能产生哪些玩法？

14.5 物联网

14.5.1 物联网技术简介

物联网（internet of things，IoT）的概念是在 1999 年提出的，它通过智能感知、识别技术与普适计算、泛在网络的融合应用，被称为继计算机、互联网之后世界信息产业发展的第三次浪潮。2005 年，国际电信联盟（ITU）发布《ITU 互联网报告 2005：物联网》，正式提出了"物联网"的概念。物联网经过多年的不断发展，目前被普遍认为是指通过信息传感设备，按照约定的协议，把任何物品与互联网连接起来进行信息交换和通信，从而实现智能化识别、定位、跟踪、监控和管理的一种网络，是在互联网的基础上延伸和扩展的网络。

近年来，物联网技术的市场规模正处于飞速扩张的趋势。根据 IDC 的数据，2020 年全球物联网市场规模为 1.7 万亿美元，McKinsey 预测 2025 年全球物联网市场规模可高达 4～11 万亿美元。根据 Global Market Insights 的一份研究报告，预计到 2024 年，零售市场的物联网将达到 300 亿美元以上。

物联网的技术架构分为四层，分别为感知层、传输层、平台层和应用层。其中，感知层是物联网的底层，是物联网应用和发展的基础。它是指利用射频识别（RFID）等技术实现对物理世界的智能感知、识别、控制等，并通过无线通信模组将物理实体连接到传输层和应用层。传输层分为有线传输和无线传输。平台层和传输层作为中间架构，连接应用层和感知层，其中平台层用于连接设备端与业务端，应用层则主要完成数据的分析和处理。

具体而言，感知层的主要功能为采集外接信息，具有收集信息的能力。感知层主要包括各类基础芯片、传感器及 RFID、二维码技术和蓝牙技术等感知装置。目前主要技术为 MEMS 及 RFID，其中 RFID 已比较成熟，在物流、销售领域大规模应用多年。RFID 标签中存储着规范而具有互用性的信息，通过无线数据通信网络把它们自动采集到中央信息系统，实现物品（商品）的识别，进而通过开放性的计算机网络实现信息交换和共享，实现对物品的"透明"管理。

传输层需要通信网络与互联网融合，核心和基础为互联网，包括通信技术及承载通信技术的模组。传输层通过通信技术把感知层信息高效传输，是在互联网基础之上的延伸和扩展；通信网络是物联网的重要组成部分，是信息传输的重要通道。

平台层是整个物联网体系中承上启下的关键部分。一方面，它能够帮助底层终端设备实现"管、控、营"的一体化，从而为上层提供应用开发和统一接口，将设备端和业务端连接起来。另一方面，为业务融合、数据价值孵化提供了条件，有利于产业整体价值的提升。

应用层位于物联网三层结构中的最顶层，其功能为"处理"，即通过云计算平台进行信息处理，对感知层采集数据进行计算、处理和知识挖掘，从而实现对物理世界的实时控制、精确管理和科学决策。

从通信对象和过程来看，物与物、人与物之间的信息交互是物联网的核心。物联网的基本特征可概括为整体感知、可靠传输和智能处理。整体感知指可以利用 RFID、传感器、二维码等随时随地获取物体的信息。可靠传输指通过对互联网、无线网络的融合，将物体的信息实时、准确地传送，以便信息交流、分享。智能处理是指使用各种智能技术，对感知和传送到的数据、信息进行分析处理，实现监测与控制的智能化。

14.5.2　物联网技术应用

物联网技术在电子商务中的应用前景是十分广阔的，应用方法和类型多种多样。物联网技术在电子商务各环节中的应用不仅能给电子商务带来新的经济增长点，也能解决电子商务中的一系列问题，明显提升电子商务的核心竞争力。随着物联网解决方案成为该领域的中心舞台，零售业正在快速转型。物联网拥有大量应用，有助于提高顾客忠诚度，促进销售，提供个性化体验，并改进库存管理。

1. 物联网与顾客体验

信标（beacon）是使用低功耗蓝牙连接的设备，一旦购物者的智能手机出现在覆盖区域，就会自动向他们发送推送通知，实时告知顾客折扣和优惠信息，使他们更有可能进入商店购物。由于信标很小，它们可以很容易地附着在墙壁、柜台和其他地方。零售公司还使用信标进行顾客店内导航、发送推送消息和收集顾客数据。与移动应用程序相结合，信标使零售商能够提高顾客忠诚度并促进销售。通过信标技术，零售商可以轻松接触到他们的目标顾客，并提供引人入胜的体验。

例如，欧尚在其大型超市实施信标技术后，就不断收获成果：顾客进店更频繁、停留时间更长、能够更轻松地在商店找寻商品并获得个性化优惠。欧尚的目标是更好地了解顾客如何在其 31 000 平方米的大型超市中走动，并帮助他们更轻松地找到所需的商品。信标会在顾客移动设备的特定地图上向顾客发送寻路通知，并在店内进行个性化促销。

美国收入最高的连锁超市克罗格（Kroger）在其超市中安装了 2 200 个智能货架。尽管这些智能货架看起来与普通货架一样，但它们安装了无线射频识别（RFID）标签，可以读取商品并发送数据给物联网设备，从而储存、格式化和分析这些数据。零售商可以使用该系统查找短缺商品的信息，而购物者在触摸商品下方的货架时可以接收商品信息。此外，Kroger 的智能货架可以与顾客的数字购物清单相结合，当清单上的商品在附近时，它们就会亮起来。因此，配备了 RFID 的智能货架使得零售商可以实时不断地改善对顾客的服务。

2. 改善供应链管理 – 配送与库存管理

电子商务的物流环节最重要的特点就是及时性、便捷性和安全性，它根据企业计算机系统的指令，完成商品配送、补给、运输的全过程。物联网智能物流系统对运行在辖区内的运输车辆位置、运送商品类型与数量进行管理和控制。物流中心通过网关连接移动通信网，通过 M2M 与运输车辆通信。结合 GPS 技术，管理人员可以通过 GIS 地图方便地掌握货物配送运输车辆当前的位置。而通过 RFID 标签和 GPS 传感器，物联网技术可以提供商品从生产到商场货架再到顾客的完整移动情况。这样就确保了精确的库存控制，让管理人员确切了解目前有多少货物处于转运途中、转运的始发地和目的地，以及预期的到达时间等信息。而这些物流信息（比如商品在运输过程中所花费的时间或其存储温度）可以被实时分析和交互。

库存管理也是让零售商头疼的问题。不精准的库存跟踪将引起库存过多、缺货等问题，但零售业中的物联网可以将库存的可见性自动化，从而一劳永逸地解决这些问题。利用基于 RFID 标签、货架传感器、信标、数字化价格标签和视频监视以及图形分析的智能库存管理系统可以优化供应链各个层面的采购计划。当商品快卖完时，系统可以根据物联网数据分析并自动重新订购所需商品。将 RFID 系统用于智能仓库货物管理可以有效解决仓库里与货物流动有关的信息管理问题。将 RFID 标签贴在货物要通过的必经路口或库门，读写器和天线放在仓库搬运车上，给每个货物贴上条码并储存在仓库的计算机中心里，当货物被装走运往别处时，由另一读写器识别并告知计算机中心货物被放在哪辆货车上，这样计算机中心可以实时地了解到库存和销售数量，确定货物的位置。

随着商业模式的创新，智能货架也已经开始进入零售行业。智能货架系统包 RFID 标签、RFID 读卡器和天线。RFID 标签被放置在货物上，具有集成电路和微芯片天线，将数据传输到 RFID 读取器。信息从 RFID 标签中收集，并发送到物联网平台，在那里进行存储和分析。智能货架可以自动监控库存，并在某个商品库存不足或保质期即将到期时向管理人员发送警报。通过跟踪库存，可以减轻压力，消除操作错误并节省成本。此外，智能货架在智能洞察顾客行为方面也发挥了重要作用。通过监控库存并将商品拿起和放下的数据传输到物联网平台，该系统可以向零售商提供关于顾客需求和偏好信息，并向他们展示改善服务、增加顾客互动和促进销售的方法。

3. 无人零售

近些年，随着物联网技术的普及，无人零售逐渐兴起。无人零售以降低人工成本作为切入点，在重视消费者体验、拓展零售场景的同时，通过技术手段完成数据收集、分析与应用，并最终实现消费流程的全面数据化以及整个产业链的智能化升级提效。物联网是无人零售的主要支持技术。例如，通过 RFID 电子标签、各类传感器以及物联网支付技术的组合使用，无人超市可以通过射频信号自动识别顾客所购买的商品信息，自动从用户账户上扣款，有效地保护商家的权益。2017 年，无人零售相关的创业热潮开始席卷我国，各种"无人新零售"项目层出不穷。无人零售演化出三种模式，即无人货架、无人售货柜及无人超市。

无人货架与无人售货柜都始于自动贩卖机。自动贩卖机出售的商品品类通常以标准化产品为主，主要放置在公共区域，通过条形码扫描等实现支付功能，需消费者主动参与。此后，以无人货柜为代表的开放式货架开始流行，主要放置在企业内部区域，支持通过 RFID 标签、重力传感器等进行商品状态识别。物联网和人工智能技术的发展催生了很多新型无人售货机，在封闭性、互动性和商品品类等方面较之前的自动贩卖机有了明显改进。部分无人售货机突破了全封闭设计，采用了半封闭设计，拿取商品更方便，同时引入了人脸识别、动作识别等技术防盗。在互动性上，不少新型售货机采用了触摸大屏，与用户的互动性更强。例如，配备巨大的触摸屏作为信息终端，可以提供便民服务信息等，也可以扩展出广告等功能。此外，新型无人售货机通过云端管理平台联网监控商品信息实时传送到云端，可以随时了解货物信息，库存周转时间减至一周内，提升了产品的新鲜度。

2016 年末，亚马逊推出了无人便利店 Amazon Go，使无人零售瞬间成为爆炸性的风口，受到了众多投资人的追捧。一直以来，我们光顾的商店都有店员，而亚马逊推出的无人零售 Amazon Go 为公众展示了"拿了就走"的全新购物体验。2017 年以来，国内出现了一大批模仿 Amazon Go 的新型无人或有人便利店。这类新型便利店的共同特点是使用新技术，实现了顾客自助支付或后台自动结算，无须人类收银员参与结账环节。无人便利店大多在十几平方米左右，小于一般便利店。选址多在科技园区、写字楼区等人流密集的公共区域，SKU 为几百，小于一般便利店 2 000 ～ 3 000 的水平。商品则主要是零食、饮料和日常用品等，很多无人零售店通过增加冰柜加入了生鲜类商品。无人零售店是技术升级的传统便利店，对消费者来说，"无接触""高效快速""丰富的产品线"是他们当下的第一需求。无人零售凭借着高效的智能结算方式，让消费者摆脱了长时间排队买单的烦恼，而依据大数据技术，零售门店会在交易过程中产生更多、更细致的新数据，包括哪种商品更受欢迎、哪款品牌销量更高、消费者在哪些货架前停留更久等，由此来辅助企业更精准地选品，满足消费者的需求，提升消费者获取所需产品的服务体验。

无人值守、"码"上就走、大数据预测消费习惯、智能防盗识别系统……在我国，众多新科技加持的无人零售在 2017 年闪亮登场。无人零售行业先后出现了以缤果盒子为代表的 RFID 派、以简 24 无人便利店为代表的视觉识别派、以 F5 未来商店为代表的自动机械派、以在楼下为代表的无人货柜派和以猩便利为代表的无人货架派。然而，2018 年果小美、猩便利、GOGO 小超市、七只考拉、缤果盒子等明星企业就接连被曝亏损、裁员等消息，还有的已经倒闭。作为零售界的新宠，无人零售给外界的印象仍更多停留在技术层面。对于无人零售店的停业潮，有业内人士指出，对于消费者而言，相比无人零售店的自动化程度、购物过程的"科技感"，他们更关心的则是综合性的消费体验。目前的无人零售店和普通便利店相比只是少了店员，其他方面并没有多大改变。无人零售的核心不应该是无人，而应是便利和产品。只有找准适合的场景来运作无人零售，无人零售才能更接地气，更加受到消费者认可和欢迎。

事实上，无人零售虽然节省了收银员这一人力成本，但是营销、补货、整理货架、清洁等工作仍需要人工操作，再加上无人店技术成本高昂，使得无人超市的运营成本并不比普通的零售店低。Amazon Go、淘咖啡之所以还未大规模推广，除技术还需要完善之外，高成本是主要制约因素。无人便利店行业在技术方面仍处于技术探索早期，在客流量密集时，更容易出现识别不准确的问题。例如，淘咖啡受到网络的影响，有时也无法识别人脸。体验过缤果盒子的顾客也会发现，其商品是靠贴上 RFID 来感应的，如果消费者避开摄像头，将商品上的 RFID 贴纸撕掉，盒子无法感应出用户手里的商品，门也会自动打开。在无人零售这条赛道上，企业比拼的终究还是技术、运营、渠道等硬实力，要解决的依然是成本、效率和体验问题。

新冠疫情的暴发使"无接触"成为很多消费者购物时优先考虑的因素之一，从而产生很多新的永久性的消费行为改变，无人零售又有了新的突破契机。快递、外卖、生鲜到家等行业纷纷推出无接触配送，甚至开设智能取货柜，社区、写字楼里的无人售货柜也再一次迎来了高光时刻。无人零售售卖的产品已经从普通瓶装饮料变成鲜榨果汁、咖啡、冰激凌以及口罩、鲜花、水果等产品，也有品牌尝试用自动售货机销售自家的、手办并取得了不错的效果。大量快消品制造商（农夫山泉、旺旺、娃哈哈等）也开始强势进入自动售货机市场抢占份额，这些大品牌采取自研或合作的形式，通过自动终端将销售触手触达到更多消费者，进而提升市场占有率和销售额。虽然目前无人超市、无人便利店仍然只是商业变革的试验场，但新技术与零售融合的趋势不可逆转，科技感的零售方式依然有广阔空间，无人零售市场规模仍在不断发展。

◎ 应用案例 14-4

亚马逊无人零售

随着物联网的兴起以及各种新技术应用不断地优化购物体验、简化购买流程，我们得以更方便地享受购物的乐趣。Amazon Go 就是以"不用排队，拿了就走（no lines, no check out）"的全新购物体验在零售行业和科技圈吸引了无数目光。

作为无人零售的鼻祖，亚马逊的无人零售店 Amazon Go 于 2018 年 1 月正式对外开放。消费者通过 Amazon Go 的 App 在商店入口处扫描门禁的二维码进入门店，以便门禁系统对消费者身份进行识别。消费者在店铺中进行购物时，遍布超市各个角落的相机、麦克风以及传感器将一路追踪消费者的购物路径。消费者从货架上取下商品时，系统会自动将其添加至虚拟购物车，并在消费者带着商品出门后 5 ～ 10 分钟自动从其亚马逊账户中扣除相应的费用。

Amazon Go 的主要识别技术叫作 Amazon Rekognition，在硬件方面，Amazon Go 店内使用的设备主要有摄像头、麦克风、红外线传感器、压力传感器和荷载传感器等，使用的技术和无人驾驶技术相似，包括计算机视觉、深度学习及感应器融合技术，先识别商品图像和商品重量，再做出判断。为了实现消费者的精准识别，Amazon Go 不仅使用了消费者特征识别、手势识别等机器视觉技术，同时也借助了货架重力传感器、红外线传感器、声音接收器以及无线信号发送器等多种设备，通过多种识别手段进行消费者认定。从整体来看，Amazon Go 实现了相对流畅的购物体验，虽然可能并不是十全十美的，但标志着科技的重大突破，是零售科技在现实应用中的集中体现。

尽管亚马逊在"侦测物体互动和移动"和"物品从置物设备上的转移"等专利技术中详细阐述了如何在麦克风、摄像头、压力传感器、红外线传感器、体积位移传感器、光幕等硬件的配合下识别顾客在无人店里的每一个动作，但是这其中的技术复杂性可想而知。消费者行为的复杂性可以比机器预估的多得多，比如顾客"挑挑拣拣""拿起放下"的购物习惯，即便是有摄像头全程追踪录像，但要机器每一次都能做出准确判断并不容易。此外，Amazon Go 的装修成本高昂，遍布商店的摄像头让很多顾客有隐私方面的顾虑，并且商店规模化复制也是一个问题。

因此，亚马逊推出了智能购物车"Dash Cart"。当消费者向购物车内添加商品时，Dash Cart 会一直跟踪商品；当购物者取出购物袋时，它会自动结账，免去了排队结账的麻烦。此购物车将在亚马逊位于加州的 Woodland Hills 杂货店最先被推出。Dash Cart 购物车主要采用计算机视觉算法和物联网传感器融合技术来实现。在亚马逊无人收银场景中，消费者进入亚马逊杂货店后，首先扫描亚马逊应用程序中的二维码，然后登录到亚马逊账户购物车，并加载 Alexa 购物清单。每辆 Dash Cart 购物车都配备了摄像头、传感器、称重秤和显示屏。当物品放在购物车内的袋子里时，摄像头通过计算机视觉算法识别物品，购物车会发出"哔哔"声，表示商品的条形码已被读取并记录为购买行为；如未能识别，显示器上的灯会显示橙光，消费者需再次识别。如果需要添加没有条形码的商品，比如新鲜农产品，顾客只需点击购物车屏幕上的"添加商品"按钮，然后输入商品的四位数代码，内置的称重秤会自动称重，重量和价格会显示在屏幕上。当有商品被拿出时，摄像头会自动识别，显示屏也会相应删减订单，调整总价。

购物车配备了优惠券扫描仪，扫描后显示屏会自动计算优惠后的价格，消费者也可以在显示屏上输入优惠券代码。在购物结束时，消费者通过商店的 Dash Cart 通道离开，传感器可以自动跟踪顾客的订单，亚马逊会自动结账，并通过电子邮件发送电子收据。与 Amazon Go 在智能商店里分散安装传感器不同的是，Dash Cart 完全依靠内置的技术，这使得 Dash Cart 可能比天花板和货架摄像头监控更方便、更精准。此外，由于 Dash Cart 体积小、易部署，对智能商店的功能要求不高，大型、小型的智能超市都能使用。无论从隐私角度、技术角度还是实用性来看，智能购物车都以一种小而可管理的方式略胜一筹。

在第一家 Amazon Go 无人零售店营业两年后，2020 年亚马逊在西雅图开设了第一家 Amazon Go Grocery 商店，面积从之前的 60～100 平方米扩大到了 600 平方米。目前，亚马逊建有 22 家 Amazon Go Grocery、2 家 Amazon Go 便利店。在顾客无操作的情况下，准确判断顾客选购了什么商品是亚马逊无人商店的核心竞争力。亚马逊一直致力于研究新技术应用在未来零售行业的可行性，让消费者腾出更多的时间，不断提升顾客的消费体验。

资料来源：深圳湾，亚马逊推出 Dash Cart 购物车，将更轻型的自动售货推广至普通商店，2020-07-16.

思考问题

1. Amazon Go 无人零售店应用了哪些物联网技术？
2. 你认为复制 Amazon Go 的难点在哪里？Amazon Go 为什么难以规模化复制？
3. 亚马逊无人购物车应用了哪些技术？你认为无人购物车能否得到广泛应用？

◎ 本章小结

随着电子商务的飞速发展和传统零售行业转型的深入，消费者已经成为整个行业生态的中心。为了能够更好地满足消费者的需求，电子商务与零售行业中出现了广泛的融合和创新，通过技术的应用、资源的整合和经营模式的优化来提升价值链整体的表现。纵观市场中的转型尝试，无论是全渠道还是管理运营智能化，电子商务的创新和转型的路径都有着同样的基础，即科技、数据和分析能力。科技、数据和分析能力的进步正赋予电子商务行业参与者更多与消费者进行互动的机会和手段。从目前新兴技术的发展和在电子商务中的应用情况来看，科技对电商和零售业的重塑正呈现出以下主要变革趋势。

（1）全面数据化。数据是未来电商与零售中的核心资源之一，对于数据的掌握和使用不仅能够帮助企业更好地了解消费者需求，同时也能够优化整个价值链。以云计算、物联网、大数据等为代表的科技使零售各个环节能够被更大程度地数据化，从数据产生、采集到存储、传输，再到计算与分析等多个维度的能力都得到提升，整个行业向着全面数据化的方向发展。

（2）智能普及化。在数据体系的完善和算法的发展下，人工智能相关科技在零售行业中的应用逐渐加速，在线下门店数字化和线上的消费者服务方面都涌现出大量的应用与解决方案，而运营端同样有大量的应用，比如智慧物流、智能仓储等。科技和算法的持续进步将在未来进一步推动电商行业的智能化，使得智能化应用渗透到各个环节。

（3）深度一体化。消费需求和场景的复杂性、运营管理的精细化和高效化需求使得多种技术正在进行深度的协同和融合，从而针对性地满足特定应用场景的需求，未来将出现更多具有实用性的集成技术解决方案，并且广泛赋能整个电商行业。

（4）加速融合创新。科技进步对行业的影响不仅局限于对企业赋能，同时也正在对资源的利用和经营产生重构，科技进步是线上线下持续深度融合重要的推手；与此同时，科技进步也为企业组织结构的转型提供了支撑，彼此割裂的架构得以在新技术的基础上以消费者为中心进行重塑。

得益于我国政府对技术创新的鼓励和支持，近几年电商模式不断创新，零售业数字化浪潮如火如荼，物联网、云计算、大数据、AI 等技术与电商场景结合的创新和应用引领全球，涌现出了一些技术领先的专业化厂商和零售企业数字化转型的成功案例，比如支付宝，微信，京东推广的大屏刷脸自助，中科英泰与全家、鸣德联合打造的便利店自助结算，融讯伟业、中科英泰、元芒数科在生鲜领域的自动识别创新应用等。未来已来，随着5G、物联网、云计算、AI 等技术的发展，数字化技术将会贯穿商品的设计、制造、流通、消费全生命周期，连接起每一个家庭、商店和工厂，未来的电子商务将会给人们呈现一个更加美好的消费世界。无论是品牌商、零售商，还是数字化技术提供商，都要顺应潮流，勇于创新，才能在竞争中处于不败之地。

◎ 章末案例

贝壳找房

贝壳由链家网升级而来，以技术驱动的品质居住服务平台、聚合和赋能全行业的优质服务者打造开放的品质居住服务生态。业务上，贝壳平台几乎提供二手房、新房、租房、装修等涵盖全方位"住"的服务。但相比传统房产中介，贝壳找房更强调自己的"技术"一面。

贝壳最"出圈"的显然是 VR 技术的应用。如视为自如量身打造了 VR 看房功能，将线下的服务迁移至线上，让消费者通过手机就能获得整个房屋的布局结构、设施布置、空间利用、装修风格等信息。通过 VR 对房源的 720 度立体拍摄采集，用户只需点开手机，就可以全方位了解房屋空间大小、朝向、配套情况，预先对房源做出初步筛选，再选择是否实地看房。在此基础上，贝壳找房作为首个实现 VR 在不动产领域大规模落地应用的企业，还推出了全新交互场景"VR 带看"。用户可以与经纪人提前预约看房时间，并进行实时连线，还能随时随地添加家人、朋友共同"带看"，对有关房屋的任何问题都可以得到经纪人的实时反馈，极大地节省了客户和经纪人的时间，提高线上带看的便捷性和有效性。如视已经累计扫描重建了 330 万套 VR 房源，成为全球最大的 VR 数据库。在海量 VR 房源数据的基础上，如视 VR 结合 AI 技术，通过图像识别、结构处理等算法智能化处理三维空间信息，实现对房屋本身的理解。以 AI 讲房为例，AI 根据周边配套、小区内部情况、房屋户型结构和交易信息等维度，通过 TTS（文本转语音）技术，为用户提供个性化的智能讲房服务。

此外，用户在贝壳找房平台上浏览二手房源时，仅需点击房源详情页或 VR 页面里的"设计效果"，即可获得由 AI 生成的全屋设计解决方案。它包含平面方案、硬装软装搭配方案、三维效果，让用户可以游走在"装修"后的客厅、餐厅、卧室各功能区，移步换景，查看每一处细节。同时，贝壳未来家还能随时与装修前的屋内真实场景进行同屏对比，直观了解如何对现有空间进行改造。

贝壳未来家的上线标志着 AI 与 VR 技术真正融入了购房、装修场景，以前沿科技实现了房产买卖和家居、装修行业的打通。基于对 450 万套 VR 房源的空间理解，以及近 10 万套室内设计方案的深度学习，贝壳未来家结合用户的不同特点与个性化需求，以行业领先的物品识别技术实现 AI 家装设计，通过对家具、风格进行实时渲染和拼接，在短时间内将购房者脑中的装修方案具象化，在短短数秒内生成可沉浸式体验的装修效果。在贝壳未来家功能场景中，用户除了可自由漫步在 1:1 真实还原线下的装修场景里，还能获取室内家具的品牌、报价等信息，装修需求被前置在购房场景中，大大提升用户的决策效率。同时，家居、装修行业也找到了全新的营销场景，房产服务产业链各环节的紧密互联将助推产业升级。

数字化技术创新体系也加快了贝壳数字化服务机制的创新速度，提升了对线上化场景改造的能力。贝壳针对最复杂的贷款签约场景打造了线上核签室等数字化产品，整合实名认证、人脸识别、电子签章、OCR 自动识别等技术，打通线上交易闭环的"最后一公里"。从确定成交意向到签约及打款，交互场景全部实现数字化，比传统的贷款面签时长平均缩短 20%。截至 2020 年 9 月底，贝壳线上贷签服务已覆盖全国 45 座城市、66 家合作银行的 1 000 多家支行。

贝壳全面升级了经纪人的 AI 虚拟个人助手"小贝助手 2.0"。据贝壳找房 CTO 闫觅介绍，这是一款通过 AI 辅助功能帮助经纪人提高作业效率和服务水平的工具，它是虚拟个人助手在商业场景中的创新实践。小贝助手在 2019 年 4 月 23 日首次上线，在一年时间里共完成了 5 218.6 万次沟通，为超过 35 万的经纪人提供了服务，其中 1 633 万次沟通建议被经纪人采纳，采纳率已经超过了 31%。小贝助手 2.0 的创新性突破集中在营销、维护、培训三大功能。在营销端，小贝助手不仅能更智能、更自动化地为经纪人提供如"1分钟看小区"等丰富媒体素材，以千人千面的分发帮助经纪人在短视频时代大大降低生产内容的复杂程度，同时还能在私域流量管理时代提供个性化服务，帮助经纪人实现精准获客。在维护端，小贝助手除了能及时提醒经纪人及时更新客户状态、定期盘点，还能帮助经纪人提升房源成为"好房"的概率，进一步促进成交。以议价为例，小贝助手既能告诉经纪人哪些房源需要议价，更能以任务形式帮助经纪人去议价，甚至还会给出同一小区的竞争房源和数据关系。经过贝壳找房经纪人的试用，小贝助手 2.0 最终能够将 8.91% 的自然议价率提升至 13.24%。在培训端，经纪人能通过视频对话的形式连线小贝助手，它会还原经纪人与客户对话的真实场景，针对不同经纪人的特点实现"因材施教"。例如，给出推荐的房源沟通话术、自动生成评价及评分数据等，加快经纪人的成长速度。

财报显示，截至 2021 年 3 月 31 日，贝壳累计对超过 1 092 万套房屋完成 VR 采集，与 2020 年一季度相比增长 197.3%，贝壳"楼盘字典"覆盖房屋数量达 2.44 亿套。作为居住产业数字服务提供商，贝壳找房长期聚焦行业前沿技术的研发、积累和落地，不断增加 VR、AI 等技术的投入，帮助品质服务者以更高效的方式经营和服务客户。新居住时代，服务者价值和数字化价值全面崛起。新居住的数字化趋势是激活"数字空间"，并串联开发商、品牌主、家装、家居、家服等各环节参与者，实现产业流程与场景的数字化、智能化重塑，进而提升消费者在新居住时代的服务体验。

资料来源：1. 机锋网，从技术助力到培养体系，贝壳为新居住服务者帮点忙，2021-05-10.
　　　　　2. TechWeb，VR 看房时代如视助力自如客源转签率提升 3.6%，2021-05-14.
　　　　　3. 新华网，AI 一键生成家装设计方案贝壳未来家全国上线，2020-06-15.
　　　　　4. 亿欧网，贝壳找房 2020 新居住大会："AI+ 服务"创造无限可能，2020-04-26.

思考问题

1. 贝壳找房应用了哪些技术？这些技术对贝壳的业务产生了怎样的影响？

2. 这些技术对房屋中介和行业产生了怎样的影响？

3. 针对贝壳目前的情况，还有哪些信息技术可能有助于贝壳的发展和地产行业的发展？

◎ 术语表

生成式人工智能（generative AI）：通过学习大规模数据集生成新的原创内容的人工智能技术。它包括文本、图片、声音、视频、代码等内容的生成。

计算机视觉（computer vision）：包括图像检索、人脸识别、视频数据结构化等技术，可实现精准识别线上及线下的商品和用户，并对商品和用户的移动进行追踪。

语音购物（voice-based shopping）：通过语音识别、语音合成等技术，为用户提供语音下单、语音导购等。

自然语言处理（natural language processing）：包括语义分析、语境分析、情感分析等技术，电商企业可通过智能客户系统为用户提供电话咨询、智能导购、智能客服等服务。

机器学习（machine learning）：计算机通过对掌握的海量数据进行分析及应用，从而具备预测、判断及制定最佳决策的能力，实现数据智能和产业链优化。

知识图谱（knowledge graph）：包括知识抽取、知识融合、知识推理等技术，企业可通过利用该技术实现用户和产品的多维度连接，形成完整的用户群体描述，该技术是智能客服、个性化推荐、智能营销的基础。

增强现实（augmented reality，AR）：通过数字技术将虚拟信息叠加到真实世界中，增强用户对现实环境的感知。

混合现实（mixed reality，MR）：合并现实和虚拟世界而产生的新的可视化环境。

物联网（the internet of things，IoT）：通过射频识别等信息传感设备将物品与互联网连接起来，实现智能化识别和管理的网络。

智能客服（intelligent customer service）：结合自然语言处理、情绪分析等技术，通过客服机器人提供自动化的客户服务和业务处理。

非同质化代币（non-fungible token，NFT）：基于区块链技术，具有唯一性、不可替代性的代币，用作数字资产的所有权证明。

智能合约（smart contract）：自动执行合同条款的代码，提高交易效率并减少中介参与。

智慧物流（smart logistics）：运用人工智能、物联网等技术优化物流过程，提升配送效率和准确性。

智能推荐（intelligent recommendation）：基于用户行为和偏好，自动推荐商品或服务的系统。

电子商务道德及电子商务法律、法规与监管

■ **学习目标**

　　1. 电子商务道德与伦理基础及范畴

　　2. 我国电子商务相关法律法规监管

　　3. 国际电子商务相关法律法规监管

　　4. 电子商务未来监管趋势

■ **开篇案例**

剑桥分析公司数据滥用事件

1. 事件背景

　　剑桥分析（Cambridge Analytica）公司是一家成立于 2013 年，位于英国伦敦的政治咨询公司。该公司在 2018 年被指控利用社交媒体 Facebook（脸书）约 5 000 万人的用户数据，试图影响 2016 年美国大选和英国 2016 年脱欧公投。

　　该事件的曝光源于剑桥分析公司的前数据分析师 Christopher Wylie 的揭露。作为吹哨人，Wylie 于 2014 年从该公司辞职，在 2018 年 3 月揭露该公司通过与剑桥大学一名研究学者合作获取了 5 000 万脸书用户的个人信息，包括用户在脸书上发帖评论等一系列行为数据，借此分析并掌握了这 5 000 万用户的个人喜好和政治倾向等一系列个人隐私。这些个人隐私信息可用来预测选民行为，以进行在网络平台的定制化政治宣传信息投放，从而影响选民行为和选举结果。

　　牵涉此事件的剑桥大学学者 Aleksandr Kogan 随即受到质询。该学者称他因为学术研究目的在脸书平台发布了一项免费的性格测验小程序，名为 "This is Your Digital Life"。这款程序的噱头是 "测性格，领奖金"。为了吸引更多的人参与，此款程序还为每位用户

提供 5 美元奖金。用户只需回答一些娱乐性质的测试问题，就可以获得奖金，前提是在参与测试时要同意把在脸书上的部分用户信息授权给这个第三方程序，这其中不仅包括用户自己的头像、昵称等信息，还有好友列表和好友的一些状态信息。而当好友列表和好友状态信息被收集时，用户的好友本身并不知情。据 Kogan 称，他通过该性格测试第三方程序获得用户及其好友的信息是得到了脸书的同意的，并且脸书同意了他可将收集的数据用于商业目的。

通过这个第三方程序，Kogan 收集到了大量脸书用户的个人信息。随后，他通过自己的公司——Global Science Research 与剑桥分析公司附属的 Strategic Communication Laboratories 公司达成了一项完全以收集和处理脸书数据为前提的商业协议。一份日期为 2014 年 6 月 4 日的合同显示，剑桥数据在此商业协议中花费了近 100 万美元，从而获得了 5 000 多万份与选民名单相匹配的个人信息。然后，剑桥数据利用测试结果和脸书数据构建了一个算法，用于分析脸书个人简介并确定与政治投票行为相关的个性特征，从而试图影响当地政治选举。

2. 事件结果

该事件曝光后，剑桥分析公司面临多项指控，于 2018 年宣布破产停业。

美国联邦贸易委员会（FTC）开始对脸书展开调查，以评估它是否违反了在 2012 年与 FTC 签署的关于更好地保护用户隐私的协议。该协议旨在更清楚地规定分享用户数据的方式（比如用户是否明确自愿提供个人数据、用户数据是否能用于不同的商业目的等）。

2020 年 4 月 25 日，脸书发布官方消息，证实在对剑桥分析公司数据滥用丑闻进行了漫长的调查后，美国联邦法院正式批准了该公司 2019 年 7 月与 FTC 达成的和解协议，认罚 50 亿美元。这是 FTC 有史以来在隐私侵权方面的最高金额罚单。在调查中，作为与 FTC 和解协议的一部分，脸书同意成立一个独立的隐私委员会，脸书首席执行官马克·扎克伯格被要求确保在脸书平台建立更多的隐私保护措施。此外，该和解协议还要求脸书对第三方应用程序保持更严格的约束，定期扫描未加密的密码，并避免将出于安全目的而获得的电话号码用于广告。最后，FTC 还要求脸书对新产品进行隐私审查，并提交新的隐私认证和评估报告。

资料来源：1. Cadwalladr and Graham-Harrison, Revealed: 50 million Facebook profiles harvested for Cambridge Analytica in major data breach, Guardian, 17 May 2018.

2. 李明，FB 支付创纪录 50 亿美元罚款 小扎失去隐私最终决定权，新浪科技，2019-07-24.

3. Federal Trade Commission (FTC), FTC Imposes $5 Billion Penalty and Sweeping New Privacy Restrictions on Facebook［EB/OL］，ftc.gov，24 July 2019.

思考问题

1. 针对脸书对用户数据信息的隐私与安全保护，你的看法是怎样的？

2. 针对将用户数据信息用于政治倾向的分析，并精准投放政治宣传类信息的行为，你有怎样的看法？

3. 你对未来社交平台对用户数据信息的合理收集、使用与保护有什么样的看法和建议？

15.1　电子商务道德基础

道德（ethics）指的是关于人如何指导自我行为的一套准则。一般来说，法律体现了社会普遍承认的道德准则，但法律不等于道德。法律只是体现对道德的最低要求。很多行为虽然不违法，但并不表示是道德的行为。

商业道德（business ethics）也被称作公司道德或者企业道德，它是指导人和企业如何在商业活动中合理化行为的一套价值准则。如今信息技术飞速发展，而相关法律法规总是相对滞后的。一些新兴科技，比如人工智能、大数据、3D 打印技术，它们的定义、应用和影响比较难以确定和把控，常常存在监管滞后或者**政策真空**（policy vacuum）。这种情况下，一方面应该加速相关法律法规的制定及实施；另一方面，也需要利用道德准则对企业和个人的行为进行约束。目前，在电子商务领域，常见的商业道德问题有隐私权、所有权、数据使用权和数据安全等问题。

在电子商务领域，相关的常用行为道德准则有**国际计算机协会**（Association for computing machinery，ACM）提出的《计算机协会道德与职业行为准则》（ACM code of ethics and professional conduct）。该准则提出了针对计算机从业人员的几大基本道德准则，如表 15-1 列示。

这七大基本道德准则对计算机相关专业的从业人员提出了明确的要求，也成为电子商务领域的重要的道德规范。所有相关个人与企业在提供计算机、电子商务相关的产品和服务时，都应该遵循这七大基本道德准则，合理地规范自己的行为，自觉维护一个公平、合理、安全、良好的商业环境。

表 15-1　国际计算机协会道德与职业行为准则

序号	内容
1	为社会和人类福祉做出贡献，承认所有人都是计算机的利益相关者
2	避免伤害
3	诚实守信
4	公平，不要歧视
5	尊重产生新想法、发明、创造性工作所需的工作
6	尊重隐私
7	重视保密性

15.2　我国相关法律法规

自从 20 世纪 90 年代中期出现电子商务以来，我国陆续出台了各种相关法律法规和监管政策，旨在对电子商务相关的各种交易与模式进行合理有效的监管，维持健康公平的电子商务环境。

15.2.1　《中华人民共和国电子商务法》

《中华人民共和国电子商务法》（以下简称"《电子商务法》"）经历了五年的立法议程，于 2019 年 1 月 1 日正式生效，是我国电子商务领域第一部专门性的法律，旨在保障电子商务各方主体的合法权益，规范电子商务行为，维护市场秩序，促进电子商务持续健康发展。此法集合了广告、消费者权益保护、电子商务平台的特殊规范及绿色发展相关的法律，在电子商务监管领域发挥着极其重要的作用。

《电子商务法》全面定义了**电子商务经营者**，主要分为以下三类。

（1）电子商务平台经营者，是指在电子商务中为交易双方或者多方提供网络经营场所、交易撮合、信息发布等服务，供交易双方或者多方独立开展交易活动的法人或者非法人组织，可理解为电商平台。

（2）平台内经营者，是指通过电子商务平台销售商品或者提供服务的电子商务经营者，可理解为经营商家。

（3）其他电子商务经营者，是指通过自建网站、其他网络服务销售或者提供服务的电子商务经营者，可理解为自营平台。

《电子商务法》对以上电子商务经营者的行为进行了详尽的规范，对其在履行消费者权益保障、个人信息保护与网络安全、公平参与市场竞争、知识产权保护、环境保护等方面的义务提出了更高的合规要求。

1. 消费者权益保障

《电子商务法》第十七条规定"电子商务经营者应当全面、真实、准确、及时地披露商品或者服务信息，保障消费者的知情权和选择权。电子商务经营者不得以虚构交易、编造用户评价等方式进行虚假或者引人误解的商业宣传，欺骗、误导消费者。"目前电子商务中广泛存在的"刷单"等虚构交易行为在《电子商务法》中是明确禁止的。

针对电子商务平台经营者，《电子商务法》也在第三十九条中规定"电子商务平台经营者应当建立健全信用评价制度，公示信用评价规则，为消费者提供对平台内销售的商品或者提供的服务进行评价的途径。电子商务平台经营者不得删除消费者对其平台内销售的商品或者提供的服务的评价。"此项规定极大地保障了消费者的权益，保证他们发布的评价不会被任意删除、保障服务评价信息的真实性。然而，在实际操作中，目前电子商务平台仍有各种方法可以调整商业或服务的评价的展示顺序（比如隐匿差评、好评前置等），从而影响消费者的判断。

《电子商务法》第十八条规定"电子商务经营者根据消费者的兴趣爱好、消费习惯等特征向其提供商品或者服务的搜索结果的，应当同时向该消费者提供不针对其个人特征的选项，尊重和平等保护消费者合法权益。"电子商务经营者向消费者发送广告的，应当遵守《中华人民共和国广告法》的有关规定。该项规定可以理解为消费者有权利自由选择是否参与个性化搜索和广告投放服务，电子商务经营者应该提供给消费者退出个性化搜索服务的机制和选项。

此外，《电子商务法》第十九条规定"电子商务经营者搭售商品或者服务，应当以显著方式提请消费者注意，不得将搭售商品或者服务作为默认同意的选项。"这也是另一项重要的保护消费者权益的规定。在电子商务交易中，商家不能将某些服务选项（比如"我同意"，"自动续费"等服务协议框）设置成默认同意，而应该以明显的方式提醒消费者注意并让消费者自主选择是否同意，否则是违法的。

针对商业服务搜索与竞价排名，《电子商务法》第四十条明确规定"电子商务平台经营者应当根据商品或者服务的价格、销量、信用等以多种方式向消费者显示商品或者服务的搜索结果；对于竞价排名的商品或者服务，应当显著标明'广告'。"通过这项规定，可以更好地保护消费者的知情权和公平交易的权利，区分搜索结果中的广告和非广告信息，避免被隐藏竞价信息的搜索结果的误导。

2. 个人信息保护与网络安全

在个人信息保护方面，《电子商务法》第二十三条规定"电子商务经营者收集、使用其用户的个人信息，应当遵守法律、行政法规有关个人信息保护的规定。"并且，第二十四条详细规定"电子商务经营者应当明示用户信息查询、更正、删除以及用户注销的方式、程序，不得对用户信息查询、更正、删除以及用户注销设置不合理条件。电子商务经营者收到用户信息查询或者更正、删除的申请的，应当在核实身份后及时提供查询或者更正、删除用户信息。用户注销的，电子商务经营者应当立即删除该用户的信息；依照法律、行政法规的规定或者双方约定保存的，依照其规定。"

在网络安全方面，该法第三十条规定"电子商务平台经营者应当采取技术措施和其他必要措施保证其网络安全、稳定运行，防范网络违法犯罪活动，有效应对网络安全事件，保障电子商务交易安全。……"第三十一条规定"电子商务平台经营者应当记录、保存平台上发布的商品和服务信息、交易信息，并确保信息的完整性、保密性、可用性……"

3. 公平参与市场竞争

在电商平台公平竞争方面，《电子商务法》第二十二条规定"电子商务经营者因其技术优势、用户数量、对相关行业的控制能力以及其他经营者对该电子商务经营者在交易上的依赖程度等因素而具有市场支配地位的，不得滥用市场支配地位，排除、限制竞争。"具体来说，第三十五条规定"电子商务平台经营者不得利用服务协议、交易规则以及技术等手段，对平台内经营者在平台内的交易、交易价格以及与其他经营者的交易等进行不合理限制或者附加不合理条件，或者向平台内经营者收取不合理费用。"近些年来，电商平台竞争异常激烈，代表性事件之一就是京东诉阿里巴巴的"二选一"之争。京东主张自2013 年以来，阿里巴巴旗下的天猫平台和淘宝平台不断以各种手段实施不正当竞争行为，包括但不限于要求在天猫商城开设店铺的商家不得在京东商城参加"618""双 11"等促销活动、不得在京东商城开设店铺进行经营，甚至只能在天猫商城一个平台开设店铺进行经营行为，上述行为可以被认定为限制、排斥竞争行为。此类"二选一"不正当竞争行为也见于如美团和饿了么等平台之争中。

4. 知识产权和环境保护

除此之外，《电子商务法》也对电子商务中的知识产权以及绿色环保问题上进行了规定。第四十一条规定"电子商务平台经营者应当建立知识产权保护规则，与知识产权权利人加强合作，依法保护知识产权。"在绿色环保问题上，第五十二条规定"……快递物流服务提供者应当按照规定使用环保包装材料，实现包装材料的减量化和再利用。……"在电商交易中，除使用不环保材料外，产品的过度包装也一直是一个重要的环保问题，经营商家和消费者应该共同意识到环保问题的重要性，减少对产品的过度包装的需求和供给，共同保护环境。

15.2.2 《网络交易监督管理办法》

随着《电子商务法》在 2019 年实施，为了更好地履行市场监督管理职责，贯彻落实《电子商务法》，国家市场监督管理总局依据《电子商务法》等相关法律、行政法规以及市场监督职责，于 2021 年 3 月 15 日颁布了《网络交易监督管理办法》。

作为《电子商务法》的重要配套规则，纵观《网络交易监督管理办法》全文，它在《电子商务法》的指导规范下对参与网络交易的各方主体提出了更为明确和细致的要求，对各方主体的经营行为做了更全面的规范。并且，针对当下社会广泛关注的"平台二选一""网络社交""网络直播电商规范管理"等热点问题进行了回应。

网络直播、网络社交等其他网络服务提供者是否属于网络交易经营者，在《电子商务法》中并未明确规定。但在《网络交易监督管理办法》中，明确此类其他网络服务提供者具有了网络交易经营者的属性，将其纳入监管。这类网络服务提供者为经营者提供空间，并提供商品浏览、订单生成、在线支付等网络交易平台服务，应当依法履行网络交易平台经营者的责任。而通过网络社交、网络直播等其他网络服务开展网络交易活动（比如"直播打赏""直播卖货"）的网络交易经营者，也应当履行网络交易平台内经营者责任。

此外，《网络交易监督管理办法》也对**网络交易经营者**（网络交易平台经营者、平台内经营者、自建网站经营者和其他网络交易经营者）的经营行为做了较为全面的规定，在个人信息收集与使用，禁止欺骗、误导消费者，商业性信息推送要求，商品、服务搭售要求，自动展期自动续费服务要求，知情权和选择权要求，终止网络交易要求等方面均有明确的规范要求（见表 15-2）。

表 15-2 《网络交易监督管理办法》对网络交易经营者的主要规范要求

序号	内容摘要	合规要点	法条
1	个人信息收集与使用	• 遵循合法、正当、必要的原则，明示收集、使用信息的目的、方式、范围，并经消费者同意 • 网络交易经营者收集、使用消费者个人信息，应当公开其收集、使用规则，不得违反法律、法规的规定和双方的约定收集、使用信息 • 不得采取一次概括授权、默认授权、与其他授权捆绑、停止安装使用等方式，强迫或者变相强迫消费者同意收集、使用与经营活动无直接关系的信息 • 收集、使用个人生物特征、医疗健康、金融账户、个人行踪等敏感信息的，应当逐项取得消费者同意 • 对收集的个人信息严格保密，除依法配合监管执法活动外，未经被收集者授权同意，不得向包括关联方在内的任何第三方提供	第十三条

（续）

序号	内容摘要	合规要点	法条
2	禁止欺骗、误导消费者	网络交易经营者不得以下列方式，作虚假或者引人误解的商业宣传，欺骗、误导消费者： • 虚构交易、编造用户评价 • 采用误导性展示等方式，将好评前置、差评后置，或者不显著区分不同商品或者服务的评价等 • 采用谎称现货、虚构预订、虚假抢购等方式进行虚假营销 • 虚构点击量、关注度等流量数据，以及虚构点赞、打赏等交易互动数据 • 不得实施混淆行为，引人误认为是他人商品、服务或者与他人存在特定联系 • 不得编造、传播虚假信息或者误导性信息，损害竞争对手的商业信誉、商品声誉	第十四条
3	商业性信息推送要求	• 未经消费者同意或者请求，不得向其发送商业性信息 • 网络交易经营者发送商业性信息时，应当明示其真实身份和联系方式，并向消费者提供显著、简便、免费的拒绝继续接收的方式 • 消费者明确表示拒绝的，应当立即停止发送，不得更换名义后再次发送	第十六条
4	商品、服务搭售要求	• 以直接捆绑或者提供多种可选项方式向消费者搭售商品或者服务的，应当以显著方式提醒消费者注意 • 提供多种可选项方式的，不得将搭售商品或者服务的任何选项设定为消费者默认同意 • 不得将消费者以往交易中选择的选项在后续独立交易中设定为消费者默认选择	第十七条
5	自动展期、自动续费服务要求	• 采取自动展期、自动续费等方式提供服务的，应当在消费者接受服务前和自动展期、自动续费等日期前五日，以显著方式提请消费者注意，由消费者自主选择 • 在服务期间内，应当为消费者提供显著、简便的随时取消或者变更的选项，并不得收取不合理费用	第十八条
6	知情权和选择权要求	• 应当全面、真实、准确、及时地披露商品或者服务信息	第十九条
7	终止网络交易要求	• 网络交易经营者自行终止从事网络交易活动的，应当提前三十日在其网站首页或者从事经营活动的主页面显著位置，持续公示终止网络交易活动公告等有关信息，并采取合理、必要、及时的措施保障消费者和相关经营者的合法权益	第二十三条

针对**网络交易平台经营者**，《网络交易监督管理办法》在平台信息核验，服务协议、交易规则完整保存，检查监控制度，平台信息保存义务，平台公平竞争要求等方面，还有更多更明确的规范要求（见表 15-3）。

表 15-3　《网络交易监督管理办法》针对网络交易平台经营者的主要规范要求

序号	内容摘要	合规要点	法条
1	平台信息核验	• 网络交易平台经营者应当要求申请进入平台销售商品或者提供服务的经营者提交其身份、地址、联系方式、行政许可等真实信息，进行核验、登记，建立登记档案，并至少每六个月核验更新一次	第二十四条
2	服务协议、交易规则完整保存	• 网络交易平台经营者修改平台服务协议和交易规则的，应当完整保存修改后的版本生效之日前三年的全部历史版本，并保证经营者和消费者能够便利、完整地阅览和下载	第二十八条

（续）

序号	内容摘要	合规要点	法条
3	检查监控制度	• 网络交易平台经营者应当对平台内经营者及其发布的商品或者服务信息建立检查监控制度 • 网络交易平台经营者发现平台内的商品或者服务信息有违反市场监督管理法律、法规、规章，损害国家利益和社会公共利益，违背公序良俗的，应当依法采取必要的处置措施，保存有关记录，并向平台住所地县级以上市场监督管理部门报告 • 网络交易平台经营者依据法律、法规、规章的规定或者平台服务协议和交易规则对平台内经营者违法行为采取警示、暂停或者终止服务等处理措施的，应当自决定作出处理措施之日起一个工作日内予以公示，载明平台内经营者的网店名称、违法行为、处理措施等信息。警示、暂停服务等短期处理措施的相关信息应当持续公示至处理措施实施期满之日止	第二十九条、第三十条
4	平台信息保存义务	• 网络交易平台经营者对平台内经营者身份信息的保存时间自其退出平台之日起不少于三年；对商品或者服务信息，支付记录、物流快递、退换货以及售后等交易信息的保存时间自交易完成之日起不少于三年。法律、行政法规另有规定的，依照其规定	第三十一条
5	平台公平竞争要求	• 网络交易平台经营者不得通过搜索降权、下架商品、限制经营、屏蔽店铺、提高服务收费等方式，禁止或者限制平台内经营者自主选择在多个平台开展经营活动，或者利用不正当手段限制其仅在特定平台开展经营活动 • 网络交易平台经营者不得禁止或者限制平台内经营者自主选择快递物流等交易辅助服务提供者 • 网络交易平台经营者不得有其他干涉平台内经营者自主经营的行为	第三十二条

15.2.3 电子商务公平竞争监督

在电子商务公平竞争监督方面，除了《电子商务法》和《网络交易监督管理办法》之外，我国还通过其他一系列监管文件做出了更细致明确的规定。虽然我国已有《中华人民共和国反垄断法》，并且其基本制度和规定原则适用于平台经济领域经营者，但由于平台经济商业模式和竞争生态的复杂性、涉及范围的广泛性、技术的专业性、自身规律的特殊性，平台经济的公平竞争需要更具体、更有针对性的反垄断执法原则。例如，相比于传统产业领域，平台的数据和算法的隐秘性使得发现与判定垄断行为变得更加困难，增加了执法机构发现和调查取证的难度。

因此，在平台经济反垄断监管上，为预防和制止平台经济领域垄断行为、引导平台经营者依法合规经营，国务院反垄断委员会于2021年2月7日发布了《国务院反垄断委员会关于平台经济领域的反垄断指南》（以下简称《平台反垄断指南》）。此指南在《中华人民共和国反垄断法》的基础上，明确了对平台经济领域的具体不公平竞争行为，对"平台二选一""大数据杀熟"、限定交易和拒绝交易等商业行为进行了更明确的定义和监管。

《平台反垄断指南》首先对平台经济的垄断协议的形式进行了明确定义，它提到："平台经济领域垄断协议是指经营者排除、限制竞争的协议、决定或者其他协同行为。协议、决定可以是书面、口头等形式。其他协同行为是指经营者虽未明确订立协议或者决定，但通过数据、算法、平台规则或者其他方式实质上存在协调一致的行为，有关经营者基于独立意思表示所作出的价格跟随等平行行为除外。"

同时，《平台反垄断指南》逐一细化了滥用市场支配地位行为的表现形式，比如不公平价格行为、低于成本销售、拒绝交易、限定交易、搭售或者附加不合理交易条件差别待遇等，促进平台经济领域各类市场主体依法合规经营。

在"**限定交易**"行为上，它提到："具有市场支配地位的平台经济领域经营者，可能滥用市场支配地位，无正当理由对交易相对人进行限定交易，排除、限制市场竞争。分析平台经济领域经营者具体行为是否构成限定交易行为，可以考虑以下因素：①要求平台内经营者在竞争性平台间进行"二选一"，或者限定交易相对人与其进行独家交易的其他行为；②限定交易相对人只能与其指定的经营者进行交易，或者通过其指定渠道等限定方式进行交易；③限定交易相对人不得与特定经营者进行交易。上述限定可能通过书面协议的方式实现，也可能通过电话、口头方式与交易相对人商定的方式实现，还可能通过平台规则、数据、算法、技术等方面的实际设置限制或者障碍的方式实现。是否构成限定交易，可以重点考虑以下两种情形：一是平台经营者通过**屏蔽店铺**、**搜索降权**、**流量限制**、**技术障碍**、**扣取保证金**等惩罚性措施实施的限制，因对市场竞争和消费者利益产生直接损害，一般可以认定构成限定交易行为。二是平台经营者通过补贴、**折扣**、**优惠**、**流量资源支持**等激励性方式实施的限制，可能对平台内经营者、消费者利益和社会整体福利具有一定积极效果，但如果有证据证明对市场竞争产生明显的排除、限制影响，也可能被认定构成限定交易行为。……"

第一种情形是典型的"负面"非公平竞争手段，第二种情形看似是"正面"竞争手段，但具体的不恰当操作也有可能对市场竞争产生明显的排除限制影响。两者都是平台经济经营者需要警惕的。此类限定交易操作常见于电商平台经济中，比如要求商家进行"平台二选一"之类的竞争，对平台内经营者、消费者利益和社会整体福利造成了消极的影响，是典型的非公平竞争手段，不利于营造健康良好的市场公平竞争环境。

《平台反垄断指南》对平台经济的不公平的"**差别待遇**"行为也进行了定义和规定。它提到："具有市场支配地位的平台经济领域经营者，可能滥用市场支配地位，无正当理由对交易条件相同的交易相对人实施差别待遇，排除、限制市场竞争。……"交易条件相同是指"交易相对人之间在交易安全、交易成本、信用状况、所处交易环节、交易持续时间等方面不存在实质性影响交易的差别……"。而平台在交易中获取的交易相对人的隐私信息、交易历史、个体偏好、消费习惯等方面存在的差异不影响认定交易相对人条件相同，与交易条件相同的认定无关。换句话说，如果平台经济领域经营者基于顾客的隐私信息、交易历史、个人偏好、消费习惯等数据进行对顾客进行不恰当的差别化待遇，这是不合规的。

分析平台经济领域经营者的具体行为是否构成差别待遇，可以考虑以下几个因素。

（1）基于大数据和算法，根据交易相对人的支付能力、消费偏好、使用习惯等，实行差异性交易价格或者其他交易条件。

（2）实行差异性标准、规则、算法。

（3）实行差异性付款条件和交易方式。

此项规定主要针对目前平台经济存在的对顾客进行"大数据杀熟"的商业操作进行监管，从而保护消费者的权益。

15.2.4 电子商务安全监管与个人信息保护

除了在《电子商务法》中进行要求，我国也在逐步制定更具体专门的关于网络安全方面的法律法规，从而更好地规范电子商务交易行为，保障网络安全环境。

1.《中华人民共和国网络安全法》

《中华人民共和国网络安全法》（以下简称"《网络安全法》"）于2017年6月1日正式生效。作为国内第一部系统性提出网络空间治理的法律法规，《网络安全法》的出台对于确立国家网络安全基本管理制度具有里程碑式的意义。它涵盖范围广泛，包含了一个全局性的框架，旨在监管网络安全、保护个人隐私和敏感信息，以及维护国家网络空间主权／安全。它标志着中国在打击网络犯罪方面迈入一个重要的里程，也对电子商务发展有着重要的意义。

《网络安全法》第四章是网络信息安全，明确了网络运营者对于个人信息收集、使用及保护的要求。根据《网络安全法》附则中的定义，个人信息是指"以电子或者其他方式记录的能够单独或者与其他信息结合识别自然人个人身份的各种信息，包括但不限于自然人的姓名、出生日期、身份证件号码、个人生物识别信息、住址、电话号码等。"从定义中可看出，《网络安全法》中对个人信息采取了开放式的定义，多侧重自然人的信息，对虚拟人的信息如用户名、密码、IP、MAC、上网时间、Cookies等信息还没有明确定义。而网络运营者指的是"网络的所有者、管理者和网络服务提供者"，自然这也包括电子商务经营者，特别是平台类经营者。

《网络安全法》第四章中相应的个人信息保护要求与2015年亚太经合组织颁布的《亚太经合组织个人隐私保护框架》九大原则明确对应（见表15-4）。

表 15-4 《亚太经合组织个人隐私保护框架》与《网络安全法》比较

亚太经合组织个人隐私保护原则	《网络安全法》中有关个人信息保护的要求	法条
预防伤害（preventing harm）原则	• 网络运营者应当建立网络信息安全投诉、举报制度，公布投诉、举报方式等信息，及时受理并处理有关网络信息安全的投诉和举报	第四十九条
告知（notice）原则	• 网络运营者收集、使用个人信息，应当遵循合法、正当、必要的原则，公开收集、使用规则，明示收集、使用信息的目的、方式和范围，并经被收集者同意	第四十一条
收集限制（collection limitation）原则	• 网络运营者收集、使用个人信息，应当遵循合法、正当、必要的原则……不得收集与其提供的服务无关的个人信息，不得违反法律、行政法规的规范和双方约定收集、使用个人信息	
个人信息使用（uses of personal information）原则	• 网络运营者应当依照法律、行政法规的规定和与用户的约定，处理其保存的个人信息 • 网络运营者未经被收集者同意，不得向他人提供个人信息。但是，经过处理无法识别特定个人且不能复原的除外 • 任何个人和组织不得非法出售或非法向他人提供个人信息	第四十一条，第四十二条，第四十四条

（续）

亚太经合组织个人隐私保护原则	《网络安全法》中有关个人信息保护的要求	法条
自主选择（choice）原则	• 网络运营者收集、使用个人信息，应当经被收集者同意 • 未经被收集者同意，网络运营者不得向他人提供个人信息	第四十一条，第四十二条
个人信息完整性（integrity of personal information）原则	• 网络运营者不得泄露、篡改、毁损其收集的个人信息	第四十二条
安全保护（security safeguards）原则	• 网络运营者应当按照网络安全等级保护制度的要求，履行安全保护义务，保障网络免受干扰、破坏或未经授权的访问，防止网络数据泄露或者被窃取、篡改 • 网络运营者应当采取技术措施和其他必要措施，确保信息安全，防止信息泄露、毁损、丢失。在发生或者可能发生个人信息泄露、毁损、丢失的情况时，应当立即采取补救措施，按照规定及时告知用户并向有关主管部门报告	第二十一条、第四十二条
访问和更正（access and correction）原则	• 个人发现网络运营者违反法律、行政法规的规定或双方的约定收集、使用其个人信息的，有权要求网络运营者删除其个人信息；发现网络运营者收集、存储的其个人信息有错误的，有权要求网络运营者予以更正。网络运营者应当采取措施予以删除或者更正	第四十三条
责任（accountability）原则	• 网络运营者应当对其收集的用户信息严格保密，并建立健全用户信息保护制度	第四十条

以上个人信息保护要求与之前的《电子商务法》《网络交易监督管理办法》对个人信息保护要求保持一致，不仅在隐私权上，也在个人信息安全保护上提出了具体的要求。例如，在安全管理方面，明确提出网络运营者应当按照网络安全等级保护制度的要求，对系统和数据进行风险评估，采取技术措施和其他必要措施，落实网络安全保护责任，确保其收集的个人信息安全，防止信息泄露、损毁或丢失。具体措施包括制定内部安全管理制度和操作规程，确定网络安全负责人，落实网络安全保护责任；采取防范计算机病毒和网络攻击、网络侵入等危害网络安全行为的技术措施；采取检测与记录网络运行状态、网络安全事件的技术措施，并按照规定留存相关的网络日志不少于 6 个月；采取数据分类、重要数据备份和加密等。

2.《中华人民共和国数据安全法》

在网络安全的基础上，随着信息技术和生产生活紧密交汇融合，各类数据迅猛增长、海量聚集，对经济发展、社会治理、人民生活产生着极其重大而深刻的影响。数据安全已成为事关国家安全和社会经济发展的重大问题。《中华人民共和国数据安全法》（以下简称"《数据安全法》"）于 2021 年 9 月 1 日正式生效，规定了多项重要的数据安全制度，从而保障数据安全。

《数据安全法》明确了"数据分类分级保护制度"，根据数据的"重要程度""危害程度"，对数据实行分类分级保护，与国家"网络安全等级保护"制度相呼应。重要数据处理者应当定期开展数据风险评估，遵守重要数据的出境安全管理制度。

电子商务经营者需要遵守《数据安全法》中对数据安全保护的要求，提供足够的数据安全保障，以保证信息和交易安全。

3.《中华人民共和国个人信息保护法》

考虑到个人信息在国民经济生活中的广泛收集和运用，其重要性不言而喻。数字显示，截至 2020 年 3 月，我国互联网用户已达 9 亿，互联网网站超过 400 万个，应用程序数量超过 300 万个，个人信息的收集、使用更为广泛。虽然近年来我国个人信息保护力度不断加大，比如《电子商务法》《网络交易监督管理办法》《网络安全法》等一系列法律法规颁布实施，但在现实生活中，个人信息的各种滥用问题屡见不鲜，危害人民利益和经济发展。一些企业、机构甚至个人从商业利益角度出发，随意收集、霸王收集、违法获取、过度使用、非法买卖个人信息等问题十分突出，而且这些问题在电子商务领域更是屡禁不止。如何更好地保护个人信息、维护人民群众合法权益已经成为国家监督管理重中之重的问题。

为更好地明确个人信息保护原则和规范，我国在 2021 年 11 月 1 日正式实施《中华人民共和国个人信息保护法》(以下简称"《个人信息保护法》")。《个人信息保护法》立足于国情，借鉴国际上各类数据保护立法经验，系统、全面地规定了个人信息保护的基本要求。作为我国首个针对个人信息保护的专门性立法，这标志着我国的个人信息保护制度进入了新的发展阶段。

除了已经在《电子商务法》《网络交易监督管理办法》《网络安全法》《数据安全法》均提到的对个人信息的基本保护要求外（比如知情权、自主选择权、收集限制权、个人信息使用权、访问权、更正权、删除权和安全保护权），《个人信息保护法》在以"告知 – 同意"为核心的个人信息处理原则上，还提出了其他相关的具体规定（见表 15-5）。

表 15-5 《个人信息保护法》中的个人信息处理规则

序号	内容摘要	合规要点	法条
1	告知及同意	• 基于个人同意处理个人信息的，该同意应当由个人在充分知情的前提下自愿、明确作出 • 个人信息的处理目的、处理方式和处理的个人信息种类发生变更的，应当重新取得个人同意	第十四条
2	个人信息撤回	• 基于个人同意处理个人信息的，个人有权撤回其同意	第十五条
3	禁止不合理的拒绝服务	• 个人信息处理者不得以个人不同意处理其个人信息或者撤回其对个人信息处理的同意为由，拒绝提供产品或者服务；处理个人信息属于提供产品或者服务所必需的除外	第十六条
4	显著清晰的告知	• 个人信息处理者在处理个人信息前，应当以显著方式、清晰易懂的语言真实、准确、完整地向个人告知个人信息处理者的名称或者姓名和联系方式、个人信息的处理目的、处理方式，处理的个人信息种类、保存期限等	第十七条
5	最短保存期限	• 除法律、行政法规另有规定外，个人信息的保存期限应当为实现处理目的所必要的最短时间	第十九条
6	第三方告知	• 个人信息处理者向其他个人信息处理者提供其处理的个人信息的，应当向个人告知接收方的名称或者姓名、联系方式、处理目的、处理方式和个人信息的种类，并取得个人的单独同意	第二十三条

（续）

序号	内容摘要	合规要点	法条
7	自动化决策	• 个人信息处理者利用个人信息进行自动化决策，应当保证决策的透明度和结果公平、公正，不得对个人在交易价格等交易条件上实行不合理的差别待遇 • 通过自动化决策方式向个人进行信息推送、商业营销，应当同时提供不针对其个人特征的选项，或者向个人提供便捷的拒绝方式 • 通过自动化决策方式作出对个人权益有重大影响的决定，个人有权要求个人信息处理者予以说明，并有权拒绝个人信息处理者仅通过自动化决策的方式作出决定	第二十四条
8	公共场所图像采集、个人身份识别设备管理	• 在公共场所安装图像采集、个人身份识别设备，应当为维护公共安全所必需，遵守国家有关规定，并设置显著的提示标识 • 所收集的个人图像、身份识别信息只能用于维护公共安全的目的，不得用于其他目的；取得个人单独同意的除外	第二十六条
9	敏感信息处理要求	• 敏感个人信息是一旦泄露或者非法使用，容易导致自然人的人格尊严受到侵害或者人身、财产安全受到危害的个人信息，包括生物识别、宗教信仰、特定身份、医疗健康、金融账户、行踪轨迹等信息，以及不满十四周岁未成年人的个人信息 • 只有在具有特定的目的和充分的必要性，并采取严格保护措施的情形下，个人信息处理者方可处理敏感个人信息	第二十八条
10	未成年人监护	• 个人信息处理者处理不满十四周岁未成年人个人信息的，应当取得未成年人的父母或者其他监护人的同意 • 个人信息处理者处理不满十四周岁未成年人个人信息的，应当制定专门的个人信息处理规则	第三十一条

违反《个人信息保护法》的成本，最高可达五千万元以下或者上一年度营业额百分之五以下罚款，并可以责令暂停相关业务、停业整顿、通报有关主管部门吊销相关业务许可或者吊销营业执照。

目前，《个人信息保护法》《网络安全法》和《数据安全法》是构成我国数据保护与网络安全的三个重要的基本法律。

◎ 应用案例 15-1

ZAO 手机应用隐私条款争议

2019 年 8 月 31 日，一款名为 ZAO 的 AI 换脸手机 App 受到广泛关注。"仅需一张照片，出演天下好戏"，通过这句简洁明了的广告词，ZAO App 迅速爆红，高居苹果 App Store 中国区免费排行榜的前列。

这款 App 隶属于陌陌科技公司，基于人工智能换脸技术，主打社交和娱乐。在这款 App 中，用户可以上传自己的照片，然后就可以将一些短视频中或者多部经典影视剧中的明星的脸换成用户自己的脸。然而，迅速引起广泛关注和讨论的并不是 App 换脸功能本身，而是它涉嫌侵犯用户权益的用户协议。大部分用户在安装这款应用的时候并没有仔细阅读其用户协议。不过，还是有细心的用户很快发现了用户协议中暗藏的不合理霸王条款。

在 ZAO 原版的用户协议第 6 条中，显示以下条款。

1）在您上传及 / 或发布用户内容之前，您同意或者确保实际权利人同意授予 "ZAO"

及其关联公司以及"ZAO"用户全球范围内完全免费、不可撤销、永久、可转授权和可再许可的权利,包括但不限于可以对用户内容进行全部或部分的修改与编辑(如将短视频中的人脸或者声音换成另一个人的人脸或者声音等)以及对修改前后的用户内容进行信息网络传播以及《著作权法》规定的由著作权人享有的全部著作财产权利及邻接权利。

2)如果您把用户内容的人脸换成您或者其他人的脸,您同意或确保肖像权利人同意授予"ZAO"及其关联公司全球范围内完全免费、不可撤销、永久、可转授权和可再许可的权利,包括但不限于:人脸照片、图片、视频资料等肖像资料中所含的您或肖像权利人的肖像权,以及利用技术对您或肖像权利人的肖像进行形式改动。

针对以上用户协议中提出的"同意或者确保实际权利人同意授予'ZAO'及其关联公司以及'ZAO'用户全球范围内完全免费、不可撤销、永久、可转授权和可再许可的权利",这意味着只要用户使用这款App,通过上传自己照片生成的照片或者短视频版权就可以让ZAO平台随意使用,而且ZAO平台和它关联的公司可以永久地、无偿地使用用户的这些肖像权。

毫无疑问,ZAO用户协议中的这些条款显然是不合理的霸王条款,过度攫取用户授权,严重地侵犯了用户的隐私权,损害了用户的合法权益。例如,根据此用户协议,用户无法直接删除之前上传的图片,无法通过自行操作注销自己的ID;用户的个人信息可以被"ZAO"平台任意共享给其关联的公司,等等。

针对媒体公开报道和用户曝光的"ZAO"App用户隐私协议不规范,存在数据泄露风险等网络数据安全问题,工业与信息化部网络安全管理局对陌陌科技公司相关负责人进行了问询约谈,要求他们开展自查整改,依法依规收集、使用用户个人信息,规范协议条款,强化网络数据和用户个人信息安全保护。

约谈之后,ZAO运营团队发布了致歉信,删除了相关的霸王条款,并重新发布了新的用户协议。在新版协议中,此前颇受争议的"您同意或者确保实际权利人同意授予ZAO及其关联公司以及ZAO用户全球范围内完全免费、不可撤销、永久、可转授权和可再许可的权利""如果您把用户内容中的人脸换成您或其他人的脸,您同意或确保肖像权利人同意授予ZAO及其关联公司全球范围内完全免费、不可撤销、永久、可转授权和可再许可的权利"两段表述已经删去。

在第三方数据使用方面,新版协议中ZAO表示用户上传的内容仅限用于"您提供上传/发布短视频以及利用技术对平台上的短视频进行局部修改生成新的短视频的服务,相关内容将严格按照相关法律法规的规定保留在ZAO上,除非为了改善ZAO为您提供的服务或另行取得您的再次同意,否则ZAO不会以任何形式或目的使用上述内容。",此项修改符合《网络安全法》中"数据提供给第三方时必须由用户再次授权"的要求。

ZAO运营团队称将严格按照法律法规和各主管部门的要求,按照更加严格的标准,全面加强内容管理、完善各项管理机制,确保用户个人信息安全和数据安全。

资料来源:1. 周宵鹏,留心躲避手机App隐私陷阱,新华网,2019-09-08.

2. 一财科技,"ZAO"App用户隐私协议不规范,工信部约谈陌陌,第一财经,2019-09-04.

3. 央视新闻,工信部就"ZAO"App网络数据安全问题开展问询约谈,2019-09-04.

4. 人民网,AI深度换脸技术惹争议,工信部约谈ZAO要求自查整改,2019-09-05.

思考问题

1. ZAO App 用户协议的原始版本违反了《亚太经合组织个人隐私保护框架》中的哪些原则？

2. ZAO App 用户协议的原始版本违反了《中华人民共和国个人信息保护法》中的哪些个人信息处理原则？

3. 针对 ZAO App 用户协议的原始版本，你认为它会为用户个人信息带来哪些危害？

15.3　国际相关法律法规

在国际上，各国也在逐步强调电子商务中个人信息的合法合理收集和隐私保护。欧洲、北美、东南亚各国都陆续推出了更严格的个人信息收集和保护的法律法规，从而更好地保障用户的权益。

15.3.1　《通用数据保护条例》

《通用数据保护条例》（General data protection regulation，GDPR）是迄今为止全球现有的数据隐私保护法规中覆盖面最广、监管条件最严格的关于个人隐私和数据安全的法规。

GDPR 是一项欧盟法规，它对所有欧盟成员国具有直接法律效应。它取代了自 1995 年生效的 "Data protection directive"（《数据保护指令》），于 2018 年 5 月 25 日正式生效。GDPR 的特点包括以下几点。

1. 覆盖面最广

根据 GDPR 的规定，GDPR 与全球性运营公司相关，不仅仅针对欧盟范围之内的公司。如果公司不在欧盟境内，但数据处理活动与欧盟境内自然人相关，仍在 GDPR 适用范围之内，需要遵守 GDPR 的相关规定。总的来说，GDPR 的适用范围以数据为准，没有严格的地域限制，就使得 GDPR 的覆盖面非常广。例如，一家北美的电商公司物理上并不在欧盟境内，但它服务于欧盟市场，这家公司就必须遵守 GDPR 对于个人隐私和数据安全的相关规定。

2. 对个人数据的定义

GDPR 对个人数据信息有着非常宽泛和开放式的定义，这使得对公司的限制和责任要求变得更高。在 GDPR 中，个人数据信息的定义是"与身份已识别或者身份可识别的个人相关的任何信息"（any information relating to an identified or identifiable natural person）。它包括任何信息或者与其他信息结合起来能识别个人身份的信息，比如名字、证件号码、地址信息、电子邮件地址、IP 地址、眼睛的虹膜特征、指纹等。

3. 处罚力度

目前 GDPR 的处罚标准分为两种：如果违反不太严重，最高是一千万欧元或前一年全球每年总营业额的 2%（取两者间更高者）；如果违反严重，则上升至两千万欧元或前一年全球每年总营业额的 4%。

4. 个人权利

在 GDPR 中，对个人权利进行了明确的保障。

（1）知情权（the right to be informed）。在收集个人数据时，一种方式是直接向数据主体（即自然人本人）收集，另一种方式是通过其他渠道获取。GDPR 对两种不同的方式如何告知数据主体个人信息收集做了明确的和不同的要求。总的来说，数据主体有权知道数据控制者收集了哪些个人信息、收集或出售个人信息的商业目的、与数据控制者共享信息的第三方等情况。

（2）访问权（the right to access）。数据主体有权获取以下信息：①确认其个人数据是否被处理、处理的目的（用途）、数据类别、存储期限或标准；②权利信息（更正、删除、限制、拒绝的权利）；③个人数据的副本。

（3）更正权（the right to rectification）。数据主体有权更正错误的个人信息。

（4）删除权（the right to erasure）。数据主体有权删除自己的数据，从而实现被公司"遗忘"的权利。

（5）限制处理权（the right to restrict processing）。在特定场景下，数据主体有权限制数据控制者对其个人数据的使用。

（6）数据迁移权（the right to data portability）。数据主体有权要求将自己的数据转移到另一家数据控制者，数据控制者应该配合。

（7）反对权（the right to object）。数据主体有权撤回之前自己的同意，但是不影响在撤回之前数据控制者已经基于用户的同意而对数据所做的处理。

（8）不受制于自动决策（含用户画像）的权利（rights in relation to automated decision making and profiling）数据主体拥有不受制于自动化决策的权利。

5. 数据保护原则

GDPR 中对数据处理和安全保护原则也进行了明确要求。

（1）合法（lawfulness）、公平（fairness）与透明（transparency）原则：明确要求公司必须秉承合法、公平和透明的原则进行数据处理。

（2）目的限制（purpose limitation）：公司使用和处理数据时，必须遵照之前明确告知数据主体的目的来进行使用和处理。

（3）数据最小化（data minimization）：公司应当只收集和处理为指定目的绝对必要的数据，不应过度收集数据主体信息。

（4）数据准确性（accuracy）：公司应该保存准确及最新的个人信息。

（5）存储限制（storage limitation）：公司应在指定目的所需要的存储时间内存储个人识别信息。

（6）数据完整性和机密性（integrity and confidentiality）：公司应该在保证数据安全、完整、机密的条件下处理数据。

（7）问责制（accountability）：数据控制者应当对遵守以上所有数据保护原则负责。

总的来说，GDPR 的推出被广泛认为是在新的数字化时代在个人权利保护方面迈出的有积极意义的一大步。这项法规的问世让公民和公司都更加意识到个人信息保护的重要性，在个人信息保护法规领域有标杆的意义，带动了世界其他国家和地区对当地个人信息保护相关法律法规的制定和加强。

15.3.2 《加利福尼亚州消费者隐私法案》

《加利福尼亚州消费者隐私法案》（California consumer privacy act，CCPA），是在美国的第一个全面的隐私保护法，旨在保护在美国加利福尼亚州的消费者的各种隐私权利。继欧盟正式实施 GDPR 一个月后，美国加利福尼亚州政府于 2018 年 6 月 28 日快速通过了CCPA，它于 2020 年 1 月 1 日正式生效。CCPA 旨在加强消费者隐私权和数据安全保护，被认为是美国当前最严格的消费者数据隐私保护立法，是美国消费者隐私保护法律法规的标杆。

该法案的保护客体为加利福尼亚州自然人居民的个人信息，它对个人信息的定义是"能够识别、关联到特定消费者或家庭的信息"（information that identifies，relates to，or could reasonably be linked with you or your household）。可以看出，此定义是非常宽泛和开放的，与 GDPR 类似。

在适用范围上，该法案适用于在加利福尼亚州开展业务并收集消费者个人信息的营利性企业，对非营利性企业不适用。营利性企业包括个人独资企业、合伙企业、有限责任公司、协会，或其他为其股东或其他所有者的利益或经济利益而组织或经营的法律实体，或是收集该资料的代表机构，并且符合以下一项或多项条件。

（1）年总收入超过 2 500 万美元。

（2）每年单独或与其他企业共同购买、接收、共享或出售超过 50 000 个消费者、家庭或设备的个人信息。

（3）年营收的 50% 或以上来自销售消费者个人信息。

在个人隐私权和数据安全的保障上，主要有以下权利。

1. 知情权（the right to know）

企业必须在收集个人信息时或收集之前向消费者告知"待要收集的个人信息的类别以及该类个人信息的用途"。消费者亦有权单独要求企业披露该企业已经收集的消费者个人信息的类别和具体内容、进行信息收集的目的以及企业已经向哪些第三方出售或通过其他方式提供了该类信息。

2. 删除权（the right to delete）

消费者有权要求企业删除业已从该消费者处收集的任何个人信息。但是，在一些特定情况下，企业可不删除消费者的个人信息，比如相关信息是完成交易所必需的信息、为了遵守某项法律义务或者检测到安全事故等其他例外情况。

3. 选择退出权（the right to opt-out）

消费者有权在任何时候要求一个欲将其个人信息出售给第三方的企业不得出售其个人信息。出售消费者个人信息的企业需要告知消费者其个人信息可能被出售，并告知他有选择退出权。对于未成年人（不满 16 岁）的个人信息，企业应当在取得消费者本人（13 ～ 16 岁之间的消费者）或其父母、监护人（对于小于 13 岁的消费者）明确同意的情况下方可出售其消费者个人信息，即选择加入权（right to opt-in）。企业在收到消费者不同意出售其个人信息的指示后，不得再出售相关消费者个人信息，除非该消费者后来明确同意可以出售。企业必须在其公司网站和 App 中显示"不准出售我的个人信息"（do not sell my personal information）的链接和选择项。

4. 公平交易权（the right to non-discrimination）

企业不得因消费者行使新法案赋予的任何权利而歧视消费者，包括拒绝提供商品和服务、收取不同的价格或费率、提供不同档次或质量的商品或服务、暗示消费者将收到不同价格或不同质量的商品或服务等。

加利福尼亚州拥有大量科技企业。然而，近年来当地互联网企业泄露或非法使用用户数据的事件频频发生，比如之前提到的 2018 年 Facebook 的 Cambridge Analytica 事件、Uber 在 2017 年的 5 700 万用户数据泄露事件、Yahoo 在 2017 年涉及 30 亿用户的数据泄露事件等。加利福尼亚州通过此新法案保护用户个人数据隐私已是刻不容缓。不仅如此，鉴于加利福尼亚州的经济体量，CCPA 的生效也会对很多跨国公司产生重要影响。CCPA 的快速通过和生效具有较大的示范效应，能积极促进全球企业对个人信息隐私和安全的保护。

15.3.3　亚洲相关法律法规

在亚洲地区，各国对个人信息保护方面的法律法规也在逐步加强。日本的《个人信息保护法》（Personal information protection act）修订版于 2017 年 5 月 30 日起全面生效。新加坡国会也于 2020 年 11 月 2 日通过了对《个人信息保护法》（Personal data protection act，PDPA）的重大修改。此修改将使该法更接近当前的国际标准（比如 GDPR），从而保持新加坡监管架构的与时俱进，更好地保护新加坡居民的个人信息。

◎ **应用案例 15-2**

Uber 数据泄露事件

2016 年，美国网约车巨头 Uber 发生了严重的数据泄露事件，导致全球约 5 700 万顾客和司机的隐私数据被泄露。根据彭博社发布的一份报告，在此次事件中，黑客从 Uber 开发团队使用的私有 Github 站点获得系统钥匙，然后利用钥匙进入了 Uber 的亚马逊服务器，这里存储着 Uber 的源代码与多达 5 700 万顾客和司机的账号信息以及约 60 万司机的驾照号码。黑客随即敲诈 Uber10 万美元赎金，以换取他们对此次数据泄露事件保持沉默。

Uber 当时的信息主管乔·苏利文（Joe Sullivan）下令支付赎金并掩盖此次数据泄露事件。随后，Uber 将这笔钱伪装成漏洞奖金（bug bounty）发放给了黑客，并和黑客签署了保密协议。在这一事件被掩盖了一年多之后，2017 年 11 月，Uber 新上任的首席执行官达拉·科斯罗沙希（Dara Khosrowshahi）才对外公开了这一事件，称没有尽早通知公众的做法很"失败"。苏利文和另外一名安全高管随后被开除。

之后几周内，Uber 处理数据泄露的做法遭到了各界的严厉批判。Uber 刻意掩盖数据泄露事件，直到一年后才对外公开承认数据泄露，这种做法引发了人们对 Uber 的信任危机，大众怀疑 Uber 的安全团队是否长久以来都不受监控。此外，Uber 此举被美国各州广泛视为触犯了数据泄露上报和数据安全法，也引起了全美监管当局的不满，美国各州开始开展针对此事件的调查和诉讼。同时，Uber 也在英国、荷兰和法国等国家陷入司法困境。

2018 年 9 月，针对这起 2016 年未披露数据泄露事件，Uber 最终与美国的 50 个州和华盛顿特区达成和解，支付 1.48 亿美元和解金，了结自己此次数据泄露掩盖事件收到的相关索赔。和解协议的条款包括 Uber 需对其业务行为做出改变等，目标是防止未来再有数据泄露事件发生和改革该公司的企业文化。协议签署后的两年内，Uber 须每季度上报一次任何可能会有的数据安全事件，并实施一项全面的信息安全计划，这项计划由一名主管人员负责，此人将向 Uber 的高管团队和董事会成员提供顾问建议。

2018 年 11 月，英国信息专员办公室（Information commissioner's office，ICO）对 Uber 罚款 385 000 英镑，而荷兰数据保护局（Dutch data protection authority，DPA）则对 Uber 因未能保护 300 万荷兰公民和 174 000 人的个人信息，对 Uber 罚款 60 万欧元。

四年之后，Uber 在全球范围内第四次遭到安全控告。2021 年 7 月 23 日，澳大利亚信息专员办公室（Australian information commissioner，AIC）发布调查结果，确认在此数据泄露事件中，约 120 万澳大利亚用户和司机的隐私被泄露。OAIC 表示，Uber 违反了当地的隐私法和澳大利亚隐私原则（Australin privacy principles，APP）。澳大利亚隐私原则包括十三项内容，主要围绕个人信息的收集、使用和披露，组织的监管和责任，个人信息的完整性和正确性，以及个人信息访问权等方面制定了一系列原则。在此事件中，Uber 未采取有效措施使用户数据在未经用户授权的情况下被访问，也未删除或去识别化那些不再需要的基于特定目的的个人信息。

OAIC 要求 Uber 在三个月内制定数据保留和销毁的制度，以确保遵守上述隐私原则。此外，Uber 应当建设一项信息安全计划，并设专人负责。该计划需有能力识别澳大利亚用户信息面临的安全性、完整性风险，比如信息丢失、被未经授权访问等。它还要求 Uber 对员工进行必要的培训。

资料来源：1. 唐凤，Uber 将支付 1.48 亿美元和解金以了结数据泄露案，新浪科技，2018-09-27.

2. Shields and Newcomer, Uber's 2016 Breach Affected More Than 20 Million U.S. Users, Bloomberg, 13 April 2018.

3. The Office of the Australian Information Commissioner, Australia: OAIC finds Uber interfered with privacy rights, 26 July 2021.

4. The Office of the Australian Information Commissioner, Australian Privacy Principles.

思考问题

1. 此次数据泄露掩盖事件 Uber 违反了 GDPR 中关于数据保护的哪些原则？

2. 此次数据泄露掩盖事件 Uber 违反了 ACM《计算机协会道德与职业行为准则》中哪些基本职业道德准则？

3. 此类数据泄露掩盖行为会在用户层面和社会层面造成什么样的影响与后果？

15.4　电子商务未来监管趋势

　　总的来说，未来电子商务在国内和国际的监管一定会越来越全面。我国电子商务连续多年保持非常高速的发展，电子商务形式广泛渗透到消费者的购物、出行、就餐、就医、娱乐等各个应用场景，各种电子商务服务和交易已成为人们生活方式的重要组成部分。大量消费者信息被企业收集利用，各大平台之争异常激烈，如何有效地监管平台之间的公平竞争、规范合法的商业行为，成为重中之重的问题。

　　未来，电子商务监管势必融入更多技术创新，用技术监管技术，构建"来源可追溯、去向可查证、风险可控制、责任可追究"的全流程闭环监管。

◎ 本章小结

1. **电子商务道德基础**。道德指的是关于人如何指导自我行为的一套准则。法律只是体现了对道德的最低要求。ACM 提出了计算机从业人员的七大职业道德准则。

2. **我国电子商务相关法律法规**。我国目前出台了各种电子商务相关法律法规和监管政策，主要有《中华人民共和国电子商务法》《网络交易监督管理办法》《国务院反垄断委员会关于平台经济领域的反垄断指南》《中华人民共和国网络安全法》《中华人民共和国数据安全法》《中华人民共和国个人信息保护法》，旨在对电子商务行业进行全面有效的监管。

3. **国际相关法律法规**。在国际上，颇受关注的、与电子商务息息相关的主要法律法规有欧盟的 GDPR、美国加利福尼亚州的 CCPA 等。

◎ 管理问题

1. 《电子商务法》给电子商务相关经营者主要带来了哪些经营管理上的挑战？

2. 在实际判定电子商务相关经营者是否进行不公平竞争和实施"限定交易"时，会面临什么样的操作困难？

3. 《网络安全法》给电子商务相关经营者主要带来了哪些经营管理上的挑战？

4. 《个人信息保护法》给电子商务相关经营者提出了哪些用户信息保护上的要求和挑战？

◎ 复习题

1. 简要叙述 ACM《计算机协会道德与职业行为准则》里的七大准则。
2. 根据《电子商务法》，区别电子商务平台经营者、平台内经营者，以及其他电子商务经营者。
3. 根据《网络交易监督管理办法》的规定，判断网络直播和网络社交等其他网络服务者是否属于网络交易经营者。
4. 根据《国务院反垄断委员会关于平台经济领域的反垄断指南》，简要总结确定"限定交易"的标准。
5. 简要叙述《亚太经合组织个人隐私保护框架》中的九大个人信息隐私保护原则。
6. 简要总结 GDPR 保障的个人隐私和数据安全权利。
7. 简要总结 CCPA 保障的个人隐私和数据安全权利。

◎ 章末案例

阿里巴巴集团反垄断处罚

2021 年 4 月 10 日，国家市场监督管理总局对阿里巴巴集团控股有限公司在我国境内网络零售平台服务市场实施"二选一"垄断行为做出行政处罚，责令阿里巴巴集团停止违法行为，并处以其 2019 年我国境内销售额 4 557.12 亿元的 4% 的罚款，计 182.28 亿元。

2020 年 12 月中央经济工作会议将"强化反垄断和防止资本无序扩张"列为 2021 年经济工作中的八项重点任务之一，2021 年 3 月的中央财经委员会第九次会议又提出推动平台经济规范健康持续发展，并特别指出要"反对垄断，防止资本无序扩张"。

国家市场监督管理总局的调查结果显示，阿里巴巴集团在我国境内网络零售平台服务市场具有支配地位。自 2015 年以来，阿里巴巴集团滥用该市场支配地位，对平台内商家提出"二选一"要求，禁止平台内商家在其他竞争性平台开店或参加促销活动，并借助市场力量、平台规则和数据、算法等技术手段，采取多种奖惩措施保障"二选一"要求执行，维持、增强自身市场力量，获取不正当竞争优势。

阿里巴巴集团作为网络零售平台服务提供者，平台内经营者是它吸引消费者、提升竞争力的关键要素。平台上聚集的经营者越多，越能更好地吸引消费者，享受横向网络效应，形成正向反馈，使平台保持竞争优势和市场力量。阿里巴巴集团根据销售增长、商品能力、用户运营、品牌力、服务能力、合规经营等因素将平台内经营者由高到低划分为 SSKA、SKA（super key account）、KA（key account）、核腰、腰部、长尾、底部七个层次，其中 KA 及以上经营者（以下统称为核心商家）是网络零售平台的关键竞争力。为增强自身竞争力，削弱其他竞争性平台的市场力量，阿里巴巴集团对核心商家提出禁止在其他竞争性平台开店的要求。

在具体操作方面，一是在书面协议中直接规定核心商家不得在其他竞争性平台开店。自 2015 年以来，阿里巴巴集团通过与部分核心商家签订的《战略商家框架协议》《联合生意计划》《战略合作备忘录》等多种协议，明确规定核心商家不得进驻其他竞争性平台、专注于在当事人平台开展网络零售业务，或者将当事人平台作为我国境内唯一的网络销售渠道、不考虑自行或由代理商通过其他网络零售平台进行交易、改变现有网络零售渠道需经当事人同意等，达到使核心商家仅在当事人平台经营的目的。二是通过口头协议提出核心商家不得在其他竞争性平台经营的要求。根据调查，阿里巴巴集团更多的是在跟核心商家签署相关合作协议或者促销活动谈判过程中，对核心商家口头提出仅在本平台内经营，不能在其他竞争性平台开设旗舰店，或者要求核心商家将其他竞争性平台上的旗舰店降为非旗舰店，控制其他竞争性平台专卖专营店数量、下架全部商品、不予发货、限制库存等。

网络零售平台每年定期开展集中促销活动，比如"双11""618"等，对商品销量影响很大，成为网络零售平台开展竞争的重要节点。阿里巴巴集团通过书面协议或口头协议的方式禁止核心商家参加其他竞争性平台的促销活动，比如不得参加其他竞争性平台的促销会场、不得在其他竞争性平台为商品打促销标签、不得在店铺内营造促销活动氛围等。

经查，阿里巴巴集团一方面通过流量支持等激励性措施促使平台内经营者执行"二选一"要求，另一方面通过人工检查和互联网技术手段监控等方式监测平台内经营者在其他竞争性平台开店或者参加促销活动情况，并凭借市场力量、平台规则和数据、算法等技术手段，对不执行当事人相关要求的平台内经营者实施处罚。

一是减少促销活动资源支持。促销活动中，网络零售平台一般会给参加促销的平台内经营者和商品打上特定标识，并在活动页面对特定经营者或商品予以优先展示，这是平台内经营者参加平台促销活动、增加商品销量的重要方式。阿里巴巴集团对违反"二选一"要求的部分平台内经营者采取了取消其促销活动期间资源支持的处罚手段。经查，部分平台内经营者因参加其他竞争性平台"双11""618"等促销活动被当事人取消了促销会场优先展示位置。

二是集团内部制定了"灰名单"制度，将在其他竞争性平台开店或者参加其他竞争性平台促销活动的平台内经营者列入处罚名单，取消其参加当事人大型促销活动资格。部分平台内经营者因未执行当事人"二选一"要求而被列入"灰名单"，进而遭到处罚，只有执行当事人要求并经当事人审核通过后，方能恢复参加当事人大型促销活动和"聚划算""天天特卖"等日常促销活动的报名资格。

三是实施搜索降权。搜索算法的核心是提升搜索转化率，使商品得到消费者更多关注，从而提高商品销量，涉及平台内经营者的核心权益。搜索降权直接导致平台内经营者的商品在平台上排序靠后甚至无法被搜索到，严重影响商品销售。对部分未执行"二选一"要求的平台内经营者，其搜索权重会被调低，以示严厉处罚。部分平台内经营者因未执行当事人"二选一"要求受到了搜索降权的处罚。

四是取消平台内经营者在其平台上的其他重大权益。阿里巴巴集团对经多次要求仍不停止在其他竞争性平台经营或者仍不退出其他竞争性平台促销活动的平台内经营者采取取消KA资格或者终止相关合作等手段，剥夺其相关服务保障等重大权益。部分平台内经营者因未执行当事人"二选一"要求被取消KA资格或者被终止相关合作。

调查表明，阿里巴巴集团实施"二选一"行为排除、限制了我国境内网络零售平台服务市场的竞争，妨碍了商品服务和资源要素自由流通，影响了平台经济创新发展，侵害了平台内商家的合法权益，损害了消费者利益，构成《中华人民共和国反垄断法》第十七条第一款第（四）项规定的"没有正当理由，限定交易相对人只能与其进行交易或者只能与其指定的经营者进行交易"的滥用市场支配地位行为。

根据《中华人民共和国反垄断法》第四十七条、第四十九条规定，综合考虑阿里巴巴集团违法行为的性质、程度和持续时间等因素，2021 年 4 月 10 日，国家市场监督管理总局依法做出行政处罚决定，责令阿里巴巴集团停止违法行为，并处以其 2019 年中国境内销售额 4 557.12 亿元的 4% 的罚款，计 182.28 亿元。同时，按照《中华人民共和国行政处罚法》坚持处罚与教育相结合的原则，向阿里巴巴集团发出《行政指导书》，要求阿里巴巴集团围绕严格落实平台企业主体责任、加强内控合规管理、维护公平竞争、保护平台内商家和消费者合法权益等方面进行全面整改连续三年向国家市场监督管理总局提交自查合规报告。

阿里巴巴集团随后回应称："我们收到《国家市场监督管理总局行政处罚决定书》，对此处罚，我们诚恳接受，坚决服从。我们将强化依法经营，进一步加强合规体系建设，立足创新发展，更好履行社会责任。"阿里巴巴集团公布的承诺书中表示，全面规范企业竞争行为，不实施"二选一"、协议垄断等排除、限制市场竞争行为；依法进行经营者集中申报；不利用技术手段、平台规则和数据、算法等手段实施不正当竞争和不正当价格行为，依法规范广告经营活动，共同营造公平、有序、开放的市场竞争环境。

资料来源：1. 国家市场监督管理总局，市场监管总局依法对阿里巴巴集团控股有限公司在中国境内网络销售平台服务市场实施"二选一"垄断行为做出行政处罚，2021-04-10.

2. 国家市场监督管理总局，阿里巴巴滥用市场支配地位行政处罚决定书与行政指导书，2021-04-10.

3. 郑玥，反垄断"重锤"，阿里因"二选一"被罚 182 亿，新浪科技，2021-04-10.

4. 王俊，阿里巴巴发合规承诺书：不实施"二选一"，不利用数据、算法等实施不正当竞争，21 世纪经济报道，2021-04-16.

思考问题

1. 利用数据和算法等技术手段实施不正当竞争有哪些表现形式？

2. 面对电子商务经营者利用数据和算法等技术手段实施不正当竞争，监管者会面临哪些监管难题？

3. 利用数据和算法等技术手段实施不正当竞争会对市场带来怎样的影响？

讨论题

1. 你认为《电子商务法》在实施过程中可能存在哪些挑战和难题？

2. 你认为《国务院反垄断委员会关于平台经济领域的反垄断指南》在实施过程中可能存在哪些挑战和难题？

3. "二选一"竞争手段会对市场带来怎样的影响？

课堂辩论题

1. 你认为这些相关法律法规是否会抑制电子商务行业的创新？

2. 你认为这些相关法律法规是否足够规范电子商务行业？

网络实战

1. 浏览销售类平台淘宝、拼多多等，观察其平台内经营者店铺经营行为存在哪些问题。
2. 浏览外卖类平台美团、饿了么等，观察平台经营者经营行为存在哪些问题。
3. 浏览游戏直播类平台斗鱼、虎牙等，观察其平台经营者和平台内经营者存在哪些问题。
4. 研究短视频类平台抖音、快手等，全面比较其异同，比如用户限制、注册用户数据收集、平台内个人信息保护、数据安全处理等。

团队合作

组织团队成员（3～4名同学），进行一次电子商务经营者（可以是电子商务平台经营者、平台内经营者，或者其他电子商务经营者）的运营分析，根据能搜集到的资料和实际使用体验，分析总结在个人信息隐私保护和个人信息安全方面，此电子商务经营者的经营行为是否符合相关电子商务法律法规的规定，并分析评估此电子商务经营者是否存在不公平竞争行为。

◎ 在线补充读物

1. 王文泽. 促进平台经济健康发展必须强化反垄断，http://www.qstheory.cn/dukan/hqwg/2021-09/28/c_1127912922.htm，2021.
2. 北京市市场监管管理局，北京市平台经济领域反垄断合规指引，http://scjgj.beijing.gov.cn/zwxx/scjgdt/202112/P020211209348968988087.pdf，2021.

◎ 术语表

道德（ethics）：关于人如何指导自我行为的一套准则。

商业道德（business ethics）：也被称作公司道德或者企业道德，是指导人和企业如何在商业活动中合理化行为的一套价值准则。

政策真空（policy vacuum）：没有足够标准的政策来规范某件事物的情况。

参 考 文 献

[1] 特班，金，李，等.电子商务：管理与社交网络视角［M］.占丽，徐雪峰，时启亮，等译.北京：中国人民大学出版社，2018.

[2] BAKOS J Y. A strategic analysis of electronic marketplaces［J］. MIS Quarterly, 1991: 295-310.

[3] SUBRAMANIAN H, OVERBY E.Electronic commerce, spatial arbitrage, and market efficiency［J］. Information Systems Research, 2017, 28(1):97-116.

[4] ZERVAS G, PROSERPIO D, BYERS J W.The rise of the sharing economy:estimating the impact of Airbnb on the hotel industry［J］. Journal of Marketing Research, 2017, 54(5): 687-705.

[5] SANDBERG J, MATHIASSEN L, NAPIER N.Digital options theory for IT capability investment［J］. Journal of the Association for Information Systems, 2014, 15(7):1.

[6] ROLLAND K H, MATHIASSEN L, RAI A.Managing digital platforms in user organizations: the interactions between digital options and digital debt［J］. Information Systems Research, 2018, 29(2):419-443.

[7] CHOI H, MELA C F.Monetizing online marketplaces［J］. Marketing Science, 2019, 38(6): 948-972.

[8] JACKSON C K, OWENS E G.One for the road: public transportation, alcohol consumption, and intoxicated driving［J］. Journal of Public Economics, 2011, 95(1-2):106-121.

[9] GREENWOOD B N, WATTAL S.Show me the way to go home: an empirical investigation of ride-sharing and alcohol related motor vehicle fatalities［J］. MIS Quarterly, 2017, 41(1):163-187.

[10] ZHU F, LIU Q.Competing with complementors:an empirical look at Amazon. com［J］. Strategic Management Journal, 2018, 39(10):2618-2642.

[11] DHANORKAR S.Environmental benefits of internet-enabled C2C closed-loop supply chains:a quasi-experimental study of craigslist［J］. Management Science, 2019, 65(2): 660-680.

[12] 齐永智.消费需求驱动的多渠道零售对顾客忠诚影响研究整合服务视角［D］.北京：首都经济贸易大学，2017.

[13] 金玉芳，董大海，刘瑞明.消费者品牌信任机制建立及影响因素的实证研究［J］.南开管理评论，2006（5）：28-35.

[14] 林炳坤，吕庆华，杨敏.多渠道零售商线上线下协同营销策略研究［J］.软科学，2016，30（12）：135-139.

[15] 林炳坤，吕庆华，杨敏.多渠道零售商线上线下协同营销研究综述与展望［J］.软科学，2016（12）：135-139.

[16] 王国顺，邱子豪.零售企业网上与实体零售的比较及协同路径选择［J］.财经理论与实践，

2012，33（4）：110-113.

[17] 谢庆红，曾常发，付晓蓉，等.零售商品牌线上线下的信任整合研究［J］.科研管理，2015，36（12）：110-119.

[18] 叶彩鸿，董新平.电子商务环境下的渠道冲突与共赢管理［J］.商业研究，2006（12）：203-206.

[19] 殷加娜.家电零售商线上线下渠道冲突及协同机制研究［D］.杭州：浙江工商大学，2017.

[20] 赵公民.从社会秩序视角看家电销售多渠道冲突［J］.管理世界，2009（6）：184-185.

[21] 赵星宇，庄贵军.渠道多元化对制造商-经销商之间合作关系的影响［J］.管理学报，2021，18（1）：110-117.

[22] 赵礼强，徐家旺.基于电子市场的供应链双渠道冲突与协调的契约设计［J］.中国管理科学，2014，22（5）：61-68.

[23] 赵礼强，徐家旺，王建明.B2C电子商务模式下供应链双渠道冲突与协调的契约设计［J］.工业工程，2013，16（6）：113-120.

[24] 赵礼强，郭亚军.B2C电子商务模式下多渠道分销系统研究综述［J］.管理评论，2010，22（2）：69-78.

[25] 张闯.中国营销渠道研究30年：回顾与展望［J］.北京工商大学学报（社会科学版），2020，35（6）：1-14.

[26] 周茵，李聪聪，曹景怡.线上营销渠道成员间关系管理研究：综述与展望［J］.管理现代化，2021，41（1）：121-124.

[27] AILAWADI K L, FARRIS P W.Managing multi-and omni-channel distribution: metrics and research directions［J］. Journal of Retailing, 2017, 93(1), 120-135.

[28] AKTURK M S, KETZENBERG M, HEIM G R.Assessing impacts of introducing ship-to-store service on sales and returns in omnichannel retailing: a data analytics study［J］. Journal of Operations Management, 2018(61):15-45.

[29] ARYA A, MITTENDORF B.Bricks-and-mortar entry by online retailers in the presence of consumer sales taxes［J］. Management Science, 2018, 64(11):5220-5233.

[30] AW E C.Understanding the webrooming phenomenon［J］. International Journal of Retail&Distribution Management, 2019, 47(10):1074-1092.

[31] BARWITZ N, MAAS P.Understanding the omnichannel customer journey: determinants of interaction choice［J］. Journal of Interactive Marketing, 2018(43):116-133.

[32] BECK N, RYGL D.Categorisation of multiple channel retailing in multi-, cross-, and omni-channel retailing for retailers and retailing［J］. Journal of Retailing and Consumer Services, 2015(27):170-178.

[33] BELL D, GALLINO S, MORENO A.Offline showrooms in omnichannel retail: demand and operational benefits［J］. Management Science, 2018, 64(4):1629-1651.

[34] Berman B, Thelen S.Planning and implementing an effective omnichannel marketing program［J］. International Journal of Retail&Distribution Management, 2018, 46(7): 598-614.

[35] BERNON M, CULLEN J, GORST J.Online retail returns management:integration within an omni-channel distribution context［J］. International Journal of Physical Distribution&Logistics Management, 2016, 46(6/7):584-605.

[36] BLOM A, LANGE F, HESS R L.Omnichannel-based promotions' effects on purchase behavior and brand image［J］. Journal of Retailing and Consumer Services, 2017(39)：286-295.

[37] BODEN J, MAIER E, DOST F.The effect of electronic shelf labels on store revenue［J］. International Journal of Electronic Commerce, 2020, 24(4):527-550.

[38] BULDEO RAI H, VERLINDE S, MACHARIS, C.The "next day, free delivery" myth unravelled: possibilities for sustainable last mile transport in an omnichannel environment［J］. International Journal of Retail&Distribution Management, 2019, 47(1): 39-54.

[39] CAI Y, LO C K Y.Omni-channel management in the new retailing era:a systematic review and future research agenda［J］. International Journal of Production Economics, 2020(229).

[40] CAO L, LI L.Determinants of retailers' cross-channel integration: an innovation diffusion perspective on omni-channel retailing［J］. Journal of Interactive Marketing, 2018(44):1-16.

[41] CHEVALIER J A, DOVER Y, MAYZLIN D.Channels of impact: user reviews when quality is dynamic and managers respond［J］. Marketing Science, 2018, 37(5):688-709.

[42] CHEN H, et al.The impact of e-book distribution on print sales: analysis of a natural experiment ［J］. Management Science, 2019, 65(1):19-31.

[43] CUMMINS S, PELTIER J W, DIXON A.Omni-channel research framework in the context of personal selling and sales management:a review and research extensions［J］. Journal of Research in Interactive Marketing, 2016, 10(1):2-16.

[44] DATTA H, KNOX G, BRONNENBERG B J.Changing their tune: how consumers' adoption of online streaming affects music consumption and discovery［J］. Marketing Science, 2018, 37(1):5-21.

[45] DU S, WANG L, HU L.Omnichannel management with consumer disappointment aversion［J］. International Journal of Production Economics, 2019(215):84-101.

[46] DZYABURA D, JAGABATHULA S, MULLER E.Accounting for discrepancies between online and offline product evaluations［J］. Marketing Science, 2019, 38(1):88-106.

[47] DZYABURA D, JAGABATHULA S.Offline assortment optimization in the presence an online channel［J］. Management Science, 2018, 64(6):2767-2786.

[48] FISHER M L, GALLINO S, XU J J.The value of rapid delivery in omnichannel retailing［J］. Journal of Marketing Research, 2019, 56(5):732-748.

[49] GALLINO S, MORENO A, STAMATOPOULOS I.Channel integration, sales dispersion, and inventory management［J］. Management Science, 2016, 63(9):2813-2831.

[50] GAO F, SU X.Omnichannel retail operations with buy-online-and-pick-up-in-store［J］. Management Science, 2017, 63(8):2478-2492.

[51] GAO F, SU X.Omnichannel service operations with online and offline self-order technologies ［J］. Management Science, 2018, 64(8):3595-3608.

[52] HUYGHE E, VERSTRAETEN J, GEUENS M, et al.Clicks as a healthy alternative to bricks: how online grocery shopping reduces vice purchases［J］. Journal of Marketing Research, 2017, 54(1):61-74.

[53] HSIA T, WU J, XU X, et al.Omnichannel retailing: the role of situational involvement in facilitating consumer experiences［J］. Information&Management, 2020, 57(8):103390.

[54] JANAKIRAMAN R, LIM J H, RISHIKA R.The effect of a data breach announcement on customer behavior: evidence from a multichannel retailer［J］. Journal of Marketing, 2018, 82(2):85-105.

[55] JING B.Showrooming and webrooming:information externalities between online and offline sellers［J］. Marketing Science, 2018, 37(3):469-483.

[56] JOHNSON O, RAMIREZ S A.The influence of showrooming on Millennial generational cohorts online shopping behaviour［J］. International Journal of Retail & Distribution Management, 2021, 49(1):81-103.

[57] KRETSCHMER T, PEUKERT C.Video killed the radio star? Online music videos and recorded music sales［J］. Information Systems Research, 2020, 31(3):776-800.

[58] KUMAR A, MEHRA A, KUMAR S.Why do stores drive online sales? Evidence of underlying mechanisms from a multichannel retailer［J］. Information Systems Research, 2019, 30(1):319-338.

[59] KUKSOV D, LIAO C.When showrooming increases retailer profit［J］. Journal of Marketing Research, 2018, 55(4):459-473.

[60] LEE Z W, CHAN T K, CHONG A Y.Customer engagement through omnichannel retailing: the effects of channel integration quality［J］. Industrial Marketing Management, 2019(77):90-101.

[61] LETIZIA P, POURAKBAR M, HARRISON T.The impact of consumer returns on the multichannel sales strategies of manufacturers［J］. Production and Operations Management, 2018, 27(2):323-349.

[62] LI B, LI X, LIU H.Consumer preferences, cannibalization, and competition: evidence from the personal computer industry［J］. MIS Quarterly, 2048, 42(2):661-678.

[63] LI H, SHEN Q, YAKOV B.Local market characteristics and online-to-offline commerce: an empirical analysis of groupon［J］. Management Science, 2018, 64(4):1860-1878.

[64] LI Y, LIU H, LIM E T K.Customer's reaction to cross-channel integration in omnichannel retailing:the mediating roles of retailer uncertainty, identity attractiveness, and switching costs ［J］. Decision Support Systems, 2018(109):50-60.

[65] LIAUKONYTE J, TEIXEIRA T, WILBUR K C.Television advertising and online shopping［J］. Marketing Science, 2015, 34(3):311-330.

[66] LUO X, ZHANG Y, ZENG F, et al.Complementarity and cannibalization of offline-to-online targeting: a field experiment on omnichannel commerce［J］. MIS Quarterly, 2020, 44(2):957-982.

[67] MEHRA A, KUMAR S, RAJU J S.Competitive strategies for brick-and-mortar stores to counter "showrooming"［J］. Management Science, 2018, 64(7):3076-3090.

[68] MOORTHY S, CHEN Y, TEHRANI S S.Selling your product through competitors' outlets: channel strategy when consumers comparison shop［J］. Marketing Science, 2018, 37(1):138-152.

[69] VERHOEF P C, KANNAN P K, INMAN J J.From multi-channel retailing to omni-channel retailing: introduction to the special issue on multi-channel retailing［J］. Journal of retailing, 2015, 91(2):174-181.

[70] WANG K, GOLDFARB A.Can offline stores drive online sales［J］.Journal of Marketing Research, 2017, 54(5):706-719.

[71] XU K, CHAN J, GHOSE A, et al.Battle of the channels: the impact of tablets on digital commerce ［J］.Management Science, 2017, 63(5):1469-1492.

[72] XU J, FORMAN C, KIM J B, et al.News media channels:complements or substitutes? Evidence from mobile phone usage［J］.Journal of Marketing, 2014, 78(4):97-112.

[73] XU X, JACKSON J E.Investigating the influential factors of return channel loyalty in omni-channel retailing［J］.International Journal of Production Economics, 2019(216):118-132.

[74] ZHANG D J, DAI H, DON L, et al.The value of pop-up stores on retailing platforms: evidence from a field experiment with Alibaba［J］.Management Science, 2019, 65(11): 5142-5151.

[75] 方一茹.浅谈电子商务物流发展趋势［J］.现代营销（经营版），2020（06）：110-111.

[76] 赵红丽，范景辉，李志中.GIS 和 GPS 技术在现代物流系统中的应用［J］.北京交通管理干部学院学报，2006（3）：35-38.

[77] 冯辉.现代物流学［M］.北京：科学出版社，2016.

[78] 郭鑫.条码技术在物流标准化中的应用［J］.中国质量技术监督，2013（11）：70.

[79] 张玲.RFID 助力电子商务物流［J］.电子技术，2013，42（3）：27-29.

[80] 科特勒，凯勒.营销管理［M］.梅清豪，译.上海：上海人民出版社，2006.

[81] 徐海亮.论精准营销的广告传播［J］.济源职业技术学院学报，2007（1）：30-33.

[82] 伍青生，余颖，郑兴山.营销新发展：精准营销［J］.经济管理，2006（21）：56-58.

[83] 曹利菊，刘俊斌.精准营销在企业电子商务中的应用研究［J］.商场现代化，2009（5）：149-150.

[84] 张恒.精准营销研究综述［J］.特区经济，2016（8）：172-174.

[85] 李维胜，蒋绪军.电子商务精准营销对策研究［J］.开发研究，2013（2）：46-49.

[86] 杨志杰，李思达.数字化广告运营：智能营销时代的精准投放法则［M］.北京：人民邮电出版社，2018.

[87] 倪宁，金韶.大数据时代的精准广告及其传播策略：基于场域理论视角［J］.现代传播（中国传媒大学学报），2014，36（2）：99-104.

[88] 刘鹏，王超.计算广告：互联网商业变现的市场与技术［M］.北京：人民邮电出版社，2015.

[89] 李敏.大数据环境下的消费者在线行为分析［J］.时代金融，2016（36）：214-218.

[90] 李晓龙，冯俊文.大数据环境下电商精准营销策略研究［J］.价值工程，2016，35（3）：31-33.

[91] 顾芳，刘旭峰，左超.大数据背景下运营商移动互联网发展策略研究［J］.邮电设计技术，2012（8）：21-24.

[92] 李军.实战大数据：客户定位与精准营销［M］.北京：清华大学出版社，2015.

[93] 王喆.深度学习推荐系统［M］.北京：电子工业出版社，2020.

[94] 刘玮.电子商务系统中的信息推荐方法研究［J］.情报科学，2006（2）：300-303.

[95] 许海玲，吴潇，李晓东，等.互联网推荐系统比较研究［J］.软件学报，2009，20（2）：350-362.

[96] 黄仁，孟婷婷.个性化推荐算法综述［J］.中小企业管理与科技（中旬刊），2015（3）：271-273.

[97] 项亮.推荐系统实践［M］.北京：人民邮电出版社，2021.

[98] CRAMER H, EVERS V, RAMLAL S, et al.The effects of transparency on trust in and acceptance of a content-based art recommender［J］. User Modeling and User-adapted interaction, 2008, 18（5）：455.

[99] 里奇，罗卡奇，夏皮拉.推荐系统：技术、评估及高效算法［M］.李艳民，吴宾，潘微科，等译.北京：机械工业出版社，2015.

[100] WELLS J, VALACICH J.TRACI J, et al.What signals are you sending? How website quality influences perceptions of product quality and purchase intentions［J］. MIS Quarterly, 2011, 35(2):373-369.

[101] BLEIER A, HARMELING C M, PALMATIER R W.Creating effective online customer experiences［J］. Journal of Marketing, 2009, 83(2):98-119.

[102] LUO J, BA S, HAN Z.The effectiveness of online shopping characteristics and well-designed websites on satisfaction［J］. MIS Quarterly, 2012, 36(4):1131-1144.

[103] NORMAN D A, PEW R W.Beauty, goodness, and usability/change blindness［J］. Human-Computer Interaction, 2004, 19(4):311-318.

[104] HOBAN P R, BUCKLIN R E.Effects of internet display advertising in the purchase funnel:model-based insights from a randomized field experiment［J］. Journal of Marketing Research, 2015, 52(3):375-393.

[105] HENKEL L A.Point-and-shoot memories the influence of taking photos on memory for a museum tour［J］. Psychological Science, 2014, 25(2):396-402.

[106] SPARROW B, LIU J, WEGNER D M.Google effects on memory: cognitive consequences of having information at our fingertips［J］. Science, 2011, 333(6043):308-314.

[107] TAN X, WANG Y, TAN Y.Impact of live chat on purchase in electronic markets: the moderating role of information cues［J］. Information Systems Research, 2019, 30(4): 1248-1271

[108] GIGERENZER G, TODD P, ABC Research Group.Simple heuristics that make us smart［M］. New York:Oxford University Press, 1999.

[109] KUMAR A, HOSANAGAR K.Measuring the value of recommendation links on product demand ［J］. Information Systems Research, 2019, 30(3):819-838.

[110] LI X, CHAN K, KIM S.Service with emoticons: how customers interpret employee use of emoticons in online service encounters［J］. Journal of Consumer Research, 2019, 45(5):973–987.

[111] HIBBELN M, JENKINS J, SCHNEIDER C, et al.How is your user feeling? Inferring emotion through human-computer interaction devices［J］. MIS Quarterly, 2017, 41(1):1-21.

[112] DUAN W, GU B, WHINSTON A B.Do online reviews matter?—An empirical investigation of panel data［J］. Decision support systems, 2008, 45(4):1007-1016.

[113] FLOYD K, FRELING R, ALHOQAIL S, et al.How online product reviews affect retail sales:a meta-analysis［J］. Journal of retailing, 2014, 90(2):217-232.

[114] KING R, RACHERLA P, BUSH V D.What we know and don't know about online word-of-mouth:a review and synthesis of the literature［J］. Journal of Interactive Marketing, 2014, 28(3):167-183.

[115] LIU A X, STEENKAMP J B E, ZHANG J.Agglomeration as a driver of the volume of electronic word of mouth in the restaurant industry［J］. Journal of Marketing Research, 2018, 55(4):507-523.

[116] LIU X, LEE D, SRINIVASAN K.Large-scale cross-category analysis of consumer review content on sales conversion leveraging deep learning［J］. Journal of Marketing Research, 2019, 56(6):918-943.

[117] NEE I.Managing negative word-of-mouth on social media platforms［M］. Bremen: Springer Gabler Verlag, 2016.

[118] PURNAWIRAWAN N, EISEND M, DE PELSMACKER P, et al.A meta-analytic investigation of the role of valence in online reviews［J］. Journal of Interactive Marketing, 2015(31):17-27.

[119] WU C, CHE H, CHAN T Y, et al.The economic value of online reviews［J］. Marketing Science, 2015, 34(5):739-754.

[120] YOU Y, VADAKKEPATT G G, JOSHI A M.A meta-analysis of electronic word-of-mouth elasticity［J］. Journal of Marketing, 2015, 79(2):19-39.

[121] ZHOU L, ZHANG P, ZIMMERMANN H D.Social commerce research:an integrated view［J］. Electronic Commerce Research and Applications, 2013, 12(2):61-68.

[122] CURTY R G, ZHANG P.Social commerce:looking back and forward［J］. Proceedings of the American Society for Information Science and Technology, 2011, 48(1):1-10.

[123] WANG C, ZHANG P.The evolution of social commerce:the people, management, technology, and information dimensions［J］. Communications of the Association for Information Systems, 2012(31):105-127.

[124] BUSALIM A H, HUSSIN A R C.Understanding social commerce:a systematic literature review and directions for further research［J］. International Journal of Information Management, 2016, 36(6):1075-1076.

[125] BOARDMAN R, BLAZQUEZ M, HENNINGER C E, et al.Social commerce:consumer behaviour in online environments［M］. London:Palgrave Macmillan, 2019.

[126] LIANG T P, TURBAN E.Introduction to the special issue social commerce:a research framework for social commerce［J］. International Journal of Electronic Commerce, 2011, 16(2):5-14.

[127] 特班, 怀特塞德, 金, 等.电子商务与社交商务导论［M］.凌鸿, 赵付春, 钱学胜, 等译.北京: 机械工业出版社, 2019.

[128] 特班, 斯特劳斯, 黎秀龄.社交商务: 营销、技术与管理［M］.朱镇, 王晓川, 江毅, 等译.北京: 机械工业出版社, 2018.

[129] HAJLI N, SIMS J, ZADEH A H, et al.A social commerce investigation of the role of trust in a social networking site on purchase intentions［J］. Journal of Business Research, 2017(71):133–141.

[130] BLANK G, REISDORF B.The Participatory Web［J］. Information, 2012, 15(4): 537-554.

[131] O'Reilly T.What is Web 2.0［Z］. O'Reilly Network, 2005.

[132] TICHY N M, TUSHMAN M L, FOMBRUN C.Social network analysis for organizations［J］. Academy of Management Review, 1979, 4(4):507-519.

[133] SCOTT J, CARRINGTON P J.The SAGE handbook of social network analysis［M］.

London:SAGE publications, 2011.

[134] NELSON-FIELD K.Viral marketing:the science of sharing［M］. Oxford:Oxford University Press, 2013.

[135] KAPLAN A M, HAENLEIN M.Two hearts in three-quarter time:how to waltz the social media/viral marketing dance［J］. Business Horizons, 2011, 54(3):253-263.

[136] GOLDENBERG J, HAN S, LEHMANN D R, et al.The role of hubs in the adoption process.［J］. Journal of Marketing, 2009, 73(2):1-13.

[137] BERGER J.Word of mouth and interpersonal communication:a review and directions for future research［J］. Journal of Consumer Psychology, 2014, 24(4):586-607.

[138] HILLR A, DUNBAR R I M.Social network size in humans［J］. Human Nature, 2003, 14(1):53-72.

[139] KARCZMARCZYK A, JANKOWSKI J, WĄTRóBSKI J.Multi-criteria decision support for planning and evaluation of performance of viral marketing campaigns in social networks［J］. PloS One, 2018, 13(12):e0209372.

[140] ARAL S, WALKER D.Creating social contagion through viral product design:a randomized trial of peer influence in networks［J］. Management Science, 2011, 57(9): 1623-1639.

[141] KAPLAN A M, HAENLEIN M.Users of the world, unite! The challenges and opportunities of social media［J］. Business Horizons, 2010, 53(1):59-68.

[142] GIOGLIO J, WALTER E.The power of visual storytelling:how to use visuals, videos, and social media to market your brand［M］. London:McGraw-Hill, 2014.

[143] WOLLMER M, WENINGER F, KNAUP T, et al.YouTube movie reviews:sentiment analysis in an audio-vsual context［J］. IEEE Intelligent Systems, 2013, 28(3):46-53.

[144] 弗罗斯特，福克斯，斯特劳斯 . 网络营销［M］. 时启亮，陈育君，黄青青，译 . 北京：中国人民大学出版社，2021.

[145] ACQUISTI A, BRANDIMARTE L, LOEWENSTEIN G.Secrets and likes:the drive for privacy and the difficulty of achieving it in the digital age［J］. Journal of Consumer Psychology, 2020, 30 (4):736-758.

[146] ACQUISTI A, TAYLOR C, WAGMAN L.The economics of privacy［J］. Journal of Economic Literature, 2016, 54(2):442-492.

[147] BRUNER G C, KUMAR A.Attitude toward location-based advertising［J］. Journal of interactive advertising, 2007, 7(2):3-15.

[148] 邓胜利，王子叶 . 国外在线隐私素养研究综述［J］. 数字图书馆论坛，2018，172（9）：66-72.

[149] DOSE D B, WALSH G, BEATTY S E, et al.Unintended reward costs:the effectiveness of customer referral reward programs for innovative products and services［J］. Journal of the Academy of Marketing Science, 2019, 47(3):438-459.

[150] GOPAL R D, HIDAJI H, PATTERSON R A, et al.How much to share with third parties user privacy concerns and website dilemmas［J］. Mis Quarterly, 2018, 42(1):143-164.

[151] HONG Y, PAVLOU P A, SHI N, et al.On the role of fairness and social distance in designing effective social referral systems［J］. MIS Quarterly, 2017, 41(3):787-809.

[152] JUNG J, BAPNA R, GOLDEN J M, et al.Words matter! Toward a prosocial call-to-action for

online referral:evidence from two field experiments ［J］. Information Systems Research, 2020, 31(1):16-36.

[153] JUNG J, BAPNA R, GUPTA A, et al.Impact of incentive mechanism in online referral programs:evidence from randomized field experiments ［J］. Journal of Management Information Systems, 2021, 38(1):59-81.

[154] KARWATZKI S, DYTYNKO O, TRENZ M, et al.Beyond the personalization-privacy paradox:privacy valuation, transparency features, and service personalization ［J］. Journal of Management Information Systems, 2017, 34(2):369-400.

[155] KIM T, BARASZ K, JOHN L K.Why am I seeing this ad?The effect of ad transparency on ad effectiveness ［J］. Journal of Consumer Research, 2019, 45(5):906-932.

[156] LAUDON K C.Markets and privacy ［J］. Communications of the ACM, 1996, 39(9):92-104.

[157] RYU G, FEICK L.A penny for your thoughts:referral reward programs and referral likelihood ［J］. Journal of Marketing, 2007, 71(1):84-94.

[158] WOTTRICH V M, VAN REIJMERSDAL E A, SMIT E G.The privacy trade-off for mobile app downloads:the roles of app value, intrusiveness, and privacy concerns ［J］. Decision Support Systems, 2018(106):44-52.

[159] 朱翊敏，于洪彦．奖励类型与调节聚焦对顾客推荐意愿的影响研究 ［J］. 商业经济与管理，2016，291（1）：43-52.

[160] 朱翊敏．奖励额度和努力程度对网络推荐意愿的影响：关系强度的调节作用 ［J］. 软科学，2013，27（10）：10-15.

[161] 韩鹏，尤阳．金融互联网和互联网金融的异同及发展趋势研究 ［J］. 经济研究参考，2015（72）：31-37.

[162] 吕超．互联网金融和电子商务融合发展探析 ［J］. 商业经济研究，2020（21）：89-91.

[163] 陈荣达，余乐安，金骋路．中国互联网金融的发展历程、发展模式与未来挑战 ［J］. 数量经济技术经济研究，2020，37（1）：3-22.

[164] 邹志鹏．P2P借贷网络平台分析 ［J］. 中国市场，2012（32）：57-58.

[165] 李纯然．论互联网金融风险管理现状：以苏宁金融为例 ［J］. 现代商业，2020（4）：108-109.

[166] HSIEH C.E-commerce payment systems:critical issues and management strategies ［J］. Human Systems Management, 2001(20):131-138.

[167] PEHA J M, KHAMITOV I M.PayCash:a secure efficient internet payment system ［J］. Electronic Commerce Research and Applications, 2004(3):381-388.

[168] STROBORN K, HEITMANN A, LEIBOLD K, et al.Internet payments in Germany:a classificatory framework and empirical evidence ［J］. Journal of Business Research, 2004(57):1431-1437.

[169] TSIAKIS T, STHEPHANIDES G.The concept of security and trust in electronic payments ［J］. Computers and Security, 2005(24):10-15.

[170] COTTELEER M J, COTTELEER C A, PROCHNOW A.Cutting checks:challenges and choices in B2B e-payments ［J］. Communications of the ACM, 2007, 50(6):56-61.

[171] KOUSARIDAS A, PARISSIS G, APOSTOLOPOULOS T.An open financial services architecture

based on the use of intelligent mobile devices［J］. Electronic Commerce Research and Applications, 2008(7):232-246.

[172] LEE M K O, TURBAN E.A trust model for consumer internet shopping［J］. International Journal of Electronic Commerce, 2001, 6(1):75-91.

[173] HERZBERG A.Payments and banking with mobile personal devices［J］. Communications of the ACM, 2003(46):53-58.

[174] THEODOSIOS T, GEORGE S.Concept of security and trust in electronic payments［J］. Computers and Security, 2005:10-15.

[175] CHOU Y, LEE C, CHUNG J.Understanding M-commerce payment systems through the analytic hierarchy process［J］. Journal of Business Research, 2004(57):1423-1430.

[176] DAI X, GRUNDY J.NetPay:an off-line, decentralized micro-payment system for thin-client applications［J］. Electronic Commerce Research and Applications, 2007(6): 91-101.

[177] CHELLAPPA R, PAVLOU P.Perceived information security, financial liability and consumer trust in electronic commerce transactions［J］. Logistics Information Management, 2002, 15(5):358-368.

[178] 张怡，金锋，刘庆红，等.5G+ 远程诊疗技术在抗击新冠肺炎疫情的应用探讨［J］.医学食疗与健康，2020，18（22）：224-225.

[179] 朱立雷，许建涛，王鹏颖.融合 5G 网络的智慧医疗应用［J］.通信技术，2019，52（9）：2184-2190.

[180] 王常玲，蔡庆宇.5G 赋能智慧医疗［J］.信息通信技术，2020，14（5）：6-11.

[181] 闻磊，张海涛，陈力.5G 智慧医疗应用场景研究［J］.广东通信技术，2019，39（7）：21-23.

[182] 赵峰，孙小磊，胡益斌，等.5G 技术在医疗领域中的应用探讨［J］.中国医疗设备，2020，35（11）：158-161.

[183] 王小平，张定发.5G 技术在智慧医疗领域的应用场景研究［J］.现代临床医学，2020，46(1)：62-64.

[184] 程琳琳.中国移动 5G 试点已成燎原之势［J］.通信世界，2018（31）：14.

[185] 宋琪，向伟，李坤.基于 5G 智慧医疗载体下的精品路线优化［J］.数字通信世界，2020(2)：167-168.

[186] 陈玉慧，田梦佳.基于健康医疗大数据的智慧门诊发展现状与对策研究：以合肥高新心血管病医院为例［J］.江苏科技信息，2020，37（10）：21-24.

[187] 邹姮，姚革，邵红，等.上海新华医院打造"智慧医院"提升门诊服务实践探讨［J］.中国医院，2017，21（12）：4-6.

[188] 贾斐，王雪梅，汪卫国.5G 通信技术在远程医疗中的应用［J］.信息通信技术与政策，2019（6）：92-95.

[189] 汪照文.5G 技术 +AR 等数字媒体的新教学模式多元化传播［J］.传播力研究，2019,3（15）：197.

[190] CHANG S E, CHEN Y.Blockchain in health care innovation:literature review and case study from a business ecosystem perspective［J］. Journal of Medical Internet Research, 2020, 22(8): e19480.

[191] DI CIAULA A.Towards 5G communication systems:are there health implications?［J］.Int J Hyg Environ Health, 2018, 221(3):367-375.

[192] HASSELGREN A, KRALEVSKA K, GLIGOROSKI, et al.Blockchain in healthcare and health sciences:a scoping review［J］.Int J Med Inform, 2020(134):104040.

[193] 王向楠."互联网＋"推动下仁和药业战略转型与并购的案例分析［D］.杭州：杭州电子科技大学，2016.

[194] 中国医药电商投资报告［J］.资本市场，2016（2）：19-49.

[195] 张颖川."互联网＋"时代医药电商的掘金之路［J］.物流技术与应用，2015，20（9）：60-64.

[196] 陈蓉，顾宝晨，姚立军，等.门诊药房自动化和信息化的建设与实践［J］.药学服务与研究，2017，17（5）：329-333.

[197] 周玉涛.承前启后，蓄势待发 2019—2020 年度中国药店医药电商发展报告［J］.中国药店，2020（4）：110-116.

[198] 周玉涛.智慧药店走红背后［J］.中国药店，2018（9）：44-45.

[199] 姚登攀.互联网医疗相关法律问题及其监管机制研究［J］.科技与法律，2017（3）：70-77.

[200] 马飞.医药电商走出青涩，存量迁移与增量塑造［N］.医药经济报，2020-06-25（27）.

[201] 张桓森.医药 O2O 电商平台发展现状研究［J］.电子商务，2020（10）：41-42.

[202] 周玉涛.寻找智慧药店样本［J］.中国药店，2018（9）：46-50.

[203] 于观贞，魏培莲，陈颖，等.人工智能在肿瘤病理诊断和评估中的应用与思考［J］.第二军医大学学报，2017（38）：1349-1354.

[204] 中国食品药品检定研究院，中华医学会放射学分会心胸学组，任海萍，等.胸部 CT 肺结节数据标注与质量控制专家共识（2018）［J］.中华放射学杂志，2019，53（1）：9-15.

[205] 黄麒玮，王奕.基于人工智能的精准预约对医疗企业预约的改进［J］.广西质量监督导报，2018，215（11）：91-92.

[206] 陈星宇.基于区块链技术的医疗档案信息共享研究［J］.兰台内外，2020（30）：11-14.

[207] 郭宁.区块链技术在完善医保监管机制中的探究［J］.信息技术与信息化，2019（5）：206-208.

[208] 万永彪.区块链技术在医疗领域的应用对策研究［J］.电子测试，2020（21）：125-126.

[209] 史慧洋，刘玲，张玉清.物链网综述：区块链在物联网中的应用［J］.信息安全学报，2019，4（5）：76-90.

[210] 杨莉媛，杜栋.区块链技术在医疗卫生领域的应用现状及发展趋势［J］.医学信息学杂志，2020，41（1）：50-54.

[211] 冯涛，焦滢，方君丽，等.基于联盟区块链的医疗健康数据安全模型［J］.计算机科学，2020（3）：11-13.

[212] 毕一方.区块链在医疗保障一体化档案管理中的应用：以胶东经济圈医疗保障一体化为例［J］.中国档案，2020（10）：58-59.

[213] 韩雪.我国区块链医疗保险发展研究［D］.沈阳：辽宁大学，2019.

[214] BISWAS S, SHARIF K, LI F, et al.Blockchain for e-health-care systems:easier said than done ［J］.Computer, 2020, 53(7):57-67.

[215] EL-GAZZAR R, STENDAL K.Blockchain in health care:hope or hype?［J］.Journal of

Medical Internet Research, 2020, 22(7):e17199.

[216] VENKATESH V, MORRIS M G, DAVIS G B, et al.User acceptance of information technology: toward a unified view ［J］. Management Infomation System Quarterly, 2003, 27(3):425-480.

[217] LEEMING G, CUNNINGHAM J, AINSWORTH J.A ledger of me:personalizing healthcare using blockchain technology ［J］. Frontiers in Medicine, 2019(6):125-148.

[218] JI Y, ZHANG J, MA J, et al.Blockchain-based multi-level privacy-preserving location sharing scheme for telecare medical information systems ［J］. Journal of Medical Internet Research, 2018, 42(8):147.

[219] PFEIFFER J, PFEIFFER T, MEIßNER M, et al.Eye-tracking-based classification of information search behavior using machine learning:evidence from experiments in physical shops and virtual reality shopping environments ［J］. Information Systems Research, 2020, 31(3):675-691.

[220] LUO X M, TONG S L, FANG Z, et al.Frontiers:machines vs. humans:the impact of artificial intelligence chatbot disclosure on customer purchases ［J］. Marketing Science, 2019, 38(6):937-947.